Direito ELEITORAL

JOÃO PAULO OLIVEIRA

Direito ELEITORAL

3ª edição

revista, atualizada e ampliada

2019

EDITORA *Jus*PODIVM

www.editorajuspodivm.com.br

EDITORA *Jus*PODIVM
www.editorajuspodivm.com.br

Rua Território Rio Branco, 87 – Pituba – CEP: 41830-530 – Salvador – Bahia
Tel: (71) 3045.9051
• Contato: https://www.editorajuspodivm.com.br/sac

Diagramação: Ana Paula Lopes Corrêa *(aninha_lopescorrea@hotmail.com)*

Capa: Marcelo S. Brandão *(santibrando@gmail.com)*

O48d Oliveira, João Paulo.
Direito eleitoral para concursos / João Paulo Oliveira. – 3. ed., rev., atual. e ampl. – Salvador: Ed. JusPodivm, 2019.
528 p.

Bibliografia.
ISBN 978-85-442-2873-9.

1. Direito Eleitoral. 2. Provas. I. Oliveira, João Paulo. II. Título.

CDD 341.28

Agradeço a Deus, Nosso Senhor, e a Nossa Senhora de Lourdes
pela realização do sonho de ter uma obra publicada.
À minha amada Esposa pela cumplicidade e
pelo amor em todos os momentos.
Ao Renato Saraiva que me adotou
neste maravilhoso mundo do ensino jurídico.
À Barbara Miqueline Freitas pela competente revisão desta obra.
À minha família de sangue e à minha família por adoção
pela cumplicidade, principalmente nos momentos
em que tive que me fazer ausente.
Ao meu amigo Fábio Periandro pelo auxílio acadêmico
e apoio em todas as horas.
Aos meus alunos, razão de ser desta obra.
A todos que participaram de forma direta ou indireta na criação desta obra, meu muito obrigado, pois auxiliaram a concretizar um sonho.

O Autor

NOTA DO AUTOR À 3ª EDIÇÃO

Esta nova edição foi ampliada para trazer institutos do Direito Eleitoral muito discutidos na atualidade, como as nulidades da votação e as garantias eleitorais. Também diversos tópicos tiveram a análise mais aprofundada, a ponto de garantir uma discussão profícua sobre a disciplina.

Também foi atualizada de acordo com os novos posicionamentos do Tribunal Superior Eleitoral de 2018 e do primeiro semestre de 2019, trazendo a garantia de uma obra moderna e com lastro no que há de novo nos precedentes dos Tribunais.

Aproveitei para trazer a discussão sobre temas sobrelevados nas eleições de 2018, como as mensagens falsas e o uso da internet, de forma que as discussões estejam mais completas e funcionem como um norte para aqueles que atuam no Direito Eleitoral ou procuram um livro para conhecer ou aprofundar seus conhecimentos na disciplina para concursos públicos ou estar preparado para as próximas eleições.

Aproveito ainda para agradecer a todos os nossos leitores pela acolhida fantástica da obra, ao tempo em que desejo, mais uma vez, que ela sirva como luz para se alcançar os objetivos de cada um.

Bons estudos!!!

APRESENTAÇÃO À 1ª EDIÇÃO

A presente obra tem como público-alvo todos aqueles que militam no Direito Eleitoral, bem como os que pretendem se sujeitar a concursos públicos em que é cobrada a disciplina.

O desconhecimento do Direito Eleitoral ainda é latente no Brasil, infelizmente, pois a importância da disciplina é indiscutível, já que tem por escopo fiscalizar e organizar o processo eleitoral - o que, em última análise, significa garantir a lisura das eleições e a própria legitimidade da democracia.

No País, o analfabetismo político é enorme e está presente em todas as classes. Atentados à democracia continuam sendo praticados dentro e fora do período eleitoral. O trabalho da Justiça Eleitoral e de todos aqueles que laboram diariamente com o Direito Eleitoral é hercúleo, no sentido de se tentar moralizar a escolha dos representantes do povo no Poder. Tal trabalho, no entanto, só é efetivo a partir do auxílio do eleitor, que tem o poder-dever de denunciar tais atos às Autoridades constituídas.

A soberania nacional, insculpida no parágrafo único do art. 1º da Constituição Federal, só será realmente efetiva a partir do momento em que o cidadão se conscientizar que administrador não é proprietário da coisa pública e sim mero gestor do que administra. Cabe ao Direito Eleitoral, com a ajuda da sociedade, prevenir o processo de eleição de toda e qualquer corrupção, principalmente no que tange ao abuso do poder político ou econômico.

Esta obra é composta de 16 capítulos, mais um de referências bibliográficas. Ela se encontra completamente atualizada de acordo com o Novo Código de Processo Civil, a Lei 13.165/2015, as novas Súmulas do TSE, bem como com a Resolução 23.478/2016, que trata dos dispositivos do Novo Código de Processo Civil que são aplicados à esfera eleitoral.

Que a presente obra seja a luz que ajude você, leitor, a traçar o caminho desejado.

Bons estudos!

O Autor.

SUMÁRIO

ABREVIAÇÕES

ADI	–	Ação Direta de Inconstitucionalidade
AIJE	–	Ação de Investigação Judicial Eleitoral
AIME	–	Ação de Impugnação ao Mandato Eletivo
AIRC	–	Ação de Impugnação ao registro de Candidatura
CE	–	Código Eleitoral
CF	–	Constituição Federal
CNMP	–	Conselho Nacional do Ministério Público
EC	–	Emenda Constitucional
FEFC	–	Fundo Especial de Financiamento de Campanhas
LC	–	Lei Complementar
LE	–	Lei das Eleições
GRU	–	Guia de Recolhimento da União
LOPP	–	Lei Orgânica dos Partidos Políticos
MPE	–	Ministério Público Eleitoral
MS	–	Mandado de Segurança
CPC	–	Código de Processo Civil
PGR	–	Procurador Geral da República
PSESS	–	Publicado em Sessão
PGE	–	Procurador Geral Eleitoral
RCED	–	Recurso Contra Expedição de Diploma
REspe	–	Recurso Especial Eleitoral
STF	–	Supremo Tribunal Federal
TSE	–	Tribunal Superior Eleitoral

CAPÍTULO 1

INTRODUÇÃO AO DIREITO ELEITORAL

1.1. DA SOBERANIA POPULAR

O Estado Democrático de Direito é contraponto do Estado Absolutista. Ora, neste entendia-se que o Soberano era proprietário de todas as coisas. São desse período alguns institutos que até hoje são estudados para efeitos históricos. Exemplos desses institutos encontramos no brocardo *the king can do no wrong*, segundo o qual a Administração Pública não poderia ser responsabilizada por seus atos, em virtude de o soberano não se submeter à Lei.

Assim, no século XVIII, principalmente com a Revolução Francesa, surge o chamado Estado Democrático de Direito, e com ele a soberania popular. Consoante o parágrafo único do artigo 1º da Constituição Federal (CF): "Todo o poder emana do povo, que o exerce por meio de representantes eleitos ou diretamente nos termos desta Constituição."

Desta forma, torna-se claro que conforme ensina o professor Celso Antônio Bandeira de Melo (p. 46), desaparece a figura do súdito e surge a do administrado. Por isso, a coisa pública não pertence mais ao soberano e sim ao povo. O administrador passa a ser visto apenas como um gestor de coisa alheia. Assim, os interesses coletivos são indisponíveis pelo Estado, uma vez que são titularizados pelo povo.

Surgem, pois, com a soberania popular, os chamados direitos políticos. Quanto mais se permitir ao povo acesso às decisões estatais, em maior grau será a democracia aplicada. O professor Robert Dahl lecionava que havia quatro níveis de democracia: O primeiro nível era é chamado de hegemonias fechadas, quando há baixa participação popular nas eleições e poucos candidatos. O segundo nível já é das hegemonias inclusivas, em que há grande participação social nas eleições, mas com poucos candidatos. O terceiro nível é o das oligarquias competitivas, em que há baixa participação popular nas eleições, porém com grande variedade de candidatos na disputa política. Por fim, o último nível, em que a democracia estará mais concretizada é o da poliarquia em que há ampla participação social com vasta gama de candidatos às eleições.

A democracia brasileira encontra-se, salvo melhor juízo, no terceiro nível, percebendo-se uma baixa participação social. Essa participação não pode ser medida apenas pela quantidade de eleitores que votam, uma vez que no país o voto é um poder dever, sendo obrigatório para alfabetizados maiores de 18 anos e menores de 70 anos. O que se quer aqui afirmar com baixa participação social é o diminuto interesse da sociedade nas discussões políticas, muitas vezes marcadas apenas por uma polarização sem fim, sem conhecimento amplo das propostas dos candidatos e o que elas significam.

O estágio desejável, o da poliarquia, só poderá ser atingido quando a educação for de qualidade e realmente um direito eficaz de todos, o que no Brasil ainda parece ser algo difícil de alcançar.

1.2. DIREITOS POLÍTICOS

Sob a ótica dos professores Luiz Alberto David Araújo e Vidal Serrano Nunes Júnior:

> Os direitos políticos, ou de cidadania, resumem o conjunto de direitos que regulam a forma de intervenção popular no governo. Em outras palavras, são aqueles formados pelo conjunto de preceitos constitucionais que proporcionam ao cidadão sua participação na vida pública do país, (...) (p. 239).

Fica evidente, portanto, que se dá o nome de direito político aos instrumentos que o cidadão possui para, manifestando a sua vontade, de algum modo, terminar por influenciar nas decisões governamentais, seja de forma indireta, através da escolha de seus representantes no poder, seja de forma direta, nos termos preconizados pela Constituição, como ocorre com o plebiscito, o referendo e a iniciativa popular.

Segundo dispõe a CF, em seu artigo 14:

> Art. 14. A soberania popular será exercida pelo sufrágio universal e pelo voto direto e secreto, com valor igual para todos e, nos termos da lei, mediante:

I - plebiscito;

II - referendo;

III - iniciativa popular.

Ora, o direito ao sufrágio, que deve ser universal, ou seja, não está limitado a certas camadas da população, como já ocorreu em outras épocas no próprio Estado Brasileiro, diz respeito ao direito de escolha dos governantes. A universalidade do sufrágio por sua essencialidade é cláusula pétrea, impedindo, assim, a sua extinção[1].

Leciona o professor Pedro Roberto Decomain:

> Sendo inerente à República a alternância no poder dos ocupantes de determinados cargos e exercentes de determinadas funções (embora isso não seja estranho às Monarquias modernas, em que apenas a Chefia do Estado tem cunho vitalício, ao passo que as demais funções do Estado - eventualmente até mesmo as do Poder Judiciário - são exercidas por pessoas eleitas periodicamente), e devendo os responsáveis pelo exercício desse poder ser escolhidos pela população, necessária mostra-se a definição de regras para não apenas escolher quem escolhe as pessoas que irão ocupar tais cargos e exercer tais funções, como também regras definindo as condições que os candidatos a elas devem necessariamente preencher, assim como outras tantas regras, definindo circunstâncias nas quais determinadas pessoas possam estar temporária ou permanentemente impedidas de pleitearem mandatos eletivos (p. 9).

O sufrágio é universal, e isso faz com que ele traga consigo o conceito de igualdade, em dois sentidos: No primeiro, evita discriminações ilegítimas. Assim, antes de ser universal, o sufrágio era restrito. Falava-se em sufrágio censitário, cultural ou capacitário e masculino.

O sufrágio censitário estava relacionado com a riqueza do indivíduo, assim, só poderia votar aquele que tivesse o patrimônio indicado na Lei, ou recolhesse o tributo necessário para tanto. Por outro lado, o sufrágio cultural ou capacitário impedia que analfabetos o exercessem. Algo que até a década de 1980 imperou no país. Atualmente, os analfabetos possuem um alistamento facultativo, mas ainda continuam inelegíveis, o que, no entanto, neste último caso, não ofende à universalidade do sufrágio.

---

1. Art. 60, § 4°, II, CF.

Por fim, o sufrágio masculino, que impedia a mulher de votar, o que não mais admissível, em virtude da necessária igualdade entre os gêneros.

Felizmente, o sufrágio no Direito Brasileiro é universal. Com isso, não se pode aplicar quaisquer das espécies de sufrágio restrito, até mesmo porque não combinam com as democracias modernas.

No segundo sentido, a universalidade do sufrágio significa que a importância do voto de cada cidadão é igual. Por isso, cada cidadão só vota uma única vez. Sendo proibida a existência de mais de uma inscrição eleitoral por eleitor.

Apesar de ser conhecido como "direito", o sufrágio, em verdade, é um poder-dever. Lecionam os professores Luiz Alberto David Araújo e Vidal Serrano Nunes Júnior que:

> O direito de sufrágio não é mero direito individual, pois seu conteúdo, que predica o cidadão a participar da vida política do Estado transforma-o em um verdadeiro instrumento do regime democrático, que, por princípio, só pode realizar-se pela manifestação dos cidadãos na vida do Estado. Bem por isso, o sufrágio constitui simultaneamente um direito e um dever (p. 239).

Por conta disso, o alistamento é obrigatório para os maiores de 18 anos e menores de 70 anos, sendo que os analfabetos têm o alistamento eleitoral facultativo.

Ocorre, todavia, que o direito de sufrágio não se confunde com o voto. Isso porque o sufrágio é o direito em sua concepção genérica, enquanto o voto é o exercício deste direito. Vale citar que apesar de ser adotada nesta obra a concepção estrita do sufrágio (que abrange apenas o direito de escolher os representantes do povo no poder e de ser concorrer a mandato eletivo), a posição majoritária da doutrina é que o sufrágio deve ser considerado em seu sentido amplo, abarcando, além da capacidade eleitoral ativa (direito de votar) e da capacidade eleitoral passiva (direito de ser votado), também o direito de influenciar nas decisões estatais diretamente (através de plebiscito, referendo e iniciativa popular).

1.2.1. Do voto

Como já afirmado, não se pode confundir o sufrágio com o voto. O sufrágio, como visto, é um direito, enquanto o voto é o exercício do sufrágio. Assim, o cidadão tem o direito de votar e ser votado. A cidadania, como será visto adiante, possui o seu termo inicial no alistamento eleitoral, sendo essa a sua condição objetiva.

1.2.1.1. Características do voto

O voto, para que seja plenamente válido, deverá ser: livre, direto, secreto, periódico e personalíssimo.

Livre, porque o eleitor poderá escolher dentre todos os candidatos ao pleito, bem como poderá votar em branco ou até mesmo anular o seu voto.

Direto, visto que no Brasil, pelo regime escolhido na CF, o eleitor vota diretamente (portanto, sem intermediários) no candidato de sua preferência. Assim, não ocorre mais como na Constituição anterior em que se votava em um colégio eleitoral e esse era responsável pela eleição para alguns cargos eletivos. Apesar da regra, é possível, entretanto, que o Presidente da República seja eleito pelo Congresso Nacional, quando os cargos de Presidente e Vice-Presidente da República ficarem vagos a menos de 2 anos do término do mandato.

Secreto, pois o voto não necessita ser externado pelo eleitor. É lógico que qualquer tentativa de desnudar o voto do eleitor o anulará, em virtude de ele ficar passível de sofrer ameaça e, assim, não manifestar livremente a sua vontade. A partir de 1857, o eleitor passou a utilizar uma cabina de votação na Austrália, o que trouxe uma maior privacidade. Por isso o voto secreto também é chamado de voto australiano.

O TSE entende que o eleitor que tem deficiência que o impede de digitar os números na urna pode ser acompanhado de um terceiro, sem necessidade de autorização da mesa receptora. Essa pessoa não pode, no entanto, estar a serviço de partido político, coligação, justiça eleitoral ou de candidato. Apesar de quebrar o sigilo do voto, não há inconstitucionalidade alguma, até mesmo porque o sigilo só existe em virtude do próprio direito ao sufrágio. Não se pode impedir o segundo, sob alegação de ofensa do primeiro, por ser vir como seu fundamento. Como já assentado anteriormente pelo TSE (Res. 21.819/2004):

> O direito ao voto e o direito ao sigilo do voto são princípios estabelecidos na Constituição da República; entretanto, o segundo não pode existir sem o primeiro. Por isso, ao compatibilizar esses princípios, creio que há de prevalecer – na comprovada impossibilidade da observância de ambos – o primeiro, expressão maior da cidadania.

Com a publicação da Lei 13.146/2015 (Estatuto da pessoa com deficiência), a legislação passou a trazer o direito de poder o cidadão com deficiência, caso não consiga digitar os números na urna eletrônica, se fazer acompanhar por terceiro. Esses são os termos do art. 76, § 1°, IV da aludida norma jurídica. Nesse sentido, o posicionamento já emanado do TSE acabou sendo normatizado pela legislação.

Periódico é o voto em respeito ao Princípio Republicano que exige a alternância do poder, o que faz com que o voto deva ser dado pelos cidadãos de maneira periódica, provocando mudanças no comando das entidades federativas e na composição de suas casas legislativas.

Por fim, o voto é personalíssimo, o que significa que apenas o eleitor pode exercer o seu direito de voto, sendo impossível, por isso, o voto por procuração ou por outros meios que não o comparecimento pessoal do eleitor no dia das eleições.

Vale ainda asseverar que é cláusula pétrea o voto direto, secreto e periódico. Já a característica de ser o voto personalíssimo também pode ser encarada como cláusula pétrea implícita, uma vez que a sua extinção levaria a ofensa direta ao exercício dos direitos políticos[2].

Pode-se diferenciar, também, o voto do escrutínio. Enquanto o voto é o instrumento do exercício do sufrágio, o escrutínio se constitui na forma pela qual o voto é manifestado.

Nesta esteira surge o Direito Eleitoral, que tem como objeto o exercício do sufrágio, bem como seus atos preparatórios e protetores da manifestação legítima da vontade popular.

1.3. DIREITO ELEITORAL

Assim sendo, o professor Roberto Moreira de Almeida define o Direito Eleitoral da seguinte forma:

> Conceituamos o Direito Eleitoral como o ramo do Direito Público constituído por normas e princípios disciplinadores do alistamento, do registro de candidatos, da propaganda política, da votação, da apuração

2. Como afirma Gilmar Mendes (p. 133): As limitações materiais ao poder de reforma não estão exaustivamente enumeradas no art. 60, § 4°, da Carta da República. O que se puder afirmar como ínsito à identidade básica da Constituição ideada pelo poder constituinte originário deve ser tido como limitação ao poder de emenda, mesmo que não haja sido explicitado no dispositivo.

e da diplomação dos eleitos, bem como das ações, medidas e demais garantias relacionadas ao exercício do sufrágio popular (p. 33).

É objeto do Direito Eleitoral o estudo das normas jurídicas (regras e princípios) que, disciplinando o exercício do sufrágio universal, através do voto popular, visa a criação de instrumentos para garantir a lisura no processo de escolha, e, como isso, a legitimidade na atuação dos governantes.

O Direito Eleitoral, portanto, pode ser conceituado como ramo do direito público que, tendo por objeto a disciplina do exercício do sufrágio, visa garantir o respeito à legitimidade da escolha popular, através da lisura das eleições, para isso, dispondo sobre o processo eleitoral, as regras sobre alistamento e candidaturas, as restrições ao voto, a competência da Justiça e do Ministério Público Eleitoral, os sistemas eleitorais, bem como os crimes que são praticados contra a liberdade de voto e a lisura nas eleições.

A base de estudo do direito eleitoral é o processo eleitoral, que pode ser entendido como o conjunto de atos necessários para o exercício do sufrágio. Esse processo eleitoral pode ser entendido no sentido amplo e no sentido estrito. No sentido amplo, o processo eleitoral abarca todos os atos que dizem respeito ao sufrágio, desde a concepção do corpo de eleitores (alistamento), até a declaração da realização da eleição e apresentação dos eleitos (diplomação).

Por outro lado, o processo eleitoral em seu sentido estrito começa inicia-se com a convenção partidária e tem seu termo final na diplomação. Assim entendo o STF, tendo como precedente:

> A norma consubstanciada no art. 16 da CR, que consagra o postulado da anterioridade eleitoral (cujo precípuo destinatário é o Poder Legislativo), vincula-se, em seu sentido teleológico, à finalidade ético-jurídica de obstar a deformação do processo eleitoral mediante modificações que, casuisticamente introduzidas pelo Parlamento, culminem por romper a necessária igualdade de participação dos que nele atuam como protagonistas relevantes (partidos políticos e candidatos), vulnerando-lhes, com inovações abruptamente estabelecidas, a garantia básica de igual competitividade que deve sempre prevalecer nas disputas eleitorais. Precedentes. O processo eleitoral, que constitui sucessão ordenada de atos e estágios causalmente vinculados entre si, supõe, em função dos objetivos que lhe são inerentes, a sua integral submissão a uma disciplina jurídica que, ao discriminar os momentos que o compõem, indica as fases em que ele se desenvolve: (a) fase pré-eleitoral, que, iniciando-se com a realização das convenções partidárias e a escolha

> de candidaturas, estende-se até a propaganda eleitoral respectiva; (b) fase eleitoral propriamente dita, que compreende o início, a realização e o encerramento da votação e (c) fase pós-eleitoral, que principia com a apuração e contagem de votos e termina com a diplomação dos candidatos eleitos, bem assim dos seus respectivos suplentes. Magistério da doutrina (José Afonso da Silva e Antonio Tito Costa). A Resolução TSE 21.702/2004, que meramente explicitou interpretação constitucional anteriormente dada pelo STF, não ofendeu a cláusula constitucional da anterioridade eleitoral, seja porque não rompeu a essencial igualdade de participação, no processo eleitoral, das agremiações partidárias e respectivos candidatos, seja porque não transgrediu a igual competitividade que deve prevalecer entre esses protagonistas da disputa eleitoral, seja porque não produziu qualquer deformação descaracterizadora da normalidade das eleições municipais, seja porque não introduziu qualquer fator de perturbação nesse pleito eleitoral, seja, ainda, porque não foi editada nem motivada por qualquer propósito casuístico ou discriminatório. (ADI 3.345, rel. min. Celso de Mello, j. 25-8-2005, P, DJE de 20-8-2010).

De igual maneira, a Suprema Corte entende que as regras acerca de elegibilidade e de inelegibilidade fazem parte do processo eleitoral. Exatamente por isso, e em aplicação ao princípio da anualidade, que será visto mais adiante, a lei da ficha limpa (LC 135), tendo sido publicada em 2010, não pode ser aplicada naquelas eleições. Nesse sentido:

> LC 135/2010, denominada Lei da Ficha Limpa. Inaplicabilidade às eleições gerais de 2010. (...) O pleno exercício de direitos políticos por seus titulares (eleitores, candidatos e partidos) é assegurado pela Constituição por meio de um sistema de normas que conformam o que se poderia denominar de devido processo legal eleitoral. Na medida em que estabelecem as garantias fundamentais para a efetividade dos direitos políticos, essas regras também compõem o rol das normas denominadas cláusulas pétreas e, por isso, estão imunes a qualquer reforma que vise a aboli-las. O art. 16 da Constituição, ao submeter a alteração legal do processo eleitoral à regra da anualidade, constitui uma garantia fundamental para o pleno exercício de direitos políticos. Precedente: ADI 3.685, rel. min. Ellen Gracie, julgamento em 22-3-2006. A LC 135/2010 interferiu numa fase específica do processo eleitoral, qualificada na jurisprudência como a fase pré-eleitoral, que se inicia com a escolha e a apresentação das candidaturas pelos partidos políticos e vai até o registro das candidaturas na Justiça Eleitoral. Essa fase não pode ser delimitada temporalmente entre os dias 10 e 30 de junho,

> no qual ocorrem as convenções partidárias, pois o processo político de escolha de candidaturas é muito mais complexo e tem início com a própria filiação partidária do candidato, em outubro do ano anterior. A fase pré-eleitoral de que trata a jurisprudência desta Corte não coincide com as datas de realização das convenções partidárias. Ela começa muito antes, com a própria filiação partidária e a fixação de domicílio eleitoral dos candidatos, assim como o registro dos partidos no TSE. A competição eleitoral se inicia exatamente um ano antes da data das eleições e, nesse interregno, o art. 16 da Constituição exige que qualquer modificação nas regras do jogo não terá eficácia imediata para o pleito em curso. (...) Toda limitação legal ao direito de sufrágio passivo, isto é, qualquer restrição legal à elegibilidade do cidadão constitui uma limitação da igualdade de oportunidades na competição eleitoral. Não há como conceber causa de inelegibilidade que não restrinja a liberdade de acesso aos cargos públicos, por parte dos candidatos, assim como a liberdade para escolher e apresentar candidaturas por parte dos partidos políticos. E um dos fundamentos teleológicos do art. 16 da Constituição é impedir alterações no sistema eleitoral que venham a atingir a igualdade de participação no prélio eleitoral. (...) O princípio da anterioridade eleitoral constitui uma garantia fundamental também destinada a assegurar o próprio exercício do direito de minoria parlamentar em situações nas quais, por razões de conveniência da maioria, o Poder Legislativo pretenda modificar, a qualquer tempo, as regras e critérios que regerão o processo eleitoral. A aplicação do princípio da anterioridade não depende de considerações sobre a moralidade da legislação. O art. 16 é uma barreira objetiva contra abusos e desvios da maioria e dessa forma deve ser aplicado por esta Corte. A proteção das minorias parlamentares exige reflexão acerca do papel da jurisdição constitucional nessa tarefa. A jurisdição constitucional cumpre a sua função quando aplica rigorosamente, sem subterfúgios calcados em considerações subjetivas de moralidade, o princípio da anterioridade eleitoral previsto no art. 16 da Constituição, pois essa norma constitui uma garantia da minoria, portanto, uma barreira contra a atuação sempre ameaçadora da maioria. (RE 633.703, rel. min. Gilmar Mendes, j. 23-3-2011, P, DJE de 18-11-2011, tema 387).

Apesar de ser o entendimento mais corrente, há posicionamento do TSE, no sentido do processo eleitoral iniciar-se a partir das filiações partidárias, nesse sentido: Ac.-TSE, de 24.6.2014, na Cta nº 100075: o processo eleitoral começa com a filiação dos candidatos e encerra-se com a diplomação dos eleitos.

Desta forma, pode-se também afirmar que o direito eleitoral tem por objeto de estudo o processo eleitoral (sentido estrito), seus atos preparatórios, a justiça e o ministério público eleitorais, os partidos políticos e os atos que lhes são correlatos.

Apesar de se utilizar a estrutura da Justiça Eleitoral para realização de alguns plebiscitos e referendos, a atuação do Direito Eleitoral se esgota na disciplina do sufrágio universal. Vale citar também que o Direito Eleitoral se esgota na disciplina do processo eleitoral e de seus instrumentos pertinentes. Qualquer situação que não esteja vinculada às eleições não pertence à seara deste ramo do Direito.

Por exemplo, caso determinado cidadão exerça mandato eletivo de forma ímproba, o Direito Eleitoral não tem nenhum alcance sobre tal fato, se a eleição de tal pessoa foi legítima e os atos de improbidade surgiram apenas após as eleições. Neste caso, a situação deverá ser resolvida pelo Direito Constitucional e pelo Direito Administrativo.

1.4. DA COMPETÊNCIA LEGISLATIVA EM MATÉRIA ELEITORAL

A competência legislativa para produção de normas de Direito Eleitoral pertence à União, conforme determinado pelo artigo 22, I, da CF que dispõe:

> Art. 22. Compete privativamente à União legislar sobre:
>
> I – direito civil, comercial, penal, processual, *eleitoral*, agrário, marítimo, aeronáutico, espacial e do trabalho.

As normas sobre Direito Eleitoral, portanto, só poderão ser definidas pela Constituição e por Leis Federais. Não se admite a criação de normas de Direito Eleitoral por qualquer instrumento normativo estadual, distrital ou municipal. As normas de Direito Eleitoral não podem ser criadas através de Medidas Provisórias.

1.5. DAS FONTES DO DIREITO ELEITORAL

As fontes indicam nascedouro, no caso das fontes de disciplinas jurídicas estuda-se as formas pelas quais as normas de determinado ramo jurídico são criadas. Essas fontes podem ser classificadas das mais diversas formas, mas nesta obra tratar-se-á as fontes como sendo diretas ou indiretas.

As fontes diretas são aquelas que criam as normas do direito, sendo que as indiretas apesar de não criarem imediatamente as normas, acabam trazendo entendimentos ideias que facilitam uma posterior mudança das normas, além de auxiliar na sua interpretação. Aliás, a hermenêutica eleitoral sempre deve levar em consideração o pleno exercício dos direitos políticos e a lisura do pleito eleitoral.

A Lei é a fonte direta por excelência, ainda mais em um sistema jurídico como o brasileiro que abebera-se da lógica dos sistemas europeus continentais e que, portanto, tem na lei a expressão máxima de suas fontes. Obviamente, quando se fala em lei, o sentido aplicado aqui é o amplo, abarcando todas as espécies normativas previstas no art. 60 da CF.

A fonte primordial do Direito Eleitoral é a Constituição Federal, sendo esta complementada por Leis Complementares, Ordinárias e ainda por resoluções editadas pelo Tribunal Superior Eleitoral (TSE), como será visto mais adiante.

Em relação às Leis, podemos citar como exemplos de fontes do Direito Eleitoral: Lei Complementar (LC) nº 64/90 (Lei das Inelegibilidades), alterada pela LC nº 135/2010 (Lei da Ficha Limpa), a Lei nº 9.096/95 (Lei Orgânica dos Partidos Políticos - LOPP), que traz algumas normas essenciais para o processo eleitoral, a Lei nº 9.504/97 (Lei das Eleições), a Lei nº 6.091/74 (Fornecimento de Transporte e alimentação a eleitores da zona rural), e ainda a Lei nº 4.737/65 (Código Eleitoral).

Quanto ao Código Eleitoral, podemos afirmar ter ele natureza jurídica mista, o que significa que, apesar de ter sido criado em 1965 como lei ordinária, a partir da CF/1988 foi recepcionado na parte que trata acerca de organização e competência da Justiça Eleitoral como se Lei Complementar fosse.

Tal fato é simples de explicar. A partir da CF atual, houve a determinação de que a organização e a competência da Justiça Eleitoral deveriam ser disciplinadas por meio de Lei Complementar (art. 121). Só que semelhante dispositivo não existia na Constituição de 1946, sob o qual foi editado o Código Eleitoral. Por isso, até que venha uma nova Lei sobre a organização e a competência da Justiça Eleitoral, o Código Eleitoral continua vigendo sobre o assunto.

> **ATENÇÃO:** Os dispositivos do Código Eleitoral que tratam da organização e competência da Justiça Eleitoral têm força de Lei Complementar, por isso, só podem ser modificados por outra Lei Complementar.

As resoluções do TSE apesar de não serem leis, elas têm força de lei, o que significa que são obrigatórias e devem ser entendidas como fontes primárias do direito eleitoral. Aliás, apesar de se entender que as resoluções do TSE são fonte primárias, o mais correto tecnicamente seria afirmar que as instruções do TSE são fontes primárias. Explica-se: a resolução é uma forma através da qual diversos atos do Tribunal Superior Eleitoral são editados. A instrução sim é que se trata de um ato normativo para a fiel execução da lei eleitoral. Mas é comum a afirmativa segundo a qual as resoluções são fontes do direito eleitoral, a qual, meio a contragosto e visando os objetivos da presente obra, somos obrigados a concordar.

De outro lado, são fontes indiretas: a doutrina, a jurisprudência e as consultas respondidas pelos tribunais eleitorais.

A doutrina é conjunto de escritos de especialistas sobre o assunto. Possui um papel fundamental na interpretação do Direito. Segundo Hans Kelsen (p. 80), a doutrina forma as proposições jurídicas que devem ser diferenciadas das normas jurídicas, mas que surgem do estudo dessas normas, pois essas são o objeto de estudo da ciência jurídica, como adverte o mestre positivista:

> As proposições ou enunciados nos quais a ciência jurídica descreve estas relações devem, como proposições jurídicas, ser distinguidas das normas jurídicas que são produzidas pelos órgãos jurídicos a fim de por eles serem aplicadas e serem observadas pelos destinatários do Direito.

Há, ainda, a diferença entre interpretação autêntica, que é aquela realizada pelos órgãos aplicadores do Direito (como os tribunais) e a inautêntica, realizada pela doutrina.

Já a jurisprudência é o conjunto de decisões proferidas pelos tribunais que auxiliam na interpretação do Direito. Forma a chamada interpretação autêntica. No Direito Eleitoral a atuação do TSE é extremamente importante, mais ainda do que em outros ramos do Direito. Isso porque a Justiça Eleitoral é competente para organizar e fiscalizar o pleito eleitoral, o que faz com que tenha que preencher muitas lacunas legislativas. Como será visto ainda no presente capítulo, tendo em vista essa importância, o STF entende que é possível a aplicação do princípio da anualidade (ou anterioridades) eleitoral às alterações de jurisprudência do TSE, desde que traga uma maior limitação ao exercício dos direitos políticos.

Para a jurisprudência, vale a lição do saudoso Hely Lopes Meirelles (p. 47), para quem:

> Outra característica da jurisprudência é o seu nacionalismo. Enquanto a doutrina tende a universalizar-se, a jurisprudência tende a nacionalizar-se, pela contínua adaptação da lei e dos princípios teóricos ao caso concreto.

A justiça eleitoral traz ainda um instituto bem interessante chamado de consulta. Pela consulta, permite-se que autoridades e partidos formulem questões em tese sobre matéria eleitoral para tribunais eleitorais, sendo a sua resposta erga omnes e sem vinculação. Não se admite a realização de consultas sobre casos práticos.

A consulta não pode ser confundida com a instrução (resolução), isso porque essa tem força de lei, sendo, portanto, obrigatória, a primeira, no entanto, serve como simples orientação, pode ser considerada como um desenvolvimento da jurisprudência. Por isso é que as consultas são tidas como fontes secundárias do Direito Eleitoral, enquanto que as instruções (resoluções) são fontes primárias.

1.6. DA SUSPENSÃO E PERDA DOS DIREITOS POLÍTICOS

Os direitos políticos são direitos fundamentais, consoante afirma a doutrina mais autorizada,[3] o que não significa que sejam absolutos, aliás não há direito absoluto em Estados Democráticos de Direito, como o Brasil (art. 1°, CF). Por conta disso, a CF veda que sejam cassados, mas admite a sua suspensão e perda nos casos apontados pelo artigo 15 da Carta Magna que estabelece:

> Art. 15. É vedada a cassação de direitos políticos, cuja perda ou suspensão só se dará nos seguintes casos:
>
> I – cancelamento da naturalização por sentença transitada em julgado;
>
> II – incapacidade civil absoluta;
>
> III – condenação criminal transitada em julgado, enquanto durarem seus efeitos;
>
> IV – recusa de cumprir obrigação a todos imposta ou prestação alternativa, nos termos do art. 5º, VIII;
>
> V – improbidade administrativa, nos termos do art. 37, § 4º.

A perda dos direitos políticos se diferencia de sua suspensão, em virtude da definitividade da primeira e da temporariedade da segunda. Tem-se apontado como causa de perda o cancelamento da naturalização por sentença judicial transitada em julgado, e de suspensão todas as outras.

---

3. GOMES, José Jairo. *Direito eleitoral*. 3. ed. Belo Horizonte: Del Rey Editora, 2008. p. 6.

ATENÇÃO: Apesar de a CF permitir hipóteses de perda ou de suspensão de direitos políticos, não se admite a sua cassação.[2]

Não se pode confundir a perda com a cassação. A perda tem uma natureza jurídica, enquanto que a cassação tem fundamentos políticos. Em proteção à própria democracia, a CF não admite a cassação, embora admita a perda.

Sobre o assunto, leciona o professor José Jairo Gomes que:[4]

> A perda ou a suspensão de direitos políticos acarretam várias consequências jurídicas, como o cancelamento do alistamento e a exclusão do corpo de eleitores (CE, art. 71, II), o cancelamento da filiação partidária (LOPP, art. 22, II), a perda de mandato eletivo (CF, art. 55, IV, § 3º), a perda de cargo ou função pública (CF, art. 37, I, c/c Lei n. 8.112/90, art. 5º, II e III), a impossibilidade de se ajuizar ação popular (CF, art. 5º, LXXIII), o impedimento para votar ou ser votado (CF, art. 14, § 3º, II) e para exercer a iniciativa popular (CF, art. 61, § 2º).[5]

1.6.1. Da perda de direitos políticos por cancelamento de naturalização por sentença judicial transitada em julgado

A nacionalidade é vínculo que liga a pessoa a um Estado. A nacionalidade pode ser adquirida ou originária. Dispõe o artigo 12 da CF que:

> Art. 12. São brasileiros:
>
> I - natos:
>
> a) os nascidos na República Federativa do Brasil, ainda que de pais estrangeiros, desde que estes não estejam a serviço do seu país;
>
> b) os nascidos no estrangeiro, de pai brasileiro ou mãe brasileira, desde que qualquer deles esteja a serviço da República Federativa do Brasil;
>
> c) os nascidos no estrangeiro de pai brasileiro ou de mãe brasileira, desde que sejam registrados em repartição brasileira competente ou

---

4. Vale ressaltar que a cassação de direitos políticos, nos dizeres de Rodrigo López Zílio (p. 118): "A Cassação dos direitos políticos implica a subtração da condição de cidadão sem a observância do devido processo legal, de modo sumário, sendo ato típico de regimes autoritários. De regra, a cassação é lastreada por motivos eminentemente políticos, ou seja, sem cunho jurídico ou legal que a fundamente. Assentada e reconhecida existência do Estado Democrático de Direito, descabido cogitar de cassação de direitos políticos, de modo imotivado e inobservado os princípios do contraditório e da ampla defesa."
5. GOMES, José Jairo, op. cit., p. 8-9.

> venham a residir na República Federativa do Brasil e optem, em qualquer tempo, depois de atingida a maioridade, pela nacionalidade brasileira.
>
> II – naturalizados:
>
> a) os que, na forma da lei, adquiram a nacionalidade brasileira, exigidas aos originários de países de língua portuguesa apenas residência por um ano ininterrupto e idoneidade moral;
>
> b) os estrangeiros de qualquer nacionalidade residentes na República Federativa do Brasil há mais de quinze anos ininterruptos e sem condenação penal, desde que requeiram a nacionalidade brasileira.

A nacionalidade brasileira é adquirida através de ato do Poder Executivo. Deve-se observar que a CF adotou um critério de reciprocidade com Portugal, nos termos do § 1º do artigo 12 da CF. Assim, havendo reciprocidade para o brasileiro adquirir direitos políticos em Portugal, será possível ao português, adquirir tais direitos no Brasil.

Porém, aquele que adquirir direitos políticos em Portugal terá a suspensão desses mesmos direitos no Brasil, conforme se observa no artigo 51, § 4º, da Resolução nº 21.538 do TSE. Essa também é a determinação trazida no estatuto da igualdade (Decreto 3.927/2001).

A perda dos direitos políticos ocorrerá nos seguintes casos, apontados pelo artigo 12, § 4º, da CF, nos seguintes termos:

> Art. 12. (...)
>
> § 4º Será declarada a perda da nacionalidade do brasileiro que:
>
> I – tiver cancelada sua naturalização, por sentença judicial, em virtude de atividade nociva ao interesse nacional;
>
> II – adquirir outra nacionalidade, salvo nos casos:
>
> a) de reconhecimento de nacionalidade originária pela lei estrangeira;
>
> b) de imposição de naturalização, pela norma estrangeira, ao brasileiro residente em estado estrangeiro, como condição para permanência em seu território ou para o exercício de direitos civis.

Ensina, ainda, José Jairo Gomes que:

> É da Justiça Federal a competência para as causas referentes à nacionalidade e à naturalização (CF, art. 109, X). Ademais, o Ministério Público Federal tem legitimidade para "promover ação visando ao cancelamento de naturalização, em virtude de atividade nociva ao interesse nacional. Como consequência, reassume o sentenciado o *status* de estrangeiro" (p. 09).

1.6.2. Da suspensão por incapacidade civil absoluta

A incapacidade civil absoluta significa a impossibilidade de determinada pessoa exercer por si mesma os atos da vida civil. A incapacidade civil absoluta é tratada no artigo 3º do Código Civil (CC), que dispõe:

> Art. 3º São absolutamente incapazes de exercer pessoalmente os atos da vida civil os menores de 16 (dezesseis) anos.

> **ATENÇÃO:** O que determina a suspensão dos direitos políticos é a incapacidade civil absoluta e não a relativa.

Sobre o assunto, leciona Francisco Amaral (p. 229) que:

> A capacidade de agir é a regra. No entanto, diversos fatores podem impedi-a ou limitá-la. Nas pessoas naturais, esses fatores são a idade e a doença, que provocam a incapacidade total para o exercício de atos da vida jurídica (incapacidade absoluta), ou limitam-na a certos atos ou à maneira de exercê-los (incapacidade relativa).

Por isso, na incapacidade absoluta, o sujeito não tem condições de exercer os atos da vida civil por si só. Exatamente por isso, é necessário que a pessoa seja representada em tais atos por seus responsáveis. Já na relativa, o sujeito tem condições ao exercício dos atos da vida civil, contudo não os tem completos, precisando, para alguns atos, da assistência (e não representação) pelos responsáveis.

A incapacidade relativa não impede o exercício dos direitos políticos. Como exemplo de tal situação, verifica-se o caso dos maiores de 16 e menores de 18 anos. Estes podem votar, como se sabe, mas são considerados pela legislação civil como relativamente incapazes.

Apesar do Código Civil atualmente não fazer referência àqueles que por deficiência mental ou situação transitória não tenham condições de manifestar a sua vontade como absolutamente incapazes, por certo trata-se de situação em que há impedimento ao exercício dos direitos políticos. Mas é importante salientar que a capacidade é a regra. Assim, com a alteração do Código Civil, protagonizada pela Lei 13.146/2015 (Estatuto da Pessoa com Deficiência), a deficiência mental, por si só, não traz a incapacidade para o exercício dos atos da vida civil e, portanto, a impossibilidade de exercício de direitos políticos.

Com isso, não se pode falar mais em enfermidade ou deficiência mental como situações de incapacidade civil absoluta. Mas apenas a situação fática que impossibilite a manifestação de vontade aceitável é que poderá surgir como um obstáculo ao exercício dos direitos políticos. Até mesmo a curatela por si só não importa necessariamente no impedimento ao exercício dos direitos políticos. Como afirma o art. 85 da Lei 13.146/2015: "A curatela afetará tão somente os atos relacionados aos direitos de natureza patrimonial e negocial."

Ou seja, para o exercício dos direitos políticos, não tem mais tanta relevância a incapacidade legal, surgida através de um ato de interdição, mas sim a incapacidade natural, advinda de um estado de demência extremamente grave e que impeça sem qualquer sombra de dúvida a manifestação da vontade do nacional.

Com a atual redação do Código Civil, penso que a interdição judicial com a respectiva curatela não mais é suficiente para impedir o exercício dos direitos políticos. Apenas uma incapacidade natural, advinda de limitação grave por doença ou acidente e que impeça completamente a manifestação da vontade é que pode ser considerada como impedimento ao exercício de tais direitos fundamentais.

De qualquer maneira, seguindo a lógica atual da legislação, qualquer limitação grave a manifestação do pensamento deve ser provada e tratada como impedimento ao exercício dos direitos políticos e não mais como sua suspensão, não importando em que momento tenha ocorrido.

Apenas para registro, até mesmo situações limitadoras conhecidas, como acontece com os portadores da Síndrome de Down, não acarretam a impossibilidade absoluta ao exercício do voto, pelo que as pessoas que têm tal deficiência podem exercer normalmente seus direitos políticos, como parte da sociedade.

1.6.3. Da suspensão por condenação criminal transitada em julgado

É aplicação do Princípio do Estado de Inocência a suspensão dos direitos políticos por sentença criminal transitada em julgado. Desta forma, a decisão condenatória criminal da qual ainda caiba recurso não será caso de suspensão de direitos políticos.

Uma vez que se trata de suspensão, assim que ocorrer o cumprimento da pena, o condenado terá de volta os seus direitos políticos, desde que requeira novamente o alistamento eleitoral perante a Justiça Eleitoral. Por conta disso, enuncia a Súmula nº 09 do TSE que:

> Súmula nº 09. A suspensão de direitos políticos decorrente de condenação criminal transitada em julgado cessa com o cumprimento ou a extinção da pena, independendo de reabilitação ou prova de reparação de danos.

Por fim, vale trazer, mais uma vez, a lição do professor José Jairo Gomes, no seguinte sentido:

> Não importa a natureza da pena aplicada, pois, em qualquer caso, ficarão suspensos os direitos políticos. Logo, é irrelevante: 1) que a pena aplicada seja restritiva de direitos; 2) que seja somente pecuniária; 3) que o réu seja beneficiado com *sursis* (CP, art. 77); 4) que tenha logrado livramento condicional (CP, art. 83); 5) que a pena seja cumprida no regime de prisão aberta, albergue ou domiciliar. Igualmente, irrelevante é perquirir quanto ao elemento subjetivo do tipo penal, havendo a suspensão de direitos políticos na condenação tanto por ilícito doloso quanto por culposo.[6]

Desta forma, o preso que ainda não foi condenado definitivamente por sentença judicial transitada em julgado não terá seus direitos políticos suspensos, sendo possível, inclusive, que se instale urnas eletrônicas em estabelecimentos coletivos de detenção, para que os presos ainda não condenados por sentença transitada em julgado possam votar. Ou seja, a causa da suspensão dos direitos políticos não é o recolhimento do indivíduo à prisão, mas sim a condenação criminal por decisão transitada em julgado. Nesses mesmos termos, entende o STF:

> A substituição da pena privativa de liberdade por restritiva de direitos não impede a suspensão dos direitos políticos. No julgamento do RE 179.502/SP, rel. min. Moreira Alves, firmou-se o entendimento no sentido de que não é o recolhimento do condenado à prisão que justifica a suspensão de seus direitos políticos, mas o juízo de reprovabilidade expresso na condenação. [RE 577.012 AgR, rel. min. Ricardo Lewandowski, j. 9-11-2010, 1ª T, DJE de 25-3-2011.]

Por outro lado, a condenação por contravenção penal transitada em julgado também é causa para a suspensão dos direitos políticos, assim como a absolvição imprópria, retratada na aplicação de medida de segurança.[7]

---

6. Idem, ibidem, p. 12.
7. Nesses termos Res.-TSE nº 22193/2006: aplicação deste dispositivo quando imposta medida de segurança; Ac.-TSE nº 13293/1996: incidência, ainda, sobre condenação por prática de contravenção penal.

1.6.4. Da suspensão por recusa de cumprir obrigação a todos imposta

Dispõe o artigo 5º, VIII, da CF que:

> Art. 5º (...)
> VIII – Ninguém será privado de direitos por motivo de crença religiosa ou de convicção filosófica ou política, salvo se as invocar para eximir-se de obrigação legal a todos imposta e recusar-se a cumprir prestação alternativa.

Exemplo de obrigação a todos impostas tem-se no alistamento militar para pessoas do sexo masculino a partir do dia 1º de janeiro do ano em que completar 18 anos.

Na visão de José Jairo Gomes:

> Em seu art. 143, § 1º, a Lei Maior impera que 'o serviço militar é obrigatório nos termos da lei', competindo às Forças Armadas 'atribuir serviço alternativo aos que, em tempo de paz, após alistados, alegarem imperativo de consciência, entendendo-se como tal o decorrente de crença religiosa e de convicção filosófica ou política, para se eximirem de atividades de caráter essencial militar'. A Lei nº 8.239/91 regulamenta o tema. A obrigação para com o serviço militar começa no dia 1º de janeiro do ano em que a pessoa completar 18 anos de idade.[8]

ATENÇÃO: Uma das maiores dificuldades sobre o tema é delinear se se trata de causa de perda ou suspensão de direitos políticos. Em se aludindo a concurso para tribunais eleitorais, deve-se seguir a doutrina que aponta a referida situação como causa de suspensão (e não de perda) de direitos políticos. É o que se verifica no artigo 53, II, *b*, da Resolução nº 21.538 do TSE.

1.6.5. Da suspensão por improbidade administrativa

Improbidade administrativa é termo que visa designar atos produzidos por agentes públicos contrários à moralidade administrativa. Acaba por impor a esses maus servidores sanções, sendo uma delas a de suspensão de direitos

8. Idem, ibidem, p. 13.

políticos, cujo prazo irá variar de acordo com o ato praticado, nos termos do artigo 12 da Lei nº 8.429/92.

Leciona o professor Marcelo Figueiredo que:

> Do latim *improbitate*. Desonestidade. No âmbito do Direito o termo vem associado à conduta do administrador amplamente considerado. Há sensível dificuldade doutrinária em fixar-se os limites do conceito de "improbidade". Assim, genericamente, comete maus-tratos à probidade o agente público ou o particular que infringe a moralidade administrativa (p. 41).

Complementa, ainda, o referido professor, a lição, afirmando que:

> Parece ter circunscrito a punição aos atos e condutas lá estabelecidos. Então, associa as figuras do enriquecimento ilícito, do prejuízo ao erário e da infringência aos princípios constitucionais, que enumera, como causas suficientes à tipificação das condutas tidas por atentatórias à probidade (p. 41).

A suspensão dos direitos políticos, em caso de improbidade, só poderá ocorrer com sentença transitada em julgado.

ATENÇÃO: Nem toda condenação por ato de improbidade administrativa, como se verifica do art. 12 da Lei nº 8.429/92, traz como consequência a suspensão dos direitos políticos. Portanto, é necessário que a sentença condenatória traga expressamente a imposição da pena de suspensão dos direitos políticos.

1.7. PRINCÍPIOS DO DIREITO ELEITORAL

As normas jurídicas são divididas em regras e princípios. Os princípios formam o alicerce da ciência jurídica. Humberto Ávila leciona acerca das normas jurídicas, indicando as diferenças entre regras e princípios. Assim, de acordo com o aludido mestre (p. 78):

> As regras são normas imediatamente descritivas, primariamente retrospectivas e com pretensão de decidibilidade e abrangência, para cuja aplicação se exige a avaliação da correspondência, sempre centrada na finalidade que lhes dá suporte ou nos princípios que lhes são axiologicamente sobrejacentes, entre a construção conceitual da descrição normativa e a construção conceitual dos fatos.

Por isso, as regras devem aplicadas sempre no sentido de se evitar a contradição. Daí a utilização das espécies hermenêuticas para verificar qual a regra que deve ser aplicada no caso concreto. Ainda, existe uma hierarquia entre regras, sendo que a CF está acima, sendo seguida pela lei e, posteriormente, por outras espécies normativas.

Como servem também de alicerce para a interpretação das regras, não se pode falar de hierarquia entre princípios, sendo que a sua aplicação ocorre de acordo com as ponderações do caso concreto. Isso porque enquanto as regras têm como dever imediato a adoção da conduta descrita, os princípios possuem como dever imediato a promoção de um estado ideal de coisas. Humberto Ávila (p. 78), ao conceituar os princípios, leciona que:

> Os princípios são normas imediatamente finalísticas, primariamente prospectivas e com pretensão de complementariedade e de parcialidade, para cuja aplicação se demanda uma avaliação entre o estado de coisas a ser promovido e os efeitos decorrentes da conduta havida como necessária à sua promoção.

Os princípios, assim, são mandamentos de otimização. Estabelecem caráter *prima facie* e que devem ser aplicadas de acordo com os valores e vetores previstos no Ordenamento Jurídico Brasileiro. Na solução de casos práticos, os princípios surgem como auxílio inevitável na aplicação do direito, sempre dependendo da argumentação jurídica utilizada pelo órgão julgador. Entre princípios se deve fazer o necessário sopesamento, observando-se a máxima da proporcionalidade. Ao contrário do ocorre com as regras em que há aplicação de tudo ou nada, existindo entre as mesmas uma hierarquia proposta pelo Ordenamento, em que a CF é a norma fundamental.

Como entre princípios não há hierarquia, é preciso observar, diante do caso concreto, qual o princípio apresenta o maior peso, como aquele que melhor leva efetividade a direitos fundamentais. Como exemplo, quando se permite que o eleitor com deficiência que não consiga digitar os números da urna sozinho, há um conflito entre princípios: o do direito ao sufrágio e o do sigilo do voto. Nesse caso em particular, o direito ao sufrágio deve permanecer, uma vez que tal sopesamento mostra que a não se permitir esse auxílio de um terceiro, o próprio direito ao sufrágio estará prejudicado. Por isso, nesse caso, a interpretação de que é constitucional o eleitor se fazer acompanhar por terceiros tem um peso maior do que impedir tal fato por respeito ao sigilo do voto.

Assim como os demais ramos, o direito eleitoral também possui princípios que lhe são correlatos. Entre diversas classificações, pode-se falar que os princípios podem ser expressos ou implícitos. Os primeiros diretamente citados na lei, enquanto que os últimos são fruto de interpretação. Os princípios do direito eleitoral são implícitos, uma vez que não se encontram descritos na CF ou nas leis que tratam sobre a disciplina. Como já visto, os princípios levam em consideração os valores e vetores estabelecidos pelo Ordenamento Jurídico. Assim, tanto os princípios explícitos como os implícitos se apresentam como vinculativos na aplicação da legislação. É bom lembrar que os princípios, assim como as regras, fazem parte do conceito de normas jurídicas.

Consideramos como princípios eleitorais basicos:

Princípio da Anualidade (Anterioridade)
Princípio da Atipicidade Eleitoral (*In dubio pro* candidato)
Princípio da Primazia da Eleição Direta
Princípio da Intermediação democrática dos Partidos Políticos
Princípio da Temporalidade na investidura eleitoral
Princípio da Federalização
Princípio da Delegação
Princípio da Legalidade da Propaganda Eleitoral
Princípio da Liberdade na Propaganda Eleitoral
Princípio do Poder de Polícia na Propaganda Eleitoral
Princípio da Unicidade de Chapas

1.7.1. PRINCÍPIO DA ANUALIDADE

Para que não ocorram surpresas no pleito eleitoral, o que acabaria por inviabilizar a candidatura de muitos cidadãos, bem como abuso de poder e estratégias inidôneas para diminuir o número de candidatos nas eleições, estipula a CF, em seu artigo 16 que: "A lei que alterar o processo eleitoral entrará em vigor na data de sua publicação, não se aplicando à eleição que ocorra até um ano da data de sua vigência."

Com isso, deve-se observar que a Lei entra em vigor imediatamente. Mas, no entanto, não se aplica à eleição que ocorra até um ano antes da data de sua vigência. Esse princípio se aplica inclusive para as Emendas Constitucionais. O referido dispositivo claramente diferencia a vigência da eficácia. A vigência significa a entrada de determinada lei no Ordenamento Jurídico. No caso das normas que alteram o processo eleitoral, a vigência é imediata e ocorre com a publicação da norma jurídica. As normas que se submetem ao princípio da anualidade não possuem a *vacatio legis*, que é o lapso temporal entre a publicação da lei e sua vigência.

Porém, a eficácia, que é a efetiva produção dos efeitos da lei, nas situações por ela estabelecidas, só ocorrerá em relação às eleições que se realizarem em pelo menos 1 ano antes da vigência da norma.

Processo eleitoral é o termo que está intimamente ligado aos instrumentos previstos em lei, que formam o procedimento necessário às eleições. Assim, o processo eleitoral inicia-se com o registro da candidatura e seus atos prévios (como exemplo, tem-se as convenções partidárias), até a diplomação dos eleitos. Ou seja, a anualidade não se aplica a todas as normas de Direito Eleitoral, mas apenas àquelas que estão relacionadas ao processo eleitoral.

O Supremo Tribunal Federal (STF), em decisão sobre a LC nº 135/2010, também chamada de Lei da Ficha Limpa, decidiu que a anualidade se aplica também às regras que disponham acerca de inelegibilidade,[9] o que foi uma novidade no que tange à jurisprudência nacional.

O princípio da anualidade é tão importante que foi erigido pelo STF ao *status* de cláusula pétrea, não podendo ser modificado sequer por emenda constitucional.[10]

ATENÇÃO: O princípio da anualidade aplica-se, excepcionalmente, inclusive, para aquelas Resoluções do Tribunal Superior Eleitoral que modifiquem o processo eleitoral.

Vale ressaltar que o STF já entendeu que esse Princípio deve ser aplicado também quando o TSE modifica jurisprudência remansosa sobre tema que envolve processo eleitoral. Isso para evitar surpresas em relação a quem pretende concorrer a mandato eletivo, guiado pelo que tem decidido o TSE acerca do tema, como forma de garantir a segurança jurídica. Nesses termos, decidiu o STF que:

---

9. RE nº 633.703/MG.
10. ADI nº 3.685.

"(...) II. MUDANÇA DA JURISPRUDÊNCIA EM MATÉRIA ELEITORAL. SEGURANÇA JURÍDICA. ANTERIORIDADE ELEITORAL. NECESSIDADE DE AJUSTE DOS EFEITOS DA DECISÃO. Mudanças radicais na interpretação da Constituição devem ser acompanhadas da devida e cuidadosa reflexão sobre suas consequências, tendo em vista o postulado da segurança jurídica. Não só a Corte Constitucional, mas também o Tribunal que exerce o papel de órgão de cúpula da Justiça Eleitoral devem adotar tais cautelas por ocasião das chamadas viragens jurisprudenciais na interpretação dos preceitos constitucionais que dizem respeito aos direitos políticos e ao processo eleitoral. Não se pode deixar de considerar o peculiar *caráter normativo* dos atos judiciais emanados do Tribunal Superior Eleitoral, que regem todo o processo eleitoral. Mudanças na jurisprudência eleitoral, portanto, têm efeitos normativos diretos sobre os pleitos eleitorais, com sérias repercussões sobre os direitos fundamentais dos cidadãos (eleitores e candidatos) e partidos políticos. No âmbito eleitoral, a segurança jurídica assume a sua face de *princípio da confiança* para proteger a estabilização das expectativas de todos aqueles que de alguma forma participam dos prélios eleitorais. A importância fundamental do princípio da segurança jurídica para o regular transcurso dos processos eleitorais está plasmada no princípio da *anterioridade eleitoral* positivado no art. 16 da Constituição. O Supremo Tribunal Federal fixou a interpretação desse artigo 16, entendendo-o como uma garantia constitucional (1) do *devido processo legal eleitoral*, (2) da *igualdade de chances* e (3) das *minorias* (RE 633.703). Em razão do caráter especialmente peculiar dos atos judiciais emanados do Tribunal Superior Eleitoral, os quais regem normativamente todo o processo eleitoral, é razoável concluir que a Constituição também alberga uma norma, ainda que *implícita*, que traduz o postulado da segurança jurídica como princípio da anterioridade ou anualidade em relação à alteração da jurisprudência do TSE. Assim, as decisões do Tribunal Superior Eleitoral que, no curso do pleito eleitoral (ou logo após o seu encerramento), impliquem mudança de jurisprudência (e dessa forma repercutam sobre a segurança jurídica), não têm aplicabilidade imediata ao caso concreto e somente terão eficácia sobre outros casos no pleito eleitoral posterior. (...)" (STF RE N. 637.485-RJ; RELATOR: MIN. GILMAR MENDES)

1.7.2. Princípio da vedação da restrição de direitos políticos, ou da atipicidade eleitoral, ou da estrita legalidade eleitoral

Os direitos políticos foram trazidos pela Constituição Federal como direitos fundamentais. Em assim sendo, são constituídos em cláusula pétrea.

Exatamente por isso, surge o Princípio da Atipicidade Eleitoral. Sobre o assunto, lecionam Thales Tácito Cerqueira e Camila Cerqueira que:

> "No Direito Eleitoral brasileiro, onde não se estiver restringindo direitos políticos, não cabe ao intérprete fazê-lo. Este princípio é fundamental, é norma de aplicação geral, e corresponde exatamente ao *in dubio pro reo* do Direito Processual Penal. Podemos chamá-lo de *in dubio pro candidato* ou *in dubio pro eleitor*, ou seja, havendo dúvida, deve sempre o juiz ou tribunal priorizar a não restrição de direitos políticos."

Isso basicamente significa que qualquer restrição a direitos políticos deve estar prevista expressamente pela legislação. Por isso, a interpretação de certos temas eleitorais, como a inelegibilidade, por exemplo, deverá sempre ocorrer restritivamente.

Apenas para exemplificar, a norma do art. 14, § 6º, da CF, que determina a renúncia do Presidente da República, dos Governadores de Estado e do Distrito Federal, bem como dos Prefeitos, que pretendem concorrer a outros cargos eletivos, não é aplicada aos seus respectivos vices e membros do Legislativo, pois, como não são citados expressamente pelo Ordenamento Jurídico, não precisarão renunciar aos seus cargos eletivos, caso pretendam concorrer a outros mandatos eletivos.

Por isso, a restrição a direito político deve estar prevista expressa e taxativamente. Esse princípio também é denominado de *in dubio pro* candidato.

1.7.3. Princípio da Primazia da Eleição Direta

O Brasil segue o sistema representativo, como forma de assegurar a democracia. Por isso, via de regra, as eleições brasileiras são diretas. Apenas excepcionalmente e por expresso é que se admite eleições realizadas de forma indireta. Por isso, o art. 81, § 1°, da CF, que determina a eleição indireta em caso de dupla vacância de presidente e vice-presidente da República não é de repetição obrigatória a outras entidades federativas. Assim, para que exista eleição indireta nos estados e municípios, é necessário que a constituição estadual e a lei orgânica assim prevejam. Na omissão dessas normas, a eleição deverá ser direta, independentemente do período em que ocorreu a dupla vacância na chefia do Executivo estadual ou municipal. Nesses termos, entende o STF:

> A reserva de lei constante do art. 81, § 1º, da CF, que é nítida e especialíssima exceção ao cânone do exercício direto do sufrágio, diz respeito tão só ao regime de dupla vacância dos cargos de Presidente

> e do Vice-Presidente da República, e, como tal, é da óbvia competência da União. E, considerados o desenho federativo e a inaplicabilidade do princípio da simetria ao caso, compete aos Estados-membros definir e regulamentar as normas de substituição de Governador e Vice-Governador. De modo que, quando, como na espécie, tenha o constituinte estadual reproduzido o preceito CF, a reserva de lei não pode deixar de se referir à competência do próprio ente federado. [ADI 4.298 MC, voto do rel. min. Cezar Peluso, j. 7-10-2009, P, DJE de 27-11-2009.]

Por isso, é que a regra é a eleição direta, só podendo o sufrágio ocorrer indiretamente por determinação da norma básica que rege a entidade federativa. Em nível federal, a eleição só será indireta quando houver dupla vacância na chefia do executivo faltando menos de 2 anos para o término do mandato.

Vale citar que se o motivo para a dupla vacância foi a anulação da eleição, o sufrágio indireto só ocorrerá se faltar menos de 6 meses para o término do mandato. Entendo que esse dispositivo só será aplicado se: a) a causa da dupla vacância for a anulação da eleição, decorrente de indeferimento de registro, cassação de diploma ou perda de mandato, nos termos do art. 224 do Código Eleitoral; b) se a constituição ou a lei orgânica nada dispuser a respeito. Assim, por exemplo, caso haja a cassação do diploma do presidente e do vice-presidente, a eleição será indireta se faltar menos de 2 anos para o pleito, pois há dispositivo expresso na CF, nesse sentido.

Sendo outra a causa, como visto, a eleição indireta só ocorrerá se houver determinação nesse sentido na constituição estadual ou na lei orgânica do município. Por outro lado, quando a causa da dupla vacância é eleitoral, aplica-se o art. 224, § 4°, do CE, segundo o qual se a dupla vacância ocorrer faltando menos de 6 (seis) meses para a nova eleição, o pleito será indireto. Nas outras hipóteses, a eleição será direta. Essa determinação do Código Eleitoral, no entanto, só se aplica quando se tratar de Estados, Distrito Federal e Municípios. Nesse sentido:

> Ac.-TSE, de 11.10.2011, no MS nº 162058: se inexiste disposição específica na Lei Orgânica Municipal sobre a modalidade da eleição suplementar, eleições diretas devem ser realizadas, ainda que a dupla vacância dos cargos de prefeito e vice-prefeito se dê no segundo biênio da legislatura.

1.7.4. Intermediação dos partidos políticos

Os partidos políticos possuem um papel de destaque na democracia brasileira. Previstos diretamente na Constituição Federal, as agremiações partidárias são pessoas jurídicas de direito privado, possuindo um amplo poder de fiscalização sobre o pleito eleitoral.

Além disso, os partidos políticos servem como intermediários obrigatórios no processo eleitoral, uma vez que não se admite a candidatura avulsa. Aliás, chama-se candidatura avulsa a realizada sem o intermédio dos partidos, o que no direito brasileiro é inviável. Essa dependência das agremiações partidárias para as candidaturas já se encontra prevista no Código Eleitoral que, em seu art. 2°, enuncia:

> Todo poder emana do povo e será exercido, em seu nome, por mandatários escolhidos, direta e secretamente, dentre candidatos indicados por partidos políticos nacionais, ressalvada a eleição indireta nos casos previstos na Constituição e leis específicas.

A Lei 9.504/97 ainda enuncia que para que um partido participe do processo eleitoral, é necessário que seu estatuto esteja registrado perante o TSE 6 meses antes das eleições e ter ainda diretório registrado na circunscrição até a data da realização das convenções partidárias. A EC 97/2017 ainda trouxe para os partidos uma maior autonomia, definindo que compete a essas agremiações determinar a duração de seus órgãos permanentes e provisórios. O TSE vinha definindo que os órgãos provisórios dos partidos políticos não podiam durar mais do que 120 dias (Res. 23.465/2015), algo que agora deve ser determinado pelas próprias agremiações. Agora, o art. 39 da aludida resolução dispõe sobre tal prazo apenas se houver omissão nos estatutos partidários.

De toda forma, sem partidos políticos, não será possível a candidatura.

1.7.5. Princípio da temporalidade da investidura na função eleitoral

A Justiça Eleitoral é essencial para a organização e fiscalização do pleito eleitoral. A sua constituição é *sui generis*. Isso porque não há quadro permanente de magistrados eleitorais, o que faz com que tais membros sejam vinculados a outros órgãos do judiciário ou sejam advogados. Assim, os membros da justiça eleitoral exercem mandatos. Quando se trata dos membros dos tribunais eleitorais, esse mandato será de 2 anos, podendo ser prorrogado uma vez para o período subsequente. Já para os juízes eleitorais, aplica-se, via de regra, um sistema de rodízio em que, existindo mais de um juiz de direito no local abarcado pela zona eleitoral, cada um exercerá a função eleitoral pelo prazo de dois anos, seguindo esse rodízio até que todos os juízes de direito daquela localidade já tenham exercido a função.

1.7.6. Princípio da Federalização

Esse princípio está relacionado ao Ministério Público Eleitoral. Em verdade, a atuação do Ministério Público é essencial ao processo eleitoral. O direito eleitoral está relacionado ao exercício de direitos políticos. Por sua vez, os direitos políticos são fundamentais. Isso faz com que todo ato eleitoral seja considerado como matéria de ordem pública, atraindo a legitimidade do *parquet* atuar.

Apesar do termo Ministério Público Eleitoral ser frequentemente utilizado, não há um órgão ministerial próprio para a atuação eleitoral. As funções eleitorais do Ministério Público são exercidas pelo Ministério Público Federal, pelo que se fala em Princípio da Federalização.

Por isso, o Procurador Geral Eleitoral será o Procurador Geral da República, enquanto que o Procurador Regional Eleitoral será um Procurador Regional da República, designado pelo Procurador Geral para atuação por dois anos, sendo possível uma recondução.

1.7.7. Princípio da Delegação

Ainda aplicado ao MPE, o princípio da delegação mostra que perante o primeiro grau de jurisdição atuam os Promotores Eleitorais, que são membros dos Ministérios Públicos dos Estados. Isso assim ocorre por não possuir o MPF um número de membros suficiente para atuar em todas as zonas eleitorais do país. A Lei Complementar 75/93 (Lei Orgânica do Ministério Público da União) acaba por delegar a função eleitoral, no primeiro grau de jurisdição da Justiça Eleitoral, aos membros do Ministério Público Local. Esses promotores eleitorais funcionam junto aos juízes eleitorais.

Quando não houver um promotor de justiça atuando perante o juiz que recebeu a investidura eleitoral, funcionará aquele indicado pelo Procurador Geral de Justiça do Estado, sendo designado pelo Procurador Regional Eleitoral. Esse princípio, assim como o princípio da federalização, será melhor desenvolvido no capítulo 3 da presente obra.

1.7.8. Princípio da Legalidade da Propaganda Eleitoral

A propaganda eleitoral é um meio essencial para divulgação de ideias e projetos políticos, visando auxiliar o eleitor na tomada de decisão em seu ato de votação. A lógica deste princípio é que, em benefício do processo eleitoral, a propaganda eleitoral deverá ser realizada na forma prevista em lei. Isso significa que no que tange a propaganda em todos os seus aspectos (tempo, forma, lugar), cabe à lei estabelecer quais são os parâmetros que devem ser seguidos. Ocorre, no entanto, que é praticamente impossível que a lei possa prever toda e qualquer espécie de propaganda eleitoral, tendo em vista o surgimento constante de novos instrumentos publicitários. Quando isso ocorrer, é possível a realização de propaganda eleitoral, em forma que, apesar de não prescrita em lei, por ela também não é proibida.

1.7.9. Princípio da Liberdade da Propaganda Eleitoral

Esse princípio é complementar em relação ao da legalidade. Isso porque, a propaganda deverá ser realizada na forma prevista em lei. Mas dentro da moldura legal, a propaganda não poderá ser proibida ou limitada. Por isso é que o Ordenamento Jurídico Brasileiro dispensa licença e autorização do Poder Público para realização de qualquer ato de propaganda eleitoral. O princípio da liberdade também pode ser considerado de outro prisma. Será possível a realização de propaganda eleitoral em forma não proibida pela lei, como já dito anteriormente. Vale ressaltar que nesses casos, apesar da forma não está prevista em lei, os demais aspectos do ato de propaganda estão, como tempo (realizada somente a partir de 16 de agosto do ano das eleições) e lugar (proibição de propaganda em bens públicos, por exemplo). Por isso é que mesmo na omissão quanto à forma, permitindo a realização da propaganda não prevista e nem proibida em lei, nenhuma propaganda eleitoral é completamente livre.

1.7.10. Princípio do Poder de Polícia na Propaganda Eleitoral

Dentro do quanto determinado em lei, cabe à Justiça Eleitoral exercer o poder de polícia na propaganda eleitoral. Assim, o juiz eleitoral deve determinar a suspensão dos atos de propaganda que sejam ilegais de ofício. Aliás, tal competência será do juiz eleitoral, ainda que a propaganda seja para eleições presidenciais, federais ou estaduais.

Segundo o entendimento do STF, as normas que disponham acerca da inelegibilidade devem respeitar a anualidade. Ocorre, no entanto, que esse poder de polícia não permite que se aplique se ofício a multa estabelecida em lei. Isso porque essa multa só poderá ser aplicada através da representação citada no art. 96 da Lei 9.504/97. Essa representação poderá ser ajuizada por partido, candidato, coligação ou pelo Ministério Público Eleitoral e a competência para julgá-la será dos juízes auxiliares do TSE, ou dos juízes auxiliares do TRE ou dos juízes eleitorais, dependendo de que eleição se trate.

1.7.11. Princípio da Unicidade ou Indivisibilidade de Chapas

Há dois sistemas eleitorais no Direito Brasileiro: o sistema majoritário e o sistema proporcional. O primeiro está submetido ao princípio da unicidade de chapas. Isso significa que o eleitor vota não apenas em um candidato, mas sim em uma chapa. Por isso é que o voto dado ao candidato a presidente é estendido ao candidato a vice-presidente com ele registrado. Não é possível votar em um candidato a presidente de uma chapa e a vice-presidente de outra chapa.

Obviamente, a unicidade de chapas traz consequências. Por isso, a chapa deve chegar íntegra na data da eleição. Caso isso não ocorra, a chapa incompleta é desclassificada. Se essa situação ocorrer antes do primeiro turno, é possível que partido faça a devida substituição. Se entre o primeiro e o segundo turnos, a chapa que obteve em terceiro lugar será convocada para participar do segundo turno com a chapa remanescente.

Essa indivisibilidade das chapas encontra exceções, de acordo com o TSE. Assim, O Tribunal Superior Eleitoral, no REspe no 83-53 (rel. Min. Fux), excepcionou o princípio da indivisibilidade da chapa, levando em consideração os seguintes parâmetros: a) a existência de um provimento favorável capaz de presumir a boa-fé de permanência no pleito; b) o fato de a chapa majoritária estar com o registro deferido no prazo fatal para a substituição de candidatos; c) ter sido o registro do vice rejeitado às vésperas do pleito, de sorte a inviabilizar sua substituição; d) o registro indeferido tratar de condição de elegibilidade do vice; e) não haver notícia de conspurcação à axiologia eleitoral, de forma a se verificar a compatibilidade entre a livre vontade da comunidade envolvida e o resultado afirmado nas urnas.

Esse posicionamento foi repetido no REspe 06011619-93, sendo relator o ministro Og Fernandes. Por outro lado, como será aprofundado no capítulo 7 deste livro, o sistema eleitoral majoritário é aplicado nas eleições presidenciais, para governador e vice, prefeito e vice e senadores. Neste último caso, a chapa é formada pelo candidato a senador e por dois candidatos a sua suplência.

→ 1.8. Resumo didático

1. Dá-se o nome de direito político aos instrumentos que o cidadão possui para, manifestando a sua vontade, de algum modo, terminar por influenciar nas decisões governamentais, seja de forma indireta, através da escolha de seus representantes no poder, seja de forma direta, quando a sua opinião deverá ser levada em consideração na atuação estatal.

2. O Direito Eleitoral pode ser conceituado como ramo do direito público que tendo por objeto a disciplina do exercício do sufrágio, visa garantir o respeito à legitimidade da escolha popular, através da lisura das eleições, dispondo sobre o processo eleitoral, as regras sobre alistamento e candidaturas, as restrições ao voto, a competência da Justiça e do Ministério Público Eleitoral, os sistemas eleitorais, bem como os crimes que são praticados contra a liberdade de voto e a lisura nas eleições.

3. A competência Legislativa para criar normas de Direito Eleitoral pertence à União.

4. São fontes primárias do Direito Eleitoral: a Constituição Federal, as Leis Complementares, as Leis Ordinárias, as resoluções do TSE.

5. Os dispositivos do Código Eleitoral que tratam de organização e competência da Justiça Eleitoral têm força de Lei Complementar, por isso, só podem ser modificados por outra Lei Complementar.

6. É vedada a cassação de direitos políticos, mas permitida a perda e suspensão.

7. A perda dos direitos políticos é definitiva, enquanto a suspensão é temporária.

8. É causa de perda de direitos políticos: a perda da naturalização por decisão transitada em julgado.

9. São causas de suspensão de direitos políticos: a incapacidade civil absoluta, a sentença criminal condenatória transitada em julgado, a recusa de cumprir as obrigações a todos imposta e a improbidade administrativa.

10. Nem toda condenação por ato de improbidade administrativa, como se verifica no artigo 12 da Lei nº 8.429/92, traz como consequência a suspensão dos direitos políticos. Portanto, é necessário que a sentença condenatória traga expressamente a imposição da pena de suspensão dos direitos políticos, para a mesma seja aplicada.

11. Sufrágio é direito. Voto é o instrumento do sufrágio. Escrutínio é a forma pela qual o voto é concedido.

12. O sufrágio é universal, enquanto o voto é direto, secreto, livre e personalíssimo.

13. Princípio da anualidade é aquele que determina que as leis que alteram o processo eleitoral entram em vigor com a sua publicação, mas só se aplicam às eleições que ocorrerem a pelo menos 1 ano de sua vigência.

→ 1.9. Questões

1) **(CESPE – 2017) O princípio constitucional da anualidade ou da anterioridade da lei eleitoral**
   a) não abrange resoluções do TSE que tenham caráter regulamentar.
   b) não repercute sobre decisões do TSE em casos concretos decididos durante o processo eleitoral e que venham a alterar a jurisprudência consolidada.
   c) estabelece período de *vacatio legis* para a entrada em vigor das leis eleitorais.
   d) tem aplicabilidade imediata e eficácia contida conforme a data do processo eleitoral.

2) **(CESPE – 2017) O MP eleitoral**
   a) atua em todas as fases do processo eleitoral com observância dos princípios da federalização, da delegação e da excepcionalidade.
   b) tem atribuição de oficiar à justiça eleitoral - juízes e juntas eleitorais — por intermédio de membros do MPF.
   c) tem legitimidade para recorrer de decisão que julgue o pedido de registro de candidatura, mesmo que não tenha apresentado impugnação anterior.
   d) não tem legitimidade para prosseguir com a ação de impugnação de mandato eleitoral quando a parte autora apresenta pedido de desistência da ação.

3) **(CESPE – 2017) A suspensão de direitos políticos**
   a) decorrente de condenação criminal transitada em julgado cessará com o cumprimento da pena, sendo indispensável a prova de reparação dos danos, se for o caso.
   b) não ocorre em relação ao beneficiado pela suspensão condicional do processo.
   c) não é penalidade prevista para aquele que se recusar a prestar serviço no júri popular e a cumprir o serviço alternativo, mesmo que a recusa deva-se a escusa de consciência.
   d) decorrente de condenação criminal transitada em julgado cessará quando a pena privativa de liberdade for substituída por restritiva de direitos.

4) **(FCC – 2011 – TRT – 20ª REGIÃO (SE) – Técnico Judiciário – Área Administrativa) No tocante aos direitos políticos, o atributo de quem preenche as condições do direito de ser votado é classificado como capacidade eleitoral**

a) passiva.
b) ativa.
c) plena.
d) genérica
e) originária.

5) **(AL/GO – 2015) Ao julgar o Recurso Extraordinário Eleitoral n. 633.703, em 23 de março de 2011, o Supremo Tribunal Federal entendeu que a Lei Complementar n. 135/2010 (Lei da Ficha Limpa) não deveria ser aplicada às eleições de 2010 por desrespeitar o art. 16 da Constituição Federal de 1988. Considerando o princípio da anualidade,**

a) a emenda constitucional que altera o processo eleitoral possui aplicação imediata.
b) a lei que altera o processo eleitoral, assim que publicada, ingressa imediatamente no ordenamento jurídico pátrio, inocorrendo a *vacatio legis*.
c) a lei que altera o processo eleitoral entra em vigor um ano após sua publicação, não tendo efeito no período da *vacatio legis*.
d) a incidência da anualidade em relação à lei que altere o processo eleitoral dependerá de ponderação no caso concreto, por tratar-se de um princípio.

6) **(CESPE – 2019) O princípio que sustenta a ideia de que o intérprete da norma deve manter a aplicação da lei estritamente vinculada às limitações por ela impostas a candidatos e eleitores é o da**

a) vedação da restrição de direitos políticos.
b) democracia partidária.
c) responsabilidade solidária.
d) periodicidade da investidura.
e) celeridade da justiça eleitoral.

GABARITO

1 – A	2 – C	3 – B	4 – A	5 – B	6 – A

CAPÍTULO 2
JUSTIÇA ELEITORAL

2.1. ÓRGÃOS DA JUSTIÇA ELEITORAL

O Direito Eleitoral surgiu como forma de regulamentar e fiscalizar o processo eleitoral, ou seja, o processo de escolha democrática daqueles que ocuparão cargos de gestão de interesses públicos. Há 3 (três) formas de organizar a estrutura que cuida do processo eleitoral: através de uma organização política, em que a estrutura que cuida do processo eleitoral é destacada pelo Executivo ou pelo Legislativo, através de pessoas indicadas politicamente, ou ainda uma estrutura mista, em que há membros também do Judiciário em tal organização ou uma estrutura judicial, em que o órgão responsável pela organização e fiscalização do processo eleitoral pertence ao Poder Judiciário, como é o caso do Brasil.

Com o intuito de cumprir este papel, desde algum tempo, as Constituições Federais têm traçado uma estrutura dentro do Poder Judiciário para organizar e fiscalizar o processo eleitoral. É o que se conhece por Poder Judiciário Eleitoral, criado em 1932.

Aquele Órgão encontra-se organizado pela Constituição Federal, pelo Código Eleitoral e pelos Regimentos Internos de cada Tribunal. Os órgãos da Justiça Eleitoral estão na estrutura do Poder Judiciário da União, juntamente com a Justiça Federal, a Justiça do Trabalho, a Justiça Militar da União e a Justiça do Distrito Federal e Territórios. Sobre o assunto, ensina o professor Marcos Ramayana que:

> Cumpre, portanto, à Justiça Eleitoral a nobre missão de resguardar a democracia e o Estado Democrático, nos moldes do disposto no art. 1º e incisos da Constituição Federal, efetivando, praticamente, a

soberania popular, a cidadania e o pluralismo político como princípios fundamentais trilhados pelo legislador constituinte (p. 44).

O Poder Judiciário Eleitoral possui uma curiosidade, nele não existe a carreira de Juiz Eleitoral. Este, no TSE e nos Tribunais Regionais Eleitorais (TREs) é escolhido dentre os magistrados de outros Tribunais e Advogados, enquanto os Juízes Eleitorais de Primeira Instância são escolhidos entre os Juízes de Direito, nos termos dispostos pelo Ordenamento Jurídico.

Esse fato tem suscitado aplausos e críticas. Alguns entendem que a estrutura fica comprometida por não ter profissionais especializados para exercer a magistratura eleitoral. Outros afirmam que, por outro lado, isso faz da Justiça Eleitoral um Órgão mais respeitado ao não permitir que haja um engessamento da estrutura, com a atuação de pessoas com novas ideias.

Surge, então, o Princípio da periodicidade ou temporalidade da investidura das funções eleitorais. Sobre o aludido princípio, leciona o professor Francisco Dirceu Barros afirmando que:

> Os órgãos da Justiça Eleitoral se submetem ao princípio da periodicidade da investidura das funções eleitorais, segundo o qual não há magistrados ou promotores permanentemente investidos nas funções eleitorais, sendo elas exercidas temporariamente (p. 39).

De qualquer forma, assim está estruturada a Justiça Eleitoral, nos termos do artigo 118 da CF:

> Art. 118. São órgãos da Justiça Eleitoral:
>
> I – o Tribunal Superior Eleitoral;
>
> II – os Tribunais Regionais Eleitorais;
>
> III – os Juízes Eleitorais;
>
> IV – as Juntas Eleitorais.

ATENÇÃO: O Ministério Público Eleitoral, embora seja órgão que exerce função essencial à Justiça, não faz parte da organização da Justiça Eleitoral. Da mesma forma, as mesas receptoras, apesar de se constituírem em órgãos essenciais para o processo eleitoral, pois são responsáveis pelo recebimento dos votos dos eleitores, além das justificativas pelo não comparecimento, não desenvolvem atividade jurisdicional, por isso não são consideradas como órgãos da Justiça Eleitoral.

Interessante é o fato de que CF estabeleceu a formação dos Tribunais no que tange à investidura de seus membros, contudo deixou para Lei Complementar a tarefa de definir a competência e a organização dos Tribunais Eleitorais.

Pode-se estranhar o fato de a competência e a organização daqueles Tribunais serem dispostas pelo Código Eleitoral, que é, em verdade, lei ordinária. Todavia, o STF tem entendido que nessa parte (da competência e da organização dos Tribunais) o aludido Código tem natureza de Lei Complementar, podendo ser modificado apenas por outra Lei Complementar. Tal fato, entretanto, não é isolado no Ordenamento Jurídico Brasileiro, ocorrendo o mesmo em relação ao Código Tributário Nacional (CTN). Isso faz com que o Código Eleitoral tenha uma natureza jurídica mista, pois, apesar de ser lei ordinária, na parte que trata sobre organização e competência da Justiça Eleitoral, é considerado como lei complementar e nessa parte só por lei complementar poderá ser alterado.

Aliás, a diferença entre leis complementares e ordinárias não se encontra em alguma relação hierárquica. Apenas há âmbitos materiais traçados pelo constituinte a cada uma das espécies normativas. No caso do Texto Constitucional de 1988, entendeu-se que as matérias referentes a competência e organização da justiça eleitoral só poderiam ser tratadas através de lei complementar. Por isso é que se o código eleitoral for modificado na parte que trata sobre matéria reservada a lei complementar, somente por lei complementar é que essa modificação poderá ser feita.

Por exemplo, o art. 22, I, do CE traz as competências judiciais originárias do TSE. Foi introduzida a competência da ação rescisória eleitoral através da LC 86/1996. Assim, qualquer nova competência da justiça eleitoral só poderá ser trazida por lei complementar. Assim como qualquer alteração da organização da justiça eleitoral.

Vale ressaltar que os Juízes dos Tribunais Eleitorais devem servir por 2 anos, no mínimo, e por 4 anos consecutivos no máximo. Inicialmente, deve-se destacar que o Dispositivo Constitucional pronuncia-se apenas sobre os Juízes que atuam perante os Tribunais Eleitorais (TSE e TRE) e não sobre os Juízes Eleitorais (juízes que atuam na primeira instância da Justiça Eleitoral), que acabam por estar submetidos a um regime jurídico um pouco diferente em relação aos magistrados dos Tribunais, embora também não possuam vitaliciedade no exercício das funções eleitorais.

ATENÇÃO: A proibição está relacionada a se exercer por mais de dois biênios consecutivos a função de Juiz de Tribunal Eleitoral. Nada impede que, tendo exercido por 4 anos consecutivos a função citada, possam aqueles indicados pelo Ordenamento Jurídico voltar a exercê-la.

Neste mesmo entendimento, posiciona-se o STF, no seguinte sentido:

> O parágrafo único do art. 5º da Resolução 615/2002, do TRE/MG, estabelece que nenhum juiz poderá voltar a integrar o Tribunal na mesma classe ou em classe diversa, por dois biênios consecutivos. Inconstitucionalidade: a norma proíbe quando a Constituição faculta ao juiz servir por dois biênios consecutivos. CF, art. 121, § 2º. Ademais, não cabe ao TRE a escolha dos seus juízes. Essa escolha cabe ao Tribunal de Justiça, mediante eleição, pelo voto secreto: CF, art. 120, § 1º, I, *a* e *b*, II e III. A norma regimental do TRE condiciona, pois, ao tribunal incumbido da escolha, certo que a Constituição não confere à Corte que expediu a resolução proibitória tal atribuição (ADI 2.993, Rel. Min. Carlos Velloso, julgamento em 10-12-2003, Plenário, *DJ* de 12-3-2004.) No mesmo sentido: Rcl 4.587, Rel. Min. Sepúlveda Pertence, julgamento em 19-12-2006, Plenário, *DJ* de 23-3-2007.

Dispõe, assim, o § 2º do artigo 121 da CF:

> Art. 121. (...)
>
> § 2º Os juízes dos tribunais eleitorais, salvo motivo justificado, servirão por dois anos, no mínimo, e nunca por mais de dois biênios consecutivos, sendo os substitutos escolhidos na mesma ocasião e pelo mesmo processo, em número igual para cada categoria.

Deve-se observar que a temporalidade é da investidura da função e não da função em si. Explica-se: os Tribunais Eleitorais existirão independentemente da época. Não se pode afirmar que a Justiça Eleitoral exista apenas na época própria da eleição, mas sim que ela é permanente. Em verdade, a temporariedade ocorre apenas em relação àquelas pessoas que estão investidas nessa função.

ATENÇÃO: Os únicos órgãos da Justiça Eleitoral que não são permanentes são as Juntas Eleitorais, uma vez que só são constituídas para apuração e diplomação. Neste último caso, apenas para as eleições municipais.

Sobre a competência do Judiciário Eleitoral, o professor Marcos Ramayana ainda afirma que:

> A competência da Justiça Eleitoral está cingida dentro das fases elencadas pela doutrina. A doutrina majoritária entende que à justiça Eleitoral compete processar e julgar causas que estejam compreendidas entre o alistamento e a diplomação dos candidatos eleitos, e, por forca de ação de natureza constitucional, que é a ação de impugnação ao mandato eletivo (art. 14, parágrafo 10), ainda possui competência para decidir essas ações que são ajuizados no prazo decadencial de quinze dias, contados da diplomação. Fora desse prazo legal, não haverá mais competência da Justiça Eleitoral, devendo as questões ser dirimidas pela Justiça Comum (p. 53).

A justiça eleitoral ainda possui competências administrativas. Dentre essas, competências bastante peculiares como a normativa e consultiva, como será visto adiante.

2.2. TRIBUNAL SUPERIOR ELEITORAL

É a máxima instância da Justiça Eleitoral. Por conta disso, estatui o artigo 121, § 3º, da Constituição:

> Art. 121. (...)
>
> § 3º São irrecorríveis as decisões do Tribunal Superior Eleitoral, salvo as que contrariarem esta Constituição e as denegatórias de *habeas corpus* ou mandado de segurança.

Desta forma, o TSE é composto da seguinte forma, nos termos do artigo 119 da CF:

> Art. 119. O Tribunal Superior Eleitoral compor-se-á, no mínimo, de sete membros, escolhidos:
>
> I – mediante eleição, pelo voto secreto:
>
> a) três juízes dentre os Ministros do Supremo Tribunal Federal;
>
> b) dois juízes dentre os Ministros do Superior Tribunal de Justiça;
>
> II – por nomeação do Presidente da República, dois juízes dentre seis advogados de notável saber jurídico e idoneidade moral, indicados pelo Supremo Tribunal Federal.

Percebe-se, portanto, que a Constituição faz diferença em relação à escolha de seus membros. Os membros da classe dos magistrados (Ministros do STF e do STJ) são eleitos, através de escrutínio secreto pelos Tribunais a que pertencem, enquanto os membros da classe dos juristas (Advogados), são nomeados pelo Presidente da República, após 6 serem indicados pelo STF. Esses advogados precisam ter pelo menos 10 anos de efetiva prática profissional para que possam ser escolhidos.

A Resolução 23.517/2017 do TSE estabelece que os 10 anos, consecutivos ou não, de efetiva prática profissional precisam ser comprovados pelo advogado indicado pelo STF. Assim, na data em que for indicado, o advogado precisa estar no exercício da advocacia (não se admitindo a indicação de profissional com o registro cancelado ou suspenso) e comprovar a prática de atos privativos da carreira, pelo menos 5 (cinco) por ano. A citada resolução não permite a indicação de advogado que seja filiado a partido político, nem magistrado aposentado ou membro do Ministério Público para compor a lista para o TSE.

ATENÇÃO: A OAB não participa da escolha dos membros do TSE que vierem da classe dos advogados (juristas).

É interessante observar que os Membros do Ministério Público (MP) não podem ser Juízes de Tribunais Eleitorais, não se podendo falar em quinto constitucional para os tribunais eleitorais. Mesmo em se tratando de TSE, a denominação que a Constituição e o Código Eleitoral dão aos seus membros é de Juízes. Apenas a LC nº 35, artigo 34, é que os denomina de Ministros.

A Constituição Federal, ainda, afirma que o número de Juízes do TSE é de, no mínimo, sete. Isso significa que o número de Juízes do TSE pode ser aumentado, nunca reduzido. Para que ocorra aumento, faz-se necessária Lei Complementar de iniciativa do TSE.

Com os membros titulares (ou efetivos, como costumam ser chamados) são escolhidos também os substitutos, em mesmo número, na mesma ocasião e pelo mesmo processo. Vale ressaltar, no entanto, que a substituição só poderá ser feita dentro da mesma classe. Por exemplo, o membro da classe de juristas (advogados) só poderá ser substituído por pessoa que tenha vindo da classe de juristas.[1]

---

1. Neste sentido, entende o TSE que: "Processo administrativo. Tribunal Regional Eleitoral. Afastamento de juiz eleitoral efetivo. Substituição por juiz de classe diversa para composição do pleno. Impossibilidade. Não há como se convocar por juiz de classe diversa para complementação de quórum em Tribunal Regional Eleitoral, dado ser exigível que tal ocorra entre membros da mesma classe, na esteira do estabelecido no art. 7º da Resolução TSE nº 20.958/2001" (Resolução nº 22.469, de 31.10.06, do TSE).

Os membros do TSE não deixam de exercer as suas funções originárias. Assim, os Ministros do STF e do STJ continuam a exercer as suas funções nos seus respectivos Tribunais, enquanto os Advogados não deixam de exercer as suas atividades,[2] mesmo sendo Juízes de Tribunais Eleitorais, sendo que neste caso estariam, por óbvio, impedidos de atuar perante a Justiça Eleitoral.

Os membros da classe de magistrados entrarão em licença ou férias dos Tribunais Eleitorais automaticamente quando licenciados ou afastados de seus cargos de origem, salvo quando tais licenças e férias ocorrerem em período de eleições.[3]

Dispõe, ainda, os §§ 1º e 2º do artigo 16 do Código Eleitoral da seguinte forma:

> Art. 16. (...)
> § 1º Não podem fazer parte do Tribunal Superior Eleitoral cidadãos que tenham entre si parentesco, ainda que por afinidade, até o 4º (quarto) grau, seja o vínculo legítimo ou ilegítimo, excluindo-se neste caso o que tiver sido escolhido por último.
> § 2º A nomeação que trata o inciso II deste artigo não poderá recair em cidadão que ocupe cargo público de que seja demissível ad nutum; que seja diretor, proprietário ou sócio de empresa beneficiada com subvenção, privilégio, isenção ou favor em virtude de contrato com a administração pública; ou que exerça mandato de caráter político, federal, estadual ou municipal.

Essas últimas proibições são aplicadas apenas para os membros que vieram da classe dos advogados (juristas).

O Presidente e o Vice-Presidente do TSE são escolhidos pelo próprio TSE, dentre os Ministros do STF que dele fazem parte; enquanto o Corregedor-Geral Eleitoral deverá ser escolhido entre os Ministros do STJ que fazem parte do TSE. As atribuições do Presidente, do Vice-Presidente e do Corregedor-Geral Eleitoral são definidas pelo próprio TSE.

É óbvio que o TSE, como órgão do Poder Judiciário, deverá sempre realizar as suas funções pautado em critérios de impessoalidade. Se por acaso for descoberta a informação de existir alguma associação entre os membros do TSE e algum envolvido nas causas ali julgadas, o aludido membro do Tribunal não poderá votar naquele processo. Por isso é que se houver

2. Como assentado pelo STF na decisão da ADI nº 1.127/DF.
3. § 2º, do artigo 14 do Código Eleitoral.

vínculo conjugal ou de parentesco até o 2° grau entre em membros do TSE e candidatos à presidência ou vice-presidência da República, os magistrados deverão ser afastados entre a escolha do pré-candidato em convenção até a diplomação dos eleitos. Esse afastamento, aliás, é o único que suspende a contagem do biênio na investidura da função eleitoral.

Deve-se observar que as decisões deverão ser tomadas em sessão pública com a maioria de seus membros presente. Isso porque os órgãos judiciais eleitorais não podem dividir-se em turmas ou seções em razão de ausência de permissão constitucional. Estatui, portanto, o Código Eleitoral em seu artigo 19 que:

> Art. 19. O Tribunal Superior delibera por maioria de votos, em sessão pública, com a presença da maioria de seus membros.
>
> Parágrafo único. As decisões do Tribunal Superior, assim na interpretação do Código Eleitoral em face da Constituição e cassação de registro de partidos políticos, como sobre quaisquer recursos que importem anulação geral de eleições ou perda de diplomas, só poderão ser tomadas com a presença de todos os seus membros. Se ocorrer impedimento de algum juiz, será convocado o substituto ou o respectivo suplente.

No caso do parágrafo único retrocitado, se houver impedimento de algum juiz, será convocado o substituto ou o respectivo suplente. O TSE[4] tem entendido que há apenas uma hipótese de julgamento com quórum incompleto: em caso de suspeição ou impedimento do juiz titular da classe de advogado e impossibilidade jurídica de convocação de juiz substituto.

2.2.1. Competência do TSE

Infelizmente, até mesmo pela época de criação do Código Eleitoral, alguns dispositivos não foram recepcionados pela CF/88, o que exige bastante atenção do profissional que milita na área, bem como do candidato a concurso público, uma vez que as disposições, apesar de em desacordo com a CF, continuam escritas, o que causa bastante confusão.

Seguindo a finalidade da presente obra, será feita uma análise mais circunstanciada do artigo 22, I, do Código Eleitoral, em virtude de, em parte, não ter sido recepcionado pela CF.

4. ED-AgR-REspe 159389, ac de 5.12.2013.

Dessa maneira, segundo o Código Eleitoral, é competente o TSE:

> Art. 22. Compete ao Tribunal Superior:
>
> I – Processar e julgar originariamente:
>
> a) o registro e a cassação de registro de partidos políticos, dos seus diretórios nacionais e de candidatos à Presidência e vice-presidência da República;

O Tribunal Superior Eleitoral é competente para registrar o estatuto, bem como cassar tal registro dos partidos políticos. Como será visto posteriormente, apenas os partidos políticos cujo estatuto foi registrado perante o TSE poderão participar do processo eleitoral, receber valores do fundo partidário, e ainda ter direito à exclusividade de seu nome, sigla e símbolos. Como já foi visto, a cassação do registro dos partidos políticos, por ser medida grave, só poderá ser realizada com a presença de todos os membros do TSE. De igual maneira, cabe ao TSE o registro e a cassação de registro dos diretórios nacionais dos partidos políticos.

Por outro lado, o TSE tem por competência a atuação nas eleições presidenciais. Assim, cabe ao TSE o registro e a cassação do registro da candidatura para Presidente e Vice-Presidente da República.

ATENÇÃO: Normalmente, se a competência da Justiça Eleitoral for dividida apenas levando-se em consideração as eleições, caberá ao TSE produzir os atos referentes às eleições presidenciais, ao TRE aqueles referentes às eleições federais e estaduais (Senador, Deputado federal, Governador, Vice-Governador e Deputado estadual), enquanto compete aos juízes e Juntas Eleitorais os relativos às eleições municipais.

> b) os conflitos de jurisdição entre Tribunais Regionais e juízes eleitorais de Estados diferentes;

Ocorre o conflito de jurisdição quando mais de um órgão judiciário se entende competente para o mesmo feito (conflito positivo) ou quando mais de um órgão se entende incompetente para determinada causa (conflito negativo). Há necessidade de manter-se a segurança jurídica, principalmente em relação à competência judiciária, caso o conflito seja entre Tribunais Eleitorais ou Juízes Eleitorais de estados diferentes.

> c) a suspeição ou impedimento aos seus membros, ao Procurador-Geral e aos funcionários da sua Secretaria;

O Poder Judiciário é um órgão imparcial por excelência. Por isso, não se pode permitir que qualquer membro do TSE ou mesmo seus servidores estejam dentro de uma das situações apontadas pelo CPC, em seus artigos 144 e 145,[5] bem como por motivo de parcialidade partidária. Da mesma forma, ainda perante o TSE, cabe a arguição de impedimento ou suspeição do Procurador-Geral Eleitoral.

> d) os crimes eleitorais e os comuns que lhes forem conexos cometidos pelos seus próprios juízes e pelos juízes dos Tribunais Regionais;

Tem-se entendido que, pelo que dispõe a CF, a competência para julgar Juízes do TSE, mesmo que pelo cometimento de crimes eleitorais, pertence ao STF, e os crimes cometidos pelos Juízes dos TREs, mesmo que eleitorais, serão julgados pelo Superior Tribunal de Justiça (STJ). Portanto, a alínea em comento não foi recepcionada pela atual CF. É o que se verifica da análise do art. 102, I, c e do art. 105, I, a, ambos da CF.

> e) o *habeas corpus* ou mandado de segurança, em matéria eleitoral, relativos a atos do Presidente da República, dos Ministros de Estado e dos Tribunais Regionais; ou, ainda, o habeas corpus, quando houver perigo de se consumar a violência antes que o juiz competente possa prover sobre a impetração;

Em relação à competência supracitada, observa o STF (RE nº 163.727) que a expressão "mandado de segurança" deve ser entendida com cuidado.

---

5. Art. 144. Há impedimento do juiz, sendo-lhe vedado exercer suas funções no processo: I – em que interveio como mandatário da parte, oficiou como perito, funcionou como membro do Ministério Público ou prestou depoimento como testemunha; II – de que conheceu em outro grau de jurisdição, tendo proferido decisão; III – quando nele estiver postulando, como defensor público, advogado ou membro do Ministério Público, seu cônjuge ou companheiro, ou qualquer parente, consanguíneo ou afim, em linha reta ou colateral, até o terceiro grau, inclusive; IV – quando for parte no processo ele próprio, seu cônjuge ou companheiro, ou parente, consanguíneo ou afim, em linha reta ou colateral, até o terceiro grau, inclusive; V – quando for sócio ou membro de direção ou de administração de pessoa jurídica parte no processo; VI – quando for herdeiro presuntivo, donatário ou empregador de qualquer das partes; VII – em que figure como parte instituição de ensino com a qual tenha relação de emprego ou decorrente de contrato de prestação de serviços; VIII – em que figure como parte cliente do escritório de advocacia de seu cônjuge, companheiro ou parente, consanguíneo ou afim, em linha reta ou colateral, até o terceiro grau, inclusive, mesmo que patrocinado por advogado de outro escritório; IX – quando promover ação contra a parte ou seu advogado. Art. 145. Há suspeição do juiz: I – amigo íntimo ou inimigo de qualquer das partes ou de seus advogados; II – que receber presentes de pessoas que tiverem interesse na causa antes ou depois de iniciado o processo, que aconselhar alguma das partes acerca do objeto da causa ou que subministrar meios para atender às despesas do litígio; III – quando qualquer das partes for sua credora ou devedora, de seu cônjuge ou companheiro ou de parentes destes, em linha reta até o terceiro grau, inclusive; IV – interessado no julgamento do processo em favor de qualquer das partes."

Isso porque o órgão competente para julgar mandado de segurança contra ato do Presidente da República é o STF. Assim, a competência da Justiça Eleitoral para decidir mandado de segurança deve respeitar o quanto determinado na CF, não tendo essa competência o TSE apenas pelo fato de o mandado de segurança contra ato do Presidente da República ser de matéria eleitoral. Por outro lado, a competência para julgar mandado de segurança contra ato de Ministro de Estado é do STJ.

Ainda em relação ao mandado de segurança, compete ao TSE processar e julgar o *Mandamus* contra ato eleitoral do TRE. Caso se trate de ato em matéria administrativa, a competência não será do TSE. O restante do dispositivo continua plenamente válido.

Apesar da competência do TSE de julgar mandado de segurança contra ato do TRE, essa competência não se estende ao *mandamus* contra ato de membro do Tribunal Regional. Caso o Mandado de Segurança tenha sido impetrado contra ato monocrático de juiz do TRE, a competência será do próprio TRE. Apenas se o ato for do próprio TRE, enquanto órgão, é que caberá a impetração do remédio constitucional perante o TSE.

Esse é o posicionamento do TSE, conforme se pode observar do verbete contido na Súmula 34, assim redigido: "Não compete ao Tribunal Superior Eleitoral processar e julgar mandado de segurança contra ato de membro de Tribunal Regional Eleitoral."

Vale ainda ressaltar que não cabe mandado de segurança contra decisão judicial transitada em julgado (Súmula 23 do TSE), como também não cabe mandado de segurança contra decisão judicial recorrível, salvo situações de teratologia ou manifestamente ilegais (Súmula 22 do TSE), uma vez que o *Mandamus* não é substitutivo de recurso.

Em relação aos *habeas corpus* citados, os parcos precedentes judiciais têm indicado que o dispositivo continua válido. Assim, os *habeas corpus*, em matéria eleitoral, seriam de competência do TSE quando fossem contra atos do presidente da República, de ministro de Estado e do TRE. É evidente que hoje é quase impossível se pensar na prática de atos relacionados a essas autoridades que coloquem em risco o direito de locomoção do eleitor. Mesmo assim, o que se tem de precedente judicial é o Acórdão 163.727 do STF que trata da disciplina e dispõe que apenas a parte que trata sobre mandado de segurança é que não foi recepcionada do dispositivo.

Discordamos desse entendimento por termos em mente que a mais correta interpretação da CF seria no sentido de que pelo menos o habeas corpus contra ato do presidente da República deveria ser julgado pelo STF. Mas esse entendimento nosso não é corrente, como visto anteriormente.

> f) as reclamações relativas a obrigações impostas por lei aos partidos políticos, quanto à sua contabilidade e à apuração da origem dos seus recursos;

Há necessidade, apesar da autonomia dos partidos políticos, de se exercer um controle efetivo, para que os partidos possam cumprir a sua função institucional. Para isso, é exercido um controle sobre as suas finanças, impedindo, dessa forma, que se receba, por exemplo, valores de fontes proibidas, o que será visto no capítulo 9 da presente obra sobre os partidos políticos.

> g) as impugnações à apuração do resultado geral, proclamação dos eleitos e expedição de diploma na eleição de Presidente e Vice-Presidente da República;

Mais uma vez, destaca-se a competência do TSE para atuar em relação às eleições presidenciais. Desta vez, quanto às impugnações ao resultado geral, proclamação dos eleitos e expedição dos diplomas.

> h) os pedidos de desaforamento dos feitos não decididos nos Tribunais Regionais dentro de trinta dias da conclusão ao relator, formulados por partido, candidato, Ministério Público ou parte legitimamente interessada;

O desaforamento é medida excepcional, na qual ocorre a mudança de competência por conta da demora na decisão do pleito. Da mesma forma que cabe o desaforamento, caberá também a reclamação contra os membros do Tribunal Regional Eleitoral, por conta da demora na decisão do pleito.

> i) as reclamações contra os seus próprios juízes que, no prazo de trinta dias a contar da conclusão, não houverem julgado os feitos a eles distribuídos;

Como o TSE é o órgão de cúpula da Justiça Eleitoral, evidentemente não se pode falar em desaforamento dos feitos de sua competência por conta da demora na decisão. Mas, de qualquer maneira, caberá reclamação contra seus juízes que derem causa à paralisação do feito, quando concluso ao relator, por mais de 30 dias sem qualquer motivo para a demora.

Vale, no entanto, ressaltar que Dec. monocrática do Min. José Delgado na Rcl nº 475, de 10.10.2007: a competência para o julgamento das reclamações desta espécie passou ao Conselho Nacional de Justiça, nos termos do art. 103-B, § 4º, III, da Constituição Federal.

j) a ação rescisória, nos casos de inelegibilidade, desde que intentada dentro de cento e vinte dias de decisão irrecorrível, possibilitando-se o exercício do mandato eletivo até o seu trânsito em julgado;

A ação rescisória é ação que visa desconstituir coisa julgada que contenha um dos vícios previstos no artigo 966 do CPC.[6] Em se tratando de ação rescisória eleitoral, o cabimento é bem restrito, pois alcança apenas as hipóteses de inelegibilidade. Como será oportunamente visto, não se pode falar em ação rescisória por conta de julgamento que envolva elegibilidade,[7] pois o TSE diferencia uma hipótese da outra. Esse entendimento do Tribunal Superior está concretizado em Súmula de jurisprudência de número 33[8]. Vale ainda destacar que a alteração de jurisprudência no que tange à inelegibilidade para o mesmo pleito permite o ajuizamento da ação rescisória (TSE, AR 192.707 de 30.6.2017).

A ação rescisória eleitoral possui um prazo decadencial de 120 dias, contados do trânsito em julgado da decisão discutida. Se não ajuizada no prazo citado, a decisão passa a ter o efeito de coisa soberanamente julgada, pelo que se torna impossível a sua revisão.

O Supremo Tribunal Federal julgou procedente a ADI nº 1.459 para excluir do dispositivo citado a expressão "possibilitando-se o exercício do mandato eletivo até seu trânsito em julgado".

ATENÇÃO: A ação rescisória só é cabível contra decisões do TSE. Assim, se a decisão houver transitado em julgado ainda perante o TRE, não caberá ação rescisória.

---

6. "Art. 966. A decisão de mérito, transitada em julgado, pode ser rescindida quando: I – se verificar que foi proferida por força de prevaricação, concussão ou corrupção do juiz; II – for proferida por juiz impedido ou por juízo absolutamente incompetente; III – resultar de dolo ou coação da parte vencedora em detrimento da parte vencida ou, ainda, de simulação ou colusão entre as partes, a fim de fraudar a lei; IV – ofender a coisa julgada; V – violar manifestamente norma jurídica; VI – for fundada em prova cuja falsidade tenha sido apurada em processo criminal ou venha a ser demonstrada na própria ação rescisória; VII – obtiver o autor, posteriormente ao trânsito em julgado, prova nova cuja existência ignorava ou de que não pôde fazer uso, capaz, por si só, de lhe assegurar pronunciamento favorável; VIII – for fundada em erro de fato verificável do exame dos autos."
7. "Agravo regimental. Ação rescisória. Decisão de Tribunal Regional Eleitoral. Não cabimento. Condições de elegibilidade. Impossibilidade. Não provimento. 1. A ação rescisória somente é cabível no âmbito da Justiça Eleitoral para desconstituir decisão deste c. Tribunal Superior que contenha declaração de inelegibilidade. Não compete a este e. Tribunal, portanto, o conhecimento de ação rescisória contra decisões que versem sobre condição de elegibilidade. Precedentes (...)." (Ac. 339, de 11.12.08, do TSE).
8. Súmula 33 do TSE: "Somente é cabível ação rescisória de decisões do Tribunal Superior Eleitoral que versem sobre incidência de causa de inelegibilidade."

> II – julgar os recursos interpostos das decisões dos Tribunais Regionais nos termos do art. 276, inclusive os que versarem matéria administrativa.

Em relação ao recurso interposto das decisões dos TREs que versem sobre matéria administrativa, já decidiu o TSE, no Acórdão nº 11.405/96 no seguinte sentido: "Não cabe ao Tribunal Superior Eleitoral apreciar recurso especial contra decisão de natureza estritamente administrativa."

Por outro lado, encontra-se a competência administrativa do TRE, prevista no artigo 23 do Código Eleitoral, em relação a esse conjunto de competências, não ocorrendo qualquer violação à CF e, por isso, todas estão mantidas, da seguinte forma:

> Art. 23. Compete, ainda, privativamente, ao Tribunal Superior,
>
> I – elaborar o seu regimento interno;
>
> II – organizar a sua Secretaria e a Corregedoria Geral, propondo ao Congresso Nacional a criação ou extinção dos cargos administrativos e a fixação dos respectivos vencimentos, provendo-os na forma da lei;
>
> III – conceder aos seus membros licença e férias assim como afastamento do exercício dos cargos efetivos;
>
> IV – aprovar o afastamento do exercício dos cargos efetivos dos juízes dos Tribunais Regionais Eleitorais;
>
> V – propor a criação de Tribunal Regional na sede de qualquer dos Territórios;
>
> VI – propor ao Poder Legislativo o aumento do número dos juízes de qualquer Tribunal Eleitoral, indicando a forma desse aumento;
>
> VII – fixar as datas para as eleições de Presidente e Vice-Presidente da República, senadores e deputados federais, quando não o tiverem sido por lei:
>
> VIII – aprovar a divisão dos Estados em zonas eleitorais ou a criação de novas zonas;
>
> IX – expedir as instruções que julgar convenientes à execução deste Código;
>
> X – fixar a diária do Corregedor-Geral, dos Corregedores Regionais e auxiliares em diligência fora da sede;
>
> XI – enviar ao Presidente da República a lista tríplice organizada pelos Tribunais de Justiça nos termos do art. 25;
>
> XII – responder, sobre matéria eleitoral, às consultas que lhe forem feitas em tese por autoridade com jurisdição, federal ou órgão nacional de partido político;

XIII – autorizar a contagem dos votos pelas mesas receptoras nos Estados em que essa providência for solicitada pelo Tribunal Regional respectivo;

XIV – requisitar a força federal necessária ao cumprimento da lei, de suas próprias decisões ou das decisões dos Tribunais Regionais que o solicitarem, e para garantir a votação e a apuração;

XV – organizar e divulgar a Súmula de sua jurisprudência;

XVI – requisitar funcionários da União e do Distrito Federal quando o exigir o acúmulo ocasional do serviço de sua Secretaria;

XVII – publicar um boletim eleitoral;

XVIII – tomar quaisquer outras providências que julgar convenientes à execução da legislação eleitoral.

2.2.1.1. Competências regulamentar e consultiva

Competências interessantes do TSE são as consultivas e as regulamentares. Essas últimas são dispostas através de resoluções editadas por este Tribunal, constituindo-se em normas regulamentadoras em matéria eleitoral.

Essas competências são peculiares e caracterizam o ativismo realizado pela justiça eleitoral. São compatíveis com a CF, embora devam ser exercidas sempre dentro dos limites impostos pelo Ordenamento Jurídico. Por isso, concordamos com Waldir Franco Félix Júnior (p. 251) quando afirma: "O reconhecimento da constitucionalidade dessa atuação diferenciada, porem, não pode se transmutar em uma carta branca para uma atuação desmedida e livre de controles."

A competência regulamentar exclui a correspondente reserva de competência do Presidente da República, polarizando-se no TSE, sem transbordar os limites da respectiva lei eleitoral. Os Tribunais Regionais Eleitorais têm competência para expedir resoluções, no que tange a plebiscitos para criação de municípios, mas não a eleições. A competência de regulamentar a lei eleitoral é exclusiva do TSE.

As instruções, em verdade, são atos emanados da Justiça Eleitoral, tendo a forma de resoluções, para complementar a Legislação Eleitoral, permitindo a sua execução, bem como para promover a interpretação dessa mesma legislação.

Isso ocorre em virtude das inúmeras omissões encontradas na legislação eleitoral. Assim, tem-se a necessidade de regulamentá-la, para que seus dispositivos sejam aplicados de forma eficaz. Como exemplo, tem-se a Resolução nº 21.538/2003, editada pelo TSE que tem como meta a regulamentação dos procedimentos de alistamento e transferência eleitoral.

A Lei nº 12.034/2009 deu nova redação ao artigo 105 da Lei nº 9.504/97, que passou a vigorar da seguinte forma:

> Até o dia 5 de março do ano da eleição, o Tribunal Superior Eleitoral, atendendo ao caráter regulamentar e sem restringir direitos ou estabelecer sanções distintas das previstas nesta Lei, poderá expedir todas as instruções necessárias para sua fiel execução, ouvidos, previamente, em audiência pública, os delegados ou representantes dos partidos políticos.

Assim, para que as instruções sejam produzidas, faz-se necessária a oitiva prévia dos delegados e representantes de partido, o que, por óbvio, diminuiu a discricionariedade do TSE para editar instruções. Por outro lado, as instruções podem ser editadas até dia 05 de março do ano das eleições, o que significa que não se submetem ao Princípio da Anualidade.

Vale, ainda, ressaltar que as instruções têm força de lei, o que, por óbvio, não significa que são leis, mas apenas que são obrigatórias. Como não são leis, apenas possuem força de lei, não podem contrariar lei alguma, sob pena de invalidação. Segundo entende o TSE, essas instruções têm força de lei ordinária. Isso porque as resoluções encontram o fundamento de sua validade nas leis formalmente criadas, que estão acima das resoluções do TSE na escala hierárquico normativa. Aliás, as normas encontram fundamento naquelas outras que lhe são superiores. A força normativa das instruções do TSE vem das leis que servem como fundamento e não, em regra, diretamente da CF.

Leciona, com propriedade, Edson de Resende Castro (p. 47) que:

> "Como já se disse, as resoluções facilitam sobremodo o trabalho dos operadores do Direito Eleitoral, porque o TSE acaba consolidando nelas não só toda a legislação eleitoral em vigor, como também sua jurisprudência mais recente e o resultado das consultas a ele dirigidas. São elas, por conseguinte, fonte segura para Juízes, Promotores, Advogados, candidatos e Partidos Políticos."

Convém, ainda, indagar acerca da possibilidade de controle concentrado de constitucionalidade sobre as instruções do TSE. Em verdade, via de regra, as instruções são atos normativos secundários, pois regulamentam normas jurídicas infraconstitucionais, que dispõem sobre Direito Eleitoral.

Como se sabe, não é possível controle concentrado de constitucionalidade em relação a atos normativos secundários. Isso porque, normalmente, o vício da instrução é de ilegalidade, uma vez que aquela não pode contrariar lei alguma, e não de inconstitucionalidade.

Por isso, via de regra, não é possível o ajuizamento de Ação Direta de Inconstitucionalidade em face de instrução do TSE. Neste sentido, entende o STF que:

> AÇÃO DIRETA DE INCONSTITUCIONALIDADE. PARÁGRAFO 1º DO ARTIGO 4º DA INSTRUÇÃO Nº 55, APROVADA PELA RESOLUÇÃO Nº 20.993, DE 26.02.2002, DO TRIBUNAL SUPERIOR ELEITORAL. ART. 6º DA LEI Nº 9.504/97. ELEIÇÕES DE 2002. COLIGAÇÃO PARTIDÁRIA. ALEGAÇÃO DE OFENSA AOS ARTIGOS 5º, II E LIV, 16, 17, § 1º, 22, I E 48, CAPUT, DA CONSTITUIÇÃO FEDERAL. ATO NORMATIVO SECUNDÁRIO. VIOLAÇÃO INDIRETA. IMPOSSIBILIDADE DO CONTROLE ABSTRATO DE CONSTITUCIONALIDADE. Tendo sido o dispositivo impugnado fruto de resposta à consulta regularmente formulada por parlamentares no objetivo de esclarecer o disciplinamento das coligações tal como previsto pela Lei 9.504/97 em seu art. 6º, o objeto da ação consiste, inegavelmente, em ato de interpretação. Saber se esta interpretação excedeu ou não os limites da norma que visava integrar, exigiria, necessariamente, o seu confronto com esta regra, e a Casa tem rechaçado as tentativas de submeter ao controle concentrado o de legalidade do poder regulamentar. Precedentes: ADI nº 2.243, Rel. Min. Marco Aurélio, ADI nº 1.900, Rel. Min. Moreira Alves, ADI nº 147, Rel. Min. Carlos Madeira. Por outro lado, nenhum dispositivo da Constituição Federal se ocupa diretamente de coligações partidárias ou estabelece o âmbito das circunscrições em que se disputam os pleitos eleitorais, exatamente, os dois pontos que levaram à interpretação pelo TSE. Sendo assim, não há como vislumbrar, ofensa direta a qualquer dos dispositivos constitucionais invocados. Ação direta não conhecida. Decisão por maioria. (ADI 2626 / DF – DISTRITO FEDERAL; Relator(a): Min. SYDNEY SANCHES; publicação DJ 18/04/2004).

Ocorre, no entanto, que certas instruções possuem conteúdo normativo suficiente para o controle concentrado, em virtude, principalmente, de sua abrangência. Por isso, já entendeu o STF:

> "(...) Segundo a jurisprudência desta Suprema Corte, viável o controle abstrato da constitucionalidade de ato do Tribunal Superior Eleitoral de conteúdo jurídico-normativo essencialmente primário. A Resolução nº

> 23.389/2013 do TSE, ao inaugurar conteúdo normativo primário com abstração, generalidade e autonomia não veiculado na Lei Complementar nº 78/1993 nem passível de ser dela deduzido, em afronta ao texto constitucional a que remete – o art. 45, caput e § 1º, da Constituição Federal –, expõe-se ao controle de constitucionalidade concentrado. Precedentes. 2. Embora apto a produzir atos abstratos com força de lei, o poder de editar normas do Tribunal Superior Eleitoral, no âmbito administrativo, tem os seus limites materiais condicionados aos parâmetros do legislador complementar, no caso a Lei Complementar nº 78/1993 e, de modo mais amplo, o Código Eleitoral, recepcionado como lei complementar. Poder normativo não é poder legislativo. A norma de caráter regulatório preserva a sua legitimidade quando cumpre o conteúdo material da legislação eleitoral. Pode conter regras novas, desde que preservada a ordem vigente de direitos e obrigações, limite do agir administrativo. Regras novas, e não direito novo. (...)" (ADI 5028 / DF - DISTRITO FEDERAL; Relator(a): Min. GILMAR MENDES; Publicação DJe - 30-10-2014).

Ou ainda:

> "Resolução nº 23.396/2013, do Tribunal Superior Eleitoral. Instituição de controle jurisdicional genérico e prévio à instauração de inquéritos policiais. Sistema acusatório e papel institucional do Ministério Público. 1. Inexistência de inconstitucionalidade formal em Resolução do TSE que sistematiza as normas aplicáveis ao processo eleitoral. Competência normativa fundada no art. 23, IX, do Código Eleitoral, e no art. 105, da Lei nº 9.504/97. 2. A Constituição de 1988 fez uma opção inequívoca pelo sistema penal acusatório. Disso decorre uma separação rígida entre, de um lado, as tarefas de investigar e acusar e, de outro, a função propriamente jurisdicional. Além de preservar a imparcialidade do Judiciário, essa separação promove a paridade de armas entre acusação e defesa, em harmonia com os princípios da isonomia e do devido processo legal. Precedentes. 3. Parâmetro de avaliação jurisdicional dos atos normativos editados pelo TSE: ainda que o legislador disponha de alguma margem de conformação do conteúdo concreto do princípio acusatório – e, nessa atuação, possa instituir temperamentos pontuais à versão pura do sistema, sobretudo em contextos específicos como o processo eleitoral – essa mesma prerrogativa não é atribuída ao TSE, no exercício de sua competência normativa atípica. 4. Forte plausibilidade na alegação de inconstitucionalidade do art. 8º, da Resolução nº 23.396/2013. Ao condicionar a instauração de inquérito policial eleitoral a uma autorização do Poder Judiciário, a Resolução questionada institui modalidade de controle judicial prévio sobre a

condução das investigações, em aparente violação ao núcleo essencial do princípio acusatório. 5. Medida cautelar parcialmente deferida para determinar a suspensão da eficácia do referido art. 8º, até o julgamento definitivo da ação direta de inconstitucionalidade. Indeferimento quanto aos demais dispositivos questionados, tendo em vista o fato de reproduzirem: (i) disposições legais, de modo que inexistiria fumus boni juris; ou (ii) previsões que já constaram de Resoluções anteriores do próprio TSE, aplicadas sem maior questionamento. Essa circunstância afastaria, quanto a esses pontos, a caracterização de periculum in mora." (ADI 5104 MC / DF – DISTRITO FEDERAL; Relator(a): Min. ROBERTO BARROSO; publicação DJ-e 30-10-2014).

Assim, em resumo, pode-se afirmar que, apesar de terem força de lei ordinária, as instruções não são leis. Por isso, não se faz possível o controle, em regra, concentrado de constitucionalidade. Excepcionalmente, no entanto, em relação a certas instruções, que possuem um denso conteúdo normativo, o STF tem entendido ser cabível o ajuizamento de ações diretas de inconstitucionalidade, mas essa situação deve ser analisada caso a caso pela Suprema Corte.

Como já afirmado, o STF tem entendido que quando há uma mudança drástica no entendimento jurisprudencial pelo TSE e o novo entendimento acaba trazendo uma maior restrição aos direitos políticos, aplica-se o princípio da anualidade a tal precedente, só sendo, pois, aplicado às eleições que ocorram a pelo menos um ano de sua publicação. Isso é necessário para a manutenção da segurança jurídica.

Tecnicamente, no entanto, o mais correto seria afirmar que as instruções do TSE possuem força de lei, já que a instrução é o conteúdo e a resolução é apenas a forma que as decisões normativas do TSE devem ter. Criou-se um hábito de afirmar que as resoluções são fontes do direito eleitoral e que elas têm força de lei. Esse é o padrão que será seguido na presente obra.

Há ainda a competência consultiva da Justiça Eleitoral. A justiça eleitoral, portanto, tem competência para responder a consultas hipotéticas – nunca em casos concretos – emanadas de autoridades públicas ou partidos políticos. Além disso, tanto os TREs quanto o TSE têm competência para responder a consultas.

A resposta dada à consulta tem eficácia espacial ou territorial determinada pelo âmbito do tribunal que a respondeu. Os Juízes Eleitorais não têm competência para responder a consultas.

A autoridade federal ou órgão nacional do partido político podem formular consultas ao TSE, e ao TRE, a autoridade pública ou partido político. Daí se extrai que o simples candidato não pode ser consulente.

Os Vereadores podem ser consulentes em decorrência da similitude com os outros membros do poder legislativo, nos termos do artigo 29, IX, da CF, desde que o façam perante o TRE. Os partidos políticos, através do diretório nacional, podem consultar o TSE, e por meio do diretório regional, o TRE.

O Tribunal Regional Eleitoral pode consultar o TSE, mas somente através de seu órgão colegiado, seu presidente ou corregedor. Um juiz sozinho do TRE não pode oferecer consulta.

São objetos da consulta os atos em matéria eleitoral, portanto, não cabe consulta em relação a plebiscitos, referendos e iniciativa popular, pois as consultas são exclusivas em matéria eleitoral.

A consulta não pode envolver caso concreto, pois diz respeito à generalidade dos casos que ocorrerão no futuro. A consulta tem eficácia *erga omnes*, alcançando a parte consulente e todas as outras que estiverem em igualdade de condições.

Sobre a impossibilidade de a consulta tratar sobre caso concreto, já decidiu o TSE que:

> Consulta. Período eleitoral. Pronunciamento sobre o caso concreto. Impossibilidade. Após o início do prazo para a realização das convenções partidárias, o conhecimento da consulta poderá resultar em pronunciamento sobre caso concreto. Consulta não conhecida (Resolução nº 20.674, de 29.6.2000, do TSE, *DJ* de 24.10.2000).

A consulta, porém, não tem eficácia vinculante ou obrigatória.[9] A consulta não detém a imutabilidade de coisa julgada. Não cabe recurso da resposta dada à consulta, por não ter natureza jurisdicional.

Por fim, vale destacar a Súmula 35 do TSE, segundo a qual: "Não é cabível reclamação para arguir o descumprimento de resposta a consulta ou de ato normativo do Tribunal Superior Eleitoral."

2.3. TRIBUNAIS REGIONAIS ELEITORAIS

Existirá um TRE para cada Estado da Federação, bem como para o Distrito Federal. Sobre os TREs, inclusive acerca de sua constituição, estabelece a CF que:

---

9. Ac.-TSE nº 23.404/2004: a consulta não tem caráter vinculante, mas pode servir de suporte para as razões do julgador.

> Art. 120. Haverá um Tribunal Regional Eleitoral na Capital de cada Estado e no Distrito Federal.
>
> § 1º Os Tribunais Regionais Eleitorais compor-se-ão:
>
> I – mediante eleição, pelo voto secreto:
>
> a) de dois juízes dentre os desembargadores do Tribunal de Justiça;
>
> b) de dois juízes, dentre juízes de direito, escolhidos pelo Tribunal de Justiça;
>
> II – de um juiz do Tribunal Regional Federal com sede na Capital do Estado ou no Distrito Federal, ou, não havendo, de juiz federal, escolhido, em qualquer caso, pelo Tribunal Regional Federal respectivo;
>
> III – por nomeação, pelo Presidente da República, de dois juízes dentre seis advogados de notável saber jurídico e idoneidade moral, indicados pelo Tribunal de Justiça.
>
> § 2º O Tribunal Regional Eleitoral elegerá seu Presidente e o Vice-Presidente- dentre os desembargadores.

O número de juízes do TRE poderá ser aumentado até 9, mas jamais poderá ser reduzido, nos termos do artigo 13 do Código Eleitoral. A forma de aumento seria através de lei complementar, por se tratar de organização da justiça eleitoral.

Os Juízes advogados são nomeados pelo Presidente da República, após duas listas tríplices elaboradas pelo TJ do Estado. Para que seja juiz, o advogado, nos termos preconizados na CF, deve ter notável saber jurídico e idoneidade moral. Para o TSE, nos termos da Resolução nº 9.177/72, faz-se exigência para o advogado que deseja ser juiz do TRE 10 anos de prática profissional, dispensada tal comprovação se ele já tiver sido juiz eleitoral. Para eles também se aplica a Resolução 23.517 do TSE.

Nesse mesmo sentido, entende o STF que: "Correta a decisão em que o TSE estabelece a exigência de dez anos de efetiva atividade jurídica como requisito para que advogados possam vir a integrar os tribunais regionais eleitorais. Inteligência do art. 94 da Constituição." (RMS 24.232, Rel. Min. Joaquim Barbosa, julgamento em 29-11-2005, Segunda Turma, *DJ* de 26-5-2006.)

Apesar de a competência dos TREs ser feita pelo Código Eleitoral, o § 4º do artigo 121 da Carta Magna enuncia que:

> § 4º Das decisões dos Tribunais Regionais Eleitorais somente caberá recurso quando:

> I – forem proferidas contra disposição expressa desta Constituição ou de lei;
>
> II – ocorrer divergência na interpretação de lei entre dois ou mais tribunais eleitorais;
>
> III – versarem sobre inelegibilidade ou expedição de diplomas nas eleições federais ou estaduais;
>
> IV – anularem diplomas ou decretarem a perda de mandatos eletivos federais ou estaduais;
>
> V – denegarem *habeas corpus*, mandado de segurança, *habeas data* ou mandado de injunção.

Na parte de composição dos TREs, não foi o Código Eleitoral, em seu artigo 25, *caput,* recepcionado pela CF. Vale ressaltar que os parágrafos do aludido dispositivo ainda se encontram válidos. Assim, em se tratando da nomeação dos membros do TRE que são advogados, ainda é mantido o procedimento previsto nos parágrafos do artigo 25 do Código Eleitoral.

Isso porque a Lei nº 7.191/1984, ao alterar o art. 25, não fez nenhuma referência aos parágrafos constantes do artigo modificado. Segundo decisões do TSE (Res.-TSE nºs 12391/1985, 18318/1992 e Ac.-TSE nº 12641/1996) e do STF (Ac.-STF, de 15.12.1999, no RMS nº 23123), os referidos parágrafos não foram revogados pela lei citada.

Por esse procedimento, cabe ao TJ do respectivo Estado enviar as duas listas tríplices para o TSE. Este, por sua vez, fará publicar as listas para que os partidos políticos, bem como o Ministério Público Eleitoral, possam impugnar algum dos nomes nelas constantes no prazo de 5 dias, contados da publicação. Segundo entende o TSE (Lista Tríplice 0601042-02), os advogados indicados não podem ser parentes dos desembargadores do Tribunal de Justiça, aplicando a Súmula Vinculante 13 do STF[10].

Vale ressaltar que o Ministério Público, apesar da omissão legislativa, é parte legítima para a impugnação da lista de advogados indicados ao TRE. Deve-se ter em mente que a legitimidade do *Parquet* incide em todo ato eleitoral, mesmo que a Lei seja omissa a esse respeito. Por outro lado, o TSE entende que a legitimidade para oferecer essa impugnação é bastante ampla. Nesse sentido:

> "a interpretação teleológica do Código Eleitoral conduz à legitimidade abrangente para a impugnação à lista tríplice, incluindo aí o cidadão,

---

10. Aplicando-se tal súmula vinculante, não será possível ingressar na lista tríplice cônjuge, companheiro ou parente até o 3° grau de desembargador do Tribunal de Justiça.

o Ministério Público, os parlamentares ou os integrantes do Executivo." (Ac.-TSE, de 30.6.2011, na LT nº 35096

Caso não haja impugnação ou as que foram feitas tenham sido rejeitadas, as listas serão enviadas ao Presidente da República, que escolherá em cada lista tríplice um advogado para ser nomeado como juiz do TRE. Caso, contrário, se a impugnação tiver sido julgada procedente pelo TSE, a lista deverá ser devolvida para complementação pelo TJ, repetindo o mesmo procedimento em relação ao novo indicado. Esse procedimento hoje se encontra delineado na Resolução 23.517 do TSE.

ATENÇÃO: Não poderão fazer parte da lista os nomes de magistrados aposentados ou membros do Ministério Público, ou ainda de advogado filiado a partido político.

O Presidente e o Vice-Presidente do TRE serão escolhidos pelo próprio TRE, dentre os membros desembargadores do TJ. O problema atual é o da escolha do Corregedor Regional Eleitoral que com a não recepção do *caput* do artigo 26 do Código Eleitoral passou a ser objeto de regimento interno.

Ainda, conforme se estabelece também para o TSE, é possível a arguição de suspeição dos membros dos Tribunais Eleitorais. De qualquer forma, há certa similitude em relação ao quanto se estatui para o TSE, cabendo ao TRE o julgamento do impedimento e da suspeição de seus próprios membros, bem como do Procurador Regional Eleitoral (PRE), dos seus servidores e ainda dos Juízes e Escrivães Eleitorais, que passaram a ser chamados de chefes de Cartório Eleitoral pela Lei nº 10.842/2004.

Os Tribunais Regionais Eleitorais decidem por maioria de votos, estando a maioria de seus membros presente.

Vale ressaltar que com as alterações da Lei 13.165/2015, o Código Eleitoral passou a dispor que as decisões dos Tribunais Regionais sobre quaisquer ações que importem cassação de registro, anulação geral de eleições ou perda de diplomas somente poderão ser tomadas com a presença de todos os seus membros.

Em relação à competência dos TREs, não há muito a discutir, até mesmo porque todos os dispositivos foram recepcionados pela CF. Sobre a competência dos TREs, o Código Eleitoral estatui o que se segue:

> Art. 29. Compete aos Tribunais Regionais:
>
> I – processar e julgar originariamente:
>
> a) o registro e o cancelamento do registro dos diretórios estaduais e municipais de partidos políticos, bem como de candidatos a Governador,

> Vice-Governadores, e membro do Congresso Nacional e das Assembleias Legislativas;
>
> b) os conflitos de jurisdição entre juízes eleitorais do respectivo Estado;
>
> c) a suspeição ou impedimentos aos seus membros ao Procurador Regional e aos funcionários da sua Secretaria assim como aos juízes e escrivães eleitorais;
>
> d) os crimes eleitorais cometidos pelos juízes eleitorais;

ATENÇÃO: Compete aos TREs o julgamento dos crimes eleitorais cometidos por aqueles que possuem foro de prerrogativa de função nos Tribunais de Justiça, como ocorre com os Prefeitos e membros do Ministério Público Estadual, além dos Deputados Estaduais e Distritais nos termos do artigo 96, III, da CF.[11]

O STF decidiu em 2019 que é competente a Justiça Eleitoral para julgar os crimes comuns conexos com os crimes eleitorais. Apesar de ter sofrido muitas críticas, o posicionamento da Corte Suprema se assevera como correto, de acordo com o sistema constitucional brasileiro. Por isso, o cometimento do crime eleitoral atrai a competência para a Justiça Eleitoral em relação a algum delito comum que lhe tenha sido praticado de forma conexa.

Em relação às demais competência judiciais originárias dos Tribunais Regionais Eleitorais:

> e) o *habeas corpus* ou mandado de segurança, em matéria eleitoral, contra ato de autoridades que respondam perante os Tribunais de Justiça por crime de responsabilidade e, em grau de recurso, os denegados ou concedidos pelos juízes eleitorais; ou, ainda, o *habeas corpus* quando houver perigo de se consumar a violência antes que o juiz competente possa prover sobre a impetração;
>
> f) as reclamações relativas a obrigações impostas por lei aos partidos políticos, quanto a sua contabilidade e à apuração da origem dos seus recursos;
>
> g) os pedidos de desaforamento dos feitos não decididos pelos juízes eleitorais em trinta dias da sua conclusão para julgamento, formulados por partido, candidato, Ministério Público ou parte legitimamente interessada sem prejuízo das sanções decorrentes do excesso de prazo.
>
> II – julgar os recursos interpostos:

11. Consoante entendem Paulo Henrique dos Santos Lucon e José Marcelo Menezes Vigliar, p. 49.

a) dos atos e das decisões proferidas pelos juízes e juntas eleitorais.

b) das decisões dos juízes eleitorais que concederem ou denegarem *habeas corpus* ou mandado de segurança.

Parágrafo único. As decisões dos Tribunais Regionais são irrecorríveis, salvo nos casos do art. 276.

Art. 30. Compete, ainda, privativamente, aos Tribunais Regionais:

I – elaborar o seu regimento interno;

II – organizar a sua Secretaria e a Corregedoria Regional provendo-lhes os cargos na forma da lei, e propor ao Congresso Nacional, por intermédio do Tribunal Superior a criação ou supressão de cargos e a fixação dos respectivos vencimentos;

III – conceder aos seus membros e aos juízes eleitorais licença e férias, assim como afastamento do exercício dos cargos efetivos submetendo, quanto aqueles, a decisão à aprovação do Tribunal Superior Eleitoral;

IV – fixar a data das eleições de Governador e Vice-Governador, deputados estaduais, prefeitos, vice-prefeitos, vereadores e juízes de paz, quando não determinada por disposição constitucional ou legal;

V – constituir as juntas eleitorais e designar a respectiva sede e jurisdição;

VI – indicar ao tribunal Superior as zonas eleitorais ou seções em que a contagem dos votos deva ser feita pela mesa receptora;

VII – apurar com os resultados parciais enviados pelas juntas eleitorais, os resultados finais das eleições de Governador e Vice-Governador de membros do Congresso Nacional e expedir os respectivos diplomas, remetendo dentro do prazo de 10 (dez) dias após a diplomação, ao Tribunal Superior, cópia das atas de seus trabalhos;

VIII – responder, sobre matéria eleitoral, às consultas que lhe forem feitas, em tese, por autoridade pública ou partido político;

IX – dividir a respectiva circunscrição em zonas eleitorais, submetendo essa divisão, assim como a criação de novas zonas, à aprovação do Tribunal Superior;

X – aprovar a designação do Ofício de Justiça que deva responder pela escrivania eleitoral durante o biênio;

XI – (Revogado pela Lei nº 8.868, de 1994)

XII – requisitar a força necessária ao cumprimento de suas decisões solicitar ao Tribunal Superior a requisição de força federal;

XIII – autorizar, no Distrito Federal e nas capitais dos Estados, ao seu presidente e, no interior, aos juízes eleitorais, a requisição de funcionários federais, estaduais ou municipais para auxiliarem os escrivães eleitorais, quando o exigir o acúmulo ocasional do serviço;

XIV – requisitar funcionários da União e, ainda, no Distrito Federal e em cada Estado ou Território, funcionários dos respectivos quadros administrativos, no caso de acúmulo ocasional de serviço de suas Secretarias;

XV – aplicar as penas disciplinares de advertência e de suspensão até 30 (trinta) dias aos juízes eleitorais;

XVI – cumprir e fazer cumprir as decisões e instruções do Tribunal Superior;

XVII – determinar, em caso de urgência, providências para a execução da lei na respectiva circunscrição;

XVIII – organizar o fichário dos eleitores do Estado.

XIX – suprimir os mapas parciais de apuração mandando utilizar apenas os boletins e os mapas totalizadores, desde que o menor número de candidatos às eleições proporcionais justifique a supressão, observadas as seguintes normas:

a) qualquer candidato ou partido poderá requerer ao Tribunal Regional que suprima a exigência dos mapas parciais de apuração;

b) da decisão do Tribunal Regional qualquer candidato ou partido poderá, no prazo de três dias, recorrer para o Tribunal Superior, que decidirá em cinco dias;

c) a supressão dos mapas parciais de apuração só será admitida até seis meses antes da data da eleição;

d) os boletins e mapas de apuração serão impressos pelos Tribunais Regionais, depois de aprovados pelo Tribunal Superior;

e) o Tribunal Regional ouvira os partidos na elaboração dos modelos dos boletins e mapas de apuração a fim de que estes atendam às peculiaridades locais, encaminhando os modelos que aprovar, acompanhados das sugestões ou impugnações formuladas pelos partidos, à decisão do Tribunal Superior.

Se, existindo território federal, não houver TRE próprio, caberá ao TSE determinar qual o TRE ficará responsável pelas eleições naquele território.

2.4. DOS JUÍZES ELEITORAIS

O exercício do primeiro grau de jurisdição cabe aos Juízes Eleitorais. Esses são escolhidos dentre os Juízes de Direito atuantes nas Comarcas que se constituem ou fazem parte de uma zona eleitoral.

Só pode ser juiz eleitoral quem é juiz de direito. Os juízes federais podem ser até mesmo juízes (ou como alguns denominam desembargadores) dos TREs, mas jamais Juízes Eleitorais de primeira instância. Se a comarca a que corresponde a zona eleitoral for composta por uma comarca de vara única, o juiz de direito exercerá as funções de juiz eleitoral. Se for, contudo, composta por mais de uma vara, o juiz eleitoral será escolhido, nos termos da lei de organização judiciária local.

Havendo mais de um juiz em condições de exercer a função eleitoral, será feito um sistema de rodízio entre eles, em que cada magistrado exercerá a função eleitoral pelo prazo de 2 anos, sendo vedada a recondução, até que todos os juízes da zona já tenham exercido aquela função, como se percebe da Resolução 21.009/2002 do TSE. Em homenagem à segurança jurídica no processo eleitoral, não haverá alteração na jurisdição eleitoral, sendo automaticamente prorrogados os prazos de investidura de juízes eleitorais entre três (3) meses antes e dois (2) meses após as eleições (art. 6° da Resolução 21.009/2002 do TSE).

Aos Juízes Eleitorais são dadas as mesmas garantias que têm os magistrados em geral, para que se permita o exercício do múnus público com imparcialidade. Ocorre, todavia, que tais garantias não são vitalícias, pois duram apenas em relação ao exercício da função de magistrado eleitoral.

Apesar da determinação legal, se na comarca que corresponda à zona eleitoral só houver um único magistrado ainda em processo de vitaliciamento, nada impedirá que ele exerça as funções eleitorais pertinentes.

Leciona o professor Francisco Dirceu Barros que:

> O afastamento do juiz a quem foram confiadas as funções eleitorais poderá fazer-se quando fundado em critérios objetivos, a todos aplicáveis. E quando vise a atender ao interesse público, devidamente justificadas as razões. Na se trata, entretanto, de função de confiança de que possa o magistrado ser demitido *ad nuttum*. Se lhe são imputadas faltas, haverão de ser apuradas em procedimento regular (p. 53).

O Juiz Eleitoral atua em uma zona eleitoral, que é o menor espaço de competência da Justiça Eleitoral. Assim, a jurisdição de cada uma das zonas caberá a um Juiz Eleitoral. Cabe ao TRE dividir o Estado em zona ou criar mais zonas eleitorais, submetendo tal decisão à aprovação do TSE.

As zonas eleitorais nem sempre vão corresponder ao território de um município, uma vez que há zonas que são formadas por diversos municípios e municípios que possuem diversas zonas eleitorais.

Nas zonas que tenham mais de um juiz de direito, será estabelecido entre eles um sistema de rodízio, no qual cada um exercerá a função pelo prazo de 2 anos, vedada a recondução imediata para o período subsequente, nos termos da Resolução nº 21.009 do TSE.

Uma figura importantíssima é o escrivão eleitoral, que deverá funcionar pelo biênio. Apesar de ainda muito se referir à figura do escrivão, a Lei nº 10.842/2004[12] passou a denominá-los chefes de cartório eleitoral. Nota-se uma mudança de postura em relação ao Código Eleitoral, para o qual o escrivão eleitoral era escrivão da justiça comum que recebia a função eleitoral pelo prazo de 2 anos. Por isso é que o CE ainda estabelece que o substituto do escrivão seria aquele indicado na lei de organização judiciária local.

Atualmente, trata-se de função que deverá preferencialmente ser preenchida por servidor da Justiça Eleitoral. Também não há estabilidade na função de chefe de cartório eleitoral. Vale ressaltar que o escrivão, ou chefe de cartório eleitoral na linguagem normativa atual, não poderá ser membro de diretório de partido político, ou ainda candidato ou parente até segundo grau de candidato na circunscrição do pleito, que é o termo utilizado para indicar o território de realização da eleição.

> **ATENÇÃO:** Compete aos Juízes Eleitorais despachar todos os dias na sede da zona eleitoral.

A competência dos Juízes Eleitorais está determinada no artigo 35 do Código Eleitoral, nos seguintes termos:

> Art. 35. Compete aos juízes:
>
> I – cumprir e fazer cumprir as decisões e determinações do Tribunal Superior e do Regional;
>
> II – processar e julgar os crimes eleitorais e os comuns que lhe forem conexos, ressalvada a competência originária do Tribunal Superior e dos Tribunais Regionais;
>
> III – decidir *habeas corpus* e mandado de segurança, em matéria eleitoral, desde que essa competência não esteja atribuída privativamente a instância superior.
>
> IV – fazer as diligências que julgar necessárias a ordem e presteza do serviço eleitoral;

12. Art. 4º As atuais atribuições da escrivania eleitoral serão exercidas privativamente pelo Chefe de Cartório Eleitoral, sem prejuízo das atividades inerentes à chefia do cartório.

V – tomar conhecimento das reclamações que lhe forem feitas verbalmente ou por escrito, reduzindo-as a termo, e determinando as providências que cada caso exigir;

VI – indicar, para aprovação do Tribunal Regional, a serventia de justiça que deve ter o anexo da escrivania eleitoral;

VIII – dirigir os processos eleitorais e determinar a inscrição e a exclusão de eleitores;

IX – expedir títulos eleitorais e conceder transferência de eleitor;

X – dividir a zona em seções eleitorais;

XI – mandar organizar, em ordem alfabética, relação dos eleitores de cada seção, para remessa a mesa receptora, juntamente com a pasta das folhas individuais de votação; (A Lei nº 6.996/82, em seu art. 12, substituiu a folha de votação individual por listas de eleitores emitidas por computador no processamento eletrônico de dados.)

XII – ordenar o registro e cassação do registro dos candidatos aos cargos eletivos municipais e comunicá-los ao Tribunal Regional;

XIII – designar, até 60 (sessenta) dias antes das eleições os locais das seções;

XIV – nomear, 60 (sessenta) dias antes da eleição, em audiência pública anunciada com pelo menos 5 (cinco) dias de antecedência, os membros das mesas receptoras;

XV -- instruir os membros das mesas receptoras sobre as suas funções;

XVI – providenciar para a solução das ocorrências que se verificarem nas mesas receptoras;

XVII – tomar todas as providências ao seu alcance para evitar os atos viciosos das eleições;

XVIII – fornecer aos que não votaram por motivo justificado e aos não alistados, por dispensados do alistamento, um certificado que os isente das sanções legais;

XIX – comunicar, até às 12 horas do dia seguinte a realização da eleição, ao Tribunal Regional e aos delegados de partidos credenciados, o número de eleitores que votarem em cada uma das seções da zona sob sua jurisdição, bem como o total de votantes da zona.

2.5. JUNTAS ELEITORAIS

As juntas eleitorais são órgãos colegiados da primeira instância da Justiça Eleitoral. São órgãos que exercem a função jurisdicional, mas que apresentam grandes diferenças para os Juízes Eleitorais. Pode-se assim afirmar, que apesar de formarem, com os Juízes Eleitorais, a primeira instância da Justiça Eleitoral, são órgãos colegiados, formados por mais de uma pessoa com poder de decisão; enquanto os Juízes Eleitorais são órgãos monocráticos.

Por outro lado, os Juízes Eleitorais representam um órgão permanente, pois a função é exercida a todo o momento, mesmo quando não haja eleição, uma vez que cabe ao juiz eleitoral, entre outras atividades, como já visto, o alistamento e a transferência eleitoral, bem como a expedição de títulos eleitorais. Enquanto isso, as juntas eleitorais só são nomeadas por ocasião das eleições, uma vez que a sua competência está restrita à apuração e à diplomação, neste segundo caso, quando se tratar de eleições municipais.

As juntas eleitorais serão compostas por 1 juiz de direito e por 2 ou 4 cidadãos de notória idoneidade, totalizando um órgão de 3 ou 5 membros,[13] ou seja, apesar de variar o número de integrantes das juntas eleitorais, a legislação deixou claro que é necessário que se tenha sempre um número ímpar de integrantes.

Dos cidadãos não se exige formação jurídica alguma, mas apenas notória idoneidade.[14] A junta eleitoral será nomeada pelo Presidente do TRE em audiência pública realizada 60 dias antes das eleições. Essa nomeação será feita após a aprovação pelo TRE dos nomes indicados. Curiosamente, o Código Eleitoral não dispõe de que maneira tais nomes seriam indicados ao TRE para que fosse possível a realização do procedimento.

As pessoas indicadas devem ter seus nomes publicados 10 dias antes da realização da audiência. É possível que os partidos políticos e o Ministério Público Eleitoral façam a impugnação de nome constante na lista no prazo de 3 dias contados da publicação. Essa impugnação servirá para que não se permita determinada pessoa assumir as funções em junta eleitoral tendo alguma das proibições prevista em lei.

Em relação às proibições, o Código Eleitoral determina em seu artigo 36, § 3º, que:

> Art. 36. (...)
>
> § 3º Não podem ser nomeados membros das Juntas, escrutinadores ou auxiliares:

---

13. Leciona Joel Cândido que: "As Juntas Eleitorais são compostas por dois ou quatro membros, mais seu Presidente, que é Juiz de Direito, o que forma um colegiado de três ou cinco membros no total. Não há razão para a existência Junta de cinco membros e, na prática, essa composição não tem apresentado vantagem" (p. 51).
14. Ainda Joel Cândido afirma que: "Os demais membros das Juntas, com exceção de seu Presidente, que será sempre Juiz de Direito com as garantias constitucionais, poderão ser leigos, vale dizer, não ter formação jurídica" (p. 51).

I – os candidatos e seus parentes, ainda que por afinidade, até o segundo grau, inclusive, e bem assim o cônjuge;

II – os membros de diretorias de partidos políticos devidamente registrados e cujos nomes tenham sido oficialmente publicados;

III – as autoridades e agentes policiais, bem como os funcionários no desempenho de cargos de confiança do Executivo;

IV – os que pertencerem ao serviço eleitoral.

A lista de proibições deve ainda ser complementada pela Lei nº 9.504/97 que, em seu artigo 64, determina: "É vedada a participação de parentes em qualquer grau onde servidores da mesma repartição pública ou empresa privada na mesma mesa, turma ou junta eleitoral."

Por outro lado, é a própria Lei das Eleições (Lei nº 9.504/97) que impede também serem os membros das juntas eleitorais menores de 18 anos.

Assim, explica o professor Joel Cândido que:

> Nos impedimentos, a enumeração do art. 36, § 3º, do Código Eleitoral, evidentemente, não é exaustiva, mas meramente exemplificativa. Mesmo assim, a lei deveria punir criminalmente a omissão, de parte do membro da Junta (inclusive dos escrutinadores e auxiliares) na autodeclaração de impedimentos óbvios para a sua investidura, não nos parecendo de muita lógica tenha isso sido omitido quando dos mesários isso se exigiu (CE, art. 120, § 5º). A boa formação da Junta Eleitoral, quer pela qualidade profissional; de seus juízes, quer pela correção do processo de suas nomeações, é caminho seguro para o sucesso do pleito e para a normalidade do funcionamento das instituições eleitorais (p. 52).

Desta maneira, algumas pessoas podem possuir incompatibilidades com o exercício da função em junta eleitoral, apesar de não virem expressas na legislação, como ocorre com os membros do Ministério Público, que não exercem em qualquer outro órgão da Justiça Eleitoral função jurisdicional e, exatamente por isso, estão proibidos de exercê-la perante as juntas eleitorais.

Vale ressaltar que as juntas eleitorais ainda existem, mas têm muito de suas funções esvaziadas com a instituição do voto e da apuração eletrônicos. Isso porque uma das principais atribuições das juntas eleitorais é a da apuração dos votos, que deveria ser realizada em cada uma das zonas eleitorais sobre sua responsabilidade no prazo de até 10 dias.

Hoje em dia, as eleições são decididas em horas e não mais em dias, embora as juntas eleitorais ainda sejam nomeadas. Na época da criação do

Código Eleitoral, muitas vezes era necessário que se nomeasse para cada zona eleitoral mais de uma junta eleitoral, pelo tamanho de tais zonas e pelo número de eleitores em cada uma.

Por isso, o próprio Código Eleitoral, em seu artigo 37, admite que seja nomeada mais de uma junta eleitoral por zona. Assim, enquanto só há um juiz eleitoral por zona eleitoral, é possível a criação de mais de uma junta por zona.[15]

ATENÇÃO: A junta eleitoral será sempre presidida por um juiz de direito, que nem sempre será o juiz eleitoral. Nas hipóteses em que são criadas mais de uma junta por zona é possível que uma delas seja presidida pelo juiz eleitoral e a outra por um juiz de direito, ainda que não seja o juiz eleitoral.

Por outro lado, o Presidente da junta eleitoral (juiz de direito) tem competência para nomear escrutinadores e auxiliares. Estes são responsáveis pela contagem dos votos em cédulas. Cabiam aos escrutinadores, assessorados pelos auxiliares, contar as cédulas preenchidas pelos eleitores, o que era verdadeiro trabalho hercúleo.

Não se pode confundir a contagem com a apuração. A primeira é ato material, através do qual as cédulas são contadas em sessão pública, enquanto a segunda é ato jurídico, servindo para declarar o resultado da eleição.

A nomeação de escrutinadores e auxiliares era, em regra, facultativa, mas passava a ser obrigatória quando havia mais de 10 urnas a apurar. De qualquer maneira, todas as nomeações feitas pelo Presidente da junta eleitoral deveriam ser comunicadas ao TRE até 30 dias antes das eleições.

ATENÇÃO: As proibições para nomeação como escrutinadores e auxiliares são as mesmas para nomeação para as juntas eleitorais. Por isso, cabe, a partir da divulgação das nomeações realizadas, impugnação por partido político ou pelo Ministério Público no prazo de 3 dias.

A competência da junta eleitoral assim está disposta pelo artigo 40 do Código Eleitoral:

---

15. Dispõe o parágrafo único do artigo 37 do Código Eleitoral que: "Nas zonas em que houver de ser organizada mais de uma Junta, ou quando estiver vago o cargo de juiz eleitoral ou estiver este impedido, o presidente do Tribunal Regional, com a aprovação deste, designará juízes de direito da mesma ou de outras comarcas, para presidirem as juntas eleitorais."

> Art. 40. (...)
> I – apurar, no prazo de 10 (dez) dias, as eleições realizadas nas zonas eleitorais sob a sua jurisdição;
> II – resolver as impugnações e demais incidentes verificados durante os trabalhos da contagem e da apuração;
> III – expedir os boletins de apuração mencionados no Art. 178;
> IV – expedir diploma aos eleitos para cargos municipais.

Quando não se tratar de eleições municipais, a junta eleitoral será extinta assim que for concluída a apuração na zona eleitoral. Nas eleições municipais, entretanto, a junta eleitoral só será extinta após a diplomação.

ATENÇÃO: Em havendo mais de uma junta eleitoral em uma zona ou em um município, a diplomação caberá àquela presidida pelo juiz eleitoral mais antigo.

→ 2.6. Resumo didático

1. A Justiça Eleitoral faz parte do Poder Judiciário da União.

2. Fazem parte da Justiça Eleitoral: o Tribunal Superior Eleitoral, os Tribunais Regionais Eleitorais, os Juízes Eleitorais e as Juntas Eleitorais.

3. O Ministério Público Eleitoral, embora seja órgão que exerce função essencial à Justiça, não faz parte da organização da Justiça Eleitoral. Da mesma forma, as mesas receptoras, apesar de se constituírem em órgãos essenciais para o processo eleitoral, pois são responsáveis pelo recebimento dos votos dos eleitores, além das justificativas pelo não comparecimento, não desenvolvem atividade jurisdicional, por isso não são consideradas como órgãos da Justiça Eleitoral.

4. Os membros dos Tribunais Eleitorais servirão por no mínimo 2 e no máximo 4 anos consecutivos.

5. A proibição está relacionada a se exercer por mais de 2 biênios consecutivos a função de Juiz de Tribunal Eleitoral. Nada impede que tendo exercido por 4 anos consecutivos a função citada, possam aqueles indicados pelo Ordenamento Jurídico voltar a exercê-la.

6. Os únicos órgãos da Justiça Eleitoral que não são permanentes são as Juntas Eleitorais, uma vez que só são constituídas para apuração e diplomação, neste último caso apenas para as eleições municipais.

7. O Tribunal Superior Eleitoral é formado por 3 Ministros do STF, 2 Ministros do STJ e 2 Advogados.

8. A OAB não participa da escolha dos membros do TSE que vieram da classe dos advogados (juristas).

9. Normalmente, se a competência da Justiça Eleitoral for dividida apenas levando em consideração as eleições, caberá ao TSE produzir os atos referentes às eleições presidenciais; ao TRE aqueles referentes às eleições federais e estaduais (Senador, Deputado federal, Governador, Vice-Governador e Deputado estadual), enquanto compete aos juízes e juntas eleitorais os relativos às eleições municipais.

10. A ação rescisória só é cabível contra decisões do TSE. Assim, se a decisão houver transitado em julgado ainda perante o TRE, não caberá ação rescisória.

11. O TRE é formado por 2 desembargadores do Tribunal de Justiça; 2 juízes de direito; 1 juiz do TRF ou juiz federal, caso o Estado não seja sede de TRF, e por 2 advogados (juristas).

12. Não poderão fazer parte da lista de indicação de advogados os nomes de magistrados aposentados ou membros do Ministério Público, nem advogados filiados a partidos políticos.

13. Os Tribunais Regionais Eleitorais julgam por maioria de votos, com a maioria presente, salvo na decisão de ações que importem em cassação de registro, anulação geral de eleições ou perda de diplomas, hipóteses em que todos os membros devem estar presentes.

14. Os Juízes Eleitorais são juízes de direito com as garantias da inamovibilidade e da vitaliciedade. Onde houver mais de um, será realizado entre eles um sistema de rodízio.

15. Compete aos Juízes Eleitorais despachar todos os dias na sede da zona eleitoral.

16. As juntas eleitorais são órgãos colegiados da primeira instância da Justiça Eleitoral.

17. As juntas eleitorais serão compostas por 1 juiz de direito e por 2 ou 4 cidadãos de notória idoneidade, totalizando um órgão de 3 ou 5 membros.

18. A junta eleitoral será sempre presidida por um juiz de direito, que nem sempre será o juiz eleitoral. Nas hipóteses em que são criadas mais de uma junta por zona é possível que uma delas seja presidida pelo juiz eleitoral e a outra por um juiz de direito, ainda que não seja o juiz eleitoral.

19. Em havendo mais de uma junta eleitoral em uma zona ou em um município, a diplomação caberá àquela presidida pelo juiz eleitoral mais antigo.

→ 2.7. QUESTÕES

1) **(CESPE – 2017) Quanto aos tribunais regionais eleitorais (TREs), assinale a opção correta.**

a) Os TREs não têm competência para responder às consultas em tese sobre matéria eleitoral feitas por partido político.

b) Compete aos TREs requisitar diretamente força federal, se isso for necessário ao cumprimento de suas decisões.

c) As decisões dos TREs sobre ações que importem cassação de registro, anulação geral de eleições ou perda de diplomas somente serão tomadas com a presença de todos os seus membros.

d) As atribuições do corregedor-regional serão fixadas pelo TRE perante o qual servir e, supletivamente, pelo TSE.

e) Os TREs deliberam por maioria de votos, em sessão pública, com a presença de dois terços de seus membros.

2) **(CESPE – 2015) Quando se trata de direito, os primeiros desafios que enfrentam os seus operadores e estudiosos são as questões relacionadas às fontes e aos princípios utilizados para que o juiz tenha condições de decidir sobre quaisquer matérias que lhe forem propostas. Em se tratando de matéria relacionada mais especificamente a direito eleitoral, também não é pequeno o esforço que se faz para deixar claro à sociedade as funções precípuas que exerce a justiça eleitoral.**
Com relação a esse assunto, assinale a opção correta.

a) As resoluções do TSE, por tratarem de legislação mais específica, devem prevalecer sobre quaisquer das demais fontes do direito eleitoral, em se tratando de matérias relacionadas às eleições.

b) O princípio da anterioridade tem como escopo proteger o processo eleitoral, garantindo que qualquer lei que altere esse processo somente entrará em vigor na data de sua publicação, não se aplicando à eleição seguinte à data de sua vigência.

c) Os juízes eleitorais são órgãos da justiça eleitoral, juntamente com as juntas eleitorais, os tribunais regionais eleitorais e o TSE.

d) A transferência de domicílio do eleitor, a adoção de medidas para coibir a prática de propaganda eleitoral irregular e a emissão de segunda via do título eleitoral são exemplos de funções judiciárias da justiça eleitoral que devem ser apreciadas por juiz eleitoral e, na ausência deste, por um juiz da respectiva seccional.

e) As fontes do direito eleitoral têm como objetivo principal assegurar que não haja mudanças no ordenamento jurídico, mantendo-o estático, como deveria ser desde o princípio, pois se exige, cada vez mais, um ambiente legislativo seguro e simplificado.

3) **(FCC – 2015) O Tribunal Regional Eleitoral de um Estado da Federação foi assim constituído: dois Desembargadores do Tribunal de Justiça do Estado e dois Juízes de Direito escolhidos pelo Tribunal de Justiça, mediante eleição e pelo voto**

secreto; um Juiz do Tribunal Regional Federal com sede na Capital do Estado; e três advogados de notável saber jurídico e idoneidade moral. A composição desse tribunal está em desacordo com as normas legais pertinentes porque:

a) do referido Tribunal não faz parte nenhum Juiz Federal.

b) os Desembargadores do Tribunal de Justiça são em número de três.

c) apenas um Juiz de Direito pode ter assento no referido Tribunal.

d) são apenas dois os advogados que integram a Corte.

e) faz parte obrigatória da composição do Tribunal um membro do Ministério Público Eleitoral.

4) **(FCC – 2015) O Tribunal Superior Eleitoral foi assim constituído: três juízes dentre os Ministros do Supremo Tribunal Federal, escolhidos mediante eleição e pelo voto secreto; dois juízes dentre os Ministros do Superior Tribunal de Justiça, escolhidos mediante eleição e pelo voto secreto; dois juízes dentre seis advogados de notável saber jurídico e idoneidade moral, indicados pelo Supremo Tribunal Federal e nomeados pelo Presidente da República. Essa composição está**

a) incorreta, porque são dois os Ministros do Supremo Tribunal Federal que podem integrar o Tribunal.

b) incorreta, porque apenas um juiz oriundo da classe dos advogados pode integrar o Tribunal.

c) correta, porque atende às normas legais pertinentes constantes da Constituição Federal brasileira.

d) incorreta, porque os juízes oriundos da classe dos advogados não dependem de nomeação e são eleitos pelo Supremo Tribunal Federal.

e) incorreta, porque dois juízes oriundos do Ministério Público Eleitoral devem integrar o Tribunal.

5) **(CESPE – 2015) A Justiça Eleitoral é o ramo do Poder Judiciário criado em 1932, responsável por todos os trabalhos eleitorais – do alistamento à proclamação dos eleitos. Nos termos de sua organização, composição e competências, a**

a) Justiça Eleitoral desempenha, além da função jurisdicional, as funções administrativa, normativa e consultiva.

b) Justiça Eleitoral não tem magistrados investidos de forma permanente em sua jurisdição, que é exercida por juízes de direito designados pelo período máximo de 2 (dois) anos.

c) Justiça Eleitoral é especializada em razão da matéria, motivo pelo qual o STF e o STJ não detêm competência de julgamento em temática eleitoral.

d) Junta Eleitoral é um órgão colegiado da Justiça Eleitoral de duração permanente, com competência exclusiva e limitada para apuração das eleições.

GABARITO

1 – C	2 – C	3 – D	4 – C	5 – A

CAPÍTULO 3

MINISTÉRIO PÚBLICO ELEITORAL

3.1. CONCEITO

O Ministério Público é uma instituição permanente em defesa dos interesses da sociedade, conforme determina a CF/88. Desta maneira, o MP é estabelecido pela CF como uma atividade essencial à administração da Justiça, tendo, por isto, sido destacado pela Carta Magna em vista da grandiosidade de suas atribuições, ligadas diretamente com a proteção da legalidade e do interesse coletivo.

Manoel Gonçalves Ferreira Filho bem o destaca, ao afirmar (p. 272) que:

> Em consonância com o que já se observou a propósito na nova feição que na Constituição vigente assume o Judiciário, deve-se apontar que ela redunda na atribuição ao Ministério Público de um papel que vai além do mero controle de legalidade. Torna-o um defensor da legitimidade, entendendo-se por isso ter-se tornado ele, também, um fiscal do cumprimento de certos princípios que concernem ao próprio cerne da ideia de justiça: impessoalidade, moralidade, publicidade, etc. Por isso, dotou-o a Lei Magna de instrumentos de ação como o inquérito civil e a ação civil pública.

Como o processo eleitoral indiscutivelmente é de interesse público, há a necessidade de que ele seja acompanhado pelo *Parquet*, que terá legitimidade em nele atuar, seja através da condição de autor, seja na condição de fiscal da lei ou *custos legis*.

É interessante observar que apesar da própria legislação eleitoral por muitas vezes se referir ao Ministério Público Eleitoral, como o faz o artigo 24 do Código Eleitoral, por exemplo, em verdade, tal órgão não existe dentro do Ministério Público como órgão autônomo. Por isso, não há concurso de ingresso para a carreira do Ministério Público Eleitoral, por não haver, dentro da estrutura do Ministério Público da União (MPU) tal órgão.

Determina a Constituição no artigo 128, I, que:

> Art. 128. O Ministério Público abrange:
>
> I – o Ministério Público da União, que compreende:
>
> a) o Ministério Público Federal;
>
> b) o Ministério Público do Trabalho;
>
> c) o Ministério Público Militar;
>
> d) o Ministério Público do Distrito Federal e Territórios;

Assim, as funções do Ministério Público Eleitoral são realizadas pelo Ministério Público Federal. Isto é o que se verifica no artigo 72 da LC nº 75/93, que dispõe:

> Compete ao Ministério Público Federal exercer, no que couber, junto à Justiça Eleitoral, as funções do Ministério Público, atuando em todas as fases e instâncias do processo eleitoral.

Por outro lado, o Ministério Público dos Estados, através dos Promotores de Justiça, deverá atuar perante a Justiça Eleitoral de primeiro grau, em todos os processos que sejam da competência daquele órgão do Poder Judiciário.

O professor Francisco Dirceu Barros (p. 107), exatamente por isso, leciona acerca dos Princípios da Federalização e da Delegação.

De acordo com o Princípio da Federalização, as atribuições eleitorais do Ministério Público deverão ser exercidas pelo Ministério Público Federal, como visto, sendo o Chefe do MPU, como será visto adiante, o Procurador-Geral Eleitoral.

Por outro lado, essa atribuição eleitoral do Ministério Público Federal é delegada por Lei ao Ministério Público dos Estados para que atuem junto à Justiça Eleitoral de Primeiro Grau. É o que se denomina Princípio da Delegação.

3.2. PROCURADOR-GERAL ELEITORAL

O Procurador-Geral Eleitoral é o Chefe do Ministério Público Eleitoral, atividade, como visto, exercida pelo Ministério Público Federal. Será Procurador-Geral Eleitoral o Procurador-Geral da República (PGR). Enquanto na função de PGR, o membro do Ministério Público, nomeado pelo Presidente da República com a aprovação do Senado Federal, exercerá as funções eleitorais. Como a CF não impõe um limite à recondução no cargo de PGR, não importa quantas vezes determinada pessoa for reconduzida a este cargo, enquanto manter-se como PGR, será também Procurador-Geral Eleitoral.

ATENÇÃO: Não se aplica ao Procurador-Geral Eleitoral a mesma regra dos Juízes dos Tribunais Eleitorais, segundo a qual, devem tais magistrados exercer o mandato perante os Tribunais por no mínimo 2 anos e por no máximo 4 anos consecutivos, como já foi visto. Em relação ao PGR, enquanto reconduzido para o cargo, exercerá a função de Procurador-Geral Eleitoral, não importa por quanto tempo.

Cabe ao Procurador-Geral Eleitoral atuar perante o TSE, sendo substituído por suas faltas e impedimentos pela autoridade indicada na Lei. O substituto do PGE, nos termos do parágrafo único do artigo 73 da LC nº 75/93, será escolhido entre os Subprocuradores-gerais da República. Assim, a designação do Vice-Procurador-Geral Eleitoral é feita pelo próprio Procurador Geral.

Pode, ainda, havendo necessidade, ter auxiliares, nomeados dentre os membros do Ministério Público Federal com atuação na Capital Federal. Vale, no entanto, ressaltar que tais auxiliares não terão assento nas sessões.

As atribuições do Procurador-Geral Eleitoral estão previstas no artigo 24 do Código Eleitoral assim redigido:

> Art. 24. Compete ao Procurador-Geral, como Chefe do Ministério Público Eleitoral;
>
> I – assistir às sessões do Tribunal Superior e tomar parte nas discussões;
>
> II – exercer a ação pública e promovê-la até final, em todos os feitos de competência originária do Tribunal;
>
> III – oficiar em todos os recursos encaminhados ao Tribunal;
>
> IV – manifestar-se, por escrito ou oralmente, em todos os assuntos submetidos à deliberação do Tribunal, quando solicitada sua audiência por qualquer dos juízes, ou por iniciativa sua, se entender necessário;
>
> V – defender a jurisdição do Tribunal;
>
> VI – representar ao Tribunal sobre a fiel observância das leis eleitorais, especialmente quanto à sua aplicação uniforme em todo o País;
>
> VII – requisitar diligências, certidões e esclarecimentos necessários ao desempenho de suas atribuições;

> VIII – expedir instruções aos órgãos do Ministério Público junto aos Tribunais Regionais;
>
> IX – acompanhar, quando solicitado, o Corregedor-Geral, pessoalmente ou por intermédio de Procurador que designe, nas diligências a serem realizadas.

3.3. PROCURADOR REGIONAL ELEITORAL

O Procurador Regional Eleitoral é o membro do MP com atuação perante o TRE. Será o PRE o Procurador Regional da República com atuação no Estado de competência do respectivo TRE, não havendo Procurador Regional da República, será Procurador da República com atuação naquele Estado, nomeado pelo Procurador-Geral Eleitoral. Não se aplica mais o art. 27, § 1°, do CE, que determinava que no DF, seria PRE o Procurador Geral de Justiça daquela entidade federativa. Agora, no DF, o PRE será um Procurador Regional da República, designado pelo PGE.

O Procurador Regional Eleitoral poderá ter auxiliares, em caso de necessidade, que, porém, não poderão ter assento nas sessões. Para que tais auxiliares sejam nomeados, é essencial a autorização do Procurador-Geral Eleitoral. Acerca das atribuições do PRE, o Código Eleitoral foi bem sucinto, ao enunciar em seu § 3° do artigo 27, que determina:

> Art. 27. (...)
>
> § 3° Compete aos Procuradores Regionais exercer, perante os Tribunais junto aos quais servirem, as atribuições do Procurador-Geral.

A LC n° 75/93 determina que compete também ao PGE a escolha do substituto do PRE. O Procurador Regional Eleitoral será designado para um mandato de 2 anos, podendo ser reconduzido por apenas uma vez.

> **ATENÇÃO:** Ao contrário do PGE, o PRE só poderá ser reconduzido para a função por uma vez.

É possível, contudo, que o PRE seja destituído das suas funções, antes do término do mandato, desde que assim decida a maioria absoluta do Conselho Superior do Ministério Público Federal, por iniciativa do PGE.

Antes do advento da LC 75/93 falava-se do princípio da excepcionalidade, permitindo-se que membros do Ministério Público local auxiliassem o Procurador Regional Eleitoral. Tal situação não é mais possível, pelo que não se aplica o princípio da excepcionalidade ao MP Eleitoral. Em assim sendo, o art. 27, § 4°, do CE, que permitia tal auxílio, acabou sendo revogado tacitamente.

3.4. PROMOTORES ELEITORAIS

Cabem aos Promotores Eleitorais exercer a atividade inerente ao Ministério Público frente aos Juízes e Juntas Eleitorais, atuando na sede da zona eleitoral. O Promotor Eleitoral é membro do Ministério Público do respectivo Estado. Geralmente, é o Promotor de Justiça que atua na Comarca, sede da Zona, e onde houver mais de um, este será designado pelo PRE após indicação do Procurador-Geral de Justiça (PGJ) daquele Estado.

Havendo mais de um Promotor de Justiça na Comarca, também deverá ser realizado, assim como ocorre com os Juízes Eleitorais, o sistema de rodízio, permanecendo o Promotor de Justiça na função Eleitoral durante 2 anos. Vale ressaltar que se na zona eleitoral só houver um único Promotor de Justiça, este exercerá as funções eleitorais pelo tempo que se fizer necessário. A designação do promotor eleitoral encontra-se regulamentada pela Resolução 30/2008 do CNMP.

ATENÇÃO: Havendo mais de um Promotor de Justiça na Comarca, será o Promotor Eleitoral aquele designado pelo PRE, após a indicação do PGJ. Assim, o PGJ, chefe do Ministério Público do Estado, não designa, mas apenas indica o membro do Ministério Público do Estado para assumir a função eleitoral. A designação, como visto, cabe ao PRE.

O fato da designação do promotor eleitoral ser feita pelo PRE não traz qualquer ofensa à autonomia do Ministério Público local (ADI 3802 STF).

Ao Promotor Eleitoral cabe o exercício de suas atribuições perante todos os processos e ações eleitorais perante o Juiz e a Junta Eleitoral, seja atuando como autor, seja, ainda, atuando como *custos legis*.

ATENÇÃO: Não cabe mais ao Ministério Público a execução de multas eleitorais, uma vez que tal atribuição pertence à Procuradoria da Fazenda Nacional, nos termos previstos pelo Ordenamento Jurídico Pátrio. De igual maneira, não cabe Ação Civil Pública em matéria eleitoral (art. 105-A da Lei 9.504/1997), mas se admite o inquérito civil (AgR-RO 488.409 de 10.11.2016) e o Procedimento Preparatório Eleitoral - PPE (AgR-RESPE 131.483 de 18.12.2015).

→ 3.5. Resumo didático

1. Apesar de a legislação referir-se ao Ministério Público Eleitoral, tal órgão não existe no Ordenamento Jurídico. As funções eleitorais do MP são exercidas pelo Ministério Público Federal.

2. O Procurador-Geral da República exerce as atribuições de Procurador-Geral Eleitoral.

3. Não se aplica ao PGE a mesma regra dos Juízes dos Tribunais Eleitorais, segundo a qual, devem tais magistrados exercer o mandato perante os Tribunais por no mínimo 2 anos e por no máximo 4 anos consecutivos, como já foi visto. Em relação ao PGR, enquanto reconduzido para o cargo, exercerá a função de PGE, não importa por quanto tempo.

4. O Procurador Regional Eleitoral será o Procurador da República com atuação no Estado. Onde houver mais de um, será aquele designado pelo PGE.

5. Ao contrário do PGE, o PRE só poderá ser reconduzido para a função por uma vez.

6. O Promotor Eleitoral será um Promotor de Justiça (Membro do Ministério Público Estadual).

7. Havendo mais de um Promotor de Justiça na Comarca, será o Promotor Eleitoral aquele designado pelo PRE, após a indicação do PGJ. Assim, o Procurador-Geral de Justiça, chefe do Ministério Público do Estado, não designa, mas apenas indica o membro do Ministério Público do Estado para assumir a função eleitoral. A designação, como visto, cabe ao PRE.

8. Não cabe mais ao Ministério Público a execução de multas eleitorais, uma vez que tal atribuição pertence à Procuradoria da Fazenda Nacional, nos termos previstos pelo Ordenamento Jurídico Pátrio.

→ 3.6. Questões

1) **(CESPE – 2017) Em relação ao Ministério Público Eleitoral (MPE), assinale a opção correta.**

   a) Em caso de suspeita de infração penal, se o órgão do Ministério Público, em vez de apresentar a denúncia, requerer o arquivamento da comunicação, o juiz será obrigado a atender ao pedido.

   b) O procurador-geral da República exercerá as funções de procurador-geral junto ao TSE e poderá designar outros membros do Ministério Público da União para auxiliá-lo.

c) Em se tratando de crimes na esfera eleitoral, prevê-se ação pública ou pública condicionada, sendo o Ministério Público o titular exclusivo da ação criminal.
d) A carreira autônoma do MPE foi criada pela Constituição Federal de 1988.
e) O MPE atua nas áreas penal e administrativa, mas não na cível.

2) (CESPE – 2017) O MP eleitoral

a) atua em todas as fases do processo eleitoral com observância dos princípios da federalização, da delegação e da excepcionalidade.
b) tem atribuição de oficiar à justiça eleitoral — juízes e juntas eleitorais — por intermédio de membros do MPF.
c) tem legitimidade para recorrer de decisão que julgue o pedido de registro de candidatura, mesmo que não tenha apresentado impugnação anterior.
d) não tem legitimidade para prosseguir com a ação de impugnação de mandato eleitoral quando a parte autora apresenta pedido de desistência da ação.

3) (CESPE – 2017) No que concerne ao Ministério Público Eleitoral (MPE), assinale a opção correta de acordo com o entendimento do STF.

a) O MPE é um ramo do Ministério Público, possui estrutura própria e tem como chefe o procurador regional eleitoral.
b) O MPE só pode investigar suspeita de crime eleitoral após determinação da justiça eleitoral.
c) A designação, por procurador regional eleitoral, que é membro do Ministério Público Federal, de membro do Ministério Público local para promotor eleitoral não afronta a autonomia administrativa do Ministério Público estadual.
d) Enquanto exercer a função de promotor eleitoral, o membro do Ministério Público ficará afastado de sua função institucional de promotor de justiça.
e) O procurador-geral da República não detém a prerrogativa de iniciar projetos de lei que versem sobre a organização e as atribuições do MPE.

4) (FCC – 2015) Ao Procurador-Geral eleitoral, como chefe do Ministério Público Eleitoral, no âmbito do Tribunal Superior Eleitoral, compete

a) substituir os Ministros do Tribunal em suas ausências ocasionais.
b) assistir as sessões do Tribunal, sem tomar parte nas discussões.
c) oficiar em todos os recursos encaminhados ao Tribunal.
d) exercer a ação penal pública, exceto nos feitos de competência originária do Tribunal.
e) expedir instruções aos Juízes Eleitorais dos Tribunais Regionais Eleitorais.

5) (AOCP – 2015) Em relação ao Ministério Público Eleitoral, assinale a alternativa correta.

a) Perante as Zonas Eleitorais, atuam os procuradores federais.

b) O Procurador Geral poderá designar quaisquer outros membros do Ministério Público, com exercício no Distrito Federal, e sem prejuízo das respectivas funções, para auxiliá-lo junto ao Tribunal Superior Eleitoral.

c) Perante o Tribunal Superior Eleitoral, atuará o Procurador Geral da República, funcionando, em suas faltas e impedimentos, seu substituto legal.

d) São inelegíveis, para o cargo de Presidente da República, os membros do Ministério Público que não tenham se afastado das suas funções até 3 (três) meses anteriores ao pleito.

e) Perante os Tribunais Regionais Eleitorais, atuará um Procurador de Justiça, funcionando, em suas faltas e impedimentos, seu substituto legal.

GABARITO

1 – B	2 – C	3 – C	4 – C	5 – C

CAPÍTULO 4

ALISTAMENTO ELEITORAL

4.1. CONCEITO

Para que se possa entender a importância do alistamento eleitoral, faz-se mister a compreensão do que venha a ser cidadania. Esta, sob o enfoque jurídico, significa a capacidade de exercer direitos políticos.

Os direitos políticos de maior expressão são o direito de votar e de ser votado, daí se falar em capacidade eleitoral ativa e passiva. Neste ponto, é importante se consultar os ensinamentos do professor Djalma Pinto, no seguinte sentido:

> A capacidade eleitoral ativa consiste na prerrogativa assegurada a cada cidadão de escolher, através do voto, os representantes que, durante certo período, conduzirão a chefia do Governo ou integrarão o Poder Legislativo.[1]

Prossegue, ainda, a lição o mestre, dispondo que:

> A capacidade eleitoral passiva consiste no direito de ser votado (*jus honorum)*. Traduz-se na prerrogativa de o cidadão submeter seu nome à avaliação do eleitorado por ocasião da escolha, através do processo eleitoral, daqueles que devem exercer funções eletivas.[2]

Sabe-se que o alistamento eleitoral é requisito para as capacidades ativa e passiva. Todavia, a capacidade eleitoral ativa é adquirida meramente com

---

1. PINTO, Djalma. *Direito eleitoral.* 2. ed. São Paulo: Atlas, 2005. p. 142.
2. Idem, ibidem.

o alistamento, enquanto a capacidade passiva, verifica a presença de outros requisitos, que são denominados de condições de elegibilidade, como será estudado mais adiante.

Desta forma, de acordo com o professor Djalma Pinto, o alistamento eleitoral é:

> O processo através do qual o indivíduo é introduzido no corpo eleitoral. Consiste na inscrição do interessado no rol dos eleitores. Trata-se, por assim dizer, do mecanismo de aquisição da cidadania. Por ele se adquire a aptidão para participar da condução dos negócios públicos.

Ora, se cidadania significa juridicamente a capacidade de votar e de ser votado, ou seja, de exercer direitos políticos, o alistamento eleitoral é o termo inicial da cidadania. Só pode ser considerado cidadão aquele que se encontra alistado eleitoralmente.

4.1.1. Requisitos

São requisitos para o alistamento eleitoral: a nacionalidade brasileira, originária ou adquirida, e a idade mínima de 16 anos. Deve-se lembrar que o analfabeto poderá pleitear o seu alistamento eleitoral e votar nas eleições. O analfabeto é proibido apenas de concorrer a cargo eletivo, ou seja, o analfabeto tem capacidade ativa, mas não passiva.

4.1.2. Fases

O alistamento como procedimento ocorrerá em duas fases: a qualificação e a inscrição. Na qualificação, o interessado faz a comprovação, perante a Justiça Eleitoral, dos dados que o habilitam a integrar o corpo eleitoral. A inscrição, por sua vez, é a introdução de seu nome no rol dos eleitores.

Nestes termos, estatui o Código Eleitoral em seu artigo 42 que:

> Art. 42. O alistamento se faz mediante a qualificação e inscrição do eleitor.

Apesar de o Código Eleitoral, como visto, afirmar que o alistamento se faz por qualificação e inscrição, ambas as fases ocorrem ao mesmo tempo. Pode-se, inclusive, afirmar que o alistamento eleitoral é um ato declaratório e constitutivo. Declaratório por afirmar que o alistando tem os requisitos necessários para o alistamento, e constitutivo por modificar a sua situação, passando a ser qualificado como eleitor e integrando o rol dos cidadãos.

4.1.3. Do procedimento do alistamento eleitoral

O alistamento eleitoral é procedimento realizado perante a Justiça Eleitoral, sendo competência do Juiz Eleitoral, conforme se observa no artigo 35, VIII, do Código Eleitoral. Esse procedimento foi sensivelmente alterado sucessivamente a partir da Lei nº 6.996/82, que instituiu o alistamento através da forma eletrônica, e da Lei nº 7.444/85 que, dentre outras situações, estabeleceu o atual modelo de título eleitoral.

Por isso, ao contrário do que afirma o artigo 44 do Código Eleitoral, o título eleitoral não possui mais a fotografia do eleitor. Na época anterior à Lei nº 7.444/85, o título eleitoral possuía outra peculiaridade que eram espaços em seu verso, que serviam para que o presidente da mesa receptora anotasse a presença do eleitor nas eleições. Por isso, o título eleitoral anterior comprovava a inscrição eleitoral e a quitação com as obrigações eleitorais.

Por isso, é necessário que se atente ao quanto afirmado não apenas pelo Código Eleitoral sobre o assunto, mas também às Leis retrocitadas. Para facilitar o estudo e a compreensão sobre a matéria, o TSE publicou a Resolução nº 21.538/2003 (atualizada pelas Resoluções 23.518/2017, 23.531/2017, 23.538/2017, 23.562/2018), que dispõe acerca do alistamento eleitoral e demais assuntos correlatos. Tal resolução tem sido constantemente cobrada nos concursos públicos dos tribunais.

Vale, de logo, ressaltar que o alistamento eleitoral não poderá ser realizado nos 150 dias que antecedem a eleição.[3] Por isso, o último dia para que seja requerido o alistamento eleitoral será o 151º dia anterior ao pleito eleitoral. Com essa disposição, estão revogados tacitamente os dispositivos do Código Eleitoral que determinavam a proibição para um prazo de 100 dias antes da eleição.

Preenchidos os requisitos, dentro do prazo indicado (até o 151º dia anterior à data da eleição), a pessoa deverá se dirigir a um dos Cartórios Eleitorais e iniciar o processo de alistamento eleitoral, adquirindo, assim, a sua condição de cidadão. De qualquer forma, o aludido procedimento se inicia através do preenchimento do Requerimento de Alistamento Eleitoral – RAE.

O aludido requerimento serve para a entrada de dados do eleitor em uma determinada zona eleitoral. Esta pode ser conceituada como a menor fração territorial dentro de uma circunscrição eleitoral. O eleitor deve comparecer

---

3. Art. 91 da Lei nº 9.504/97: "Nenhum requerimento de inscrição eleitoral ou de transferência será recebido dentro dos cento e cinquenta dias anteriores à data da eleição."

pessoalmente. Entretanto, desde 2009, o TSE tem admitido que se realize um pré-atendimento através da internet, no próprio sítio eletrônico do TSE, no qual há o preenchimento dos dados exigidos. No entanto, esse procedimento não elimina a necessidade do comparecimento pessoal do requerente, que deverá ocorrer, até mesmo para que leve os documentos exigidos. Servirá, assim, o novo procedimento para agilizar o atendimento. O não comparecimento do eleitor, no caso do pré-atendimento pela internet, acabará por causar o indeferimento do requerimento de alistamento.

Consoante informa o artigo 13 da Resolução nº 21.538/2003, são documentos necessários para que seja realizado o alistamento: a) carteira de identidade ou carteira emitida pelos órgãos criados por lei federal, controladores do exercício profissional; b) certificado de quitação do serviço militar; c) certidão de nascimento ou casamento, extraída do Registro Civil; d) instrumento público no qual se infira, por direito, ter o requerente a idade mínima de 16 anos e do qual constem, também, os demais elementos necessários à sua qualificação.

A Resolucão 23.562 trouxe alteração ao regramento do alistamento determinando que a pessoa travesti ou transexual poderá se registrar eleitoralmente com seu nome social e respectiva identidade de gênero.[4]

Não há necessidade de apresentar todos os documentos, mas apenas um deles. Vale ressaltar, porém, que para o requerente do sexo masculino que tenha mais de 18 anos, é essencial a apresentação do certificado de quitação do serviço militar.

ATENÇÃO: Não tem a Justiça Eleitoral aceito para a realização do alistamento eleitoral a carteira nacional de habilitação – CNH, nem passaporte emitido pelo Governo Brasileiro. No primeiro caso, por não estabelecer a nacionalidade do portador do documento. No segundo, por não conter a filiação da pessoa.

4. Atualmente dispõe a Resolução 21.538 do TSE sobre o assunto: Art. 9º-A. A pessoa travesti ou transexual poderá, por ocasião do alistamento ou de atualização de seus dados no cadastro eleitoral, se registrar com seu nome social e respectiva identidade de gênero. § 1º Considera-se nome social a designação pela qual a pessoa travesti ou transexual se identifica e é socialmente reconhecida. § 2º Considera-se identidade de gênero a dimensão da identidade de uma pessoa que diz respeito à forma como se relaciona com as representações de masculinidade e feminilidade e como isso se traduz em sua prática social, sem guardar necessária relação com o sexo biológico atribuído no nascimento. § 3º O nome social não poderá ser ridículo ou atentar contra o pudor. Art. 9º-B. O nome social constará do título de eleitor impresso ou digital. Art.9º-C. O nome social e a identidade de gênero constarão do cadastro eleitoral em campos próprios, preservados os dados do registro civil. Art. 9º-D. A Justiça Eleitoral restringirá a divulgação de nome civil dissonante da identidade de gênero declarada no alistamento ou na atualização do cadastro eleitoral.

O Código Eleitoral, em seu artigo 47, determina que as certidões de nascimento ou casamento, quando requeridas pelos interessados ou por delegados de partidos políticos, sejam concedidas gratuitamente para fins eleitorais, como o alistamento, por exemplo. Em se tratando de registro de nascimento, será este gratuito quando solicitado por delegado de partido político, ou pelo interessado, neste último caso, se comprovar carência de recursos. De qualquer maneira, ainda segundo o artigo 47 do Código Eleitoral, e seus parágrafos, em cada cartório de registro civil deve haver livro aberto e rubricado pelo juiz eleitoral, no qual deverão constar os requerimentos com base no presente dispositivo. Havendo requerimento dos documentos citados, para fins eleitorais, o escrivão deverá, dentro de 15 dias, conceder a certidão ou o registro gratuitos ou fundamentar ao juiz eleitoral o porquê não tê-lo feito. Atualmente, todos os documentos necessários para o exercício de direitos políticos devem ser fornecidos gratuitamente.

O Requerimento de Alistamento Eleitoral, quando não houver o pré-atendimento pela internet, só poderá ser preenchido por servidor ou atendente da Justiça Eleitoral, conforme dispõe o artigo 9º da Resolução nº 21.538/2003, sendo que o eleitor deverá estar presente no momento do preenchimento. Os analfabetos poderão apor a sua impressão digital. Vale ressaltar que não se admite que o requerimento de alistamento seja feito por terceiros, ainda que autorizados pelo Requerente.

É facultado ao eleitor exercer uma preferência sobre o local de votação com consulta e informação da relação de todas as seções que pertencem à zona eleitoral, desde que disponíveis. Neste caso, a escolha servirá apenas para a conveniência do eleitor, que escolhe, em regra, aquele local mais próximo possível de sua residência. Mas, uma vez escolhido o local de votação dentre os disponíveis, o eleitor ficará permanentemente vinculado a ele,[5] com exceção das hipóteses previstas em lei, que serão tratadas adiante.

O preenchimento do RAE deverá ser realizado na presença do requerente. Após ocorrer o preenchimento, ele deverá apor a data e sua assinatura ou a impressão digital, caso não consiga assinar. Com esse procedimento, caso não seja hipótese de emissão *on-line* do título eleitoral,[6] o requerente receberá

5. Art. 46, § 3º, do Código Eleitoral.
6. Segundo dispõe o § 1º do art. 23 da Resolução nº 21.538: "Os tribunais regionais poderão autorizar, na emissão *on line* de títulos eleitorais e em situações excepcionais, a exemplo de revisão de eleitorado, recadastramento ou rezoneamento, o uso, mediante rígido controle, de impressão da assinatura (chancela) do presidente do Tribunal Regional Eleitoral respectivo, em exercício na data da autorização, em substituição à assinatura do juiz eleitoral da zona, nos títulos eleitorais."

um protocolo de solicitação, que servirá de recibo do requerimento realizado. Esse protocolo de solicitação do alistamento eleitoral já vai conter o número da inscrição eleitoral, que deve ser formada por até 12 algarismos.[7] Os oito primeiros são números sequenciais, os 2 seguintes representam a Unidade da Federação em que foi realizada a inscrição eleitoral, enquanto os 2 últimos são dígitos verificadores (DV), com base no módulo 11, sendo um dos números calculado sobre os algarismos sequenciais, enquanto o segundo deve ser calculado sobre o número que indica a Unidade Federativa.[8] Esses dois últimos algarismos servem apenas para verificar a legitimidade da inscrição eleitoral.

No prazo de 48 horas, o procedimento deve estar pronto para o despacho do Juiz Eleitoral. Este, por sua vez, deverá analisar se é caso, ou não, de deferimento do requerimento de alistamento eleitoral. Não se trata de decisão subjetiva do Juiz Eleitoral, mas apenas verificação se o requerente possui os requisitos disciplinados no Ordenamento Jurídico para ter o seu pleito atendido e ser qualificado como cidadão. Havendo tais requisitos, o Juiz Eleitoral é obrigado a deferir o requerimento procedido. Se, contudo, o magistrado tiver dúvidas, poderá converter o julgamento em diligência, para que se esclareça qualquer dúvida acerca do requerimento de alistamento e dos documentos apresentados.

Não havendo dúvida, profere o julgamento. Os requerimentos de alistamento eleitoral deferidos e também os indeferidos deverão ser publicados quinzenalmente na imprensa oficial, o que deve ocorrer nos dias 1º e 15 de cada mês, salvo se recaírem tais datas em dias não úteis. Essa publicação é deveras importante, pois é a partir dela que o prazo para recurso da decisão do magistrado eleitoral começa a ser contado.

Consoante dispõe o artigo 17, § 1º, da Resolução nº 21.538 do TSE, da decisão que indeferir o pedido de alistamento caberá recurso para o TRE no prazo de 5 dias, interposto pelo próprio alistando. Se a decisão for pelo deferimento do pedido de alistamento eleitoral, caberá recurso no prazo de 10 dias, interposto pelo delegado de partido político. Com base ainda na retrocitada resolução, os prazos para os respectivos recursos só correrão a

---

7. É o que estabelece o parágrafo único do art. 12 da Resolução nº 21.538 do TSE.
8. Esses números estão assim definidos: 01) São Paulo; 02) Minas Gerais; 03) Rio de Janeiro; 04) Rio Grande do Sul; 05) Bahia; 06) Paraná; 07) Ceará; 08) Pernambuco; 09) Santa Catarina; 10) Goiás; 11) Maranhão; 12) Paraíba; 13) Pará; 14) Espírito Santo; 15) Piauí; 16) Rio Grande do Norte; 17) Alagoas; 18) Mato Grosso; 19) Mato Grosso do Sul; 20) Distrito Federal; 21) Sergipe; 22) Amazonas; 23) Rondônia; 24) Acre; 25) Amapá; 26) Roraima; 27) Tocantins; 28). Exterior (28).

partir da publicação quinzenal, mesmo que o alistando tenha conhecimento da decisão de indeferimento antes desta data e ainda que os partidos políticos não a consultem. Tais recursos, a teor do § 8º do artigo 45 do Código Eleitoral, devem ser julgados no prazo de 5 dias.

ATENÇÃO: Apesar de a legislação ser omissa sobre o assunto, o Ministério Público Eleitoral poderá interpor recurso para o TRE tanto do deferimento quanto do indeferimento do requerimento de alistamento eleitoral, em virtude da natureza do processo de alistamento, que se relaciona diretamente com a legitimidade do corpo eleitoral, possuindo inegável interesse público. Na concepção de José Jairo Gomes (p. 159), o prazo para o recurso interposto pelo Ministério Público será sempre de 10 dias, tanto no caso de deferimento como no caso de indeferimento do pedido de registro de candidatura.

4.1.4. Vedação ao alistamento eleitoral

Como já visto, a cidadania é a capacidade que possibilita ao nacional o exercício de seus direitos políticos. Todavia, a cidadania só é possível com o alistamento eleitoral. Entretanto, evidentemente, há impedimentos para que determinadas pessoas possam se alistar.

Não podem se alistar como eleitores os estrangeiros, os conscritos, durante o período do serviço militar obrigatório, bem como aqueles que possuem alguma das causas de perda ou suspensão de direitos políticos.

A proibição do alistamento para estrangeiros é evidente. Ocorre porque a cidadania é própria do nacional. Por isso, não tendo nacionalidade, não será possível a cidadania. No entanto, é possível afirmar que há uma exceção: trata-se dos portugueses, que poderão exercer seus direitos políticos no Brasil, se houver reciprocidade, nos termos do artigo 12, § 1º, da CF.[9]

Em relação ao conscrito no serviço militar obrigatório, que é o particular engajado no serviço militar obrigatório inicial, a vedação constitucional proíbe o seu alistamento enquanto durar o serviço militar a que está o particular engajado. Se, porém, o conscrito em serviço militar obrigatório já for inscrito eleitoralmente, o que não apresenta qualquer dificuldade, uma vez que o alistamento no serviço militar deve ocorrer no ano em que a pessoa do sexo masculino completa 18 anos de idade, no período da prestação de

9. Este também é o entendimento de Rodrigo López Zílio (p. 101).

serviço militar, a inscrição ficará suspensa. Assim, não haverá causa, nessa hipótese de cancelamento, ou exclusão de inscrição eleitoral.

Por último, aquele que possui alguma das causas de perda ou suspensão de direitos, apesar de ainda não alistado, enquanto durar tal situação, possui o alistamento proibido. Desta forma, o não alistado que já tenha sido condenado criminalmente por sentença transitada em julgado, enquanto não cumprir a pena, não poderá requerer o seu alistamento.

4.1.5. Do alistamento facultativo

Em algumas hipóteses, o alistamento será facultativo. São alistados facultativamente os analfabetos e os maiores de 16 e menores de 18 anos. Se o alistamento é facultativo, o voto também o será. Se assim o é, não é porque o sujeito decide alistar-se, quando esse direito for facultativo, que a partir da inscrição eleitoral será obrigado a votar. Isso significa que caso a hipótese do alistamento facultativo permaneça, apesar do alistamento feito, o voto continua sendo facultativo.

No Direito Brasileiro, a partir de 1985, o analfabeto adquiriu o direito de votar. Assim, pode-se afirmar que ele possui capacidade eleitoral ativa (direito de votar), mas não terá capacidade eleitoral passiva (direito de ser votado). De qualquer forma, é evidente que o analfabeto, quando deixar de sê-lo, passará a ser obrigado a se alistar e a votar. Mas, neste caso, não sofrerá qualquer penalidade. Essa é uma medida que visa a estimular pessoas que deixaram de ser analfabetas a requererem o alistamento eleitoral, ainda que tardio.

ATENÇÃO: O TSE, na Resolução nº 21.538, art. 14, passou a permitir que a pessoa de 15 anos de idade possa requerer o seu alistamento se for completar 16 anos até o dia da votação, inclusive. Este último sempre é considerado como o dia em que ocorrer o primeiro turno. Vale ressaltar, todavia, que essa permissão é feita unicamente para se evitar o período dentro do qual o alistamento é vedado. O que ocorre nos 150 dias anteriores às eleições. Assim, em verdade, o alistamento surte efeitos apenas a partir do dia em que completa 16 anos, ou, nos termos da Resolução nº 21.538 do TSE, com o implemento da idade.

O Código Eleitoral ainda afirma que as pessoas com deficiência grave (ou inválidos na dicção do Código Eleitoral) possuem alistamento facultativo, conforme se verifica no artigo 6º do aludido Código. Ocorre, entretanto, que esse dispositivo não mais subsiste perante a atual CF. Com efeito, em regra, se a pessoa com deficiência puder exprimir a sua vontade, não sendo, pois, considerado pela Legislação Civil como absolutamente incapaz, o alistamento e o voto serão obrigatórios. É o que hoje determina o art. 76 da Lei 13.146/2015, segundo o qual:

> O poder público deve garantir à pessoa com deficiência todos os direitos políticos e a oportunidade de exercê-los em igualdade de condições com as demais pessoas.

Mas, é evidente que há vários graus de deficiência. Se, por acaso, a deficiência puder tornar impossível ou extremamente oneroso o exercício do direito de voto, o Juiz Eleitoral deverá conceder uma certidão de quitação eleitoral com prazo de validade indeterminado ao eleitor, para que este não seja prejudicado por sua incapacidade natural de comparecer à votação.[10]

Outra questão interessante diz respeito ao índio. É importante asseverar que o índio tem proteção constitucional e legal especial. Em relação ao indígena, a Lei 6.001/73 (Estatuto do Índio), o classifica em 3 espécies: a) Isolados; b) Em via de integração e; c) integrados. O TSE tem entendido que os índios isolados e em via de integração possuem o alistamento facultativo. Nesses termos:

> PROCESSO ADMINISTRATIVO. ALISTAMENTO. VOTO. INDÍGENA. CATEGORIZAÇÃO ESTABELECIDA EM LEI ESPECIAL. "ISOLADO". "EM VIAS DE INTEGRAÇÃO". INEXISTÊNCIA. ÓBICE LEGAL. CARÁTER FACULTATIVO. POSSIBILIDADE. EXIBIÇÃO. DOCUMENTO. REGISTRO CIVIL DE NASCIMENTO OU ADMINISTRATIVO DA FUNAI. 1. A atual ordem constitucional, ao ampliar o direito à participação política dos cidadãos, restringindo o alistamento somente aos estrangeiros e aos conscritos, enquanto no serviço militar obrigatório, e o exercício do voto àqueles que tenham suspensos seus direitos políticos, assegurou-os, em caráter facultativo, a todos os indígenas, independentemente da categorização estabelecida na legislação especial infraconstitucional anterior, observadas as exigências de natureza constitucional e eleitoral pertinentes à matéria, como a nacionalidade brasileira e a idade mínima. 2. Os índios que venham a se alfabetizar, devem se inscrever como eleitores, não estando sujeitos ao pagamento de multa pelo alistamento extemporâneo, de acordo com a orientação prevista no art. 16, parágrafo único,

10. Este é o teor da Resolução nº 21.920 do TSE que, dentre outros postulados, visa ao respeito da dignidade da pessoa humana e da Lei 13.146/2015, em seu art. 76, § 1°, IV.

da Res.-TSE 21.538, de 2003. 3. Para o ato de alistamento, faculta-se aos indígenas que não disponham do documento de registro civil de nascimento a apresentação do congênere administrativo expedido pela Fundação Nacional do Índio (FUNAI).

Por outro lado, os índios integrados, sendo alfabetizados e tendo mais de 18 e menos de 70 anos, são obrigados e a se alistar e a votar. Se os índios, no entanto, viverem ainda na aldeia e escolherem coletivamente manter seus usos e costumes, por força do art. 6° do Estatuto do Índio, o direito comum não lhes será aplicado.

4.1.6. Alistamento e voto obrigatórios

Assim, em regra, o alistamento e o voto são obrigatórios para os maiores de 18 e menores de 70 anos, ressalvados os analfabetos e os casos de alistamento vedado.

Dessa forma, quem alcançar a idade informada estará obrigado a se alistar e a votar. Se não o fizer, ficará sujeito a imposição de multa, a ser fixada pelo juiz eleitoral. Poderá, para que não seja punido com multa, justificar a sua ausência ao pleito. Essa justificativa poderá ser entregue ao Juiz Eleitoral até 60 dias após as eleições. Caso o eleitor se encontre no exterior, poderá justificar a sua ausência até 30 dias contados do seu retorno ao País. Vale, ainda, ressaltar que, como já é de conhecimento de todos, a justificativa poderá ser feita no próprio dia da eleição, perante as mesas receptoras, ou mesas nomeadas apenas para recebimento de justificativas.

Assim, o brasileiro nato é obrigado a alistar-se até a data em que completa 19 anos. Se tal alistamento não for realizado, as penas previstas em lei podem ser aplicadas.[11] A penalidade principal é a pena de multa.

---

11. O § 2º do artigo 7º do Código Eleitoral estabelece algumas restrições a direitos do eleitor, de constitucionalidade duvidosa, mas vale a pena citá-las para prevenir algum concurso que lance alguma interpretação mais literal da lei. Assim, caso não haja alistamento, quando o mesmo seria obrigatório, ou o eleitor esteja em débito com a Justiça Eleitoral, não poderá: I – inscrever-se em concurso ou prova para cargo ou função pública, investir-se ou empossar-se neles; II – receber vencimentos, remuneração, salário ou proventos de função ou emprego público, autárquico ou para estatal, bem como fundações governamentais, empresas, institutos e sociedades de qualquer natureza, mantidas ou subvencionadas pelo governo ou que exerçam serviço público delegado, correspondentes ao segundo mês subsequente ao da eleição; III – participar de concorrência pública ou administrativa da União, dos Estados, dos Territórios, do Distrito Federal ou dos Municípios, ou das respectivas autarquias; IV – obter empréstimos nas autarquias, sociedades de economia mista, caixas econômicas federais ou estaduais, nos institutos e caixas de previdência social, bem como em qualquer estabelecimento de crédito mantido pelo governo, ou de cuja administração este participe, e com essas entidades celebrar contratos; V – obter passaporte

ATENÇÃO: A Constituição Federal, em seu artigo 7º, IV, proíbe a vinculação do salário mínimo para qualquer fim. Desta forma, ao contrário do que estabelece o Código Eleitoral, as multas não podem ser fixadas em salários mínimos ou em porcentagem sobre o mesmo. O artigo 85 da Resolução nº 21.538 estabelece um valor de referência como sendo último valor da UFIR (R$ 1,064), multiplicado pelo fator 33,02. É sobre o resultado dessa operação matemática que devem ser calculadas as multas devidas.

No entanto, tal obrigação sofre um abrandamento. É que se o brasileiro que completou 19 anos sem se alistar, conseguir se alistar no tempo correto para que possa votar na primeira eleição que ocorra após ter completado 19 anos de vida, não sofrerá penalidade. O abrandamento citado, *data venia*, é justo, uma vez que permite que a pessoa se aliste até a primeira oportunidade que terá para votar. Antes disso, ela teria que pagar uma multa, mas não poderia naquele tempo exercer a sua capacidade eleitoral. Dessa forma, se alguém completou 19 anos em fevereiro de 2017, poderá se alistar em 2018, até 151º dia anterior ao pleito e, assim, ficará sem sofrer a pena pecuniária.

Por outro lado, também o brasileiro naturalizado será obrigado a se alistar, se tiver os outros requisitos que ensejam esta obrigação (ter mais de 18 anos e menos de 70 anos e ser alfabetizado). Nesse caso, o naturalizado será obrigado a se alistar até 1 ano após a naturalização.

4.2. DO DOMICÍLIO ELEITORAL

Em verdade, o instituto do domicílio é de vital importância para o Direito. Isso porque aponta o local em que a pessoa tem a sede de seus negócios, ou seja, onde ela pode ser encontrada. Mas, para que o domicílio civil seja estabelecido, é necessário a conjugação de dois elementos: o objetivo (o local) e o subjetivo (ânimo de permanecer definitivamente neste local).

Com efeito, leciona Francisco Amaral que:

> Distingue-se o domicílio da residência e da habitação, ou moradia. Aquele é um conceito jurídico, estas são situações de fato. Além disso, a residência é figura intermediária entre o domicílio e habitação. O domicílio pressupõe dois elementos: um, objetivo – a residência; outro subjetivo – o ânimo definitivo. (p. 244).

ou carteira de identidade; VI – renovar matrícula em estabelecimento de ensino oficial ou fiscalizado pelo governo; VII – praticar qualquer ato para o qual se exija quitação do serviço militar ou imposto de renda.

O domicílio eleitoral tem um aspecto mais amplo do que o domicílio civil. Isso porque o domicílio eleitoral necessita apenas do local de habitação ou moradia, ou seja, somente do aspecto objetivo e não do subjetivo. Por conta disso, o entendimento predominante é que basta que se tenha um vínculo patrimonial, profissional ou comunitário para que se qualifique determinado lugar como domicílio eleitoral, o que tem feito surgir diversas formas de fraude. O conceito de domicílio é deveras importante, uma vez que identifica o local em que o nacional deve se alistar, bem como aquele no qual poderá o cidadão concorrer a mandato eletivo. Não é por outro motivo que uma das condições de elegibilidade é o domicílio eleitoral na circunscrição do pleito.

Apesar de não exigir o ânimo de permanecer definitivamente no local, é necessário que se identifique um vínculo específico do eleitor com o local, pois este deve ser o de sua residência ou moradia, nos termos do artigo 42 do Código Eleitoral. Assim, pode ser domicílio eleitoral, por exemplo: a) aquele em que o genitor do eleitor é domiciliado; b) em que seja o cidadão proprietário rural; c) patrimonial; d) afetivo, social ou comunitário; e) o lugar em que o candidato, nas eleições imediatamente anteriores, obteve a maior parte da votação.[12] Se o eleitor possuir tais vínculos em mais de um lugar, poderá escolher como domicílio eleitoral qualquer um deles.

Algumas vezes, o eleitor depois de alistado necessitará transferir seu título para outro domicílio eleitoral. Logicamente, essa transferência pode ser feita para qualquer lugar em que o eleitor possua um vínculo específico, como já foi visto. Infelizmente, esse procedimento tem ensejado por diversas vezes fraudes, nas quais eleitores são transferidos para outros domicílios sem, sequer, ter qualquer relação com aquele local.

4.2.1. Da transferência de domicílio eleitoral

Se o eleitor desejar, poderá requerer a transferência de sua inscrição eleitoral para outro local, desde que nele tenha vínculo específico que permita qualificá-lo como domicílio eleitoral. Vale ressaltar que nada impede de, apesar de o eleitor não ter mais vínculo com o local onde está a sua inscrição eleitoral, de mantê-la naquela localidade. Não há limites, pois, para justificativas ou pagamentos de multas eleitorais.

---

12. Todos esses exemplos foram trazidos de forma muito competente por José Jairo Gomes, inclusive com as fontes jurisprudenciais (p. 106-107).

Mas, desejando realizar a transferência, é necessário seguir um procedimento estabelecido na lei e na Resolução nº 21.538 do TSE. Esse procedimento se inicia com o requerimento do eleitor. Este requerimento deverá ser realizado através do RAE, que é o formulário para entrada no sistema eletrônico de alistamento. Apesar da transferência para outra localidade, o título de eleitor mantém o número de inscrição originária, ainda que com a transferência haja mudança para outra unidade federativa.[13]

ATENÇÃO: Não se admite a transferência eleitoral de ofício, essa deve ser sempre realizada através de requerimento do interessado.

Exige-se, ainda, o domicílio eleitoral por pelo menos 3 meses e que tenha passado pelo menos 1 ano entre a inscrição originária ou a última transferência e o pedido atual de transferência eleitoral. Vale ressaltar que esses dois requisitos não serão exigidos em se tratando de servidor público, civil ou militar, e de sua família, que haja sido removido ou transferido.

Além dos requisitos já vistos, é necessário que se comprove quitação com as obrigações eleitorais. O procedimento para transferência é semelhante ao de alistamento, iniciando-se com o preenchimento do RAE e terminando com a decisão do Juiz Eleitoral. Assim como ocorre com o alistamento, não é possível que exista transferência eleitoral de ofício. Se a decisão for pelo deferimento, caberá recurso por parte dos partidos políticos no prazo de 10 dias. Se for pelo indeferimento, cabe recurso no prazo de 5 dias, a ser interposto pelo eleitor. Em qualquer das hipóteses, pode recorrer o Ministério Público Eleitoral, no prazo de 10 dias. Os prazos para recurso só começam a correr das publicações quinzenais dos pedidos de transferência deferidos e indeferidos.

O requerimento para transferência deve ser feito no Juízo Eleitoral da zona para onde será transferida a inscrição eleitoral. Ao realizar o pedido, cabe ao eleitor entregar o título eleitoral anterior no cartório eleitoral para que seja realizada a transferência.

ATENÇÃO: Para que se tenha uma visão ampla, são requisitos para transferência eleitoral: a) requerimento feito perante a Justiça Eleitoral do novo domicílio; b) três meses na nova residência; c) um ano contado da inscrição originária ou da última transferência realizada; d) quitação com as obrigações eleitorais.

13. Art. 5º, § 1º, da Resolução nº 21.538 do TSE.

4.3. DA REVISÃO

Revisão é o procedimento realizado perante a Justiça Eleitoral, através do qual se retifica dados ou se faz a mudança da seção eleitoral. Assim, caso uma pessoa tenha, com o casamento, acrescentado um sobrenome, deverá realizar a revisão para que seja o registro modificado para seu nome atual.

Porém, uma das situações que pode confundir os candidatos em uma prova de concurso é a utilização da revisão para que se modifique o local de votação para o eleitor. Seção eleitoral é um termo que significa o local ao qual deverá o eleitor se dirigir, no dia da eleição, para proferir o seu voto. A seção eleitoral é uma subdivisão da zona eleitoral, de competência do Juiz Eleitoral, conforme disposto no artigo 35 do Código Eleitoral.

Ocorre, contudo, que ao se alistar eleitoralmente e exercer a escolha sobre o local de votação mais conveniente, o eleitor fica permanentemente vinculado a esse local, ou seja, à seção eleitoral. Ele só poderá se desvincular da seção em duas hipóteses: a) se mudar de município, hipótese em que deverá[14] requerer transferência eleitoral; b) se mudar dentro do mesmo município para local distante da seção eleitoral, hipótese em que deverá requerer a revisão.

Nesses casos citados, pode-se observar que se houver mudança de município, mesmo que para outro município dentro da mesma zona, o procedimento adequado é a transferência. Agora, por outro lado, se houver a mudança dentro do mesmo município para um bairro distante da seção eleitoral a que está vinculado, deverá requerer a revisão.

Na revisão, portanto, não há mudança de município, na transferência há. Deve-se observar que o conceito de domicílio eleitoral é jurídico e designa o município no qual está registrada a inscrição eleitoral.

ATENÇÃO: Não se deve confundir a revisão, que é o procedimento para retificação de dados e mudança de seção eleitoral dentro do mesmo domicílio eleitoral com a revisão do eleitorado. Este último procedimento, como ainda será visto adiante, serve para verificar a ocorrência de fraude comprometedora em determinada zona ou município, no qual será realizada, investigando-se a legitimidade das inscrições eleitorais em tais locais.

---

14. Apesar de o artigo 46, § 3°, do Código Eleitoral utilizar-se do termo "deve", como já afirmado, a transferência de domicílio eleitoral não é obrigatória, nem pode ser feita de ofício.

4.4. DA SEGUNDA VIA DO TÍTULO DE ELEITOR

Pode o eleitor requerer a segunda via de seu título,[15] caso tenha ocorrido extravio ou destruição do documento. Esse assunto está previsto no artigo 19 da Resolução nº 21.538 do TSE. Segundo tal dispositivo, a segunda via poderá ser requerida para a Justiça Eleitoral no cartório da zona eleitoral a que está vinculado o cidadão. Na hipótese de dilaceração do título eleitoral, deve o requerente apresentá-lo ao cartório quando for fazer o pedido de segunda via.

A resolução não traz o prazo para que ocorra este requerimento, pelo que se deve aplicar o previsto no artigo 52 do Código Eleitoral, que é de 10 dias antes da data marcada para as eleições. Por outro lado, o artigo 53 do Código Eleitoral possibilita ao eleitor o requerimento de segunda via em uma zona diferente da qual ele estava vinculado, desde que o faça em 60 dias antes das eleições, podendo escolher receber a segunda via no local em que a requereu ou na zona a que está vinculado. Em assim sendo, se o título eleitoral for requerido na própria zona do eleitor, o requerimento deverá ser apresentado até 10 dias antes das eleições. Se o eleitor fizer tal requerimento em zona diversa, o prazo passa a ser de 60 dias antes das eleições.

A segunda via do título de eleitor deve ser requerida também através do preenchimento do RAE. Desta forma, o Requerimento de Alistamento Eleitoral pode ser utilizado para os requerimentos de alistamento eleitoral, transferência eleitoral, revisão e segunda via.

> **ATENÇÃO:** Para o alistamento eleitoral, a transferência eleitoral e a revisão, o requerimento deve ser realizado até o 151º dia anterior às eleições. Em relação ao requerimento de segunda via, este pode ser feito até 10 dias antes das eleições.

4.5. TÍTULO DE ELEITOR

Título de eleitor é o documento solene e formal que expressa a cidadania brasileira, sendo impresso na forma estabelecida no anexo II da Resolução 21.538 TSE. Houve, em 2017, uma alteração no modelo do título, embora os Tribunais Regionais possam continuar imprimindo o modelo anterior,

15. O STF na ADI nº 4.467 determinou que é desnecessário ao eleitor, no ato da votação, está de posse de seu título eleitoral, desde que apresente documento de identificação com foto.

enquanto ainda houver estoque de seus formulários. O título será emitido no momento do atendimento.

Segundo aponta a Resolução 21.538 TSE, o atual modelo de título eleitoral é assim configurado:

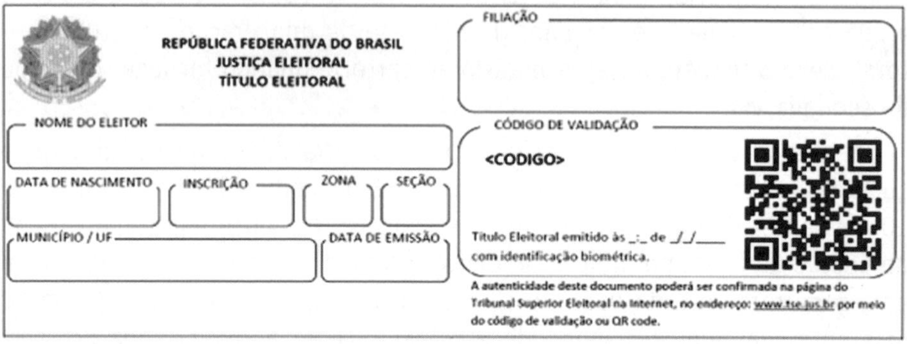

Por isso, o título de eleitor comprova apenas a inscrição eleitoral, bem como a quitação das obrigações eleitorais até a data de sua expedição. A data de expedição do título eleitoral é a do de preenchimento de seu requerimento, nos casos de alistamento eleitoral, transferência, revisão e segunda via.

A emissão do título deve ser feita por computador, obrigatoriamente. Ao entregar o título eleitoral, o eleitor deverá assinar o Protocolo de Entrega de Título Eleitoral - PETE, que ficará arquivado no cartório eleitoral da zona, que comprovará que o documento foi entregue ao eleitor. A entrega do título é sempre pessoal, através de comprovação de documento oficial de identidade, não se permitindo que terceiro, ainda que autorizado pelo cidadão, possa receber o título. Desta forma, estão revogadas as disposições do Código Eleitoral, que permitem ser o título entregue a terceiro com autorização do eleitor. Segundo determinação da Resolução 21.538/2003 do TSE, com a redação da Resolução 23.538/2017, o título será emitido no momento do atendimento (art. 24). Nesse caso, a assinatura do juiz eleitoral é substituída por uma chancela (impressão da assinatura) do presidente do TRE. O juiz, no entanto, continua julgando os pedidos que são feitos de alistamento, transferência e revisão e, caso o indefira, o título de eleitor deixa de produzir efeitos, apesar de já ter sido entregue ao eleitor.

ATENÇÃO: Deve-se lembrar que nenhum requerimento de alistamento, transferência ou revisão poderão ser realizados dentro de 150 dias anteriores à eleição. O alistamento será reaberto, assim que concluídos os trabalhos de apuração em âmbito nacional.

4.6. FISCALIZAÇÃO

Todos os procedimentos eleitorais, incluindo, por óbvio, o alistamento, devem ser fiscalizados pelo Ministério Público Eleitoral. Outrossim, e a isso a Legislação dá bastante destaque, o alistamento poderá ser controlado pelos partidos políticos, que também serão responsáveis pela lisura das eleições.

As agremiações partidárias têm papel de destaque no Direito Eleitoral Brasileiro. Como será oportunamente visto, detêm os partidos políticos o monopólio das candidaturas no Direito Brasileiro, uma vez que não se admite no Ordenamento Jurídico Pátrio a chamada candidatura avulsa.

Além do monopólio das candidaturas, aos partidos políticos cabem realizar a fiscalização das eleições e de seus atos acessórios, como aqueles realizados pela Justiça Eleitoral como preparatórios do pleito eleitoral.

Desta forma, caberá aos partidos políticos designarem delegados, que serão seus representantes perante os Juízes e Tribunais Eleitorais, para que se possa realizar uma fiscalização mais eficiente. Desta maneira, os partidos políticos podem nomear até 3 delegados por cada cartório eleitoral, e 2 delegados por cada TRE, sendo que a atuação deles não pode ser simultânea. Isso significa que cada um desses delegados de cada partido deve atuar isoladamente. Se a lei permite que sejam nomeados mais de um, é apenas para que se possa revezar a fiscalização, tornando-a mais eficaz. Não se pretende aqui afirmar que não pode atuar mais de um partido de cada vez, mas sim que não pode ocorrer a atuação simultânea de mais de um delegado por partido.

Os delegados de partidos são nomeados pelos partidos políticos e credenciados pelo Juiz Eleitoral.

Consoante reza o artigo 27 da Resolução nº 21.538, no exercício da fiscalização, podem os partidos políticos através de seus delegados:

> I – acompanhar os pedidos de alistamento, transferência, revisão, segunda via e quaisquer outros, até mesmo emissão e entrega de títulos eleitorais, previstos nesta resolução; II – requerer a exclusão de qualquer

eleitor inscrito ilegalmente e assumir a defesa do eleitor cuja exclusão esteja sendo promovida; e III – examinar, sem perturbação dos serviços e na presença dos servidores designados, os documentos relativos aos pedidos de alistamento, transferência, revisão, segunda via e revisão de eleitorado, deles podendo requerer, de forma fundamentada, cópia, sem ônus para a Justiça Eleitoral.

4.7. DO CADASTRO DE ELEITORES

Como visto, o alistamento significa qualificação e inscrição. Por conta disso, evidencia-se claramente que a Justiça Eleitoral possui um cadastro com os eleitores devidamente inscritos. O acesso a esse cadastro é regulamentado pela Resolução nº 21.538. Inicialmente, a Resolução retrocitada afirma que é possível o acesso às informações constantes do cadastro eleitoral para pessoas físicas e jurídicas, com os limites postos pela legislação pertinente.

Em assim sendo, não se pode ter um acesso irrestrito ao cadastro de eleitores, exatamente em homenagem à privacidade do eleitor que deve ser protegida. Por isso, não se deve dar acesso às chamadas informações pessoais. Estas são conceituadas pela Resolução nº 21.538 do TSE (art. 29, § 3º) como sendo as relações de eleitores acompanhadas de dados pessoais (ocupação, estado civil, escolaridade, fotografia, impressão digital, assinatura digitalizada e endereço). Tudo isso como forma de preservação da intimidade e segurança do eleitor.

Essas informações só poderão ser acessadas: a) pelo eleitor sobre seus dados pessoais; b) por autoridade judicial e pelo Ministério Público, além de órgãos e agentes públicos, desde que tenham autorização legal para tanto, vinculada a utilização das informações obtidas, exclusivamente, às respectivas atividades funcionais; c) por órgãos públicos, signatários de convênio e Termo de Compromisso e Manutenção de Sigilo (TCMS) com o Tribunal Superior Eleitoral. Atualmente, por força do artigo 19, § 3º, da Lei nº 9.096/95[16], o partido político, através de seu diretório nacional, terá amplo acesso ao cadastro eleitoral de seus filiados.

Pela análise em conjunto dos dispositivos, fica evidente que as informações acerca do cadastro eleitoral, que devem ser repassadas, dizem respeito ao aspecto estritamente de natureza estatística referentes às eleições. Caso

16. Art. 19, § 3º, da Lei n 9.096/95: "Os órgãos de direção nacional dos partidos políticos terão pleno acesso às informações de seus filiados constantes do cadastro eleitoral."

haja requerimento para fornecimentos desses dados de base estatística, a Justiça Eleitoral deverá fornecê-los, desde que disposto em meio digital e sem ônus para a Justiça Eleitoral. Evidentemente, caso queira o particular publicar tais informações, deverá citar a fonte e se responsabilizará por publicá-las com o teor correto.

4.8. DO CANCELAMENTO E EXCLUSÃO DE ELEITORES

Leciona o professor José Jairo Gomes que:

> O alistamento e a organização do eleitorado consubstanciam-se em atividades eminentemente administrativas. Entretanto, uma vez acertado o corpo, não se pode pretender que permaneça estático, imutável. O dinamismo é próprio dessa estrutura, sendo contínuas as mudanças que nela se operam. Ora é um eleitor que perde seus direitos políticos ou os tem suspensos, ora é outro que falece e, pois, perde a condição de pessoa e de cidadão. Assim, diante das inevitáveis mudanças, impõe-se que a própria Administração Eleitoral reveja seus assentamentos, alterando informações constantes dos registros e mesmo cancelando inscrições e promovendo exclusões, tudo com o fito de preservar a idoneidade do corpo eleitoral. Impera nessa seara o princípio da legalidade, pelo que a Administração deve sempre seguir o estabelecido em lei.[17]

As hipóteses de cancelamento e exclusão de eleitores encontram-se perfeitamente delineadas no artigo 71 do Código Eleitoral que determina:

> Art. 71. São causas de cancelamento:
>
> I – a infração dos artigos. 5º e 42;
>
> II – a suspensão ou perda dos direitos políticos;
>
> III – a pluralidade de inscrição;
>
> IV – o falecimento do eleitor;
>
> V – deixar de votar em 3 (três) eleições consecutivas.

Assim, é necessário que cada uma dessas situações seja corretamente estudada. Atualmente, cancelamento e exclusão são tratados como sinônimos tanto no Código Eleitoral quanto na Resolução 21.538 do TSE. Pode-se afirmar que são situações que determinam o cancelamento da inscrição eleitoral:

17. GOMES, José Jairo, op. cit., p. 118.

A) Infração ao artigo 5º do Código Eleitoral: ocorre quando se alista aquele que segundo o Ordenamento Jurídico estaria proibido de se alistar. Vale ressaltar que o artigo 5º, I, do Código Eleitoral não foi recepcionado pela CF, uma vez que os analfabetos, consoante o Ordenamento Constitucional, são alistáveis, apesar de o alistamento ser facultativo.

Por isso, a interpretação que deve ser feita acerca do artigo 71, I, do Código Eleitoral é que será causa de cancelamento de inscrição o fato de alguém haver se alistado, apesar de proibido o alistamento eleitoral (o que ocorre com os estrangeiros e os conscritos, durante o período do serviço militar obrigatório).

B) Infração ao artigo 42 do Código Eleitoral ocorre quando há um alistamento em domicílio eleitoral diverso do que deveria corresponder a inscrição de certo eleitor.

C) Falecimento do eleitor, evidentemente, é causa de cancelamento de inscrição. É obrigatório o envio de informações dos cartórios de Registro de Pessoas Civis para a Justiça Eleitoral, no dia 15 de cada mês, dos óbitos ocorridos no mês anterior de pessoas alistáveis.

Por isso, dispõe o artigo 71, § 3º, do Código Eleitoral que:

> Os oficiais de Registro Civil, sob as penas do art. 293, enviarão, até o dia quinze de cada mês, ao juiz eleitoral da zona em que oficiarem, comunicarão dos óbitos de cidadãos alistáveis, ocorridos no mês anterior, para cancelamentos das inscrições.

D) Pluralidade de inscrições é proibida, em virtude da universalidade do sufrágio que determina que para cada homem é assegurado apenas 1 voto, para que todos os cidadãos tenham o mesmo peso nos votos dados.

Por isso é permitida apenas uma inscrição eleitoral por cidadão. A existência de pluralidade de inscrições é causa de cancelamento de inscrição eleitoral. Para que seja encontrada a pluralidade, é realizado um sistema eletrônico denominado de batimento. O batimento é realizado em nível nacional pelo TSE.

Esse processo denominado batimento serve para identificar e expurgar do cadastro as inscrições em duplicidade. Ocorre, todavia, que cabe ao sistema apenas apontar as situações que possam trazer coincidências, que podem ser ou não hipóteses de duplicidade. Por isso, a decisão sobre a duplicidade pertence à Justiça Eleitoral e normalmente não é realizada pelo sistema, até mesmo porque o cancelamento da inscrição é ato jurídico, portanto, humano, de competência do Judiciário Eleitoral. Nem sempre uma coincidência apontada será causa de duplicidade. Por exemplo, a situação de homônimos e de gêmeos não identificados resultará em um batimento positivo, indicando a existência de coincidências, mas não será causa de duplicidade.

Pela evidente importância do batimento, deverá este procedimento ser realizado toda vez em que se requerer o alistamento eleitoral, a transferência eleitoral, a revisão e a segunda via. Evidentemente, a duplicidade poderá acarretar sanções administrativo-eleitorais (cancelamento da inscrição em duplicidade) e, se for o caso, penais.

Em relação ao cancelamento, a competência da Justiça Eleitoral variará. Se as inscrições em pluralidade estiverem em uma mesma zona eleitoral, a competência será do Juiz Eleitoral da respectiva zona. Caso as inscrições em pluralidade estejam em zonas diferentes dentro do mesmo Estado-membro (ou como afirma a Resolução nº 21.538 do TSE: dentro da mesma circunscrição), a competência será do Corregedor Regional Eleitoral. Mas, se as inscrições em pluralidade estiverem em Estados-membros ou circunscrições diferentes, a competência será sempre do Corregedor-Geral Eleitoral.

Da decisão de cancelamento por pluralidade ou duplicidade prolatada pelo Juiz Eleitoral caberá recurso para o Corregedor Regional Eleitoral. Das decisões sobre o cancelamento nessas hipóteses do Corregedor Regional Eleitoral caberá recurso para o Corregedor-Geral Eleitoral, e das decisões deste último, sobre o assunto, não caberá recurso algum, embora seja possível a impetração de mandado de segurança.

Não se pode, entretanto, confundir a competência para cancelamento de inscrição em virtude de pluralidade com a competência para julgamento penal em detrimento do fato, uma vez que a pluralidade de inscrições pode também constituir conduta criminal. A competência para a ação penal será do Juiz Eleitoral da zona eleitoral em que ocorreu a inscrição mais recente.

ATENÇÃO: A competência para decisão em processo criminal, que apure o crime cometido pelo fato da existência de mais de uma inscrição, será sempre do Juiz da zona eleitoral da inscrição mais recente.

Havendo pluralidade, não necessariamente serão canceladas todas as inscrições nessa situação. Por isso, dispõe a Resolução nº 21.538 do TSE acerca da preferência para cancelamento quando for o caso de inscrições em pluralidade. Dessa forma, o cancelamento será feito na seguinte ordem de preferências:

> I – na inscrição mais recente, efetuada contrariamente às instruções em vigor;
>
> II – na inscrição que não corresponda ao domicílio eleitoral do eleitor;
>
> III – naquela cujo título não haja sido entregue ao eleitor;
>
> IV – naquela cujo título não haja sido utilizado para o exercício do voto na última eleição;
>
> V – na mais antiga.

E) A perda e suspensão dos direitos políticos também são causas de cancelamento de inscrição. Dessa maneira, existindo alguma causa de perda ou suspensão deverá ser iniciado o procedimento de cancelamento de inscrição.

Normalmente se aponta, como já visto, que a perda é uma situação definitiva, enquanto a suspensão é temporária. Por isso, se o cidadão está acometido de qualquer das hipóteses de perda ou suspensão de direitos políticos, deverá ter a sua inscrição cancelada.

ATENÇÃO: Não será cancelada, mas apenas suspensa, a inscrição eleitoral do cidadão que acabar se engajando no serviço militar obrigatório. Neste caso, ele ficará impedido de exercer os seus direitos políticos, enquanto durar a o serviço militar obrigatório.

F) Por fim, é causa de cancelamento de inscrição deixar o eleitor de votar em 3 eleições consecutivas. Vale ressaltar que o cancelamento não será aplicado se houver justificação pelo eleitor ou pagamento de multa. A legislação eleitoral não limita o número de vezes que o eleitor paga a multa ou se justifica perante a Justiça Eleitoral.

Para que ocorra o cancelamento, é necessário que após a última eleição, na qual não se cumpriu a obrigação eleitoral, aguarde-se, ainda, 6 meses para o cancelamento, período no qual poderá o eleitor pagar a multa devida ou se justificar perante a Justiça Eleitoral.

É o que estabelece o § 3º do artigo 7º do Código Eleitoral que:

> Realizado o alistamento eleitoral pelo processo eletrônico de dados, será cancelada a inscrição do eleitor que não votar em três eleições consecutivas, não pagar a multa ou não se justificar no prazo de seis meses, a contar da data da última eleição a que deveria ter comparecido.

Deve-se observar que para esse efeito de cancelamento, cada turno em uma eleição é considerado como uma eleição autônoma. Assim, se o cidadão não houver comparecido ou se justificado nos dois turnos de uma eleição presidencial, por exemplo, terá faltado a duas eleições.

Quando a legislação determina o cancelamento da inscrição por ausência em 3 eleições consecutivas, deve a interpretação ser feita no sentido que determinará o citado cancelamento quando o eleitor deixar de cumprir com as suas obrigações eleitorais por 3 eleições consecutivas. Desta forma, se o eleitor não votar, mas justificar ou pagar a multa, não haverá o cancelamento.

A justificativa poderá ser realizada no dia da eleição, ou no prazo de 60 dias após a eleição, ou ainda em 30 dias do retorno do eleitor ao país. A justificativa será feita ao juiz eleitoral da zona, que poderá deferi-la ou não, de acordo com o seu convencimento. Se não a acatar, o Juiz Eleitoral aplicará multa. Mas, se a justificativa foi feita no dia da eleição, estará comprovado que o eleitor em tal data não se encontrava em seu domicílio eleitoral, não podendo o juiz eleitoral aplicar a multa neste caso. Não há limite para justificativa.

Em relação à multa pelo não comparecimento e ausência de justificativa no prazo legal, deve a mesma ser fixada pelo juiz da zona a que pertence o eleitor, podendo ser de 3% a 10% o valor de referência utilizado pela Justiça Eleitoral.[18]

A multa eleitoral pode ser paga em qualquer zona eleitoral, mesmo que a ela não esteja inscrito o eleitor. Mas, se requerida perante uma zona diversa da sua, o eleitor deverá aguardar que o Juiz Eleitoral consulte o magistrado da zona eleitoral do eleitor, para que este fixe o valor da multa. Pode, no entanto, o eleitor preferir pagar pelo máximo da multa que, neste caso, será de logo a mesma considerada quitada, sem necessidade de consulta ao magistrado da zona a que pertence o cidadão.

Uma vez paga a multa, o cidadão terá a quitação eleitoral. A certidão de quitação eleitoral pode ser requerida perante qualquer zona eleitoral, bem como está disponível através do sítio eletrônico do TSE.

ATENÇÃO: A multa por ausência de comparecimento à votação poderá ser dispensada, caso o eleitor comprove carência de recursos.

18. Art. 85 da Resolução nº 21.538 do TSE.

É evidente que a causa de cancelamento ora discutida só ocorrerá para aquelas pessoas às quais o alistamento e o voto são obrigatórios. Para aquelas cujo alistamento e o voto são facultativos, não haverá qualquer prejuízo pela ausência na votação. O § 6º do artigo 80 da Resolução nº 21.538 do TSE, de forma inconstitucional, acabou por afirmar que seria necessário aos maiores de 80 anos o comparecimento à votação, ou ainda a justificação ou o pagamento de multa, sob pena de cancelamento.

O próprio TSE, após reclamação produzida pela Procuradoria Regional Eleitoral do Rio Grande do Sul, decidiu excluir tal obrigação dos maiores de 80 anos, uma vez que a CF determina o voto facultativo para os maiores de 70 anos, não sendo possível se contrariar tal dispositivo com a Resolução nº 21.538. Este é o conteúdo do Acórdão nº 649.

Por isso, pode-se afirmar que estão excluídos do cancelamento aquelas pessoas que por determinação constitucional não estão obrigadas a votar.

4.8.1. Procedimento individual para cancelamento da inscrição eleitoral

O processo de exclusão pode ser iniciado de ofício pelo juiz, bem como por manifestação de delegado de partido político, pelo Ministério Público ou por qualquer cidadão (lembrando nesse último caso que se faz necessária a comprovação pelo requerente da qualidade de cidadão, o que ocorre pela demonstração do alistamento eleitoral).

Uma vez iniciado o procedimento, o juiz mandará autuar a representação, a denúncia ou a portaria (esse último caso quando o procedimento se iniciar de ofício), com os documentos que a instruem. Após, fará publicar edital, com prazo de 10 dias para ciência dos interessados, tendo o prazo de 5 dias para defesa.

A defesa escrita poderá ser feita pelo interessado, por outro eleitor ou por delegado de partido. Observe o teor do artigo 73 do Código Eleitoral, nos seguintes termos:

> Art. 73. No caso de exclusão, a defesa pode ser feita pelo interessado, por outro eleitor ou por delegado de partido.

Após, será concedido um prazo de 5 a 10 dias para produção de provas. O Juiz, então, decidirá no prazo de 5 dias. Da decisão, cabe recurso para o TRE no prazo de 3 dias. Esse recurso poderá ser interposto no caso de deferimento ou de indeferimento da exclusão.

Como informa o artigo 80 do Código Eleitoral, da decisão no processo de cancelamento caberá recurso para o TRE, interposto pelo excluendo ou por delegado de partido político. A legitimidade para recorrer dessas decisões não é conferida para qualquer eleitor. Apesar de a norma jurídica citada não ser explícita, tem-se entendido que o Ministério Público também é legitimado para recorrer. Neste sentido, encontra-se a jurisprudência do TSE:

> "Recurso especial. Cabimento de recurso contra decisão do juiz eleitoral. Arts. 29, II, *a*, e 80 do Código Eleitoral. Apelo provido.
>
> I - ao delegado de partido é facultado recorrer não só da sentença de exclusão, mas ainda da que mantem a inscrição eleitoral (art. 80 c/c o art. 29, II, "a", do Código Eleitoral).
>
> II - O Ministério Público Eleitoral é parte legítima para interpor o recurso de que trata o art. 80 do Código Eleitoral." (Ag. nº 4.459/SP, rel. Min. Luiz Carlos Madeira, *DJ* de 21.6.2004).

Vale ressaltar que durante o processo de exclusão, o eleitor poderá votar normalmente, conforme enuncia o artigo 72 do Código de Eleitoral. Mas, uma vez prolatada a sentença de exclusão, mesmo que haja recurso, o excluendo não mais poderá votar. Isso ocorre porque os recursos eleitorais, via de regra, não possuem efeito suspensivo.

4.8.2. Da revisão do eleitorado

Revisão do eleitorado é o procedimento que visa estabelecer a legitimidade do cadastro de eleitores, em havendo uma fraude comprometedora. O aludido procedimento é tido como causa geral de cancelamento de inscrição, enquanto nas hipóteses apontadas pelo artigo 71 do Código Eleitoral estar-se diante de causas individuais de cancelamento.

Isso porque, na revisão do eleitorado, todas as inscrições eleitorais de pessoas que não comparecerem à revisão serão canceladas em um mesmo procedimento. Por outro lado, nos casos apontados no artigo 71 do Código Eleitoral, é necessário um procedimento para cada cancelamento a ser realizado.

A revisão do eleitorado pode ocorrer por duas hipóteses:[19] uma subjetiva e outra objetiva. A subjetiva poderá acontecer quando o TRE encontrar fraude comprometedora em determinado cartório eleitoral que se estenda a

---

19. É como se posiciona Rodrigo López Zílio acerca da interpretação da legislação sobre o tema.

uma zona ou município. Essa fraude comprometedora pode ser encontrada após a realização de inspeção ou correição, ou determinação do Corregedor Regional Eleitoral. Vale ressaltar que a Resolução nº 21.538 determina a realização de uma correição anual ordinária.

Fraude comprometedora é aquela que por sua intensidade poderá acarretar a ilegitimidade das eleições, em virtude do grande número de eleitores inscritos indevidamente em certa localidade. Por conta disso, o mandato eletivo representativo daquele local poderá ser decidido por pessoas que lá não possuam qualquer vínculo. Normalmente, é determinada a revisão do eleitorado por tal motivo pelo TRE.

Porém, nos termos previstos no § 1º do artigo 58 da Resolução nº 21.538, que reproduz o artigo 92 da Lei nº 9.504/97, é possível que a revisão seja determinada por motivos objetivos. Neste caso, será necessária a revisão do eleitorado quando:

> I – o total de transferências de eleitores ocorridas no ano em curso seja dez por cento superior ao do ano anterior;
>
> II – o eleitorado for superior ao dobro da população entre dez e quinze anos, somada à de idade superior a setenta anos do território daquele município;
>
> III – o eleitorado for superior a sessenta e cinco por cento da população projetada para aquele ano pelo Instituto Brasileiro de Geografia e Estatística – IBGE (Lei nº 9.504/97, art. 92).

Nos casos objetivos citados, para que seja determinada a revisão é fundamental que todas as hipóteses acima apontadas ocorram ao mesmo tempo. Para objetivamente se determinar a revisão não basta apenas uma delas. Na hipótese objetiva de revisão, a determinação de sua realização será do TSE, enquanto na hipótese da utilização do conceito jurídico indeterminado (fraude comprometedora) a competência será do TRE.

ATENÇÃO: Não será realizada a revisão do eleitorado em ano de eleição, a não ser por hipóteses excepcionais que a justifiquem.

Atualmente, há outra forma de realização da revisão do eleitorado para identificação biométrica do eleitor, conforme disciplinado na Resolução 23.440/2015 do TSE – atualizada pela Resolução 23.518/2017. Assim, nas localidades indicadas, os eleitores que não se submeterem ao novo cadastro biométrico terão suas inscrições eleitorais canceladas. O STF (ADPF 541) prolatou decisão no sentido de ser o cancelamento de inscrições eleitorais por ausência de comparecimento à revisão do eleitorado para recadastramento biométrico. Nesse sentido:

> Eleição. Cancelamento de título de eleitor: revisão eleitoral e biometria. É válido o cancelamento do título do eleitor que, convocado por edital, não comparecer ao processo de revisão eleitoral, em virtude do que dispõe o art. 14, caput, e § 1º (1) da Constituição Federal de 1988 (CF).

Não importa se a revisão do eleitorado foi determinada pelo TSE ou pelo TRE, ela será sempre presidida pelo Juiz Eleitoral da zona abrangida. Ao haver a determinação para a realização do procedimento, deverá o mesmo ser iniciado no prazo máximo de 30 dias.

A revisão do eleitorado deverá ocorrer dentro do prazo estabelecido pela Justiça Eleitoral, que não poderá ser inferior a 30 dias. Caso o Juiz Eleitoral entenda necessitar de mais prazo, deverá solicitar fundamentadamente a sua prorrogação. Essa solicitação, contudo, deverá ser feita antes de esgotado o prazo. Para facilitar e agilizar os serviços, o Juiz Eleitoral poderá determinar a criação de postos de revisão, o que acabará, por óbvio, retirando a concentração de muitas pessoas de um só lugar, aumentando, inclusive não apenas a rapidez do serviço, mais também o conforto do cidadão. Estes postos de revisão funcionarão todos os dias, inclusive aos domingos e feriados, se for necessário, por no mínimo 6 horas por dia.

A revisão será publicada através de edital, rádio e televisão, se possível, com antecedência mínima de 5 dias para seu início. O edital deverá informar o prazo da revisão, qual o seu período e qual a área abrangida, mas, principalmente, deverá informar que o não comparecimento pessoal do eleitor, munido pelo menos de documento de identificação com foto e comprovante de residência, acarretará o cancelamento de sua inscrição eleitoral.

Ao final da revisão do eleitorado, deverá o juiz, com a fiscalização do Ministério Público, que emite, inclusive, parecer, prolatar decisão cancelando todas as inscrições que não foram revisadas na região abrangida pelo procedimento. Do cancelamento cabe recurso ao TRE no prazo de 3 dias.

ATENÇÃO: Cabe, no processo de revisão do eleitorado, recurso ao TRE no prazo de 3 dias do cancelamento de inscrição. Todavia, caso a sentença tenha mantido alguma inscrição, contra tal decisão não caberá recurso. Nesta hipótese, o legitimado deverá iniciar processo de cancelamento individual da inscrição discutida.

→ 4.9. Resumo didático

1. O alistamento eleitoral é o termo inicial da cidadania. A sua competência pertence ao Juiz Eleitoral.

2. São casos de alistamento proibido: os estrangeiros, os conscritos no serviço militar obrigatório e aqueles que possuem uma das causas de perda ou suspensão de direitos políticos.

3. São hipóteses de alistamento facultativo: os analfabetos, os maiores de 16 e menores de 18 anos e os maiores de 70 anos.

4. O alistamento e o voto serão obrigatórios para os maiores de 18 e menores de 70 anos que sejam alfabetizados.

5. O Requerimento de Alistamento Eleitoral – RAE – pode ser utilizado para os requerimentos de alistamento eleitoral, transferência eleitoral, revisão e segunda via.

6. Não se admite a transferência eleitoral de ofício, pois essa deve ser sempre realizada através de requerimento do interessado.

7. Para o alistamento eleitoral, a transferência eleitoral e a revisão, o requerimento deve ser realizado até o 151º dia anterior às eleições. Em relação ao requerimento de segunda via, este pode ser feito até 10 dias antes das eleições.

8. O título de eleitor comprova apenas a inscrição eleitoral, bem como a quitação das obrigações eleitorais até a data de sua expedição. A data de expedição do título eleitoral é a do preenchimento de seu requerimento, nos casos de alistamento eleitoral, transferência, revisão e segunda via.

9. A entrega do título é sempre pessoal, através de comprovação de documento oficial de identidade, não se permitindo que terceiro, ainda que autorizado pelo cidadão, possa receber o título.

10. Nenhum requerimento de alistamento, transferência ou revisão poderá ser realizado dentro de 150 dias anteriores à eleição. O alistamento será reaberto assim que concluídos os trabalhos de apuração em âmbito nacional.

11. Caberá aos partidos políticos designar delegados, que serão seus representantes perante os Juízes e Tribunais Eleitorais, para que se possa realizar uma fiscalização mais eficiente. Desta maneira, os partidos políticos podem nomear até 3 delegados por cada cartório eleitoral, e 2 delegados por cada TRE, sendo que a atuação deles não pode ser simultânea.

12. Podem os partidos políticos através de seus delegados: I – acompanhar os pedidos de alistamento, transferência, revisão, segunda via e quaisquer outros, até mesmo emissão e entrega de títulos eleitorais, previstos nesta resolução; II – requerer a exclusão de qualquer eleitor inscrito ilegalmente e assumir a defesa do eleitor cuja exclusão esteja sendo promovida; e III – examinar, sem perturbação dos serviços e na presença dos servidores designados, os documentos relativos aos pedidos de alistamento, transferência, revisão, segunda via e revisão de eleitorado, deles podendo requerer, de forma fundamentada, cópia, sem ônus para a Justiça Eleitoral.

13. São causas de cancelamento de inscrição: I – a infração dos artigos. 5º e 42; II – a suspensão ou perda dos direitos políticos; III – a pluralidade de inscrição; IV – o falecimento do eleitor; V – deixar de votar em 3 (três) eleições consecutivas.

14. A competência para decisão em processo criminal que apure o crime cometido pelo fato da existência de mais de uma inscrição será sempre do Juiz da zona eleitoral da inscrição mais recente.

15. O cancelamento das inscrições em pluralidade será feito na seguinte ordem de preferências: I – na inscrição mais recente, efetuada contrariamente às instruções em vigor; II – na inscrição que não corresponda ao domicílio eleitoral do eleitor; III – naquela cujo título não haja sido entregue ao eleitor; IV – naquela cujo título não haja sido utilizado para o exercício do voto na última eleição; V – na mais antiga.

16. Não será cancelada, mas apenas suspensa, a inscrição eleitoral do cidadão que acabar se engajando no serviço militar obrigatório. Neste caso, ele ficará impedido de exercer os seus direitos políticos, enquanto durar o serviço militar obrigatório.

17. A multa por ausência de comparecimento à votação poderá ser dispensada, caso o eleitor comprove carência de recursos.

18. No processo de exclusão, qualquer eleitor poderá requerer a exclusão de outro que esteja em situação irregular, assumir a defesa em favor de eleitor cuja exclusão tenha sido requerida, mas não poderá recorrer da decisão no processo de cancelamento de outro eleitor.

19. Não será realizada a revisão do eleitorado em ano de eleição, a não ser por hipóteses excepcionais que a justifiquem.

20. Cabe, no processo de revisão do eleitorado, recurso ao TRE no prazo de 3 dias do cancelamento de inscrição. Entretanto, caso a sentença tenha mantido alguma inscrição, contra tal decisão não caberá recurso. Nesta hipótese, o legitimado deverá iniciar o processo de cancelamento individual da inscrição discutida.

→ 4.10. Questões

1) **(CESPE – 2015) No que se refere ao alistamento eleitoral, assinale a opção correta.**

a) A competência exclusiva para requerer o cancelamento do título eleitoral de um cidadão e a consequente exclusão desse eleitor é do delegado de partido que verificar a ocorrência de uma das causas legais de cancelamento do título ou que for dela informado por qualquer interessado.

b) Se houver indícios de fraude no alistamento de uma zona eleitoral, caberá ao TSE, em razão da sua competência exclusiva, realizar a correição, e, caso sejam constatadas irregularidades, determinar a imediata revisão do eleitorado.

c) A seção eleitoral indicada no título vincula permanentemente o eleitor, salvo se houver transferência de zona ou de município ou se, até o prazo legal antes da eleição, o eleitor provar ao juiz eleitoral que mudou de residência dentro do mesmo município, de um distrito para outro ou para outro lugar muito distante da seção em que estava inscrito.

d) Caso o juiz eleitoral competente, em despacho fundamentado, indefira o requerimento de alistamento, o alistado e o delegado de partido poderão interpor recurso junto ao TRE do estado com o fim de obter a reforma da decisão.

e) Um eleitor que estiver fora de seu domicílio eleitoral deve ir ao município de sua zona eleitoral para requerer a segunda via do seu título eleitoral e poder exercer seu direito de voto.

2) **(FCC – 2015) Considere:**

I. Prova de quitação com a Justiça Eleitoral.

II. Transcurso de, pelo menos, um ano do alistamento ou da última transferência.

III. Residência mínima de três meses no novo domicílio, declarada, sob as penas da lei, pelo próprio eleitor.

Aplica-se à transferência de título eleitoral de funcionário público civil estadual que foi removido para outro domicílio o disposto APENAS em

a) II.

b) I e II.

c) I e III.

d) II e III.

e) I.

3) **(FCC – 2011 – TRE-RN – Técnico Judiciário – Área Administrativa) O procedimento de revisão do eleitorado tem por finalidade:**

a) a verificação de fraudes no alistamento de uma zona eleitoral ou município, resultando, quando confirmada a existência de qualquer fraude, no cancelamento de ofício das inscrições eleitorais irregulares.

b) a verificação de fraudes no alistamento de uma zona eleitoral ou município, resultando, quando provada a fraude em proporção comprometedora, no cancelamento de ofício das inscrições eleitorais irregulares.

c) a contabilização do eleitorado em uma zona eleitoral ou município, sendo sempre realizado no ano anterior às eleições.

d) a contabilização do eleitorado em uma zona eleitoral ou município, sendo sempre realizado no mesmo ano em que realizadas as eleições.

e) a verificação de fraudes no alistamento de uma zona eleitoral ou município, resultando, quando provada a fraude em proporção de no mínimo 20% (vinte por cento) do eleitorado, no cancelamento de ofício das inscrições eleitorais irregulares.

4) (CESPE – 2016) Com relação ao alistamento eleitoral, à transferência de domicílio eleitoral, à segunda via da inscrição e ao título eleitoral, assinale a opção correta à luz da Resolução n.º 21.538/2003 do TSE.

a) Caso o título de eleitor seja inutilizado ou dilacerado, o eleitor poderá, pessoalmente ou por meio de procurador nomeado, requerer junto ao cartório eleitoral competente a expedição de segunda via.

b) Requerimento de inscrição eleitoral ou de transferência não será recebido no prazo de cento e cinquenta dias que antecedem a data da eleição.

c) Nas hipóteses de transferência, de revisão ou de emissão de segunda via do título eleitoral, a data de emissão do título será a data de inscrição originária do alistamento do eleitor junto ao cartório eleitoral competente.

d) A pena de multa será aplicada a não alistado maior de dezoito anos que tenha requerido sua inscrição eleitoral após completar a referida idade.

e) Caso o juiz eleitoral defira o pedido de transferência de domicílio eleitoral de determinado eleitor, o MP Eleitoral terá competência exclusiva para recorrer junto ao tribunal regional eleitoral, no prazo legal, após a sua intimação.

5) (CESPE – 2016) Com relação ao alistamento eleitoral, assinale a opção correta à luz do Código Eleitoral.

a) Em razão do princípio da competência privativa dos juízes eleitorais e do princípio da vinculação do processo eleitoral, no caso de perda ou extravio do título de eleitor, a sua segunda via deverá ser requerida junto ao juiz da zona eleitoral em que o eleitor estiver inscrito.

b) Caso o eleitor mude de domicílio, ele poderá requerer a transferência de seu título, desde que observado o tempo mínimo de residência no novo domicílio e o cumprimento da exigência de ter votado em, pelo menos, uma eleição, no caso de inscrição primitiva.

c) O código eleitoral elenca as causas de cancelamento da inscrição eleitoral; a ocorrência de uma dessas causas gerará a exclusão do eleitor, que poderá votar de forma válida até que se processe a sua exclusão.

d) No alistamento eleitoral, será considerado o domicílio eleitoral do cidadão qualificado e inscrito o lugar onde sua residência tiver sido estabelecida com ânimo definitivo.

e) O eleitor ficará vinculado permanentemente à seção eleitoral indicada no seu título.

GABARITO

1 – C	2 – E	3 – B	4 – B	5 – C

CAPÍTULO 5

ELEGIBILIDADE

5.1. CONCEITO

Elegibilidade é o conjunto de requisitos previstos na CF ou em Legislação Infraconstitucional que permite o exercício da capacidade eleitoral passiva ou *jus honorum*, como afirma a doutrina.

O alistamento eleitoral é uma das condições necessárias para a elegibilidade; mas esse ato, por si só, não é suficiente para permitir a candidatura de cidadão para cargo eletivo – o que só acontecerá se, além do alistamento eleitoral, forem comprovados os requisitos de elegibilidade. Assim, se a pessoa possuir todas as condições de elegibilidade, terá o direito público subjetivo de se candidatar a mandato eletivo.

Vale ainda ressaltar que a elegibilidade pode ser trazida pela própria CF, como ocorre em seu artigo 14, § 3º, dentre outros, bem como por lei ordinária e até mesmo através de resolução do TSE. Quando o requisito de elegibilidade está previsto na Constituição Federal, é chamado de condição própria de elegibilidade. Quando previsto em norma infraconstitucional, é chamado de condição imprópria de elegibilidade.

É ainda importante salientar que a doutrina majoritária entende que não é possível que resolução do TSE estabeleça condições de elegibilidade, mas apenas condições de registrabilidade. Condição de registrabilidade é o conjunto de documentos necessários para provar que todas as condições de elegibilidade estão preenchidas e que não há causa de inelegibilidade para que o cidadão possa se candidatar a mandato eletivo.

Sobre o assunto, leciona o professor Pedro Roberto Decomain que:

> Existem certas circunstâncias, cuja presença é exigida pela Constituição Federal ou por outras leis, para que alguém possa ser candidato. Tais circunstâncias são denominadas de condições de elegibilidade. São fatos positivos, isto é, sua presença é necessária, para que a pessoa possa revestir a condição de candidato. (p. 09-10).

5.1.1. Requisitos Constitucionais de elegibilidade

As condições de elegibilidade são classificadas pela doutrina como próprias e impróprias. As condições de elegibilidade próprias são previstas diretamente pela CF que as determina no § 3º do artigo 14.

Assim, são condições de elegibilidade:

> I – a nacionalidade brasileira;

A nacionalidade brasileira é a mais óbvia das condições de elegibilidade. Como já afirmado no capítulo 4, acerca do alistamento eleitoral, os direitos políticos são exercidos por nacionais. Desta forma, o pressuposto do exercício dos direitos políticos é a nacionalidade.

Por isso, evidentemente, não havendo nacionalidade, em regra, não há exercício de direitos políticos e, por isso, não há que se falar em elegibilidade. A nacionalidade é um vínculo com o Estado. Ela pode ser natural ou adquirida.

Na nacionalidade natural, pode-se adotar dois critérios: o critério do *jus soli* ou, então, o do *jus sanguinis*. No entender de Manoel Gonçalves Ferreira Filho:

> A atribuição independentemente da vontade do que recebe se dá em razão do lugar do nascimento ou em razão da nacionalidade dos pais, ou de um deles. No primeiro caso, a nacionalidade é conferida a todos os que nasceram no território do Estado: é o critério *jus soli*. No segundo, a nacionalidade é concedida ao descendente do nacional, embora o lugar do nascimento fique em território de outro Estado: é o critério do *jus sanguinis*. (p. 111).

Pode-se afirmar que, nos termos do artigo 12 da CF, o Brasil adotou o critério *jus soli*, com alguns elementos de *jus sanguinis*. Com efeito, o artigo 12, I, da CF previu o critério *jus soli* ao determinar que são considerados brasileiros natos aqueles que nascerem na República Federativa do Brasil, ainda que de pais estrangeiros, salvo se esses últimos estiverem a serviço de seu país.

No entanto, o próprio artigo 12 da Carta Magna determina a nacionalidade brasileira para aqueles que nascerem no exterior, de pai ou mãe brasileira que esteja a serviço no país, ou então aquele que tendo um dos pais brasileiro opte por adquirir a nacionalidade brasileira, a qualquer tempo, atingida a maioridade, desde que tenha sido registrado em repartição brasileira, ou venha a residir no Brasil.

Os critérios do *jus soli* e *jus sanguinis* são previstos para determinar, como visto, a nacionalidade originária ou natural. Porém, cabe ao Estado definir quais são aqueles que, mesmo não incidindo em nenhum dos critérios previstos, podem adquirir a nacionalidade. Esses são os brasileiros naturalizados. Não se pode confundir estrangeiros com brasileiros naturalizados, como acontece na linguagem comum. Na realidade, o brasileiro naturalizado, apesar de não ter os critérios para nacionalidade originária, possui vínculos com Estado Brasileiro e, salvo nas hipóteses previstas constitucionalmente, possuem os mesmos direitos e obrigações do brasileiro nato.

ATENÇÃO: A Constituição Federal determina que apenas brasileiros natos podem exercer mandatos de Presidente e Vice-Presidente da República. Apesar de o brasileiro naturalizado poder se candidatar para Senador e Deputado Federal, não poderá exercer a presidência da Câmara dos Deputados ou ainda do Senado Federal, pois essas duas últimas funções são exclusivas de brasileiro nato.

No Direito Brasileiro, a nacionalidade pode ser adquirida quando o estrangeiro reside há mais de 15 anos no Brasil, não tem condenação criminal e requeira a sua nacionalidade perante as autoridades brasileiras.

Situação específica tem os portugueses, pois, apesar de não terem a nacionalidade brasileira, podem ter os mesmos direitos, inclusive políticos, desde que haja reciprocidade em favor dos brasileiros. Neste caso, a aquisição de tais direitos não será adquirida automaticamente. Será necessário que ocorra o requerimento perante as autoridades brasileiras.[1]

Sem nacionalidade não há direitos políticos, e, evidentemente, não há que se falar de elegibilidade.

---

1. STF, Extradição nº 890, rel. Min. Celso de Melo.

II – o pleno exercício dos direitos políticos;

Como já foi dito, direitos políticos são instrumentos de atuação do povo no Poder. Através deles é possível que o cidadão possa interferir nas decisões estatais, de forma indireta (através da escolha de representantes), ou ainda de forma direta, nos termos previstos na CF (como acontece com o plebiscito e o referendo, entre outros).

A Constituição Federal proíbe a cassação dos direitos políticos, mas admite que ocorra a sua perda e suspensão, nas hipóteses previstas no artigo 15 da CF. Consoante tal dispositivo, são hipóteses de perda e suspensão de direitos políticos:

> I – cancelamento da naturalização por sentença transitada em julgado;
>
> II – incapacidade civil absoluta;
>
> III – condenação criminal transitada em julgado, enquanto durarem seus efeitos;
>
> IV – recusa de cumprir obrigação a todos imposta ou prestação alternativa, nos termos do art. 5º, VIII;
>
> V – improbidade administrativa, nos termos do art. 37, § 4º.

Para uma análise mais específica, remetemos o leitor ao afirmado no capítulo 1 da presente obra.

III – o alistamento eleitoral;

Já foi observado que o alistamento eleitoral é o termo inicial da cidadania. Cidadão é o nacional apto ao exercício de direitos políticos. Contudo, os direitos políticos só podem ser exercidos a partir do momento em que ocorre o alistamento eleitoral, que é um processo administrativo de competência do Juiz Eleitoral, no qual há a qualificação e a inscrição do eleitor.

Como a capacidade eleitoral passiva é direito político, sem o alistamento eleitoral fica impossível exercê-la. Daí ser o alistamento o termo inicial do exercício destes direitos políticos. Como já visto no capítulo referente ao alistamento eleitoral, este, por si só, garante o exercício da capacidade eleitoral ativa, mas para que se exerça a passiva também é mister que se tenha, além dele, os outros requisitos de elegibilidade.

IV – o domicílio eleitoral na circunscrição;

Domicílio eleitoral é o termo que designa o local de residência ou moradia do eleitor, nos termos do artigo 42 do Código Eleitoral. Por isso, é necessário que o eleitor comprove algum vínculo de natureza profissional, patrimonial, afetiva ou política para que tenha naquela localidade o seu domicílio eleitoral.

Por outro lado, o domicílio eleitoral não se confunde com o domicílio civil, pois este exige, para a sua configuração, além do lugar, o ânimo de permanecer naquele lugar. Enquanto no domicílio eleitoral basta ter o lugar, sem que se exija o ânimo de nele permanecer. Por isso, o domicílio eleitoral nem sempre será o domicílio civil do eleitor.

Para que se tenha a condição de elegibilidade traçada no dispositivo em análise, exige-se, ainda, que o cidadão tenha domicílio eleitoral na circunscrição há pelo menos 6 meses, nos termos do artigo 9º da Lei nº 9.504/97. Circunscrição eleitoral está relacionada com alcance territorial do pleito eleitoral. Assim, para as eleições municipais, é necessário que o cidadão tenha domicílio eleitoral na localidade em pretende concorrer. Caso seja a eleição federal ou estadual, é essencial que tenha domicílio eleitoral em qualquer município do Estado pelo qual se pretende concorrer, e, em se tratando de eleições presidenciais, pode-se ter o domicílio eleitoral em qualquer município do País, para que se possa concorrer aos mandatos de Presidente e Vice-Presidente da República.

> V – a filiação partidária;

Os partidos políticos são corpos intermediários no sistema eleitoral brasileiro. Isso porque servem como ponte entre o cidadão e o mandato eletivo, uma vez que no Direito Brasileiro não se admite a candidatura avulsa, que seria aquela feita sem a presença dos partidos políticos. Assim, as agremiações partidárias devem atuar, ao lado dos cidadãos, para que seja possível a sua eleição para os mandatos eletivos. Por isso se pode falar em um Princípio da Intermediação Obrigatória dos Partidos Políticos.

A filiação partidária é deferida nos termos previstos nos estatutos dos partidos políticos, sendo considerada, em regra, como matéria *interna corporis* das agremiações partidárias. Vale ressaltar que somente podem ser filiadas a partidos políticos as pessoas que estão no pleno exercício dos direitos políticos, devendo o partido conferir igual tratamento para todos os seus filiados.

Segundo informa o artigo 9º da Lei nº 9.504/97, é necessário que a filiação partidária esteja deferida há pelo menos 6 meses, contados da data da eleição. É preciso notar que a dicção do dispositivo exige o deferimento da filiação. Assim, é insuficiente que se apresente apenas o requerimento de filiação ao partido. É necessária a filiação a partido político, com 6 meses de antecedência para eleição, pois cabe ao candidato provar não apenas o requerimento, mas o deferimento da filiação no prazo citado.[2]

A Lei nº 9.096/95, em seu artigo 20, permite que o prazo de filiação para que se possa concorrer a mandato eletivo seja ampliado pelo estatuto do partido político, mas jamais reduzido. Neste caso, poderia um partido exigir de seus filiados pelo menos 2 anos de vínculo para que pudessem, por aquela agremiação partidária, concorrer a mandato eletivo. O que veda a lei é apenas que ocorra qualquer modificação no que tange às normas estatutárias acerca do prazo de filiação no ano das eleições, evitando, assim, que um cidadão seja pego de surpresa pela nova norma do partido ao qual é filiado, e fique impedido de concorrer a mandato nas eleições vindouras.

5.1.2. Situações específicas

Há, todavia, algumas situações que são regidas por normas específicas, o que ocorre principalmente em virtude da vedação normativa a que cidadãos que ocupam determinados cargos, ou exercem certas funções, possam se filiar a partidos políticos. Nesses casos, é essencial que se observe de que maneira ocorrerá a filiação partidária de cada um deles.

Vamos iniciar com a situação dos magistrados, dos membros do Ministério Público e dos membros dos Tribunais de Contas. Com efeito, os cidadãos que pertencem a qualquer uma dessas 3 categorias estão proibidos constitucionalmente de se filiarem a partido político.

Tanto os magistrados como os membros do Ministério Público e ainda os membros dos Tribunais de Contas necessitam se afastar de seus cargos definitivamente para que possam concorrer a mandato eletivo. Este afastamento, se não realizado, resultará na inelegibilidade do cidadão para o pleito eleitoral. Por isso, é necessário que o afastamento seja feito no prazo estabelecido pela LC nº 64/90. Essa lei estabelece o prazo de 6 meses para afastamento dos cargos (salvo se o cidadão pretende concorrer aos mandatos eletivos de Prefeito e Vice-Prefeito, hipótese em que o afastamento deverá ocorrer 4 meses antes do pleito). Esse afastamento para evitar a inelegibilidade é chamado de desincompatibilização.

Desta forma, os magistrados, membros do Ministério Público e membros dos Tribunais de Contas só irão se filiar a partidos políticos quando se afastarem definitivamente de seus cargos (não bastando o mero pedido de licença). E o afastamento definitivo de seus cargos deve ocorrer no prazo de

2. Neste mesmo sentido, Rodrigo López Zílio, p. 136.

desincompatibilização. Se a candidatura for para prefeito ou vice-prefeito, o prazo de desincompatibilização (art. 1º, IV, da LC 64/90) será de 4 meses antes das eleições. Em assim sendo, também neste prazo deverá ocorrer a filiação ao partido, após a renúncia ao cargo de magistrado, membro do Ministério Público e do Tribunal de Contas.

Evidentemente, com a mudança da Lei 9.504/97 realizada pela Lei 13.165/2015, a situação das autoridades indicadas só muda em relação aos demais cidadãos caso queiram concorrer ao mandato de prefeito ou vice-prefeito, pois, concorrendo aos outros mandatos, basta afastar-se definitivamente de seus cargos 6 meses antes do pleito e nesse mesmo prazo filiar-se a partido político.

Uma situação que ainda causa dúvidas é a respeito dos membros do Ministério Público. Tais profissionais, até a EC nº 45/2004, podiam filiar-se a partidos políticos, bastando apenas que requeressem frente ao órgão competente licença. Com a citada EC nº 45/2004, para que se filie a partido político é necessário que o membro do Ministério Público se afaste definitivamente de suas funções. A dúvida está em saber acerca daqueles membros que ingressaram antes da EC nº 45/2004. Faz-se necessário o afastamento definitivo, ou basta o pedido de licença, uma vez que ingressaram no cargo público antes da EC nº 45/2004, que proibiu a filiação partidária?

Com relação aos membros do Ministério Público que ingressaram na carreira antes da CF e optaram por seguir o regime anterior, que os permite, inclusive, advogar, é permitida a filiação partidária, sem que tenham de se afastar definitivamente de seus cargos. O problema maior está em saber qual a regra aplicada para o membro do Ministério Público que ingressou após a CF e antes da EC nº 45/2004.

O posicionamento do TSE é no sentido de exigir do membro do Ministério Público, que haja ingressado após a CF, mesmo que antes da EC nº 45/2004, afastamento definitivo do cargo público ocupado.[3-4]

---

3. "RECURSO ESPECIAL ELEITORAL. ELEIÇÕES 2006. REGISTRO DE CANDIDATURA. MEMBRO DO MINISTÉRIO PÚBLICO ESTADUAL. 1. Noticiam os autos que o recorrente é Promotor de Justiça afastado de suas funções desde 25.9.2005, em gozo de licença remunerada, para filiação partidária e disputa de cargo eletivo no próximo pleito eleitoral. 2. O recorrente ingressou no Ministério Público Estadual após a promulgação da Constituição Federal e não se exonerou do cargo. Desta forma, imperioso se revela o indeferimento do registro de sua candidatura, na direção da novel jurisprudência desta Corte. 3. Recurso especial eleitoral não provido." (REspe – Recurso Especial Eleitoral nº 26673 – Teresina/PI; Acórdão de 20.09.2006; rel. Min. José Augusto Delgado;PSESS – Publicado em Sessão, data 20.09.2006.

4. Vale notar, todavia, que a Resolução nº 05/2006 do CNMP permite que o membro do Ministério Público que tenha ingressado antes da EC nº 45/2004, mesmo que após a promulgação da Constituição, possa

Por outro lado, o artigo 366 do Código Eleitoral proíbe que o servidor da Justiça Eleitoral se filie a partido político ou exerça qualquer atividade político-partidária. Assim, para que o servidor do Judiciário Eleitoral possa concorrer a mandato eletivo, é necessário que se afaste definitivamente, para se filiar a partido político, no prazo de 6 meses antes da eleição. Não se aceita, pelo impedimento legal, que o afastamento seja temporário.

ATENÇÃO: Os magistrados, os membros do Ministério Público e dos Tribunais de Contas só podem filiar-se a partido político no prazo de desincompatibilização. Por outro lado, o servidor da Justiça Eleitoral precisa afastar-se definitivamente, em tempo suficiente para cumprir a condição de filiação, no prazo de 6 meses antes do pleito.

Nesses termos, encontra-se a jurisprudência do TSE:

> (...) II – Na linha da jurisprudência deste Tribunal, o servidor da Justiça Eleitoral que pretenda filiar-se a partido político deve exonerar-se do cargo que ocupa, sendo necessário, ainda, observar o prazo a que alude o artigo 9º da Lei nº 9.504/97, caso pretenda candidatar-se. III – Recurso especial da Coligação e outros não conhecido. Recurso especial eleitoral do Ministério Público conhecido e provido." (REspe – Recurso Especial Eleitoral nº 35354 – Manaus/AM; Acórdão de 03.08.2009; rel. Min. Fernando Gonçalves; *DJe* – Diário da Justiça Eletrônico, Volume –, Tomo –, Data 21.09.2009, p. 24).

5.2. MILITARES

Os militares também necessitam de especial atenção na análise das condições de elegibilidade. Ora, como se sabe, os militares, até mesmo pela função que desempenham, possuem uma série de proibições. Dentre elas está a de se filiar a partido político. Mas, por outro lado, os militares alistáveis são elegíveis. Assim, não se tratando de conscrito no serviço militar obrigatório, que tecnicamente não é militar, o militar será elegível. Assim, precisa-se harmonizar as normas a respeito. É preciso observar, no entanto, que há diferença entre a hipótese do militar que tem menos de 10 anos de serviço e o militar que tem mais de 10 anos de serviço.

---

se filiar a partido político, apenas com o licenciamento, sem ter que se afastar definitivamente. Mas esse, como visto, não é o entendimento do TSE.

A) Consoante a CF, o militar que tenha menos de 10 anos de serviço é obrigado a se afastar. Essa situação já foi objeto de análise pelo STF,[5] que entendeu que o afastamento do militar, nesta hipótese, deveria ser definitivo, não bastando o pedido de licença.

Já que a filiação partidária é proibida para o militar, é necessário seu afastamento para se filiar a partido político e, assim, poder concorrer a mandato eletivo. O problema surge da omissão da própria legislação.

A solução dada pelo TSE[6] é no sentido de permitir que o militar com menos de 10 anos de serviço se afaste definitivamente com o pedido de registro de candidatura, desde que tenha sido aprovado na convenção partidária da agremiação a qual irá se filiar. Nessa situação, verifica-se que: a) o militar vai participar de uma convenção partidária, sem, no entanto, estar filiado ao partido político; b) o militar só se filia ao partido no momento do registro de sua candidatura, o que significa que ele concorre filiado a mandato eletivo, mas não precisa respeitar o prazo de 6 meses antes da eleição.

ATENÇÃO: Se o militar tiver menos de 10 anos de serviço, deve se afastar definitivamente da atividade. O TSE tem entendido que só há necessidade de afastamento do serviço militar até a formalização do registro de candidatura junto à Justiça Eleitoral. Como a formalização do registro de candidatura deve ocorrer até as 19:00 do dia 15 de agosto do ano das eleições, até esse momento, o afastamento deve ter ocorrido, ou antes, caso a formalização tenha ocorrido em momento anterior.

B) Ainda segundo a CF, o militar que tenha mais de 10 anos de serviço público será agregado pela autoridade competente, passando à inatividade, automaticamente, com a diplomação, caso seja eleito. Essa situação já é diferente. Ora, com base na Lei nº 6.880/80, em seu artigo 80: "Agregação é a situação na qual o militar da ativa deixa de ocupar vaga na escala hierárquica de seu Corpo, Quadro, Arma ou Serviço, nela permanecendo sem número."

---

5. *Consulta no 0601066-64, Brasília/DF, rel. Min. Napoleão Nunes Maia Filho, julgada em 20.2.2018.*
6. "A transferência para inatividade do militar que conta com menos de dez anos de serviço é definitiva, mas só exigível após deferido o registro da candidatura. II. A filiação partidária a um ano da eleição não é condição de elegibilidade do militar, donde ser irrelevante a indagação sobre a nulidade da filiação do militar ainda na ativa, arguida com base no art. 142, § 3º, V, da Constituição." (Ac. nº 20.318/2002 do TSE, PSESS de 19.9.2002).

Assim, o agregado continua militar. Ora, com isso, é necessário que ele se submeta à convenção partidária, sem estar filiado a partido político. Ao ser formalizado o pedido de registro de candidatura frente à Justiça Eleitoral, o militar será agregado. Contudo, como continua militar, não poderá se filiar a partido político. Essa é a única hipótese na qual o cidadão concorrerá a mandato eletivo sem estar filiado a partido político.

Apesar disso, não pode se falar que se trata de causa de candidatura avulsa, pois, apesar de não estar filiado a partido político, o candidato concorrerá por uma agremiação partidária. Se assim não fosse, não haveria necessidade de ser aprovado em convenção partidária, antes de ter seu registro requerido perante a Justiça Eleitoral. A filiação partidária, nesses casos, só ocorrerá quando o candidato eleito é diplomado e passa automaticamente à inatividade.

Por isso, determina o Código Eleitoral, em seu artigo 218, que a autoridade militar será comunicada da diplomação de militar. Esta determinação ocorre exatamente para que haja a passagem do militar à inatividade e, com isso, a filiação a mandato eletivo. Assim, em se tratando de militar com mais de 10 anos de serviço, a filiação a partido político só ocorrerá após a diplomação.

É importante ressaltar que se o militar tiver posto de comando, além das regras que se observou, deverá se submeter ao prazo de desincompatibilização, nos termos da LC 64/90, como será visto no próximo capítulo.

ATENÇÃO: Por outro lado, o militar com mais de 10 anos de serviço fica agregado pela autoridade superior, o que significa que ainda mantém o vínculo com as Forças Armadas, com as Polícias ou bombeiros militares. Em assim sendo, nesse caso, o candidato apenas se filia a partido político, se eleito, quando passa automaticamente à inatividade com a diplomação. Dessa forma, ocorre uma exceção a sistema brasileiro, uma vez que o candidato em comento participará de eleição, através de partido político, sem estar filiado ao mesmo.

> VI – a idade mínima de: a) trinta e cinco anos para presidente e vice-presidente da República e senador; b) trinta anos para governador e vice-governador de estado e do Distrito Federal; c) vinte e um anos para deputado federal, deputado estadual ou distrital, prefeito, vice-prefeito e juiz de paz; d) dezoito anos para vereador.

Em relação à idade mínima, também não há grande confusão, mas é necessário se verificar que a idade mínima para exercício de mandato eletivo deve ser verificada tendo em vista a data da posse e não das eleições, nos termos do artigo 11, § 2º, da Lei nº 9.504/97. Após a publicação da Lei 13.165/2015, quando a idade mínima exigida for de 18 anos, o que no Direito Brasileiro ocorre para qualquer cidadão que se candidata a vereador, aquela idade deve ser alcançada até o último dia para registro de candidatura, que atualmente é o dia 15 de agosto do ano das eleições.

Esse novo posicionamento impede que algum cidadão concorra a mandato eletivo sem ter a maioridade penal o que, certamente, facilita a aplicação da Lei. Mas vale ressaltar que se a idade mínima for diferente de 18 anos, levar-se-á em consideração a idade na data da posse e não na do registro de candidatura.

Ainda há de se considerar que a idade mínima exigida pela Constituição Federal é condição de elegibilidade e não de exercício de cargo. Em verdade, há uma divergência grande sobre o assunto. A Suprema Corte ainda não se pronunciou sobre o mérito da questão. Em janeiro de 2019 o deputado federal Kim Kataguiri pleiteou ao STF liminar para que pudesse concorrer a presidência da Câmara dos Deputados, mesmo tendo idade inferior aos 35 (trinta e cinco) anos. O questionamento diz respeito à possibilidade do presidente da Câmara dos Deputados substituir o presidente da República, tendo idade inferior a mínima enquanto condição de elegibilidade para a função que poderá exercer na qualidade de substituto.

O Ministro Luiz Fux (MS 36.248) indeferiu a liminar sob o argumento que não havia qualquer ato concreto que negasse tal direito ao requerente. Ou seja, o STF não analisou o mérito da questão. Entendo que tal direito é assegurado aos que possuem menos de 35 (trinta e cinco) anos de idade e são deputados federais. Isso porque as regras que limitam exercício de direitos políticos devem ser interpretadas restritivamente. Ora, os direitos políticos permitem o acesso a funções públicas, mesma em caráter de substituição nos termos previstos no Texto Constitucional.

Assim, a CF determina a idade mínima enquanto condição de elegibilidade. O presidente da Câmara dos Deputados pode substituir o presidente da República, sem que tenha sido eleito para a chefia do Executivo federal. Por isso, não precisa ter a idade mínima definida como condição de elegibilidade na condição de substituto. Apesar de politicamente ser difícil que a Câmara dos Deputados eleja alguém com menos de 35 (trinta e cinco) anos como presidente do órgão, juridicamente o ato é válido. Esse mesmo argumento poderá ser utilizado para o vereador, que tenha menos de 21 anos, ser eleito como presidente da Câmara Municipal, uma vez é substituto do prefeito, na ausência do vice-prefeito.

Por outro lado, as condições de elegibilidade impróprias são as previstas na legislação infraconstitucional, como a indicação em convenção partidária e a quitação eleitoral. Mas essas e outras situações serão verificadas quando do estudo do registro de candidatura. Fala-se, ainda, em requisitos de registrabilidade, que seriam os documentos que devem ser apresentados quando do pedido de registro de candidatura, como a fotografia no formato previsto em Resolução do TSE, como será também visto no capítulo 8, para o qual remetemos o leitor.

→ 5.3. Resumo didático

1. Elegibilidade é o conjunto de requisitos necessários para que se possa candidatar a mandato eletivo, ou seja, para que se possa exercer a capacidade eleitoral passiva.

2. As condições de elegibilidade podem ser estabelecidas pela CF, pela lei ordinária ou até mesmo por Resolução do TSE.

3. A Constituição Federal determina que apenas brasileiros natos podem exercer mandatos de Presidente e Vice-presidente da República. Apesar de o brasileiro naturalizado poder se candidatar para Senador e Deputado Federal, não poderá exercer a presidência da Câmara dos Deputados ou ainda do Senado Federal, pois essas duas últimas funções são exclusivas de brasileiro nato.

4. O cidadão que quiser concorrer a mandato eletivo deve estar filiado a partido político e ter domicílio eleitoral na circunscrição 6 meses antes das eleições.

5. Os magistrados, os membros do Ministério Público e dos Tribunais de Contas só podem filiar-se a partido político no prazo de desincompatibilização. Por outro lado, o servidor da Justiça Eleitoral precisa afastar-se, definitivamente, em tempo suficiente para cumprir a condição de filiação, no prazo de 6 meses antes do pleito.

6. Se o militar tiver menos de 10 anos de serviço, deve se afastar definitivamente da atividade. O TSE tem entendido que só há necessidade de afastamento do serviço militar quando o candidato nessas circunstâncias tiver seu registro de candidatura formalizado junto à Justiça Eleitoral. Assim, a filiação desses candidatos ocorre somente com o requerimento de registro de candidatura, que tem termo final no dia 15 de agosto do ano das eleições.

7. Por outro lado, o militar com mais de 10 anos de serviço fica agregado pela autoridade superior, o que significa que ainda mantém o vínculo com as Forças Armadas, com as Polícias ou bombeiros militares. Em assim sendo, nesse caso, o candidato apenas se filia a partido político, se eleito, quando passa automaticamente à inatividade com a diplomação. Dessa forma, ocorre uma exceção ao sistema brasileiro, uma vez que o candidato em comento participará de eleição, através de partido político, sem estar filiado a ele.

→ 5.4. QUESTÕES

1 **(FCC – 2011 – MPE-CE – Promotor de Justiça) São condições de elegibilidade para o cargo de Vice-Governador de Estado:**

a) nacionalidade brasileira, pleno exercício dos direitos políticos, alistamento eleitoral, domicílio eleitoral na circunscrição, filiação partidária e idade mínima de trinta anos.

b) naturalidade brasileira, pleno exercício dos direitos políticos, domicílio eleitoral na circunscrição, filiação partidária e idade mínima de trinta anos.

c) nacionalidade brasileira, pleno exercício dos direitos políticos, alistamento eleitoral, domicílio eleitoral no território nacional, filiação partidária e idade mínima de trinta e cinco anos.

d) nacionalidade brasileira, pleno exercício dos direitos políticos, alistamento eleitoral, domicílio eleitoral na circunscrição e idade mínima de vinte e cinco anos.

e) naturalidade brasileira, pleno exercício dos direitos políticos, alistamento eleitoral, filiação partidária e idade mínima de trinta e cinco anos.

2 **(CESPE – 2015) Com relação às condições de elegibilidade e aos partidos políticos, assinale a opção correta.**

a) O pleno exercício dos direitos políticos do cidadão corresponde à sua capacidade eleitoral ativa e passiva, e esses direitos podem ser suspensos se esse eleitor for condenado por decisão criminal transitada em julgado, suspensão essa que se manterá enquanto durarem os efeitos da condenação.

b) O cidadão que deseje se candidatar a cargo político eletivo deve ter domicílio eleitoral na circunscrição da candidatura, sendo que, no caso de eleição para prefeito e governador, essa circunscrição corresponde ao estado em que ocorre o pleito.

c) Para que possa concorrer em um pleito eleitoral, a cidadã deve estar filiada a um partido político no mínimo seis meses antes da data da eleição, sendo vedada a fixação, nos estatutos dos partidos, de prazos superiores de filiação partidária.

d) O partido político adquirirá a sua personalidade jurídica na forma da lei civil, após o registro de seu estatuto no TSE.

e) Tanto os brasileiros natos quanto os naturalizados têm capacidade eleitoral passiva para concorrer aos cargos de deputado federal, senador e presidente da República.

3 **(FCC – 2016) Jair pretende candidatar-se ao cargo de vereador e completará 18 anos um dia após a data-limite para o pedido de registro da candidatura. Neste caso, Jair**

a) poderá candidatar-se, pois completa dezoito anos antes do dia do pleito que ocorrerá no primeiro domingo de outubro do ano eleitoral.

b) poderá candidatar-se, pois a idade mínima constitucionalmente estabelecida como condição de elegibilidade é verificada tendo por referência a data da posse.

c) apenas poderá candidatar-se se for emancipado, pois os menores de dezoito anos são inelegíveis.

d) não poderá se candidatar, pois a idade mínima constitucionalmente estabelecida como condição de elegibilidade será aferida na data-limite para o pedido de registro.

e) não poderá se candidatar pois a idade mínima constitucionalmente prevista para uma pessoa eleger-se ao cargo de vereador é vinte e um anos de idade.

4) (MPE/GO – 2016) Em relação aos direitos políticos, aponte a assertiva incorreta:

a) A jurisprudência do TSE vem se firmando no sentido de que membro do Ministério Público que ingressou na instituição depois da Constituição Federal de 1988, porém antes da Emenda Constitucional n. 45/2004 (que estendeu ao *parquet* as mesmas regras de inelegibilidade destinadas aos magistrados), possui direito adquirido à candidatura.

b) Para aqueles que ingressaram na carreira do Ministério Público antes do advento da Constituição Federal de 1988, é permitida a candidatura a cargos eletivos, desde que tenham optado pelo regime anterior, sempre respeitados os prazos de desincompatibilização. A referida opção, quanto aos membros do Ministério Público dos Estados, pode ser feita a qualquer tempo.

c) A suspensão dos direitos políticos decorrente de condenação criminal transitada em julgado continua válida mesmo que a pena privativa de liberdade seja substituída por uma pena restritiva de direitos, visto que não é o recolhimento ao cárcere o motivo dessa mesma suspensão, mas sim o juízo de reprovabilidade estampado na condenação.

d) O término da suspensão dos direitos políticos decorrente de condenação criminal transitada em julgado independe de reabilitação, ou seja, para cessar essa causa de suspensão, basta o cumprimento ou a extinção da pena.

5) (CESPE – 2016) Assinale a opção correta de acordo com as normas relativas à elegibilidade.

a) A aferição das condições de elegibilidade deve ser realizada até a data da eleição.

b) O número do candidato, tanto quanto o seu nome, tem por fim identificá-lo, e será sorteado a cada convenção partidária, mesmo no caso de candidato à reeleição.

c) Ser brasileiro nato constitui condição de elegibilidade para o cargo de governador de estado.

d) Os analfabetos são inelegíveis em qualquer hipótese, apesar de serem alistáveis.

e) Exige-se que o candidato, no prazo mínimo de um ano antes de sua inscrição para o pleito, fixe sua residência na circunscrição em que pretende se candidatar.

GABARITO

1 – A	2 – A	3 – D	4 –A	5 –D

CAPÍTULO 6

DAS INELEGIBILIDADES

6.1. CONCEITO

Segundo o professor Marcos Ramayana:

> Os direitos políticos integram o núcleo de proteção fundamental do *Jus civitatis*, possibilitando ao cidadão participar na vida política com o exercício do direito de votar e ser votado. Assim, é indubitável que as inelegibilidades surgem como exceções constitucionais e infraconstitucionais, dentro do contexto normativo vigente. A exceção merece tratamento exegético restritivo, conforme diversos entendimentos doutrinários e jurisprudenciais (TSE e STF) sobre o assunto. (p. 104).

Assim, as inelegibilidades são situações trazidas pela Constituição ou por Lei Complementar que impedem o exercício dos direitos políticos passivos – ou seja, do direito de ser votado. Como impedem apenas o direito de ser votado, a declaração de inelegibilidade, em regra, não impede o exercício dos direitos políticos ativos.

Deve-se observar, ainda, que as inelegibilidades só podem ser estabelecidas pela própria CF ou por Lei Complementar, não sendo possível a imposição de inelegibilidade através de lei ordinária ou resolução do TSE.

Dessa forma, as elegibilidades, como já visto, são condições para que se concorra a cargo eletivo. Assim, as condições de elegibilidade podem ser trazidas por lei ordinária. As inelegibilidades são impedimentos ao exercício dos direitos políticos passivos. Só podem ser trazidas pela própria Constituição ou por Lei Complementar. A LC nº 64/1990 trata das inelegibilidades no Brasil. Essa é a teoria tradicionalista.

A teoria tradicionalista, adotada pelo TSE, diferencia a elegibilidade da inelegibilidade, como já visto. Desta maneira, para que o cidadão possa concorrer a mandato eletivo, é necessário que não apenas tenha as condições de elegibilidade, como também que não possua nenhuma causa de inelegibilidade. Exatamente neste sentido, encontra-se o artigo 11 da Resolução nº 23.221 do TSE:

> Qualquer cidadão pode pretender investidura em cargo eletivo, respeitadas as condições constitucionais e legais de elegibilidade e desde que não incida em qualquer das causas de inelegibilidade (Código Eleitoral, art. 3º; LC nº 64/902, art. 1º).

Segundo a jurisprudência dominante do TSE,[1] as características da elegibilidade são:

a) decorrem de ato lícito;

b) podem ser originadas através de lei ordinária;

c) Resolução do TSE pode tratar das condições de elegibilidades (maioria da doutrina entende que as resoluções podem trazer apenas condições de registrabilidade).

Enquanto, para aquele Tribunal, as características das inelegibilidades são:

a) decorrem de um ato ilícito ou de uma incompatibilidade;

b) só podem ser originadas mediante Lei Complementar;

c) Resolução do TSE não pode tratar de condições de inelegibilidades.

Mas cumpre destacar que Adriano Soares da Costa[2] traz uma interessante e bem construída teoria das inelegibilidades, denominada de teoria do ato jurídico. Segundo tal teoria, a elegibilidade será uma consequência do fato jurídico do registro de candidatura. Isso significa que a elegibilidade, enquanto

---

1. O professor Francisco Dirceu Barros explicita que a maioria da doutrina segue a proposta classificatória de Adriano Soares da Costa, que entende que a inelegibilidade deve ser classificada entre inelegibilidade inata (falta das condições de elegibilidade) e inelegibilidade cominada (deriva da ocorrência de uma transgressão eleitoral). Entretanto, tal classificação não é aceita pela jurisprudência por misturar causas de elegibilidade com inelegibilidade. No concurso a jurisprudência tem uma maior aceitabilidade, em direito eleitoral, do que a doutrina.

2. Afirma o precitado autor (p. 27) que: "Todo eleitor que não atenda aos pressupostos legais de elegibilidade, deixando de obter o registro de candidato, é inelegível, vale dizer, não possui o *ius honorum*. A inelegibilidade, de conseguinte, não é a perda de direitos políticos, posto que direitos políticos (*ius sufraggi*) se têm. A inelegibilidade é a ausência do direito de ser votado (*ius honorum*), ou porque não se obteve o registro de candidato, ou porque a elegibilidade (direito de ser votado), que se tinha, foi retirada. Dessarte, há a inelegibilidade inata (original), natural aos que não providenciaram os meios para adquirir a elegibilidade; e a inelegibilidade cominada (ocasional) provocada pela ocorrência de algum fato ilícito sob a óptica eleitoral."

pressuposto do exercício da capacidade eleitoral passiva, só surgirá especificamente quando for deferido o registro de candidatura para mandato eletivo, pela Justiça Eleitoral. Por outro lado, se por algum motivo não se conseguir tal registro, estar-se-ia diante de um caso de inelegibilidade. Desta forma, inelegibilidade está relacionada com a ausência de condições de elegibilidade.

Apesar do brilhantismo da teoria trazida por Soares da Costa, que permite, inclusive, resolver alguns problemas fáticos enfrentados no cotidiano da atuação eleitoral, a teoria seguida pela Justiça Eleitoral é a tradicionalista, que diferencia, como visto, a elegibilidade da inelegibilidade. E é esta que deve ser enfrentada nos concursos públicos.

6.2. CLASSIFICAÇÃO

Classificam-se as inelegibilidades em absolutas e relativas.

Nas absolutas, a inelegibilidade vale para qualquer cargo. As relativas, por sua vez, referem-se a determinados mandatos. Exemplo de absolutas: o analfabetismo; de relativas: a inelegibilidade de Presidente da República reeleito de concorrer pela 3ª vez consecutiva ao mesmo cargo.

Pode-se, ainda, classificar as inelegibilidades em diretas e reflexas. Naquelas, a causa da inelegibilidade está no próprio inelegível e, nestas, em parente seu. Por isso, a inelegibilidade reflexa também é chamada de inelegibilidade por parentesco.

Por fim, as inelegibilidades podem ser classificadas em: inata e cominada. A inata é a inelegibilidade estabelecida em razão da situação do inelegível. Exemplo: o analfabeto. A cominada é a inelegibilidade que tem por fundamento o desvio de uma conduta. Exemplo: inelegibilidade por abuso do poder político ou econômico.

6.3. DA REELEIÇÃO

A Constituição Federal determina no § 5º do seu artigo 14 que:

> O presidente da República, os governadores de estado e do Distrito Federal, os prefeitos e quem os houver sucedido ou substituído no curso dos mandatos poderão ser reeleitos para um único período subsequente.

Deste modo, conclui-se que só se pode concorrer para o cargo eletivo de chefe do Poder Executivo por no máximo duas vezes consecutivas. Isso porque só se permite uma única reeleição para o período seguinte. Da mesma forma em que se permite a reeleição para a chefia do Executivo por apenas uma vez consecutiva, essa mesma regra é aplicada aos seus respectivos vices.

ATENÇÃO: Os mandatos de Vereadores, Deputados Estaduais ou Distritais, Deputados Federais e Senadores não possuem limite de reeleição.

O Dispositivo Constitucional determina que o limite da reeleição deve ser aplicado para os Chefes dos Poderes Executivos e quem os houver sucedido ou substituído ao longo de seus mandatos. Por isso, já definiu o TSE que:

> Consulta. Poder Executivo. Município. Titularidade. Mandato eletivo. Exercício. Caracterização. Reeleição. Ocorrência. Seja qual for a circunstância que conduza à assunção da titularidade do Poder Executivo, por qualquer lapso temporal, estará configurado o exercício de mandato. Nesse sentido, em caso de eleição subsequente para este cargo haverá a caracterização do instituto da reeleição. *Nesse entendimento, o Tribunal respondeu positivamente a primeira e a segunda indagações e não conheceu da terceira. Unânime.* (Consulta nº 1.538/DF, rel. em substituição Min. Ricardo Lewandowski, em 5.5.2009).

Por outro lado, o posicionamento do TSE é no sentido de que a substituição ou a sucessão feita ao chefe do executivo, só é considerada como exercício do mandato para fins de reeleição, se tiver ocorrido nos 6 meses que antecederam as eleições. Nestes termos: Ac.-TSE, de 30.10.2012, no REspe nº 13759; e Res.-TSE nº 22.757/2008: "o vice-prefeito que substituir o titular nos seis meses anteriores ao pleito e for eleito prefeito no período subsequente é inelegível para novo período consecutivo."

E ainda: Ac.-TSE, de 18.12.2012, no AgR-REspe nº 12907; e, de 6.9.2012, no AgR-REspe nº 6743: "vice-prefeito que assumir a chefia do Poder Executivo Municipal por força de afastamento do titular do cargo, por qualquer motivo e ainda que provisório, somente poderá candidatar-se ao cargo de prefeito para um único período subsequente."

Por isso, o vice-reeleito, que substituiu ou sucedeu o chefe do executivo nos 2 mandatos, nos últimos 6 meses anteriores à eleição, não poderá concorrer para o mandato subsequente, pois seria considerado como se estivesse concorrendo para o terceiro mandato consecutivo de chefe do executivo, uma vez que o substituiu nos 2 mandatos anteriores.

Caso o vice tenha substituído ou sucedido o chefe do executivo apenas no segundo mandato, 6 meses antes da eleição, poderá concorrer ao cargo de chefe (que substituiu ou sucedeu), mas já será considerado como se fosse uma reeleição, não sendo possível pleitear o mesmo cargo no período posterior para o qual foi eleito chefe do executivo.

Agora, se a substituição ou sucessão ocorreu 6 meses antes das eleições, ainda no primeiro mandato, não tendo ocorrido nenhuma das 2 situações no segundo mandato de chefe do executivo, nada impede que o vice concorra, e, sendo eleito para chefe do executivo, possa se candidatar, posteriormente, à reeleição. Como a substituição ou sucessão ocorreu ainda no primeiro mandato do chefe do executivo, não havendo tais situações no segundo, quando o vice concorrer para a chefia do executivo, no período anterior, não terá realizado nenhuma situação na qual fosse configurado o exercício do mandato eletivo. Como a reeleição é possível para 2 mandatos consecutivos, quando o vice foi eleito, diversamente das situações já registradas, o foi pela primeira vez para a chefia do executivo, cabendo, posteriormente, a sua reeleição.

Por outro lado, para evitar qualquer fraude ao Sistema Eleitoral Brasileiro, o chefe do executivo reeleito não poderá concorrer, no período subsequente, ao mandato de vice da chefia que exerce. Desta forma, se o Presidente da República foi reeleito, ele não poderá concorrer na eleição subsequente ao mandato de Vice-Presidente.[3]

ATENÇÃO: O Prefeito reeleito de um município não poderá ser candidato a prefeitura de outro município para o período subsequente, uma vez que o TSE considera como sendo o mandato de Prefeito, mesmo que de outro município, o mesmo cargo eletivo.[3]

Vale, no entanto, destacar que há posicionamento no sentido diverso ao aqui posto do TSE, apesar de ainda se tratar de uma corrente minoritária, entendendo acerca da possibilidade de concorrer à chefia do Poder Executivo aquele cidadão que, exercendo o cargo eletivo de vice, acabou por substituir o chefe do Executivo, ainda que 6 (seis) meses antes das eleições.

Nestes termos: Ac. TSE de 17.10.13, no *Agravo Regimental no Recurso Especial Eleitoral nº 374-42, Maringá/PR,* O Plenário do Tribunal Superior

3. Ac. nº 32.539, de 17.12.08, do TSE.

Eleitoral, por maioria, assentou que vice-prefeito reeleito, mesmo que tenha substituído o prefeito em ambos os mandatos, poderá se candidatar ao cargo de prefeito na eleição subsequente.

Vale ressaltar que não concordamos com tal entendimento, por ser contrário à redação do art. 14, § 5º, da CF, em que se afirma que a reeleição é possível para um único período subsequente, para os Chefes do Poder Executivo e para aqueles que os houver sucedido ou substituído no curso do mandato. Como bem se sabe, é regra básica de hermenêutica que a norma jurídica não se utiliza de palavras inúteis. Assim, a limitação da reeleição alcança tanto a substituição, quanto a sucessão, que ocorram nos 6 (seis) meses que antecedem o pleito eleitoral.

Em relação aos senadores, como já afirmado, não há limite para reeleição. O mandato de senador é de 8 anos. Ocorre que algum senador, aproveitando algum momento de maior popularidade, não pode se candidatar a reeleição quando tiver apenas 4 anos no mandato. Esse é o entendimento do TSE exposto na Consulta 060275291), pois tal situação configuraria fraude à vontade popular e ao sistema eleitoral, uma vez que o mandato seria finalizado pelo suplente sem causa lícita para tal.

6.4. DA DESINCOMPATIBILIZAÇÃO

Dá-se o nome de incompatibilidade a inelegibilidade imposta em razão do exercício de cargo ou função, público ou privado, que possa colocar em risco a lisura das eleições, pela facilitação do abuso de poder político ou econômico.

Para que a incompatibilidade não seja declarada, é necessário o afastamento do cargo ou função, conforme determinado pelo Ordenamento Jurídico.

Esse período de afastamento prévio é o que se chama de desincompatibilização. Esse instituto assegura a igualdade entre os candidatos, evitando que a máquina estatal seja utilizada por quem se encontra hodiernamente no poder.

Marcos Ramayana leciona, sobre o assunto, que:

> As desincompatibilizações ou afastamentos podem ser basicamente de duas espécies: definitivas ou temporárias. A forma definitiva ocorre por renúncia ao mandato eletivo, pedido de exoneração dos que ocupam funções de confiança, ou, ainda, a aposentadoria. (p. 106)

Estabelece o artigo 14, § 5º, da CF que:

> Para concorrerem a outros cargos, o presidente da República, os governadores de estado e do Distrito Federal e os prefeitos devem renunciar aos respectivos mandatos até seis meses antes do pleito.

Por esse dispositivo, devem se desincompatibilizar o Presidente da República, o Governador de Estado e do Distrito Federal e o Prefeito. Como a inelegibilidade limita o exercício da capacidade passiva, que é direito político, deve ser interpretado restritivamente. Por isso, o Vice-Presidente, o Vice-Governador e o Vice-Prefeito não necessitam se desincompatibilizar quando forem concorrer a outros cargos. Todavia, se concorrem a outros cargos, ficam impossibilitados, sob pena de incidir em inelegibilidade, de suceder ou substituir o chefe do executivo nos seis meses anteriores ao pleito eleitoral. Por isso, enuncia o § 2º do artigo 1º da LC nº 64/90 que:

> O Vice-Presidente, o Vice-Governador e o Vice-Prefeito poderão candidatar-se a outros cargos, preservando os seus mandatos respectivos, desde que, nos últimos 6 (seis) meses anteriores ao pleito, não tenham sucedido ou substituído o titular.

A desincompatibilização prevista na CF é obrigatória apenas quando o Presidente, o Governador e o Prefeito quiserem disputar outros mandatos eletivos.

ATENÇÃO: Para concorrer à reeleição, não é necessária a desincompatibilização.

Ocorre, entretanto, que a desincompatibilização prevista na Constituição é complementada por outros casos previstos na LC nº 64/90, a chamada de Lei das Inelegibilidades.

Em relação a essa norma, a regra é que o prazo de desincompatibilização seja de 6 meses. Assim, por exemplo, caso um Ministro de estado pretenda candidatar-se a Presidente da República, deverá se afastar do cargo de Ministro, através de exoneração, no prazo de 6 meses antes das eleições.

Ocorre, no entanto, que há três exceções a essa regra:

a) a hipótese prevista no artigo 1º, II, *g*, da LC nº 64/90, assim redigida:

São inelegíveis: "Os que tenham, dentro dos 4 (quatro) meses anteriores ao pleito, ocupado cargo ou função de direção, administração ou representação em entidades representativas de classe, mantidas, total ou parcialmente, por contribuições impostas pelo poder Público ou com recursos arrecadados e repassados pela Previdência Social."

Isso significa que o dirigente de associação de classe mantida total ou parcialmente por contribuições impostas pelo Poder Público, ou ainda, arredados e repassados pela Previdência Social, deverá se desincompatibilizar, afastando-se da função, 4 meses antes das eleições. Percebam que o prazo é diferente da regra aqui trazida (a desincompatibilização para os outros cargos eletivos, costuma ser de 6 meses antes das eleições).

A desincompatibilização, nesses casos, só ocorrerá nos casos de exercer o cidadão funções de direção, administração e representação, em entidades que são mantidas com contribuições impostas pelo Poder Público ou com recursos arrecadados e repassados pela Previdência Social. Exatamente por isso, já entendeu o TSE que o conselheiro da OAB não precisa se desincompatibilizar, por não exercer função de direção, administração ou representação. [4]

b) A hipótese prevista no artigo 1º, II, l, da LC nº 64/90, assim redigida:

São inelegíveis: "Os que, servidores públicos, estatutários ou não, dos órgãos ou entidades da Administração direta ou indireta da União, dos Estados, do Distrito Federal, dos Municípios e dos Territórios, inclusive das fundações mantidas pelo Poder Público, não se afastarem até 3 (três) meses anteriores ao pleito, garantido o direito à percepção dos seus vencimentos integrais."

Dessa maneira, o servidor estatutário ou celetista deverá se afastar do cargo, no prazo de 3 (três) meses antes das eleições. Esse afastamento, porém, é temporário, garantindo, inclusive, a Lei, a percepção dos vencimentos durante o período em que concorre o mandato eletivo.

Vale destacar, contudo, que segundo o TSE, caso o servidor ocupe um cargo de provimento em comissão (cargo de confiança), o afastamento será definitivo, sendo, pois, necessária a exoneração do referido cargo. Esse é o teor da Súmula 54 do TSE: "A desincompatibilização de servidor público que

4. Ac.-TSE, de 20.5.2014, na Cta nº 11187: CONSULTA. SENADOR DA REPÚBLICA. DESINCOMPATIBILIZAÇÃO. CONSELHEIRO FEDERAL DA ORDEM DOS ADVOGADOS DO BRASIL (OAB). ART. 1º, INCISO II, ALÍNEA g, DA LEI COMPLEMENTAR Nº 64/1990. 1. A OAB enquadra-se no rol das entidades representativas de classe a que se refere a alínea g do inciso II do art. 1º da Lei Complementar nº 64, de 18 de maio de 1990. 2. A necessidade de desincompatibilização exigida no art. 1º, inciso II, alínea g, da LC nº 64/1990 não alcança conselheiro da OAB, desde que não ocupe função de direção, administração ou representação no Conselho Federal.

possui cargo em comissão é de três meses antes do pleito e pressupõe a exoneração do cargo comissionado, e não apenas seu afastamento de fato."

Empregado de cartório desestatizado, no entanto, não precisa se desincompatibilizar, como disposto na Súmula 5 do TSE: "Serventuário de cartório, celetista, não se inclui na exigência do art. 1º, II, l, da LC nº 64/90." O fundamento da súmula é evidente, trata-se o serventuário celetista de cartório desestatizado de terceiro em colaboração com o Poder Público, não se podendo exigir a sua desincompatibilização, uma vez que não é possível a interpretação extensiva de normas que limitam o exercício dos direitos políticos.

ATENÇÃO: Caso o servidor tenha competência direta, indireta ou eventual, no lançamento, arrecadação ou fiscalização de impostos, taxas e contribuições de caráter obrigatório, inclusive parafiscais, ou para aplicar multas relacionadas com essas atividades, o prazo de desincompatibilização será de 6 meses antes das eleições, conforme determina o artigo 1º, II, *d*, da LC nº 64/90.

Assim, por exemplo, o Auditor Fiscal da Receita Federal do Brasil, apesar de ser servidor público, deve se desincompatibilizar 6 meses antes das eleições, em virtude de estar submetido à regra específica do artigo 1º, II, *d*, da LC nº 64/90.

c) a hipótese do artigo 1º, IV, da LC nº 64/90, assim redigida:

> "São inelegíveis (...): para Prefeito e Vice-Prefeito:
>
> a) no que lhes for aplicável, por identidade de situações, os inelegíveis para os cargos de Presidente e Vice-Presidente da República, Governador e Vice-Governador de Estado e do Distrito Federal, observado o prazo de 4 (quatro) meses para a desincompatibilização;
>
> b) os membros do Ministério Público e Defensoria Pública em exercício na Comarca, nos 4 (quatro) meses anteriores ao pleito, sem prejuízo dos vencimentos integrais;
>
> c) as autoridades policiais, civis ou militares, com exercício no Município, nos 4 (quatro) meses anteriores ao pleito."

A lógica aqui apresentada é a seguinte: se o cidadão que exerce certa função, para concorrer a Presidente ou Vice-Presidente, Governador ou Vice-Governador, necessitar desincompatibilizar-se no prazo de 6 meses, a desincompatibilização, caso queira concorrer a Prefeito ou Vice-Prefeito, será de 4 meses antes das eleições.

Um exemplo para ajudar a fixar bem a situação: já vimos que se um Ministro de estado pretender se candidatar a Presidente, será necessária a desincompatibilização no prazo de 6 meses antes das eleições. Logo, aplicando-se a determinação do citado artigo 1º, IV, da LC nº 64/90, caso o Ministro pretenda candidatar-se a Prefeito, o prazo de desincompatibilização será de 4 meses antes das eleições.

ATENÇÃO: Caso o servidor pretenda se candidatar a Prefeito ou Vice-Prefeito o prazo será de 3 meses antes das eleições, pois se trata de situação específica.

Agora, se o servidor tiver competência direta, indireta ou eventual, no lançamento, arrecadação ou fiscalização de impostos, taxas e contribuições de caráter obrigatório, inclusive parafiscais, ou para aplicar multas relacionadas com essas atividades, o prazo de desincompatibilização para concorrer a Prefeito ou Vice-Prefeito será de 4 meses antes das eleições. Isso ocorre porque, se quisesse concorrer a outros mandatos eletivos, o prazo seria de 6 meses antes das eleições, como, inclusive, já foi visto.

Assim, estabelece o artigo 1º, incisos II, III e IV que:

> Art. 1º São inelegíveis:
>
> II – para Presidente e Vice-Presidente da República:
>
> a) até 6 (seis) meses depois de afastados definitivamente de seus cargos e funções:
>
> 1. os Ministros de Estado;
>
> 2. os chefes dos órgãos de assessoramento direto, civil e militar, da Presidência da República;
>
> 3. o chefe do órgão de assessoramento de informações da Presidência da República;
>
> 4. o chefe do Estado-Maior das Forças Armadas;
>
> 5. o Advogado-Geral da União e o Consultor-Geral da República;
>
> 6. os chefes do Estado-Maior da Marinha, do Exército e da Aeronáutica;
>
> 7. os Comandantes do Exército, Marinha e Aeronáutica;
>
> 8. os Magistrados;
>
> 9. os Presidentes, Diretores e Superintendentes de autarquias, empresas públicas, sociedades de economia mista e fundações públicas e as mantidas pelo poder público;
>
> 10. os Governadores de Estado, do Distrito Federal e de Territórios;

11. os Interventores Federais;

12, os Secretários de Estado;

13. os Prefeitos Municipais;

14. os membros do Tribunal de Contas da União, dos Estados e do Distrito Federal;

15. o Diretor-Geral do Departamento de Polícia Federal;

16. os Secretários-Gerais, os Secretários-Executivos, os Secretários Nacionais, os Secretários Federais dos Ministérios e as pessoas que ocupem cargos equivalentes;

b) os que tenham exercido, nos 6 (seis) meses anteriores à eleição, nos Estados, no Distrito Federal, Territórios e em qualquer dos poderes da União, cargo ou função, de nomeação pelo Presidente da República, sujeito à aprovação prévia do Senado Federal;

d) os que, até 6 (seis) meses antes da eleição, tiverem competência ou interesse, direta, indireta ou eventual, no lançamento, arrecadação ou fiscalização de impostos, taxas e contribuições de caráter obrigatório, inclusive parafiscais, ou para aplicar multas relacionadas com essas atividades;

e) os que, até 6 (seis) meses antes da eleição, tenham exercido cargo ou função de direção, administração ou representação nas empresas de que tratam os arts. 3º e 5º da Lei nº 4.137, de 10 de setembro de 1962, quando, pelo âmbito e natureza de suas atividades, possam tais empresas influir na economia nacional;

f) os que, detendo o controle de empresas ou grupo de empresas que atuem no Brasil, nas condições monopolísticas previstas no parágrafo único do art. 5º da lei citada na alínea anterior, não apresentarem à Justiça Eleitoral, até 6 (seis) meses antes do pleito, a prova de que fizeram cessar o abuso apurado, do poder econômico, ou de que transferiram, por força regular, o controle de referidas empresas ou grupo de empresas;

g) os que tenham, dentro dos 4 (quatro) meses anteriores ao pleito, ocupado cargo ou função de direção, administração ou representação em entidades representativas de classe, mantidas, total ou parcialmente, por contribuições impostas pelo poder Público ou com recursos arrecadados e repassados pela Previdência Social;

h) os que, até 6 (seis) meses depois de afastados das funções, tenham exercido cargo de Presidente, Diretor ou Superintendente de sociedades com objetivos exclusivos de operações financeiras e façam publicamente apelo à poupança e ao crédito, inclusive através de cooperativas e da empresa ou estabelecimentos que gozem, sob qualquer forma, de vantagens asseguradas pelo poder público, salvo se decorrentes de contratos que obedeçam a cláusulas uniformes;

i) os que, dentro de 6 (seis) meses anteriores ao pleito, hajam exercido cargo ou função de direção, administração ou representação em pessoa jurídica ou em empresa que mantenha contrato de execução de obras, de prestação de serviços ou de fornecimento de bens com órgão do Poder Público ou sob seu controle, salvo no caso de contrato que obedeça a cláusulas uniformes;

j) os que, membros do Ministério Público, não se tenham afastado das suas funções até 6 (seis) meses anteriores ao pleito;

I) os que, servidores públicos, estatutários ou não, dos órgãos ou entidades da Administração direta ou indireta da União, dos Estados, do Distrito Federal, dos Municípios e dos Territórios, inclusive das fundações mantidas pelo Poder Público, não se afastarem até 3 (três) meses anteriores ao pleito, garantido o direito à percepção dos seus vencimentos integrais;

III – para Governador e Vice-Governador de Estado e do Distrito Federal;

a) os inelegíveis para os cargos de Presidente e Vice-presidente da República especificados na alínea a do inciso II deste artigo e, no tocante às demais alíneas, quando se tratar de repartição pública, associação ou empresas que operem no território do Estado ou do Distrito Federal, observados os mesmos prazos;

b) até 6 (seis) meses depois de afastados definitivamente de seus cargos ou funções:

1. os chefes dos Gabinetes Civil e Militar do Governador do Estado ou do Distrito Federal;

2. os comandantes do Distrito Naval, Região Militar e Zona Aérea;

3. os diretores de órgãos estaduais ou sociedades de assistência aos Municípios;

4. os secretários da administração municipal ou membros de órgãos congêneres;

IV – para Prefeito e Vice-Prefeito:

a) no que lhes for aplicável, por identidade de situações, os inelegíveis para os cargos de Presidente e Vice-Presidente da República, Governador e Vice-Governador de Estado e do Distrito Federal, observado o prazo de 4 (quatro) meses para a desincompatibilização;

b) os membros do Ministério Público e Defensoria Pública em exercício na Comarca, nos 4 (quatro) meses anteriores ao pleito, sem prejuízo dos vencimentos integrais;

> c) as autoridades policiais, civis ou militares, com exercício no Município, nos 4 (quatro) meses anteriores ao pleito;
>
> V – para o Senado Federal:
>
> a) os inelegíveis para os cargos de Presidente e Vice-Presidente da República especificados na alínea a do inciso II deste artigo e, no tocante às demais alíneas, quando se tratar de repartição pública, associação ou empresa que opere no território do Estado, observados os mesmos prazos;
>
> b) em cada Estado e no Distrito Federal, os inelegíveis para os cargos de Governador e Vice-Governador, nas mesmas condições estabelecidas, observados os mesmos prazos;
>
> VI – para a Câmara dos Deputados, Assembleia Legislativa e Câmara Legislativa, no que lhes for aplicável, por identidade de situações, os inelegíveis para o Senado Federal, nas mesmas condições estabelecidas, observados os mesmos prazos;
>
> VII – para a Câmara Municipal:
>
> a) no que lhes for aplicável, por identidade de situações, os inelegíveis para o Senado Federal e para a Câmara dos Deputados, observado o prazo de 6 (seis) meses para a desincompatibilização;
>
> b) em cada Município, os inelegíveis para os cargos de Prefeito e Vice-Prefeito, observado o prazo de 6 (seis) meses para a desincompatibilização.

É válido lembrar, entretanto, que na hipótese de cargos e funções que não estão apontados nos dispositivos citados, não haverá necessidade de afastamento de seus titulares. Assim, por exemplo, o dirigente de partido político não necessita afastar-se, em virtude de não haver tal obrigação na LC nº 64/90, a mesma coisa acontecendo com os proprietários de empresas de radiofusão de sons e imagens. É o Princípio da Atipicidade Eleitoral que, como já visto no Capítulo 01, determina que qualquer restrição a direitos políticos deverá ser expressa.

Também, Senadores, Deputados Federais, Deputados Estaduais e Distritais e Vereadores não necessitam desincompatibilizar-se, caro queiram concorrer a reeleição ou a outros cargos eletivos.

6.5. DO PARENTESCO

A Constituição ainda traz como inelegibilidade o disposto no artigo 14, § 7º, que estatui:

> São inelegíveis, no território de jurisdição do titular, o cônjuge e os parentes consanguíneos ou afins, até o segundo grau ou por adoção, do presidente da República, de governador de estado ou território, do Distrito Federal, de prefeito ou de quem os haja substituído dentro dos seis meses anteriores ao pleito, salvo se já titular de mandato eletivo e candidato à reeleição.

Inicialmente, cabe salientar que a inelegibilidade será aplicada apenas para o cônjuge e parentes até o 2º grau do Presidente, do Governador e do Prefeito. Assim, não há inelegibilidade dos parentes do Vice-Presidente, Vice-Governador e Vice-Prefeito, e ainda dos Senadores, Deputados Federais, Deputados Estaduais e Vereadores.

ATENÇÃO: Normalmente, os parentes do Vice-Presidente, Vice-Governador e Vice-Prefeito não sofrem os efeitos da inelegibilidade reflexa. Mas estes não podem substituir ou suceder o chefe do executivo nos 6 meses antes da eleição, pois, caso contrário, tornarão seus cônjuges, companheiros e parentes inelegíveis.

Por outro lado, a inelegibilidade só alcança o cônjuge, companheiro, ou parente a 2º grau, por consanguinidade ou por afinidade das autoridades indicadas. Assim, são inelegíveis: pais, avós, filhos, netos e irmãos das autoridades (parentes consanguíneos), bem como o cônjuge, companheiro, e seus pais, avós, filhos, netos, irmãos além do genro e da nora do chefe do executivo. Tios e sobrinhos, como são parentes de 3º grau, não se encaixam na proibição.

A inelegibilidade só será aplicada no território de jurisdição do chefe do executivo. O parente do Prefeito estaria proibido de disputar mandato eletivo no município em que esse Prefeito exerce o seu mandato. Mas nada impediria que o parente se candidatasse para mandato eletivo em outro município. Assim, sendo o cidadão filho do Prefeito da cidade X, nada impediria que concorresse a mandato eletivo pela cidade Y.

Por outro lado, o cônjuge e os parentes até 2º grau do governador do Estado ou do Distrito Federal são inelegíveis para disputa de qualquer mandato eletivo por aquele Estado. Nessa proibição encontram-se os cargos eletivos federais (Deputado Federal e Senador), os estaduais (Governador, Vice-Governador e Deputado Estadual) e os municipais de cidades localizadas naquele Estado (Prefeito, Vice-Prefeito e Vereadores). Assim, se fulano, Governador do Estado X, é pai de ciclano, este não poderá, por exemplo, disputar o mandato de Deputado Federal pelo Estado X. Nada impediria, no entanto, que disputasse qualquer mandato eletivo pelo Estado Y, pois, neste caso, estaria fora da área de jurisdição de fulano.

Por último, o cônjuge e os parentes até o 2º grau do Presidente da República são inelegíveis para qualquer mandato eletivo, uma vez que a jurisdição de atuação do Presidente é sobre todo o território nacional.

ATENÇÃO: Não há inelegibilidade quando um parente disputa um mandato em circunscrição eleitoral maior do que a abrangida pela jurisdição do chefe do executivo. Por exemplo, o filho do Prefeito do município A, localizado no Estado X, não é inelegível para disputar o mandato de Governador pelo Estado X. Pois a circunscrição do pleito (o Estado) é maior do que a área de jurisdição do chefe do executivo (o Município).

Em duas situações, porém, a inelegibilidade não é aplicada. Na primeira, é possível que o cônjuge ou parente até o 2º grau do chefe do executivo concorra a mandato eletivo em sua área de jurisdição, caso o chefe do executivo renuncie ao mandato 6 meses antes da eleição.

ATENÇÃO: É possível que o chefe do executivo (Presidente, Governador e Prefeito) concorra à reeleição e seu cônjuge ou parente até o 2º grau concorra a mandato eletivo na mesma área de jurisdição, caso aquele renuncie 6 meses antes do pleito. Como já foi afirmado, para a reeleição, não há necessidade de desincompatibilização, mas nada impede que o chefe do executivo renuncie ao mandato para disputar a sua reeleição. Caso haja a renúncia, os parentes não serão inelegíveis.

A segunda situação ocorre quando o cônjuge ou parente já é titular de mandato eletivo e concorre à reeleição. Por exemplo, fulano, Vereador da cidade X, concorre à reeleição. Neste caso, não haverá inelegibilidade, ainda que seu pai, ciclano, seja Prefeito da cidade. Isso porque, como já tem mandato eletivo (Vereador) e está concorrendo a reeleição, acaba caindo na exceção prevista pelo § 7º, do artigo 14 da CF.[5]

5. "São inelegíveis, no território de jurisdição do titular, o cônjuge e os parentes consanguíneos ou afins, até o segundo grau ou por adoção, do presidente da República, de governador de estado ou território, do Distrito Federal, de prefeito ou de quem os haja substituído dentro dos seis meses anteriores ao pleito, salvo se já titular de mandato eletivo e candidato à reeleição."

ATENÇÃO: A inelegibilidade vista até o presente momento só vai ser aplicada quando o cidadão quer se candidatar a mandato eletivo e seu cônjuge, companheiro ou parente até o 2º grau já exerce o mandato eletivo de chefe do executivo. Nada impede, pois, que o cidadão concorra a mandato de vereador, enquanto seu cônjuge, companheiro ou parente até o 2º grau esteja concorrendo pela primeira vez, na mesma eleição, para o cargo de prefeito. Isso porque a inelegibilidade reflexa cria uma presunção de abuso do poder político ou econômico em favor do cônjuge ou do parente. Mas se nenhum dos 2 possui mandato eletivo, apenas o está disputando pela primeira vez, não há nenhum tipo de problema. Por isso, mesmo, por exemplo, marido e mulher podem concorrer na mesma chapa para prefeitura, desde que nenhum dos 2 já exerça o mandato de chefe do executivo municipal.

É possível também que o cônjuge ou parente até o 2º grau suceda o chefe do executivo. Desta forma, a esposa do Governador, no mandato subsequente, pode concorrer para o mandato de Governador do Estado. Mas para que isso aconteça é necessário: a) que o chefe do executivo renuncie 6 meses antes da eleição; b) que esteja ainda no seu primeiro mandato.

ATENÇÃO: Caso o chefe do executivo já esteja no segundo mandato consecutivo, o cônjuge ou parente até o 2º grau não poderá concorrer para a sua sucessão, ainda que aquele renuncie 6 meses antes da eleição.

Essa medida visa afastar a continuidade da permanência de uma mesma família no poder. Exatamente nesses termos, encontra-se preciosa lição de Francisco Dirceu Barros que afirma:

> A finalidade é evitar a casta hereditária, ou seja, o art. 14, § 7º, da Constituição Federal visa a evitar a perpetuação de uma mesma família no poder e o uso da máquina administrativa em favor do candidato parente, proporcionando, assim, uma maior igualdade no processo eleitoral.[6]

Vale ressaltar, contudo, que caso o chefe esteja no primeiro mandato e o cônjuge, por exemplo, consiga se eleger para a sucessão daquele, será este mandato considerado como se fosse uma reeleição, para que se proíba a eternização de uma mesma casta hereditária no poder. Neste caso, tendo o cônjuge sucedido o Governador, na eleição subsequente, o cônjuge, agora Governadora, ou seu marido (ex-Governador), ou qualquer de seus parentes

6. BARROS, Francisco Dirceu. *Direito eleitoral*. 5. ed. Rio de Janeiro: Elsevier, 2007. p. 261.

até o 2º grau estarão inelegíveis para concorrer no período subsequente, novamente para o Governo do Estado.

A jurisprudência do TSE tem se pronunciado da seguinte forma:

> No território da jurisdição do titular dos cargos a que se refere o § 7º do art. 14 da CF, o seu cônjuge e os parentes consanguíneos ou afins, até o segundo grau ou por adoção, somente são elegíveis para o mesmo cargo se aquele também o for. (Resolução do TSE nº 21.099/2002, rel.ª Min.ª Ellen Gracie, *DJ* de 20.6.2002, e Resolução do TSE nº 21.406/2003, rel. Min. Francisco Peçanha Martins, *DJ* de 1º.7.2003). ... O cônjuge do prefeito reeleito é inelegível tanto para prefeito como para vice-prefeito, tenha ou não lhe sucedido no curso do mandato. É a Constituição da República que veda tornar-se perene o poder de membros da mesma família, conforme expresso no § 7º do seu art. 14, do que resulta a jurisprudência do TSE (Resolução nº 21.645, de 2.3.2004, do TSE, *DJ* de 16.3.2004).

O falecimento do chefe do executivo equivale a sua renúncia, pelo que tendo falecido antes dos 6 meses que antecedem o pleito, é possível que o seu cônjuge ou companheiro concorra a outro mandato eletivo naquela circunscrição, ou concorra à sua sucessão, caso ainda estivesse no primeiro mandato quando do falecimento. Esses são os termos da Súmula 6[7] do TSE:

> "são inelegíveis para o cargo de chefe do executivo o cônjuge e os parentes, indicados no § 7° do art. 14 da Constituição Federal, do titular do mandato, salvo se este, reelegível, tenha falecido, renunciado ou se afastado definitivamente do cargo até seis meses antes do pleito."

Por outro lado, o ex-cônjuge continua inelegível para o período posterior ao término do mandato do Presidente, Governador ou Prefeito, com quem tinha relacionamento matrimonial ou de união estável. Assim, por exemplo, se o relacionamento chegou ao fim no curso do mandato, o ex-cônjuge ficaria inelegível (junto com os seus parentes) para disputar um mandato eletivo

7. Apesar da clara redação da Súmula 6 do TSE, a própria Corte Superior, por unanimidade, decidiu em decisão publicada em 2.2.2018, no RESPE 177-20/MG, relatoria do ministro Luiz Fux que o falecimento extingue o vínculo conjugal ou de união estável também para a inelegibilidade reflexa. Assim, no caso concreto analisado, a viúva do prefeito reeleito pretendida candidatar-se a mesma chefia do executivo municipal, tendo seu cônjuge falecido cerca de 1 ano e meio antes das eleições. O TSE deferiu o registro sob o argumento que o STF, no RE 758.461/PB, na sistemática de repercussão geral, havia entendido que não é possível equiparar o falecimento à extinção voluntária da união estável ou do casamento. Assim, a morte romperia o vínculo e impediria a caracterização da inelegibilidade reflexa, com base no art. 14, § 7°, da CF.

para o período consecutivo. Neste caso, se o ex-cônjuge não fosse titular de um mandato eletivo e concorrendo à reeleição só poderia se candidatar para mandato eletivo se o Presidente, Governador ou Prefeito renunciassem a seus mandatos 6 meses antes da eleição, mesmo que o vínculo matrimonial não mais subsistisse.

Se a intenção do ex-cônjuge for a de suceder o Presidente, o Governador ou o Prefeito, e esses já estivessem no segundo mandato consecutivo, a sucessão não seria possível, ainda que houvesse renúncia por parte do chefe do executivo 6 meses antes das eleições.

Neste sentido, encontra-se a jurisprudência do TSE:

> Consulta. Candidatura de ex-cônjuge. Separação de fato ocorrida há mais de 10 anos reconhecida na sentença de separação judicial. Possibilidade. Quando a separação judicial ocorre durante o exercício do segundo mandato do titular do cargo eletivo, o ex-cônjuge não poderá eleger-se, no mesmo município, na eleição imediatamente subsequente, sob pena de se infringir o dispositivo constitucional do art. 14, § 7º, que busca impedir a permanência indefinida de uma mesma família não pode. Porém, quando a separação de fato ocorreu há mais de 10 anos, havendo sido reconhecida na sentença da separação judicial, o ex-cônjuge pode candidatar-se na eleição subsequente, pois a ruptura do vínculo conjugal se deu antes mesmo do primeiro mandato, sem haver, portanto, violação ao preceito constitucional. (Resolução nº 21.775, de 27.5.2004, do TSE, *DJ* de 21.6.2004).

Nesse mesmo sentido, encontra-se a Súmula Vinculante 18 do STF, assim redigida: "A dissolução da sociedade ou do vínculo conjugal, no curso do mandato, não afasta a inelegibilidade prevista no § 7º do artigo 14 da Constituição Federal."

Vale ressaltar que, com a publicação da LC nº 135/2010, também chamada de Lei da Ficha Limpa, a condenação de determinada pessoa por fraude em separação judicial, com o fim de evitar a inelegibilidade reflexa, traz consigo a imposição de inelegibilidade pelo prazo de 8 anos, nos termos do artigo 1º, I, *n*, da LC nº 64/90.

6.6. DA LEI DAS INELEGIBILIDADES

Como já afirmado, as inelegibilidades também podem ser dispostas através de Legislação Infraconstitucional, contanto que seja através de Lei Complementar. Dispõe a Constituição em seu artigo 14, § 9º, que:

> Art. 14. (...)
>
> § 9º Lei complementar estabelecerá outros casos de inelegibilidade e os prazos de sua cessação, a fim de proteger a probidade administrativa, a moralidade para o exercício do mandato, considerada a vida pregressa do candidato, e a normalidade e legitimidade das eleições contra a influência no poder econômico ou o abuso do exercício de função, cargo ou emprego na administração direta ou indireta.

A LC nº 64/90, assim, foi editada e trouxe em seu artigo 1º, I, os casos de inelegibilidade para qualquer cargo. Em sua alínea *a* contempla os inalistáveis e os analfabetos.

Em relação aos inalistáveis, a situação é bem clara, uma vez que o alistamento eleitoral é condição para elegibilidade, não havendo possibilidade de alistamento, também é inviável o exercício da capacidade eleitoral passiva.

Por outro lado, em relação aos analfabetos, deve-se ter em mente que estes possuem a capacidade eleitoral ativa, mas não a capacidade passiva. Vale ressaltar que o fato de o cidadão ter exercido um mandato eletivo anterior não traz presunção absoluta de ser o mesmo alfabetizado. Nestes termos, entende o TSE, através da Súmula 15, que: "O exercício de mandato eletivo não é circunstância capaz, por si só, de comprovar a condição de alfabetizado do candidato."

Também entende o TSE que a CNH (Carteira Nacional de Habilitação) traz presunção de alfabetização do cidadão, permitindo que o mesmo concorra a mandato eletivo, como se percebe do disposto na Súmula 55 do próprio Tribunal Superior Eleitoral[8].

Por outro lado, as alíneas *b* e seguintes trazem as chamadas inelegibilidades cominadas. Inelegibilidade cominada, como já visto, é aquela de um desvio de conduta. No entanto, é importante ressaltar que a doutrina majoritária e a jurisprudência entendem que não possui a inelegibilidade a natureza de sanção.

Exatamente por isso, não se pode aplicar à teoria das inelegibilidades princípios próprios da esfera penal. Nesses termos, leciona Edson de Resende Castro:

> "A verdade é que o regime jurídico das inelegibilidades, ao contrário, se funda em valores e princípios do próprio direito constitucional

8. A Carteira Nacional de Habilitação gera a presunção da escolaridade necessária ao deferimento do registro de candidatura.

eleitoral, que naturalmente não coincidem com aqueles que orientam um sistema sancionador." (p. 163).

O STF pronunciou-se sobre o tema, no julgamento das ADCs 29 e 30, declarando que não haveria ofensa à irretroatividade da Lei, uma vez que a inelegibilidade não poderia ser conceituada como sanção. Assim, não se trata de retroatividade, mas sim de retrospectividade. Explica-se: na retrospectividade, ou retroatividade inautêntica, a lei produz efeito futuros a situações já existentes. Como chama a atenção o Ministro Luiz Fux, um exemplo da retrospectividade é a mudança de estatuto jurídico para os servidores públicos. Ou seja, a lei nova é aplicada a situações já existentes, fazendo com que seus termos sejam sentidos até mesmo por aqueles que antes de sua publicação já eram servidores.

A decisão do STF merece ser transcrita, em razão de sua importância no entendimento da própria inelegibilidade e seus efeitos:

> "AÇÕES DECLARATÓRIAS DE CONSTITUCIONALIDADE E AÇÃO DIRETA DE INCONSTITUCIONALIDADE EM JULGAMENTO CONJUNTO. LEI COMPLEMENTAR Nº 135/10. HIPÓTESES DE INELEGIBILIDADE. ART. 14, § 9º, DA CONSTITUIÇÃO FEDERAL. MORALIDADE PARA O EXERCÍCIO DE MANDATOS ELETIVOS. INEXISTÊNCIA DE AFRONTA À IRRETROATIVIDADE DAS LEIS: AGRAVAMENTO DO REGIME JURÍDICO ELEITORAL. ILEGITIMIDADE DA EXPECTATIVA DO INDIVÍDUO ENQUADRADO NAS HIPÓTESES LEGAIS DE INELEGIBILIDADE. PRESUNÇÃO DE INOCÊNCIA (ART. 5º, LVII, DA CONSTITUIÇÃO FEDERAL): EXEGESE ANÁLOGA À REDUÇÃO TELEOLÓGICA, PARA LIMITAR SUA APLICABILIDADE AOS EFEITOS DA CONDENAÇÃO PENAL. ATENDIMENTO DOS PRINCÍPIOS DA RAZOABILIDADE E DA PROPORCIONALIDADE. OBSERVÂNCIA DO PRINCÍPIO DEMOCRÁTICO: FIDELIDADE POLÍTICA AOS CIDADÃOS. VIDA PREGRESSA: CONCEITO JURÍDICO INDETERMINADO. PRESTÍGIO DA SOLUÇÃO LEGISLATIVA NO PREENCHIMENTO DO CONCEITO. CONSTITUCIONALIDADE DA LEI. AFASTAMENTO DE SUA INCIDÊNCIA PARA AS ELEIÇÕES JÁ OCORRIDAS EM 2010 E AS ANTERIORES, BEM COMO E PARA OS MANDATOS EM CURSO. 1. A elegibilidade é a adequação do indivíduo ao regime jurídico – constitucional e legal complementar – do processo eleitoral, razão pela qual a aplicação da Lei Complementar nº 135/10 com a consideração de fatos anteriores não pode ser capitulada na retroatividade vedada pelo art. 5º, XXXVI, da Constituição, mercê de incabível a invocação de direito adquirido ou de autoridade da coisa julgada (que opera sob o pálio da cláusula rebus sic stantibus) anteriormente ao pleito em oposição ao diploma legal retromencionado; subjaz a mera adequação ao sistema normativo

pretérito (expectativa de direito). 2. A razoabilidade da expectativa de um indivíduo de concorrer a cargo público eletivo, à luz da exigência constitucional de moralidade para o exercício do mandato (art. 14, § 9º), resta afastada em face da condenação prolatada em segunda instância ou por um colegiado no exercício da competência de foro por prerrogativa de função, da rejeição de contas públicas, da perda de cargo público ou do impedimento do exercício de profissão por violação de dever ético-profissional. 3. A presunção de inocência consagrada no art. 5º, LVII, da Constituição Federal deve ser reconhecida como uma regra e interpretada com o recurso da metodologia análoga a uma redução teleológica, que reaproxime o enunciado normativo da sua própria literalidade, de modo a reconduzi-la aos efeitos próprios da condenação criminal (que podem incluir a perda ou a suspensão de direitos políticos, mas não a inelegibilidade), sob pena de frustrar o propósito moralizante do art. 14, § 9º, da Constituição Federal. 4. Não é violado pela Lei Complementar nº 135/10 o princípio constitucional da vedação de retrocesso, posto não vislumbrado o pressuposto de sua aplicabilidade concernente na existência de consenso básico, que tenha inserido na consciência jurídica geral a extensão da presunção de inocência para o âmbito eleitoral. 5. O direito político passivo (*ius honorum*) é possível de ser restringido pela lei, nas hipóteses que, *in casu*, não podem ser consideradas arbitrárias, porquanto se adequam à exigência constitucional da razoabilidade, revelando elevadíssima carga de reprovabilidade social, sob os enfoques da violação à moralidade ou denotativos de improbidade, de abuso de poder econômico ou de poder político. 6. O princípio da proporcionalidade resta prestigiado pela Lei Complementar nº 135/10, na medida em que: (i) atende aos fins moralizadores a que se destina; (ii) estabelece requisitos qualificados de inelegibilidade e (iii) impõe sacrifício à liberdade individual de candidatar-se a cargo público eletivo que não supera os benefícios socialmente desejados em termos de moralidade e probidade para o exercício de referido *munus publico*. 7. O exercício do *ius honorum* (direito de concorrer a cargos eletivos), em um juízo de ponderação no caso das inelegibilidades previstas na Lei Complementar nº 135/10, opõe-se à própria democracia, que pressupõe a fidelidade política da atuação dos representantes populares. 8. A Lei Complementar nº 135/10 também não fere o núcleo essencial dos direitos políticos, na medida em que estabelece restrições temporárias aos direitos políticos passivos, sem prejuízo das situações políticas ativas. 9. O cognominado desacordo moral razoável impõe o prestígio da manifestação legítima do legislador democraticamente eleito acerca do conceito jurídico indeterminado de vida pregressa, constante do art. 14, § 9.º, da Constituição Federal.

> 10. O abuso de direito à renúncia é gerador de inelegibilidade dos detentores de mandato eletivo que renunciarem aos seus cargos, posto hipótese em perfeita compatibilidade com a repressão, constante do ordenamento jurídico brasileiro (v.g., o art. 55, § 4º, da Constituição Federal e o art. 187 do Código Civil), ao exercício de direito em manifesta transposição dos limites da boa-fé. 11. A inelegibilidade tem as suas causas previstas nos §§ 4º a 9º do art. 14 da Carta Magna de 1988, que se traduzem em condições objetivas cuja verificação impede o indivíduo de concorrer a cargos eletivos ou, acaso eleito, de os exercer, e não se confunde com a suspensão ou perda dos direitos políticos, cujas hipóteses são previstas no art. 15 da Constituição da República, e que importa restrição não apenas ao direito de concorrer a cargos eletivos (*ius honorum*), mas também ao direito de voto (*ius sufragii*). Por essa razão, não há inconstitucionalidade na cumulação entre a inelegibilidade e a suspensão de direitos políticos. 12. A extensão da inelegibilidade por oito anos após o cumprimento da pena, admissível à luz da disciplina legal anterior, viola a proporcionalidade numa sistemática em que a interdição política se põe já antes do trânsito em julgado, cumprindo, mediante interpretação conforme a Constituição, deduzir do prazo posterior ao cumprimento da pena o período de inelegibilidade decorrido entre a condenação e o trânsito em julgado. 13. Ação direta de inconstitucionalidade cujo pedido se julga improcedente. Ações declaratórias de constitucionalidade cujos pedidos se julgam procedentes, mediante a declaração de constitucionalidade das hipóteses de inelegibilidade instituídas pelas alíneas "c", "d", "f", "g", "h", "j", "m", "n", "o", "p" e "q" do art. 1º, inciso I, da Lei Complementar nº 64/90, introduzidas pela Lei Complementar nº 135/10, vencido o Relator em parte mínima, naquilo em que, em interpretação conforme a Constituição, admitia a subtração, do prazo de 8 (oito) anos de inelegibilidade posteriores ao cumprimento da pena, do prazo de inelegibilidade decorrido entre a condenação e o seu trânsito em julgado. 14. Inaplicabilidade das hipóteses de inelegibilidade às eleições de 2010 e anteriores, bem como para os mandatos em curso, à luz do disposto no art. 16 da Constituição." (ADC 29/DF, Pleno do STF, rel. Min. Luiz Fux, publicado em 29/06/2012).

Exatamente por isso, novas hipóteses de inelegibilidade podem ser aplicadas a situações já ocorridas antes de sua vigência. Nestes termos, entende o TSE que:

> "Inelegibilidade. Condenação por abuso de poder transitada em julgado. Novo prazo fixado por lei superveniente.

> 1. Ainda que se trate de condenação transitada em julgado, em representação por abuso do poder econômico ou político referente a eleição anterior à vigência da Lei Complementar nº 135/2010, incide a inelegibilidade prevista na alínea d do inciso I do art. 1º da Lei Complementar nº 64/90, cujo prazo passou a ser de oito anos.
> 2. Configurado o fato objetivo estabelecido na respectiva norma, qual seja, a procedência de representação, com decisão colegiada ou transitada em julgado, por abuso do poder econômico ou político, e estando ainda em vigor o novo prazo de inelegibilidade, pouco importa o decurso de tempo de inelegibilidade anteriormente fixado por norma já modificada ou pela própria decisão.
> 3. Não há direito adquirido a regime de elegibilidade, nem se pode cogitar de ofensa a ato jurídico perfeito ou à coisa julgada, pois as condições de elegibilidade, assim como as causas de inelegibilidade, devem ser aferidas no momento da formalização do pedido de registro de candidatura. Recurso especial não provido." (REsp 18894/SP, rel. Min. Arnaldo Versiani Leite Soares, publicado em sessão em 04/09/2012).

Assim, as hipóteses de inelegibilidade descritas na LC 64/90 foram bastante modificadas pela LC nº 135/2010 (Lei da Ficha Limpa), que aumentou os prazos de inelegibilidade, além de criar outros casos de inelegibilidade cominada. Trouxe, ainda, em algumas hipóteses, a desnecessidade da decisão ter transitado em julgado para que a inelegibilidade seja aplicada. Tudo declarado constitucional pelo STF, como já afirmado.

Apesar de o entendimento inicial do TSE ter sido a da inaplicabilidade do artigo 16 da CF em relação à LC nº 135/2010, permitindo a sua aplicação nas eleições de 2010, o STF terminou por modificar este entendimento para enquadrar as disposições da Lei Complementar retrocitada no princípio da anualidade. Por isso, a LC nº 135/2010 não teve aplicação nas eleições de 2010. Esse entendimento foi recentemente esposado pelo STF no RE nº 633703. Assim, a chamada "Lei da Ficha Limpa" só começou a ser aplicada a partir das eleições de 2012.

De qualquer maneira, faz-se necessária a interpretação das hipóteses de inelegibilidade traçadas no art. 1º, I, da LC 64/90, além da estabelecida para os inalistáveis e analfabetos. Vale dizer que essa espécie de inelegibilidade é absoluta, impedindo a candidatura para qualquer mandato eletivo. Assim, dispõe o art. 1º, I, da LC 64/90:

São inelegíveis:

I – para qualquer cargo:

b) os membros do Congresso Nacional, das Assembleias Legislativas, da Câmara Legislativa e das Câmaras Municipais, que hajam perdido os respectivos mandatos por infringência do disposto nos incisos I e II do art. 55 da Constituição Federal, dos dispositivos equivalentes sobre perda de mandato das Constituições Estaduais e Leis Orgânicas dos Municípios e do Distrito Federal, para as eleições que se realizarem durante o período remanescente do mandato para o qual foram eleitos e nos oito anos subsequentes ao término da legislatura; (Redação dada pela LCP nº 81, de 13/04/94)

O dispositivo alude à perda de mandato eletivo determinada pela Casa Legislativa a que pertence o parlamentar. Vale ressaltar que se trata de julgamento político. Essa perda de mandato eletivo deve ter ocorrido por força do art. 55, I e II, da Constituição Federal, bem como de dispositivos equivalentes previstos nas Constituições Estaduais e Leis Orgânicas.

A CF, nesses dispositivos, acaba por trazer proibições diversas aos parlamentares, além de assegurar a perda do mandato eletivo por quebra do decoro parlamentar. Nestes termos, estabelece o art. 55 da CF:

> "Art. 55. Perderá o mandato o Deputado ou Senador:
>
> I – que infringir qualquer das proibições estabelecidas no artigo anterior;
>
> II – cujo procedimento for declarado incompatível com o decoro parlamentar;"

Por outro lado, as proibições que estão citadas no art. 55, I, da CF, são aquelas estabelecidas no art. 54 da Carta Magna, nesses termos:

> "Art. 54. Os Deputados e Senadores não poderão:
>
> I – desde a expedição do diploma:
>
> a) firmar ou manter contrato com pessoa jurídica de direito público, autarquia, empresa pública, sociedade de economia mista ou empresa concessionária de serviço público, salvo quando o contrato obedecer a cláusulas uniformes;
>
> b) aceitar ou exercer cargo, função ou emprego remunerado, inclusive os de que sejam demissíveis "ad nutum", nas entidades constantes da alínea anterior;
>
> II – desde a posse:
>
> a) ser proprietários, controladores ou diretores de empresa que goze de favor decorrente de contrato com pessoa jurídica de direito público, ou nela exercer função remunerada;

> b) ocupar cargo ou função de que sejam demissíveis "ad nutum", nas entidades referidas no inciso I, "a";
>
> c) patrocinar causa em que seja interessada qualquer das entidades a que se refere o inciso I, "a";
>
> d) ser titulares de mais de um cargo ou mandato público eletivo."

Assim, incidindo em qualquer das proibições citadas ou no caso de quebra do decoro parlamentar, é possível, seguindo-se o devido processo estabelecido em norma, a perda do mandato eletivo. Essa perda levará automaticamente à inelegibilidade retratada na alínea em comento.

Com efeito, leciona Pedro Roberto Decomain:

> "O Supremo Tribunal Federal efetivamente não pode ingressar no mérito dos fundamentos que levaram à cassação do mandato. Pode apenas verificar se o processo que conduziu a esta conclusão obedeceu aos trâmites constitucionais, legais e regimentais pertinentes." (p. 155).

Existindo a cassação do mandato do parlamentar na forma aqui trazida, ele ficará inelegível pelo prazo corresponde ao remanescente de seu mandato e mais oito anos. Essa hipótese de inelegibilidade foi aplicada no caso do ex-deputado Eduardo Cunha, que terminou por perder seu mandato eletivo por quebra do decoro parlamentar, tendo por consequência a aplicação da inelegibilidade prevista neste dispositivo.

c) o Governador e o Vice-Governador de Estado e do Distrito Federal e o Prefeito e o Vice-Prefeito que perderem seus cargos eletivos por infringência a dispositivo da Constituição Estadual, da Lei Orgânica do Distrito Federal ou da Lei Orgânica do Município, para as eleições que se realizarem durante o período remanescente e nos 8 (oito) anos subsequentes ao término do mandato para o qual tenham sido eleitos; (Redação dada pela LC nº 135, de 2010).

A alínea *c* retrata o caso do governador, do vice-governador, do prefeito e do vice-prefeito que sofreram impeachment, ou seja, perderam o cargo em virtude do cometimento de crime político, ou seja, ato contrário à Constituição Estadual ou à Lei Orgânica do Município ou do Distrito Federal.

Há uma discussão sobre o tema. A responsabilização política dos agentes públicos encontra-se prevista no Decreto-Lei 201/67. Ocorre, no entanto, que até então o entendimento dominante no TSE era que a perda de cargo com base no citado dispositivo legal não levava à inelegibilidade se a infração que levou a perda do cargo não estava prevista também na constituição estadual ou na lei orgânica. Ou seja, o que causa a inelegibilidade da norma não é simples perda do cargo por impedimento, mas sim quando o motivo para essa perda se encontra na constituição ou na lei orgânica. Nesse sentido:

> ELEIÇÕES 2014. AGRAVO REGIMENTAL. RECURSO ORDINÁRIO. CANDIDATO A SENADOR. REGISTRO DE CANDIDATURA DEFERIDO. INELEGIBILIDADE PREVISTA NO ART. 1º, INCISO I, ALÍNEA c, DA LC Nº 64/1990. DESINCOMPATIBILIZAÇÃO. CARGO DE PREFEITO. ART. 1º, INCISO V, ALÍNEA *a*, C.C. OS ARTS. 1º, INCISO II, ALÍNEA *a*, E 13 DA LC Nº 64/1990.
>
> 1. Ausência de inelegibilidade decorrente de cassação de mandato por violação à lei orgânica do município ante a prática de infrações político-administrativas dispostas no DL nº 201/1967. As restrições que geram inelegibilidade são de legalidade estrita, sendo vedada interpretação extensiva. Precedentes.
>
> 2. Ausência de inelegibilidade ante a efetiva desincompatibilização do cargo de prefeito no prazo de seis meses anteriores ao pleito. Exercício do cargo em caráter temporário não faz incidir em inelegibilidade.
>
> 3. Na linha da jurisprudência do Tribunal Superior Eleitoral, as regras alusivas às causas de inelegibilidade são de legalidade estrita, sendo vedada a interpretação extensiva para alcançar situações não contempladas pela norma.
>
> 4. Negado provimento aos agravos regimentais. (0000394-77.2014.6.12.0000 RO – Agravo Regimental em Recurso Ordinário nº 39477 – CAMPO GRANDE – MS; Acórdão de 19/05/2015; Relator(a) Min. Gilmar Mendes; Publicação: DJE – Diário de justiça eletrônico, Tomo 155, Data 17/08/2015)

Recentemente, o Tribunal Superior Eleitoral modificou o entendimento, permitindo que o impedimento com base no DL 201/67 traga a inelegibilidade, caso a lei orgânica determine que compete à Câmara Municipal julgar o prefeito por crimes de responsabilidade na forma da Lei. Isso seria o suficiente para aplicação da inelegibilidade na perda de mandato decretada por infringência ao DL 201/67. Nesse sentido:

> Cassação de Prefeito pela prática de infração político-administrativa e incidência da inelegibilidade prevista na alínea *c* do inciso I do art. 1º da LC no 64/1990
>
> A cassação de Prefeito pela Câmara de Vereadores em razão da prática de infração político-administrativa prevista no Decreto-Lei no 201/1967 faz incidir a inelegibilidade mencionada na alínea *c* do inciso I do

> art. 1º da Lei Complementar nº 64/1990, principalmente quando a Lei Orgânica do Município contém dispositivo que confere à Casa Legislativa competência para julgar as referidas condutas nos termos da lei. *(Recurso Ordinário n° 060051954, Cuiabá/MS, redator para o acórdão Min. Edson Fachin, julgado em 3.10.2018)*

Como já firmado, o Direito Eleitoral está fundado no exercício do direito político ao sufrágio universal. Por isso, a hermêutica a ser considerada passa pela análise dos princípios e, portanto, dos valores e vetores inerentes aos atos eleitorais. Tais atos se constituem exercício de direito fundamental. Assim, qualquer limitação deverá ser interpretada restritivamente. Concordamos com o posicionamento anterior do TSE, no sentido de não trazer inelegibilidade a perda do cargo pelo chefe do Executivo estadual, distrital ou municipal, quando o impedimento ocorreu por dispositivo previsto no DL 201/67, mas que não se encontra estabelecido expressamente pela constituição estadual ou pela lei orgânica.

Pensar diferente disso é, data vênia, ignorar a ampla efetividade necessária dos direitos políticos como direitos fundamentais previstos no Ordenamento Constitucional. A solução seria modificar a LC 64/90 para lá constar como hipótese de ilegibilidade o impedimento do chefe do Executivo por crime de responsabilidade ou na forma da lei.

De qualquer maneira, a perda do mandato é decretada pelo Legislativo em um julgamento político. Uma vez determinada a perda do mandato nessas situações, a inelegibilidade é aplicada automaticamente. Nesses casos, a inelegibilidade ocorrerá pelo remanescente do mandato e mais oito anos.

Vale ressaltar que o presidente e o vice-presidente da República não se submetem a inelegibilidade, no caso de impeachment, mas sim à inabilitação.

> **ATENÇÃO:** Não se pode confundir inelegibilidade com inabilitação. Esta última sanção é aplicada ao Presidente ou ao Vice-Presidente da República que sofrerem *impeachment*, nos termos previstos pela CF. Com esta sanção, fica o cidadão impedido de exercer qualquer função pública, seja através de eleições ou não, pelo prazo de 8 anos. Por outro lado, a inelegibilidade atinge apenas as funções públicas exercidas através de mandato eletivo.

Esse é o mesmo posicionamento adotado por Paulo Henrique dos Santos Lucon e José Marcelo Menezes Vigliar que lecionam:

> "Trata-se de inelegibilidade decorrente de perda de mandato executivo não aplicável ao Presidente e ao Vice-Presidente da República, que a

> perda de mandato destes possui previsão legal no art. 85 da Constituição Federal e na Lei nº 1.079, de 10.4. 1950." (p. 497).

Ainda em relação ao impeachment, o Senado Federal, sob a presidência de Ricardo Lewandowski, entendeu, em sessão que terminou apenas no dia 31/08/2016, ao condenar a ex-Presidente da República Dilma Rousseff, que a inabilitação não é pena automática àqueles que sofrem o impedimento. Por isso, a ex-Presidente da República acabou por perder o cargo, mas manteve a sua habilitação para o exercício da função, não se aplicando igualmente a inelegibilidade. Até o fechamento da edição dessa obra, o STF ainda não havia decidido a respeito. A ex-presidente, nas eleições de 2018, concorreu ao mandato de senadora. Apesar da impugnação feita perante o TRE/MG, a corte regional decidiu por deferir o registro de candidatura, o que foi mantido no TSE.

O posicionamento do TSE (RO 0602388-25) foi no sentido de não se poder trazer ao processo de registro de candidatura a análise do mérito de decisões que competem a outros poderes, nos termos da Súmula 41[9].

d) os que tenham contra sua pessoa representação julgada procedente pela Justiça Eleitoral, em decisão transitada em julgado ou proferida por órgão colegiado, em processo de apuração de abuso do poder econômico ou político, para a eleição na qual concorrem ou tenham sido diplomados, bem como para as que se realizarem nos 8 (oito) anos seguintes; (Redação dada pela LC nº 135, de 2010)

Trata-se de um dos dispositivos mais importantes da Lei das Inelegibilidades. Como é sabido, o abuso do poder político, bem como o abuso do poder econômico acabam por desequilibrar o pleito eleitoral, afastando a legitimidade do resultado das eleições. A importância da prevenção desses abusos é encontrada no Texto Constitucional, principalmente no art. 14, § 9º, que determina:

> "Lei complementar estabelecerá outros casos de inelegibilidade e os prazos de sua cessação, a fim de proteger a probidade administrativa, a moralidade para exercício de mandato considerada vida pregressa do

9. A súmula 41 do TSE estabelece que não é competente a Justiça Eleitoral para manifestar-se sobre o mérito de decisões oriundas de outros poderes. Nesse caso, o TSE entendeu que como a decisão de não aplicar à ex-presidente a inabilitação foi do Senado, não caberia à Justiça Eleitoral, no processo de registro de candidatura, avaliar o mérito dessa decisão. Por isso, o Tribunal Superior confirmou o registro da candidatura ao Senado.

candidato, e a normalidade e legitimidade das eleições contra a influência do poder econômico ou o abuso do exercício de função, cargo ou emprego na administração direta ou indireta."

O vocábulo abuso é utilizado nas situações que houve um extrapolamento de faculdades jurídicas. O Ordenamento Jurídico protege o uso normal dos direitos e prerrogativas atribuídos. A partir do momento que não existe uso normal de faculdades jurídicas, ocorre o abuso. No caso da alínea d, o abuso é dirigido ao favorecimento de certo candidato.

Vale ressaltar que esse abuso pode ser praticado pelo próprio candidato, em prol de sua candidatura, ou por terceiro em prol da candidatura de alguém. O certo é que existindo tal abuso, o mesmo atentará contra a normalidade e legitimidade das eleições.

Acerca do abuso do poder econômico, leciona Pedro Paulo Decomain:

> "O abuso do poder econômico, cuja ocorrência justifica a inelegibilidade, é o emprego de recursos produtivos (bens e serviços de empresas particulares, ou recursos próprios de candidato que seja mais abastado), fora das molduras para tanto traçada pelas regras de financiamento de campanha constantes da Lei nº 9.504/97, com o objetivo de propiciar a eleição de determinado candidato." (p. 163).

A distribuição de cestas básicas ou outras vantagens em período eleitoral pode ser considerada como abuso do poder econômico, bem como determinação para que empregados de determinada empresa votem em certo candidato, são apenas exemplos da imensa casuística que podem ser aqui trazidos para retratar o abuso do poder econômico.

É possível que exista um abuso de poder religioso, espécie de abuso do poder econômico, a caracterizar a procedência da representação. Assim entendeu o TSE:

> "(...) 11. Ainda que não haja expressa previsão legal sobre o abuso do poder religioso, a prática de atos de propaganda em prol de candidatos por entidade religiosa, inclusive os realizados de forma dissimulada, pode caracterizar a hipótese de abuso do poder econômico, mediante a utilização de recursos financeiros provenientes de fonte vedada. Além disso, a utilização proposital dos meios de comunicação social para a difusão dos atos de promoção de candidaturas é capaz de caracterizar a hipótese de uso indevido prevista no art. 22 da Lei das Inelegibilidades. Em ambas as situações e conforme as circunstâncias verificadas, os fatos podem causar o desequilíbrio da igualdade de chances entre os

> concorrentes e, se atingir gravemente a normalidade e a legitimidade das eleições, levar à cassação do registro ou do diploma dos candidatos eleitos. (RO – Recurso Ordinário nº 265308 – PORTO VELHO – RO; Acórdão de 07/03/2017; Relator(a) Min. Henrique Neves Da Silva; Publicação: DJE – Diário de justiça eletrônico, Data 05/04/2017, Página 20/21

E ainda:

> Configura abuso de poder econômico o uso de evento religioso de grande proporção e de elevado valor econômico a favor de candidatura, às vésperas do pleito, não declarado em prestação de contas e integralmente custeado por entidade religiosa. (RO 5370-03).

Por outro lado, é conhecido que o agente público é mero gestor de coisa alheia. Em assim sendo, possui uma série de prerrogativas que servem para permitir o exercício de suas atribuições. Isso porque toda atividade por ele exercida deve ter por finalidade o atendimento do interesse público. A partir do momento em que uma prerrogativa é exercida com finalidade estranha ao interesse público, surge o abuso de poder, o desvio de finalidade.

Quando esse abuso de poder político acaba sendo utilizado com fins eleitorais, a inelegibilidade deve ser aplicada. A utilização eleitoreira de programa social pode ser considerada como abuso do poder político. Vale ressaltar que apesar de se tratar de condutas diversas, em certas hipóteses é possível a existência de um abuso do poder político com aspectos econômicos, como vai acontecer na ameaça de exoneração de cargos comissionados, caso não ocorra o apoio político a certo candidato.

É importante, no entanto, ressaltar, como será visto mais adiante, que caso o autor do abuso seja detentor de cargo na Administração Pública, deverá responder com base na alínea h deste artigo. Em relação ao beneficiado pelo abuso, a imposição será sempre da alínea *d*, por abuso do poder político ou econômico.

Ao contrário do que ocorre nas alíneas b e c do art. 1º, I, da LC 64/90, em que a inelegibilidade é automática, nas hipóteses de abuso do poder político e abuso do poder econômico, há necessidade de uma condenação. Segundo entende o TSE, essa condenação deve vir de uma ação de investigação judicial eleitoral. Não há condenação a inelegibilidade, nem através de ação de impugnação ao mandato eletivo, nem através de recurso contra expedição de diploma, como será visto nesta obra mais adiante. Nesses termos, entende o TSE:

> "Ac.-TSE, de 19.3.2013, no AgR-REspe nº 21204: a inelegibilidade prevista nesta alínea não incide sem a ocorrência de condenação pela

> prática de abuso do poder econômico ou político em decisão transitada em julgado ou proferida por órgão colegiado."
>
> "Ac.-TSE, de 8.2.2011, no AgR-RO nº 371450: não incidência da inelegibilidade desta alínea quando proferida em sede de RCED ou AIME."

Para a condenação não há necessidade de a decisão ter transitado em julgado. Basta decisão proferida por órgão colegiado da Justiça Eleitoral para que a inelegibilidade já produza efeitos.

É importante salientar que o termo inicial da inelegibilidade será a data das eleições, independentemente do momento em que a decisão tenha sido prolatada ou transitada em julgado. Esse é o teor da Súmula 19 do TSE, cuja redação atual declara que "O prazo de inelegibilidade decorrente da condenação por abuso do poder econômico ou político tem início no dia da eleição em que este se verificou e finda no dia de igual número no oitavo ano seguinte (art. 22, XIV, da LC nº 64/90)."

Em relação ao termo *a quem*, o entendimento atual do TSE é no sentido que os 8 anos são contados a partir da data em que ocorreu a eleição em que houve o abuso, cessando na mesma data, 8 anos após. Assim:

> "Ac.-TSE, de 29.5.2014, na Cta nº 43344: o prazo de inelegibilidade desta alínea inicia-se na data da eleição do ano da condenação e expira no dia de igual número de início do oitavo ano subsequente."

e) os que forem condenados, em decisão transitada em julgado ou proferida por órgão judicial colegiado, desde a condenação até o transcurso do prazo de 8 (oito) anos após o cumprimento da pena, pelos crimes: (Redação dada pela LC nº 135, de 2010)

1. contra a economia popular, a fé pública, a administração pública e o patrimônio público; (Incluído pela LC nº 135, de 2010)
2. contra o patrimônio privado, o sistema financeiro, o mercado de capitais e os previstos na lei que regula a falência; (Incluído pela LC nº 135, de 2010)
3. contra o meio ambiente e a saúde pública; (Incluído pela LC nº 135, de 2010)
4. eleitorais, para os quais a lei comine pena privativa de liberdade; (Incluído pela LC nº 135, de 2010)
5. de abuso de autoridade, nos casos em que houver condenação à perda do cargo ou à inabilitação para o exercício de função pública; (Incluído pela LC nº 135, de 2010)

6. de lavagem ou ocultação de bens, direitos e valores; (Incluído pela LC nº 135, de 2010)
7. de tráfico de entorpecentes e drogas afins, racismo, tortura, terrorismo e hediondos; (Incluído pela LC nº 135, de 2010)
8. de redução à condição análoga à de escravo; (Incluído pela LC nº 135, de 2010)
9. contra a vida e a dignidade sexual; e (Incluído pela LC nº 135, de 2010)
10. praticados por organização criminosa, quadrilha ou bando; (Incluído pela LC nº 135, de 2010)

Como já foi visto, a condenação criminal por decisão transitada em julgado é causa de suspensão dos direitos políticos. Trata-se de efeito da sentença condenatória e será aplicada para qualquer tipo penal, bem como para qualquer sanção penal aplicada, não apenas a pena privativa de liberdade.

Ocorre, no entanto, que a legislação eleitoral estabelece uma situação especial para alguns tipos penais, trazendo, além da suspensão dos direitos políticos, a inelegibilidade desde a condenação criminal, por decisão transitada em julgado, ou proferida por órgão judicial colegiado, até oito anos após o cumprimento da pena. Se a condenação ocorreu originariamente por órgão colegiado, como por exemplo, um cidadão condenado por crime eleitoral por um Tribunal Regional Eleitoral, a inelegibilidade já incidirá, segundo precedente do TSE (RO 060095391).

É importante ter em mente que não se pode confundir a suspensão dos direitos políticos com a inelegibilidade. A suspensão dos direitos políticos afeta tanto a capacidade eleitoral ativa, quanto a passiva. Por outro lado, a inelegibilidade afeta apenas a capacidade eleitoral passiva.

A inelegibilidade, no caso dos crimes indicados na alínea e, do presente deste art. 1º, I, da Lei das Inelegibilidades, é efeito automático e secundário da decisão criminal condenatória, não necessitando a declaração expressa em seu dispositivo. Exatamente por isso, entende o TSE em sua Súmula 59:

> "O reconhecimento da prescrição da pretensão executória pela Justiça Comum não afasta a inelegibilidade prevista no art. 1º, I, e, da LC nº 64/90, porquanto não extingue os efeitos secundários da condenação."

No caso da extinção da pena por prescrição, o prazo de inelegibilidade será contado da data em que ocorreu a prescrição da pretensão executória e não de sua declaração judicial, como informa a Súmula 60 do TSE[10]. A inelegibilidade prevista nessa alínea ainda é aplicada em caso de indulto. Isso porque entende o STJ (Súmula 631) que o indulto não atinge os efeitos secundários da condenação.

Não compete à Justiça Eleitoral analisar o acerto ou o desacerto da decisão penal, mas apenas verificar se a condenação diz respeito a algum dos delitos apontados na referida alínea e, caso positivo, verificar o termo *ad quem* da inelegibilidade. Neste mesmo sentido: "Ac.-TSE, de 17.12.2012, no AgR-REspe nº 29969: incompetência da Justiça Eleitoral para analisar o acerto ou desacerto da decisão condenatória."

Vale ressaltar que a inelegibilidade, salvo nos crimes eleitorais, independerá da modalidade da sanção penal aplicada. Podendo haver inelegibilidade em qualquer pena, inclusive na restritiva de direitos. Entende o TSE em sua Súmula 61 que:

> "O prazo concernente à hipótese de inelegibilidade prevista no art. 1º, I, e, da LC nº 64/90 projeta-se por oito anos após o cumprimento da pena, seja ela privativa de liberdade, restritiva de direito ou multa."

ATENÇÃO: A inelegibilidade prevista na alínea e, do art. 1º, I, da LC 64/90, não será aplicada nos casos de crimes de ação penal privada, crimes culposos, ou crimes reconhecidos como de menor potencial ofensivo, nos termos do § 4º, do art. 1º, da Lei das Inelegibilidades.

f) os que forem declarados indignos do oficialato, ou com ele incompatíveis, pelo prazo de 8 (oito) anos; (Redação dada pela LC nº 135, de 2010).

A Constituição Federal traz uma série de regras para os militares, tanto das Forças Armadas, quanto das polícias e bombeiros militares dos Estados e do Distrito Federal. Uma das determinações em relação aos militares é a prevista no art. 142, § 3º, VI, assim redigido:

> "o oficial só perderá o posto e a patente se for julgado indigno do oficialato ou com ele incompatível, por decisão de tribunal militar de caráter permanente, em tempo de paz, ou de tribunal especial, em tempo de Guerra."

A declaração de indignidade com o oficialato ou a sua incompatibilidade é privativa da Justiça Militar. É efeito que pode ser declarado a partir de

10. O prazo da causa de inelegibilidade prevista no art. 1º, I, e, da LC nº 64/90 deve ser contado a partir da data em que ocorrida a prescrição da pretensão executória e não do momento da sua declaração judicial.

condenação pela Justiça Militar, a partir de uma pena privativa de liberdade por mais de 2 anos. Vale ressaltar que a declaração de incompatibilidade ou indignidade com o oficialato não é automática, necessitando ser expressamente determinada por Tribunal Militar, ainda que a pena privativa de liberdade tenha sido determinada pela Justiça Comum.

Existindo tal declaração, a inelegibilidade será automática e não necessitará vir expressa na sentença condenatória. O prazo será de oito anos, contados da declaração de inidoneidade ou incompatibilidade com o oficialato.

g) os que tiverem suas contas relativas ao exercício de cargos ou funções públicas rejeitadas por irregularidade insanável que configure ato doloso de improbidade administrativa, e por decisão irrecorrível do órgão competente, salvo se esta houver sido suspensa ou anulada pelo Poder Judiciário, para as eleições que se realizarem nos 8 (oito) anos seguintes, contados a partir da data da decisão, aplicando-se o disposto no inciso II do artigo 71 da CF, a todos os ordenadores de despesa, sem exclusão de mandatários que houverem agido nessa condição; (Redação dada pela LC nº 135, de 2010).

Na prática, essa é uma das inelegibilidades mais comuns. Como já afirmado outras vezes, o agente público é mero gestor de coisa alheia. Isso faz com que tenha por finalidade o atendimento ao interesse público. Por isso, um de seus deveres mais caros é a prestação de contas, até mesmo porque há a incidência do princípio da indisponibilidade do interesse público.

Ocorre que as contas apresentadas devem refletir a correta atuação do agente público. Caso contrário, elas devem ser rejeitadas. Há alguns pontos a serem discutidos, quando se fala em julgamento de contas. O primeiro ponto diz respeito ao órgão competente para tanto.

Inicialmente, quando se fala em controle da Administração Pública, um órgão tem uma importância vital. Os Tribunais e Conselhos de Contas atuam de duas maneiras: a) em certas situações, emite um parecer prévio e técnico sobre as contas apresentadas. Nesses casos, o julgamento é feito pela Casa Legislativa competente; b) em outras situações, emite não um parecer prévio, mas efetivamente um julgamento.

A CF traz tal competência para o Tribunal de Contas da União, no art. 71, I e II. Vale ressaltar que, segundo entende o STF, na ADI 849/MT, os dispositivos do art. 71 são de repetição obrigatória para os demais tribunais e cortes de conta.

Para que se possa determinar em que situações há o exercício de uma ou outra competência, há necessidade de diferenciarmos as atividades em relação ao orçamento público. Há certos agentes públicos que atuam como gestor e outros como ordenador de despesas.

O gestor de despesas é aquele que distribui as funções na execução do orçamento entre diversos órgãos executores. É o que ocorre com os chefes do Poder Executivo que distribuem entre os mais variados órgãos (ministérios e secretarias), o orçamento aprovado pelo Legislativo. Neste caso, o gestor atua como típico agente político.

De outro lado, há o executor desse orçamento, chamado de ordenador de despesas, que assina notas de empenho, assina cheques, decide qual a melhor forma de empregar os valores postos a sua confiança, materializando o gasto. Neste caso, a sua atuação é executiva.

Pois bem, quando a atividade é de gestão do orçamento, o julgamento das contas apresentadas tem uma natureza de ato político e é realizado pelas Casas Legislativas. Neste caso, cabe ao Tribunal de Contas apenas a emissão de um parecer prévio. É o que ocorre com os chefes do Poder Executivo. Por serem agentes políticos e gestores de orçamento, o julgamento de suas contas não é realizado pelo Tribunal de Contas, mas sim pela Casa Legislativa.

Os ordenadores de despesas (executores do orçamento) devem ter as suas contas julgadas pelo Tribunal de Contas. Neste caso, o julgamento não é político e sim técnico. Os presidentes de órgãos do Legislativo, como o presidente de uma Câmara de Vereadores, por exemplo, devem ter as suas contas julgadas pelo Tribunal de Contas.

Neste mesmo sentido, leciona Edson de Resende Castro:

> "Em conclusão, o órgão competente, de cuja decisão irrecorrível de rejeição de contas resulta a inelegibilidade aqui examinada, é a Casa Legislativa correspondente (quanto à execução orçamentária) e o Tribunal de Contas (quanto à realização das despesas)." (p. 223).

Situação curiosa é o que ocorre em relação a certos prefeitos municipais que atuam como gestor do orçamento e como ordenador de despesa. Em municípios menores é comum o chefe do Executivo assinar cheques e notas de empenho, tornando-o, também, um ordenador de despesas.

A LC 135/2010 acabou por modificar a alínea g, do art. 1º, I, da LC 64/90, trazendo que: "aplicando-se o disposto no inciso II do artigo 71 da CF, a todos os ordenadores de despesa, sem exclusão de mandatários que houverem agido nessa condição."

Assim, é o próprio dispositivo que determina o julgamento pelo Tribunal de Contas (art. 71, II, da CF), quando se tratar de ordenadores de despesas, ainda que mandatários. Ocorre, no entanto, que o STF (REx 132.747-1/DF) entende que a competência para julgar os chefes do Executivo, ainda que no papel de ordenadores de despesa, será da Casa Legislativa e não do Tribunal de Contas. Esse mesmo posicionamento foi adotado no julgamento dos Recursos Extraordinários 848826 e 729744. É importante, ainda, ressaltar que enquanto a Casa Legislativa manter-se silente quanto ao julgamento das contas do Chefe do Poder Executivo, não há que se impor inelegibilidade baseada no dispositivo sob comento.

Isso faz com que o TSE, dando uma interpretação conforme a CF ao art. 1º, I, g, da LC 64/90, termine por afirmar que:

> "Ac.-TSE, de 25.9.2012, no REspe nº 12061; de 8.9.2010, no RO nº 75179; e, de 29.9.2009, no AgR-RO nº 63913: a ressalva final constante desta alínea de que se aplica o disposto no art. 71, II, da CF/88 a todos os ordenadores de despesa, sem exclusão de mandatários que houverem agido nessa condição, não alcança os chefes do Poder Executivo."

Por outro lado, também tem-se entendido ser da competência do Tribunal de Contas, o julgamento das contas de Prefeito na execução de convênios. Neste caso, a competência será do Tribunal de Contas da esfera que repassou os valores para a execução do acordo. Nestes termos:

> "Ac.-TSE, de 6.10.2008, no REspe nº 28944: na apreciação das contas do chefe do Executivo relativas a convênio, a competência dos tribunais de contas é de julgamento, e não opinativa (CF/88, art. 71, II)."

É necessário, ainda, que a rejeição de contas ocorra por vício insanável que se constitua como ato doloso de improbidade administrativa. Assim, não é qualquer rejeição de contas que faz com que a inelegibilidade seja aplicada.

É importante ressaltar que apesar de a inelegibilidade surgir de decisão irrecorrível de órgão competente, é a Justiça Eleitoral que vai qualificar o fato citado pelo órgão competente para a rejeição, verificando se há vício insanável que se constitua em ato doloso de improbidade administrativa. Nestes termos, tem decidido o TSE:

> "Ac.-TSE, de 5.8.2014, no AgR-REspe nº 16813; e, de 28.6.2011, no REspe nº 42050: compete à Justiça Eleitoral a qualificação jurídica da irregularidade apontada pelo órgão competente no julgamento das contas e não a aferição da existência de vício."

Assim, na casuísta apresentada na Corte Superior Eleitoral, observa-se que são considerados como vícios insanáveis, a ponto de caracterizar a improbidade estabelecida no dispositivo em comento:

> "Ac.-TSE, de 3.9.2013, no REspe nº 49345 (imputação de débito ao administrador pelo TCU); Ac.-TSE, de 2.4.2013, no AgR-REspe nº 25454 (contratação de pessoal sem a realização de concurso público e não recolhimento ou repasse a menor de verbas previdenciárias); Ac.-TSE, de 21.2.2013, no AgR-REspe nº 8975 (falta de repasse integral de valores relativos ao ISS e ao IRPF); Ac.-TSE, de 14.2.2013, no AgR-REspe nº 45520 (violação ao art. 37, XIII, da CF/88); Ac.-TSE, de 5.2.2013, no AgR-REspe nº 44144 (não aplicação de percentual mínimo de receita resultante de impostos nas ações e nos serviços públicos de saúde); Ac.-TSE, de 22.10.2013, no REspe nº 19662; de 14.2.2013, no AgR-REspe nº 17652; e, de 17.12.2012, no REspe nº 32574 (descumprimento da Lei de Responsabilidade Fiscal ou da Constituição Federal quanto à aplicação do piso fixado para o ensino); Ac.-TSE, de 18.12.2012, no Respe nº 9307 (pagamento a maior de subsídio a vereadores, em descumprimento ao art. 29, VI, da CF/88); Ac.-TSE, de 18.12.2012, no AgR-REspe nº 23722 (pagamento indevido de diárias); Ac.-TSE, de 23.10.2012, no AgR-REspe nº 5527 (descumprimento da Lei de Licitações); Ac.-TSE, de 9.10.2012, no REspe nº 11543 (violação ao art. 29-A, I, da CF/88)."

A inelegibilidade nesses casos será de oito anos, contados da decisão irrecorrível do órgão competente. Vale dizer que caso o cidadão obtenha provimento judicial, suspendendo ou anulando a decisão do órgão competente, a inelegibilidade deixará de existir. Não basta o mero ajuizamento da ação judicial para buscar esse efeito, mas sim a prolação de decisão judicial. Por isso, a Súmula 1 do TSE acabou sendo cancelada.

Vale ainda ressaltar que não cabe à Justiça Eleitoral dispor acerca do acerto ou desacerto da decisão dos Tribunais de Contas. Esse é o teor da Súmula 41 do TSE:

> "Não cabe à Justiça Eleitoral decidir sobre o acerto ou desacerto das decisões proferidas por outros Órgãos do Judiciário ou dos Tribunais de Contas que configurem causa de inelegibilidade."

h) os detentores de cargo na administração pública direta, indireta ou fundacional, que beneficiarem a si ou a terceiros, pelo abuso do poder econômico ou político, que forem condenados em decisão transitada em julgado ou proferida por órgão judicial colegiado, para a eleição na qual concorrem ou tenham sido diplomados, bem como para as que se realizarem nos 8 (oito) anos seguintes; (Redação dada pela LC nº 135, de 2010).

Esse dispositivo se diferencia da inelegibilidade da alínea d, em virtude de que aqui o autor do abuso é detentor de cargo público e que, portanto, utiliza-se das prerrogativas que possui para o atendimento do interesse público para auxiliar na candidatura de alguém, atuando com abuso do poder político ou econômico.

Assim, quando o detentor de cargo abusa do poder político ou econômico em favor de terceiro, esse autor vai responder pela alínea h, enquanto que o beneficiado responderá pela alínea d. Tudo quanto foi afirmado na alínea d, aplica-se ao presente dispositivo, inclusive quanto ao prazo, aos termos inicial e final e à definição acerca dos abusos do poder político e econômico.

Sobre os termos inicial e final da aplicação da inelegibilidade, dispõe a Súmula 69 do TSE:

> "Os prazos de inelegibilidade previstos nas alíneas j e h do inciso I do art. 1º da LC nº 64/90 têm termo inicial no dia do primeiro turno da eleição e termo final no dia de igual número no oitavo ano seguinte."

Ocorre, no entanto, que a decisão pela existência do abuso não necessariamente será prolatada pela Justiça Eleitoral, podendo ser prolatada por qualquer órgão do Poder Judiciário. Nesses termos, tem entendido o TSE:

> "Ac.-TSE, de 14.12.2010, no ED-RO nº 60283: a incidência da inelegibilidade desta alínea independe do órgão prolator da condenação – se Justiça Comum apenas, ou Eleitoral."

Para a imposição da inelegibilidade não há necessidade da decisão ter transitado em julgado, bastando a prolação por órgão judicial colegiado.

i) os que, em estabelecimentos de crédito, financiamento ou seguro, que tenham sido ou estejam sendo objeto de processo de liquidação judicial ou extrajudicial, hajam exercido, nos 12 (doze) meses anteriores à respectiva decretação, cargo ou função de direção, administração ou representação, enquanto não forem exonerados de qualquer responsabilidade;

Essa alínea traz a única hipótese em que a inelegibilidade não tem prazo. Conforme leciona Edson de Resende Castro:

> "Interessante notar que essa inelegibilidade não tem prazo certo fixado na lei. Ao contrário, a cessação do impedimento coincide com exoneração da responsabilidade pelos atos de administração, direção ou representação que tenham conduzido a empresa à liquidação." (p. 242).

Como se sabe, as entidades de crédito, seguro e financiamento acabam tendo um número grande de pessoas que dependem de seus serviços e que acabam contratando-os por pura necessidade. Daí porque o legislador acabou tendo um cuidado maior com tais instituições.

Segundo se observa na Lei de Falências (Lei 11.101/2005), não se aplica o instituto da falência a:

> "instituição financeira pública ou privada, cooperativa de crédito, consórcio, entidade de previdência complementar, sociedade operadora de plano de assistência à saúde, sociedade seguradora, sociedade de capitalização e outras entidades legalmente equiparadas às anteriores." (art. 2º, II)

Em assim sendo, as entidades de crédito, seguro e financiamento, caso venham a quebrar, vão se submeter ao instituto da liquidação, judicial ou extrajudicial. De qualquer maneira, equivale a bancarrota tradicional que, em outras entidades, estaria em um dos fundamentos da falência.

A alínea em exame traz uma presunção de culpa daqueles que exerceram funções de administração, direção e representação em entidades de crédito, financiamento e seguro, nos doze meses anteriores à liquidação judicial e extrajudicial. Data vênia, entendemos ser o dispositivo inconstitucional, por ofender frontalmente o Princípio da Presunção do Estado de Inocência, previsto constitucionalmente.

Não é esse o entendimento do TSE, no entanto, que já declarou ser o dispositivo constitucional. Nesse sentido:

> "Ac.-TSE nº 22.739/2004: este dispositivo não é inconstitucional ao condicionar a duração da inelegibilidade à exoneração de responsabilidade, sem fixação de prazo."

Em assim sendo, enquanto não forem exonerados de qualquer responsabilidade, os administradores, diretores e representantes de tais entidades, nos doze meses anteriores à sua liquidação, ficarão inelegíveis.

j) os que forem condenados, em decisão transitada em julgado ou proferida por órgão colegiado da Justiça Eleitoral, por corrupção eleitoral, por captação ilícita de sufrágio, por doação, captação ou gastos ilícitos de recursos de campanha ou por conduta vedada aos agentes públicos em campanhas eleitorais que impliquem cassação do registro ou do diploma, pelo prazo de 8 (oito) anos a contar da eleição; (Incluído pela LC nº 135, de 2010).

Esse dispositivo traz uma série de condutas que podem levar à inelegibilidade. São pelo menos quatro condutas neste sentido: a) corrupção; b) captação ilícita de sufrágio; c) doação, captação ou gastos ilícitos de recursos de campanha eleitoral e d) conduta vedada a agentes públicos em campanha eleitoral.

Vale, de logo, ressaltar que a inelegibilidade prevista nessa alínea só será aplicada quando, por conta das condutas enumeradas, houver cassação do registro ou do diploma. Inexistindo cassação, não haverá de se falar em inelegibilidade. Apenas para exemplificar, como será visto no capítulo 15 da presente obra, por conta de condutas vedadas a agentes públicos em campanha eleitoral, é possível que se aplique apenas a pena de multa (art. 73, § 4º, da Lei 9.504/1997), não se aplicando, necessariamente, a cassação.

Se o cidadão for punido apenas com multa, apesar de ter cometido conduta vedada a agente público em campanha eleitoral, não há imposição de inelegibilidade, por inexistir, neste caso prático, a cassação do registro ou do diploma. Nesses termos, entende o TSE:

> "Ac.-TSE, de 25.10.2012, no AgR-REspe nº 16076: para configurar a inelegibilidade aqui prevista, é necessário decisão pela cassação do diploma ou do registro do candidato por conduta vedada aos agentes públicos em campanhas eleitorais, e não somente aplicação de multa."

Caso seja imposta a inelegibilidade, o prazo será de oito anos, contados da eleição em que o ilícito se verificou. Nestes termos, tem decidido o TSE:

> "Ac.-TSE, de 14.11.2013, no AgR-AI nº 17773; de 20.6.2013, no REspe nº 9308; e de 9.10.2012, no REspe nº 7427: o termo inicial da inelegibilidade prevista nesta alínea deve ser contado da data da eleição, expirando no dia de igual número de início."

Em relação às condutas enumeradas, a corrupção eleitoral será vista no capítulo 14 da presente obra, enquanto que as condutas vedadas aos agentes públicos em campanha e os ilícitos ocorridos durante a arrecadação e gastos em campanha eleitoral serão vistos nos capítulos 15 e 10, respectivamente, deste livro.

Falta-nos trazer alguns pontos relevantes acerca da captação ilícita de sufrágio. Inicialmente, cabe asseverar que tal instituto encontra-se previsto no art. 41-A da Lei 9.504/97, que determina:

> "Ressalvado o disposto no art. 26 e seus incisos, constitui captação de sufrágio, vedada por esta Lei, o candidato doar, oferecer, prometer, ou entregar, ao eleitor, com o fim de obter-lhe o voto, bem ou vantagem pessoal de qualquer natureza, inclusive emprego ou função pública, desde o registro da candidatura até o dia da eleição, inclusive, sob pena de multa de mil a cinqüenta mil Ufir, e cassação do registro ou do diploma, observado o procedimento previsto no art. 22 da Lei Complementar nº 64, de 18 de maio de 1990."

Dessa maneira, de logo se observa que as condutas que podem caracterizar captação ilícita de sufrágio são: doar, oferecer, prometer ou entregar bem ou vantagem pessoal ao eleitor. Ora, isso significa que a conduta pode ser caracterizada como captação ilícita de sufrágio, ainda que não ocorra a efetiva entrega do bem ou da vantagem pessoal. É possível ainda, para caracterização do ilícito, que a vantagem pessoal seja doada, oferecida, prometida ou entregue em troca da abstenção do eleitor de seu direito ao sufrágio.

Obviamente que tais condutas devem ser realizadas com fim eleitoral, embora não se faça necessário o pedido expresso de votos, como bem determina o § 1º, do art. 41-A da Lei 9.504/97, assim redigido:

> "Para a caracterização da conduta ilícita, é desnecessário o pedido explícito de votos, bastando a evidência do dolo, consistente no especial fim de agir."

É importante considerar que a vantagem ou os bens prometidos só serão considerados para determinação de captação ilícita, caso sejam pessoais. Isso significa que se a vantagem for geral, como, por exemplo, a construção de um posto de saúde em determinado bairro, não é captação ilícita de sufrágio, mas mera promessa de campanha.

As condutas devem sempre visar fins eleitorais, podendo ser realizadas pelo próprio candidato, ou por terceiro, sempre com o conhecimento do candidato. Esse é o entendimento do TSE:

> "Ac.-TSE, de 15.2.2011, no REspe nº 36.335: exigência de prova robusta de pelo menos uma das condutas previstas neste artigo, da finalidade

de obter o voto do eleitor e da participação ou anuência do candidato beneficiado para caracterizar a captação ilícita de sufrágio."

Assim, fica evidente que o bem tutelado pelo instituto trazido pelo art. 41-A da Lei 9.504/97 é a liberdade de escolha do eleitor. Nesse mesmo sentido, lecionam Rui Stoco e Leandro Stoco:

> Importante ressaltar também que não se exige a potencialidade daquela conduta para influenciar no resultado do pleito, tendo em vista que a norma ora glosada objetiva a liberdade de escolha do eleitor e não, diretamente, a proteção da normalidade do pleito. Ao contrário, pois suficiente a simples promessa de vantagem em troca de voto para que reste caracterizado o ilícito, o que não se harmoniza com a exigência em questão." (p. 90).

Ocorre, no entanto, que recentemente o TSE exigiu, para caracterização da captação ilícita de sufrágio, a potencialidade lesiva. Nestes termos:

> "Ac.-TSE, de 29.4.2014, no AgR-REspe nº 43040; e, de 28.10.2010, no AgR-REspe nº 39974: necessidade de verificar a potencialidade lesiva do ato ilícito, no caso de apuração da captação ilícita de sufrágio – espécie do gênero corrupção – em sede de AIME."

Outro ponto em questão é em relação ao lapso temporal em que essa captação poderá ser considerada ilícita. Em verdade, apesar da literalidade do dispositivo, entendemos que a captação ilícita de sufrágio já poderá ocorrer a partir do momento em que for requerido o registro de candidatura do cidadão a mandato eletivo perante a Justiça Eleitoral. Não há necessidade de se aguardar o deferimento do registro de candidatura, sendo suficiente o protocolo de seu requerimento.

Por isso, concordamos com Adriano Soares da Costa quando vaticina:

> "O marco temporal de incidência da norma ficou assim decidido. Temos que ler o texto do art. 41-A como se ele prescrevesse que a captação de sufrágio é vedada desde o pedido de registro de candidatura, que é quando nasce para o nacional o direito expectado de ser candidato, já podendo exercer algumas faculdades próprias daqueles já reconhecidos como candidatos pela Justiça Eleitoral." (p. 488).

Por outro lado, o termo final é o dia da eleição, último dia para em que se faz possível praticar a captação ilícita de campanha eleitoral.

Apesar de se apresentar como uma espécie de corrupção, a captação ilícita de sufrágio não revogou o art. 299 do CE, que trata do crime de corrupção eleitoral. Nesses termos:

- "Ac.-TSE nº 81/2005: este artigo não alterou a disciplina do art. 299 do Código Eleitoral e não implicou abolição do crime de corrupção eleitoral nele tipificado."

A captação ilícita de campanha acarretará para seu autor, ou para o candidato que dela tinha conhecimento, caso praticada por terceiros, a aplicação da pena de multa de mil a cinquenta mil UFIR, bem como a cassação do registro ou do diploma. Em virtude de tal cassação, ainda se traz como consequência, a inelegibilidade por oito anos, contados da eleição em que o ilícito ocorreu.

Nas hipóteses dessa alínea, aplica-se a Súmula 69 do TSE:

> "Os prazos de inelegibilidade previstos nas alíneas j e h do inciso I do art. 1º da LC nº 64/90 têm termo inicial no dia do primeiro turno da eleição e termo final no dia de igual número no oitavo ano seguinte."

k) o Presidente da República, o Governador de Estado e do Distrito Federal, o Prefeito, os membros do Congresso Nacional, das Assembleias Legislativas, da Câmara Legislativa, das Câmaras Municipais, que renunciarem a seus mandatos desde o oferecimento de representação ou petição capaz de autorizar a abertura de processo por infringência a dispositivo da CF, da Constituição Estadual, da Lei Orgânica do Distrito Federal ou da Lei Orgânica do Município, para as eleições que se realizarem durante o período remanescente do mandato para o qual foram eleitos e nos 8 (oito) anos subsequentes ao término da legislatura; (Incluído pela LC nº 135, de 2010)

O dispositivo em comento foi trazido pela LC 135/2010. Seu escopo é impedir que o titular de mandato eletivo acabe por renunciar ao cargo eletivo que possui, a partir do momento em que há oferecimento de representação ou petição que possam levar à perda do mandato eletivo.

Nesses casos haveria um desvio de finalidade na renúncia, pois feita para tentar escapar de uma cassação de mandato eletivo. Ocorre, no entanto, que determina o art. 55, § 4º, da CF:

> "A renúncia de parlamentar submetido a processo que vise ou possa levar à perda do mandato, nos termos deste artigo, terá seus efeitos suspensos até as deliberações finais de que tratam os §§ 2º e 3º."

Com isso, pela determinação na CF, a renúncia ocorrida antes da instauração de processo que pode levar à perda do mandato é possível, ainda que ocorra após a apresentação de petição ou de representação capaz de autorizar a abertura desse processo.

Mas isso não impede a imposição da inelegibilidade prevista na alínea k. Assim, leciona Edson de Resende Castro que:

> "Mas é bom frisar que a fixação desta causa de inelegibilidade não impede a renúncia do mandato e nem impõe a continuidade do processo de apuração da infração na Casa Legislativa." (p.248).

Assim, a renúncia é apresentada frente ao órgão competente, cabendo à Justiça Eleitoral apenas verificar se ocorreu a renúncia e em que momento ela veio a ser apresentada, para a aplicação do dispositivo comentado. Nesses termos, entende o TSE:

> "Ac.-TSE, de 20.3.2013, no AgR-REspe nº 46017; e Ac.-TSE, de 1º.9.2010, no RO nº 64580: compete à Justiça Eleitoral tão somente verificar se houve a renúncia nos termos deste dispositivo legal."

Verifica-se que o disposto na alínea *k* cria uma presunção de que houve renúncia para escapar da cassação do mandato, pelo que haverá imposição de inelegibilidade pelo remanescente do mandato e mais oito anos. Assim, se um parlamentar renuncia, a partir do oferecimento de representação ou petição, que possa levar à perda do cargo eletivo, faltando 2 anos para o término da legislatura, ele ficaria inelegível por 10 anos, o remanescente (2 anos) somado a 8 anos.

Somente se a renúncia foi feita para desincompatibilização, conforme determinado no § 5º, do art. 1º, da LC 64/90, é que a inelegibilidade não ocorrerá, uma vez que não haverá desvio de finalidade em renunciar para evitar incompatibilidade, a não ser, por óbvio, que ocorra fraude nessa renúncia. Nestes termos, dispõe a aludida norma que:

> "A renúncia para atender à desincompatibilização com vistas a candidatura a cargo eletivo ou para assunção de mandato não gerará a inelegibilidade prevista na alínea *k*, a menos que a Justiça Eleitoral reconheça fraude ao disposto nesta Lei Complementar."

l) os que forem condenados à suspensão dos direitos políticos, em decisão transitada em julgado ou proferida por órgão judicial colegiado, por ato doloso de improbidade administrativa que importe lesão ao patrimônio público e enriquecimento ilícito, desde a condenação ou o trânsito em julgado até o transcurso do prazo de 8 (oito) anos após o cumprimento da pena; (Incluído pela LC nº 135, de 2010)

O ato de improbidade administrativa está previsto no art. 37, § 4º, da CF. Assim, estabelece tal dispositivo:

> "Os atos de improbidade administrativa importarão a suspensão dos direitos políticos, a perda da função pública, a indisponibilidade dos bens e o ressarcimento ao erário, na forma e gradação previstas em lei, sem prejuízo da ação penal cabível."

Atos de improbidade administrativa são aqueles que, praticados por agente público, isoladamente, ou com apoio de um terceiro, terminam por ofender a moralidade administrativa e, portanto, a própria finalidade do ato administrativo. Atualmente, os atos de improbidade administrativa encontram-se previstos, sempre em rol exemplificativo, pela Lei 8.429/92.

As sanções aplicadas por atos de improbidade têm natureza cível, por isso podem ser acumuladas com outras responsabilidades, inclusive penais. Dentre essas sanções encontram-se a suspensão de direitos políticos, como aliás, já estava previsto no art. 15, V, da CF.

Ocorre, no entanto, que além da suspensão dos direitos políticos, há outras sanções por improbidade administrativa, como ocorre com a perda da função, imposição de multa, perda dos valores acrescidos ilegalmente ao patrimônio público, indenização ao erário e proibição de licitar ou contratar com o Poder Público, de acordo com a gradação prevista em Lei.

Mas essas sanções não necessariamente serão aplicadas todas de uma só vez, em verdade, caberá à Autoridade Judiciária competente para o processo, analisando a razoabilidade e a proporcionalidade entre a conduta e a pena, aplicar as sanções que mais sejam justas e lógicas para o caso concreto.

Por isso, estabelece o *caput* do art. 12 da Lei 8.429/92:

> "Independentemente das sanções penais, civis e administrativas previstas na legislação específica, está o responsável pelo ato de improbidade sujeito às seguintes cominações, que podem ser aplicadas isolada ou cumulativamente, de acordo com a gravidade do fato (...)"

Isso significa que nem sempre haverá imposição de suspensão de direitos políticos, ainda que haja condenação por improbidade administrativa. Mas, para a aplicação da inelegibilidade, com base na alínea l, é essencial que não só tenha havido condenação por improbidade, como essa condenação deve ter sido a pena de suspensão de direitos políticos.

Por outro lado, a Lei 8.429/92 qualifica os atos de improbidade em três grandes grupos: a) os que trazem enriquecimento ilícito; b) os que trazem dano ao patrimônio público; c) os que são contrários aos princípios da Administração Pública.

Segundo verifica-se da análise da alínea sob comento, para a imposição da inelegibilidade, é necessário que a condenação à suspensão dos direitos políticos tenha ocorrido em virtude de ato doloso de improbidade administrativa que cause enriquecimento ilícito e dano ao patrimônio público. A conduta praticada deve atingir essas duas espécies de ato de improbidade. Isso porque, como a improbidade traz uma limitação ao exercício de direitos políticos, suas normas devem ser interpretadas restritivamente.

Assim, tem entendido o TSE:

> "Ac.-TSE, de 10.12.2013, no REspe nº 27838; e Ac.-TSE, de 7.3.2013, no AgR-REspe nº 7154: para a configuração da inelegibilidade desta alínea é necessário que a condenação por ato doloso de improbidade administrativa implique, concomitantemente, lesão ao Erário e enriquecimento ilícito."

Vale, ainda, ressaltar que o enriquecimento ilícito não necessariamente será do próprio agente, autor do ilícito, é possível que esse enriquecimento favoreça terceiro. É o entendimento do TSE:

> "Ac.-TSE, de 20.9.2012, no REspe nº 27558: O ato doloso de improbidade administrativa pode implicar o enriquecimento ilícito tanto do próprio agente, mediante proveito pessoal, quanto de terceiros por ele beneficiados."

Segundo a Lei 8.429/92 (art. 20), a pena de suspensão de direitos políticos só será aplicada com o trânsito em julgado da decisão. No entanto, a inelegibilidade já existirá da decisão proferida por órgão colegiado, o que significa que é possível que a inelegibilidade já produza efeitos, antes mesmo da suspensão de direitos políticos. Por isso, entende o TSE:

> "Ac.-TSE, de 2.5.2013, no AgR-REspe nº 20219: desnecessidade de trânsito em julgado de condenação para efeito do reconhecimento da

inelegibilidade prevista nesta alínea, bastando que aquela tenha sido proferida em decisão colegiada."

Vale ressaltar que, sendo o caso de inelegibilidade, seu termo *ad quem* será oito anos após o término da suspensão de direitos políticos. Por isso, havendo condenação a suspensão de direitos políticos, por ato doloso de improbidade que causa enriquecimento ilícito e dano ao patrimônio público, a inelegibilidade será automática, com o trânsito em julgado ou com a decisão proferida por órgão judicial colegiado, não sendo necessária a determinação, por escrito, dessa inelegibilidade na decisão condenatória.

m) os que forem excluídos do exercício da profissão, por decisão sancionatória do órgão profissional competente, em decorrência de infração ético-profissional, pelo prazo de 8 (oito) anos, salvo se o ato houver sido anulado ou suspenso pelo Poder Judiciário; (Incluído pela LC nº 135, de 2010).

O exercício de profissões regulamentada por lei, sendo certo que a sua fiscalização é realizada por diversas autarquias, que são chamadas de Conselhos, servindo para o exercício do poder de polícia sobre essas atividades.

Dos Conselhos, apenas a Ordem dos Advogados do Brasil (OAB) não é considerada como autarquia, mas sim como prestadora autônoma de serviços públicos. O exercício do poder de polícia implica, além da fiscalização, na imposição de penalidades previstas em lei, sendo a mais grave a da exclusão do exercício da profissão.

É evidente que para tal decisão é necessário o respeito à ampla defesa e ao contraditório. Quando a decisão do órgão competente se tornar irrecorrível, a inelegibilidade será aplicada, pelo prazo de oito anos, contados da aludida decisão.

Caso ocorra a suspensão ou anulação da decisão do órgão competente, por decisão judicial, a inelegibilidade deixará de produzir efeitos.

n) os que forem condenados, em decisão transitada em julgado ou proferida por órgão judicial colegiado, em razão de terem desfeito ou simulado desfazer vínculo conjugal ou de união estável para evitar caracterização de inelegibilidade, pelo prazo de 8 (oito) anos após a decisão que reconhecer a fraude; (Incluído pela LC nº 135, de 2010).

Como já visto no presente capítulo, a CF traz inelegibilidade para o cônjuge, companheiro ou parente até o segundo grau, dos chefes do Poder Executivo, em seu território de jurisdição.

Foi visto também que, a teor da Súmula Vinculante 18 do STF, a inelegibilidade é mantida durante todo o mandato eletivo em que ocorreu a separação judicial ou o divórcio. O presente dispositivo traz inelegibilidade àqueles que foram condenados por desfazerem ou terem simulado desfazer vínculo conjugal, para impedir a caracterização da inelegibilidade.

Leciona José Jairo Gomes:

> "Simular é fazer parecer real aquilo que não é. Significa fingir, mascarar ou esconder uma dada realidade. Tal termo não apresenta o mesmo sentido de dissimular. Na simulação quer-se enganar a respeito de algo que não existe, pretendendo-se verdadeiro algo irreal, fantasioso. Já na dissimulação quer-se ocultar a verdade, procurando-se fazer crer como irreal algo real, verdadeiro. Em outros termos, na simulação finge-se que uma situação irreal existe, ao passo que na dissimulação finge-se que uma situação real não existe. De comum têm apenas o propósito de enganar ou fraudar." (p. 192)

Para isso, é necessário que seja prolatada uma decisão judicial, declarando a ocorrência da fraude ou da simulação. Essa competência pertence à Justiça Comum e não à Justiça Eleitoral. Cabe a essa última apenas verificar a existência da decisão prolatada, identificando a hipótese de inelegibilidade, quando da análise do pedido de registro de candidatura.

Existindo decisão judicial, transitada em julgado, ou proferida por órgão colegiado, aplica-se a inelegibilidade, pelo prazo de oito anos, contados da aludida decisão.

o) os que forem demitidos do serviço público em decorrência de processo administrativo ou judicial, pelo prazo de 8 (oito) anos, contado da decisão, salvo se o ato houver sido suspenso ou anulado pelo Poder Judiciário; (Incluído pela LC nº 135, de 2010).

Demissão é a perda do cargo público em virtude da imposição de uma sanção. Em assim sendo, a demissão é uma pena disciplinar. Não pode ser confundida com a exoneração, pois esta é a perda do cargo público por motivos outros que não a imposição de penalidade.

Assim, por exemplo, se o servidor for exonerado por ter sido reprovado no estágio probatório, não haverá inelegibilidade, por não se tratar de demissão.

A demissão só poderá ser aplicada através de processo administrativo disciplinar, ou por sentença judicial transitada em julgado. Caso ocorra a aplicação dessa penalidade, além da perda do cargo, haverá a inelegibilidade pelo prazo de oito anos, contados da decisão.

Se a demissão foi aplicada através de processo administrativo, mas suspensa ou anulada por decisão judicial, não há que se falar em inelegibilidade.

p) a pessoa física e os dirigentes de pessoas jurídicas responsáveis por doações eleitorais tidas por ilegais por decisão transitada em julgado ou proferida por órgão colegiado da Justiça Eleitoral, pelo prazo de 8 (oito) anos após a decisão, observando-se o procedimento previsto no art. 22; (Incluído pela LC nº 135, de 2010).

Como será melhor visto no capítulo 10 da presente obra, há uma série de regras acerca da arrecadação e dos gastos em campanha eleitoral. Essas regras visam dificultar a ocorrência de um ilícito muito comum em campanhas eleitoral: o chamado caixa 2.

Esses ilícitos terminam por favorecer o abuso e causar um desequilíbrio nas eleições. As regras aqui trazidas são dirigidas aos doadores, enquanto as regras da alínea j, deste artigo, são dirigidas aos candidatos.

Para os doadores que tenham atuado de forma ilícita (pessoas físicas e dirigentes de pessoas jurídicas), a norma determina a aplicação de inelegibilidade pelo prazo de oito anos, contados da decisão transitada em julgado, ou proferida por órgão colegiado da Justiça Eleitoral.

Vale afirmar que não é qualquer ilícito nas doações para campanha eleitoral que atrai a inelegibilidade aqui prevista, mas há necessidade desses ilícitos serem graves e corresponderem a doações acima do limite legal, com contornos de abuso do poder econômico. Por isso, há necessidade de se verificar a razoabilidade da declaração de inelegibilidade, em relação ao caso prático ocorrido. Nesse sentido, entende o TSE:

> "Ac.-TSE, de 22.5.2014, no REspe nº 22991: somente doações acima do limite legal com evidente excesso na utilização de recursos financeiros e contornos de abuso do poder econômico podem gerar a causa de inelegibilidade desta alínea; inelegibilidade suspensa por decisão liminar que suste os efeitos de decisão colegiada de condenação por doação acima do limite legal."

Mas, sendo a condenação por doação ilícita em campanha eleitoral, que traga a gravidade citada, a inelegibilidade será aplicada mesmo que não expressa na decisão condenatória. A decisão, então, analisando a gravidade da conduta, pode aplicar a pena de multa prevista em norma. A inelegibilidade, assim, poderá ser aplicada, ainda que não tenha sido citada na decisão que aplicou a multa. Assim decide o TSE:

> "Ac.-TSE, de 28.2.2013, no AgR-REspe nº 94681: para a incidência da causa de inelegibilidade prevista nesta alínea, é necessário que a representação por doação irregular de campanha tenha observado o procedimento previsto no art. 22 da LC nº 64/1990; as restrições previstas na LC nº 135/2010 incidem sobre todas as hipóteses nela contempladas, ainda que não tenha sido declarada a inelegibilidade nos próprios autos da representação."
>
> "Ac.-TSE, de 19.2.2013, no REspe nº 42624: multas relativas às doações eleitorais, tidas como ilegais, atraem a inelegibilidade prevista nesta alínea independentemente do seu pagamento."

Por isso, a representação por doação ilegal só será julgada procedente se o ato for grave. Pequenos deslizes e irregularidades não serão suficientes para trazer ao doador a imposição da inelegibilidade.

Ainda para aplicação da referida norma, a quebra do sigilo fiscal dos doadores deve ser feita apenas com prévia e fundamentada autorização judicial, cabendo ao Ministério Público acessar diretamente apenas a relação de doares. Esse é o teor da Súmula 46 do TSE:

> "É ilícita a prova colhida por meio da quebra do sigilo fiscal sem prévia e fundamentada autorização judicial, podendo o Ministério Público Eleitoral acessar diretamente apenas a relação dos doadores que excederam os limites legais, para os fins da representação cabível, em que poderá requerer, judicialmente e de forma individualizada, o acesso aos dados relativos aos rendimentos do doador."

q) os magistrados e os membros do Ministério Público que forem aposentados compulsoriamente por decisão sancionatória, que tenham perdido o cargo por sentença ou que tenham pedido exoneração ou aposentadoria voluntária na pendência de processo administrativo disciplinar, pelo prazo de 8 (oito) anos; (Incluído pela LC nº 135, de 2010).

Esse dispositivo se dirige a magistrados ou membros do Ministério Público que sofreram sanções administrativas graves. Em verdade, como se sabe, os membros do MP, bem como os magistrados possuem, nos termos da Lei, vitaliciedade. Essa vitaliciedade impõe que a perda do cargo público como sanção ocorra apenas com decisão judicial transitada em julgado.

A pena disciplinar mais grave para magistrados e membros do MP vitalícios é a aposentadoria compulsória. Assim, serão inelegíveis, pelo prazo de oito anos contados da decisão, aqueles que, sendo magistrados ou membros do MP, ou foram aposentados compulsoriamente por sanção, ou foram demitidos por decisão judicial transitada em julgado, ou ainda requereram exoneração ou aposentadoria voluntária durante processo administrativo disciplinar.

Nesse último caso, mais uma vez, a lei cria uma presunção que a exoneração ou a aposentadoria voluntária, durante um processo disciplinar, foi realizada para evitar a imposição de penalidade. Por isso é que, ainda assim, a inelegibilidade ocorrerá.

6.7. DA AÇÃO DE INVESTIGAÇÃO JUDICIAL ELEITORAL

Como já visto, há uma evidente e lógica preocupação do legislador constituinte com a lisura das eleições, finalidade do Direito Eleitoral, que servirá para garantir a legitimidade do pleito. Por isso, a CF em seu artigo 14 determina sejam fulminados os atos de abuso do poder político e do poder econômico que venham a afetar a normalidade do pleito eleitoral.

Assim, as alíneas *d* e *h* do inciso I, do artigo 1º da LC nº 64/90 determinam a imposição de inelegibilidade daquele condenado pela Justiça Eleitoral ou por outro órgão do Judiciário (em relação à alínea *h*), através de decisão transitada em julgado, ou ainda de decisão por órgão judicial colegiado, pelo prazo de 8 anos, contados da eleição em que se verificou o abuso.

Segundo a jurisprudência dominante, a inelegibilidade por abuso do poder político ou econômico, ou ainda por conta do abuso dos meios de comunicação, deve ser imposta através de ação eleitoral, denominada de Ação de Investigação Judicial Eleitoral ou AIJE, como é conhecida no meio eleitorista. Esta ação está regulada pelo artigo 22 da LC nº 64/90, seguindo o rito sumaríssimo eleitoral.[11]

Desta forma, a finalidade da referida ação é evitar que o abuso do poder político ou econômico, ou ainda dos meios de comunicação, venha, de algum modo, a interferir na normalidade das eleições e, portanto, na própria legitimidade do pleito eleitoral.

11. No Direito Eleitoral, o rito ordinário é o estabelecido para a Ação de Impugnação ao Registro de Candidatura.

6.7.1. Da competência

A AIJE deve ser ajuizada perante o Corregedor-Geral Eleitoral, em se tratando de abuso cometido nas eleições presidenciais, ou ainda do Corregedor Regional Eleitoral, nas eleições federais e estaduais, e dos Juízes Eleitorais, quando se tratar de eleições municipais.

ATENÇÃO: Apesar de a AIJE ser ajuizada perante o Corregedor-Geral Eleitoral ou Corregedor Regional Eleitoral, o julgamento sempre é de competência do pleno dos respectivos Tribunais Eleitorais (TSE e TREs). Tanto é assim que, se a representação for rejeitada, nos termos do artigo 22, II, da LC nº 64/90, poderá renová-la o interessado, perante o Tribunal, que resolverá em 24 horas.

6.7.2. Da legitimidade

Como em todas as ações eleitorais, a legitimidade pertence ao Ministério Público Eleitoral, ao partido político, à coligação, bem como ao candidato. Em relação ao Ministério Público, quando não for o autor da demanda, deverá atuar como fiscal da lei, auxiliando o julgador, através da emissão de pareceres que indiquem o caminho correto para a decisão do Judiciário Eleitorista, embora o julgador não tenha qualquer obrigação de seguir o parecer ministerial. Se o MPE não for o autor, atuará como *custos legis*. Como as ações eleitorais tratam de atos de matéria pública, caso haja desistência por parte do autor da demanda, o Ministério Público poderá assumir o polo ativo da ação.

Por outro lado, o partido político, como um dos atores do pleito eleitoral, tem por função buscar garantir a legitimidade da representação popular, ao atuar contra o abuso do poder político ou econômico, pelo que lhe é dada a legitimidade ativa para ajuizamento da AIJE. Vale ressaltar que, quando o partido entra em uma coligação, perde a legitimidade para, sozinho, ajuizar a presente demanda. Nesses casos, o ajuizamento caberá à própria coligação, da qual faz parte o partido político. Entendemos, no entanto, que se a ação é ajuizada após as eleições, o partido que concorreu coligado voltará a ter legitimidade para o ajuizamento da demanda em nome próprio. Isso porque não se pode exigir que a agremiação se mantenha dentro da coligação, se o interesse para a união dos partidos tem por base o pleito eleitoral.

Para que fique claro o raciocínio, é possível que a coligação ajuíze a ação mesmo após as eleições, o que não se pode obrigar é que os partidos coligados assim se mantenham apesar do final do pleito eleitoral.

Os candidatos também são partes legítimas para o ajuizamento da demanda. O candidato neste caso, também, possui legítimo interesse em requerer a aplicação da sanção de inelegibilidade, para que não se contamine o pleito no qual concorre. Para mais esclarecimentos acerca da legitimidade ativa das ações eleitorais, sugerimos ao leitor o capítulo 8 da presente obra destinado ao registro de candidatura, no qual são trazidas informações mais detalhadas sobre a legitimidade ativa no rito ordinário eleitoral.

ATENÇÃO: O simples eleitor não tem legitimidade para ajuizamento da AIJE, mas poderá dar notícia da ocorrência de abuso do poder político, econômico ou ainda dos meios de comunicação ao Ministério Público ou à Autoridade Judiciária Eleitoral. Neste último caso, caberá à Justiça Eleitoral notificar o Ministério Público da ocorrência de denúncia, para que este possa ajuizar a AIJE.

Em relação à legitimidade passiva, esta pertence não apenas àquele que praticou o abuso, mas também àqueles que foram beneficiados com ele. Como a AIJE pode declarar a nulidade dos votos dados aos candidatos, pela unicidade da chapa nas eleições majoritárias, na qual o voto dado ao candidato ao cargo principal é considerado como dado ao candidato a vice ou suplente, em se tratando de abuso cometido em eleições majoritárias é obrigatória a citação de todos os componentes da chapa, segundo entendimento do TSE.[12] Se for eleição para Presidente, Governador e Prefeito, deve-se citar o candidato ao mandato principal, bem como o candidato a vice. Nas eleições para Senador, é obrigatória também a citação dos candidatos a suplente. Pode-se assim afirmar que há um litisconsórcio passivo necessário no presente caso.

Nesse sentido, entende o TSE:

> "Ac.-TSE, de 1º.8.2014, no AgR-REspe nº 28947; e, de 17.5.2011, no AgR-AI nº 254928: há litisconsórcio passivo necessário entre o titular e o vice nas ações eleitorais em que se cogita a cassação de registro, diploma ou mandato."

12. "(...) Nas ações eleitorais que possam implicar perda do registro ou diploma, há litisconsórcio passivo necessário entre titular e vice da chapa majoritária. Na espécie, o vice-prefeito foi citado dentro do prazo decadencial de ajuizamento da AIJE. Desse modo, não houve decadência do direito de ação nem violação do art. 47 do CPC. (...)" (1564-59.2010.600.0000; REspe – Recurso Especial Eleitoral nº 156459 – chaves/PA; Acórdão de 14.06.2011; rel.ª Min.ª Fátima Nancy Andrighi; Publicação: *DJe* – Diário da Justiça Eletrônico, Data 30.08.2011, p. 92

Esse é teor da Súmula 38 do TSE:

> "Nas ações que visem à cassação de registro, diploma ou mandato, há litisconsórcio passivo necessário entre o titular e o respectivo vice da chapa majoritária."

ATENÇÃO: O litisconsórcio necessário não ocorrerá entre os partidos e candidatos, ou ainda entre os autores do ilícito e os beneficiários.

6.7.3. Do objeto da AIJE

A Ação de Investigação Judicial Eleitoral tem por objeto detectar a existência de abuso do poder político ou econômico ou dos meios de comunicação. Sua finalidade é a proteção da lisura das eleições, pelo que, evidentemente, não é qualquer abuso que desencadeará as consequências próprias do deferimento da AIJE.

É necessário que a conduta perpetrada tenha tido uma gravidade suficiente a ponto de se ter potencialidade de ofensa à legitimidade do pleito; somente assim, poder-se-á deferir a referida ação. Assim, o abuso genérico que por não ter sido grave, e que, portanto, não traga potencialidade de afetar a escolha popular, não servirá de fundamento para a imposição da penalidade de inelegibilidade.

ATENÇÃO: Como o voto é secreto, por determinação da CF é impossível que se exija a prova de que, efetivamente, o abuso terminou por contaminar a vontade dos eleitores. Por isso, basta que o ato de abuso tenha sido grave. Deve-se, pois, aplicar o Princípio da razoabilidade, quando da decisão da ação.

O abuso é genérico. Fala-se de abuso de autoridade quando a atuação do agente público vai de forma contrária à competência estabelecida em lei. O administrador público, em verdade, é mero gestor de coisa alheia. Assim, ao administrar algo que não lhe pertence (o interesse público), mas sim a terceiros (o povo), fica adstrita a uma série de limitações que constituem o chamado regime jurídico administrativo.

Por isso, para que o administrador atue, deve fazê-lo através da competência, que é o poder legal de atuar. Essa competência, portanto, como advém de lei, deve ser exercida nos seus limites. A atuação fora desse limite deve ser considerada como abuso de poder. Daí se afirmar o abuso do poder político ou de autoridade.[13]

Da mesma forma, ocorre quando se está diante da utilização indevida de meios financeiros, com fins eleitorais, o que levará a um evidente desequilíbrio do pleito eleitoral. Espécie de abuso do poder econômico é o abuso dos meios de comunicação,[14] como importante instrumento de informação, ainda mais em sociedades massificadas e que começam a ter amplo acesso, principalmente a meios eletrônicos para obter certas informações, que podem pender para o lado de determinado candidato.

Em relação ao momento em que o abuso deve ser realizado diverge a doutrina. Todavia, entendemos que o posicionamento mais correto é o lançado por Rodrigo López Zilio (p. 429-430), segundo o qual, os atos que determinam o cometimento do abuso podem ser anteriores ao próprio registro de candidatura,[15] embora, deva-se reconhecer que quanto mais distante da realização do pleito, menor será a gravidade do ato para interferir no resultado do pleito eleitoral.

6.7.4. Do rito

O rito da AIJE está previsto no artigo 22 da LC nº 64/90. Assim, a sua instauração é realizada através de por iniciativa de um dos legitimados.

---

13. "Investigação judicial. Art. 22 da LC nº 64/90. Abuso do poder político. Prefeito. Candidata a deputada estadual. Máquina administrativa. Utilização. Cartazes. Convites. Eventos. Municipalidade. Patrocínio. Mochilas escolares. Distribuição. Posto médico. Jalecos. Nome e número da deputada. Divulgação. Abuso do poder político. Configuração. Cálculos matemáticos. Nexo de causalidade. Comprovação da influência no pleito. Não cabimento. Potencialidade. Caracterização. 1. Para a configuração de abuso de poder, não se exige nexo de causalidade, entendido esse como a comprovação de que o candidato foi eleito efetivamente devido ao ilícito ocorrido, mas que fique demonstrado que as práticas irregulares teriam capacidade ou potencial para influenciar o eleitorado, o que torna ilegítimo o resultado do pleito. 2. Se fossem necessários cálculos aritméticos, seria impossível que a representação fosse julgada antes da eleição do candidato, que é, aliás, o mais recomendável, visto que, como disposto no inciso XIV, do art. 22, da LC nº 64/90, somente neste caso poderá a investigação judicial surtir os efeitos de cassação do registro e aplicação da sanção de inelegibilidade." (Ac. nº 752, de 15.6.2004).

14. "Investigação judicial. Imprensa escrita. Jornal. Criação. Proximidade. Eleição. Distribuição gratuita. Notícias. Fotos e matérias. Favorecimento. Candidato. Uso indevido dos meios de comunicação social. Tiragem expressiva. Abuso do poder econômico. Lei Complementar nº 64/90. 1) jornal de tiragem expressiva, distribuído gratuitamente, que em suas edições enaltece apenas um candidato, dá-lhe oportunidade para divulgar suas ideias e, principalmente, para exibir o apoio político que detém outras lideranças estaduais e nacionais, mostra potencial para desequilibrar a disputa eleitoral, caracterizando uso indevido dos meios de comunicação e abuso do poder econômico, nos termos do art. 22 da Lei Complementar 64/90." (Ac. nº 688, de 15.4.2004 do TSE, *DJ* de 21.6.2004).

15. Este também é o entendimento do TSE: "(...) 4. A ação de investigação judicial eleitoral constitui instrumento idôneo à apuração de atos abusivos, ainda que anteriores ao registro de candidatura. Precedentes. (...)." (Ac. nº 1.362, de 12.2.2009, do TSE).

A petição inicial deve conter todos os requisitos do artigo 319 do Novo Código de Processo Civil,[16] salvo o valor da causa, uma vez que as ações eleitorais não possuem viés econômico. É possível a indicação de 6 testemunhas, que deverão comparecer, independentemente de intimação.

ATENÇÃO: A AIJE deve ser ajuizada até a data da diplomação.

Vale ressaltar que a Justiça Eleitoral não estará vinculada à capitulação que o autor tenha dado ao fato, mas apenas ao próprio fato, podendo o Judiciário, inclusive, qualificá-lo de forma diversa, sem que isso signifique julgamento *extra petita*. Nesse sentido, encontra-se a Súmula 62 do TSE:

> "Os limites do pedido são demarcados pelos fatos imputados na inicial, dos quais a parte se defende, e não pela capitulação legal atribuída pelo autor."

Uma vez ajuizada, a autoridade judiciária (Corregedor-Geral Eleitoral, Corregedor Regional Eleitoral ou Juiz Eleitoral) deverá determinar a notificação do(s) Réu(s) para oferecer(em) defesa no prazo de 5 dias. Na contestação, é possível também a indicação de 6 testemunhas. Vale ressaltar que, não é possível o julgamento antecipado da lide, em virtude da necessidade de esgotamento das provas, em respeito à ampla defesa e ao contraditório.[17] Não há possibilidade de utilização de técnicas de auto composição, isso porque trata-se de matéria de ordem pública, referente a direitos políticos. Assim, não é possível a conciliação e a mediação em processos eleitorais, como interpreta o TSE através da Resolução 23.478/2016[18].

Com o passar do processo eleitoral, uma vez que a AIJE pode ser ajuizada até a data da diplomação, e seu procedimento pode se estender para

16. Art. 319. "A petição inicial indicará: I – o juízo a que é dirigida; II – os nomes, os prenomes, o estado civil, a existência de união estável, a profissão, o número de inscrição no Cadastro de Pessoas Físicas ou no Cadastro Nacional da Pessoa Jurídica, o endereço eletrônico, o domicílio e a residência do autor e do réu; III – o fato e os fundamentos jurídicos do pedido; IV – o pedido com as suas especificações; V – o valor da causa; VI – as provas com que o autor pretende demonstrar a verdade dos fatos alegados; VII – a opção do autor pela realização ou não de audiência de conciliação ou de mediação."
17. Nesses termos, entende o TSE que: "Recurso especial. Ação de investigação judicial eleitoral. Abuso de poder econômico. Julgamento antecipado da lide (CPC, art. 330). Impossibilidade. 1. O julgamento antecipado da lide, na ação de investigação judicial eleitoral, impossibilita a apuração dos fatos supostamente ocorridos, afrontando o princípio do devido processo legal. 2. Recursos providos." (Ac. nº 19.419, de 16.10.2001, do TSE, *DJ* de 1.2.2002).
18. art. 6°. Não se aplicam aos feitos eleitorais as regras relativas à conciliação ou mediação previstas nos arts. 165 e seguintes do Novo Código de Processo Civil.

momentos posteriores. O TSE entende que o art. 219 do CPC não se aplica aos processos judiciais eleitorais, pelo que os prazos continuam sendo contados em dias corridos, como se percebe da Resolução 23.478.

Vale ressaltar que, o Ministério Público, se não for autor, atuará obrigatoriamente como *custos legis*. Se for necessária dilação probatória, essa será realizada nos 5 dias seguintes.

Caso sejam necessárias diligências, essas serão determinadas no prazo de 3 dias, a requerimento das partes ou ainda de ofício. Após, será aberto o prazo de 2 dias para razões finais das partes e do Ministério Público em prazo comum. O membro do MPE possuirá a prerrogativa da intimação pessoal, mas os prazos aplicados não se diferenciam dos demais legitimado. Ou seja, o MPE não possui prazo qualificado para se pronunciar. O relatório do corregedor será assentado em 3 dias. Após, o Procurador-Geral ou Regional Eleitoral emitirá parecer em 48 horas, sendo o feito incluído na pauta do Tribunal.

A decisão da procedência da ação de investigação judicial eleitoral poderá acarretar 3 efeitos. Primeiramente, a cassação do registro ou do diploma, se este já tiver sido concedido, dos beneficiados com o abuso do poder político ou com o abuso do poder econômico. Evidentemente, tal cassação impossibilitará o eleito, caso a solução da causa seja demorada, a sair do exercício do mandato eletivo, uma vez que o seu diploma terá sido cassado.

A segunda consequência é a decretação da inelegibilidade do autor do abuso, bem como do seu beneficiário, caso tenha tido participação no abuso ou dele tido conhecimento. Segundo a redação das alíneas *d* e *h*, do inciso I, do artigo 1º, da Lei Complementar nº 64/90, alterado pela LC nº 135/2010, a inelegibilidade é de 8 anos, contados da data da eleição em que o abuso ocorreu.

ATENÇÃO: Mesmo que a decisão da AIJE seja posterior à data da eleição, o termo inicial para contagem do prazo de inelegibilidade é a data da eleição em que o abuso ocorreu, nos termos preconizados pelo TSE na Súmula nº 19.

A terceira consequência é a nulidade dos votos dados ao candidato inelegível. Neste caso, se ocorreu o ato de abuso com gravidade e potencialidade para alterar o resultado do pleito, os votos concedidos ao candidato inelegível devem ser declarados nulos. Segundo o artigo 224 do Código Eleitoral, quando mais da metade dos votos forem nulos, o restante da eleição será considerado prejudicado.

ATENÇÃO: A nulidade da eleição ocorre em relação aos votos dados aos inelegíveis, como se dá com a procedência da AIJE. Para que a eleição seja anulada, mais da metade dos votos devem ser nulos, excluindo-se desta contagem os votos em branco e os votos nulos por manifestação apolítica do eleitor. Esse último é o voto que o eleitor conscientemente anula, ao colocar o número de candidato inexistente na urna.

Com as alterações trazidas pela Lei 13.165/2015, caso a AIJE seja julgada procedente em face de candidato eleito para cargo majoritário, ocorrerão novas eleições, independentemente da porcentagem de votos obtida pelo condenado. Quando se tratar de candidato em eleições proporcionais, os votos poderão ser contabilizados para o partido, nos termos do art. 175, § 4º, do CE.

Com a mudança na lei determinada pela LC nº 135/2010, não se faz mais necessário aguardar o trânsito em julgado da decisão que determinou a inelegibilidade para a sua aplicação. Basta que ela seja proferida por órgão colegiado do Judiciário (como ocorre com o TSE e o TRE) para que a decisão de procedência da ação produza logo seus efeitos.

ATENÇÃO: É possível, nos termos do artigo 26-C da Lei Complementar nº 64/90, que o recurso da decisão de procedência da ação tenha efeitos suspensivos, caso assim entenda o órgão competente para processar e julgar o recurso interposto. Isso ocorrerá quando o relator do recurso entender que há verossimilhança nas alegações do recorrente, bem como perigo de dano de difícil ou impossível reparação caso a decisão produza efeitos desde logo.

Apesar de a inelegibilidade já ser aplicada com a condenação por decisão proferida por órgão judicial colegiado, o recurso ordinário interposto contra decisão que julga AIJE procedente acaba trazendo a suspensão da cassação do registro ou diploma. É o que determina o § 2º do art. 257 do Código Eleitoral, com a redação dada pela Lei 13.165/2015. Assim, é possível o cidadão se tornar inelegível, mas continuar no exercício do cargo eletivo. Exemplo disso seria, a condenação de um candidato a deputado federal, condenado em uma AIJE por um TRE. Ele já está inelegível, por se tratar de órgão judicial colegiado. Mas se interpuser recurso ordinário para o TSE, haverá a suspensão da decisão na parte da cassação do registro ou da diplomação.

6.8. Resumo didático

1. Inelegibilidade é o conjunto de causas que impedem o exercício da capacidade eleitoral passiva. Pode ser determinada pela CF, ou ainda por Lei Complementar.

2. O TSE aplica a chamada teoria tradicionalista da inelegibilidade, segundo a qual não se pode confundir inelegibilidade e elegibilidade. Neste caso, se houver ausência de alguma das condições de elegibilidade, não se pode afirmar que está o cidadão inelegível.

3. Os mandatos de Vereadores, Deputados Estaduais ou Distritais, Deputados Federais e Senadores não possuem limite de reeleição.

4. O chefe do executivo reeleito não poderá se candidatar a vice no mandato subsequente.

5. O Prefeito reeleito de um município não poderá ser candidato à prefeitura de outro município para o período subsequente, uma vez que o TSE considera como sendo o mandato de Prefeito, mesmo que de outro município, o mesmo cargo eletivo.

6. Dá-se o nome de incompatibilidade a inelegibilidade imposta em razão do exercício de cargo ou função, público ou privado, que possa colocar em risco a lisura das eleições, pela facilitação do abuso do poder político ou econômico.

7. Esse período de afastamento prévio é o que se chama de desincompatibilização, necessário para que não ocorra a incompatibilidade, o que impediria o cidadão de concorrer a mandato eletivo.

8. Para concorrer à reeleição, não é necessária a desincompatibilização.

9. A inelegibilidade reflexa (ou por parentesco) somente ocorre em relação ao cônjuge, companheiro ou parente até o 2º grau do Presidente da República, do Governador do Estado ou do Distrito Federal, ou ainda do Prefeito, em seus respectivos territórios de jurisdição.

10. Normalmente, os parentes do Vice-Presidente, Vice-Governador e Vice-Prefeito não sofrem os efeitos da inelegibilidade reflexa. Mas eles não podem substituir ou suceder o chefe do executivo nos 6 meses antes da eleição, pois, caso contrário, tornarão esses inelegíveis.

11. Nada impede, pois, que o cidadão concorra a mandato de Vereador, enquanto seu cônjuge, companheiro ou parente até o 2º grau esteja concorrendo pela primeira vez, na mesma eleição, para o cargo de prefeito. Isso porque a inelegibilidade reflexa cria uma presunção de abuso do poder político ou econômico em favor do cônjuge ou do parente. Mas se nenhum dos 2 possui mandato eletivo, apenas o está disputando

pela primeira vez, não há problema. Por isso, mesmo, por exemplo, marido e mulher podem concorrer na mesma chapa para prefeitura, desde que nenhum dos 2 já exerça o mandato de chefe do executivo municipal.

12. Caso o chefe do executivo já esteja no segundo mandato consecutivo, o cônjuge ou parente até 2º grau não poderá concorrer para a sua sucessão, ainda que ele renuncie 6 meses antes da eleição.

13. São hipóteses de inelegibilidade absoluta as previstas no art. 1º, I, da LC 64.

14. A inelegibilidade impede o exercício da capacidade eleitoral passiva, mas não da capacidade eleitoral ativa, por isso não pode ser confundida com a perda ou suspensão dos direitos políticos.

15. Não se pode confundir inelegibilidade com inabilitação. Esta última sanção é aplicada ao Presidente ou ao Vice-Presidente da República que sofrerem *impeachment*, nos termos previstos pela CF. Com esta sanção, fica o cidadão impedido de exercer qualquer função pública, seja através de eleições ou não, pelo prazo de 8 anos. Por outro lado, a inelegibilidade atinge apenas as funções públicas exercidas através de mandato eletivo.

16. A inelegibilidade por abuso do poder político, econômico ou dos meios de comunicação deve ser decretada através da Ação de Investigação Judicial Eleitoral - AIJE.

17. Apesar de a AIJE ser ajuizada perante o Corregedor-Geral Eleitoral ou Corregedor Regional Eleitoral, o julgamento sempre é feito diante do pleno dos respectivos Tribunais Eleitorais (TSE e TREs). Tanto é assim que, se a representação for rejeitada, nos termos do artigo 22, II, da LC nº 64/90, poderá renová-la o interessado, perante o Tribunal, que resolverá em 24 horas.

18. A AIJE pode ser ajuizada pelo Ministério Público, por candidato, partido político ou coligação.

19. O simples eleitor não tem legitimidade para ajuizamento da AIJE, mas poderá dar notícia da ocorrência de abuso do poder político, econômico ou ainda dos meios de comunicação ao Ministério Público ou à Autoridade Judiciária Eleitoral. Neste último caso, caberá à Justiça Eleitoral notificar o Ministério Público da ocorrência de denúncia, para que este possa ajuizar a AIJE.

20. A AIJE deve ser ajuizada até a data da diplomação.

21. A procedência da AIJE poderá acarretar a cassação do registro ou do diploma, e ainda a inelegibilidade por 8 anos e a nulidade dos votos concedidos ao candidato inelegível.

22. Mesmo que a decisão da AIJE seja posterior à data da eleição, o termo inicial para contagem do prazo de inelegibilidade é a data da eleição em que o abuso ocorreu.

→ 6.9. Questões

1) **(CONSULPLAN) A condenação à suspensão dos direitos políticos por ato de improbidade administrativa gera a inelegibilidade desde a condenação ou trânsito em julgado, até o transcurso do prazo de 8 anos, após o cumprimento da pena. No entanto, para que ocorra este efeito, são necessários alguns requisitos. Assinale a alternativa que apresenta um requisito que NÃO é previsto em lei:**
   a) Que o ato seja doloso.
   b) Que importe em enriquecimento ilícito ou dano ao erário.
   c) Que tenha havido abuso do poder econômico com benefício a si ou a terceiros.
   d) Que a decisão tenha transitado em julgado ou tenha sido proferida por órgão judicial colegiado.

2) **(MPE/SP) O reconhecimento da prescrição da pretensão executória, pela Justiça Comum, do réu condenado definitivamente por tráfico de entorpecentes, implica, em relação a sua elegibilidade:**
   a) a cessação da inelegibilidade após o trânsito em julgado da decisão que reconheceu a extinção da pretensão executória estatal.
   b) a imediata cessação da causa de inelegibilidade.
   c) o fim da sua inelegibilidade após o decurso de oito anos contados da data em que ocorreu a extinção da pretensão executória estatal.
   d) o fim da sua inelegibilidade oito anos após a data da decisão da Justiça Comum que extinguiu a pretensão executória estatal.
   e) a cessação da inelegibilidade assim que a Justiça Eleitoral receber a comunicação da decisão proferida pela Justiça Comum.

3) **(FCC) Jadson, candidato ao Governo de determinado Estado, foi condenado por decisão proferida por órgão colegiado da Justiça Eleitoral, por captação ilícita de sufrágio, com a cassação do seu registro de candidato. Jadson ficará inelegível por**
   a) 8 anos apenas após o trânsito em julgado da decisão condenatória, independentemente da data da eleição, e termo final no dia de igual número no oitavo ano seguinte.
   b) 5 anos a contar da eleição, tendo esse prazo termo inicial no dia do primeiro turno da eleição e termo final no dia de igual número no oitavo ano seguinte.
   c) 8 anos a contar da eleição, tendo esse prazo termo inicial no dia do primeiro turno da eleição e termo final no dia de igual número no oitavo ano seguinte.
   d) 8 anos a contar da eleição, tendo esse prazo termo inicial no dia da data da posse e termo final no dia de igual número no oitavo ano seguinte.

e) 5 anos a contar da eleição, tendo esse prazo termo inicial no dia da data da posse e termo final no dia de igual número no oitavo ano seguinte.

4) **(FCC) Considere:**

I. Zulmira, do lar, deseja candidatar-se a Deputada Estadual, sendo que ela, há 5 anos, mantém relação estável e duradoura com o Governador do seu Estado, já no segundo mandato consecutivo.

II. Eglantina, atualmente do lar, foi declarada indigna do oficialato, por decisão transitada em julgado, há 2 anos, e deseja candidatar-se ao mesmo cargo que Zulmira, sua prima.

III. Felisberto, desempregado, foi condenado pelo Tribunal de Justiça por homicídio culposo, já tendo cumprido, há um ano, a totalidade da pena que lhe foi imposta, e deseja candidatar-se a Deputado Estadual.

É correto afirmar que

a) Zulmira e Felisberto podem ser candidatos, mas Englantina não pode se candidatar.
b) Zulmira, Eglantina e Felisberto podem ser candidatos.
c) nenhuma das pessoas citadas pode se candidatar.
d) Zulmira e Eglantina não podem ser candidatas, não havendo impedimento para a candidatura de Felisberto.
e) Felisberto e Eglantina podem ser candidatos, mas Zulmira não pode se candidatar.

5) **(CESPE) No que se refere ao grau jurisdicional e recursal, vereador torna-se inelegível caso representação contra ele fundamentada em abuso do poder econômico seja considerada procedente em**

a) acórdão transitado em julgado proferido por órgão colegiado com trânsito em julgado.
b) sentença transitada em julgado proferida por juízo de primeiro grau.
c) sentença proferida por juiz de direito, sem trânsito em julgado da sentença.
d) despacho do relator de órgão colegiado, antes de aberto o prazo recursal.
e) decisão interlocutória transitada em julgado de relator de órgão colegiado.

GABARITO

1 – C	2 – C	3 – C	4 – D	5 – C

CAPÍTULO 7

SISTEMAS ELEITORAIS

7.1. CONCEITO

Dá-se o nome de sistema eleitoral ao conjunto de regras que demonstram quais os critérios utilizados para que determinado candidato seja considerado eleito no Direito Brasileiro. Evidentemente, é necessário que os critérios utilizados sejam objetivos, para que não se deixe margem alguma de dúvida na hora de estabelecer os eleitos. No Ordenamento Jurídico Pátrio são adotados dois sistemas eleitorais: o majoritário e o proporcional.

Vale ressaltar que, em ambos, não serão contados os votos nulos e os em branco. No sistema majoritário, são válidos apenas os votos nominais, ou seja, aqueles dados a candidatos inscritos. E no proporcional, são válidos os votos nominais e os votos de legenda. Estes últimos são dados ao partido ou à coligação, e servirão para ajudar a definir o quociente partidário.

7.2. DO SISTEMA MAJORITÁRIO

O sistema majoritário é aquele no qual é considerado eleito o candidato que obteve o maior número de votos. No sistema majoritário aplica-se o princípio da unicidade de chapas. Segundo tal princípio, o eleitor votará em uma chapa composta de candidato ao mandato principal e candidato a vice, bem como no candidato ao cargo eletivo principal e seus suplentes (no caso de Senador).

Em assim sendo, no sistema majoritário é proibido consignar-se o voto para o candidato a Governador de uma chapa e ao candidato a Vice-Governador de outra. São nesses termos que estão redigidos o artigo 2º, § 4º, da Lei nº 9.504/97 e o artigo 91 do Código Eleitoral.

É necessário que a chapa chegue íntegra até a eleição, pois, caso contrário, não será possível eleger seus integrantes. Por isso, se um dos integrantes da chapa renuncia ou falece antes do primeiro turno, é possível que o partido ou a coligação o substitua no prazo de 10 dias contados da ocorrência que determinou a substituição.

Se a renúncia ou falecimento houver ocorrido entre o primeiro e o segundo turnos, a chapa inteira deixará a disputa eleitoral, uma vez que não se pode falar de disputa eleitoral com chapa incompleta, em se tratando de eleições majoritárias. Desta forma, seria chamada entre as chapas em disputa, aquela com maior votação. Em havendo empate entre elas, será chamada para o segundo turno a que for integrada pelo candidato mais idoso. O critério de idade deve levar em consideração o candidato ao cargo principal.

ATENÇÃO: Havendo renúncia ou falecimento de candidato componente da chapa entre o primeiro e o segundo turno, ainda que seja candidato a vice ou suplente, o candidato que restou não poderá continuar na disputa, sendo, pois, convocada a chapa que ficou em terceiro lugar para o segundo turno. Nesse caso, percebe-se que nem a chapa incompleta poderá continuar na disputa, nem a restante será declarada vencedora do certame.

De qualquer jeito, o partido e a coligação poderão substituir o candidato que antes do primeiro turno tenha sido declarado inelegível, substituição esta que, como visto, não poderá ocorrer entre o primeiro e o segundo turnos.

E o que acontece se a morte ou a renúncia se der após as eleições? Nesse caso, o remanescente da chapa poderá assumir normalmente suas funções, uma vez que após o pleito eleitoral perde-se a qualidade de candidato e adquire-se a qualidade de eleito.

O princípio da unicidade de chapas encontra exceção. Para isso, de acordo com o TSE, há 5 (cinco) requisitos que devem estar presentes: a) a existência de um provimento favorável capaz de presumir a boa-fé de permanência no pleito; b) o fato de a chapa majoritária estar com o registro deferido no prazo fatal para a substituição de candidatos; c) ter sido o registro do vice rejeitado às vésperas do pleito, de sorte a inviabilizar sua substituição; d) o registro indeferido tratar de condição de elegibilidade do vice; e) não haver notícia de conspurcação à axiologia eleitoral, de forma a se verificar a compatibilidade entre a livre vontade da comunidade envolvida e o resultado afirmado nas urnas. Fora essas hipóteses traçadas, a unicidade de chapas deverá prevalecer.

O sistema majoritário é subdividido em duas subespécies.

7.2.1. Sistema majoritário por maioria absoluta

O sistema majoritário por maioria absoluta é aquele no qual se considera eleito apenas a chapa que obteve a maioria absoluta de votos válidos (excluindo-se os em branco e os nulos). Por maioria absoluta entende-se 50% mais 1 dos votos consignados. Ou melhor dizendo, o primeiro número inteiro após a metade.

Caso não haja maioria absoluta, será realizado um segundo turno, com as duas chapas mais bem votadas.

> **ATENÇÃO:** Só há segundo turno no sistema majoritário por maioria absoluta.

O sistema majoritário por maioria absoluta só ocorrerá nas eleições para Presidente e Vice-Presidente da República, Governador e Vice-Governador dos Estados e do Distrito Federal, Prefeito e Vice-Prefeito (em municípios que tenham mais de 200.000 eleitores).

7.2.2. Sistema majoritário por maioria relativa

Por esse sistema eleitoral, é considerado o vencedor aquele que obtiver a maioria dos votos válidos, excluídos os em branco e os nulos. Não importa qual a diferença do primeiro para o segundo colocado. Aliás, caso a eleição termine empatada, será considerado eleito o candidato mais idoso.

Segue-se esse sistema nas eleições para Senador e Prefeito e Vice-Prefeito, nos municípios com até 200.000 eleitores.

> **ATENÇÃO:** O único mandato eletivo do Poder Legislativo que segue o sistema majoritário é o de Senador, cuja chapa deve ser inscrita com 2 candidatos a suplentes.

7.3. SISTEMA PROPORCIONAL

O sistema proporcional, por sua vez, serve para que se tenha a representação de diversas correntes doutrinárias e políticas nas casas legislativas. Por isso, no sistema proporcional considera-se válido o voto nominal, bem como o voto de legenda. Chama-se voto de legenda aquele que é dado ao partido ou à coligação, e apenas para esses consignados. Tal voto ajudará para que o partido ou a coligação acabem tendo um maior número de cadeiras em determinada casa legislativa.[1]

Ocorre a eleição proporcional para os mandatos de Deputado Federal, Deputado Estadual ou Distrital e ainda para os Vereadores.

7.3.1. Quociente eleitoral

Para que um partido político, ou uma coligação, tenha direito a uma cadeira na casa legislativa, é necessário que se obtenha o quociente eleitoral. Este, por sua vez, está determinado pelo artigo 106 do Código Eleitoral.[2]

Assim, para se obter o quociente eleitoral deve-se dividir o número de votos válidos proferidos na eleição pelo número de cadeiras a dividir. Vale ressaltar que, a partir da publicação da Lei nº 9.504/97, os votos em branco não são mais contados a fim de se alcançar o quociente eleitoral.

O quociente eleitoral, assim, vai determinar quantos votos certo partido ou coligação precisa receber para que tenha direito a pelo menos uma vaga na casa legislativa, cujos cargos estão em disputa.

ATENÇÃO: No cálculo do quociente eleitoral, deve-se desprezar a fração se inferior ou igual a 0,5 e arredondar para o primeiro número inteiro subsequente, caso seja superior.

Com a mudança trazida pela Lei 13.488/2017, mesmo o partido que não tenha obtido o quociente eleitoral, poderá acabar recebendo uma vaga na fase da distribuição de sobras, como será visto adiante.

7.3.2. Quociente partidário

O quociente partidário é encontrado, nos termos do artigo 107 do Código Eleitoral,[3] dividindo-se o número de votos válidos recebidos pelo

1. Como ensina Djalma Pinto (p. 170): "O sistema proporcional, por sua vez, não leva em consideração apenas a quantidade de voto obtida pelo candidato. Tanto assim que, no Brasil, pode este ser o mais votado e não ser eleito. Tal situação ocorre, por exemplo, quando o partido não atinge o quociente eleitoral. O mandato é distribuído em função da votação recebida."
2. Art. 106 do CE: "Determina-se o quociente eleitoral dividindo-se o número de votos válidos apurados pelo de lugares a preencher em cada circunscrição eleitoral, desprezada a fração se igual ou inferior a meio, equivalente a um se superior."
3. Art. 107 do CE: "Determina-se para cada partido ou coligação o quociente partidário, dividindo-se pelo quociente eleitoral o número de votos válidos sob a mesma legenda ou coligação de legendas, desprezada a fração."

partido ou pela coligação pelo quociente eleitoral. Os votos serão contados se foram dados para o candidato (voto nominal) ou para o partido (voto de legenda). Serve o quociente partidário para indicar, em realidade, quantas cadeiras o partido ou a coligação terão direito em determinada casa legislativa.

Quem não obteve pelo menos o quociente eleitoral, terá, evidentemente, zerado o seu quociente partidário, mas poderá ainda conseguir uma vaga na fase de distribuição de sobras.

ATENÇÃO: No quociente partidário despreza-se toda e qualquer fração. Como indica o número de cadeiras a que cada partido tem direito, não se admite número fracionado.

7.3.3. Distribuição das sobras

Na realidade, como no quociente partidário são desprezadas as frações, o número de cadeiras divididas não corresponderá ao número total de vagas disponíveis na casa legislativa. Isso porque as frações vão se somando e formando números inteiros, o que corresponderá a vagas que não serão distribuídas apenas com o quociente partidário. Daí surge a distribuição das sobras. Na fase de distribuição de sobras é aplicada a chamada fórmula D'hondt. Aliás, o sistema eleitoral proporcional brasileiro está fundado em duas fórmulas: a fórmula do quociente eleitoral e a fórmula de D'hondt, essa só aplicada na fase da distribuição das sobras.

Distribuição das sobras é o procedimento previsto no artigo 109 do Código Eleitoral, através do qual se busca dividir as vagas não repartidas aos partidos e coligações que apresentarem a maior média, dividindo-se o número de votos recebidos pelo partido político por seu quociente partidário, somado mais 1. Aquele partido que tiver a maior média terá direito a receber a vaga restante, devendo-se repetir esse procedimento até que todas as vagas tenham sido distribuídas. Caso ocorra empate nas médias dos partidos ou coligações, a vaga será daquele que apresentou o maior número de votos.

A Lei 13.165/2015 havia alterado o art. 109, I, do Código Eleitoral para trazer um padrão estático para divisão das vagas ainda existentes. Assim, o partido ou a coligação que tivesse a maior média receberia todos os cargos não divididos. Esse dispositivo, no entanto, foi suspenso pelo STF na ADI 5.420, mantendo-se a fórmula de cálculo vista acima, distribuindo-se as cadeiras de acordo com a média dos partidos. O partido que recebeu uma cadeira tem a sua média alterada. A ideia do STF foi impedir que um só partido, por ter a maior média fixada inicialmente, terminasse por receber todas as sobras, o que, por certo, causaria um desequilíbrio a ponto de afetar a própria representatividade. Atualmente, todos os partidos participam da distribuição das sobras, inclusive aquele que não chegou a obter a quociente eleitoral.

O quociente eleitoral sempre foi considerado como uma cláusula de barreira, algo que acabou relativizado com a alteração trazida pela Lei 13.488/2017 ao Código Eleitoral. Antes da alteração, o partido que não obtivesse o quociente eleitoral não participava sequer da distribuição de sobras. Agora, todos participam, ainda que a agremiação partidária não tenha obtido o quociente eleitoral. Essa é a nova redação do art. 109, § 2°, do CE[4]. Esse também é o entendimento do TSE, esposado no art. 10 da Resolução 23.554/2018:

> As vagas não preenchidas com a aplicação do quociente partidário e a exigência de votação nominal mínima, a que se refere o art. 7°, serão distribuídas entre todos os partidos políticos e coligações que participam do pleito, independentemente de terem ou não atingido o quociente eleitoral, mediante observância do cálculo de médias (Código Eleitoral, art. 109)

> **ATENÇÃO:** Na distribuição de sobras, feito o cálculo aritmético, não se despreza fração alguma.

7.3.4. Caso prático

Para que fique bem claro o cálculo acerca da distribuição de vagas no sistema proporcional, segue um caso prático:

4. § 2° Poderão concorrer à distribuição dos lugares todos os partidos e coligações que participaram do pleito.

Em determinado município, nas eleições para Vereador, foram obtidos 100.000 votos válidos. Neste mesmo município, há 21 cadeiras de Vereador na Câmara de Vereadores.

O primeiro passo é identificar o quociente eleitoral – QE –, que, como visto, é obtido dividindo-se o número de votos válidos pelo número de cadeira a preencher.

Assim: QE = 100.000/21. QE = a 4761,90.

Como no QE se despreza a fração igual ou inferior a 0,5 e a aproxima-se para o primeiro número inteiro subsequente a fração superior a 0,5, o QE será igual a 4.762.

Por outro lado, para cálculo do quociente partidário, deve-se dividir o número de votos válidos obtido pelo partido ou coligação pelo QE. No nosso exemplo, o número de votos válidos obtidos pelo partido será:

Partido A: 21.000 votos válidos.

Partido B: 16.000 votos válidos.

Partido C: 4.500 votos válidos.

Partido D: 28.000 votos válidos.

Partido E: 30.500 votos válidos.

Vale ressaltar que, consideram-se votos para os partidos, para fins de cálculo de quociente eleitoral, os de legenda, bem como os nominais dados para os candidatos filiados a esses partidos. Deve-se ter em mente que, nessa operação, são desprezadas toda e qualquer fração.

Partido A: 21.000 dividido por 4.762: QP = 4.

Partido B: 16.000 dividido por 4.762: QP = 3.

Partido C: 4.500 dividido por 4.762: QP = 0.

Partido D: 28.000 dividido por 4.762: QP = 5.

Partido E: 30.500 dividido por 4.762: QP = 6.

Assim, o QP indica quantas vagas cada partido tem direito na casa legislativa. Ocorre, entretanto, que nessa operação aritmética não são divididas todas as vagas disponíveis na casa legislativa. No caso prático foram distribuídas apenas 18 vagas, quando, em verdade, são 21 vagas a serem divididas. Por isso, é necessário que se estabeleça o procedimento de divisão de sobras.

De acordo com esse procedimento, haverá a divisão do número de votos obtidos pelos partidos políticos pelo QP, somado mais 1. Aquele partido que obtiver a maior média terá direito a uma vaga não distribuída. Caso ocorra empate entre 2 ou mais partidos na média, a vaga irá para aquele que obteve o maior número de votos.

Partido A: 21.000 dividido por QP = 4 (+1) = 4.200.

Partido B: 16.000 dividido por QP = 3 (+1) = 4.000.

Partido C: 4.500 dividido por QP = 0 (+ 1) = 4.500.

Partido D: 28.000 dividido por QP = 5 (+1) 4.666,66.

Partido E: 30.500 dividido por QP = 6 (+1) 4.357,14.

No presente exemplo, o partido D terá direito a uma vaga restante, uma vez que obteve a maior média. Agora o QP do partido D passará a ser 6, uma vez que recebeu mais uma vaga. Por conta disso, deve ser feito um novo cálculo, uma vez que, tendo uma vaga a mais, a média do partido D diminuirá. Assim:

Partido A: 21.000 dividido por QP = 4 (+1) = 4.200.

Partido B: 16.000 dividido por QP = 3 (+1) = 4.000.

Partido C: 4.500 dividido QP = 0 (+ 1) = 4.500.

Partido D: 28.000 dividido por: QP = 6 (+1) 4.000.

Partido E: 30.500 dividido por QP = 6 (+1) 4.357,14.

Agora, a maior média é do partido C, que passará a ter o QP de 1, significando que terá direito a 1 vaga na casa legislativa. Repete-se novamente a operação:

Partido A: 21.000 dividido por QP = 4 (+1) = 4.200.

Partido B: 16.000 dividido por QP = 3 (+1) = 4.000.

Partido C: 4.500 dividido por QP = 1 (+1) = 2.750.

Partido D: 28.000 dividido por QP = 6 (+1) 4.000.

Partido E: 30.500 dividido por QP = 6 (+1) 4.357,14.

A maior média apresentada agora é do partido E. Por isso, o partido E terá direito a receber a última vaga, que passará a ter QP igual a 7. Desta maneira, a divisão das vagas, após a distribuição das sobras ficará da presente maneira:

Partido A: 4 vagas.

Partido B: 3 vagas.

Partido C: 1 vaga.

Partido D: 6 vagas.

Partido E: 7 vagas.

Estão, portanto, divididas todas as cadeiras da casa legislativa. Deve-se manter o procedimento até que todas as vagas estejam distribuídas.

7.3.5. Indicação dos candidatos eleitos

Bem, até agora foram vistas as regras acerca da divisão das vagas das casas legislativas entre os partidos políticos. É necessário, no entanto, observar quais são as regras para que ocorra a divisão das vagas no interior dos partidos políticos, indicando quais dos candidatos devem assumi-las.

Há duas formas de se dividir as cadeiras obtidas pelos partidos políticos entre os candidatos a eles filiados: o sistema de lista fechada e o sistema de lista aberta.

O sistema de lista fechada impõe que os eleitores votem apenas nos partidos (voto de legenda), e não nos candidatos (voto nominal). A definição de quais candidatos deverão assumir os mandatos pertence ao partido político, que elaborará uma lista com os nomes que deverão assumir de acordo com o número de vagas que obtiver no sistema proporcional. Conhece-se, ainda, o sistema de lista fechada flexível, segundo o qual o partido elabora uma lista de preferências, que pode, porém, ser modificada pela votação popular, mudando-se a ordem dos indicados pelo partido político.

No Brasil, contudo, aplica-se o sistema de lista aberta. Por tal procedimento, o eleitor poderá votar no partido apenas (voto de legenda) ou no candidato (voto nominal). Uma vez definidas as vagas a que cada partido tem direito, serão considerados eleitos aqueles que obtiveram, dentro de cada agremiação partidária, o maior número de votos. Evidentemente, o sistema de lista aberta é muito mais democrático, pois admite uma participação ainda mais efetiva do eleitor. Aqueles candidatos que não conseguirem obter o número de votos necessário para a eleição, serão considerados como suplentes.[5]

---

5. Segundo o Informativo nº 624 do STF: "O afastamento temporário de deputados federais deve ser suprido pela convocação dos suplentes mais votados da coligação, e não daqueles que pertençam aos partidos, aos quais filiados os parlamentares licenciados, que compõem a coligação, de acordo com a ordem de suplência indicada pela Justiça Eleitoral. Essa a conclusão do Plenário ao denegar, por maioria, mandados de segurança em que discutida a titularidade dessa vaga, se do partido do parlamentar licenciado ou da coligação partidária. Na espécie, os impetrantes, em virtude de serem os primeiros suplentes dos partidos políticos aos quais vinculados os deputados federais licenciados, alegavam possuir direito líquido e certo ao preenchimento das vagas. De início, indeferiu-se a admissão de *amicus curiae* ao fundamento de se tratar de mandado de segurança, em que envolvido direito personalíssimo. Em seguida, rejeitaram-se as preliminares de ilegitimidade ativa dos impetrantes e de perda de objeto da ação. Reputou-se demonstrada a existência de utilidade ou de interesse na impetração do writ, tendo em conta que o interesse de agir, na sede eleita, evidenciar-se-ia quando o autor da ação precisaria dela se valer para alcançar a sua

ATENÇÃO: O STF colocou um ponto final na dúvida que existia acerca dos suplentes em uma coligação. A coligação é uma união de partidos políticos para determinada eleição. Nas eleições, age como se fosse um único partido. Por isso, os suplentes serão da coligação e não de um partido apenas, assim, caso o eleito pelo partido X renuncie, assumirá o candidato mais bem votado da coligação a que pertencia aquele partido, se o mesmo decidiu concorrer através de coligação partidária. Essa situação não existirá mais a partir das eleições de 2020, uma vez que a EC 97/2017 extinguiu as coligações para as eleições proporcionais a partir daquelas eleições.

Segundo o artigo 113 do Código Eleitoral, na ocorrência de vaga, não havendo suplente para preenchê-la, far-se-á eleição, salvo se faltarem menos de nove meses para fundar o período de mandato. Tal dispositivo, no entanto, não foi recepcionado pela CF, uma vez que o prazo passou a ser de 15 meses para findar o período da legislatura, conforme se verifica do art. 56, § 2º, da Carta Magna.

É importante asseverar que a Lei 13.165/2015 alterou o art. 108 do Código Eleitoral, determinando que só seriam considerados eleitos os candidatos, dentro do número de votos obtidos pelo partido ou coligação, que nominalmente obtivessem pelo menos 10% do Quociente Eleitoral. Em assim sendo, para dar uma representatividade maior ao eleitor, a minirreforma eleitoral de 2015 criou uma cláusula de barreira individual. Se o candidato não obteve pelo menos 10% do quociente eleitoral, não será considerado eleito, e a vaga obtida pelo partido será distribuída para as demais agremiações que ainda possuírem candidatos não eleitos que tenham obtido pelo menos 10% do quociente eleitoral.

7.4. SISTEMA DISTRITAL MISTO

O sistema distrital misto tem elementos do sistema majoritário e do sistema proporcional. Serve tal sistema para escolher os candidatos às casas legislativas. Neste caso, o município ou o Estado são divididos em distritos. Cada partido poderá apresentar um único candidato no distrito. Por outro lado, os partidos também apresentarão candidatos por circunscrição.

---

pretensão jurídica, obstada pela autoridade apontada como coatora. Ademais, quanto à perda de objeto da ação pela impetração preventiva do *mandamus* e a circunstância de já haver ocorrido a efetivação do ato, afirmou-se que isso robusteceria a necessidade de julgamento do feito para o exame de eventual afronta a direito dos impetrantes. MS nº 30260/DF, rel.ª Min.ª Cármen Lúcia, 27.4.2011 (MS-30260)."

O eleitor, no dia da votação, proferirá 2 votos. O primeiro diz respeito ao distrito, cuja votação será majoritária. Isso significa que os candidatos por distrito serão eleitos por maioria de votos. Os demais candidatos da circunscrição serão eleitos através do voto proporcional. Para isso, o segundo voto do eleitor será para o candidato registrado para a circunscrição, podendo o voto ser também de legenda. As cadeiras da casa legislativa, assim, serão conquistadas pelos candidatos dos distritos e por aqueles eleitos para a circunscrição. No primeiro caso, utiliza-se o sistema majoritário, enquanto no segundo, o sistema proporcional. A solução dos eleitos no segundo sistema poderá ser através da lista fechada ou da lista aberta, como já visto. O sistema misto não é, por enquanto, adotado no Direito Brasileiro.[6]

→ 7.5. Resumo didático

1. Dá-se o nome de sistema eleitoral ao conjunto de regras que demonstram quais os critérios utilizados para que determinado candidato seja considerado eleito no Direito Brasileiro.

2. No sistema majoritário, são válidos apenas os votos nominais, ou seja, aqueles dados a candidatos inscritos. E no proporcional, são válidos os votos nominais e os votos de legenda. Estes últimos são dados ao partido ou à coligação, e servirão para ajudar a definir o quociente partidário.

3. Havendo renúncia ou falecimento de candidato componente da chapa entre o primeiro e o segundo turno, ainda que seja candidato a vice ou suplente, o candidato que restou não poderá continuar na disputa, sendo, pois, convocada a chapa que ficou em terceiro lugar para o segundo turno. Neste caso, percebe-se que nem a chapa incompleta poderá continuar na disputa, nem a restante será declarada vencedora do certame.

4. O sistema majoritário poderá ser por maioria absoluta ou relativa.

5. Só há segundo turno no sistema majoritário por maioria absoluta.

---

6. Segundo entende José Jairo Gomes (p. 104): "Não se pode negar que o sistema distrital misto é superior ao que se encontra em vigor. Reduz significativamente o território da disputa, pois o candidato só pedirá votos no distrito em que concorrer. Isso barateia a campanha, o que propicia o ingresso de novos atores no jogo político e a diminuição da influência do poder econômico. Outro fator positivo é o estabelecimento de novas bases no relacionamento entre os cidadãos e seus representantes, já que a proximidade entre eles enseja um controle social mais efetivo da atuação do parlamentar."

6. O único mandato eletivo do Poder Legislativo que segue o sistema majoritário é o de Senador, cuja chapa deve ser inscrita com 2 candidatos a suplentes.

7. No sistema proporcional, deve-se observar o quociente eleitoral (divisão do número de votos válidos pelo número de cadeira da casa legislativa a distribuir) e o quociente partidário (divisão do número de votos obtido pelo partido ou coligação pelo quociente eleitoral).

8. No cálculo do quociente eleitoral, deve-se desprezar a fração se inferior ou igual a 0,5 e acrescentar mais um número inteiro, caso seja superior. No quociente partidário, despreza-se toda e qualquer fração.

9. Na distribuição de sobras, feito o cálculo aritmético, não se despreza fração alguma.

10. O STF colocou um ponto final na dúvida que existia acerca dos suplentes em uma coligação. A coligação é uma união de partidos políticos para determinada eleição. Nas eleições, age como se fosse um único partido. Por isso, os suplentes serão da coligação e não de um partido apenas, assim, caso o eleito pelo partido X renuncie, assumirá o candidato mais votado da coligação a que pertencia aquele partido, se o mesmo decidiu concorrer através de coligação partidária. Essa situação não existirá mais a partir das eleições de 2020, uma vez que a EC 97/2017 extinguiu as coligações para as eleições proporcionais a partir daquelas eleições.

→ 7.6. QUESTÕES

1) (CESPE) De acordo com a CF, o sistema proporcional é utilizado para eleger

a) deputados federais.
b) presidente da República.
c) senadores.
d) governadores.
e) prefeitos.

2) (CESPE) O Poder Legislativo é exercido pelo Congresso Nacional, que se compõe da Câmara dos Deputados e do Senado Federal, os quais, por sua vez, são constituídos por representantes dos estados e do Distrito Federal (DF). Para o Senado Federal, tais representantes são eleitos segundo o

a) sistema proporcional, e cada estado e o DF elegem dois candidatos, cada um deles com mandato de quatro anos.
b) princípio majoritário, e cada candidato é eleito com um suplente.
c) sistema proporcional, e cada estado e o DF elegem três candidatos, cada um deles com mandato de quatro anos.

d) sistema proporcional, e cada candidato é eleito com dois suplentes.

e) princípio majoritário, e cada estado e o DF elegem três candidatos, cada um deles com mandato de oito anos.

3) **(VUNESP) Assinale a alternativa que corretamente discorre sobre o sistema eleitoral e/ou o registro dos candidatos.**

a) O quociente eleitoral é instrumento do sistema proporcional, sendo determinado dividindo-se o número de votos válidos apurados pelo de lugares a preencher em cada circunscrição eleitoral, desprezada a fração se igual ou inferior a meio, equivalente a um, se superior.

b) No sistema majoritário, a distribuição de cadeiras entre as legendas é feita em função da votação que obtiverem, pois nesse sistema impõe-se que cada partido com representação na Casa Legislativa receba certo número mínimo de votos para que seus candidatos sejam eleitos.

c) Os membros da aliança somente podem coligar-se entre si, porquanto não lhes é facultado unirem-se a agremiações estranhas à coligação majoritária. Assim, é necessário que o consórcio formado para a eleição proporcional seja composto pelos mesmos partidos da majoritária.

d) Qualquer cidadão no gozo de seus direitos políticos é parte legítima para dar notícia de inelegibilidade ao Juiz Eleitoral, mediante petição fundamentada, no prazo de 5 dias contados da publicação do edital relativo ao pedido de registro, conferindo ao eleitor legitimidade para impugnar pedido de registro de candidatura.

e) Ao Juízo ou Tribunal Eleitoral não é dado conhecer *ex officio* de todas as questões nele envolvidas, nomeadamente as pertinentes à ausência de condição de elegibilidade, às causas de inelegibilidade e ao atendimento de determinados pressupostos formais atinentes ao pedido de registro.

4) **(CESPE) De acordo com o disposto no CE, assinale a opção correta.**

a) Nas ações eleitorais que possam resultar na perda do mandato eletivo, é admissível a prova testemunhal singular e exclusiva, em virtude da subsidiariedade, à legislação eleitoral, das normas processuais civis e penais.

b) Para que um candidato registrado por um partido político ou coligação seja eleito, é necessário que obtenha votos em número igual ou superior a 10% do quociente eleitoral, salvo aos suplentes.

c) Se, em eleições para governador de estado, for eleito um candidato que tenha concorrido sub judice e, ao final do processo, a decisão transitada em julgado seja pelo indeferimento do seu registro, o TRE deve determinar a ocupação do cargo pelo segundo colocado na eleição.

d) Eleitores em trânsito podem votar para presidente da República, governador, senador e deputado federal em urnas instaladas em todos os municípios do território nacional.

e) Se houver decisão de juiz eleitoral determinando a perda de mandato eletivo de um vereador, este poderá tentar revertê-la por recurso ordinário sem efeito suspensivo junto ao TRE competente

5) (IESES) Com relação às disposições da Lei n. 9.504/97, é correto afirmar:

a) Será considerado eleito o candidato a Presidente ou a Governador que obtiver a maioria absoluta de votos, não computados tão somente os nulos.

b) Será considerado eleito o candidato a Presidente ou a Governador que obtiver a maioria absoluta de votos, não computados os em branco e os nulos.

c) Serão realizadas simultaneamente as eleições para Presidente e Vice-Presidente da República, Governador e Vice-Governador de Estado e do Distrito Federal, e, por sua vez, para Senador, Deputado Federal, Deputado Estadual e Deputado Distrital, Prefeito, Vice-Prefeito e Vereador.

d) Será considerado eleito o candidato a Presidente ou a Governador que obtiver a maioria absoluta de votos, não computados apenas os em branco.

GABARITO

1 – A	2 – E	3 – A	4 – B	5 – C

CAPÍTULO 8

REGISTRO DE CANDIDATURA

8.1. CONCEITO

O registro de candidatura é etapa essencial no processo eleitoral. Pode ser definido como o processo perante a Justiça Eleitoral, no qual são analisadas as condições de elegibilidade, verificada a ausência de causas de inelegibilidade, a juntada dos documentos pertinentes e se termina por declarar a legitimidade da candidatura de determinado cidadão.

Esta análise realizada pela Justiça Eleitoral visa afastar do pleito eleitoral aqueles que não possuam as condições básicas para tanto, bem como aqueles que estão impedidos por determinação da CF ou de Lei Complementar (art. 14, § 9º, da CF). Vale ressaltar que, os votos dados a candidatos não registrados são considerados nulos a teor do § 3º do artigo 175 do Código Eleitoral.

8.2. DA CONVENÇÃO PARTIDÁRIA

A convenção partidária é órgão de deliberação do partido político. Pelo Princípio da Autonomia Partidária, a convenção é realizada nos termos previstos no estatuto do partido. A convenção, como órgão de deliberação, deve decidir acerca dos filiados do partido político que terão o registro de suas candidaturas requerido pela Agremiação Partidária, bem como acerca do ingresso do partido em coligação partidária.

As regras sobre a escolha dos filiados a disputarem as eleições e sobre as coligações devem ser previstas no estatuto do partido político. Caso o estatuto seja omisso, conforme determina o § 1º do artigo 7º da Lei nº

9.504/97, o órgão de direção nacional deverá publicar as regras acerca da escolha de filiados ou ainda sobre as convenções partidárias no *Diário Oficial da União*, no prazo de 180 dias antes da eleição. Vale ressaltar que, neste caso particular, as regras só valerão para aquela específica eleição. Existindo tais regras no estatuto, apenas com a mudança deste, seguindo os trâmites legais (previstos na Lei nº 9.096/95), elas poderão ser modificadas.

Vale ressaltar que, é possível até mesmo que passem pelas convenções partidárias o cidadão que sequer é filiado a partido político, o que ocorre com os militares, uma vez que eles, enquanto na ativa, não podem ser filiados a partido político, como já informado no capítulo 5, referente às condições de elegibilidade.

As convenções partidárias devem ser realizadas no período entre 20 de julho e 5 de agosto do ano das eleições, em data marcada pelo partido político dentro do aludido período. É necessário que a ata seja publicada, em 24 horas, por qualquer meio disponível. O ideal seria agendar tais datas dentro de fins de semana para a participação do maior de número de filiados. Mas, de qualquer maneira, fica a critério do partido político a designação do dia, desde que seja feito dentro daquele período.

Caso tenham sido realizadas prévias partidárias, reuniões entre os integrantes das agremiações partidárias, cada vez mais frequentes, para definir com antecedência os candidatos do partido e, com isso, ter um tempo maior para definição de estratégias para as eleições vindouras. Nessa situação, servirá a convenção para homologação das decisões já tomadas nas prévias.

Para a realização das deliberações, a Lei nº 9.504/97 determina que sejam cedidos gratuitamente bens públicos, responsabilizando-se, apenas, a agremiação caso ocorra algum dano ao bem. Tal medida serve para igualar as oportunidades dos candidatos e partidos no pleito eleitoral, determinando àqueles que estão atualmente no poder que cedam imóveis sob a sua administração para realização das convenções partidárias. Como se sabe, os imóveis públicos costumam ter uma localização mais central, além de um espaço muito maior do que os bens particulares. Por isso, a importância de sua cessão para as deliberações da agremiação partidária.

O cidadão, antes de ser aprovado pela convenção partidária, é tido como candidato a candidato. Após a convenção partidária é pré-candidato, tendo o direito de ter a sua candidatura requerida pelo partido político ao qual pertence. Caso o partido ou a coligação não tenham requerido o registro da candidatura do aprovado pela convenção partidária, deve o próprio pré-candidato requerer diretamente o registro de sua candidatura no prazo de 2 dias após a publicação da listagem, realizada pela Justiça Eleitoral, contendo os pedidos de registro de candidatura.

Pela unidade que deve existir nos partidos políticos, caso a convenção de nível inferior (por exemplo, uma convenção municipal) acabar por contrariar, na decisão sobre coligações, as diretrizes legitimamente postas pelo diretório nacional, nos termos previstos no estatuto, ela poderá ser anulada, por decisão do diretório nacional. Se isso ocorrer, a entrada do partido na coligação será anulada, cassando-se todos os efeitos produzidos. Assim, apenas para exemplificar, se a convenção municipal decidir por integrar uma coligação, tendo como candidatos aos mandatos de Prefeito e Vice-Prefeito filiados de outros partidos integrantes da coligação, ocorrendo a anulação por parte do diretório nacional, o partido político citado poderá requerer o registro de candidato próprio às eleições de Prefeito e vice, por ter a sua participação na coligação anulada.

Deve-se ter cuidado, pois a anulação da convenção só deverá ocorrer, nesta hipótese, caso o órgão de deliberação partidária contrarie as diretrizes postas legitimamente pelo diretório nacional. Desta maneira, não é qualquer convenção em qualquer hipótese que poderá ser anulada pelo diretório nacional. Para que a anulação seja legítima, é essencial possuir os seguintes requisitos: a) que o estatuto admita que o diretório nacional possa fixar diretrizes sobre coligações; b) que o diretório nacional siga o procedimento previsto para a fixação de regras; c) que a convenção de nível inferior tenha ido de forma contrária às diretrizes postas pelo diretório nacional.

Como as coligações são registradas perante a Justiça Eleitoral, caso ocorra anulação de deliberação sobre coligações, deverá o partido político comunicar à Justiça Eleitoral a anulação da deliberação sobre a entrada da agremiação partidária na coligação no prazo de 30 dias, contados do último dia para pedidos de registro de candidatura. Assim, no prazo de 30 dias, contados de 15 de agosto do ano das eleições, a Justiça Eleitoral deve ser comunicada, se ocorrer a anulação da deliberação sobre as coligações.

Este prazo, todavia, deve ser antecipado para 10 dias (art. 7º, § 4º, da Lei nº 9.504/97) após a decisão da anulação da convenção, caso haja necessidade de requerer o registro de novos candidatos. Nesta hipótese, o partido que apresentaria candidato comum na coligação, com a anulação, irá ter candidato próprio nas eleições.

Apesar de se tratar de uma união de partidos, quando se referir à multa aplicada por propaganda ilícita, a pena atingirá apenas o partido que cometeu a infração, bem como o candidato beneficiado, não havendo, neste caso, solidariedade com os demais que compõem a coligação.

8.3. DA CANDIDATURA NATA

O artigo 8º, § 1º, da Lei nº 9.504/97 determina que:

> Art. 8º (...)
>
> § 1º Aos detentores de mandato de deputado federal, estadual ou distrital, ou de vereador, e aos que tenham exercido esses cargos em qualquer período da legislatura que estiver em curso, é assegurado o registro de candidatura para o mesmo cargo pelo partido a que estejam filiados.

O aludido dispositivo criou a chamada candidatura nata. Desta maneira, aqueles que tivessem exercido nos últimos 4 anos os mandatos de Deputado Federal, Estadual, Distrital ou de Vereador, não precisavam passar novamente por convenção partidária para concorrerem à reeleição para esses cargos. Eram candidatos natos.

Desta forma, a norma citada determinava a maneira pela qual seriam escolhidos os filiados de determinado partido, que terminariam por concorrer a uma das vagas disputadas na eleição. Claramente, tal dispositivo acabava por ofender diretamente a CF que garante a autonomia partidária.

Assim, o STF, com a relatoria do Ministro Sydney Sanches, na ADI nº 2.530-9, deferiu medida liminar para suspender a eficácia do § 1º do artigo 8º da Lei nº 9.504/97, nos seguintes termos:

> EMENTA: – Direito constitucional e eleitoral: candidatura nata. Princípio da isonomia entre os pré-candidatos. Autonomia dos partidos políticos. Ação direta de inconstitucionalidade do parágrafo 1º do artigo 8º da Lei nº 9.504, de 30 de setembro de 1997, segundo o qual: "§ 1º Aos detentores de mandato de deputado federal, estadual ou distrital, ou de vereador, e aos que tenham exercido esses cargos em qualquer período da legislatura que estiver em curso, é assegurado o registro de candidatura para o mesmo cargo pelo partido a que estejam filiados". Alegação de ofensa aos artigos 5º, "caput", e 17 da Constituição Federal. Pedido de medida cautelar de suspensão da norma impugnada. Plausibilidade jurídica da ação, reconhecida, por maioria (8 votos X 1), sendo 3, com base em ambos os princípios (da isonomia, art. 5º, "caput", e da autonomia partidária, art. 17) e 5, apenas, com apoio

nesta última. "Periculum in mora" também presente. Cautelar deferida (ADI nº 2530 MC/DF – Distrito Federal; ADI nº 2530 MC/DF - Distrito Federal; rel. Min. Sydney Sanches; publicado em 21.11.2003).

Por isso, há necessidade de aprovação pela convenção partidária para que se possa concorrer a mandato eletivo. Sendo, inclusive, a aprovação em convenção partidária uma das condições de elegibilidade prevista em lei ordinária, como de resto já se comentou.

Em verdade, apenas para que não se perca o foco no assunto, em apenas duas hipóteses, a legislação admite a candidatura de alguém que não tenha sido aprovado em convenção partidária, o que ocorre nos termos do artigo 10, § 5º, da Lei nº 9.504/97, bem como na substituição de candidatos prevista no art. 13 da mesma Norma Jurídica, conforme será explicitado posteriormente.

8.4. DO PROCEDIMENTO NO REGISTRO DE CANDIDATURA

No registro de candidatura, etapa essencial do processo eleitoral, a Justiça Eleitoral declara a existência das condições de elegibilidade e a ausência de causas de inelegibilidade e, consequentemente, constitui o cidadão em candidato, com todas as prerrogativas inerentes a esta condição. Por isso, o registro de candidatura é ato declaratório constitutivo de competência da Justiça Eleitoral.

A competência do registro de candidatura segue a seguinte regra:

A) as candidaturas para Presidente e Vice-Presidente da República devem ser requeridas e julgadas perante o TSE;

B) as candidaturas para Senador, Deputados Federal e Estadual, Governador e Vice, devem ser requeridas e julgadas perante o TRE e;

C) as candidaturas para Prefeito, Vice-Prefeito e Vereador devem ser requeridas e julgadas perante o Juiz Eleitoral.

Vale ressaltar que, não se admite em uma mesma eleição que um mesmo cidadão dispute mais de um cargo eletivo, conforme disposto no artigo 88 do Código Eleitoral, ainda que para mandatos diferentes.

Por outro lado, cada partido político ou coligação partidária poderão requerer o registro de uma chapa por cargo eletivo em disputa nas eleições pelo sistema majoritário. Assim, caso na eleição para Senador haja a disputa para 2 mandatos para o Senado (o que ocorre quando há a substituição de 2/3 do Senado Federal), poderá o partido ou a coligação requererem o registro de 2 chapas, uma para cada mandato em disputa.

As chapas, como já visto, devem ser registradas com todos os seus integrantes, nos termos dispostos em lei, em virtude do Princípio da Unicidade de Chapas, já discutido nesta obra. Assim, nas eleições para a chefia do executivo, a chapa deve conter o candidato ao mandato de chefe do executivo (Presidente, Governador e Prefeito) e seus respectivos vices. Em relação, entretanto, aos Senadores, a chapa deve conter o candidato a Senador, bem como seus 2 suplentes.

Diferente é o que ocorre com as eleições pelo sistema proporcional. É preciso interpretar a regra do art. 10 da Lei das Eleições de acordo com a atual redação do art. 17 do Texto Constitucional, alterado pela EC 97. A partir das eleições de 2020, não há mais coligações para as eleições partidárias. Assim, cada partido político, em regra, poderá requerer o registro de candidatos em número de até 150% dos cargos em disputa nas casas legislativas. De acordo com o § 5º do mesmo artigo 10 da Lei nº 9.504/97, caso desta operação matemática advenha um número fracionado, deve-se desprezar a fração, se for inferior a 0,5 e somar um número inteiro a mais, se for igual ou superior a 0,5.

Assim, no exemplo, na disputa para determinada Câmara de Vereadores, que possui 11 vereadores, cada partido poderia requerer o registro de até 17 candidatos. Chega-se a este número da seguinte forma: 150% de 11 é igual a 16,5. Como, neste caso, a fração é igual a 0,5, acrescenta-se um número inteiro. Por isso, o resultado é de 17 candidatos.

ATENÇÃO: Não se deve confundir as regras. Em se tratando de Quociente Eleitoral, como já visto, caso a fração no resultado seja igual ou inferior a 0,5, ela deve ser desprezada, como aliás trata o artigo 106 do Código Eleitoral. Por outro lado, nos termos do artigo 10, § 4º, da Lei nº 9.504/97, quando se tiver que calcular o número de candidatos que cada partido poderá requerer o registro frente à Justiça Eleitoral, deve-se considerar a fração igual a 0,5, somando um número inteiro ao resultado.

Há, no entanto, uma regra específica. Em se tratando de Estado que tenha até 12 Deputados Federais na Câmara dos Deputados, nas eleições para Deputado Federal e Estadual, cada partido terá direito a requerer o registro do dobro de candidatos, em relação ao número de mandatos em disputa. Essa norma específica, no entanto, não se aplica a eleições para vereador, ainda que em municípios localizados nos Estados citados. Para vereador, sempre será aplicada a regra de 150% do número de vagas.

Como exemplo da aplicação do dispositivo citado, tem-se o Estado de Sergipe. A aludida Entidade Federativa possui 8 Deputados Federais e 24 Deputados Estaduais. Assim, nas eleições para a Câmara dos Deputados e para a Assembleia Legislativa sergipana, a regra a ser adotada será a do inciso I do artigo 10 da Lei das Eleições. Para a Câmara dos Deputados, cada partido poderia requerer o registro da candidatura de 16 filiados (8 x 2). Para a Assembleia Legislativa, o partido poderia requerer o registro de até 48 candidatos (24 x 2).

Vale ressaltar que, caso a convenção partidária não indique o número máximo de candidatos a que tem direito o partido político, poderá o diretório partidário preencher tais vagas com filiados que não foram escolhidos pelo órgão de deliberação partidária, até que se complete o limite indicado na lei. O requerimento de tal registro deverá ser realizado em até 30 dias antes do pleito eleitoral. Sobre tal dispositivo, entende o TSE que:

> Recurso especial. Vaga remanescente. Preenchimento. Indicação formal pelo órgão de direção partidária. Art. 10, § 5º, da Lei nº 9.504/97. Necessidade. Pedido de registro pelo próprio candidato. Impossibilidade. Recurso não conhecido.
>
> 1. Para o preenchimento de vaga remanescente, o órgão de direção partidária deve fazer a indicação do candidato por ato formal. 2. O pedido de registro, neste caso, não pode ser apresentado pelo próprio candidato (Ac. nº 20.149/02 do TSE, publicado em sessão em 11.9.2002).

Não havendo, pois, indicação pela convenção do número máximo de candidatos, cabe ao diretório partidário o ato formal de requerimento de outros filiados, conforme visto. O que não se admite, pois, como já esclarecido, é que o próprio filiado faça a sua indicação e requeira pessoalmente a sua candidatura perante a Justiça Eleitoral.

Por outro lado, a Lei nº 9.504/97, ainda estabelece a obrigatoriedade de se ter no mínimo 30% e no máximo 70% para candidaturas de cada sexo. Claramente, a citada norma tem por finalidade estabelecer um parâmetro de igualdade entre os gêneros, tentando, mais uma vez, incluir uma maior participação feminina no pleito eleitoral. De qualquer maneira, não se admite que determinado partido ou coligação terminem por lançar uma série de candidatos de apenas um gênero.

Aqueles percentuais devem ser cumpridos tendo em vista o número de candidatos que o partido efetivamente lançou e não aquele que poderia ter lançado. Apenas para exemplificar, caso um partido tenha direito de lançar até 100 candidatos, mas lance apenas 80, os percentuais são calculados sobre os 80 candidatos lançados e não sobre os 100 que se poderia lançar. Por isso, o partido, tendo requerido o registro de 80 candidatos, não pode lançar a candidatura de 70 homens, sob o argumento que se tivesse lançado 100 candidatos (o máximo permitido no exemplo), poderia ter entre seus candidatos 70 pessoas do sexo masculino. Os 70% e os 30% nesse caso seriam calculados sobre o número de 80.

Segundo o TSE (Consulta 0604054-58) a expressão "cada sexo" utilizada pelo art. 10, § 3°, da LE refere-se a gênero e não ao sexo biológico, de forma que as cotas devem contemplar tanto homens quanto mulheres transexuais e travestis, nos respectivos gêneros apontados. A autodeclaração de gênero deve ser feita quando do alistamento eleitoral, sendo possível a utilização do nome social na candidatura, desde que seja esse o constante do cadastro eleitoral.

É importante ressaltar que o percentual entre gêneros deve sempre ser mantido, ainda que se trate de substituição de candidatos. É o que afirma o TSE:

> "os percentuais de gênero devem ser observados no momento do registro de candidatura, em eventual preenchimento de vagas remanescentes ou na substituição de candidatos." (Ac.-TSE, de 11.11.2014, no AgR-REspe nº 160892).

O pedido de registro de candidatura deve ser realizado até as 19 horas do dia 15 de agosto do ano das eleições. De acordo com o artigo 97 do Código Eleitoral:

> Art. 97. Protocolado o requerimento de registro, o presidente do Tribunal ou o juiz Eleitoral, no caso de eleição municipal ou distrital, fará publicar imediatamente edital para ciência dos interessados.

Tal publicação ocorrerá, conforme determina o § 1º do mesmo dispositivo na Imprensa Oficial, nas capitais, e afixado em cartório, no lugar de costume, nas demais zonas.

Vale ressaltar que, consoante já observado, o filiado a partido político, que é aprovado pela Convenção Partidária, para concorrer a mandato eletivo por determinado partido político, passa a ser tido como pré-candidato e, por isso, tem direito público subjetivo a ter a sua candidatura requerida pelo partido ou coligação frente à Justiça Eleitoral.[1] Caso a candidatura não tenha sido requerida frente à Justiça Eleitoral, o pré-candidato, nos termos do § 4º do artigo 11 da Lei nº 9.504/97, poderá requerer o registro de sua candidatura, no prazo máximo de 48 horas da publicação da lista que contém os pedidos de registro de candidatura realizados, nos termos do artigo 97 do Código Eleitoral, como já visto.

As condições de elegibilidade e a ausência de causas de inelegibilidade devem ser verificadas na data em que o requerimento é formalizado. Para tanto, é necessária a apresentação dos documentos previstos em lei, ou ainda em resoluções do TSE. É o que se costuma denominar de condições de registrabilidade.

Caso não haja a juntada de algum documento previsto nas normas citadas, caberá ao Órgão da Justiça Eleitoral competente abrir um prazo de 72 horas para que sejam apresentados os documentos restantes. Deve-se, porém, diferenciar as condições de elegibilidade dos documentos que as comprovam. Ausente um documento, poderá ocorrer a juntada do mesmo posteriormente. Por outro lado, tem entendido o TSE que caso seja apresentada posteriormente condição de elegibilidade, o registro de candidatura deve ser deferido.

Neste mesmo entendimento, faz-se possível a juntada do documento faltante, em virtude de não ter aberto o magistrado o prazo determinado em lei de 72 horas, ainda que caiba petição de recurso para instância superior. Lembrando sempre que o prazo dilatado é apenas para juntada do documento faltante.

Nos termos citados, está redigida a Súmula nº 3 do TSE:

> No processo de registro de candidatos, não tendo o juiz aberto prazo para o suprimento de defeito da instrução do pedido, pode o documento, cuja falta houver motivado o indeferimento, ser juntado com o recurso ordinário.

O § 10 do artigo 11 da Lei nº 9.504/97 determina os documentos pertinentes para comprovar os requisitos necessários para o registro de

1. Ensina SOARES DA COSTA (p. 275) que: "Após a sua indicação na convenção do partido, o pré-candidato não mais poderá ser substituído, sem seu consentimento, por outro filiado, pois lhe nasceu, já com a sua indicação pela agremiação da qual é filiado, o direito público subjetivo de pleitear o registro de sua candidatura. Assim, não poderia ser mais preterido, senão por sua própria desistência em participar do prélio eleitoral ou pela rejeição, sem sede de ação de pedido de registro de candidato, da viabilidade de seu registro, mercê da ausência de algum pressuposto legal, a induzir sua inelegibilidade relativa ou absoluta."

candidatura. Assim, são documentos essenciais para o pedido de registro de candidatura:

A) Cópia da ata a que se refere o artigo 8º

O referido dispositivo determina a juntada da cópia da ata da convenção partidária realizada. Segundo o artigo 8º, a convenção partidária deverá ser registrada em livro aberto e rubricado pela Justiça Eleitoral. Tal ata serve para comprovar que o pré-candidato foi aprovado como tal pelo órgão de deliberação partidário. Com isso, a ausência da referida ata, desde que não suprida oportunamente, pode acarretar o indeferimento do pedido de registro de candidatura, por faltar documento essencial. Vale ressaltar que, tal exigência não será necessária em duas hipóteses: quando se tratar do preenchimento de vagas remanescentes ou no caso de substituição de candidatos.

B) Autorização do candidato por escrito

Sendo o registro de candidatura procedimento necessário para o exercício da capacidade eleitoral passiva, o titular dos direitos políticos deverá dar a autorização para que sua candidatura possa ser registrada. Segundo leciona Rodrigo López Zilio (p. 258):

> De regra, a autorização é lavrada no próprio requerimento de registro de candidatura, embora, por vezes, seja efetuada através de declaração acostada no respectivo processo de registro.

Neste mesmo sentido, observe a jurisprudência do TSE:

> Recurso ordinário. Candidatura. Autorização. Documentação. 1. A autorização para que o partido registre a candidatura inscrita no formulário é suficiente para suprir a exigência da Lei 9.504/97, art. 11, § 1º, II. 2. Recurso provido (Ac. nº 291/98, publicado em sessão em 22.9.98).

C) Prova de filiação partidária

A filiação partidária, nos termos do artigo 14, § 3º, V, da CF, é condição de elegibilidade, até mesmo porque, como visto, no Direito Brasileiro os partidos políticos detêm o monopólio das candidaturas. É necessário que se tenha, em regra, o mínimo de 6 meses de filiação partidária para que se possa concorrer a mandato eletivo, embora possam os partidos políticos em seus estatutos exigirem um tempo superior ao previsto em lei, conforme se verifica no artigo 20 da Lei nº 9.096/95.

Consoante já estudado, os militares não podem se filiar a partido político. No caso de militar com menos de 10 anos de serviço, a filiação ocorre no deferimento de sua candidatura, enquanto o militar com mais de 10 anos concorre sem estar filiado a partido político. Os magistrados, membros do Ministério Público e dos Tribunais de Contas vão se filiar a partir do momento que se afastarem definitivamente de seus cargos, o que deve ocorrer no prazo de desincompatibilização.

A filiação partidária deve ser informada à Justiça Eleitoral nas segundas quinzenas dos meses de abril e outubro (art. 19 da Lei nº 9.096/95). Caso não seja enviada uma das listas, considera-se como se a anterior se mantivesse inalterada. Essa filiação será considerada deferida nos termos previstos no estatuto do partido. Segundo o parágrafo único do artigo 17 da Lei 9.096/95, deferida a filiação, será entregue comprovante ao interessado, no modelo adotado pelo partido. Este comprovante entregue é de vital importância, pois caso ocorra alguma omissão do partido ou coligação, o comprovante poderá auxiliar a provar a filiação partidária. Ora, o comprovante auxilia, por ser um documento de produção unilateral do partido, o que de certo será necessário que venha reforçado por outros meios de prova, como, por exemplo, certidão expedida pelo cartório.

Neste sentido, já decidiu o TSE que:

> [...] 1. A Súmula n. 20 do TSE possibilita que o candidato comprove a sua filiação partidária por outros meios, na falta de seu nome na lista de filiados. No entanto, no caso, entendeu a Corte de origem que os documentos apresentados pelo recorrente não eram idôneos. 2. Ademais, esta Corte se manifestou no sentido de que "A ficha de filiação partidária enquadra-se na categoria de documento subscrito por dirigente partidário, também de produção unilateral e não dotada de fé pública, razão pela qual não se prestou a comprovar a regular e tempestiva filiação partidária, motivando o indeferimento do registro de candidatura" (Ac. 26.859/RJ, rel. Min. José Augusto Delgado, publicado em sessão em 25.9.2006). [...] (Ac. nº 29.695, de 18.9.2008).

Nestes termos, a Súmula nº 20 do TSE dispõe que:

> A falta do nome do filiado ao partido na lista por este encaminhada à Justiça Eleitoral, nos termos do art. 19 da Lei 9.096/95, de 19.9.95, pode ser suprida por outros elementos de prova de oportuna filiação.

Vale ressaltar que, para preservar os direitos dos filiados aos partidos políticos, caso ocorra fusão ou incorporação de partidos políticos a menos de 6 meses da data das eleições, considera-se como tempo de filiação ao novo partido o tempo de filiação ao partido de origem. Se assim não fosse, os filiados de um partido que se fundiu com outro, criando um partido novo, e aqueles de partido que foi incorporado por outro ficariam sem uma das condições de elegibilidade, por estarem filiados a novos partidos a menos de 6 meses antes do pleito.

Com a publicação da Lei 12.891/2013, a prova da filiação partidária, como é de conhecimento da Justiça Eleitoral, não precisa mais ser levada com o Requerimento de Registro de Candidatura – RRC. Essa é a redação do § 13, do art. 11 da Lei 9.504/1997. Mas, se houver uma omissão a esse respeito, penso que a Súmula 20 do TSE, já comentada, deve ser aplicada ao caso concreto.

D) Declaração de bens assinada pelo candidato

Tal documento, por sua vez, visa verificar a evolução patrimonial daquele que pode ocupar cargo público. O enriquecimento desarrazoado e desproporcional do patrimônio do ocupante de cargo ou função pública pode se revelar, inclusive, em Improbidade Administrativa, nos termos da Lei nº 8.429/92. Não há necessidade de o candidato apresentar cópia da declaração de imposto de renda. Neste sentido:

> [...] de acordo com os arts. 11, § 1º, IV, da Lei nº 9.504/97 e 24 da Resolução-TSE nº 20.993/2002, para fins de registro, contenta-se a lei com a declaração assinada pelo candidato, não sendo exigível a declaração de imposto de renda (TSE, Ac. nº 19.974/02, publicado em sessão de 3.9.2002).

E) Cópia do título eleitoral ou certidão, fornecida pelo cartório eleitoral, de que o candidato é eleitor na circunscrição ou requereu a sua inscrição ou transferência de domicílio no prazo previsto no artigo 9º

O domicílio na circunscrição eleitoral em que correrá o pleito é outra condição de elegibilidade prevista no artigo 14 da CF. É necessário que o candidato tenha domicílio na circunscrição pelo menos 6 meses antes do pleito (art. 9º da Lei nº 9.504/97). Essa comprovação pode ser feita através do título de eleitor, que deverá constar a zona eleitoral do cidadão. Vale ressaltar que, a data de emissão do título eleitoral nos casos de alistamento, transferência, revisão e segunda via é a data do requerimento, nos termos do artigo 23, § 2º, da Resolução nº 21.538 do TSE. Na ausência do título eleitoral, a certidão emitida pelo Cartório Eleitoral declarando o tempo de domicílio na circunscrição do pleito supre aquele documento.

Com a publicação da Lei 12.891/2013, esses documentos não precisam mais ser fornecidos pelos partidos ou coligações, uma vez que competirá à própria Justiça Eleitoral, na forma preconizada pelo § 13, do art. 11 da Lei 9.504/1997.

F) Certidão de quitação eleitoral

Como já afirmado por diversas vezes, o Ordenamento Jurídico visa evitar a ocorrência do abuso do poder político ou econômico em desfavor da lisura das eleições. Um dos instrumentos mais importantes para combater tal ilícito é a tomada de contas realizada pela Justiça Eleitoral em relação às campanhas eleitorais. Consoante será analisado, a campanha eleitoral deve ter as cautelas previstas em lei. A ausência destas cautelas colocará em perigo a própria eleição, pois poderá esconder ilícitos gravíssimos, como, por exemplo, o chamado caixa dois, que termina por desequilibrar o pleito eleitoral, em virtude do poderio econômico de uns em detrimento do restante dos candidatos.

O respeito à lei, principalmente no que tange às obrigações referentes a prestação de contas da campanha eleitoral, trará consigo a declaração da Justiça Eleitoral de quitação em relação a determinado candidato. Por outro lado, a Lei também exige que esta quitação abranja o exercício do direito de voto daquele que pretende se candidatar. Daí a importância do artigo 11, § 1º, VI, da Lei das Eleições que exige a certidão de quitação eleitoral como documento essencial para o deferimento do pedido de registro de candidatura.

Para auxiliar os candidatos, partidos e coligações, a Lei nº 9.504/97, no § 9º do artigo 11, determina que a Justiça Eleitoral deverá enviar aos partidos políticos, na respectiva circunscrição, até o dia 5 de junho do ano da eleição, a relação de todos os devedores de multa eleitoral, a qual embasará a expedição das certidões de quitação eleitoral.

Outra questão importante diz respeito ao conteúdo da certidão de quitação eleitoral. O § 7º do artigo 11 da Lei das Eleições determina que:

> A certidão de quitação eleitoral abrangerá exclusivamente a plenitude dos direitos políticos, o regular exercício do voto, o atendimento a

> convocações da Justiça Eleitoral para auxiliar os trabalhos relativos ao pleito, a inexistência de multas aplicadas, em caráter definitivo, pela Justiça Eleitoral e não remitidas, e a apresentação de contas da campanha eleitoral.

Destrinchando o dispositivo, primeiramente deve a certidão abranger a plenitude dos direitos políticos. Isso significa trazer a informação de que determinada pessoa não possui nenhuma das hipóteses de perda ou ainda suspensão de direitos políticos, ou ainda não tem qualquer causa de inelegibilidade. Por outro lado, a certidão também abrange o regular exercício do voto (para aqueles que ainda obrigados ao seu exercício, assim o candidato maior de 70 anos não teria obrigação de votar nas eleições após ter completado a idade prevista em lei), o atendimento a convocações da Justiça Eleitoral (como, a que determina a participação do cidadão como membro de mesa receptora).

Logicamente, a ausência de cumprimento das obrigações citadas acaba por acarretar multa eleitoral. A multa deve ser executada pela Procuradoria da Fazenda Nacional (e não mais pelo Ministério Público). A aludida execução será processada na Justiça Eleitoral. Vale ressaltar que, em se tratando de multa eleitoral, não se admite obrigação solidária. Por outro lado, caso tenha ocorrido o parcelamento da pena pecuniária, será concedida a certidão caso estejam as referidas parcelas sendo pagas normalmente.

Com a introdução do § 13 ao artigo 11 da Lei nº 9.504/97, pela Lei nº 12.891/2013, os partidos ficam dispensados da apresentação da prova da certidão de quitação eleitoral. Assim, os documentos que são produzidos através de informações detidas pela Justiça eleitoral não precisam mais ser apresentados.

Como já afirmado, a quitação com a Justiça Eleitoral deve existir até a data do pedido de registro de candidatura. O TSE, dando interpretação extensiva em homenagem aos direitos políticos, entende que pagamento de multa efetuado após tal prazo, mas antes do julgamento do registro, deve ser aceito pela Justiça Eleitoral. Assim, relativizou o TSE a determinação do art. 11, § 8°, da LE. Aliás, nestes termos, dispõe o § 8º do artigo 11 da Lei nº 9.504/97 – atualizado pela Lei 13.488/2017 –, que:

> Art. 11. (...)
>
> § 8º Para fins de expedição da certidão de que trata o § 7º, considerar-se-ão quites aqueles que: I – condenados ao pagamento de multa, tenham, até a data da formalização do seu pedido de registro

de candidatura, comprovado o pagamento ou parcelamento da dívida regularmente cumprido; II – pagarem a multa que lhes couber individualmente, excluindo-se qualquer modalidade de responsabilidade solidária, mesmo quando imposta concomitantemente com outros candidatos e em razão do mesmo fato; III – o parcelamento das multas eleitorais é direito dos cidadãos e das pessoas jurídicas e pode ser feito em até sessenta meses, salvo quando o valor da parcela ultrapassar 5% (cinco por cento) da renda mensal, no caso de cidadão, ou 2% (dois por cento) do faturamento, no caso de pessoa jurídica, hipótese em que poderá estender-se por prazo superior, de modo que as parcelas não ultrapassem os referidos limites; IV – o parcelamento de multas eleitorais e de outras multas e débitos de natureza não eleitoral imputados pelo poder público é garantido também aos partidos políticos em até sessenta meses, salvo se o valor da parcela ultrapassar o limite de 2% (dois por cento) do repasse mensal do Fundo Partidário, hipótese em que poderá estender-se por prazo superior, de modo que as parcelas não ultrapassem o referido limite.

Outro fato bastante interessante diz respeito à obrigação solidária ao pagamento de multa. Como se sabe, a obrigação solidária é instituto estabelecido pela teoria geral do direito, através do qual se obriga mais de uma pessoa a uma mesma obrigação, podendo o credor exigir o cumprimento da obrigação completa de um dos devedores solidários, que, nesta circunstância, caso cumprisse tal obrigação em sua completude, poderia exigi-la dos demais devedores, nas parcelas que lhes cabem.

Ocorre, contudo, que para o fim da quitação eleitoral, não há obrigação solidária no Direito Eleitoral. Dessa forma, caso determinado cidadão tenha sido condenado com terceiros ao pagamento de multa eleitoral, basta que pague a parte que lhe cabe, que será concedida a certidão de quitação eleitoral.[2]

É possível, todavia, parcelar-se o débito perante a Justiça Eleitoral, nos termos previstos na legislação para parcelamento de tributos federais. Este parcelamento, no entanto, não pode ser deferido pela Justiça Eleitoral. Isso porque, a lei que trata sobre os parcelamentos de tributos federais, Lei nº 10.522/2001, em seu artigo 10, outorga tal competência para as autoridades fazendárias. Neste sentido, posiciona-se a jurisprudência do TSE:

O artigo 10 da Lei nº 10.522/2002 prevê que os débitos de qualquer natureza para com a Fazenda Nacional poderão ser parcelados em até

2. Art. 11, § 8º, II, da Lei nº 9.504/97.

60 parcelas mensais, a exclusivo critério da autoridade fazendária, na forma e nas condições nela previstas. O parcelamento de multa eleitoral, portanto, compete à autoridade fazendária, e não ao juiz eleitoral. Nesse entendimento, o Tribunal, por unanimidade, desproveu o agravo regimental. (Agravo Regimental no Recurso Especial Eleitoral nº 36.019/CE, rel.ª Min.ª Nancy Andrighi, em 17.5.2011).

Apesar do parcelamento poder ser feito até 60 meses, a parcela não poderá superar 5% dos rendimentos mensais da pessoa física e 2% do faturamento da pessoa jurídica. Especificamente para os partidos políticos, não poderá ultrapassar 2% do repasse mensal do fundo partidário.

Haverá quitação eleitoral, desde que a multa, caso devida, seja paga ou haja parcelamento mesmo após a formalização do pedido de registro de candidatura, desde que isso seja feito antes do julgamento do pedido. Nesses termos, encontra-se a Súmula 50 do TSE:

> "O pagamento da multa eleitoral pelo candidato ou a comprovação do cumprimento regular de seu parcelamento após o pedido de registro, mas antes do julgamento respectivo, afasta a ausência de quitação eleitoral."

Outro fato que tem sido objeto de discussões na doutrina e na jurisprudência é em relação à apresentação de contas em campanha eleitoral anterior do cidadão que pretende concorrer a um novo mandato eletivo. O § 7º do artigo 11 da Lei das Eleições, com a redação que lhe foi dada pela Lei nº 12.034/2009, estabelece que para a expedição de certidão de quitação com as obrigações eleitorais, faz-se necessária a apresentação de contas na campanha eleitoral anterior. Desta forma, a exigência estabelecida na aludida norma jurídica é bastante restritiva, uma vez que não exige, pelo menos em uma interpretação literal, que a conta, caso tenha sido apresentada, seja julgada aprovada nos termos da lei.

Com isso, nesse entendimento, bastaria a apresentação de contas da campanha eleitoral anterior para a expedição da certidão de quitação eleitoral, mesmo que as contas apresentadas tenham sido rejeitadas. É, inclusive, o posicionamento atual do TSE, nos seguintes termos:

> AGRAVO REGIMENTAL. RECURSO ESPECIAL. REGISTRO DE CANDIDATURA. ELEIÇÕES 2010. DEPUTADO FEDERAL. APRESENTAÇÃO DE CONTAS DE CAMPANHA. QUITAÇÃO ELEITORAL. NÃO PROVIMENTO. 1. Esta c. Corte, no julgamento do REspe nº 4423-63/RS, rel. Min. Arnaldo Versiani,

PSESS de 28.9.2010, decidiu que a satisfação do requisito da quitação eleitoral, no que se refere às prestações de contas de campanha, compreende somente a sua apresentação, sem necessidade de correspondente aprovação pela Justiça Eleitoral, de acordo com o disposto no art. 11, § 7º, da Lei nº 9.504/1997, acrescido pela Lei nº 12.034/2009. 2. Agravo regimental não provido. (AgR-REspe - Agravo Regimental em Recurso Especial Eleitoral nº 400235, rel. Min. Aldir Guimarães Passarinho Junior; PSESS - Publicado em Sessão, Data 19.10.2010).

Sobre o assunto, o TSE acabou por editar a Súmula 57, segundo a qual:

> "A apresentação das contas de campanha é suficiente para a obtenção da quitação eleitoral, nos termos da nova redação conferida ao art. 11, § 7º, da Lei nº 9.504/97, pela Lei nº 12.034/2009."

Em verdade, apesar de inúmeras e respeitáveis vozes em contrário,[3] entendemos que a interpretação seguida pelo TSE encontra-se correta. Além de se tratar de interpretação literal do § 7º do artigo 11 da Lei nº 9.504/97, também, *data venia*, é aplicação sistemática e lógica do sistema normativo brasileiro, uma vez que as restrições a direitos, ainda mais em se tratando de direito inerentes à cidadania, devem ser interpretadas de forma restritiva. Desta maneira, a hermenêutica aplicada ao dispositivo normativo aponta, claramente, para a desnecessidade de aprovação das contas nas campanhas eleitorais.

Data venia, não entendemos correta a crítica dirigida por parte da doutrina acerca da interpretação atual do TSE, no sentido que as normas acerca da arrecadação e gasto de campanha teriam a sua eficácia reduzida. Ora, o artigo 30-A da Lei nº 9.504/97 estabelece a possibilidade de cassação do registro ou diploma daqueles que não respeitarem as regras atinentes aos valores arrecadados e gastos na campanha eleitoral. Logicamente, para a aplicação da cassação do registro ou do diploma é necessário investigar-se a gravidade da conduta praticada. Por outro lado, sendo a conduta praticada

---

3. Afirma Rodrigo López Zilio (p. 261): "Como dito, a nova norma contida na redação dada ao § 7º do art. 11 da Lei 9.504/97 é um retrocesso, servindo de incentivo para a prática de atos irregulares na arrecadação e gastos eleitorais e colocando em plano inferior a prestação de contas no atual cenário eleitoral. O comando legal anda na contramão da história e traz névoa à busca de transparência na fiscalização das contas de campanha, na medida em que permite àquele que teve as contas desaprovadas receba certidão de quitação eleitoral. Entende-se que uma interpretação razoável e adequada ao fim preconizado pelo legislador constitucional, para evitar o naufrágio moral do novo comando normativo contido no § 7º do art. 11 da Lei 9.504/97, é que a apresentação de contas, para fins de certidão de quitação eleitoral, pressupõe a sua tempestividade e regularidade (ou seja, exame de mérito positivo)."

grave a ponto de determinar a cassação do registro ou diploma do candidato, ser-lhe-á aplicada, ainda, a pena de inelegibilidade, nos exatos termos do artigo 1º, I, *j*, da LC nº 64/90, com as alterações da LC nº 135/2010 (Lei da Ficha Limpa).

Não se pode esquecer, ainda, o Princípio da Atipicidade Eleitoral ou *in dubio pro candidato*, que determina que qualquer restrição a direitos políticos deve vir expressa em Norma Jurídica. Em assim sendo, como a Lei, em nenhum momento, determinou que não haveria expedição de certidão de quitação para quem teve as contas desaprovadas, mas sim para quem não as prestou, o entendimento jurisprudencial atual é seguramente o mais correto.

Assim, a ausência de aprovação das contas de campanha, dependendo do motivo desta reprovação, terá seus próprios reflexos sobre a capacidade eleitoral passiva do candidato, chegando, em último grau, a tornar o cidadão inelegível por 8 anos. Se não for caso de infração grave às normas que regem a arrecadação e gastos com a campanha, a Lei das Eleições já prevê a aplicação de multa.

Desta maneira, não se pode estender os efeitos da norma inserta no § 7º do artigo 11 da Lei nº 9.504/97 para impedir o registro de candidatura do cidadão que apresentou as contas da campanha anterior e essas foram reprovadas, uma vez que esta reprovação terá suas próprias consequências jurídicas, nos termos do artigo 30-A da mesma Lei das Eleições.

A ausência de prestação de contas pode ocorrer por dois motivos. Nos termos do artigo 77, IV, da Resolução nº 23.553/2017, consideram-se as contas como não prestadas quando não apresentadas no prazo indicado na lei, e após a notificação da Justiça Eleitoral, para que ocorra tal apresentação, o órgão partidário ou os responsáveis mantenham-se inertes. Sendo consideradas não prestadas, a quitação eleitoral não será concedida, o que impedirá que o referido cidadão possa concorrer ao mandato eletivo. É importante deixar registrado que o § 1º do art. 77 daquela Resolução dispõe que:

> § 1º A ausência parcial dos documentos e das informações de que trata o art. 48 ou o não atendimento das diligências determinadas não enseja o julgamento das contas como não prestadas se os autos contiverem elementos mínimos que permitam a análise da prestação de contas.

Quando contas não são prestadas, o cidadão permanece sem quitação eleitoral até o final do mandato para o qual concorreu e até que as preste efetivamente. Assim, por exemplo, imagine-se um candidato a governador que não tenha, nos termos da Lei, apresentado as contas da campanha eleitoral. Ficará sem a quitação eleitoral até o término do mandato para o qual concorreu, ainda que não tenha vencido a eleição. Como o mandato se encerra em 31 de dezembro, e a eleição é em outubro do último ano do mandato, ficará sem ter uma das condições de registrabilidade determinada em lei. Vale mais uma vez ressaltar que tal efeito ocorrerá ainda que o cidadão apresente as contas após o julgamento como não prestadas, por não terem sido apresentadas a tempo.

Nesse sentido, encontra-se a Súmula 42 do TSE:

> "A decisão que julga não prestadas as contas de campanha impede o candidato de obter a certidão de quitação eleitoral durante o curso do mandato ao qual concorreu, persistindo esses efeitos, após esse período, até a efetiva apresentação das contas."

G) Certidões criminais fornecidas pelos órgãos de distribuição da Justiça Eleitoral, Federal e Estadual

Em relação a tais certidões, só haverá, em verdade, impedimento para o registro de candidatura se houver uma decisão judicial transitada em julgado que impeça o exercício dos direitos políticos do cidadão, ou que apenas limite o exercício de capacidade eleitoral passiva. O mero ajuizamento de ação penal em face de candidato não é suficiente, por si só, para impedir o registro de sua candidatura. Este é o entendimento do STF, consagrado na Arguição de Descumprimento de Preceito Fundamental - ADPF - 144.

Na Ação de controle abstrato de constitucionalidade, de competência do STF, está ementado que:

> [...] Mérito: Relação entre processos judiciais, sem que neles haja condenação irrecorrível, e o exercício, pelo cidadão, da capacidade eleitoral passiva - Registro de candidato contra quem foram instaurados procedimentos judiciais, notadamente aqueles de natureza criminal, em cujo âmbito ainda não exista sentença condenatória com trânsito em julgado - Impossibilidade constitucional de definir-se, como causa de inelegibilidade, a mera instauração, contra o candidato, de procedimentos judiciais, quando inocorrente condenação criminal transitada em julgado - Probidade administrativa, moralidade para o exercício do mandato eletivo, "*vita anteacta*" e presunção constitucional de inocência - Suspensão de direitos políticos e imprescindibilidade, para esse efeito, do trânsito em julgado da condenação criminal (CF, ART. 15, III) - Reação, no ponto, da Constituição Democrática de 1988 à ordem autoritária que prevaleceu sob o regime militar - Caráter autocrático da cláusula de inelegibilidade

fundada na Lei Complementar nº 5/70 (art. 1º, I, "N"), que tornava inelegível qualquer réu contra quem fosse recebida denúncia por suposta prática de determinados ilícitos penais – Derrogação dessa cláusula pelo próprio regime militar (Lei Complementar nº 42/82), que passou a exigir, para fins de inelegibilidade do candidato, a existência, contra ele, de condenação penal por determinados delitos – Entendimento do Supremo Tribunal Federal sobre o alcance da LC nº 42/82: Necessidade de que se achasse configurado o trânsito em julgado da condenação (RE 99.069/BA, rel. Min. Oscar Corrêa) – Presunção constitucional de inocência: um direito fundamental que assiste a qualquer pessoa – Evolução histórica e regime jurídico do princípio do estado de inocência – O tratamento dispensado à presunção de inocência pelas declarações internacionais de direitos e liberdades fundamentais, tanto as de caráter regional quanto as de natureza global – O processo penal como domínio mais expressivo de incidência da presunção constitucional de inocência – Eficácia irradiante da presunção de inocência – Possibilidade de extensão desse princípio ao âmbito do processo eleitoral – Hipóteses de inelegibilidade – Enumeração em âmbito constitucional (CF, art. 14, §§ 4º a 8º) – Reconhecimento, no entanto, da faculdade de o Congresso Nacional, em sede legal, definir *"outros casos de inelegibilidade"* – Necessária observância, em tal situação, da reserva constitucional de Lei Complementar (CF, art. 14, § 9º) – Impossibilidade, contudo, de a Lei Complementar, mesmo com apoio no § 9º do art. 14 da Constituição, transgredir a presunção constitucional de inocência, que se qualifica como valor fundamental, verdadeiro *"cornerstone"* em que se estrutura o sistema que a nossa carta política consagra em respeito ao regime das liberdades e em defesa da própria preservação da ordem democrática – Privação da capacidade eleitoral passiva e processos, de natureza civil, por improbidade administrativa – Necessidade, também em tal hipótese, de condenação irrecorrível – Compatibilidade da Lei nº 8.429/92 (art. 20, *"caput"*) com a Constituição Federal (art. 15, V, c/c o art. 37, § 4º) – O significado político e o valor jurídico da exigência da coisa julgada [...]." (ADPF 144, rel. Min. Celso de Mello, publicado em 26.2.2010.

Então, como visto, ao caracterizar a coisa julgada como verdadeiro postulado constitucional e pregar o respeito à presunção de inocência, o STF entende que não se faz possível a investigação da vida pregressa do candidato, caracterizada por qualquer tipo de impedimento ao exercício da capacidade eleitoral passiva apenas pelo fato de ele responder a processo criminal ou de improbidade administrativa, sem que tenha ocorrido a definitividade da sentença judicial através do seu trânsito em julgado.

Ocorre, entretanto, que, após a publicação da aludida decisão do STF, sobreveio a LC nº 135/2010, que estabeleceu em alguns dos seus dispositivos a imposição da inelegibilidade, tendo em vista a decisão proferida por órgão judicial colegiado, sem que tenha sobre ela ocorrido trânsito em julgado da decisão. É o que ocorre, por exemplo, com o artigo 1º, I, e, da LC nº 64/90, que determina que alguns tipos criminais têm como consequência eleitoral a inelegibilidade, desde o trânsito em julgado da decisão condenatória ou da decisão proferida por órgão judicial colegiado até 8 anos após o cumprimento da pena.

H) Fotografia do candidato, nas dimensões estabelecidas em instrução da Justiça Eleitoral, para efeito do disposto no § 1º do artigo 59.

Com o advento da votação eletrônica, a Lei nº 9.504/97, no § 1º do artigo 59, passou a dispor da necessidade de a urna eletrônica conter o nome e o número do candidato, o cargo em disputa, o partido ou coligação ao qual pertence, além de sua fotografia. Esta deve ser entregue, com os demais documentos no requerimento de registro de candidatura, pois, caso o contrário, a ausência deste documento poderá, por óbvio, acabar por trazer o indeferimento do pedido de registro realizado. Qualquer candidato, inclusive os candidatos a vice e suplentes (este último caso de senadores), deve ter a sua foto registrada na urna eletrônica.

Pela Resolução nº 23.548/2017,[4] a fotografia apresentada deve ser, recente, obrigatoriamente em formato digital, tendo as dimensões de 161 x 225 pixels, sem moldura, com profundidade de cor de 24 bpp. A cor de fundo da fotografia deve ser uniforme, preferencialmente branca. Deve ser realizada ainda tendo as seguintes características: frontal (busto), trajes adequados para fotografia oficial e sem adornos, especialmente aqueles que tenham conotação de propaganda eleitoral ou que induzam ou dificultem o reconhecimento pelo eleitor.

I) Propostas defendidas pelo candidato a Prefeito, a Governador de Estado e a Presidente da República.

Essa foi uma das mais interessantes alterações trazidas pela Lei nº 12.034/2009 na Lei nº 9.504/97. No Brasil, é comum ouvir-se alguma conversa na qual um dos interlocutores faz uma promessa e o outro afirma que se trata de "promessa de político", termo utilizado para designar aquelas hipóteses nas quais se sabe ou se presume que não haverá cumprimento

4. Artigo 28, II.

da promessa feita. É o reflexo natural do tratamento com a coisa pública e com os próprios eleitores dado por alguns homens públicos brasileiros que vomitam uma infinidade de promessas antes das eleições, para esquecê-las completamente quando eleitos. O problema é que nas eleições seguintes repetem o mesmo feito, sendo que o povo, novamente, opta politicamente por sua escolha, e mais uma vez as promessas não são cumpridas.

Por isso, muitos dos desmandos cometidos por administradores públicos o são por omissão dos eleitores, tal é a falta de educação política dos cidadãos que simplesmente acabam por não ligar muito para a atuação de políticos no exercício do mandato, sendo comum o esquecimento de escândalos cometidos por certas personalidades, que, incrivelmente, conseguem reeleger-se nas eleições seguintes. Por isso, para que ocorra o bom trato das coisas públicas, não basta um bom conjunto de leis, mas sim também vontade popular e fiscalização pelos órgãos públicos competentes para que tal sistema normativo seja efetivamente cumprido.

De qualquer maneira, com a alteração da Lei nº 12.034/2009, a Lei das Eleições passou a estabelecer entre os documentos exigidos para o pedido de registro de candidatura as propostas defendidas pelos candidatos a Presidente, a Governador e a Prefeito. Vale em primeiro lugar ressaltar o óbvio, como a interpretação sobre as exigências para o exercício da capacidade eleitoral que deve ser restritiva. A apresentação das propostas não será exigida dos candidatos a Vice-Presidente, Vice-Governador, Vice-Prefeito, ou ainda dos candidatos a Senador (e seus suplentes), a Deputado Federal, a Deputado Estadual e a Vereador.

O Registro das propostas dos candidatos aos mandatos citados serve para orientação dos eleitores acerca do cumprimento do prometido, mas o não cumprimento das promessas formalizadas perante a Justiça Eleitoral no momento do pedido de registro de candidatura não terá qualquer efeito jurídico. Se o candidato, uma vez eleito, não cumprir com as promessas realizadas não sofrerá qualquer tipo de sanção. Neste caso, caberá ao cidadão decidir nas próximas eleições se vota ou não naquele candidato, que, uma vez exercendo as atribuições próprias de mandato eletivo, na chefia do Poder Executivo, deixou de cumprir as promessas formalizadas. Assim, o fiscal do cumprimento das propostas defendidas não será a Justiça Eleitoral, mas sim o próprio povo.

Apesar de poder trilhar um caminho diferente das propostas defendidas sem qualquer tipo de penalidade, a ausência das propostas defendidas, por ser documento essencial à candidatura, terá por efeito o indeferimento do pedido de registro de candidatura. Desta forma, não pode o candidato a

Presidente, Governador e Prefeito deixar de apresentar à Justiça Eleitoral as propostas defendidas, mas poderá descumpri-las caso eleito.

J) Prova de Alfabetização

Esse requisito está estabelecido pela Resolução nº 23.548/2017 do TSE[5] e vem para comprovar que o candidato é alfabetizado, pois, caso contrário, será inelegível. Na ausência de comprovante de escolaridade, é cabível a entrega, por parte do candidato, de declaração de próprio punho, informando ser ele alfabetizado.[6] Pode, também, a dúvida acerca da alfabetização de candidato ser suprida por outras formas, como um teste aplicado pela autoridade judiciária eleitoral, desde que seja individual e reservadamente, evitando, assim, expor o cidadão a situações vexatórias, por conta de sua condição. Vale ressaltar que a apresentação da Carteira Nacional de Habilitação traz presunção da alfabetização do candidato, como, aliás, entende o TSE na Súmula 55 do TSE[7].

Vale, ainda, repetir o quanto já afirmado no capítulo 6 referente à inelegibilidade que, segundo a Súmula nº 15 do TSE:

> O exercício de mandato eletivo não é circunstância capaz, por si só, de comprovar a condição de alfabetizado do candidato.

K) Prova da desincompatibilização, quando for o caso.

Havendo necessidade de desincompatibilização, nos termos determinados pela CF ou pela LC nº 64/90, deve o cidadão fazer prova de sua ocorrência, sob pena de ser considerado inelegível para aquela eleição e, por óbvio, ter o registro de sua candidatura indeferido.

8.5. DOS NOMES REGISTRADOS

O candidato deverá ser registrado em seu nome completo, mas poderá também indicar o nome pelo qual é conhecido. É o que aconteceu, por exemplo, com o ex-Presidente da República, que concorreu com o nome de Lula, pelo qual é conhecido em sua vida profissional e política. É possível

5. Artigo 28, IV.
6. § 3° do artigo 28.
7. A Carteira Nacional de Habilitação gera a presunção da escolaridade necessária ao deferimento do registro de candidatura.

que os candidatos transgêneros utilizem seu nome social na urna eletrônica. Ocorre, contudo, que nas eleições proporcionais, a situação fica mais complicada, uma vez que pela quantidade de candidaturas que podem ser registradas, como, inclusive, já visto neste capítulo, fica maior a possibilidade de ocorrer homonímia.

Por isso, os candidatos a eleições pelo sistema proporcional, ao se registrarem, além do nome completo, podem indicar três variações nominais da forma em que pretendem ser identificados na urna eletrônica e, de um modo geral, perante os eleitores. Logicamente, não serão admitidos nomes que sejam irreverentes ou contraditórios à moral e aos bons costumes. Deve o candidato apontar a ordem de preferência entre as variações nominais adotadas. Havendo alguma dúvida, pode a Justiça Eleitoral determinar que o candidato faça provar que nos meios políticos, profissionais ou comunitários seja conhecido por aquele nome.

Na eleição de 2014, ocorreu a eleição do candidato Francisco Everardo Oliveira Silva, mas todos o conhecem como o palhaço Tiririca, que já renunciou ao mandato. Em algumas hipóteses como a citada, determinada pessoa é mais conhecida pelo apelido que recebe nos meios sociais do que pelo nome do registro civil. Em assim sendo, impedir que tal cidadão possa utilizar-se do nome pelo qual é mais conhecido, significaria limitar o exercício efetivo de seus direitos políticos.

Caso ocorra a homonímia, a Lei nº 9.504/97 dispõe em seu artigo 12 de que forma será ela resolvida. O primeiro critério de preferência diz respeito, em verdade, a ter o cidadão exercido mandato eletivo ou sido candidato nos últimos 4 anos. Vale, todavia, ressaltar que no confronto desses critérios, ou seja, o candidato que exerceu mandato eletivo nos últimos 4 anos e o que apenas concorreu a mandato eletivo nos últimos 4 anos, o primeiro terá preferência para ser registrado com a variação nominal escolhida.[8] Se porventura tal critério não resolver o problema, terá preferência o candidato por sua vida política, social ou profissional com a variação nominal escolhida.

Se esse último critério também não funcionar, deverão os pré-candidatos ser convocados pela Justiça Eleitoral para que cheguem a um acordo sobre a utilização da variação nominal escolhida. Se este critério, entretanto, não

8. Assim já decidiu o Tribunal Superior Eleitoral: "Registro de candidato. Recurso especial. Variação nominal. Candidato que exerceu mandato nos últimos quatro anos. Direito de preferência sobre aqueles que concorreram com a variação nominal pleiteada. Recurso conhecido e provido" (Ac. nº 15.496 do TSE, publicado em sessão em 5.9.98.)

resolver, a Justiça Eleitoral deverá registrar a variação em favor daquele que primeiro a escolheu.[9]

8.6. DA SUBSTITUIÇÃO DE CANDIDATOS

As eleições são muito dinâmicas. Por isso, é possível que determinado candidato não tenha tido o registro de sua candidatura deferido, ou ainda que venha a falecer ou renunciar antes das eleições. O artigo 13 da Lei nº 9.504/97 dá aos partidos políticos e às coligações a possibilidade de substituir o candidato, quando este teve o seu registro indeferido pela Justiça Eleitoral, faleceu ou renunciou antes das eleições. De acordo com o disposto no artigo 13 da Lei das Eleições, o partido ou a coligação têm o prazo de 10 dias contados do fato que determinou a substituição do candidato.

O aludido prazo também é aplicado nos casos em que o diretório nacional do partido político anula uma convenção de nível inferior, se esta atua na decisão sobre coligações de forma contrária às diretrizes legitimamente postas por aquele órgão. Se a deliberação acerca da entrada de determinado partido em coligação é anulada, surge a possibilidade de o partido político apresentar candidatos próprios. Para isso, deve o registro de tais candidatos ser requerido no prazo de 10 dias contados da deliberação de anulação da convenção partidária.[10]

Há outro limite para a substituição. Isso porque é proibida a substituição nos 20 dias que antecedem as eleições, salvo no caso de falecimento, quando a substituição poderá ocorrer após esse período. Os dois prazos devem ser aplicados em conjunto. A substituição deve ser feita até 10 dias do evento que a determinou. Se o evento tiver ocorrido faltando menos de 20 dias para as eleições, não será possível a substituição, salvo no caso de falecimento.

Apesar de ser possível tal substituição em momento muito próximo da eleição, dependendo da época que ocorra o substituto terá que concorrer com o nome e a foto do substituído, caso já tenha havido o carregamento das informações na urna eletrônica. Nestes termos, dispõe o artigo 68, § 4º, da Resolução nº 23.548/2017 do TSE:

---

9. Este é o teor da Súmula nº 4 do TSE, que dispõe: "Não havendo preferência entre candidatos que pretendam o registro da mesma variação nominal, defere-se o do que primeiro o tenha requerido."
10. Art. 7º, § 4º da Lei 9.504/97: "Se, da anulação, decorrer a necessidade de escolha de novos candidatos, o pedido de registro deverá ser apresentado à Justiça Eleitoral nos 10 (dez) dias seguintes à deliberação, observado o disposto no art. 13."

> Art. 68. (...)
>
> § 4º Se ocorrer substituição após a geração das tabelas para elaboração da lista de candidatos e preparação das urnas, o substituto concorrerá com o nome, o número e, na urna eletrônica, com a fotografia do substituído, computando-se àquele os votos a este atribuídos.

Tal situação se verificou nas eleições de 2010, na candidatura para Governador do Distrito Federal, na qual o candidato Joaquim Roriz encontrava-se com o pedido de registro de sua candidatura indeferido e acabou por renunciá-la em prol de sua esposa Weslian Roriz, que, no entanto, concorreu ao mandato da chefia do Executivo distrital com o nome, fotografia e número do renunciante.[11]

De qualquer maneira, não será permitida a substituição de candidatos a eleições proporcionais que não respeitar os percentuais máximo e mínimo de candidaturas de cada sexo (máximo de 70% e mínimo de 30%).[12]

Se a substituição for de candidato de coligação para eleições majoritárias, o substituído deve pertencer ao mesmo partido do substituto. Mas se a agremiação partidária renunciar à preferência, o substituto poderá ser filiado a qualquer dos partidos que compõem a coligação partidária. O substituto, seja na eleição majoritária, seja na proporcional, não passa por nova convenção partidária, sendo exceção à convenção enquanto condição de elegibilidade.

ATENÇÃO: Não será possível a substituição de qualquer dos candidatos de chapa majoritária entre o primeiro e o segundo turno. Nestes casos, a chapa que perdeu o candidato, pelo princípio da unicidade de chapas, dará lugar àquela melhor votada que não foi para o segundo turno. Havendo empate entre as chapas que não foram para o segundo turno, será convocada a que tiver o candidato mais idoso, nos termos do artigo 2º, § 2º, da Lei nº 9.504/97.

Então, pelo visto, o candidato que teve a sua candidatura indeferida poderá ser substituído por outro cidadão, conforme convier ao partido político ou a coligação partidária. Ocorre, porém, que da decisão que indeferiu o pedido de registro de candidatura cabe recurso às instâncias superiores

---

11. Vale ressaltar que, segundo o § 8º do artigo 61 da Resolução nº 23.405/2014 do TSE: "O ato de renúncia, datado e assinado, deverá ser expresso em documento com firma reconhecida por tabelião ou por duas testemunhas, e o prazo para substituição será contado da publicação da decisão que a homologar."
12. Artigo 61, § 7º, da Resolução nº 23.405/2014.

e, evidentemente, enquanto este recurso não é julgado, poderá o cidadão continuar com a sua campanha eleitoral. É o que se denomina de candidatura por conta e risco do partido, também chamada de candidatura *sub judice*.

Nesses casos, o cidadão poderá praticar todos os atos de campanha, inclusive a propaganda eleitoral, bem como estará registrado na urna eletrônica, contudo, a validade dos votos a ele atribuídos estará vinculada ao deferimento posterior da candidatura. Isso significa que se o cidadão não conseguir reverter nas instâncias superiores o indeferimento do registro de sua candidatura, os votos consignados a ele não serão considerados sequer para a legenda, nos termos do artigo 16-A da Lei nº 9.504/97.

Nessa hipótese, conforme ficará mais bem assentado no capítulo 16, referente aos recursos eleitorais, entendemos que o recurso interposto contra o indeferimento do registro de candidatura possui efeito suspensivo, sendo, pois, uma exceção à regra do Direito Eleitoral, insculpida no artigo 257 do Código Eleitoral. Isso porque, apesar do indeferimento, como visto, o cidadão poderá praticar todos os atos da campanha eleitoral. Por outro lado, os votos a ele atribuídos serão considerados nulos quando o recurso for julgado improvido, pois a validade dos votos atribuídos ao cidadão fica vinculada ao deferimento do registro de sua candidatura, conforme disposto no parágrafo único do artigo 16-A da Lei das Eleições. Atualmente o TSE[13]

13. "Eleições 2010. Candidato. *Sub judice*. Registro. Indeferimento. Votos. Nulidade. Com o advento da Lei nº 12.034/2009, acrescentou-se o art. 16-A à Lei das Eleições, cujo parágrafo único dispõe que o cômputo, para o respectivo partido ou coligação, dos votos atribuídos ao candidato cujo registro esteja *sub judice* no dia da eleição, fica condicionado ao deferimento do registro do candidato. As dúvidas a respeito da interpretação da norma, notadamente no que se refere à expressão *sub judice*, foram dirimidas pelo Tribunal Superior Eleitoral no julgamento do MS nº 4.034-63/AP em 15.12.2010. Naquela oportunidade, o Tribunal Superior Eleitoral, por maioria, entendeu que registro *sub judice* é todo aquele que foi impugnado, independentemente se deferido ou indeferido. A consequência dessa conclusão é a de que, havendo a confirmação do indeferimento do registro, pouco importa a situação do registro do candidato no dia da eleição, pois os votos não poderão ser computados para o partido. Assentou-se, assim, que o § 4º do art. 175 do Código Eleitoral foi revogado pelo parágrafo único do art. 16-A da Lei nº 9.504/97. Como corolário, tem-se que os votos conferidos a candidatos com registro deferido no dia do pleito, mas posteriormente indeferidos, serão nulos para todos os efeitos. Registre-se que a questão está submetida à consideração do Supremo Tribunal Federal, por meio da ADI nº 4.542/DF. Sendo assim, para as eleições de 2010, o cômputo dos votos atribuídos a candidatos cujos registros estejam *sub judice* no dia da eleição, para o respectivo partido político, fica condicionado ao deferimento desses registros, nos termos do art. 16-A da Lei nº 9.504/97. Cumpre informar que o Ministro Marco Aurélio, relator originário do acórdão, possui entendimento divergente, tendo em vista considerar inconstitucional o parágrafo único do art. 16-A da Lei nº 9.504/97. O Ministro Marco Aurélio esclarece que o parágrafo único do artigo 16-A, ao dispor que o cômputo dos votos para o partido fica na dependência do deferimento do registro, não é consentâneo com a Constituição, considerada a natureza da eleição proporcional, a ênfase conferida aos partidos políticos e, mais do que isso, a razoabilidade. Do contrário, o sistema proporcional, calcado, acima de tudo, na importância das legendas, estaria ferido de morte. Assim, para o eminente relator, indeferido o registro, os votos vão para a legenda, viabilizadas as contas previstas nos artigos 106 e 107 do Código Eleitoral relativas aos quocientes

entende que caso o registro tenha sido deferido, e contra o mesmo tenha sido interposto recurso, após regular Ação de Impugnação ao Registro de Candidatura – AIRC –, a validade dos votos atribuídos ao candidato estará vinculada ao improvimento do recurso.

O termo final da candidatura *sub judice* é a decisão do TSE. Assim, decidindo o Tribunal Superior Eleitoral, originariamente, ou no exercício da competência recursal, indeferir o registro, todos os atos de campanha deverão ser suspensos. Ainda que se interponha recurso extraordinário para o STF, não se fala mais em candidatura *sub judice*. Nesses termos, o TSE definiu a seguinte tese:

> A condição de candidato *sub judice*, para fins de incidência do art. 16-A da Lei no 9.504/1997, cessa com o trânsito em julgado da decisão de indeferimento do registro ou com a decisão de indeferimento do registro proferida pelo Tribunal Superior Eleitoral (RO 0600919-68, rel. Min. Tarcísio Carvalho Neto, julgado em 9.10.2008).

A Lei nº 12.891/2013 introduziu o artigo 16-B à Lei nº 9.504/97. Em verdade, o dispositivo foi bastante redundante. Agora, a lei afirma expressamente que o direito de exercer os atos de campanha, inclusive no que tange à propaganda eleitoral, aplica-se igualmente ao candidato, cujo pedido de registro tenha sido protocolado no prazo legal e ainda não tenha sido apreciado pela Justiça Eleitoral.

Por outro lado, caso um candidato tenha o pedido de registro deferido pela Justiça Eleitoral, mas venha a ser expulso do partido político, a agremiação partidária poderá requerer à Justiça Eleitoral até o dia da eleição o cancelamento do registro de candidatura. Mas é necessário atentar-se à interpretação correta do dispositivo. Ora, primeiro, para que ocorra o cancelamento nestes termos é necessário que: a) o candidato já esteja com o pedido deferido pela Justiça Eleitoral; b) seja expulso do partido político, garantindo-se, sob pena de nulidade, a ampla defesa e o contraditório, conforme se dispõe no artigo 22 da Lei nº 9.096/95; c) que o pedido de cancelamento do registro seja realizado pelo partido político a que pertencia o candidato. Desta forma, nessas condições, o registro não poderá ser cancelado de ofício, nem o pedido poderá ser realizado por outra agremiação partidária que não a que era filiado o candidato.

---

eleitoral e partidário. Nesse entendimento, o Tribunal, por maioria, indeferiu a ordem, nos termos do voto da Ministra Nancy Andrighi" (Mandado de Segurança nº 4.223-41/RO, rel. Min. Marco Aurélio, em 30.6.2011).

8.7. DO JULGAMENTO DO PEDIDO DE REGISTRO DE CANDIDATURA

Como já afirmado, o pedido de registro de candidatura é realizado perante a Justiça Eleitoral que deverá decidi-lo. Esta decisão deveria ser tomada levando em consideração os recursos ordinários interpostos, até 20 dias antes da eleição, como determina o artigo 16 e seu § 1º da Lei nº 9.504/97. Ocorre que, é possível, pelo grande volume de trabalho que experimenta a Justiça Eleitoral na época da eleição, muitos dos pedidos de registro de candidatura ainda não estão definitivamente julgados quando da realização do pleito eleitoral.

É importante atentar que o candidato que estiver *sub judice* poderá praticar todos os atos de campanha, o mesmo ocorrendo com a aquele que ainda não teve o registro julgado. O prazo de 20 dias antes das eleições, imposto pelo art. 16 da Lei 9.504/97 não impede que a candidatura seja alvo de recurso interposto pela via especial, o que poderia fazer com o cidadão estivesse no dia da eleição sem uma definição de sua candidatura. Como já visto, o julgamento pelo TSE do registro de candidatura, caso seja pelo indeferimento, acaba com a candidatura *sub judice* e faz cessar todos os atos de campanha do cidadão.

A Autoridade Judiciária, assim, poderá deferir ou indeferir o pedido de registro de candidatura, através da análise das condições de elegibilidade, ou registrabilidade, ou ainda da existência ou não de situação configuradora de inelegibilidade, sem que seja necessária qualquer impugnação. Assim, mesmo que não haja ajuizamento da Ação de Impugnação ao Mandato Eletivo – AIRC, como será visto mais abaixo, a Justiça Eleitoral não está obrigada a deferir o registro se as condições de elegibilidade não foram preenchidas ou que exista alguma causa de inelegibilidade.

O TSE, inclusive, sumulou esse entendimento, como se pode observar do enunciado 45:

> "Nos processos de registro de candidatura, o Juiz Eleitoral pode conhecer de ofício da existência de causas de inelegibilidade ou da ausência de condição de elegibilidade, desde que resguardados o contraditório e a ampla defesa."

Isso ocorre porque o processo de registro de candidatura não é contencioso, o que faz com que o Juiz possa apreciar de ofício as condições de elegibilidade e a existência ou não de causas de inelegibilidade, sem que tenha ocorrido qualquer impugnação. De acordo com a doutrina,[14] em apenas uma hipótese o Juiz não poderá determinar a inelegibilidade de ofício. É o que acontece quando se trata de inelegibilidade cominada por abuso do poder político ou do poder econômico, como aliás se encontra expresso no artigo 1º, I, *d* e *h*, da LC nº 64/90.

Segundo tais dispositivos, o abuso do poder político ou econômico acarretará inelegibilidade cominada pelo prazo de 8 anos, contados da eleição em que tais fatos ocorreram. Essa inelegibilidade, por ser cominada, deve ser determinada em ação judicial, através de decisão por Órgão Colegiado da Justiça Eleitoral, ou transitada em julgado, ou, no caso da alínea h, como já visto, por órgão do Poder Judiciário colegiado ou por decisão transitada em julgado. Caso ainda não tenha ocorrido tal ação, o Juiz do registro não poderá de ofício entender que ocorreu abuso do poder político ou econômico e simplesmente indeferir o pedido que é feito.

A situação, todavia, será diferente, caso já exista uma decisão impondo a inelegibilidade cominada pela Justiça Eleitoral. Por exemplo, determinado candidato a Prefeito abusou do poder político, tendo, assim, sido condenado à inelegibilidade cominada pela Justiça Eleitoral pelo prazo de 8 anos contados da eleição em que o abuso ocorreu. Dois anos após, nas eleições gerais, aquele mesmo cidadão pretende concorrer para o mandato de Deputado Estadual. Caso o Tribunal Regional Eleitoral, competente para tal registro, verifique a ocorrência da decisão anterior proferida pelo Juiz Eleitoral, deverá de ofício indeferir o pedido de registro de candidatura.

Porém, deve-se notar que não foi o TRE quem determinou a inelegibilidade cominada, mas sim o Juiz Eleitoral que, em processo contencioso, com direito à ampla defesa e ao contraditório, decretou, nos termos da LC nº 64/90, a inelegibilidade pelo prazo de 8 anos. O que não se pode admitir é, como visto, que a Justiça Eleitoral, de ofício, imponha a inelegibilidade por abuso de poder político ou econômico a um cidadão.

Por outro lado, como visto, as condições de elegibilidade ou as causas de inelegibilidade devem estar preenchidas no momento do pedido de registro de candidatura. A isso só se excetua o prazo de filiação e de domicílio eleitoral, que terá como base o dia da eleição e a idade mínima, que deve ter por início o dia da posse, salvo quando a idade for de 18 anos, hipótese em o termo de verificação será o último dia para formalização do registro de candidatura, ou seja, dia 15 de agosto do ano das eleições, como já visto.

14. Por todos, José Jairo Gomes (p. 191).

Mas, como se tratam tais exceções de termo e, portanto, evento futuro e certo, na data do pedido de registro de candidatura já será possível analisar se na data das eleições ou na data da posse os requisitos estarão cumpridos, pois, caso o contrário, por ausência de condições de elegibilidade, o registro será indeferido.

É evidente, no entanto, que se o cidadão estiver inelegível na data da formalização do pedido de registro de candidatura, mas essa inelegibilidade tiver como termo final dia anterior à data da realização da eleição, a Justiça Eleitoral deverá deferir o registro. Nesses termos, há a Súmula 70 do TSE:

> "O encerramento do prazo de inelegibilidade antes do dia da eleição constitui fato superveniente que afasta a inelegibilidade, nos termos do art. 11, § 10, da Lei nº 9.504/97."

Essa situação não se aplica quando se trata de suspensão de direitos políticos. Segundo entende o TSE[15], a suspensão de direitos políticos afeta o próprio alistamento eleitoral o que impede de forma absoluta a candidatura, ainda que a hipótese da suspensão seja extinta antes do dia da eleição. Por isso, não se pode confundir inelegibilidade com suspensão dos direitos políticos.

Por outro lado, se há um fato superveniente, esse pode ser aceito até o último dia previsto para a diplomação[16] (esse último dia é previsto pelo TSE em resolução). Assim, o TSE diferencia o afastamento da inelegibilidade ocorrido por termo do ocorrido por condição. Por termo, será possível a candidatura se o prazo da inelegibilidade ocorrer até antes da data da eleição. Por condição, a candidatura será deferida se o evento futuro e incerto se verificar até o último dia para a diplomação.

Para exemplificar, um cidadão está inelegível porque teve suas contas rejeitadas, por vício insanável, que se constitui como ato doloso de improbidade. Obtém, após as eleições, uma liminar no judiciário, suspendendo a decisão irrecorrível do tribunal de contas. Como esse fato superveniente ocorreu até o último dia para diplomação, o registro de candidatura deve ser deferido. Tudo isso em homenagem aos direitos políticos e sua efetivação.

Isso ocorre porque o art. 11, § 10, da Lei 9.504/97 determina que devem ser observadas as modificações fáticas ou jurídicas que suspendam

---

15. *Agravo Regimental no Recurso Especial Eleitoral no 111-66, Petrolina de Goiás/GO, rel. Min. Napoleão Nunes Maia Filho, julgado em 30.3.2017.*
16. *Embargos de Declaração no Recurso Especial Eleitoral no 166-29, Senhora dos Remédios/MG, rel. Min. Henrique Neves da Silva, julgados em 7.3.2017.*

a inelegibilidade. Ocorre que os direitos políticos, como direitos fundamentais que são, merecem que a legislação tenha uma interpretação extensiva quando se tratar de sua ampliação. Exatamente por isso, o TSE entende que se houver situação que traga condição de elegibilidade posteriormente à formalização do registro, tal fato deve ser levado em consideração pelo julgador, para deferir o registro de candidatura pleiteado. É o que se observa da Súmula 43 do TSE:

> "As alterações fáticas ou jurídicas supervenientes ao registro que beneficiem o candidato, nos termos da parte final do art. 11, § 10, da Lei nº 9.504/97, também devem ser admitidas para as condições de elegibilidade."

Lógico que há outras limitações que impedem que certas causas sejam conhecidas no processo de registro de candidatura e que, em tese, limitariam o exercício da capacidade eleitoral passiva. Dessa forma, não é o processo de registro de candidatura meio adequado para se afastar vícios apurados em processo de prestação de contas de campanha ou partidárias.[17]

Por outro lado, o TSE editou a Súmula 52, segundo a qual:

> "Em registro de candidatura, não cabe examinar o acerto ou desacerto da decisão que examinou, em processo específico, a filiação partidária do eleitor."

De igual maneira, não compete à Justiça Eleitoral, em processo de registro de candidatura, verificar a prescrição da pretensão punitiva ou executória do candidato e declarar a extinção da pena imposta pela Justiça Comum.[18]

É possível, entretanto, que apesar de possuir as condições de elegibilidade e não ter nenhuma das causas de inelegibilidade, um cidadão tenha o registro de sua candidatura indeferido. Basta que não apresente à Justiça Eleitoral os documentos necessários ao registro, como já mencionado no presente capítulo.

Pode ocorrer, no entanto, que os documentos sejam apresentados posteriormente, na hipótese de o juiz abrir prazo para diligência, conforme aponta a Lei nº 9.504/97, sendo, ainda, possível, a juntada de tais documentos com o recurso interposto pelo cidadão. Mas, apesar de todas as oportunidades que são dadas, se o pré-candidato não junta aos autos do registro de

---

17. Súmula 51 do TSE: "O processo de registro de candidatura não é o meio adequado para se afastarem os eventuais vícios apurados no processo de prestação de contas de campanha ou partidárias."
18. Esse é o teor da Súmula 58 do TSE.

candidatura os documentos exigidos, a decisão não poderá ser outra que a de indeferimento do pedido de registro de candidatura.

Se o juiz, no entanto, acabar por não abrir prazo para apresentação dos documentos faltantes. Esses poderão ser apresentados com o recurso ordinário interposto contra o indeferimento do registro de candidatura. Nesses termos, encontra-se a Súmula 3 do TSE:

> "No processo de registro de candidatos, não tendo o juiz aberto prazo para o suprimento de defeito da instrução do pedido, pode o documento, cuja falta houver motivado o indeferimento, ser juntado com o recurso ordinário."

Em relação à natureza jurídica da decisão do registro de candidatura pela Justiça Eleitoral, concordamos com Adriano Soares da Costa[19] quando afirma que a decisão que defere o pedido de registro de candidatura tem natureza constitutiva, pois constitui o cidadão na qualidade de candidato; enquanto aquela que indefere o registro de candidatura tem natureza declaratória negativa, pois só faz declarar a ausência de uma das condições de elegibilidade, ou então a existência de uma das causas de inelegibilidade, o que, evidentemente, impede o exercício do *ius honorum*.

Como já afirmado alhures, com o pedido de registro de candidatura a Justiça Eleitoral fará publicar edital com os nomes dos pré-candidatos, cujo registro foi requerido. Uma vez aprovado em convenção partidária, tem o cidadão o direito de ter o registro de sua candidatura requerido. Caso tenha ocorrido alguma omissão em tal lista, poderá o próprio candidato fazê-lo diretamente perante a Justiça Eleitoral.

Somente com o registro de sua candidatura perante a Justiça Eleitoral é que o pré-candidato passa a ser candidato, podendo assim exercer a sua capacidade eleitoral passiva ou *Ius Honorum.20*

19. Ver p. 276.
20. SOARES DA COSTA (p. 276) resume de forma bastante interessante o procedimento do registro de candidatura, no sentido: "Requerido o registro de candidatos, o juiz eleitoral determinará seja publicado edital, dando publicidade das solicitações de registro. Ao depois do prazo de cinco dias para impugnação, se transcorrido *in albis*, sem que nenhum dos legitimados impugne o pedido o pedido, o juiz deverá abrir vista ao representante do Ministério Público, para que este opine sobre o pleito, na qualidade de *custos legis*. De posse desses elementos necessários à sua cognição, o magistrado poderá determinar a realização de diligências, no escopo de aclarar dúvidas acaso existentes. Com todos os esclarecimentos concluídos, decidirá o juiz eleitoral, acolhendo ou não o pedido de registro. Em acolhendo, a sentença terá efeito preponderantemente constitutivo do estado jurídico de candidato, além da mandamentalidade da realização do registro."

Se houver impugnação ao pedido de registro de candidatura, essa deverá ser realizada através do ajuizamento da AIRC. Ocorre, porém, que a legitimidade para ajuizamento da ação citada é restrita.

8.8. DA AÇÃO DE IMPUGNAÇÃO AO REGISTRO DE CANDIDATURA

A Ação de Impugnação ao Registro de Candidatura é ação judicial que visa a impugnar o pedido de registro de mandato eletivo realizado perante a Justiça Eleitoral. A legitimidade para o seu ajuizamento pertence: a) ao Ministério Público; b) ao partido político; c) à coligação partidária e d) ao candidato.

Vale citar que o cidadão não tem legitimidade para o ajuizamento da AIRC, mas poderá dar ao Órgão Judiciário informação sobre inelegibilidade ou falta de condição de elegibilidade. Isso porque, como já visto, não há necessidade de ajuizamento da ação para que o registro seja indeferido.[21]

O Ministério Público possui a sua legitimação prevista pela própria CF, quando esta afirma ser o *Parquet* o guardião da sociedade e dos interesses públicos indisponíveis. Evidentemente, como o Direito Eleitoral tutela os direitos políticos de acesso e voto aos mandatos eletivos está relacionado diretamente a interesses indisponíveis. É visível que a atuação do Ministério Público no Direito Eleitoral serve para que se auxilie a fiscalização da lisura das eleições, o que garante, como já visto, a legitimidade da representação popular.

Por isso, quando não for o Ministério Público que ajuizar a AIRC, atuará como *custos legis*. Vale ressaltar, que a LC nº 64/90 estabelece em seu artigo 3º, § 2º, que não poderá impugnar o registro de candidatura o membro do Ministério Público que tenha, nos últimos 4 anos, disputado cargo eletivo, integrado diretório de partido político, ou que tenha exercido neste período atividade político-partidária.

Contudo, este prazo foi alterado para 2 anos após o exercício de atividade político-partidária, ou ainda a filiação do Membro do Ministério Público a partido político pelo artigo 80 da LC nº 75/93.[22] Essa revogação

21. Artigo 43 da Resolução nº 23.455 do TSE: "Qualquer cidadão no gozo dos seus direitos políticos poderá, no prazo de 5 dias contados da publicação do edital relativo ao pedido de registro, dar notícia de inelegibilidade ao Juiz Eleitoral, mediante petição fundamentada, apresentada em duas vias."

22. Art. 80 da LC nº 75/93: "A filiação a partido político impede o exercício de funções eleitorais por membro do Ministério Público até dois anos do seu cancelamento."

tácita é respeitada pelo TSE que afirma no artigo 37, § 2º, da Resolução nº 23.405/2014 que:

> Não poderá impugnar o registro de candidato o representante do Ministério Público que, nos 2 anos anteriores, tenha disputado cargo eletivo, integrado diretório de partido político ou exercido atividade político partidária (LC nº 64/90, art. 3º, § 2º; LC nº 75/93, art. 80).

Vale ressaltar que, após a EC nº 45/2004, o membro do Ministério Público ficou proibido de se filiar a partido político ou ainda de exercer atividade político-partidária. Concordamos com a política adotada pela CF, após a referida emenda, uma vez que a imparcialidade do Membro do *Parquet* é essencial à higidez do processo eleitoral, visto que interesses políticos, por mais legítimos que sejam, não podem permear a atuação do Membro do Ministério Público, para que não seja maculada a fiscalização de um dos Órgão Constitucionais mais importantes para se garantir a legitimidade da atuação popular.

Entendemos que caso o Ministério Público não ajuíze a AIRC, pela sua atuação como fiscal da lei, poderá recorrer contra a decisão que houver deferido ou indeferido o registro pleiteado. Essa seria uma atuação lógica, em relação ao papel, como visto, desempenhado pelo Ministério Público. Esse, também, é o entendimento atual do STF, segundo o qual:

> "RECURSO EXTRAORDINÁRIO. MATÉRIA ELEITORAL. LEGITIMIDADE DO MINISTÉRIO PÚBLICO PARA RECORRER DE DECISÃO QUE DEFERE REGISTRO DE CANDIDATURA, AINDA QUE NÃO HAJA APRESENTADO IMPUGNAÇÃO AO PEDIDO INICIAL. SEGURANÇA JURÍDICA. RECURSO A QUE SE NEGA PROVIMENTO. REPERCUSSÃO GERAL. FIXAÇÃO DA TESE A PARTIR DAS ELEIÇÕES DE 2014, INCLUSIVE. I – O Ministério Público Eleitoral possui legitimidade para recorrer de decisão que julga o pedido de registro de candidatura, mesmo que não haja apresentado impugnação anterior. II – Entendimento que deflui diretamente do disposto no art. 127 da Constituição Federal. III – Recurso extraordinário a que se nega provimento por razões de segurança jurídica. IV – Fixação da tese com repercussão geral a fim de assentar que a partir das eleições de 2014, inclusive, o Ministério Público Eleitoral tem legitimidade para recorrer da decisão que julga o pedido de registro de candidatura, ainda que não tenha apresentado impugnação." (ARE 728188 / RJ - RIO DE JANEIRO; Relator(a): Min. RICARDO LEWANDOWSKI; DJe-154 DIVULG 08-08-2014 PUBLIC 12-08-2014).

Outro agente importantíssimo para a fiscalização do processo eleitoral e, portanto, da lisura das eleições, é o partido político. Em relação a essas entidades, não há dúvida alguma. O partido político, desde que tenha registrado seu estatuto perante o TSE poderá participar ativamente do processo eleitoral, realizando normalmente a fiscalização que lhe cabe. Para isso, o partido político poderá nomear delegados perante a Justiça Eleitoral, exatamente para facilitar a sua fiscalização no processo eleitoral.

Algumas observações, entretanto, são necessárias. Inicialmente, como já visto, nos termos do artigo 6º, § 4º, da Lei 9.504/97,[23] o partido político que houver ingressado legalmente em uma coligação partidária perde a legitimidade para atuar de forma isolada. Assim, não terá legitimidade para ajuizar AIRC o partido isoladamente, desde que esteja formando uma coligação, com outras agremiações partidárias, para determinada eleição. Nesses casos, o ajuizamento da referida ação caberá à coligação partidária da qual faz parte.

Por outro lado, não possui legitimidade para recorrer da decisão que haja deferido o registro de candidatura, o partido político que não tenha ajuizado tempestivamente a AIRC, salvo se se tratar de inelegibilidade de fundo constitucional, como será visto posteriormente, a teor da Súmula nº 11 do TSE, que possui a seguinte redação:

> No processo de registro de candidatos, o partido que não o impugnou não tem legitimidade para recorrer da sentença que o deferiu, salvo se se cuidar de matéria constitucional.

Quanto aos candidatos, duas observações são essenciais. Ora, para que um cidadão possa ser considerado como candidato é necessário o deferimento do registro de sua candidatura pela Justiça Eleitoral. Inicialmente, o que a LC nº 64/90 denomina de candidato deve ser considerado como pré-candidato. É fácil de explicar.

O cidadão antes da decisão da convenção partidária é tido como "candidato a candidato". Após a sua escolha pela convenção partidária, passa a ser qualificado como "pré-candidato". O termo candidato deve ser deixado apenas para aqueles que já tiveram o pedido de registro de candidatura deferido pela Justiça Eleitoral. Mas, é necessário aplicar-se interpretação

---

23. "O partido político coligado somente possui legitimidade para atuar de forma isolada no processo eleitoral quando questionar a validade da própria coligação, durante o período compreendido entre a data da convenção e o termo final do prazo para a impugnação do registro de candidatura."

finalística da norma em apreço para que se observe que não há necessidade de ajuizamento da ação para que o registro de candidatura do autor esteja deferido.

A pensar de forma contrária acabar-se-ia por tornar praticamente impossível o ajuizamento da AIRC por candidato, uma vez que as decisões referentes ao registro de candidatura são tomadas praticamente ao mesmo tempo, tendo em vista a necessidade de celeridade da Justiça Eleitoral. Assim, quando o Autor tivesse o seu registro deferido, aquele contra o qual tencionava ajuizar a ação também já teria seu registro deferido, o que inviabilizaria tal demanda.

Por isso, basta que um cidadão tenha requerido o registro de sua candidatura perante a Justiça Eleitoral para que possa ajuizar a AIRC em face de outro cidadão. Essa é a interpretação mais consentânea com a finalidade e o sentido da norma jurídica eleitoral.

De outro lado, o Autor, para que seja legitimado ao ajuizamento da ação citada, não necessita estar concorrendo ao mesmo mandato eletivo do Réu. Em nenhum momento ocorre tal exigência por parte da Legislação Eleitoral, e, nesse caso, onde a lei não distinguiu, não cabe ao intérprete distinguir. Pode um candidato para o mandato de Deputado Federal impugnar a candidatura de outro cidadão para o mandato de Governador do Estado. É razoável, no entanto, que se limite essa legitimidade apenas aos pré-candidatos que concorram a mandato eletivo na mesma circunscrição do impugnado. Apenas para exemplificar, um candidato a vereador é parte legítima para impugnar o registro de candidatura de candidato a prefeito na mesma circunscrição, mas não possuiria essa mesma legitimidade para impugnar candidato a chefia do executivo de município diverso.

8.8.1. Do prazo decadencial

A Ação de Impugnação de Candidatura deve ser ajuizada no prazo de 5 dias, contados da publicação da lista, contendo os nomes daqueles que tiveram o pedido de registro de candidatura realizado perante a Justiça Eleitoral. Esse prazo é decadencial, o que significa que uma vez perdido, a impugnação ao registro de candidatura não poderá ser realizada.

Vale ressaltar que a celeridade necessária ao bom andamento dos processos eleitorais acaba por trazer algumas peculiaridades nas ações eleitorais. Assim, os membros do Ministério Público deixam de ter prerrogativas que são aplicadas em outras searas processuais. No caso da Impugnação ao registro de candidato, não há intimação pessoal ao *parquet*. O prazo, ainda que para o órgão ministerial, começa a ser contado da publicação da lista com os pedidos de registro de candidatura feitos. Nesse sentido, há a Súmula 49 do TSE:

> "O prazo de cinco dias, previsto no art. 3º da LC nº 64/90, para o Ministério Público impugnar o registro inicia-se com a publicação do edital, caso em que é excepcionada a regra que determina a sua intimação pessoal."

Como na época do registro de candidatura a Justiça Eleitoral deve ser ainda mais célere, o artigo 16 da LC nº 64/90 enuncia:

> Os prazos a que se referem os arts. 3º e seguintes desta lei são peremptórios e contínuos e correm em secretaria ou cartório e, a partir da data do encerramento do prazo para registro de candidatos, não se suspendem aos sábados, domingos e feriados.

Desta forma, os prazos eleitorais, na época da eleição, devem ser estritamente cumpridos, pois, em tal período, a Justiça Eleitoral estará apta a receber as petições aos sábados, domingos e feriados. Nesse caso, como há uma norma eleitoral processual específica, não será aplicado o art. 219 do CPC, que determina a contagem dos prazos, considerando apenas os dias úteis. Vale ressaltar que a aplicação do CPC ao Direito Eleitoral só ocorre supletivamente. Por isso, estabelece seu art. 15 que:

> "Na ausência de normas que regulem processos eleitorais, trabalhistas ou administrativos, as disposições deste Código lhes serão aplicadas supletiva e subsidiariamente."

Aliás, o próprio TSE tem entendimento segundo o qual, o art. 219 do CPC não se aplica aos processos judiciais eleitorais, em virtude da celeridade necessária ao Direito Eleitoral.

8.8.2. Da finalidade da Ação de Impugnação ao Registro de Candidatura

A Ação de Impugnação ao Registro de Candidatura tem por finalidade impedir que o cidadão que não possua uma das condições de elegibilidade, ou que tenha uma das causas de inelegibilidade, ou ainda que não tenha apresentado os documentos exigidos por lei ou Resolução do TSE, tenha seu registro deferido pela Justiça Eleitoral. Assim, fica evidente que através da AIRC o Autor deverá apontar a existência de inelegibilidade, a ausência de elegibilidade ou a omissão de algum documento considerado relevante.

Não serve a AIRC para constituir o cidadão em inelegibilidade, mas apenas para declará-la. Como já visto, a inelegibilidade decorre de abuso do poder político ou econômico, nos termos do artigo 1º, I, *d* e *h*, da LC nº 64/90. Nesse caso, é necessário que exista uma decisão anterior da Justiça Eleitoral constituindo o cidadão em inelegibilidade. Havendo a sentença constitutiva, geralmente através de uma Ação de Investigação Judicial Eleitoral, de inelegibilidade cominada por 8 anos, tal inelegibilidade poderá ser declarada pelo Juiz da AIRC, se ainda não houver chegado ao termo final da restrição.

Mas, se por outro lado, não existir decisão judicial anterior constituindo o cidadão em inelegibilidade, não poderá a Justiça Eleitoral através de AIRC decretá-la, pois este não é o objeto desta ação.[24] Por isso, a sentença que julga procedente a AIRC é declaratória negativa do *ius honorum*, pois impedirá que o cidadão possa exercer a sua candidatura ao mandato eletivo.

Vale, no entanto, ressaltar que a ausência de elegibilidade ou a existência de causa de inelegibilidade devem ser arguidas quando do ajuizamento da AIRC, porque, caso contrário, estarão preclusas. Não havendo impugnação, pois, no prazo decadencial previsto em lei (5 dias da publicação da listagem contendo os pedidos de registro de candidatura), não caberá mais tal arguição.

Poderá, porém, ser arguida a inelegibilidade, posteriormente, desde que se trate de inelegibilidade de matriz constitucional (e.g., analfabetismo), ou ainda inelegibilidade superveniente. Com a edição da Lei nº 12.891/2013, o Recurso contra Expedição do Diploma - RCED -, passou a ter como hipótese de ajuizamento a ausência de condições da ação. Nesses casos, poderão a inelegibilidade ou a ausência de condição de elegibilidade serem arguidas através do RCED -, como será visto posteriormente.[25]

---

24. SOARES DA COSTA (p. 283) discorda do posicionamento adotado na presente obra, por entender que a AIRC pode ser meio para constituir o cidadão em inelegibilidade cominada, como o abuso do poder político e o abuso do poder econômico.

25. Nesses termos: "Registro de candidatura. Sentença deferitória. Trânsito em julgado. Pedido de reconsideração. Inelegibilidade. Art. 15, III, da Constituição Federal. Deferimento pelo juízo eleitoral, mantido pela Corte Regional. Arguição de inelegibilidade. Fases próprias. Previsão em lei. Impossibilidade de retratação a qualquer tempo. A matéria de inelegibilidade deve ser arguida por ocasião do registro. Ultrapassada essa oportunidade, somente poderá ela ser suscitada na fase da diplomação, devendo para

Assim, se o cidadão que pleiteia candidatura possui alguma inelegibilidade infraconstitucional e que já existia quando do pedido de registro de candidatura, e se o registro for deferido sem que tenha ocorrido a sua tempestiva impugnação, através da AIRC, apesar de inelegível, o cidadão irá disputar o mandato eletivo. Por exemplo, o artigo 1º, I, *g*, da LC nº 64/90, como já foi visto, estabelece que é inelegível aquele que teve as suas contas rejeitadas por vício que se constitua como ato doloso de improbidade administrativa, por decisão irrecorrível pelo órgão competente, pelo prazo de 8 anos da decisão. Caso essa decisão já exista e, mesmo assim, não tendo ocorrido a AIRC, a Justiça Eleitoral, sem perceber o problema, defere o registro de sua candidatura, não podendo tal inelegibilidade ser posteriormente arguida. Neste caso, se o candidato for eleito, apesar de inelegível, irá disputar o seu mandato eletivo em toda plenitude.

Vale, contudo, ressaltar, para que fique bem claro, que são dois processos a serem decididos em uma única sentença: o registro de candidatura e a AIRC, caso esta tenha sido ajuizada. Isso porque, ao ser ajuizada, a AIRC deverá correr nos mesmos autos do registro de candidatura. Assim, em verdade, a sentença a ser prolatada irá definir dois processos distintos, mas que correm juntamente nos mesmos autos.

Por isso, ainda que o julgador julgue a AIRC improcedente, não estará obrigado a deferir o registro de candidatura. Assim, caso a AIRC seja julgada procedente, será prejudicial ao registro de candidatura, que deverá ser indeferido. Mas, por outro lado, se a AIRC for julgada improcedente, tal fato não irá influenciar no julgamento do pedido de registro de candidatura, que poderá ser indeferido. Deve-se ter em mente que o registro de candidatura pode ser indeferido pelo magistrado eleitoral, caso tome, de ofício, conhecimento da existência de alguma das causas de inelegibilidade ou da ausência das condições de elegibilidade.

Por exemplo, é ajuizada uma AIRC arguindo que o pré-candidato não terá a idade mínima constitucional na data das eleições e que, por isso, não teria uma das condições de elegibilidade previstas no Ordenamento. O Juiz julga improcedente a AIRC sob o fundamento que, de acordo com o Ordenamento Jurídico, a idade mínima deve ser verificada na data da posse e não da realização do pleito eleitoral. Mas, todavia, descobre o juiz, através de informação passada pelo Tribunal de Contas que o cidadão teve suas

---

isso ser superveniente ou de natureza constitucional" (Ac. Nº 18.972, de 27.3.2001, do TSE, *DJ* de 25.5.2001).

contas rejeitadas nos termos do artigo 1º, I, *g*, da LC nº 64/90, estando ainda dentro do prazo da inelegibilidade cominada de 8 anos. Nesse caso, o juiz irá indeferir a AIRC, mas também irá indeferir o registro de candidatura.

8.8.3. Da competência

A competência para o processamento e julgamento da AIRC está estabelecida no artigo 2º da LC nº 64. Segue a regra geral para a Justiça Eleitoral, como já foi visto no capítulo que estuda o Judiciário Eleitoral. Desta forma, em se tratando de AIRC contra candidatura para Presidência ou Vice-Presidência da República, é competente o TSE.

Se a impugnação é realizada em relação às candidaturas de Senador, Deputado Federal, Governador, Vice-Governador e Deputado Estadual, a competência é do TRE. Por último, sendo a impugnação realizada em relação às candidaturas para Prefeito, Vice-Prefeito e Vereador, a competência será do Juiz Eleitoral.

8.8.4. Do rito

O rito da AIRC está definido nos termos dos artigos 3º e seguintes da LC nº 64/90. É conhecido como o rito ordinário do Direito Eleitoral. Por isso, é um pouco mais extenso do que os procedimentos das demais ações eleitorais. Apesar disso, como já visto, é um procedimento célere, tendo em vista as necessidades do Direito Eleitoral, ainda mais com a determinação de que todas as causas, as quais versem sobre registro de candidatura, bem como os recursos ordinários advindos de suas decisões sejam julgados até 20 dias antes das eleições, como aliás determina o artigo 16, § 1º, da Lei nº 9.504/97.

A demanda, pelo Princípio da Inércia da Jurisdição, precisa ser iniciada através de petição inicial, que deve ter todos os requisitos previstos no artigo 319 do Novo Código de Processo Civil,[26] com exceção apenas do valor da causa. Evidentemente, todas as demandas pertencentes ao processo

26. Art. 319. "A petição inicial indicará: I – o juízo a que é dirigida; II – os nomes, os prenomes, o estado civil, a existência de união estável, a profissão, o número de inscrição no Cadastro de Pessoas Físicas ou no Cadastro Nacional da Pessoa Jurídica, o endereço eletrônico, o domicílio e a residência do autor e do réu; III – o fato e os fundamentos jurídicos do pedido; IV – o pedido com as suas especificações; V – o valor da causa; VI – as provas com que o autor pretende demonstrar a verdade dos fatos alegados; VII – a opção do autor pela realização ou não de audiência de conciliação ou de mediação."

eleitoral têm inegável caráter de interesse público, pois discutem direitos indisponíveis, envolvendo a representação popular. Por isso, todas as causas eleitorais não têm qualquer valor econômico envolvido. Pode-se afirmar que todas elas são de valor inestimável, pelo que é inútil a configuração de valor de causa. Não há pagamento de custas nas ações eleitorais, assim como também não há condenação em honorários advocatícios.

Na petição inicial é possível o requerimento de produção de provas, inclusive de testemunhas, que podem ser indicadas em um número não superior a 6.

Na impugnação ao registro de candidatura não litisconsórcio passivo necessário, devendo ser indicado no polo passivo da demanda apenas o cidadão que não possui algum das condições de elegibilidade, ou que tem alguma das causas de inelegibilidade, ainda que se trate de eleições majoritárias. Nesses termos, encontra-se a Súmula 39 do TSE: "Não há formação de litisconsórcio necessário em processos de registro de candidatura."

Uma vez ajuizada a ação, ela será conclusa ao Juiz Eleitoral (caso se trate de eleições municipais), ou ao relator escolhido, nos termos dos regimentos internos e demais atos dos TREs (eleições estaduais ou federais) ou ainda do TSE (eleições presidenciais). O Juiz ou o relator determinarão, assim, a citação[27] dos Réus para que venham aos autos exercer o direito à ampla defesa e ao contraditório. O prazo para a defesa escrita será de 7 dias.

> **ATENÇÃO:** O prazo para defesa só será contado do término do prazo para impugnação (5 dias após a publicação das listagens contendo os pedidos de registro de candidatura realizados). Isso porque é possível que outros legitimados ajuízem outras Ações de Impugnação ao Registro de Candidatura. Mesmo que ajuizada a primeira ação, se esta foi protocolada antes do término do prazo para impugnação ao registro, a Justiça Eleitoral deve aguardar para que seja notificado o Réu para apresentação de defesa.

Na peça de defesa, o Requerido poderá requerer a produção de provas, inclusive a testemunhal, apresentando um rol de até 6 testemunhas. Um fato que durante algum tempo opôs a doutrina e a jurisprudência foi a necessidade de litisconsórcio passivo necessário quando se trata de eleições majoritárias.

---

27. Apesar de o artigo 4º da LC nº 64/90 afirmar que se trata de notificação, o ato que chama o Réu ao processo para que possa ofertar a sua defesa tem a natureza jurídica de citação.

Consoante já exposto, nas eleições majoritárias segue-se o princípio da unicidade de chapas. Por tal princípio, em se tratando de sistema majoritário, é necessário que se formem chapas entre o candidato ao cargo principal e o candidato a vice. A mesma coisa ocorre com a chapa para o Senado Federal, na qual há necessidade de conter o candidato ao mandato de Senador e seus 2 suplentes. Assim, na eleição pelo sistema majoritário, não se pode votar em um candidato a Governador de uma chapa e em um candidato a Vice-Governador de outra. O eleitor, ao proferir o seu voto, estará votando em todos os integrantes da chapa. Por isso, a chapa deve ficar íntegra até o final das eleições.

Apesar da unicidade de chapas, as condições de elegibilidade e as causas de inelegibilidade são avaliadas em relação a cada um dos integrantes da chapa. Assim sendo, é possível que seja deferido o registro do candidato a Vice-Prefeito e indeferido o do candidato a Prefeito. Neste caso, será necessário que o partido ou a coligação substituam o cidadão com registro indeferido, para que possa concorrer às eleições, pois a chapa não pode concorrer às eleições incompletas.

Vale ressaltar que, se o candidato a Vice-prefeito quiser substituir o candidato a Prefeito com o registro indeferido, deverá primeiro renunciar à candidatura, e depois ter seu registro como Prefeito pleiteado, passando por uma nova análise. Neste caso específico, o partido ou a coligação deverão substituir o candidato a Vice-Prefeito que renunciou. O importante, frise-se novamente, é a chapa chegar completa no dia da eleição.

Por isso, o posicionamento do TSE entende não haver necessidade de litisconsórcio passivo necessário quando se trata de AIRC, conforme se observa da decisão a seguir colacionada:

> Registro de candidatura. Impugnação. Rejeição de contas. Convênio. 1. Este Tribunal já assentou que, na fase do registro de candidatura, não há falar em litisconsórcio passivo necessário entre candidatos a prefeito e vice-prefeito. 2. A ratificação do recurso especial após o julgamento de embargos de declaração é desnecessária quando esses embargos forem opostos por parte diversa, ainda que figure no mesmo polo da relação processual. 3. A aplicação de verbas federais repassadas ao município em desacordo com o convênio configura irregularidade insanável. 4. Mesmo constatada eventual impossibilidade de cumprimento do objeto do convênio, cabe ao administrador público proceder à devolução dos recursos, e não efetuar a sua aplicação em objeto diverso. Recursos especiais providos" (REspe – Recurso Especial

> Eleitoral nº 36974 – Itapecerica da serra/SP; Acórdão de 10.06.2010; Rel. Min. Arnaldo Versiani Leite Soares; Publicação: *DJe* – Diário da Justiça Eletrônico, Data: 06.08.2010, p. 51).

Essa mesma situação ocorre com a AIRC ajuizada em face de candidato para as eleições proporcionais. Neste caso, apesar da importância do candidato para o partido político, pois os votos dados a ele auxiliam a definição do quociente partidário, como já visto, o partido político não é litisconsorte passivo necessário. Desta forma, basta a notificação (citação) do candidato impugnado para que o polo passivo da lide esteja completo, uma vez que no sistema proporcional não há a formação de chapas. Neste sentido, portanto, decidiu o TSE que:

> Agravo Regimental no Agravo de Instrumento nº 1307-34/MG; Relator: Ministro Marcelo Ribeiro; Ementa: AGRAVO REGIMENTAL. AGRAVO DE INSTRUMENTO. AIJE. PARTIDO POLÍTICO. BENEFICIÁRIO DA CONDUTA ABUSIVA. LITISCONSÓRCIO PASSIVO NECESSÁRIO. INEXISTÊNCIA. SÚMULA Nº 182/STJ. INOVAÇÃO DE TESE RECURSAL. INADMISSIBILIDADE. PRECLUSÃO CONSUMATIVA. DESPROVIMENTO. 1. É pacífico o entendimento jurisprudencial desta Corte no sentido de que o partido político não detém a condição de litisconsorte passivo necessário nos processos nos quais esteja em jogo a perda de diploma ou de mandato pela prática de ilícito eleitoral. 2. A AIJE não exige a formação de litisconsórcio passivo necessário entre o beneficiado e aqueles que contribuíram para a realização da conduta abusiva. Precedentes. 3. Para que o agravo obtenha êxito, é necessário que os fundamentos da decisão agravada sejam especificamente infirmados, sob pena de subsistirem suas conclusões. 4. O agravo regimental não comporta inovação de teses recursais, ante a preclusão consumativa, devendo a matéria impugnada constar anteriormente do recurso especial. 5. Agravo regimental a que se nega provimento. *DJe* de 25.4.2011.

Nas ações eleitorais não se aplica o disposto no artigo 229 do CPC.[28] Desta forma, mesmo que as partes tenham procuradores diferentes, ainda assim os prazos não serão dobrados.[29] A mesma coisa ocorre com o Minis-

---

28. "Os litisconsortes que tiverem diferentes procuradores, de escritórios de advocacia distintos, terão prazos contados em dobro para todas as suas manifestações, em qualquer juízo ou tribunal, independentemente de requerimento."

29. "Prazo recursal. Litisconsorte. Processo judicial eleitoral. Contagem. Prazo em dobro. Pluralidade. Procurador. Inaplicabilidade. O Tribunal Superior Eleitoral já firmou o entendimento de que aos feitos eleitorais não se aplica a contagem de prazo em dobro, prevista no art. 191 do Código de Processo

tério Público, que pela especialidade da legislação eleitoral, não possui o prazo em dobro para manifestar-se nos autos. Por outro lado, a intimação do Ministério Público, segundo determinação contida no art. 18, II, h, da LC 75/93, deverá ser pessoal.

Como é possível a ampla produção de provas no procedimento, a Autoridade Judiciária poderá determinar prazo para apresentação de provas orais, nos 4 dias seguintes à apresentação da defesa pelo(s) Requerido(s). Vale ressaltar que, nas ações eleitorais, não há depoimento pessoal das partes ou interrogatório das mesmas. Isso porque, em se tratando de material de ordem pública, não há possibilidade de confissão. Ultrapassada tal fase, o procedimento poderá ser convertido em diligências, que deverão ser realizadas nos 5 dias seguintes à realização da audiência para oitiva das partes e testemunhas.

Após as diligências, que podem ser determinadas de ofício ou a requerimento, a Justiça Eleitoral poderá abrir prazo para alegações finais em 5 dias. Tal prazo será comum para as partes e para o Ministério Público. Aliás, apesar do nosso entendimento no sentido de que seria necessária a apresentação das alegações finais, não é este o entendimento do TSE. Desta forma, segundo compreende este Tribunal:

> "Recurso especial. Registro de candidato. Impugnação. Vícios procedimentais. Inexistência. 1. O artigo 6º da Lei Complementar nº 64 estabelece apenas a faculdade – e não a obrigatoriedade – de as partes apresentarem alegações finais. Em observância do princípio da economia processual, é permitido ao juiz eleitoral, nas ações de impugnação ao registro de candidatura, e passada a fase de contestação, decidir de pronto, a ação, desde que se trate apenas de matéria de direito e as provas protestadas sejam irrelevantes. 2. Tratando-se de impugnação ao registro de candidatura perante juiz eleitoral, pode o interessado atuar sem a intermediação de um defensor legalmente habilitado. A subscrição de advogado para esse caso somente é exigível na fase recursal. Precedentes. Recurso especial não conhecido." (Ac. nº 16.694/00 do TSE, psess de 19.9.00).

Civil para os casos de litisconsortes com diferentes procuradores. Cumpre salientar que as disposições do Código de Processo Civil são de aplicação apenas subsidiária ao processo eleitoral – por natureza, concentrado e célere –, e apenas no que não contrariem os princípios que o regem. O entendimento manifestado pelo Tribunal *a quo,* no tocante à impossibilidade de contagem em dobro do prazo recursal, está em consonância com a jurisprudência desta Corte superior. Nesse entendimento, o Tribunal, por unanimidade, desproveu o agravo regimental." Agravo Regimental no Agravo de Instrumento nº 578-39/SC, rel. Min. Marcelo Ribeiro, em 3.2.2011.

- "Ac.-TSE nº 22.785/2004: no processo de registro de candidatura, a abertura de prazo para alegações finais é opcional, a critério do juiz."

Havendo ou não alegações finais, os autos ficarão conclusos para julgamento. Caso se trate de AIRC em eleições municipais, ajuizada perante o Juiz Eleitoral, a sentença deverá ser entregue em cartório no prazo de 3 dias da conclusão dos autos. Não há intimação de tal decisão, pois o prazo começa a correr quando esgotado o tríduo legal para apresentação da sentença.

ATENÇÃO: Ainda que a sentença seja apresentada no cartório em menos de 3 dias da conclusão dos autos, o prazo para o recurso só começa a contar após o término do tríduo legal, conforme se verifica da Súmula nº 10 do TSE.

Caso não seja apresentada a sentença no cartório nos 3 dias indicados na lei, será necessária intimação das partes através de edital, publicado no próprio cartório eleitoral. Evidentemente, o Juiz Eleitoral que não cumpriu o prazo poderá sofrer a sanção cabível, após investigação realizada pelo Corregedor Regional Eleitoral, respeitando-se, evidentemente, a ampla defesa e o contraditório.

O recurso deverá ser interposto pela parte prejudicada, no prazo de 3 dias. Se for interposto o recurso, o prazo para as contrarrazões também será de 3 dias, contado da data de interposição do recurso. Neste caso, também não há intimação para apresentação das contrarrazões, em virtude da dinâmica do processo eleitoral. O recurso terá efeito suspensivo, o que se observa na interpretação lógica do art. 257, § 2º, do Código Eleitoral e do art. 16-A da Lei das Eleições, apresentando-se, pois, como exceção à regra do artigo 257, *caput*, do Código Eleitoral.[30]

Como já afirmado, o pré-candidato que tiver o seu registro de candidatura indeferido, enquanto seu recurso ainda não houver sido decidido, poderá exercer todos os atos de sua campanha eleitoral, inclusive arrecadar e aplicar valores e fazer a sua propaganda eleitoral. Entretanto, essa candidatura *sub judice* é de risco, já que não sendo o indeferimento modificado através do recurso, os votos concedidos ao cidadão nestas condições serão considerados nulos.

Havendo recurso, os autos serão enviados ao TRE. Chegando à sua secretaria serão enviados imediatamente ao Presidente do TRE que sorteará,

30. "Os recursos eleitorais não terão efeito suspensivo."

de logo, um relator e os enviará ao Procurador Regional Eleitoral para que apresente parecer no prazo de 2 dias. Após o referido prazo, havendo ou não parecer, serão os autos enviados ao relator que no prazo de 3 dias os apresentará para julgamento, independentemente de intimação. O julgamento poderá ser realizado em até duas sessões. Ao final do julgamento, o acórdão será lido e publicado na própria sessão do TRE. Desta forma, o prazo para a interposição de recurso ao TSE, cujo prazo também é de 3 dias, será contado da publicação realizada em sessão e não de alguma outra publicação realizada em imprensa oficial. Havendo recurso para o TSE, o prazo das contrarrazões começa a correr da interposição do recurso, sem necessidade de intimação.

Se a AIRC tiver sido ajuizada originariamente perante o TRE (caso das eleições federais e estaduais), o procedimento é o mesmo. A diferença está a partir do término das alegações finais, se existentes, quando no prazo de 3 dias deverá o relator apresentar o processo para julgamento em sessão, sem necessidade de intimação. O prazo para recurso (3 dias) começa a correr da publicação do acórdão em sessão. A partir do recurso, o procedimento é igual. Semelhante, também, será o procedimento, caso a competência seja originária do TSE (eleições presidenciais).

Como já visto, uma única sentença acabará por julgar 2 processos que correm juntos: o registro da candidatura e a AIRC. Sendo que se esta última for julgada improcedente, não significa que o registro de candidatura será deferido.

→ 8.9. Resumo didático

1.	Registro de candidatura é o procedimento através do qual a Justiça Eleitoral declara a existência de todos os requisitos de elegibilidade, a inexistência de causas de inelegibilidade, e permite que o cidadão dispute mandato eletivo, nos termos previstos no Ordenamento Jurídico.
2.	A convenção partidária é órgão de deliberação do partido político. Pelo Princípio da Autonomia Partidária, a convenção é realizada nos termos previstos no estatuto do partido. A convenção, como órgão de deliberação, deve decidir acerca dos filiados do partido político que terão o registro de suas candidaturas requerido pela Agremiação Partidária, bem como acerca do ingresso do partido em coligação partidária. Deve ocorrer entre os dias 20 de julho e 5 de agosto do ano das eleições.

3. Não se admite em uma mesma eleição que um mesmo cidadão dispute mais de um cargo eletivo, conforme disposto no artigo 88 do Código Eleitoral, ainda que para mandatos diferentes.

4. Nas eleições proporcionais, cada partido político e cada coligação poderão requerer o registro de candidatos em número de até 150% dos cargos em disputa nas casas legislativas. Nos municípios que tenham até 100.000 eleitores, a coligação poderá requerer o registro de candidatos a vereador até o dobro do número de cargos em disputa.

5. Nos Estados que têm até 12 Deputados Federais, as eleições para Deputados Federais e Estaduais seguirão a regra segundo a qual cada partido ou coligação poderá requerer o registro de candidatos em relação ao dobro do número de vagas em disputa.

6. No processo de registro de candidatos, não tendo o juiz aberto prazo para o suprimento de defeito da instrução do pedido, pode o documento, cuja falta houver motivado o indeferimento, ser juntado com o recurso ordinário.

7. O pedido de registro de candidatura será realizado perante a Justiça Eleitoral pelos partidos e coligações até as 19 horas do dia 15 de agosto do ano das eleições.

8. Caso o partido ou a coligação não requeiram o registro de candidatura perante a Justiça Eleitoral, o próprio pré-candidato poderá fazê-lo, desde que o faça até as 48 horas após a publicação das listas contendo os pedidos de registro de candidaturas realizados perante a Justiça Eleitoral.

9. É possível que ocorra a substituição do candidato que faleceu, renunciou ou teve o seu registro indeferido. Essa substituição deve ocorrer no prazo de até 10 dias contados do evento que a fundamentou. Essa substituição não poderá ocorrer nos 20 dias que antecedem as eleições, salvo em caso de falecimento.

10. Não será possível a substituição de qualquer dos candidatos de chapa majoritária entre o primeiro e o segundo turno. Nestes casos, a chapa que perdeu o candidato, pelo princípio da unicidade de chapas, dará lugar àquela melhor votada que não foi para o segundo turno. Havendo empate entre as chapas que não foram para o segundo turno, será convocada a que tiver o candidato mais idoso, nos termos do artigo 2º, § 2º, da Lei nº 9.504/97.

11. A Ação de Impugnação ao Registro de Candidatura – AIRC – poderá ser ajuizada até 5 dias contados da publicação das listas com os nomes dos pré-candidatos. É prazo decadencial.

12. No processo de registro de candidatos, o partido que não o impugnou não tem legitimidade para recorrer da sentença que o deferiu, salvo se se tratar de matéria constitucional, ou ausência de condições de elegibilidade.

13. O simples cidadão não é parte legitimada para o ajuizamento da AIRC.

14. A sentença na AIRC deve ser apresentada em cartório no prazo de 3 dias da conclusão, caso a competência seja do Juiz Eleitoral. Ainda que a sentença seja apresentada no cartório em menos de 3 dias da conclusão dos autos, o prazo para recurso só começa a contar após o término do tríduo legal, conforme se verifica na Súmula nº 10 do TSE.

15. Uma única sentença acabará por julgar dois processos que correm juntos: o registro da candidatura e a Ação de Impugnação ao Registro de Candidatura. Sendo que, se esta última for julgada improcedente, não significa que o registro de candidatura será deferido.

→ 8.10. Questões

1) (FCC) Considere:

I. Fúlvio deseja candidatar-se a Prefeito.

II. Flávio deseja candidatar-se a Senador.

III. Amaury deseja candidatar-se a Vice-Presidente da República.

Supondo-se presentes os pressupostos para tanto, de acordo com o Código Eleitoral, o registro de Fúlvio deverá ser processado e julgado, originariamente, pelo

a) Juiz Eleitoral, assim como o de Flávio; e o de Amaury perante o Tribunal Regional Eleitoral competente.

b) Tribunal Regional Eleitoral competente; o de Flávio perante o Tribunal Regional Eleitoral competente; e o de Amaury perante o Tribunal Superior Eleitoral.

c) Juiz Eleitoral; o de Flávio e o de Amaury perante o Tribunal Superior Eleitoral.

d) Juiz Eleitoral; o de Flávio e o de Amaury perante o Tribunal Regional Eleitoral.

e) Juiz Eleitoral; o de Flávio perante o Tribunal Regional Eleitoral competente; e o de Amaury perante o Tribunal Superior Eleitoral.

2) (FCC) Claudionor candidata-se à Presidência da República, Heriberto à Câmara dos Deputados e Lucimara à Assembleia Legislativa do seu Estado, por partidos políticos distintos, mas unidos em regular coligação. Nessa situação, Claudionor concorrerá

a) com o número de qualquer um dos partidos que compõem a coligação pela qual ele se candidata; Heriberto com o número de qualquer dos partidos componentes da coligação pela qual se candidata acrescido de três algarismos à direita; e Lucimara, com o número do partido de qualquer dos partidos componentes da coligação pela qual se candidata acrescido de quatro algarismos à direita.

b) com o número de qualquer um dos partidos que compõem a coligação pela qual ele se candidata; Heriberto com o número do partido ao qual está filiado, acrescido de dois algarismos à direita; e Lucimara, com o número do partido a que está filiada acrescido de três algarismos à direita.

c) com o número de qualquer um dos partidos que compõem a coligação pela qual ele se candidata; Heriberto com o número do partido ao qual está filiado, acrescido de um algarismo à direita; e Lucimara, com o número do partido a que está filiada acrescido de dois algarismos à direita.

d) com o número identificador do partido ao qual está filiado; Heriberto com o número do partido ao qual está filiado, acrescido de dois algarismos à direita; e Lucimara, com o número do partido a que está filiada acrescido de três algarismos à direita.

e) com o número identificador do partido ao qual estiver filiado; Heriberto com o mesmo número com o qual concorre Claudionor, acrescido de dois algarismos à direita; e Lucimara com o mesmo número do partido de Claudionor, acrescido de três algarismos à direita.

3) **(CESPE) Quanto a registros de candidatos, assinale a opção correta.**

a) As causas de inelegibilidade são aferidas no momento do pedido de registro da candidatura, sendo vedada a alteração da decisão por alterações fáticas ou jurídicas supervenientes.

b) É vedado ao partido substituir candidato que for considerado inelegível após o termo final do prazo do registro.

c) Para solicitar à justiça eleitoral o registro de seus candidatos, os partidos políticos terão até as dezenove horas do dia trinta de agosto do ano em que se realizarem as eleições.

d) Entre outros documentos, o pedido de registro de candidato à justiça eleitoral deve ser instruído com declaração de bens assinada pelo candidato.

e) Apenas partidos políticos podem solicitar registro de candidatos.

4) **(FCC) A coligação "X" deseja requerer o registro dos seus candidatos à Câmara de Vereadores de determinado Município que possui cem mil eleitores. Para isso, foi verificar o total de candidatos que poderia registrar, ficando ciente de que deve preencher as vagas com, no mínimo, 30% e, no máximo, 70% para candidaturas de cada sexo. Dentre os seus candidatos estão Níveo, que fará 18 anos na data da posse e Jade, que fará 18 anos na data-limite para o registro. A coligação "X" poderá registrar candidatos no total de até**

a) 200% dos lugares a preencher, sendo que Níveo não poderá se candidatar.

b) 150% dos lugares a preencher, sendo que tanto Níveo quanto Jade não poderão se candidatar.

c) 200% dos lugares a preencher, sendo que Jade não poderá se candidatar.

d) 150% dos lugares a preencher, sendo que Jade não poderá se candidatar.

e) 200% dos lugares a preencher, sendo que tanto Níveo quanto Jade poderão se candidatar.

5) **(CESPE) Com relação a coligações, convenções e registro de candidatura, assinale a opção correta.**

a) Os partidos políticos ou as coligações, ao solicitarem à justiça eleitoral o registro de seus candidatos ao cargo majoritário, devem instruir o pedido de registro com as propostas defendidas pelos candidatos.
b) Uma cidadã que deseja concorrer a uma eleição deve respeitar dois prazos mínimos de idêntica duração: o de domicílio eleitoral na circunscrição onde ocorrerá a eleição de seu interesse e o de filiação deferida pelo partido.
c) Para assumir o mandato de vereador, o cidadão deve completar dezoito anos de idade até a data da posse.
d) A legislação em vigor permite que os partidos políticos componham uma coligação partidária com denominação formada pela junção das siglas dos partidos envolvidos ou que coincida com o número do candidato da coligação ao cargo do Poder Executivo.
e) No processo eleitoral brasileiro, vigora o princípio da candidatura nata, que assegura aos que exercem mandato eletivo o registro de suas candidaturas para o mesmo cargo pelo partido a que já estejam filiados.

GABARITO

1 – E	2 – D	3 – D	4 – A	5 – A

CAPÍTULO 9

PARTIDOS POLÍTICOS

9.1. CONCEITO

Os partidos políticos são figuras essenciais ao processo eleitoral brasileiro. Constituem-se em pessoas jurídicas criadas e comandadas por eleitores que compartilham de pontos de vista políticos semelhantes e que têm como intenção a busca por assumir cargos eletivos, segundo procedimento Constitucional.

O Brasil, como se sabe, se constitui em um Estado Democrático de Direito. Por conta disso, os partidos políticos acabam por receber tratamento privilegiado pela CF, por serem instrumentos democráticos e de cidadania, não se permitindo sobre tais entes ingerências estatais que terminem por diminuir a liberdade de sua criação, instituição de programa partidário ou atuação.

O professor José Jairo Gomes define o partido político como sendo:

> A entidade formada pela livre associação de pessoas, cujas finalidades são assegurar no interesse do regime democrático, a autenticidade do sistema representativo, e defender os direitos humanos fundamentais (p. 77).

9.2. DA PERSONALIDADE JURÍDICA

Como já visto, os partidos políticos possuem personalidade jurídica, sendo, pois, sujeitos de direitos e obrigações, conforme determinado pela CF que dispõe no artigo 17, § 2º, que: "Os partidos políticos, após adquirirem personalidade jurídica, na forma da lei civil, registrarão seus estatutos no Tribunal Superior Eleitoral."

A Constituição, ao afirmar que os partidos políticos adquirem personalidade jurídica nos termos da Lei Civil, levou a doutrina a sustentar que a personalidade jurídica dos partidos políticos é de direito privado, o que foi confirmado pelo artigo 1º da Lei dos Partidos Políticos (Lei nº 9.096/95) que estatui:

> O partido político, pessoa jurídica de direito privado, destina-se a assegurar, no interesse do regime democrático, a autenticidade do sistema representativo e a defender os direitos fundamentais definidos na Constituição Federal.

Desta forma, sendo o partido político pessoa jurídica de direito privado, a sua constituição ocorre nos termos definidos no CC que determina:

> Começa a existência legal das pessoas jurídicas de direito privado com a inscrição do ato constitutivo no respectivo registro, precedida quando necessário, de autorização ou aprovação do Poder Executivo, averbando-se no registro todas as alterações porque passar o ato constitutivo.

Na verdade, como participantes do processo eleitoral, os partidos políticos não podem sofrer intervenções ilegítimas do poder público. Isso explica a sua personalidade jurídica ser de direito privado. No entanto, a natureza jurídica de direito privado não significa uma total liberdade para atuação. Aliás, o Estado de Direito, como o Brasil, não traz em seu Ordenamento Jurídico liberdades e autonomias que sejam absolutas. Por isso, apesar de se afirmar que é livre a criação, extinção, fusão e incorporação de partidos políticos, é fundamental que tais partidos respeitem o regime democrático, a soberania nacional, o sistema representativo e os direitos fundamentais da pessoa humana.

Não se pode admitir qualquer agremiação partidária que não traga em seu programa tais objetos, pois, desta forma, a atuação do partido será nefasta para o país. Mas, dentro de tais objetos, o partido possui autonomia.

Por isso, a Lei Orgânica dos Partidos Políticos (Lei nº 9.096/95) determina a proibição dos partidos políticos de ser subordinado a entidades e governos estrangeiros (medida que visa à preservação da soberania nacional), ministrar instrução paramilitar ou militar para os seus filiados, ou ainda utilizar-se de organização dessa natureza, bem como lhes é proibido adotar uniforme para seus membros.

A autonomia partidária está, na realidade, relacionada com o estatuto e com o programa do partido político. Com isso, os partidos na fixação de sua estrutura interna e na definição de seus ideais políticos, dentro dos limites fixados no Ordenamento Jurídico, possuem autonomia.[1]

ATENÇÃO: Não confundir o estatuto com o programa do partido político. O estatuto serve para a definição da estrutura interna da agremiação partidária, enquanto o programa estabelece a plataforma política do partido.

Então, para a lei civil, o início da existência de uma pessoa jurídica é o registro de seus atos constitutivos no cartório competente. No caso dos partidos políticos, é proibida a ingerência do Poder Executivo, não necessitando para a sua criação de autorização ou aprovação daquele Poder.

A desnecessidade de ato do Poder Executivo na criação dos partidos políticos encontra amparo no artigo 17, *caput*, da CF e no artigo 2º da Lei nº 9.096/95 (Lei dos Partidos Políticos), que possuem redação idêntica, no seguinte sentido:

> É livre a criação, fusão, incorporação e extinção de partidos políticos cujos programas respeitem a soberania nacional, o regime democrático, o pluripartidarismo e os direitos fundamentais da pessoa humana (art. 2º da Lei nº 9.096/95).

9.3. DO PROCEDIMENTO DE CRIAÇÃO E REGISTRO DOS PARTIDOS POLÍTICOS

Vale ressaltar que os partidos políticos possuem caráter nacional, devendo, portanto, serem registrados no Cartório de Registro Civil das pessoas jurídicas da Capital Federal, conforme enuncia o artigo 8º da Lei º 9.096/95.

O fato de os partidos terem autonomia de atuação, consagrada pelo Ordenamento Jurídico, não significa que estejam libertos das disposições legais pertinentes à sua criação.

1. Este é o posicionamento de Rodrigo López Zílio (p. 64) que afirma: "Por evidente que a autonomia partidária não é ilimitada, devendo haver a observância das condicionantes impostas pelo legislador constitucional e ordinário, os quais, contudo, não podem imiscuir-se em questões eminentemente *interna corporis* da agremiação partidária."

ATENÇÃO: Determina a Lei dos Partidos Políticos que, para registro de seus atos constitutivos no cartório precitado, é necessário que o requerimento de inscrição seja subscrito por seus fundadores, em número nunca inferior a 101, com domicílio eleitoral de, no mínimo, um terço dos estados.

Desta forma, a Lei dos Partidos Políticos (Lei nº 9.096/95) consagra qual o procedimento a ser adotado na criação dos partidos, em seu artigo 8º. Para que ocorra a criação da personalidade jurídica do partido político é fundamental que o estatuto e o programa sejam publicados no *Diário Oficial da União*, o que vai servir para que haja conhecimento público das intenções do futuro partido político. Após isso, haverá o requerimento dirigido ao Cartório de Pessoas Jurídicas da Capital Federal, como visto, assinado por seus fundadores, com o número mínimo de 101, com domicílio eleitoral em pelo menos 1/3 dos Estados (nove Estados).

O requerimento deve ser acompanhado de alguns documentos: I – cópia autêntica da ata da reunião de fundação do partido; II – exemplares do *Diário Oficial* que publicou, no seu inteiro teor, o programa e o estatuto; III – relação de todos os fundadores com o nome completo, naturalidade, número do título eleitoral com a zona, seção, município e estado, profissão e endereço da residência.

Obrigatoriamente, o partido deverá ter sede na Capital Federal, o que reforça, mais uma vez, o caráter nacional das agremiações partidárias no Direito Brasileiro. Bem, uma vez apresentados todos os documentos, deverá o oficial de registro civil emitir uma certidão que informe o cumprimento de todos os requisitos legais. Após estas etapas, o partido político é considerado criado, pois adquiriu a sua personalidade jurídica.

Ora, nos termos da Lei Civil, o partido político, como visto, é criado a partir do registro de seus atos constitutivos no cartório competente. Ocorre, porém, que para poder participar do processo eleitoral, faz-se necessário o registro do estatuto perante o TSE. Sobre o assunto, leciona o professor José Jairo Gomes que:

> O registro no TSE não significa interferência do Estado na organização e no funcionamento do partido. Já faz parte da história o tempo em que essas entidades eram convenientemente mantidas como apêndices do Estado. É esse registro que permite, por exemplo, que o partido participe do processo eleitoral, receba recursos do Fundo Partidário, tenha acesso gratuito ao rádio e à televisão. É também ele que assegura a exclusividade de sua denominação e sigla e de seus símbolos,

vedando a utilização, por outras agremiações, de variações que venham a induzir a erro ou confusão. Outrossim, só o partido registrado no TSE pode credenciar delegados perante os órgãos da Justiça Eleitoral (LOPP art. 7º, §§ 2º e 3º, e art. 11) (p. 78).

ATENÇÃO: Não se pode confundir a criação do partido político com o registro de seu estatuto. A criação é realizada perante o Cartório Civil da Capital Federal. Ou seja, o partido político adquire personalidade jurídica, sem nenhuma intervenção do Judiciário Eleitoral. Mas somente após ter adquirido tal personalidade, é que deverá requerer o registro de seu estatuto perante o TSE, o que irá lhe assegurar seu correto funcionamento.

Segundo o art. 51 da Lei 9.096/95, os partidos políticos que tenham seus estatutos registrados perante o TSE poderão utilizar gratuitamente escolas públicas e casas legislativas para realização de suas reuniões ou convenções, responsabilizando-se por danos causados a esses bens durante tais eventos.

Para que ocorra o registro de seu estatuto perante o TSE, é necessário que ocorra o chamado apoiamento mínimo, que significa uma série de assinaturas de eleitores na quantidade mínima referida na lei. Segundo o parágrafo primeiro do artigo 7º da Lei dos Partidos Políticos, esse apoiamento deverá ser de no mínimo 0,5% dos votos dados na última eleição geral para a Câmara dos Deputados, não computados os votos em branco e os nulos, distribuídos por um terço, ou mais, dos Estados, com um mínimo de 0,1% do eleitorado que haja votado em cada um deles.

Vale ressaltar que, com o advento da Lei 13.107/2015, o apoio só será dado por cidadãos que não estejam filiados a partidos políticos. E, posteriormente, com a Lei 13.165/2015, passou-se a estabelecer um limite de 2 anos para que o procedimento seja concluído. Ou seja, com as duas normas citadas, alteradoras do art. 7º, § 1º, da Lei 9.096/95, tornou-se bem mais difícil o registro de estatuto de partido político perante o TSE. Esses dois anos são computados do registro do partido no cartório de pessoas jurídicas da capital federal[2]. Na prática, caso o partido não tenha conseguido o apoiamento mínimo após 2 anos de sua criação, o registro do estatuto não poderá ser efetuado.

2. Art. 7°, § 3°, Resolução 23.571 do TSE.

O apoiamento mínimo é mais uma medida, talvez a mais importante, estabelecida pela legislação para comprovar o caráter nacional dos partidos políticos.

Para que se possa ter uma ideia da aplicação do apoiamento mínimo, vai um exemplo prático. Para este exemplo, consideraremos como se houvessem, nas eleições passadas, sido consignados 50.000.000 votos válidos:

A) Assim, seria necessário que o partido em procedimento de registro de estatuto obtivesse o apoio de pelo menos 250.000 eleitores (que equivale a 0,5% de 50.000.000).

B) Esses 250.000 eleitores devem estar distribuídos por pelo menos 9 estados (1/3 dos Estados, nos termos da lei).

C) Em cada Estado é imprescindível que se obtenha o apoio de pelo menos 0,1% do número de eleitores que naquele Estado votaram para Deputado Federal. Por exemplo, imaginando que na Bahia foram obtidos 4.000.000 de votos para Deputado Federal, seria necessário que o partido obtivesse 4.000 votos (que equivale a 0,1% de 4.000.000).

O partido político, em processo de registro de estatuto, tem o direito de obter junto a cada zona eleitoral listas contendo os eleitores vinculados a cada uma. Através desta lista é que o escrivão (atualmente chefe de cartório eleitoral) vai fornecer certidão indicando o número de eleitores que apoiaram o registro do estatuto do partido naquela determinada zona. O apoio não pode ser confundido com a filiação partidária. Assim, é possível que o documento que deva ser assinado pelo eleitor, para que seja possível o registro do estatuto, declare que o apoio não se converte em filiação, para que não haja receio de o eleitor mais ignorante deixe de assinar temendo estar se envolvendo com o partido político.

A verificação do cumprimento do apoiamento mínimo é realizada através da análise de todas as certidões emanadas de diversas zonas eleitorais. É na soma de todas as certidões apresentadas que será possível verificar ter efetivamente o partido obtido o apoio popular necessário ao registro de seu estatuto. As certidões comprobatórias do apoiamento mínimo podem ser obtidas diretamente no sítio do TSE.[3] O eleitor pode solicitar, mediante requerimento fundamentado, ao juiz competente, a exclusão de seu nome dentre os apoiadores para o registro do partido político, desde que até o final da fase de instrução de registro do estatuto e do diretório nacional perante o TSE[4].

3. Art. 16, Resolução 23.517 do TSE.
4. Art. 17, Resolução 23.571 do TSE

É o que afirma o § 1º do artigo 9º da Lei nº 9.096/95, no seguinte sentido:

> § 1º A prova do apoiamento mínimo de eleitores é feita por meio de suas assinaturas, com menção ao número do respectivo título eleitoral, em listas organizadas para cada Zona, sendo a veracidade das respectivas assinaturas e o número dos títulos atestados pelo Escrivão Eleitoral.

ATENÇÃO: Como já visto, o analfabeto possui cidadania ativa, podendo participar do processo eleitoral como eleitor, mas não como candidato. O partido político, para o registro de seu estatuto perante o TSE, necessita do apoiamento mínimo de eleitores, conforme já afirmado. Por conta disso, o TSE tem permitido que o analfabeto participe da lista de apoiamento mínimo, apondo, se não souber assinar, a sua impressão digital, desde que identificado pelo nome, números de inscrição, zona e seção, município, unidade da federação e data de emissão do título eleitoral; e possibilidade de conter campos para endereço e telefone.

A importância do registro do estatuto perante o TSE é inegável, pois, conforme se observa nos §§ 2º e 3º do artigo 7º da Lei nº 9.096/95, somente o partido com estatuto registrado poderá participar do processo eleitoral, bem como receber valores do fundo partidário, ter acesso gratuito ao rádio e à televisão, e ainda ter direito à exclusividade no registro de seu nome, sigla e símbolos.

O procedimento do registro dos estatutos perante a Justiça Eleitoral, por outro lado, está descrito no artigo 9º, da Lei dos Partidos Políticos, no qual se estabelece que o pedido de registro de candidatura deve ser realizado acompanhado de I – exemplar autenticado do inteiro teor do programa e do estatuto partidário, inscritos no Registro Civil; II – certidão do registro civil da pessoa jurídica, fornecida pelo cartório de pessoas jurídica da Capital Federal; III – certidões dos cartórios eleitorais que comprovem ter o partido obtido o apoiamento mínimo de eleitores, nos moldes vistos.

Uma vez protocolado o requerimento frente ao TSE, ele será distribuído a um relator, no prazo de 48 horas. Uma vez ouvida a Procuradoria Geral Eleitoral, no prazo de 10 dias, em igual prazo, deverá determinar que sejam supridas falhas no procedimento, caso existam.

Após tal procedimento, o estatuto será registrado no prazo de 30 dias.

Se ocorrer alguma modificação no programa ou no estatuto do partido político, tal alteração deverá ser registrada no Ofício Civil competente (cartório de registro de pessoas jurídicas da Capital Federal) e, somente após, encaminhadas para registro no TSE. Ao partido com estatuto registrado no TSE é dado o direito de utilizar gratuitamente escolas públicas e casas legislativas para suas reuniões ou convenções, sendo responsabilizado pelos danos causados ao bem durante o evento.

O Tribunal Superior Eleitoral já decidiu que não se faz possível o registro de alteração de programa ou estatuto perante a Justiça Eleitoral, antes de ocorrido o registro no cartório civil competente. Neste sentido, verifica-se a seguinte decisão:

> Partido político. Alterações estatutárias não registradas no ofício civil competente. Descumprimento do art. 10 da Lei 9.096/95. Pedido indeferido. Nos termos do art. 10 da Lei 9.096/95, o registro das alterações promovidas nos estatutos dos partidos políticos pressupõe o seu registro no Ofício Civil competente. Pedido que se indefere (Resolução nº 21.368, de 25.3.2003, do TSE, *DJ* de 3.6.2003).

O partido político registrado perante o TSE poderá credenciar delegados na presença do Juiz Eleitoral, o TRE e o TSE. Por conta disso, dispõe o artigo 11 da Lei dos Partidos Políticos que:

> Art. 11. O partido com registro no Tribunal Superior Eleitoral pode credenciar, respectivamente:
>
> I – delegados perante o Juiz Eleitoral;
>
> II – delegados perante o Tribunal Regional Eleitoral;
>
> III – delegados perante o Tribunal Superior Eleitoral.
>
> Parágrafo único. Os delegados credenciados pelo órgão de direção nacional representam o partido perante quaisquer Tribunais ou Juízes Eleitorais; os credenciados pelos órgãos estaduais, somente perante o Tribunal Regional Eleitoral e os Juízes Eleitorais do respectivo Estado, do Distrito Federal ou Território Federal; e os credenciados pelo órgão municipal, perante o Juiz Eleitoral da respectiva jurisdição.

Sobre o assunto, o TSE defende a manutenção de 5 delegados perante o TSE, 4 delegados ante o TRE e de até 3 delegados em cada zona eleitoral, nos termos do artigo 46 da Resolução nº 23.571/2018. Os delegados credenciados perante o TSE podem atuar diante de qualquer Tribunal ou Juízo Eleitoral no país. Os credenciados perante o TRE poderão atuar na presença de qualquer Juízo Eleitoral do Estado.

Os partidos políticos são pessoas jurídicas de direito privado. Mas apesar disso, de acordo com a Lei do Mandado de Segurança (Lei nº 12.016/2009), é possível a impetração de mandado de segurança contra ato de dirigente partidário. Neste caso, a competência para decidir a ação não será da Justiça Eleitoral, desde que não influencie diretamente no processo eleitoral.

Por exemplo, a intervenção de um órgão partidário sobre outro deve ser decidida pela Justiça comum, a mesma coisa acontecendo na expulsão de algum filiado. Mas, se esta expulsão ocorre durante o processo eleitoral (a partir de 20 de julho do ano das eleições) e que pode vir a inviabilizar a candidatura do cidadão, é possível o ajuizamento da ação perante a Justiça Eleitoral. Assim, se divergências internas em partidos políticos ocorrem no período eleitoral, a competência passa a ser da Justiça Eleitoral, em virtude dos efeitos que possam ter no processo eleitoral, atingindo a esfera jurídica daqueles que pretendem concorrer a mandato eletivo[5]. Todavia esta é a exceção, pois a regra é que a competência seja da justiça estadual.

O próprio TSE já teve oportunidade de afirmar a incompetência da Justiça Eleitoral para querelas entre órgãos partidários, conforme se depreende da seguinte decisão:

> Medida cautelar inominada. Arts. 17, § 1º, da CF, e 3º da Lei nº 9.096/95. Pretensão de declaração de nulidade de ato interventivo em diretório municipal de partido político. Preliminar de falta de interesse processual acolhida pela decisão regional para extinção do feito. Não compete à Justiça Eleitoral o julgamento de ação anulatória de ato de intervenção entre órgãos do mesmo partido. Recurso especial não conhecido (Ac. nº 16.413, de 16.8.2001, do TSE, *DJ* de 5.10.2001).

9.4. ESTRUTURA INTERNA DOS PARTIDOS POLÍTICOS

Estabelece o § 1º do artigo 17 da CF que:

> É assegurada aos partidos políticos autonomia para definir sua estrutura interna, organização e funcionamento e para adotar os critérios de escolha e o regime de suas coligações eleitorais, sem obrigatoriedade de vinculação entre as candidaturas em âmbito nacional, estadual, distrital ou municipal, devendo seus estatutos estabelecer normas de disciplina e fidelidade partidária.

5. RESPE 103-80, rel. Min. Luiz Fux, publicado em 30/11/2017.

Estabelece-se, assim, o Princípio da Autonomia Partidária que impõe, em benefício da democracia, que os partidos políticos não recebam qualquer tipo de ingerência do Poder Público. Tendo em vista a proclamada autonomia, o partido político tem liberdade para definir o seu programa e o seu estatuto. Deve-se lembrar, como já visto, que no Direito, em virtude do respeito à convivência social, nenhuma liberdade é absoluta, possuindo os partidos alguns regramentos constitucionais e legais.

Mas, dentro da esfera permitida pelo Ordenamento, não podem ocorrer limitações aos partidos na definição de sua estrutura interna, seu programa ou seu estatuto. Francisco Dirceu Barros leciona sobre o assunto que:

> A Constituição Federal, ao proclamar os postulados básicos que informam o regime democrático, consagrou, em seu texto, o estatuto jurídico dos partidos políticos. O princípio constitucional da autonomia partidária – além de repelir qualquer possibilidade de controle ideológico do Estado sobre os partidos políticos – cria, em favor desses corpos intermediários, sempre que se trata da definição de sua estrutura, de sua organização ou de seu interno funcionamento, uma área de reserva estatutária absolutamente indevassável pela ação normativa do Poder Público, vedando, nesse domínio jurídico, qualquer ensaio de ingerência legislativa do aparelho estatal. Ofende o princípio consagrado pelo art. 17, § 1º, a Constituição a regra legal que, interferindo na esfera de autonomia partidária, estabelece, mediante específica designação, o órgão do partido político competente para recusar as candidaturas parlamentares natas. (p. 362-363).

A regra da autonomia partidária se encontra escrita no artigo 3º da LOPP, que dispõe: "É assegurada, ao partido político, autonomia para definir sua estrutura interna, organização e funcionamento." Essa autonomia ainda foi ampliada pela EC 97 que, modificando o art. 17 da CF, alterou seu § 2°, para determinar que:

> É assegurada aos partidos políticos autonomia para definir sua estrutura interna e estabelecer regras sobre escolha, formação e duração de seus órgãos permanentes e provisórios e sobre sua organização e funcionamento e para adotar os critérios de escolha e o regime de suas coligações nas eleições majoritárias, vedada a sua celebração nas eleições proporcionais, sem obrigatoriedade de vinculação entre as candidaturas em âmbito nacional, estadual, distrital ou municipal, devendo seus estatutos estabelecer normas de disciplina e fidelidade partidária

Assim, até mesmo a duração dos órgãos provisórios de direção, que antes estavam limitados por resolução do TSE, deve ser determinada pelo estatuto das agremiações partidárias. Em maio de 2019, foi publicada a Lei 13.831/2019 que, incrivelmente, determinou que o prazo para órgãos provisórios de partidos políticos não poderá superar 8 (oito) anos. Não é razoável permitir que um órgão provisório dure 8 (oito) anos, apresentando-se tal legislação como meramente casuística. Pior, mesmo com tão dilatado prazo, exaurida a vigência de órgão partidário, ficam vedados a extinção automática do órgão e o cancelamento de sua inscrição no CNPJ.

Antes da publicação da nova lei, o TSE vinha entendendo que por aplicação do princípio da razoabilidade, as anotações dos órgãos provisórios não devem produzir efeitos por mais de 180 dias (art. 39 da Resolução 23.571 do TSE). Assim, após tal período, a constituição dos diretórios deveria ser definitiva. A não ser que seja declarada a inconstitucionalidade da Lei 13.831.2019, o entendimento lançado pela Corte Superior não será mais considerado, apesar de ser extremamente acertado.

As anotações provisórias servem para que as agremiações possam ter representantes em determinada circunscrição enquanto resolve internamente quais devem ser os dirigentes partidários naquela localidade. É importante lembrar que a Lei 9.504/97 só permite que participem do processo eleitoral aqueles partidos que tenham diretório constituído na circunscrição até a realização das convenções partidárias. A anotação provisória atende a esse requisito e permite que o partido trace suas estratégias naquelas eleições.

Para o seu funcionamento, o partido político necessita de programa e estatuto, sem os quais seria impossível a sua atuação. A autonomia partidária impõe que o programa e o estatuto do partido não sofram intervenções estatais além daquelas estabelecidas pelo Ordenamento Jurídico.

O programa do partido contém os seus objetivos políticos (que infelizmente no Brasil, pela cultura política quase nula, na prática não possuem qualquer tipo de valor), enquanto o estatuto contém as normas internas, inclusive a organização dos partidos políticos.

A Lei nº 9.096/95 estabelece:

> Art. 14. Observadas as disposições constitucionais e as desta Lei, o partido é livre para fixar, em seu programa, seus objetivos políticos e para estabelecer, em seu estatuto, a sua estrutura interna, organização e funcionamento.

O estatuto do partido político, como norma de organização interna das agremiações partidárias, deve conter algumas normas mínimas, nos termos do artigo 15 da LOPP. São normas que devem estar contidas no estatuto: I – nome, denominação abreviada e o estabelecimento da sede na Capital Federal; II – filiação e desligamento de seus membros; III – direitos e deveres dos filiados; IV – modo como se organiza e administra, com a definição de sua estrutura geral e identificação, composição e competências dos órgãos partidários nos níveis municipal, estadual e nacional, duração dos mandatos e processo de eleição dos seus membros; V – fidelidade e disciplina partidárias, processo para apuração das infrações e aplicação das penalidades, assegurado amplo direito de defesa; VI – condições e forma de escolha de seus candidatos a cargos e funções eletivas; VII – finanças e contabilidade, estabelecendo, inclusive, normas que os habilitem a apurar as quantias que os seus candidatos possam despender com a própria eleição, que fixem os limites das contribuições dos filiados e definam as diversas fontes de receita do partido, além daquelas previstas nesta Lei; VIII – critérios de distribuição dos recursos do Fundo Partidário entre os órgãos de nível municipal, estadual e nacional que compõem o partido; IX – procedimento de reforma do programa e do estatuto.

Mesmo tendo autonomia para criar seus órgãos internos, a doutrina tem trazido uma classificação para apresentar os órgãos dos partidos políticos. Segundo Francisco Dirceu Barros:

> O partido político é uma pessoa jurídica complexa, se assim pudermos dizer. Isto em razão de ser integrada por órgãos diversos, com atividades também diversas e situadas em patamares hierárquicos bastante definidos (p. 369).

Para o aludido professor, assim são classificados os principais órgãos dos partidos políticos:

> a) de deliberação: as convenções municipais, regionais e nacionais;
>
> b) de direção e de ação: os diretórios distritais, municipais, regionais e nacionais;
>
> c) de ação parlamentar: as bancadas; e
>
> d) de cooperação: os conselhos de ética partidária, os conselhos fiscais e consultivos, os departamentos trabalhistas, estudantis, femininos e outros com a mesma finalidade.

Segundo entende o TSE, a questão relativa ao funcionamento dos partidos não é matéria eleitoral. Por conta disso, como já afirmado, as querelas entre órgãos partidários não são de competência da Justiça Eleitoral, salvo se ocorrerem durante o período eleitoral.

A Lei nº 11.964/2008, acrescentou o artigo 15-A à Lei dos Partidos Políticos, que se encontra assim redigido:

> Art. 15-A. A responsabilidade, inclusive civil e trabalhista, cabe exclusivamente ao órgão partidário municipal, estadual ou nacional que tiver dado causa ao não cumprimento da obrigação, à violação de direito, a dano a outrem ou a qualquer ato ilícito, excluída a solidariedade de outros órgãos de direção partidária. (Incluído pela Lei nº 12.034, de 2009).

Desta forma, os diretórios partidários possuem autonomia, o que significa que não se pode imputar a um diretório regional a responsabilidade por ato de diretório nacional ou municipal, inclusive em se tratando de relação com terceiros.

É imprescindível que os partidos comuniquem a constituição de seu diretório nacional perante o TSE, e dos diretórios regionais, municipais e zonais ao TRE.

> **ATENÇÃO:** Como o Distrito Federal é proibido de se subdividir em municípios, obviamente não existe nas eleições municipais diretórios municipais. Por conta disso, a Resolução nº 23.571/2018 do TSE trata dos diretórios zonais, em seu artigo 35, § 3º. Desta forma, a estes diretórios cabem a competência própria dos diretórios municipais.

9.5. DA CLÁUSULA DE BARREIRA

Os artigos 12 e 13 da LOPP trazem a chamada cláusula de barreira, segundo a qual, o partido político tem direito a constituir bancada nas casas legislativas nas quais tenha eleito representantes, desde para a eleição da Câmara dos Deputados, obtido apoiamento mínimo de 5% dos votos apurados, não computados os em branco e os nulos, distribuídos em, pelo menos um terço dos estados, como o mínimo de 2% o total de cada um deles.

Se um partido político não conseguir alcançar a cláusula de barreira, não terá funcionamento parlamentar, não conseguindo formar bancada na casa legislativa. Além disso, os eleitos por tal agremiação, não poderiam participar das comissões das casas legislativas (como comissões parlamentares de inquérito), ou mesmo serem escolhidos para as mesas diretoras das casas legislativas.

Tal dispositivo foi inserido para tentar moralizar a atuação dos partidos políticos, uma vez que muitas agremiações servem apenas como legendas de aluguel, pois são captadas apenas para servir de base política para certos políticos, ou para acrescentar tempo de propaganda nas coligações, através de escusos acordos.

No Direito Brasileiro há um elevado número de partidos políticos. Mas, apesar de se tratar de medida moralizadora, foi a cláusula de barreira declarada inconstitucional pelo STF, no julgamento das ADI nº 1351-3 e 1354-8. Desta forma, o artigo 13 da LOPP foi declarado inconstitucional, bem como todos os dispositivos que aplicavam a cláusula de barreira. O argumento utilizado foi o de respeito ao pluripartidarismo, não se podendo, segundo o Supremo eliminar o direito da minoria de ser ouvida, o que ocorria na cláusula de barreira. Segundo informação do STF no julgamento das aludidas ações, dos 29 partidos políticos registrados em 2006, apenas 6 conseguiriam alcançar a cláusula de barreira.

Segundo Francisco Dirceu Barros:

> Os partidos sustentaram, com base no princípio da liberdade e da autonomia partidária, que uma lei ordinária não pode estabelecer tais limites ou condições restritivas, submetendo os partidos a um tratamento desigual. Alegam, em síntese, que a submissão do funcionamento parlamentar ao desempenho de seu partido no período eleitoral viola o art. 17, *caput*, e parágrafo 1º, da Constituição Federal (p. 368).

De outro lado, também é de observar, como forma de se abominar a cláusula de barreira imposta pelo art. 13 da LOPP, que ela afeta absolutamente a igualdade de chances que deve existir em um regime partidário como o Brasileiro em que o mandatário representa ao mesmo tempo o povo e o partido. A igualdade de chances é aplicação direta do Princípio da Igualdade e permite assim a ampla efetividade das Normas Constitucionais sobre Partidos Políticos, permitindo a consolidação dessas atividades partidárias.

Vale ressaltar que nem toda cláusula de barreira ofende a igualdade de chances, até mesmo porque esse princípio não impede que exista uma certa diferença entre agremiações, de acordo com a importância de cada uma, obtida em um processo eleitoral legítimo. Mas a prevista no dispositivo indicado trazia uma negação absoluta de partidos terem bancadas em casas legislativas, desde que não atingissem a cláusula de barreira indicada na Lei. Em assim sendo, agiu com exatidão o STF ao declarar a inconstitucionalidade da norma precitada.

A EC 97/2017, como será visto adiante, criou uma outra cláusula de barreira, mas referente ao fundo partidário. Agora, de forma paulatina, o recebimento do fundo partidário ocorrerá aos partidos políticos que tenham tido um razoável aproveitamento no processo eleitoral.

9.6. COLIGAÇÕES PARTIDÁRIAS

Dá-se o nome de coligação partidária à união de partidos políticos para a disputa de determinada eleição. A coligação partidária não possui personalidade jurídica e tem uma existência de temporária, pois só durará até a realização das eleições, embora tenha existência extraordinária após o pleito para o ajuizamento de ações eleitorais. Durante o processo eleitoral, a coligação atua em seus relacionamentos com outras agremiações partidárias e perante a Justiça Eleitoral como se fosse um só partido.

É possível que haja coligações partidárias para as eleições majoritárias. É importante ressaltar que a EC 97/2017 determinou o fim das coligações para eleições proporcionais a partir de 2020.

É necessário que a interpretação sobre o art. 6° da LE seja em conformidade com a atual redação do Texto Constitucional. Assim, perde muito da importância a regra da Lei das Eleições que prevê a possibilidade de um partido participar de mais de uma coligação dentro da mesma circunscrição, sendo uma para as eleições majoritárias e outra para eleições proporcionais, sendo que essa última só poderia ser formada por partidos que também se coligaram para as majoritárias.

Nas eleições gerais não é possível, dentro da mesma circunscrição, um partido participar de uma coligação para as eleições de governador e vice e outra para as eleições de senador. Isso porque não há permissivo para a participação em duas coligações para eleições majoritárias na mesma circunscrição. Nada impede, no entanto, que o partido coligado para as eleições de governador, lance candidatos próprios para as eleições de senador[6], a não ser que tenha se comprometido em convenção partidária a continuar na mesma coligação para as duas eleições[7].

Essa regra nada mais tem a ver com a chamada verticalização. A verticalização surgiu de uma interpretação dada pelo TSE[8] que proibia que se fizessem, em nível estadual, coligações diferentes daquelas realizadas para as eleições presidenciais, o que restringia, *data venia*, a autonomia partidária. A verticalização passou a ser proibida com a EC nº 52/2006, que modificou o artigo 16 da CF.

Vale ressaltar que, a verticalização não pode mais ser imposta pela Justiça Eleitoral, mas nada impede que o partido político, com a sua autonomia

6. TSE, Resolução 23.289.
7. TSE, AgR-REspe nº 963921.
8. TSE Resolução nº 20.993/2002.

interna assegurada pelo artigo 17 da CF, estabeleça normas em seu estatuto que permita ao diretório nacional criar regras para a entrada do partido em níveis regional e municipal em coligações. Caso tais regras não sejam obedecidas, caberá a anulação das deliberações tomadas pelas convenções de nível inferior, conforme determinado pelo artigo 7º, §§ 2º e 3º da Lei nº 9.504/97.

A coligação partidária deve ter denominação própria, que, segundo o § 1º-A do artigo 6º da Lei das Eleições, não poderá coincidir, incluir ou fazer referência a nome ou número de candidato, nem conter pedido de voto para partido político. A denominação da coligação, entretanto, pode ser formada com a união das siglas dos partidos coligados.

Na propaganda eleitoral de candidato à eleição majoritária, deverá constar, além da denominação da coligação, as siglas de todos os partidos que a integram. Nas eleições proporcionais, deve constar com a denominação da coligação apenas a sigla do partido a que está filiado o candidato.

A coligação, que atua como partido único na eleição para a qual se constitui, deve ser representada: A) pelos presidentes dos partidos que a compõem; B) pela maioria dos diretórios executivos que a compõem; C) pelos delegados dos partidos coligados; ou ainda D) pelo representante escolhido pelos partidos coligados.

O mais comum, até mesmo por um critério de praticidade, é a coligação atuar através do representante escolhido, uma vez que o mesmo fará o papel de Presidente de partido político, a que equivale a coligação. Além do representante, a coligação poderá nomear delegados para atuar perante a Justiça Eleitoral.

Dessa forma, pode a coligação nomear até 3 delegados perante o Juiz Eleitoral; 4 delegados perante o TRE e 5 delegados perante o TSE. Sendo que não poderão atuar concomitantemente para que se mantenha a ordem, evitando aglomeração desnecessária de pessoas nos trabalhos eleitorais.

A coligação serve para que os partidos possam unir forças. Com a coligação, o tempo de propaganda eleitoral é resultado da soma dos tempos de propaganda eleitoral de cada um dos partidos coligados.

Normalmente, a coligação se dissolve com a diplomação dos eleitos, mas pode durar mais tempo caso a coligação decida por ajuizar o Recurso contra Expedição de Diploma – RCED –, ou Ação de Impugnação ao Mandato Eletivo – AIME –, pois são ações ajuizadas após a diplomação.

ATENÇÃO: O partido coligado perde a legitimidade de atuar de forma isolada, salvo para discutir perante a Justiça Eleitoral a legitimidade da própria coligação, o que poderá ser feito até o último dia para a impugnação ao registro de candidaturas.

É possível que a coligação seja impugnada por qualquer filiado a partido político dela integrante, ainda que não seja candidato. Nesses termos, entende o TSE, na Súmula 53 que:

> "O filiado a partido político, ainda que não seja candidato, possui legitimidade e interesse para impugnar pedido de registro de coligação partidária da qual é integrante, em razão de eventuais irregularidades havidas em convenção."

Vale ressaltar que, caso seja aplicada multa por propaganda eleitoral irregular, ela será solidariamente repartida entre candidatos e partidos. Mas, essa multa não trará responsabilidade para os outros partidos, aos quais o beneficiário e autor da propaganda não estejam filiados, ainda que se trate de coligação partidária.

9.7. DA FILIAÇÃO PARTIDÁRIA

Os partidos políticos detêm o monopólio da candidatura política no sistema eleitoral brasileiro. Isso significa que somente podem candidatar-se eleitores que estejam filiados a partidos políticos há pelo menos 6 meses, contados da data do pleito.

Por conta disso, revela-se tamanha a importância do estudo da filiação em partido político. Por óbvio, só podem filiar-se a partidos políticos aqueles que estejam no gozo de seus direitos políticos.

ATENÇÃO: Os filiados a partidos políticos possuem os mesmos direitos e deveres, sendo vedada a discriminação realizada por agremiação partidária, em relação aos seus filiados.

Dispõe o artigo 16 da LOPP que: "Só pode filiar-se a partido o eleitor que estiver no pleno gozo de seus direitos políticos."

Evidentemente, tem decidido o TSE que:

> Filiação partidária. Pedido de registro. Não pode filiar-se a partido político quem esteja com os direitos políticos suspensos. Matéria suscetível de exame em pedido de registro. Ainda não se declarasse a nulidade da filiação, nessa sede, não haveria como reconhecer eficácia da filiação, para atender ao requisito da anterioridade de um ano em relação ao pleito, durante o período em que perdurou a suspensão dos direitos (Ac. nº 15.395/98 do TSE, psess de 9.9.98).

Assim, a filiação partidária ocorrerá, basicamente, de acordo com o quanto traçado no estatuto do partido político, em virtude da autonomia partidária já tratada nesta obra. Por isso, a filiação será considerada deferida, uma vez atendidas as regras previstas no estatuto do partido político.

Cabe ao partido enviar listas contendo seus filiados nas segundas semanas dos meses de abril e maio anualmente. Caso uma das listas não seja enviada, não haverá problema algum, uma vez que será considerado como se a anterior não tivesse tido qualquer modificação.

Ao requerer perante o partido a sua filiação, o eleitor vai ter um recibo desta filiação, e caso seu nome, por algum motivo, não conste da lista enviada para o Juiz Eleitoral, poderá o filiado requerer pessoalmente a sua inclusão dentre os filiados, no registro da Justiça Eleitoral, juntando para isso o recibo que comprova a sua filiação. Tal recibo, no entanto, pode ser substituído por outros documentos, como ocorre, por exemplo, com a ficha de inscrição no partido político.[9]

Caso o nome de um filiado seja omitido das listas, o próprio cidadão poderá comprovar a sua situação perante a Justiça, como entende o TSE na Súmula 20. O mesmo Tribunal Superior (Respe 6-75) ainda entendeu que mensagens em aplicativos como o WhatsApp são suficientes para comprovar a filiação.

ATENÇÃO: Para concorrer a mandato eletivo, o cidadão deve estar filiado a pelo menos 6 meses a partido político. De acordo com o estatuto, esse prazo pode aumentar. Assim, pode o partido político exigir, para que se dispute o pleito eleitoral, filiação de 2 anos, por exemplo. Não lhe é lícito, porém, diminuir o prazo de filiação para menos de 6 meses, nem modificar a regra relativa ao tempo de filiação necessário no ano da eleição.

9. Neste sentido: "Recurso contra expedição de diploma. Inelegibilidade por falta de comprovação partidária. Coisa julgada material. [...] 2. É Viável a comprovação da filiação partidária através da ficha de inscrição, mesmo que o nome do candidato não conste da lista encaminhada pelo partido à Justiça Eleitoral. 3. Recurso não provido." (Ac. nº 587, de 1.7.99, do TSE, *DJ* de 6.8.99).

ATENÇÃO. A declaração de inelegibilidade não impede a filiação em partido político. O impedimento só ocorrerá quando for decretada a perda ou suspensão dos direitos políticos do requerente.

Para ter conhecimento completo da situação em que se encontra o filiado, os partidos, através de seus diretórios nacionais, têm irrestrito acesso ao cadastro eleitoral, referente aos seus filiados. Por isso, em se tratando de filiado, o partido político não fica impedido de ter conhecimento de todo o conteúdo do cadastro eleitoral, inclusive das chamadas informações personalizadas, que costumam sofrer uma proteção normativa para que não sejam acessíveis a todos.

9.8. DA PERDA DE FILIAÇÃO

Para que ocorra desfiliação partidária, é necessário que o filiado faça uma comunicação escrita ao órgão de direção municipal e ao Juiz Eleitoral da zona em que for inscrito. O procedimento é bem simples, pois, após 2 dias da comunicação realizada para os dois destinatários indicados (órgão de direção municipal e ao juiz eleitoral), ocorrerá a desfiliação em 2 dias.

Dispõe o artigo 21 da LOPP que:

> Art. 21. Para desligar-se do partido, o filiado faz comunicação escrita ao órgão de direção municipal e ao Juiz Eleitoral da Zona em que for inscrito.
>
> Parágrafo único. Decorridos dois dias da data da entrega da comunicação, o vínculo torna-se extinto, para todos os efeitos.

Em relação à filiação a novo partido, o parágrafo único do artigo 22 apenas exige comunicação ao Juiz Eleitoral da zona, que deverá cancelar as filiações mais antigas. Ou seja, para nova filiação, basta a comunicação ao juiz da zona eleitoral, caso o eleitor apenas queira se desfiliar de uma agremiação, sem se filiar a uma nova, a comunicação deverá ser dupla, dirigida ao partido e ao juiz da zona eleitoral. Após a publicação da Lei nº 12.891/2013, não há que se falar mais em nulidade de filiação, em virtude de dupla filiação, como acontecia anteriormente, seu único efeito é o cancelamento das filiações mais antigas, mantendo a mais recente.

Curiosamente, o art. 22 não determina a perda da filiação em virtude da suspensão dos direitos políticos. É possível que isso seja objeto de uma discussão mais aprofundada perante o Judiciário. De qualquer maneira, determina a norma o cancelamento de que teve seus direitos políticos perdidos, mas não de quem teve seus direitos políticos suspensos. Por outro lado, quem tiver suspensos seus direitos políticos não poderá se filiar a partido, mas se filiado já for, não perderá essa filiação. Apesar disso, não poderá exercer atos que denotem o exercício de direitos políticos, como a participação a convenções partidárias, por exemplo. No entanto, apesar de não perder automaticamente a condição de filiado, o brasileiro que esteja com os direitos políticos suspensos não poderá exercer qualquer atividade político partidária.

Por fim, estabelece, ainda, os casos de cancelamento de filiação em seu artigo 22, no seguinte sentido:

> Art. 22. O cancelamento imediato da filiação partidária verifica-se nos casos de:
>
> I – morte;
>
> II – perda dos direitos políticos;
>
> III – expulsão;
>
> IV – outras formas previstas no estatuto, com comunicação obrigatória ao atingido no prazo de quarenta e oito horas da decisão;
>
> V – filiação a outro partido, desde que a pessoa comunique o fato ao juiz da respectiva Zona Eleitoral.

9.9. DA FIDELIDADE E DISCIPLINA PARTIDÁRIAS

Para que seja mantido um mínimo de coerência, os estatutos partidários e a Lei dos Partidos Políticos determinam que seja observada a fidelidade partidária, tentando, pois, acabar com as intermináveis trocas de partidos, considerada pelos mais estudiosos como um ultraje à confiança do eleitorado.

Até o advento da Lei 13.165/2015, as regras da LOPP traziam apenas punições administrativas, como a perda de funções e cargos ocupados pelo exercente do mandato e que pertencem ao partido pelo sistema de proporção partidária.

Além disso, o exercente do cargo só poderia sofrer qualquer tipo de sanção se a infração estivesse capitulada como tal no estatuto do partido político. E, mesmo assim, deve-se respeitar a ampla defesa e o contraditório.

Dentro desta perspectiva, nos termos do artigo 25 da LOPP:

> O estatuto do partido poderá estabelecer, além das medidas disciplinares básicas de caráter partidário, normas sobre penalidades, inclusive com

> desligamento temporário da bancada, suspensão do direito de voto nas reuniões internas ou perda de todas as prerrogativas, cargos e funções que exerça em decorrência da representação e da proporção partidária, na respectiva Casa Legislativa, ao parlamentar que se opuser, pela atitude ou pelo voto, às diretrizes legitimamente estabelecidas pelos órgãos partidários.

Por outro lado, perde automaticamente a função ou cargo que exerça, na respectiva Casa Legislativa, em virtude da proporção partidária, o parlamentar que deixar o partido sob cuja legenda tenha sido eleito (art. 26 da LOPP). Assim, o parlamentar que deixar a legenda pela qual foi eleito, perderá o lugar na comissão ou na mesa diretora da casa legislativa a qual pertence.

O Tribunal Superior Eleitoral, ao responder a consulta nº 1.398/2007, realizada pelo então Partido da Frente Liberal (PFL), hoje sob o nome de Democratas (DEM), acabou por entender que, em verdade, o mandato eletivo pertence ao partido e não ao candidato. Isso significa que aqueles que não foram fiéis à sigla sob a qual foram eleitos terão decretada a perda de seu mandato, salvo se tiverem justa causa para a troca de agremiações partidárias.

Sobre o assunto, entende o professor José Jairo Gomes que:

> O caráter ordenador e moralizante da solução adotada pelo TSE é indisfarçável. Para além de frustrar a vontade do eleitor, a intensa mudança de legenda por parte dos eleitos falseia a representação política e desarticula o quadro partidário, tornando-o ainda mais instável e confuso (p. 82).

Vale ressaltar que, o STF passou a ter o mesmo entendimento do TSE, argumentando que pelo princípio da soberania popular, o cargo eletivo não pertence ao candidato, mas sim ao partido pelo qual foi eleito, como uma medida de garantir a coerência em sua atuação, nos termos do programa do partido pelo qual foi eleito.

Desta forma, vale a pena a leitura da seguinte decisão do STF sobre fidelidade partidária:

> EMENTA: DIREITO CONSTITUCIONAL E ELEITORAL. MANDADO DE SEGURANÇA IMPETRADO PELO PARTIDO DOS DEMOCRATAS - DEM - CONTRA ATO DO PRESIDENTE DA CÂMARA DOS DEPUTADOS. NATUREZA JURÍDICA E EFEITOS DA DECISÃO DO TRIBUNAL SUPERIOR ELEITORAL - TSE - NA CONSULTA Nº 1.398/2007. NATUREZA E TITULARIDADE DO MANDATO LEGISLATIVO. OS PARTIDOS POLÍTICOS E OS ELEITOS NO SISTEMA REPRESENTATIVO PROPORCIONAL. FIDELIDADE PARTIDÁRIA. EFEITOS DA DESFILIAÇÃO PARTIDÁRIA PELO ELEITO: PERDA DO DIREITO DE

CONTINUAR A EXERCER O MANDATO ELETIVO. DISTINÇÃO ENTRE SANÇÃO POR ILÍCITO E SACRIFÍCIO DO DIREITO POR PRÁTICA LÍCITA E JURIDICAMENTE CONSEQÜENTE. IMPERTINÊNCIA DA INVOCAÇÃO DO ART. 55 DA CONSTITUIÇÃO DA REPÚBLICA. DIREITO DO IMPETRANTE DE MANTER O NÚMERO DE CADEIRAS OBTIDAS NA CÂMARA DOS DEPUTADOS NAS ELEIÇÕES. DIREITO À AMPLA DEFESA DO PARLAMENTAR QUE SE DESFILIE DO PARTIDO POLÍTICO. PRINCÍPIO DA SEGURANÇA JURÍDICA E MODULAÇÃO DOS EFEITOS DA MUDANÇA DE ORIENTAÇÃO JURISPRUDENCIAL: MARCO TEMPORAL FIXADO EM 27.3.2007. MANDADO DE SEGURANÇA CONHECIDO E PARCIALMENTE CONCEDIDO. 1. Mandado de segurança contra ato do Presidente da Câmara dos Deputados. Vacância dos cargos de Deputado Federal dos litisconsortes passivos, Deputados Federais eleitos pelo partido Impetrante, e transferidos, por vontade própria, para outra agremiação no curso do mandato. 2. Preliminares de carência de interesse de agir, de legitimidade ativa do Impetrante e de ilegitimidade passiva do Partido do Movimento Democrático Brasileiro – PMDB: rejeição. 3. Resposta do TSE a consulta eleitoral não tem natureza jurisdicional nem efeito vinculante. Mandado de segurança impetrado contra ato concreto praticado pelo Presidente da Câmara dos Deputados, sem relação de dependência necessária com a resposta à Consulta nº 1.398 do TSE. 4. O Código Eleitoral, recepcionado como lei material complementar na parte que disciplina a organização e a competência da Justiça Eleitoral (art. 121 da Constituição de 1988), estabelece, no inciso XII do art. 23, entre as competências privativas do Tribunal Superior Eleitoral – TSE – "responder, sobre matéria eleitoral, às consultas que lhe forem feitas em tese por autoridade com jurisdição federal ou órgão nacional de partido político". A expressão "matéria eleitoral" garante ao TSE a titularidade da competência para se manifestar em todas as consultas que tenham como fundamento matéria eleitoral, independente do instrumento normativo no qual esteja incluído. 5. No Brasil, a eleição de deputados faz-se pelo sistema da representação proporcional, por lista aberta, uninominal. No sistema que acolhe – como se dá no Brasil desde a Constituição de 1934 – a representação proporcional para a eleição de deputados e vereadores, o eleitor exerce a sua liberdade de escolha apenas entre os candidatos registrados pelo partido político, sendo eles, portanto, seguidores necessários do programa partidário de sua opção. O destinatário do voto é o partido político viabilizador da candidatura por ele oferecida. O eleito vincula-se, necessariamente, a determinado partido político e tem em seu programa e ideário o norte de sua atuação, a ele se subordinando por força de lei (art. 24, da Lei nº 9.096/95). Não pode, então, o eleito afastar-se do que suposto pelo mandante – o eleitor –, com base na legislação vigente

> que determina ser exclusivamente partidária a escolha por ele feita. Injurídico é o descompromisso do eleito com o partido – o que se estende ao eleitor – pela ruptura da equação político-jurídica estabelecida. 6. A fidelidade partidária é corolário lógico-jurídico necessário do sistema constitucional vigente, sem necessidade de sua expressão literal. Sem ela não há atenção aos princípios obrigatórios que informam o ordenamento constitucional. 7. A desfiliação partidária como causa do afastamento do parlamentar do cargo no qual se investira não configura, expressamente, pela Constituição, hipótese de cassação de mandato. O desligamento do parlamentar do mandato, em razão da ruptura, imotivada e assumida no exercício de sua liberdade pessoal, do vínculo partidário que assumira, no sistema de representação política proporcional, provoca o desprovimento automático do cargo. A licitude da desfiliação não é juridicamente inconsequente, importando em sacrifício do direito pelo eleito, não sanção por ilícito, que não se dá na espécie. 8. É direito do partido político manter o número de cadeiras obtidas nas eleições proporcionais. 9. É garantido o direito à ampla defesa do parlamentar que se desfilie de partido político. 10. Razões de segurança jurídica, e que se impõem também na evolução jurisprudencial, determinam seja o cuidado novo sobre tema antigo pela jurisdição concebido como forma de certeza e não causa de sobressaltos para os cidadãos. Não tendo havido mudanças na legislação sobre o tema, tem-se reconhecido o direito de o Impetrante titularizar os mandatos por ele obtidos nas eleições de 2006, mas com modulação dos efeitos dessa decisão para que se produzam eles a partir da data da resposta do Tribunal Superior Eleitoral à Consulta n. 1.398/2007. 11. Mandado de segurança conhecido e parcialmente concedido. (MS nº 26604/DF – Distrito Federal. Mandado de Segurança. Rel.ª Min.ª Cármen Lúcia. Julgamento: 04.10.2007. Órgão Julgador: Tribunal Pleno, divulg. em 02.10.2008, public. em 03.10.2008, ement. v. 02335-02, p. 00135).

Por conta do decidido, valendo ressaltar que, para o STF, a perda não se dá por penalidade, mas sim pelo ônus de trocar de partido sem motivação. O STF, contudo, passou a entender posteriormente que a perda de mandato eletivo não pode ocorrer em relação a cargos obtidos pelo sistema majoritário. Nesse sentido:

> "A perda do mandato em razão de mudança de partido não se aplica aos candidatos eleitos pelo sistema majoritário, sob pena de violação da soberania popular e das escolhas feitas pelo eleitor." (ADI 5081/DF, rel. Min. Roberto Barroso, 27.5.2015. Infomativo 787)

O TSE acabou sumulando esse entendimento, como se verifica do teor da Súmula 67, segundo a qual:

> "A perda do mandato em razão da desfiliação partidária não se aplica aos candidatos eleitos pelo sistema majoritário."

Para que se decrete a perda do mandato por infidelidade partidária, mister se faz observar os termos da Resolução nº 22.610 do TSE, que estabelece o processo, com direito à ampla defesa e ao contraditório. Dentre os dispositivos da citada resolução, é importante observar que para o seu artigo 1º, § 1º, que determina sejam consideradas como justas causas para o ingresso em outra agremiação: I) incorporação ou fusão do partido; II) criação de novo partido; III) mudança substancial ou desvio reiterado do programa partidário; IV) grave discriminação pessoal. Evidentemente, se o cidadão que exerce mandato eletivo estiver dentre uma dessas situações, não poderá ter decretada a perda do mandato.

Com a Lei 13.165/2015, foi acrescentado o art. 22-A à Lei Orgânica dos Partidos Políticos, que estabelece situações de justa causa. Apesar de ser ainda uma discussão inicial, entendo que o aludido dispositivo não conflita com a regra estabelecida no art. 1º da Resolução 22.610 do TSE. Em assim sendo, as justas causas para desfiliação partidária são tanto as agora previstas no art. 22-A da LOPP, quanto as da Resolução 22.610 do TSE. Esse posicionamento, por certo, amplia o exercício de direitos políticos através da ampliação do conceito de justa causa, restringindo as hipóteses de perda de cargo eletivo por infidelidade.

Com efeito, dispõe o art. 22-A da Lei 9.096/95 que são justas causas para desfiliação de partido político: a) mudança substancial ou desvio reiterado de programa partidário; b) grave discriminação pessoal; c) mudança de partido efetuada durante o período de 30 dias que antecede o prazo de filiação exigido em lei para concorrer à eleição, majoritária ou proporcional, ao término do mandato vigente. Ou seja, nos 30 dias que antecedem os 6 meses anteriores à eleição, o cidadão poderá mudar de partido sem que perca seu mandato eletivo.

Essa última hipótese só pode ser feita para o pleito em que se possa concorrer à reeleição. Para exemplificar: um vereador não poderá mudar de partido nos 30 dias que antecedem os 6 meses para uma eleição geral. Pois ele não poderia concorrer a reeleição no pleito geral, mas apenas no municipal. Assim, não seria, essa situação, hipótese de justa causa.

A EC 97/2017 estabeleceu uma cláusula de barreira para que os partidos tenham acesso ao fundo partidário e prescreveu no art. 17, § 3°, da CF, que os eleitos pelo partido que não alcançou os requisitos para o recebimento do fundo partidário poderá mudar para uma agremiação que os tenha atingido sem perder o cargo. A citada Emenda, então, acabou por criar mais uma hipótese de justa causa para a mudança de agremiação partidária.

Vale, ainda, destacar a publicação da EC 91, de forma meramente casuística, trouxe apenas uma regra, em seu art. 1º, estabelecendo que:

> "Art. 1º É facultado ao detentor de mandato eletivo desligar-se do partido pelo qual foi eleito nos trinta dias seguintes à promulgação desta Emenda Constitucional, sem prejuízo do mandato, não sendo essa desfiliação considerada para fins de distribuição dos recursos do Fundo Partidário e de acesso gratuito ao tempo de rádio e televisão."

Vale ressaltar que a aludida emenda foi publicada no dia 19/02/2015.

9.10. DA FUSÃO, INCORPORAÇÃO E EXTINÇÃO DOS PARTIDOS POLÍTICOS

Dispõe o artigo 27 da Lei nº 9.096/95 que:

> Art. 27. Fica cancelado, junto ao Ofício Civil e ao Tribunal Superior Eleitoral, o registro do partido que, na forma de seu estatuto, se dissolva, se incorpore ou venha a se fundir a outro.

Ora, são três, portanto, as formas de cancelar o registro do estatuto do partido perante o TSE. A primeira está relacionada pelo artigo 28 da LOPP e diz respeito ao cancelamento determinado por conta de sanção. Evidentemente que, se a infração cometida pela agremiação partidária for muito grave, o resultado do ilícito levará o partido a ter o seu registro cancelado.

ATENÇÃO: O procedimento para cancelamento do registro do estatuto do partido é realizado perante o TSE, para só após ser informado no cartório de pessoas jurídicas da capital federal, invertendo, assim, a ordem do procedimento em relação ao registro. Na decisão de cancelamento de registro de partido político, por força do artigo 19, parágrafo único, do Código Eleitoral, faz-se necessária a presença de todos os membros do TSE.

Para que haja o cancelamento por imposição de sanção é necessário que o procedimento processado e julgado pelo TSE respeite a ampla defesa e o contraditório. É essencial, ainda, que a infração que tenha por consequência o cancelamento do registro esteja prevista em lei. Por conta disso, só será possível o cancelamento do registro do partido político, caso fique provado que a agremiação partidária: I – tenha recebido ou esteja recebendo recursos financeiros de procedência estrangeira; II – esteja subordinada a entidade ou governo estrangeiros; III – não tenha prestado, nos termos da legislação, as devidas contas à Justiça Eleitoral; IV – que mantenha organização paramilitar.

O procedimento que leva ao cancelamento por infração à legislação pertinente pode ser iniciado por denúncia de qualquer eleitor, de representante de partido político ou ainda por representação do Procurador-Geral Eleitoral, nos termos do § 2º do artigo 28 da LOPP. Nos termos previstos no dispositivo legal citado, fica evidente que não se faz possível a instauração de ofício do procedimento que visa cancelar o registro do partido político.

Vale ressaltar, como já visto, que os órgãos de direção dos diversos níveis partidários são independentes entre si. Por isso, a ausência de prestação de contas só poderá acarretar o cancelamento de inscrição do partido frente ao TSE se tal omissão decorreu do órgão de direção nacional do partido político. Se ausência na prestação de contas tiver ocorrido nos órgãos regionais ou municipais, a penalidade aplicável é a suspensão da cota do fundo partidário pertencente ao órgão partidário responsável pela omissão.

O TSE tem dado ao dispositivo uma interpretação mais flexível, entendendo que é necessária aplicação com razoabilidade da pena de cancelamento de registro para aqueles partidos que não tenham prestado contas. Nesse sentido:

> Ac.-TSE, de 24.9.2015, na Rp nº 425461: não obstante a omissão do partido em prestar contas, impõe-se a observância do princípio da proporcionalidade diante do protagonismo dos partidos políticos no cenário democrático, das circunstâncias de cada caso e da cumulação de penalidades impostas à agremiação.

A autonomia dos órgãos de direção partidária ficou ainda mais evidente com o advento da Lei nº 12.034/2009, através da qual houve a determinação de que as dívidas contraídas por um órgão partidário não podem ser cobradas dos demais. Assim, qualquer penhora por conta de dívida deve atingir apenas o órgão partidário devedor. É curiosa a disposição legal, em virtude de os órgãos partidários não possuírem personalidade jurídica. Mas, ainda assim, acabam por possuir características parecidas com as pessoas jurídicas, como responder em nome próprio pelas dívidas contraídas.

A Constituição, por sua vez, determina que são livres não apenas a criação e a extinção de órgãos públicos, mas também a sua fusão e incorporação.

ATENÇÃO: A fusão e a incorporação de partidos políticos devem ser realizadas primeiramente perante o cartório de pessoas jurídicas da capital federal, para somente após ser registrada no TSE.

Na fusão, dois ou mais partidos deixarão de existir para formar um partido novo. Neste caso: A + B = C. Ou seja, os partidos A e B se fundiram, deixaram de existir para criarem um novo partido, o partido C.

Evidentemente, para que isso aconteça é necessária a deliberação conjunta dos órgãos partidários envolvidos, bem como será imprescindível a aprovação, por maioria absoluta dos novos estatuto e programa. A fusão deve ser primeiramente registrada no cartório de pessoas jurídicas da capital federal, para só após ser registrada perante o TSE.

Na incorporação, um partido adotará o estatuto e o programa de outro partido. Neste procedimento, apenas o partido que foi incorporado deixa de existir. Assim, A + B = B. Ou seja, sendo A incorporado ao partido B, aquele partido deixa de existir para se submeter ao estatuto e ao programa desse partido. Para isso, é necessário que por maioria absoluta o órgão nacional de deliberação decida por adotar o estatuto e o programa do partido incorporador.

Ocorrendo a adoção do estatuto e do programa, haverá uma reunião conjunta entre os órgãos de deliberação do incorporado e do incorporador para a escolha de um novo órgão de direção nacional. Após este procedimento, a incorporação deve ser registrada perante o cartório de pessoas jurídicas da capital federal. A incorporação causará a extinção apenas do partido incorporado. Após tal procedimento, o registro deverá ser feito ante o TSE. Evidentemente, nem na fusão, nem na incorporação, haverá necessidade de nova prova de apoiamento mínimo.

ATENÇÃO: Enquanto na fusão todos os partidos que participam do procedimento têm seus registros cancelados, na incorporação cancela-se apenas o registro do partido incorporado. Nas duas situações, primeiro é realizado o procedimento perante o cartório de pessoas jurídicas, para só após ser registrado no TSE.

A incorporação e a fusão são estratégicas para o partido político, até mesmo porque, conforme se observa do § 6º do artigo 29:

> "Havendo fusão ou incorporação, devem ser somados exclusivamente os votos dos partidos fundidos ou incorporados obtidos na última eleição geral para a Câmara dos Deputados, para efeito da distribuição dos recursos do Fundo Partidário e do acesso gratuito ao rádio e à televisão."

ATENÇÃO: Com o advento da Lei 13.107/2015, só é possível a fusão ou a incorporação de partidos que hajam obtido o registro definitivo no TSE há pelo menos 5 (cinco) anos.

9.11. DA PRESTAÇÃO DE CONTAS

Como já antes afirmado, os partidos políticos são pessoas jurídicas de direito privado. Mas, exatamente por exercerem um múnus público, de servir como intermediários necessários nas candidaturas, bem como serem agentes fiscalizadores de todos os atos eleitorais, devem prestar contas de suas atividades.

Isso porque, é o partido político responsável pela defesa da soberania nacional, do regime democrático, do sistema representativo e dos direitos fundamentais da pessoa humana. Esta prestação de contas de natureza contábil deve ser realizada perante a Justiça Eleitoral pelos órgãos de direção partidários.

ATENÇÃO: Todos os órgãos de direção partidários devem prestar contas, para isso, são obrigados a manter a sua escrituração contábil, o que vai permitir conhecer a origem de suas receitas e a destinação de suas despesas.

Para que não ocorra uma indevida intervenção estatal, os partidos políticos possuem autonomia. Ocorre, todavia, que esta autonomia, como já visto, não é absoluta. Este fato, somado aos valores a que cabem aos partidos proteger, acaba resultando em limitações de fontes financeiras para o partido político.

Assim, os partidos políticos não podem receber valores de algumas fontes. As fontes vedadas para os partidos políticos encontram previstas no art. 31 da LOPP e no art. 24 da LE. É necessário, no entanto, chamar atenção para o fato que o STF, como já visto, ter declarado inconstitucional a doação feita por pessoas jurídicas a partidos políticos, como se observa da ADI 4.650.

Podem, no entanto, os partidos políticos receber doações de pessoas físicas, desde que não se trate de autoridades públicas[10].

ATENÇÃO: Apesar de o fundo partidário ser composto em parte com contribuição prevista em lei da União, é direito dos partidos políticos com registro perante o TSE recebê-lo. Por isso, o fundo partidário é a única fonte de receita do partido que pode ter contribuição da União, pois está prevista em lei para distribuição a todos os partidos, nos termos mencionados na legislação.

A prestação de contas, quando se trata de ano sem eleições previstas, deve ser feita até o dia 30 de abril de cada ano, em relação às contas do ano anterior. O órgão nacional deve fazer a prestação de contas perante o TSE, enquanto os órgãos regionais devem fazê-lo perante o TRE e os órgãos municipais e, entendemos nós, os zonais, devem prestar suas contas perante o Juiz Eleitoral.

A prestação de contas será realizada através do envio de balancetes contábeis para a Justiça Eleitoral. Assim que o Judiciário os recebe, faz de logo a publicação oficial, abrindo, ainda, após 15 dias da publicação, a documentação apresentada para que outros partidos possam examiná-la na própria Justiça Eleitoral e, querendo, possam fazer a impugnação da prestação de contas realizada. A impugnação pode ser feita no prazo de 5 dias, contados a partir da disponibilização da documentação para consulta.

Os órgãos municipais que não movimentarem recursos financeiros ficam desobrigados de apresentar prestação de contas, declarações de isenção, declarações de débitos e créditos tributários ou demonstrativos contábeis à receita federal, bem como dispensados de certificação digital, bastando a declaração de ausência de movimentação de recursos financeiros emitida por seu dirigente, até 30 de abril, acerca da ausência de movimentação de recursos financeiros. A Secretaria Especial da Receita Federal do Brasil reativará a inscrição dos órgãos partidários municipais que estejam com a inscrição baixada ou inativada, mediante requerimento dos representantes legais da agremiação partidária à unidade descentralizada da Receita Federal do Brasil da respectiva circunscrição territorial, instruído com declaração simplificada de que não houve movimentação financeira nem arrecadação de bens estimáveis em dinheiro.

---

10. Res.-TSE nº 23.546/2017, art. 12, § 1º: Consideram-se autoridades públicas, para fins do inciso IV do caput, pessoas físicas que exerçam função ou cargo público de livre nomeação e exoneração, ou cargo ou emprego público temporário, ressalvados os filiados a partido político.

Esse requerimento de reativação de registro do órgão municipal indicará se a agremiação partidária pretende a efetivação imediata da reativação da inscrição pela Secretaria Especial da Receita Federal do Brasil ou a partir de 1º de janeiro de 2020, hipótese em que a efetivação será realizada sem a cobrança de quaisquer taxas, multas ou outros encargos administrativos relativos à ausência de prestação de contas. Decretou, assim, a Lei 13.831/2019 uma isenção dos órgãos partidários que tiveram a sua extinção declarada por ausência de prestação de contas, bastando simples requerimento para a sua reativação. Esse dispositivo é de moralidade bastante duvidosa.

Os balanços contábeis enviados pelos partidos políticos devem ser completos o suficiente para que se permitam analisar com completude a origem das receitas e a destinação das despesas dos partidos políticos, aplicando-se a penalidade de suspensão das cotas do fundo partidário, caso haja ilicitude. Por isso, devem os balanços enviados para a Justiça Eleitoral conter, entre outros, os seguintes itens, nos termos do artigo 33 da LOPP:

> I – discriminação dos valores e destinação dos recursos oriundos do fundo partidário; II – origem e valor das contribuições e doações; III – despesas de caráter eleitoral, com a especificação e comprovação dos gastos com programas no rádio e televisão, comitês, propaganda, publicações, comícios, e demais atividades de campanha; IV – discriminação detalhada das receitas e despesas.

Deve a Justiça Eleitoral atestar se a prestação apresentada reflete a real movimentação financeira das contas dos partidos políticos, para isso, poderá requisitar técnicos dos tribunais de contas, pelo tempo que for necessário, para analisar os documentos apresentados.

De qualquer maneira, dispõe o artigo 35 da Lei dos Partidos Políticos que:

> O Tribunal Superior Eleitoral e os Tribunais Regionais Eleitorais, à vista de denúncia fundamentada de filiado ou delegado de partido, de representação do Procurador-Geral ou Regional ou de iniciativa do Corregedor, determinarão o exame da escrituração do partido e a apuração de qualquer ato que viole as prescrições legais ou estatutárias a que, em matéria financeira, aquele ou seus filiados estejam sujeitos, podendo, inclusive, determinar a quebra de sigilo bancário das contas dos partidos para o esclarecimento ou apuração de fatos vinculados à denúncia.

Para análise das contas, a Justiça Eleitoral poderá converter o julgamento em diligência para que sejam prestados esclarecimentos que permitam perquirir a sua regularidade. Com relação às contas apresentadas, a penalidade a ser aplicada pela desaprovação será a devolução da importância irregular, acrescida de uma multa de até 20%. Tal penalidade será aplicada de forma razoável, podendo ser parcelada, através de descontos mensais no valor recebido do fundo partidário em até 12 meses. Esta penalidade, como visto, só será aplicada ao órgão de direção responsável pelo ilícito.

Vale ressaltar que pela desaprovação de contas, os partidos não poderão sofrer suspensão do repasse no fundo partidário, apenas descontos das parcelas referentes à devolução de valores e multa. Em relação a contas não prestadas, a solução é diferente, uma vez que enquanto o órgão partidário não as prestar, não receberá a parcela do fundo que lhe cabe. Apesar desse dispositivo legal, entende o TSE que o disposto no art. 25 da Lei 9.504/97 continua em vigor. Assim, a desaprovação das contas em campanha eleitoral poderá trazer por consequência a suspensão do repasse de cotas do fundo partidário entre 1 e 12 meses, de acordo com a gravidade da conduta.[11]

ATENÇÃO: O direito de aplicar penalidade relacionada à prestação de contas prescreve em 5 anos. Assim, prestadas as contas, nos termos previstos em lei, se não for aplicada a penalidade devida no prazo de 5 anos, a mesma estará prescrita, não podendo mais ser aplicada. Exatamente por isso, é que o artigo 34, IV, da LOPP, determina que os partidos são obrigados a guardar a documentação referente à prestação de contas pelo prazo de 5 anos.

Da decisão que desaprovar total ou parcialmente a prestação de contas caberá recurso com efeito suspensivo. Por outro lado, segundo determina o § 5º do artigo 37 da LOPP:

> Art. 37. (...)
>
> § 5º As prestações de contas desaprovadas pelos Tribunais Regionais e pelo Tribunal Superior poderão ser revistas para fins de aplicação proporcional da sanção aplicada, mediante requerimento ofertado nos autos da prestação de contas.

ATENÇÃO: Após muita discussão doutrinária, a Lei nº 12.034/2009 estabeleceu a natureza jurídica do processo de prestação de contas, determinando ser o mesmo

11. art. 77, §§ 4° e 6°, da Resolução 23.553 do TSE.

jurisdicional. Assim, a jurisprudência anterior do TSE que informava do descabimento de recurso especial contra decisão em prestação de contas passou a ser revista.

9.12. FUNDO PARTIDÁRIO

Fundo partidário é instituto criado por lei, que tem por finalidade dar aos partidos políticos assistência financeira, para que possam verdadeiramente atuar como agentes da democracia. Tem direito ao recebimento do fundo todo partido que registrar perante o TSE o seu estatuto.

Com o advento da EC 97/2017, instituiu-se uma cláusula de barreira. Agora é necessária que o partido tenha obtido um relativo sucesso no processo eleitoral. Agora, para ter acesso ao fundo partidário, as agremiações precisam: a) obter, nas eleições para câmara dos deputados, no mínimo 3% dos votos válidos, distribuídos em pelo menos 1/3 das unidades da Federação, com o mínimo de 2% dos votos válidos em cada uma delas ou; b) tiver elegido pelo menos 15 deputados federais distribuídos em pelo menos 1/3 das unidades da Federação. É importante ressaltar que basta um desses requisitos. O partido que não tiver alcançado pelo menos um dos requisitos citados, não terá direito a participação no fundo partidário.

De acordo com os dispositivos da EC 97/2017, essa cláusula de barreira vai ser aplicada paulatinamente a partir das eleições de 2018 até as eleições de 2030, quando passa a ser aplicada de acordo com os requisitos citados. Com isso, o registro do estatuto do partido no TSE já não garante mais, isoladamente, o acesso ao fundo partidário.

Aqueles que forem eleitos pelo partido que não atingiu a cláusula de barreira, podem mudar para outro partido que a tenha atingido sem perder o mandato eletivo.

O fundo de assistência aos partidos políticos (fundo partidário) é impenhorável, conforme disposto no artigo 833, XI, do CPC.

A constituição do fundo partidário está prevista no artigo 38 da LOPP, tendo como fontes de suas receitas:

> Art. 38. (...)
>
> I – multas e penalidades pecuniárias aplicadas nos termos do Código Eleitoral e leis conexas; II – recursos financeiros que lhe forem destinados por lei, em caráter permanente ou eventual; III – doações de pessoa física ou jurídica, efetuadas por intermédio de depósitos bancários diretamente na conta do Fundo Partidário; IV – dotações orçamentárias da União em valor nunca inferior, cada ano, ao número

de eleitores inscritos em 31 de dezembro do ano anterior ao da proposta orçamentária, multiplicados por trinta e cinco centavos de real, em valores de agosto de 1995.

As multas eleitorais têm natureza não tributária e, portanto, submetem-se ao prazo prescricional de 10 anos, de acordo com o art. 205 do Código Civil[12]. A penalidade pecuniária não é mais executada pelo Ministério Público, mas sim pela Procuradoria da Fazenda Nacional, perante a Justiça Eleitoral. As multas pagas ajudam a formar o fundo partidário.

Vale ressaltar que o STF, na ADI 4650, entendeu que é inconstitucional a doação de pessoas jurídicas até mesmo para o fundo partidário. Por outro lado, as doações de pessoas físicas continuam válidas. Isso será melhor tratado no próximo capítulo.

É possível, ainda, que as doações sejam feitas diretamente ao partido político. A doação pode ser em bens ou em valores. Neste último caso, obrigatoriamente deverá ser feita por cheque cruzado ou depósito bancário na conta do partido, de forma que se tenha segurança da origem e do valor das doações.

As doações recebidas pelos partidos políticos poderão ser utilizadas nas diversas eleições que participe, de acordo com o critério escolhido pelos órgãos de direção responsáveis. Como já visto anteriormente, toda doação que seja feita para o partido, para ser aplicada nas eleições, deve ser plenamente identificada, não se admitindo mais a doação oculta. Atualmente, as campanhas eleitorais são irrigadas por valores do Fundo Especial de Financiamento de Campanhas Eleitorais (FEFC), dividido de acordo com o número de parlamentares que o partido possuir, como será visto no capítulo 10.

Em relação aos valores repassados pela União para o fundo partidário, devem ser depositados pelo Tesouro Nacional mensalmente no Banco do Brasil, em conta especial aberta à disposição do TSE.

ATENÇÃO: 5% do valor arrecadado pelo fundo partidário deve ser distribuído igualmente entre todos os partidos políticos registrados perante o TSE, desde que obedeçam a cláusula de barreira prevista no art. 17, § 3°, da CF. Os outros 95% do fundo serão divididos proporcionalmente de acordo com o número de votos obtido pelo partido na última eleição para Deputado Federal.

O STF, na ADI 5105, entendeu que a distribuição deve levar em conta as migrações de Deputados Federais para novos partidos criados após as eleições.

12. Súmula 56 do TSE.

A utilização dos valores do fundo partidário, no entanto, não é completamente livre. O artigo 44 da LOPP estabelece critérios e valores mínimos na aplicação do fundo. Neste sentido, dispõe o precitado artigo que:

> Art. 44. Os recursos oriundos do Fundo Partidário serão aplicados: I – na manutenção das sedes e serviços do partido, permitido o *pagamento de pessoal*, a qualquer título, observado, do total recebido, os seguintes limites: a) 50% (cinquenta por cento) para o órgão nacional; b) 60% (sessenta por cento) para cada órgão estadual e municipal; II – na propaganda doutrinária e política; III – no alistamento e campanhas eleitorais; IV – na criação e manutenção de instituto ou fundação de pesquisa e de doutrinação e educação política, sendo esta aplicação de, no mínimo, vinte por cento do total recebido;[13]V – na criação e manutenção de programas de promoção e difusão da participação política das mulheres, criados e mantidos pela secretaria da mulher do respectivo partido político ou, inexistindo a secretaria, pelo instituto ou fundação de pesquisa e de doutrinação e educação política de que trata o inciso IV, conforme percentual que será fixado pelo órgão nacional de direção partidária, observado o mínimo de 5% (cinco por cento) do total; VI – no pagamento de mensalidades, anuidades e congêneres devidos a organismos partidários internacionais que se destinem ao apoio à pesquisa, ao estudo e à doutrinação política, aos quais seja o partido político regularmente filiado; VII – no pagamento de despesas com alimentação, incluindo restaurantes e lanchonetes.."

Para que se possa verificar o correto cumprimento do dispositivo legal supracitado, na prestação de contas, o partido político é obrigado a discriminar a utilização do fundo partidário, informando qual o destino dos valores por ele compostos.

Por outro lado, o órgão de direção do partido político está obrigado a abrir conta bancária específica para movimentação do fundo partidário e para a aplicação dos recursos no estímulo da participação feminina na política, observado que, para os demais órgãos do partido e para outros tipos de receita, essa obrigação somente se aplica quando existir movimentação financeira.

---

13. Sobre o assunto, entende o TSE que: "Consulta. Presidente. Diretório nacional. Partido político. Criação. Fundação. Art. 44, IV, da Lei 9.096/95. Obrigatoriedade. 1. É obrigatória a criação, por agremiação partidária, de fundação de pesquisa e de doutrinação e educação política, nos termos do inciso IV, do art. 44, da Lei 9.096/95. 2. As fundações criadas devem ter a forma de pessoa jurídica de direito privado (art. 1º da Resolução-TSE nº 22.121, de 9.12.2005). 3. A execução dos programas de divulgação da linha programática partidária é matéria *interna corporis* dos partidos políticos, não cabendo a esta Justiça Especializada responder sobre a questão" (Resolução nº 22.226, de 6.6.2006, do TSE, *DJ* de 4.7.2006).

ATENÇÃO: Por ter destinação específica, os valores do fundo partidário não estão sujeitos à disciplina da Lei de Licitações.

Por outro lado, a Lei nº 12.034/2009, visando fomentar uma maior participação feminina nas discussões políticas, determinou que se a agremiação política não utilizar o valor de 5% do fundo em programas de promoção e difusão da participação política das mulheres, deverá transferir o saldo para conta específica, sendo vedada sua aplicação para finalidade diversa, de modo que o saldo remanescente deverá ser aplicado dentro do exercício financeiro subsequente, sob pena de acréscimo de 12,5% (doze inteiros e cinco décimos por cento) a ser aplicado na mesma finalidade.

Os recursos referentes a participação da mulher na política ainda podem ser acumulados e mantidos em uma conta bancária específica para serem utilizados em campanhas eleitorais de candidatas dos partidos. Essa utilização também pode ser feita a critério da secretaria da mulher ou, em caso de sua inexistência, da fundação de pesquisa e de doutrinação e educação política, nesse caso específico, não se aplicaria o aumento do percentual para 12,5%, pois não haveria qualquer irregularidade, mas apenas o acúmulo anual dos 5% obrigatório do fundo para tal aplicação.

Os partidos que não tenham observado a aplicação de recursos para esse fim nos exercícios anteriores a 2019, e que tenham utilizado esses recursos no financiamento das candidaturas femininas até as eleições de 2018, não poderão ter suas contas rejeitadas ou sofrer qualquer outra penalidade. Por outro lado, os partidos que, nos termos da legislação anterior, ainda possuam saldo em conta bancária específica conforme o disposto no § 5º-A do art. 44 da LOPP poderão utilizá-lo na criação e na manutenção de programas de promoção e difusão da participação política das mulheres até o exercício de 2020, como forma de compensação.

Interessante é que a Lei 13.165/2015 ainda determinou em seu art. 9° que:

> Nas três eleições que se seguirem à publicação desta Lei, os partidos reservarão, em contas bancárias específicas para este fim, no mínimo 5% (cinco por cento) e no máximo 15% (quinze por cento) do montante do Fundo Partidário destinado ao financiamento das campanhas eleitorais para aplicação nas campanhas de suas candidatas, incluídos nesse valor os recursos a que se refere o inciso V do art. 44 da Lei no 9.096, de 19 de setembro de 1995.

Ou seja, o dispositivo limitou em 15% o máximo a ser gasto do montante do fundo partidário com as campanhas de candidatas. Tal dispositivo é, no mínimo, infeliz e acaba por aprofundar as graves deficiências na igualdade entre os gêneros, no que tange à representação política. Felizmente, o STF terminou por fulminar por inconstitucionalidade a regra citada, o que o fez por intermédio da ADI 5617, julgada procedente por maioria em 15/03/2018.

Segundo entendeu a Excelsa Corte, a fixação do máximo de aplicação do fundo partidário às candidaturas femininas aprofunda a desigualdade já existente. Em assim sendo, determinou que os investimentos realizados com valores do fundo partidário devem ser feitos na exata proporção das candidaturas lançadas, respeitado o patamar mínimo de 30% para, assim, se efetivar a ação afirmativa prevista no Ordenamento Jurídico. Ainda, a regra não deve ter prazo, devendo a distribuição não discriminatória perdurar enquanto for justificada a necessidade de composição mínima das candidaturas femininas.

Segundo entende o TSE, os partidos políticos não podem utilizar-se de valores do fundo partidário para o pagamento de multas[14].

Infelizmente, a Lei 13.831/2019 isentou os partidos políticos que não tenham aplicado no montante correto os percentuais para participação feminina na política até as eleições de 2018. Assim, tais agremiações não podem sofrer qualquer sanção ou ter suas contas rejeitadas, sendo que a referida lei foi aplicada até mesmo para os processos de prestação de contas partidárias em curso quando de sua publicação.

→ 9.13. Resumo didático

1.	Não confundir o estatuto com o programa do partido político. O estatuto serve para a definição da estrutura interna da agremiação partidária, enquanto o programa estabelece a plataforma política do partido.
2.	Determina a Lei dos Partidos Políticos que, para registro de seus atos constitutivos no cartório precitado, é necessário que o requerimento de inscrição seja subscrito por seus fundadores, em número nunca inferior a 101, com domicílio eleitoral em, no mínimo, um terço dos Estados.
3.	Não se pode confundir a criação do partido político com o registro de seu estatuto. A criação é realizada perante o Cartório Civil da Capital Federal. Ou seja, o partido político adquire personalidade jurídica, sem nenhuma intervenção do Judiciário Eleitoral. Mas, somente após ter adquirido tal personalidade, é que deverá requerer o registro de seu estatuto perante o TSE, o que irá lhe assegurar seu correto funcionamento.

14. Cta 139623, rel. Min. Gilson Dipp, j. em 21/05/2015.

4. O apoiamento mínimo ocorre a partir da prova que o partido conseguiu, no período de 2 anos, o apoio de eleitores não filiados a partidos políticos, em número que corresponda a pelo menos 0,5% do número de votos válidos na última eleição para Deputado Federal, dividido por 1/3 do Estados, com não menos de 0,1% do eleitorado que haja votado validamente em cada um deles para Deputado Federal.

5. Para facilitar o acesso ao apoiamento mínimo, o TSE entende que o partido político em processo de registro na Justiça Eleitoral tem o direito de obter lista de eleitores, com os respectivos números de títulos e zona eleitoral.

6. Como já visto, o analfabeto possui cidadania ativa, podendo participar do processo eleitoral como eleitor, mas não como candidato. O partido político para o registro de seu estatuto perante o TSE necessita do apoiamento mínimo de eleitores, conforme já afirmado. Por conta disso, o TSE tem permitido que o analfabeto participe da lista de apoiamento mínimo, apondo, se não souber assinar, a sua impressão digital, desde que identificado pelo nome, números de inscrição, zona e seção, município, unidade da federação e data de emissão do título eleitoral; e possibilidade de conter campos para endereço e telefone.

7. Se ocorrer alguma modificação no programa ou no estatuto do partido político, tal alteração deverá ser registrada no Ofício Civil competente (cartório de registro de pessoas jurídicas da Capital Federal) e somente após, encaminhadas para registro no TSE.

8. Como o Distrito Federal é proibido de se subdividir em municípios, obviamente não existe nas eleições municipais diretórios municipais. Desta forma, a estes diretórios cabem a competência própria dos diretórios municipais.

9. O partido coligado perde a legitimidade de atuar de forma isolada, salvo para discutir perante a Justiça Eleitoral a legitimidade da própria coligação, o que poderá ser feito até o último dia para impugnação ao registro de candidaturas.

10. Os filiados a partidos políticos possuem os mesmos direitos e deveres, sendo vedada a discriminação realizada por agremiação partidária, em relação aos seus filiados.

11. Para concorrer a mandato eletivo, o cidadão deve estar filiado a pelo menos 6 meses a partido político. Este prazo pode aumentar, de acordo com o estatuto. Assim, pode o partido político exigir, para que se dispute o pleito eleitoral, filiação de 2 anos, por exemplo. Não lhe é lícito, porém, diminuir o prazo de filiação para menos de 6 meses, nem modificar a regra relativa ao tempo de filiação necessário no ano da eleição.

12. A declaração de inelegibilidade não impede a filiação a partido político. O impedimento só ocorrerá quando for decretada a perda ou suspensão dos direitos políticos do requerente.

13. O procedimento para cancelamento do registro do estatuto do partido é realizado perante o TSE, para só após ser o cancelamento informado no cartório de pessoas

jurídicas da capital federal, invertendo, assim, a ordem do procedimento em relação ao registro. Na decisão de cancelamento de registro de partido político, por força do artigo 19, parágrafo único, do Código Eleitoral, faz-se necessária a presença de todos os membros do TSE.

14. A fusão e a incorporação de partidos políticos devem ser realizadas primeiramente perante o cartório de pessoas jurídicas da capital federal, para somente após ser registrada no TSE.

15. Enquanto na fusão todos os partidos que participam do procedimento têm seus registros cancelados, na incorporação cancela-se apenas o registro do partido incorporado. Nas duas situações, primeiro é realizado o procedimento perante o cartório de pessoas jurídicas, para só após ser registrado no TSE.

16. Com o advento da Lei 13.107/2015, só é possível a fusão ou a incorporação de partidos que hajam obtido o registro definitivo no TSE há pelo menos 5 (cinco) anos.

17. Todos os órgãos de direção partidários devem prestar contas, para isso, são obrigados a manter a sua escrituração contábil, o que vai permitir conhecer a origem de suas receitas e a destinação de suas despesas.

18. Apesar de o fundo partidário ser composto em parte com contribuição prevista em lei da União, é direito dos partidos políticos com registro perante o TSE recebê-lo. Por isso, o fundo partidário é a única fonte de receita do partido que pode ter contribuição da União, pois está prevista em lei para distribuição a todos os partidos, nos termos previstos na legislação.

19. O direito de aplicar penalidade relacionada à prestação de contas prescreve em 5 anos. Assim, prestadas as contas, nos termos previstos em lei, se não for aplicada a penalidade devida no prazo de 5 anos, a mesma estará prescrita, não podendo mais ser aplicada. Exatamente por isso, é que o artigo 34, IV, da LOPP, determina que os partidos são obrigados a guardar a documentação referente à prestação de contas pelo prazo de 5 anos.

20. Após muita discussão doutrinária, a Lei nº 12.034/2009 estabeleceu a natureza jurídica do processo de prestação de contas, determinando ser o mesmo jurisdicional. Assim, a jurisprudência anterior do TSE que informava do descabimento de recurso especial contra decisão em prestação de contas passou a ser revista.

21. 5% do valor arrecadado pelo fundo partidário devem ser distribuídos igualmente entre todos os partidos políticos registrados perante o TSE, desde que atendam aos requisitos constitucionais. Os outros 95% do fundo serão divididos proporcionalmente de acordo com o número de voto obtido pelo partido na última eleição para Deputado Federal.

22. Por ter destinação específica, os valores do fundo partidário não estão sujeitos à disciplina da Lei de Licitações.

9.14. Questões.

1) **(CESPE) A Constituição Federal de 1988 garante aos partidos políticos**

a) direito de utilização de entidade paramilitar para resguardar o processo eleitoral.

b) autonomia para fixar o regime de suas coligações eleitorais, desde que haja vinculação entre as candidaturas em âmbito nacional, estadual e municipal.

c) autonomia para estabelecer sua organização e seu funcionamento, sendo vedadas disposições sobre fidelidade partidária.

d) direito ao recebimento de recursos do fundo partidário e de acesso gratuito ao rádio e à televisão.

e) direito ao recebimento de recursos financeiros de entidades estrangeiras, desde que resguardada a soberania nacional.

2) **(CESPE) Em decorrência do fato de divergir constantemente, na sua atividade parlamentar, das orientações da liderança do seu partido e da direção partidária, um deputado federal cogita a hipótese de mudar de partido. Antes de tomar sua decisão, o deputado resolveu consultar um advogado.**

Nessa situação, o advogado deverá informar ao deputado que, à luz da legislação pertinente,

a) o detentor de cargo eletivo tem liberdade para mudar de partido nos trinta dias anteriores ao fim do prazo de filiação exigido para concorrer à eleição ao término do seu mandato.

b) o detentor de mandato eletivo que requerer sua desfiliação do partido político pelo qual tenha sido eleito perderá o mandato em qualquer hipótese.

c) a aplicação de penalidades ao detentor de mandato eletivo por não cumprimento de orientações partidárias não é autorizada.

d) o detentor de mandato eletivo pode, por justa causa, se desfiliar do partido político pelo qual tenha sido eleito nos casos de fusão, extinção ou incorporação do seu partido de origem.

e) a mudança substancial ou o desvio reiterado do programa partidário não são considerados justa causa para fins de desfiliação do partido político.

3) **(CESPE) A respeito de partidos políticos, assinale a opção correta.**

a) Os partidos políticos podem utilizar os recursos do fundo partidário para pagar multas eleitorais decorrentes de infração à Lei das Eleições.

b) Os partidos políticos não são obrigados a cumprir exigências licitatórias para contratar e realizar despesas com recursos do fundo partidário.

c) O partido político adquire personalidade jurídica com o registro de seu estatuto no TSE.

d) As contas partidárias que forem desaprovadas não poderão receber novas cotas do fundo partidário até que sejam regularizadas.

4) **(FCC) A incorporação de partido político**

a) somente é cabível em relação a partidos políticos que tenham obtido registro definitivo do Tribunal Superior Eleitoral há, pelo menos, 5 (cinco) anos.

b) exige que os órgãos nacionais de deliberação dos partidos políticos envolvidos na incorporação aprovem, em reunião conjunta, por maioria absoluta, novos estatutos e programas, bem como elejam novo órgão de direção nacional ao qual caberá promover o registro da incorporação.

c) não implica eleição de novo órgão de direção nacional, mantendo-se o mandato e a composição do órgão de direção nacional da agremiação partidária incorporadora.

d) condiciona a existência legal da nova agremiação partidária ao registro, no Ofício Civil competente da Capital Federal, dos novos estatutos e programas, cujo requerimento deve ser acompanhado das atas das decisões dos órgãos competentes.

e) não autoriza a soma dos votos obtidos na última eleição geral para a Câmara dos Deputados pelos partidos incorporados, para efeito da distribuição dos recursos do Fundo Partidário e do acesso gratuito ao rádio e à televisão.

5) **(MPE-RS) Considerando a Lei n. 9.096/95, que dispõe sobre partidos políticos, assinale a alternativa correta.**

a) Após registrar seu estatuto no Cartório competente do Registro Civil das Pessoas Jurídicas, na Capital Federal, o partido político está apto a participar do processo eleitoral, receber recursos do Fundo Partidário e ter acesso gratuito ao rádio e à televisão.

b) É vedado ao partido político estabelecer, em seu estatuto, prazos de filiação partidária superiores aos previstos na Lei n. 9.096/95, com vistas à candidatura a cargos eletivos.

c) Quem se filia a outro partido deve fazer comunicação ao partido ao qual era originalmente filiado e ao juiz de sua respectiva Zona Eleitoral, para cancelar sua filiação anterior; se não o fizer no dia imediato ao da nova filiação, fica configurada dupla filiação, sendo ambas consideradas nulas para todos os efeitos.

d) A perda dos direitos políticos não implica o cancelamento imediato da filiação partidária.

e) A desaprovação da prestação anual de contas do partido não enseja sanção alguma que o impeça de participar do processo eleitoral.

GABARITO

1 – D	2 – A	3 – B	4 – A	5 – E

CAPÍTULO 10

ARRECADAÇÃO E GASTOS EM CAMPANHA ELEITORAL

10.1. ARRECADAÇÃO E GASTOS EM CAMPANHA ELEITORAL

A maior preocupação, como já afirmado por diversas vezes, é com a legitimidade do pleito eleitoral. Essa legitimidade só pode ser garantida com a lisura das eleições. Para isso, é necessário que se traga, entre outras situações, uma igualdade de candidatos para que haja equilíbrio no pleito.

Uma das situações que mais pode acarretar tal desequilíbrio é o famoso caixa 2, tão conhecido dos brasileiros, existente em diversas eleições. Para tentar anular tal artifício, a Lei nº 9.504/97 determinou uma série de regras no que tange à arrecadação e gasto em campanhas eleitorais.

10.2. DO LIMITE DOS GASTOS

A Lei nº 9.504/97, com a alteração da Lei 13.165/2015, após afirmar que a responsabilidade pelas despesas de campanha é dos partidos e de seus candidatos, termina por declarar que essas campanhas serão financiadas na forma da lei.

Em assim sendo, o limite máximo de gasto por cargo em disputa deve ser determinado pelo TSE, levando em consideração os parâmetros definidos em Lei. Serão contabilizadas dentro desse limite as despesas dos partidos e candidatos que puderem ser individualizadas. O gasto acima dos limites impostos gera multa de 100% do valor que ultrapassar o limite, independentemente da apuração por abuso do poder econômico.

10.3. DA ARRECADAÇÃO DE VALORES

No Direito Brasileiro, o financiamento da campanha é misto, pois tanto valores públicos quanto privados nela são incorporados. A Lei 13.487/2017 disciplinou a utilização dos valores públicos em campanha, através da criação do Fundo Especial de Financiamento de Campanhas (FEFC), como será visto mais adiante.

É imprescindível observar as normas acerca da arrecadação de valores, para que se evite o chamado caixa 2, que tanto contribui para a ausência da real democracia. Inicialmente, cumpre asseverar que atualmente a responsabilidade pela arrecadação e gastos de campanha compete ao candidato, ou ainda ao administrador por ele contratado. A figura do administrador de campanha, ou tesoureiro como comumente se afirma, ganhou destaque no cenário brasileiro, através das eleições de 1989 para Presidente e Vice-Presidente da República, na qual Fernando Collor de Melo foi eleito, tendo em sua campanha eleitoral o tesoureiro PC Farias, que posteriormente, como todos sabem, acabou assassinado em circunstâncias ainda misteriosas.

Até o advento da Lei 13.165/2015, os partidos políticos tinham que criar comitês financeiros, que participavam ativamente das campanhas eleitorais. Com a minirreforma eleitoral de 2015, no entanto, a figura dos comitês financeiros acabou extinta. Agora, os candidatos, tanto nas eleições majoritárias, quanto nas proporcionais, devem prestar diretamente as devidas contas de campanha perante a Justiça Eleitoral.

A veracidade das informações prestadas é de responsabilidade dos candidatos e seus administradores. Mesmo havendo administrador na campanha eleitoral, o candidato continua responsável pelo que se declara. Por isso, a prestação de contas deve sempre ser assinada pelo candidato, mesmo que haja administrador de campanha. Em existindo administrador, este deverá subscrever a prestação de contas, em conjunto com o candidato. Pelo entendimento consagrado pelo TSE no dispositivo citado, há uma espécie de presunção absoluta (*iure et de iure*) de responsabilidade do candidato em se tratando de sua campanha eleitoral.

Segundo o TSE, é obrigatória a participação de contador na prestação de contas. Inclusive, o profissional da contabilidade é responsável, juntamente com o candidato e o administrador, pela veracidade das informações financeiras e contábeis da campanha (art. 48, § 2°, da Resolução 23.553/2017 TSE). Também é obrigatória a constituição de advogado para a prestação de contas (§7° do dispositivo citado).

A esse respeito, o artigo 20 da Lei nº 9.504/97 determina que o candidato a cargo eletivo fará, diretamente ou por intermédio de pessoa por ele designada, a administração financeira de sua campanha, usando recursos repassados pelo partido, inclusive os relativos a quota do fundo partidário, a recursos próprios ou doações de pessoas físicas, na forma estabelecida em lei.

Para que ocorra a arrecadação de gastos de valores em campanhas eleitorais, há necessidade: a) do pedido de registro de candidatura; b) a inscrição dos candidatos no Cadastro Nacional de Pessoas Jurídicas (CNPJ); c) a abertura de conta bancária específica; e d) a expedição de recibos eleitorais.

Só se pode realizar qualquer ato de campanha eleitoral a partir do pedido de registro de candidatura. Desse momento em diante, todos os atos de campanha podem ser realizados, estando a candidatura sub judice, até que haja uma definição sobre a mesma. O pedido de registro de candidatura, portanto, é o primeiro passo para que sejam possíveis a arrecadação e os gastos em campanha eleitoral.

A inscrição dos candidatos no CNPJ não concede a eles nenhuma qualificação jurídica nova, apenas serve para concretizar o controle sobre as campanhas eleitorais, sendo possível à justiça Eleitoral trocar informações com a Receita Federal, o que, evidentemente, auxilia em demasia a transparência da própria campanha eleitoral. O número do CNPJ é fornecido pela Justiça Eleitoral, no prazo de 3 dias após o pedido de registro de candidatura.

Com a consignação do CNPJ, os candidatos deverão abrir contas bancárias específicas para movimentação dos valores referentes à campanha eleitoral. Como o CNPJ é concedido apenas em razão das campanhas, este deve ser cancelado pela Receita Federal, assim que se encerrar o ano fiscal, em 31 de dezembro do ano da eleição. Isso mostra que a pessoa do candidato, para fins de melhor controle, é diferente da sua candidatura. Por isso, arrecadações e gastos são feitos pela candidatura (que para isso tem CNPJ próprio) e não pelo candidato. É possível que o candidato, no entanto, doe para sua própria campanha.

A abertura de conta bancária é de importância ímpar,[1] uma vez que toda a movimentação da campanha deve passar por ela, tanto a arrecadação quanto os gastos. Por isso, os bancos devem acatar, em até 3 dias, a abertura de

---

1. Ensina Rodrigo López Zilio que: "A exigência do legislador tem em vista criar um mecanismo que facilite a fiscalização dos valores arrecadados para campanha eleitoral, evitando que haja aporte ilícito de recursos em benefício de determinados candidatos, com prejuízo ao equilíbrio do pleito. Somente é possível proceder a arrecadação de recursos após a abertura da conta bancária específica, sob pena de rejeição de contas. Todo e qualquer recursos arrecado deve, necessariamente, transitar pela conta bancária

conta de qualquer candidato escolhido em convenção, sendo-lhes vedado condicioná-la a depósito mínimo e à cobrança de taxas e/ou outras despesas de manutenção (§ 1º do art. 22 da Lei nº 9.504/97). Por outro lado, é obrigatório que se conste no extrato bancário o CPF ou CNPJ do doador, medida para facilitar a fiscalização.

ATENÇÃO: A abertura de conta bancária não será exigida na campanha para cargos eletivos municipais de cidades que não possuam agência bancária ou posto bancário em seu território.

A finalidade, indisfarçável aliás, é de evitar o caixa 2, exigindo-se, pois, que toda a movimentação passe pela conta específica registrada.[2] A ausência de abertura de conta bancária leva à desaprovação das contas. Segundo entende o TSE, a abertura de conta bancária deve ser feita em até 10 dias contados do fornecimento do CNPJ (art. 10, § 1°, I, Resolução 23.553/2017 TSE). Por isso, caso o cidadão renuncie a candidatura ainda dentro deste prazo, não lhe será exigida a abertura da conta bancária, desde que não tenha ocorrido qualquer movimentação financeira.

Aliás, salvo a situação de candidaturas municipais, quando não há agência ou posto de atendimento bancário na cidade, a conta bancaria específica é obrigatória, ainda que não exista movimentação financeira na campanha.[3] Os candidatos a vice e a suplente nas eleições majoritárias não são obrigados a abrir conta bancária específica, mas se o fizerem, os extratos deverão fazer parte da prestação de contas dos candidatos aos cargos principais (art. 10, § 3°, Resolução 23.553/2017 TSE).

É certo que os gastos devem provir da conta bancária específica, mas o TSE autoriza a criação de uma reserva em dinheiro (Fundo de Caixa) para gastos de pequeno vulto. Para isso é necessário que: a) observe-se o saldo máximo de 2% dos gastos contratados, vedada a recomposição; b) os

---

específica, ainda que o recurso seja proveniente do próprio candidato ou decorrente da comercialização de produtos ou serviços" (art. 9º da Resolução nº 23.217).

2. Segundo o TSE: "Prestação de contas. Candidato. Vereador. Desaprovação. Decisões. Instâncias ordinárias. Ausência. Movimentação. Integralidade. Recursos. Conta bancária específica. (...) 3. A jurisprudência do Tribunal, com a revogação da Súmula-TSE 16, passou a exigir a abertura de conta bancária específica destinada a registrar toda a movimentação financeira de campanha, conforme exigência estabelecida no art. 22 da Lei 9.504/97, Agravo regimental desprovido" (Ac. nº 6.341, de 1.2.2006, do TSE, *DJ* de 10.3.2006).
3. É o posicionamento remansoso do TSE, como se verifica nos seguintes arestos: Ac.-TSE, de 13.10.2011, no AgR-AI nº 139912 e Ac.-TSE, de 21.3.2006.

recursos destinados à respectiva reserva transitem previamente pela conta bancária específica de campanha e; c) o saque para a constituição do Fundo de Caixa seja realizado mediante cartão de débito ou emissão de cheque nominativo em favor do próprio sacado. Candidatos a vice e a suplente não podem constituir Fundo de Caixa.

Por outro lado, exige-se, também, a expedição de recibos eleitorais. Os recibos eleitorais são documentos formais e devem ser emitidos toda vez em que há uma doação estimável em dinheiro ou realizada através da internet. Exige-se, ainda, a expedição de recibos eleitorais nas arrecadações coletivas (*crownfounding*), para cada doação que é realizada, especificando o doador e a quantia doada.

Além do mais, os recibos servem para comprovar de onde provêm os recursos e em que são empregados, devendo ser entregues à Justiça Eleitoral quando da prestação de contas. Quando a doação é feita em dinheiro, o comprovante de depósito ou de transferência para conta da campanha já serve para documentar a doação. Segundo ensina José Jairo Gomes (p. 432):

> Isso porque as doações em dinheiro devem ser depositadas na conta-corrente específica do candidato ou partido, sendo que o recibo de depósito e o extrato bancário já comprovam a operação. A esse respeito, vale registrar que as instituições financeiras têm o dever legal de identificar, nos respetivos extratos bancários, o CPF ou CNPJ do doador (LE, art. 22, II), de maneira que a comprovação da doação na prestação de contas será feita por esses extratos, nos quais o doador é identificado.

Segundo a Lei das Eleições, dispensa-se de expedição de recibo eleitoral e a indicação na prestação de contas nas hipóteses de: a) a cessão de bens móveis, limitada ao valor de R$ 4.000,00 (quatro mil reais) por pessoa cedente; b) doações estimáveis em dinheiro entre candidatos e partidos, decorrentes do uso comum tanto de sedes quanto de materiais de propaganda eleitoral, cujo gasto deverá ser registrado na prestação de contas do responsável pelo pagamento da despesa; c) cessão de automóvel da propriedade do candidato, do cônjuge e de seus parentes até o terceiro grau para seu uso pessoal durante a campanha (art. 28, § 6°, LE).

Na doação realizada através da internet, haverá a expedição automática de recibos para cada doação, mas esses não necessitarão ser assinados pelo doador. Também se tem exigido a expedição de recibos eleitorais quando a doação é realizada entre partidos políticos, entre partido e candidato e entre candidatos (art. 31, Resolução 23.553/2017 do TSE).

A arrecadação de receitas que for realizada fora dos parâmetros previstos será ilícita e estará sujeita às sanções legais, podendo, inclusive, chegar a determinar a cassação do registro ou do diploma, nos termos previstos no artigo 30-A da Lei nº 9.504/97.

ATENÇÃO: A arrecadação para campanha eleitoral pode ocorrer até o dia da eleição. Excepcionalmente, no entanto, é permitida a arrecadação de recursos, após a data fixada, exclusivamente para quitação de despesas já contraídas e não pagas até aquela data, as quais deverão estar integralmente quitadas até a data da entrega da prestação de contas à Justiça Eleitoral (§ 1º, art. 35, da Resolução nº 23.553/2017 do TSE).

10.3.1. Das fontes de arrecadação em campanhas eleitorais

Como já visto, para que se inicie a arrecadação em campanha eleitoral, várias etapas são necessárias, desde a consignação de CNPJ para os candidatos até a produção e distribuição de recibos eleitorais. Como são mistas as fontes de arrecadação, essas podem ser públicas ou privadas.

10.3.1.1. Fontes públicas de arrecadação

Muito se discutiu acerca das fontes públicas de arrecadação. Isso porque era vista por muitos como alternativa frente às doações empresariais. Em verdade, as doações feitas por empresas muitas vezes criavam um passivo que eleito tinha que pagar. O objeto desse pagamento era obscuro e impronunciável.

Diversas vozes em vários setores da sociedade passaram a defender um financiamento público das campanhas eleitorais. Não é exato afirmar que o financiamento público passou a existir apenas com a publicação da Lei 13.487/2017, pois antes mesmo dessa norma, havia permissão da utilização de valores do fundo partidário, constituído também por valores públicos.

Mas a delineação mais exata do financiamento público ocorreu em um momento em que o país passa por uma crise econômica e política. O que também não deixou de ser objeto de inúmeras críticas, pelo momento em que a Lei veio, apesar de seu conteúdo ter sido desejado por muitos.

Criou-se, assim, o Fundo Especial de Financiamento das Campanhas Eleitorais (FEFC). Esse fundo é constituído por valores que deixavam de ser recolhidos aos cofres públicos por conta da compensação fiscal por cessão de horário pelas emissoras de rádio e televisão para a propaganda partidária. Por isso, a propaganda partidária acabou sendo extinta (art. 5°, Lei 13.487/2017). De outro lado, o FEFC também é constituído por 30% do valor destinado às emendas parlamentares. Pelo menos essa foi a forma de se constituir o fundo sem afetar ainda mais a já combalida economia brasileira.

O valor que constitui o fundo é dividido entre os partidos políticos, registrados no TSE. A divisão, no entanto, segue a igualdade progressiva entre os partidos. Ou seja, há uma distribuição de determinada parcela igualmente entre as agremiações políticas. A maior parte dos valores é dividida tendo por base o sucesso dos partidos em um processo eleitoral anterior. Sobre a igualdade progressiva dos partidos, explica Gilmar Mendes (p. 770):

> Considerou-se, dentre outros aspectos, que o tratamento absolutamente igualitário levaria a uma completa distorção da concorrência, configurando a equiparação legal de diferentes possibilidades (faktiche Chancen) manifesta afronta ao princípio da neutralidade que deveria ser observado pelo Poder Público em relação a todos os partidos políticos.

Por isso, quanto melhor for o partido em um processo eleitoral, tendo acesso a mais cadeiras do parlamento, maior será a parcela do FEFC que a agremiação receberá. A Lei das Eleições contempla a seguinte divisão entre os partidos políticos, no que tange ao fundo público de financiamento de campanhas:

2% (dois por cento)	divididos igualitariamente entre todos os partidos com estatutos registrados no TSE
35% (trinta e cinco por cento)	divididos entre os partidos que tenham pelo menos um representante na Câmara dos Deputados, na proporção do percentual de votos por eles obtidos na última eleição geral para a Câmara dos Deputados
48% (quarenta e oito por cento)	divididos entre os partidos, na proporção do número de representantes na Câmara dos Deputados, consideradas as legendas dos titulares
15% (quinze por cento)	divididos entre os partidos, na proporção do número de representantes no Senado Federal, consideradas as legendas dos titulares

Assim, fica evidente que quanto melhor for o partido em um processo eleitoral, maior será o valor que receberá do Fundo Especial de Financiamento de Campanhas Eleitorais. Esse montante poderá ser repassado para as campanhas livremente, na forma que o partido entender mais conveniente, desde que se respeite o limite de gastos por cargo em disputa definido pelo TSE.

O que o partido receber do FEFC pode irrigar também a campanha de candidatos de outros partidos, mas para que isso seja possível é essencial que a agremiação doadora participe do processo eleitoral com candidatos próprios ou através de coligação (art. 19, § 1°, Resolução 23.553/2017 do TSE).

Por outro lado, é possível que os partidos se utilizem de valores recebidos do Fundo Partidário (art. 38, LOPP) para as campanhas eleitorais de seus candidatos. Como o fundo partidário também é composto de valores públicos, a sua utilização acaba sendo bem mais regrada. Por isso, apenas para exemplificar, estabelece o art. 21, § 4°, da Resolução 23.553/2017 do TSE que do montante do fundo partidário destinado ao financiamento de campanhas, no mínimo 5% e no máximo 15% deverão ser utilizados para aplicação nas campanhas de candidatas, como uma forma de incentivar a participação feminina na política. É evidente que o partido pode destinar mais de 15% do montante para as candidaturas de mulheres, mas ele não poderá ser obrigado a um percentual maior do que o estabelecido.

Exige-se, ainda, que os partidos e candidatos tenham contas bancárias específicas distintas para recebimento e utilização de valores advindos do fundo partidário e do FEFC, caso utilizem recursos dessas duas origens (art. 11, Resolução 23.553/2017 do TSE). Isso mostra que as candidaturas podem ter que abrir mais de uma conta específica, como forma de melhorar o controle sobre as fontes de recursos financeiros.

10.3.1.2. Fontes privadas de arrecadação

A arrecadação de valores pode ser realizada através de recursos do próprio candidato, ou de terceiros, dos partidos políticos ou pessoas físicas. Vale ressaltar que o STF julgou, na ADI 4650, a inconstitucionalidade da doação feita por pessoas jurídicas a campanhas eleitorais[4].

4. Entende o TSE, no art. 17, § 2°, da Resolução 23.553 que: O partido político não poderá transferir para o candidato ou utilizar, direta ou indiretamente, nas campanhas eleitorais, recursos que tenham sido doados por pessoas jurídicas, ainda que em exercícios anteriores.

Em assim sendo, as fontes permitidas, no que tange a doação de campanha eleitoral são aquelas indicadas no art. 17 da resolução 23.553 do TSE: a) recursos próprios dos candidatos; b) doações financeiras ou estimáveis em dinheiro de pessoas físicas; c) doações de outros partidos políticos e de outros candidatos; d) comercialização de bens e/ou serviços ou promoção de eventos ou promoção de eventos de arrecadação e; e) rendimentos gerados pela aplicação de suas disponibilidades.

A mesma Resolução ainda permite a doação realizada por partidos políticos aos seus candidatos, desde que identificada a sua origem e que sejam provenientes: a) do Fundo Partidário; b) do Fundo Especial de Financiamento de Campanha Eleitoral (FEFC); c) doações de pessoas físicas efetuadas aos partidos políticos; d) contribuição de seus filiados; e) comercialização de bens, serviços ou promoção de eventos de arrecadação e; f) rendimentos decorrentes da locação de bens próprios dos partidos políticos.

Em relação ao próprio candidato, este pode doar para sua campanha até o limite fixado em lei ou pelo partido político para gastos em campanha eleitoral. É interessante observar que o dispositivo que permitia esse limite maior para o candidato doar a sua campanha foi revogado pela Lei 13.487/2017, tratava-se do § 1°-A, do art. 23 da Lei 9.504/97. Por isso, após tal alteração, os candidatos passaram a ter a mesma limitação que as demais pessoas físicas. Assim, o candidato poderá doar para a sua campanha até 10% de seus rendimentos brutos do ano anterior.

Caso a doação seja realizada por terceiros, em se tratando de pessoa física, a doação fica limitada a 10% de seus rendimentos no ano anterior (art. 23, § 1º, I, da Lei nº 9.504/97). Com relação ao empresário individual, o TSE (AgR em RESPE 57-33, rel. Min. Admar Gonzaga, julgado em 12.9.2017) tem permitido que para aferição do limite de doação, seja possível somar o valor que foi recebido enquanto pessoa física e o valor recebido como empresário individual, sendo os 10% contabilizados sobre tal soma. Não se admite a doação realizada em moedas virtuais (art. 22, § 5°, da Resolução 23.553/2017 do TSE).

Com a publicação da Lei 13.487/2017, passou-se a permitir o financiamento coletivo em campanha eleitoral (*crowdfunding*). *Assim, é possível a contratação de instituições que promovam a técnica de financiamento coletivo por meio de internet, aplicativos eletrônicos ou recursos similares para permitir que diversos eleitores se unam para proporcionar ao candidato uma maior fonte de arrecadação.*

É evidente que como forma de controle efetivo, as doações coletivas deverão ter uma identificação pessoal da contribuição de cada eleitor, indicando, dentre outras informações, os nomes completos, CPF, além do valor exato da doação. A instituição responsável pela administração do financiamento coletivo deverá ser previamente cadastrada perante a Justiça Eleitoral e deverão dar ciência ao eleitores e candidatos das taxas de administração cobradas5.

Esse financiamento coletivo poderá ser feito já a partir de 15 de maio do ano das eleições, mas os valores só poderão ser repassados aos candidatos a partir do momento em que tiver todos os requisitos para ingresso de valores em sua campanha, como ter feito o pedido de registro de candidatura, recebido inscrito no CNPJ e aberto conta bancária específica.

Os partidos políticos podem doar para os seus candidatos até o limite de gastos que se faz possível na campanha, definido pelo TSE.

É nesse ínterim que surge a figura da doação oculta. Na realidade, o termo utilizado é bastante infeliz e pode conduzir a erros. De fato, doação oculta ocorre quando determinada pessoa doa para o partido político que, por sua vez, emprega tal valor na campanha de certo filiado seu. É chamada doação oculta, pois o nome do doador não aparecerá na lista de doações para a candidatura do candidato. No entanto, o doador será plenamente identificado quando da prestação de contas do partido, sendo vedado, inclusive, à agremiação partidária, o recebimento das mesmas fontes que são proibidas de doar para as campanhas dos candidatos a mandato eletivo.

Por isso, a única vantagem para o doador é não aparecer na lista dos doadores para candidatura de determinado cidadão. O TSE tem feito um esforço hercúleo para limitar e até mesmo acabar com a doação oculta. Por

5. Segundo o art. 23 da Resolução 23.553 do TSE, são requisitos para o financiamento coletivo de campanha: I – cadastro prévio na Justiça Eleitoral pela instituição arrecadadora, observado o atendimento, nos termos da lei e da regulamentação expedida pelo Banco Central do Brasil, dos critérios para operar arranjos de pagamento; II – identificação obrigatória, com o nome completo e o número de inscrição no cadastro de pessoas físicas (CPF) de cada um dos doadores, o valor das quantias doadas individualmente, forma de pagamento e as datas das respectivas doações; III – disponibilização em sítio eletrônico de lista com identificação dos doadores e das respectivas quantias doadas, a ser atualizada instantaneamente a cada nova doação, cujo endereço eletrônico, bem como a identificação da instituição arrecadadora, devem ser informados à Justiça Eleitoral, na forma por ela fixada; IV – emissão obrigatória de recibo para o doador, relativo a cada doação realizada, sob a responsabilidade da entidade arrecadadora; V – envio imediato para a Justiça Eleitoral, na forma por ela estabelecida, e para o candidato de todas as informações relativas à doação; VI – ampla ciência a candidatos e eleitores acerca das taxas administrativas a serem cobradas pela realização do serviço; VII – não incidência em quaisquer das hipóteses de vedação listadas no art. 33 desta resolução; VIII-observância do Calendário Eleitoral para arrecadação de recursos, especialmente quanto aos requisitos dispostos no art. 3º desta resolução; IX – movimentação dos recursos captados na conta bancária "Doações para Campanha"; X – observância dos dispositivos da legislação eleitoral relacionados à propaganda na internet.

isso, caso ocorra doação de partido para uma campanha eleitoral, é necessário que conste do recibo eleitoral o CNPJ/CPF do doador originário, como uma forma de se evitar que a doação venha de fontes vedadas. Apesar de a doação oculta não ter sido declarada como ilegal, ela acabava por contrariar a transparência necessária para as campanhas eleitorais. Assim, determina o § 3º, do art. 31, da Resolução 23.553 do TSE que:

> As doações referidas no caput devem identificar o CPF ou CNPJ do doador originário das doações financeiras, devendo ser emitido o respectivo recibo eleitoral para cada doação, na forma do art. 9° desta resolução (STF, ADI 5.394).

Houve uma tentativa da Lei 13.165/2015 de possibilitar o retorno da doação oculta, sendo, no entanto, o art. 28, § 12, da LE, com a redação determinada pela minirreforma de 2015, suspenso por liminar por STF, nos autos da ADI 5394. Em assim sendo, a doação oculta continua proibida.

Por outro lado, é permitida, também, a realização de eventos e comercialização de bens para arrecadar valores para campanha eleitoral, como acontece com jantares, onde cada convidado paga uma quantia, que servirá para sustentar a custosa campanha eleitoral. Para realizar tais eventos, algumas providências são necessárias, entre elas, a de comunicar à Justiça Eleitoral, com pelo menos 5 dias úteis de antecedência, a realização do evento[6]. A Justiça Eleitoral, por seu turno, poderá designar fiscais para atuar no evento. O valor arrecadado deverá ser depositado na conta específica, antes de qualquer utilização.

As doações deverão ser realizadas através de cheque nominal, ou ainda de depósito identificado na conta específica do candidato. O TSE entende que se a doação for igual ou superior ao valor de R$ 1.064,10 (mil e sessenta e quatro reais e dez centavos) deverá ser realizada por transferência bancária eletrônica entre o doador e o candidato (art. 22, § 1°, Resolução 23.553/2017 do TSE). Essa determinação também deve ser aplicada quando o candidato doar para a própria campanha. A Lei nº 12.034/2009 introduziu na Lei nº 9.504/97 a possibilidade de doação feita através de dispositivos eletrônicos presentes no sítio eletrônico do candidato ou do partido político, desde que haja a emissão de recibos eleitorais para cada doação realizada. Como a internet acaba tendo um vasto, complexo e quase infinito trânsito de pessoas, nem sempre será possível controlar as doações que são realizadas

6. Art. 32, Resolução 23.553/2017 do TSE.

através de meio eletrônico. Por isso, determina o § 6º do artigo 23 da Lei das Eleições que:

> Art. 23. (...)
>
> § 6º Na hipótese de doações realizadas por meio da internet, as fraudes ou erros cometidos pelo doador sem conhecimento dos candidatos, partidos ou coligações, não ensejarão a responsabilidade destes nem a rejeição de suas contas eleitorais.

ATENÇÃO: São vedadas quaisquer doações em dinheiro, bem como de troféus, prêmios, ajudas de qualquer espécie feita por candidato, entre o registro e a eleição, a pessoas físicas ou jurídicas.

É possível, no entanto, que algumas doações sejam realizadas através de utilidades, como, por exemplo, o empréstimo de bens imóveis, para que ali se faça a sede da candidatura. Segundo informa o § 7º do artigo 23 da Lei nº 9.504/97, O limite previsto para doação de pessoas físicas (de até 10% do rendimento bruto do ano anterior) não se aplica a doações referentes à utilização de bens móveis e imóveis de propriedade do doador, que não poderá superar o valor de R$ 40.000,00 (quarenta mil reais). Dessa maneira, é necessário atribuir ao empréstimo o valor de mercado, expedindo para este recibo eleitoral, para que se possa ter claro na prestação de contas o valor da doação.

Lamentavelmente, a própria Lei das Eleições, no artigo 27, quase coloca todo o sistema previsto no Ordenamento Jurídico a perder. No citado dispositivo, a legislação permite que o eleitor faça gastos em homenagem ao candidato de sua preferência até 1.000 UFIR (o que equivale a R$ 1.064,00). Assim, pode o eleitor, por exemplo, produzir camisas, broches e adesivos do candidato de sua preferência. Esses valores não são registrados e não fazem parte da campanha eleitoral, desde que não sejam reembolsáveis.

Deve-se, no entanto, observar que os gastos que o eleitor pode fazer em favor de candidato de sua preferência não podem ser confundidos com doações à campanha eleitoral. Por isso, os gastos realizados pelo eleitor não podem ser entregues ao candidato, sob pena de se caracterizar em doação e, assim, estabelecer um valor doado sem o devido registro, o que, evidentemente, caracterizaria doação sem as formalidades legais.[7]

---

7. Nestes termos, leciona Rodrigo López Zilio que: "Deve-se ponderar, no entanto, que não é possível ao eleitor efetuar doação ao candidato sem a contabilização dos recursos; o que a norma permite é que o

O grande problema do dispositivo é permitir que um eleitor faça tais pequenos gastos com a campanha eleitoral de alguém, o que, de forma multiplicada por vários eleitores, pode, inclusive, ensejar abuso do poder econômico e fraude, bastando que cada um desses eleitores atue sob as ordens do próprio candidato ou de alguém ligado a ele. Por isso, o artigo 27 da Lei das Eleições, infelizmente, acaba por criar um mecanismo que favorece a instituição de caixa 2 no pleito eleitoral, sendo, pois, perigosíssimo ao equilíbrio nas eleições.

Por isso, a pessoa física poderá cumulativamente: a) doar até 10% de seus rendimentos brutos do ano anterior; b) ceder a utilização de bem móvel ou imóvel, desde que o valor dessa cessão não supere R$ 40.000,00 (quarenta mil reais) e; c) fazer gasto em homenagem a candidato de sua preferência até 1.000 UFIR.

A doação superior aos limites estabelecidos sujeita o infrator a aplicação de multa de 100% da quantia em excesso, sem prejuízo de responder o candidato por abuso de poder econômico.

10.3.2. Das fontes vedadas

Como a finalidade das normas sobre arrecadação e gastos de campanha é garantir a isonomia entre os candidatos e, portanto, o equilíbrio do pleito, é vedado a candidatos e partidos políticos receberem doações em dinheiro, ou estimáveis em dinheiro de algumas fontes.

Como já visto, o STF, nos autos da ADI 4650, entendeu ser inconstitucional as doações feitas por pessoas jurídicas. Com isso, é necessária uma nova interpretação do art. 24 da LE, para consignar que são fontes vedadas para doação em campanhas eleitorais: a) pessoas jurídicas; b) origem estrangeira e; c) pessoa física que exerça atividade comercial decorrente da concessão ou permissão pública.[8] Essa última situação, no entanto, não impede que o candidato tenha atividade comercial decorrente de concessão ou permissão pública e doe para sua própria campanha.

O recurso recebido de fonte vedada deve ser devolvido para o doador. Não sendo possível sequer a sua aplicação financeira, nem a sua utilização. Na impossibilidade de devolução ao doador, os valores devem ser depositados

---

eleitor efetue gastos em apoio ao candidato. Em outras palavras, permite-se ao eleitor que faça despesas em apoio a determinado candidato, e não que direcione valores sem contabilização, desde que limitado a R$ 1.064,10, em benefício ao candidato."

8. art. 33 da Resolução 23.553 do TSE.

na conta do Tesouro Nacional. Haverá imposição de atualização monetária e juros moratórios desde a data do fato gerador até o efetivo depósito dos valores na conta do tesouro nacional.

Vale ressaltar que a devolução dos valores recebidos de fontes vedadas não impede a responsabilização do candidato com a desaprovação das contas e a possibilidade de ajuizamento da representação com base no art. 30-A da Lei das Eleições, como será visto adiante.

10.3.3. Dos gastos de campanha

A Lei nº 9.504/97 determina alguns gastos como sendo próprios de campanha eleitoral, o que significa que só poderão ser realizados mediante recibo, que deverá comprovar qual a destinação de cada um deles.

Desta maneira, segundo o artigo 26 da Lei das Eleições, são gastos de campanha eleitoral:

> I – confecção de material impresso de qualquer natureza e tamanho, respeitados os limites definidos em Lei;
>
> II – propaganda e publicidade direta ou indireta, por qualquer meio de divulgação, destinada a conquistar votos;
>
> III – aluguel de locais para a promoção de atos de campanha eleitoral;
>
> IV – despesas com transporte ou deslocamento de candidato e de pessoal a serviço das candidaturas;
>
> V – correspondência e despesas postais;
>
> VI – despesas de instalação, organização e funcionamento de Comitês e serviços necessários às eleições;
>
> VII – remuneração ou gratificação de qualquer espécie a pessoal que preste serviços às candidaturas ou aos comitês eleitorais;
>
> VIII – montagem e operação de carros de som, de propaganda e assemelhados;
>
> IX – a realização de comícios ou eventos destinados à promoção de candidatura;
>
> X – produção de programas de rádio, televisão ou vídeo, inclusive os destinados à propaganda gratuita;
>
> XI – realização de pesquisas ou testes pré-eleitorais;
>
> XII – custos com a criação e inclusão de sítios na Internet e com o impulsionamento de conteúdos contratados diretamente com o provedor da aplicação de internet com sede e foro no país, incluída a priorização paga de conteúdos resultantes de aplicações de buscas na internet;

> XIII – multas aplicadas, até as eleições, aos partidos ou candidatos por infração do disposto na legislação eleitoral;
>
> XIV – doações para outros partidos ou outros candidatos;
>
> XV – produção de jingles, vinhetas ou slogans para propaganda eleitoral.

Isso significa que todas essas despesas devem ser feitas, a partir da conta específica. Também podem ser considerados como gastos de campanha eleitoral, os valores pagos a título de administração a instituições que promovem o financiamento coletivo (art. 24, parágrafo único, Resolução 23.553/2017 do TSE).

Não são considerados como gastos de campanha as despesas de natureza pessoal do candidato, referentes a: a) combustível e manutenção de veículo automotor utilizado pelo candidato durante a campanha; b) remuneração, alimentação e hospedagem do condutor do veículo citado; c) alimentação e hospedagem própria e; d) uso de linhas telefônicas registradas em seu nome como pessoa física, até 3 linhas.

Também não são considerados como despesas de campanha a contratação de advogados e contadores contratados para partidos e candidatos, não podendo ser utilizados valores obtidos em campanha eleitoral para esse fim. A situação muda se o advogado foi contratado especificamente para a campanha. Sim, há diferença entre o serviço prestado para campanha e o serviço prestado para a pessoa do candidato ou para o partido.[9]

Por outro lado, há limites máximos de gastos na campanha eleitoral. Assim, determina o § 1°, do art. 26 da LE:

> São estabelecidos os seguintes limites com relação ao total do gasto da campanha:
>
> I – alimentação do pessoal que presta serviços às candidaturas ou aos comitês eleitorais: 10% (dez por cento);
>
> II – aluguel de veículos automotores: 20% (vinte por cento).

Como uma forma de se manter a igualdade na disputa eleitoral, há limites para contratação de pessoal para as campanhas. Esses limites, no entanto, não são aplicados quando se tratar de militância não remunerada.

Os citados limites estão previstos no art. 100-A da LE, como sendo: a) em municípios com até 30.000 eleitores, não excederá a 1% do eleitorado;

9. Art. 37, §§ 2° e 3°, da Resolução 23.553 do TSE.

b) nos demais municípios e no Distrito Federal, corresponderá ao número máximo 1% do eleitorado, acrescido de 1 contratação para cada 1.000 eleitores que exceder o número de 30.000.

A mesma norma ainda determina limites por cargo em disputa, nos seguintes termos: a) nas eleições para presidente da República e senador, o número de contratações equivale ao número máximo permitido no maior município daquele estado; b) para governador de estado o dobro de contratações permitidas para o maior município, e no caso de governador do DF, o dobro do número possível para essa entidade federativa, ou seja, 1%, acrescido de mais uma contratação por cada 1.000 eleitores que excederem o número de 30.000; c) para deputado federal, o número de contratações não poderá superar 70% do limite para o município com maior número de eleitores no Estado e no DF, 70% do número possível para essa entidade federativa, ou seja, 1%, acrescido de mais uma contratação por cada 1.000 eleitores que excederem o número de 30.000; d) para deputado estadual ou distrital, dentro da circunscrição, 50% do estabelecido para os candidatos a deputado federal; e) prefeito, os limites para cada município, como visto no parágrafo anterior e; e) para vereador, 50% do limite para prefeito, mas não pode ultrapassar 80% do limite para deputado estadual, sendo este uma espécie de subteto.

10.4. DA PRESTAÇÃO DE CONTAS

A prestação de contas da campanha eleitoral deve ser realizada perante o Órgão da Justiça Eleitoral competente para as eleições realizadas. A prestação de contas visa dar transparência à campanha eleitoral, permitindo, assim, o seu acompanhamento.

Inicialmente, a Lei nº 9.504/97, artigo 28, § 4º, determina que seja publicado na rede mundial de computadores, os recursos em dinheiro recebidos para financiamento de sua campanha eleitoral, em até 72 horas de seu recebimento. Por outro lado, há outra prestação de contas a ser realizada antes das eleições. No dia 15 de setembro, é obrigatória a divulgação de relatório discriminando as transferências do Fundo Partidário, os recursos em dinheiro e os estimáveis em dinheiro recebidos, bem como os gastos realizados.

A prestação de contas nas eleições majoritárias e proporcionais deverá ser realizada pelo candidato e seu administrador, se houver, uma vez que não existem mais os comitês financeiros. Há, ainda, como já visto, a obrigação da participação de contador e advogado, nos termos da Resolução 23.553/2017 do TSE.

O candidato deverá proceder à prestação de contas, ainda que tenha renunciado ou tido seu registro indeferido ou sido declarado inelegível. No caso de falecimento, deverá prestar contas o seu administrador, ou, se não tiver nenhum contratado, a direção do partido político na circunscrição eleitoral.

A prestação de contas deverá ser realizada até 30 dias após a data do pleito eleitoral. Caso o candidato tenha participado do segundo turno, a prestação deverá ser feita uma só vez, no prazo de 20 dias contados da realização do segundo turno. Nesta prestação de contas, devem ser levados à Justiça Eleitoral todos os comprovantes de arrecadação e gastos, para que se tenha conhecimento das fontes de onde provieram os valores, bem como da destinação dos gastos.

Nas eleições majoritárias, a prestação de contas dos candidatos aos cargos principais abrange a prestação dos candidatos a vice ou a suplente. Atualmente, a prestação é realizada por sistema informatizado denominado de Sistema de Prestação de Contas Eleitorais (SPCE).

Haverá uma prestação de contas simplificada nas campanhas eleitorais cuja movimentação financeira não ultrapassar R$ 20.000,00 (vinte mil reais), atualizados anualmente pelo IPCA, ou índice que o substituir. Essa mesma prestação simplificada, que será regulamentada pelo TSE, é aplicada nas eleições municipais de cidades com menos de 50.000 (cinquenta mil) eleitores.

Segundo dispõe o § 6º do artigo 28 da Lei nº 9.504/97, ficam dispensadas de comprovação na prestação de contas:

> I – a cessão de bens móveis, limitada ao valor de R$ 4.000,00 (quatro mil reais) por pessoa cedente;
>
> II – doações estimáveis em dinheiro entre candidatos ou partidos, decorrentes do uso comum tanto de sedes quanto de materiais de propaganda eleitoral, cujo gasto deverá ser registrado na prestação de contas do responsável pelo pagamento da despesa;
>
> III – a cessão de automóvel de propriedade do candidato, do cônjuge e de seus parentes até o terceiro grau para seu uso pessoal durante a campanha.

As contas dos candidatos eleitos devem ser julgadas até 3 dias antes da respectiva diplomação. A ideia é bem clara, uma vez que, sem prestação de contas, não pode ocorrer a diplomação dos eleitos.

A Justiça Eleitoral, se tiver alguma dúvida, poderá determinar de ofício diligências no prazo de 3 dias, após a apresentação das contas. Da mesma forma, poderá a Justiça Eleitoral, em havendo indícios de fraude, estabelecer a apresentação de informações complementares ao candidato. O TSE[10] tem entendido que essas informações complementares, na realidade, são facultativas para a Justiça Eleitoral, que não possui obrigação de solicitá-las.

Segundo determina o art. 30, § 3°, da LE, a Justiça Eleitoral poderá requisitar técnicos dos Tribunais de Contas para auxiliarem na apreciação das contas apresentadas.

ATENÇÃO: Emitido parecer técnico conclusivo pela existência de irregularidades e/ou impropriedades sobre as quais não se tenha dado oportunidade específica de manifestação ao prestador de contas, a Justiça Eleitoral o intimará para, querendo, manifestar-se no prazo de 3 dias contadas da intimação, vedada a juntada de documentos que não se refiram especificamente à irregularidade e/ou impropriedade apontada. (art. 75 da Resolução nº 23.553 do TSE).

Antes do julgamento das contas, deverá a Justiça Eleitoral, no prazo de 48 horas, ouvir o Ministério Público Eleitoral.

Do julgamento das contas cabem 4 opções: a) aprovação; b) aprovação com ressalvas; c) desaprovação; e d) contas não prestadas. A aprovação vai ocorrer quando as contas estiverem regulares. Já a aprovação com ressalvas, se as contas apresentarem irregularidades que, por não serem de grande importância, não lhe comprometem a irregularidade. Devem ser observadas, neste caso, a proporcionalidade e a razoabilidade da medida.

A desaprovação vai ocorrer quando as contas contiverem vícios graves e insanáveis que possam comprometer a própria legitimidade das eleições. Mas é preciso proceder com cautela, pois nem todo vício será considerado insanável. Por isso, deve a Justiça Eleitoral proceder de forma razoável,

---

10. Nestes termos: "Embargos de declaração. Recurso especial eleitoral. Prestação de contas. Ausência de recibo eleitoral. Vício insanável. Inexistência dos vícios apontados. Rejeição. (...) 3. Quanto à alegação "[...] de que os citados documentos de fls. 29/30 não foram requisitados pelo julgador, mesmo porque não havia motivos para fazê-lo: conforme se verifica às fls. 26, o parecer técnico inicial era pela aprovação das contas [...]" (fl. 200), o embargante se equivoca no tocante à interpretação do art. 30, § 4º, da Lei 9.504/97. 4. De fato, o julgador originário não requisitou informações adicionais necessário ao candidato ou ao comitê financeiro. Porém, esta é exatamente a hipótese encartada no art. 30, § 4º, da Lei 9.504/97, pois, tal dispositivo legal concede ao julgador a faculdade de fazê-lo e não a obrigatoriedade. 5. Embargos de declaração rejeitados"(Ac. nº 26.125, de 30.11.2006, do TSE, *DJ* de 19.12.2006).

verificando, por exemplo, quais as consequências do ato para a regularidade do pleito eleitoral.

Caso se verifique no julgamento das contas, indícios que houve apropriação pelo candidato, pelo administrador financeiro ou quem de fato exerça essa função, de bens, recursos ou valores destinados ao financiamento eleitoral, em proveito próprio ou de outrem, os autos deverão ser remetidos ao MPE para verificação de crime previsto no art. 354-A[11] do CE.

ATENÇÃO: Erros formais ou materiais irrelevantes no conjunto da prestação de contas, que não comprometam o seu resultado, não acarretarão a rejeição de contas.

Por fim, consideram-se não prestadas as contas quando não apresentadas no prazo de 30 dias contados do pleito ou 20 dias da realização do segundo turno, para aqueles que o disputarem, e, além disso, se o candidato ou comitê não prestarem as contas após serem notificados para tal pela Justiça Eleitoral, no prazo de 72 horas da notificação. A não prestação de contas impede que o candidato eleito seja diplomado, nos termos do artigo 29, § 2º, da Lei nº 9.504/97.

É importante observar que a ausência de apresentação de documentos necessários para o julgamento de contas, faz que essas sejam consideradas não prestadas. Nesse sentido:

> Ac.-TSE, de 1º.7.2016, no AgR-REspe nº 168367: as contas serão julgadas como não prestadas apenas quando não fornecida documentação indispensável para a formulação do relatório preliminar pelo órgão técnico da Justiça Eleitoral.

É importante, no entanto, observar que esse entendimento não é unânime. Há um julgado mais recente do TSE entendendo que a insuficiência dos documentos acarreta a desaprovação das contas e não a sua não prestação.[12]

Interessante é o que ocorre com os débitos de campanha não quitados. Nesse caso, segundo o § 3º do artigo 29 da Lei das Eleições, poderão os

11. Art. 354-A. Apropriar-se o candidato, o administrador financeiro da campanha, ou quem de fato exerça essa função, de bens, recursos ou valores destinados ao financiamento eleitoral, em proveito próprio ou alheio: Pena – reclusão, de dois a seis anos, e multa.
12. Recurso Especial Eleitoral 1887-30, redator para o acórdão Min. Sérgio Banhos, julgado em 17.10.2017.

partidos políticos os assumirem, sendo o candidato solidário na obrigação por seu pagamento.[13]

Por outro lado, caso ocorra a sobra de campanha, ou seja, na apuração final da eleição, os valores arrecadados devem ser declarados na prestação de contas; e, após julgados todos os recursos, devem ser transferidos para o partido na circunscrição eleitoral do pleito, e, em se tratando de coligação, entre os partidos que a compuseram.

Dessa forma, se a eleição for presidencial, as sobras devem ser transferidas para o diretório nacional: se federal (Deputados Federais e Senadores) ou estadual, irão para o diretório estadual ou distrital; se municipal, a transferência será realizada para o diretório municipal, nos termos do art. 31 da LE.

A rejeição de contas, por si só, não acarretará o impedimento à diplomação, que poderá ocorrer, no entanto, com o ajuizamento da representação prevista no artigo 30-A da Lei nº 9.504/97, como será visto ainda neste capítulo.

Em relação ao partido, a situação será diferente, uma vez que ele poderá sofrer pena de multa de até 20%, além da devolução do valor irregular, o que pode ser parcelado até 12 meses, nos termos previstos do artigo 37 da Lei nº 9.096/95, sendo certo que tal sanção será aplicada apenas para o diretório (esfera partidária) que praticou a falta (§ 2º do artigo 37 da mesma Lei nº 9.096/95), como já visto. Não se admite mais a suspensão do repasse de cotas do Fundo Partidário, como já visto no capítulo anterior.

Ocorre, no entanto, que esse não é posicionamento do TSE. Para a Corte Superior, ilícitos cometidos pelos partidos, no que tange à arrecadação e gastos em campanhas, acarreta a suspensão de repasses do fundo partidário no ano seguinte, nos termos do art. 77, § 4°, da Resolução 23.553/2017. O Tribunal Superior, assim, desconsidera que o art. 37 da LOPP revogou tacitamente o art. 25 da LE.

Da decisão que julgar as contas caberá recurso no prazo de 3 dias, contados da publicação em *Diário Oficial*, inclusive recurso especial para o TSE, conforme artigo 30, § 6º, da Lei nº 9.504/97. Com isso, o dispositivo citado, introduzido pela Lei nº 12.034/2009, acabou por dispor que o julgamento da prestação de contas tem natureza jurisdicional, ao contrário do que vinha decidindo o TSE.

---

13. Rodrigo López Zilio (p. 392) compreende que o credor deve concordar com assunção de dívida por parte da Agremiação Partidária, para que ela seja válida. Esse entendimento, porém, não se encontra expresso na Lei das Eleições.

Vale ainda mencionar que, após o julgamento definitivo da prestação de contas, os recursos advindos de fonte não identificada deverão ser depositados pelos candidatos ou partidos, no prazo de 5 dias, contados da publicação da decisão, para o Tesouro Nacional, através de Guia de Recolhimento da União - GRU.

ATENÇÃO: Há obrigação de conservação da documentação concernente às contas de campanha, para os partidos ou candidatos, pelo prazo de 180 dias, contados da diplomação. Se houver pendência de processo judicial, no qual se discuta irregularidade concernente às contas, a documentação deve ser conservada até o final da demanda e, em se tratando de contas dos partidos, os documentos devem ser guardados por 5 anos.

Cabe à Justiça Eleitoral consolidar as informações das prestações de contas dos candidatos até o dia 31 de dezembro do ano das eleições. As prestações de contas dos partidos são apresentadas até o dia 30 de abril do ano seguinte. Por isso, é que a Justiça Eleitoral consolida todas as informações e as envia para a Receita Federal até o dia 30 de maio do ano seguinte ao das eleições.

10.5. DA REPRESENTAÇÃO POR CAPTAÇÃO E GASTO ILÍCITO DE CAMPANHA

Uma das inovações da Lei nº 11.300/2006, que modificou a Lei nº 9.504/97, sendo considerada como uma minirreforma eleitoral, foi o estabelecimento, na Lei das Eleições, do artigo 30-A, que cuida da representação por arrecadação e gastos ilícitos na campanha eleitoral. Segundo Adriano Soares da Costa, o dispositivo citado foi a principal inovação trazida pela citada Lei. Atualmente, o artigo 30-A acabou tendo acrescentado o § 3º por força da Lei nº 12.034/2009. Aliás, cabe aqui uma crítica, o estabelecimento de reformas, ou minirreformas, como se costuma afirmar, só serve para dificultar cada vez mais a aplicação das normas previstas no Ordenamento Jurídico, bem como o trabalho dos intérpretes.

O artigo 30-A traz a representação por arrecadação e gastos ilícitos na campanha eleitoral. Essa arrecadação terá o rito processual sumaríssimo eleitoral, nos termos do artigo 22 da LC nº 64/90, que é o mesmo rito da Ação de Investigação Judicial Eleitoral (AIJE). Ter igual rito da AIJE, no entanto, não significa que seja a ação apontada no artigo 30-A da Lei das

Eleições uma outra Ação de Investigação Judicial Eleitoral, de forma alguma. Em realidade, trata-se apenas de representação, que possui seus próprios contornos, mas que se diferencia da AIJE, apesar de possuir idêntico rito. No entanto, o registro da ação tem sido feito pela Justiça Eleitoral como se AIJE se tratasse.

Enquanto a AIJE tem por finalidade punir o abuso de poder genérico, considerado o poder político, econômico e dos meios de comunicação, a representação do artigo 30-A da Lei Eleitoral (LE) tem por objetivo proteger o princípio da moralidade, determinando a negação ou cassação do diploma daqueles que praticaram graves condutas contrárias às normas previstas de arrecadação e gasto de campanha. Apesar disso, o TSE ainda a qualifica como AIJE dentre as classes de processos eleitorais.

> **ATENÇÃO:** Como a finalidade da representação do artigo 30-A da Lei nº 9.504/97 é a proteção da moralidade, não há necessidade de se comprovar indícios de potencialidade do ato ilícito em interferir na legitimidade do pleito eleitoral. Mas não se abre mão da proporcionalidade da conduta. Deve se tratar de uma conduta grave.

Apesar de não ser necessária a comprovação de potencialidade da medida, é evidente que a penalidade de negação ou cassação do diploma só poderá ser aplicada se a medida, analisando-se a sua proporcionalidade e a sua razoabilidade, tiver sido grave. Assim, não é qualquer ato contrário às regras previstas para arrecadação e gastos em campanha eleitoral que trará a aplicação da penalidade prevista no § 2º do artigo 30-A da LE. Vale ressaltar que a penalidade prevista de negação ou cassação do diploma, caso já tenha sido expedido, não poderá ser aplicada com a simples rejeição de contas, devendo ser ajuizada a representação em comento para que ocorra a aplicação da citada penalidade.

Nesse sentido encontra-se ampla jurisprudência do TSE, da qual se extrai a seguinte para exemplificar:

> Ementa: AGRAVO REGIMENTAL. AGRAVO DE INSTRUMENTO. ELEIÇÕES 2010. PRESTAÇÃO DE CONTAS DE CAMPANHA. PAGAMENTO DE TRANSPORTE E COMBUSTÍVEIS POR MEIO DE CHEQUE QUE NÃO TRANSITA NA CONTA BANCÁRIA DA CAMPANHA. DOCUMENTOS QUE COMPROVAM A REGULARIDADE DOS GASTOS. EFETIVO CONTROLE DAS CONTAS ASSEGURADO.

AUSÊNCIA DE MÁ-FÉ. APLICAÇÃO DOS PRINCÍPIOS DA RAZOABILIDADE E PROPORCIONALIDADE. APROVAÇÃO COM RESSALVAS. NÃO PROVIMENTO. 1. A aplicação dos princípios da razoabilidade e da proporcionalidade no julgamento da prestação de contas de campanha possui respaldo na jurisprudência do Tribunal Superior Eleitoral. Precedentes. 2. Na espécie, o acórdão regional asseverou que o pagamento de despesas com combustíveis/transportes por meio de cheque avulso – que não transitou pela conta bancária única de campanha – não prejudicou o efetivo controle das contas, haja vista a juntada de documentos que comprovaram a consistência desses gastos. 3. Ainda que a quantia envolvida na suposta irregularidade represente valor significativo no contexto da campanha eleitoral, a ausência de má-fé do candidato e o fato de a apresentação de documentos adicionais ter permitido o efetivo controle das contas pela Justiça Eleitoral determinam a aprovação com ressalvas das contas de campanha por aplicação dos princípios da proporcionalidade e razoabilidade. Precedentes. 4. Agravo regimental não provido. (Agravo Regimental no Agravo de Instrumento nº 333-60/PA; rel.ª Min.ª Nancy Andrighi).

Podem ser consideradas infrações às normas de arrecadação e gastos de campanha eleitoral: a) arrecadação e gasto para campanha eleitoral, antes do pedido de registro de candidatura, salvo a situação do financiamento coletivo, que pode ocorrer a partir do dia 15 de maio do ano das eleições; b) arrecadação e gastos de campanha, cujo valor seja superior ao determinado pelo TSE; c) arrecadação ou gasto de campanha que transitem fora da conta bancária específica aberta para este fim, salvo a situação do financiamento coletivo, que pode ocorrer a partir do dia 15 de maio do ano das eleições; d) arrecadação ou gasto de campanha realizados sem a expedição do devido recibo eleitoral, nas hipóteses em é obrigatório; e) arrecadação de fontes vedadas, nos termos do artigo 24 da LE e do posicionamento do STF na ADI 4.650, que considerou inconstitucional a doação empresarial; g) gastos ilícitos em campanha eleitoral.

Se a ilicitude for grave, a penalidade a ser aplicada é a negação ou a cassação do diploma, caso tenha sido expedido. Vale ressaltar que com a LC nº 135/2010 foi acrescentada a alínea *j* ao artigo 1º, I, da LC nº 64/90, como já visto. Ocorre que tal dispositivo determina a imposição de inelegibilidade pelo prazo de 8 anos, àqueles que por decisão transitada em julgado ou proferida por órgão colegiado da Justiça Eleitoral forem condenados à cassação do registro ou do diploma, que é exatamente o que pode ocorrer com a representação do artigo 30-A da LE.

ATENÇÃO: Caso a Representação com base no artigo 30-A da LE seja procedente, além da negativa ou cassação do diploma, o infrator ainda permanecerá inelegível pelo prazo de 8 anos, contados da eleição em que os ilícitos ocorreram.

10.5.1. Da competência

A competência para o processo e julgamento da causa segue a regra já abordada algumas vezes na presente obra. Caso a arrecadação e gastos tenham sido realizados nas eleições presidenciais, a competência será do TSE, nas eleições federais e estaduais, do TRE e nas eleições municipais, do Juiz Eleitoral.

10.5.2. Da legitimidade ativa

Segundo o artigo 30-A da LE, a legitimidade ativa será dos partidos e coligações partidárias. O TSE tem entendido que é possível ao Ministério Público, ainda que na omissão da Lei, pela sua missão institucional, ajuizar a representação comentada. Dessa forma, são legitimados para o ajuizamento da representação: a) o partido político; b) a coligação partidária; e c) o Ministério Público Eleitoral.

ATENÇÃO: O candidato não é parte legítima para o ajuizamento da representação fundada no artigo 30-A da Lei nº 9.504/97[14].

Neste sentido, entende o TSE:

> AÇÃO CAUTELAR. AGRAVO REGIMENTAL. EFEITO SUSPENSIVO A RECURSO ESPECIAL. DEFERIMENTO. ART. 30-A DA LEI Nº 9.504/97. REPRESENTAÇÃO. AJUIZAMENTO. LEGITIMIDADE. DECISÃO AGRAVADA. MANUTENÇÃO. 1. A Lei nº 9.504/97 estabelece regra própria sobre legitimidade para ajuizamento da representação com base no seu art. 30-A, excluindo os candidatos. 2. Mantém-se a decisão agravada quando subsistem seus fundamentos. 3. Agravo regimental a que se nega provimento (AgR-AC – Agravo Regimental em Ação Cautelar nº 31658 – João Monlevade/MG; rel. Min. Fernando Gonçalves; *DJe – Diário da Justiça Eletrônico*, Data: 10.05.2010, p. 26-27).

14. Ac. TSE de 19.3.2009, no RO 1498.

Com relação à legitimidade passiva, esta pertence ao candidato infrator. Vale ressaltar que como o artigo 30-A da LE só traz por penalidade a negativa ou a cassação de diploma, caso tenha sido concedido. É evidente que só pode ser ajuizada em face de candidato a pleito eleitoral. Como já afirmado anteriormente, em se tratando de eleições proporcionais, a legitimidade passiva pertence apenas ao candidato a mandato eletivo, ou até mesmo em face do eleito através deste sistema eleitoral. Em se tratando, no entanto, de eleições majoritárias, todos os integrantes das chapas devem estar no polo passivo da demanda, uma vez que a decisão da representação poderá afetar a situação jurídica de todos eles.[15-16]

Por outro lado, o partido político não poderá fazer parte do polo passivo da demanda, conforme enuncia o TSE na Súmula 40: "O partido político não é litisconsorte passivo necessário em ações que visem à cassação de diploma."

10.5.3. Do rito

O rito da representação do artigo 30-A da LE é o do artigo 22 da LC nº 64/90. Assim, uma vez ajuizada a ação, com os requisitos do artigo 319 do CPC, deve(m) o representado(s) ser notificado(s) para defesa escrita, que deve ser fornecida em 5 dias. Nos 5 dias seguintes será realizada a dilação probatória; 3 dias após, as diligências determinadas pelo julgador de ofício ou mediante requerimento das partes ou do Ministério Público Eleitoral que, se não for o autor, deverá atuar como *custos legis* no procedimento. Após as diligências poderá ser aberto o prazo de 2 dias, prazo comum, para apresentação de alegações finais das partes e do Ministério Público. Depois o processo vai para decisão. Como já afirmado, não se admite nas ações eleitorais qualquer ato de auto composição de interesses, uma vez que se trata de matéria de ordem pública.

Sendo a ação julgada procedente, as consequências serão a negação ou perda do diploma expedido, a inelegibilidade pelo prazo de 8 anos (art.

---

15. Conforme o TSE: "Ementa: Investigação judicial. Abuso de poder e conduta vedada. Decadência. 1. A jurisprudência está consolidada no sentido de que, nas ações eleitorais em que se cogita de cassação de registro, de diploma ou de mandato, há litisconsórcio passivo necessário entre os integrantes da chapa majoritária, considerada a possibilidade de ambos os integrantes serem afetados pela eficácia da decisão. 2. Ultrapassado o prazo para ajuizamento da demanda, não subsiste a possibilidade de emenda da inicial para inclusão do vice, em razão da caracterização da decadência. Agravo regimental não provido" (Agravo Regimental no Recurso Especial Eleitoral nº 9560097-33/CE; rel. Min. Arnaldo Versiani).
16. Súmula 38 TSE: Nas ações que visem à cassação de registro, diploma ou mandato, há litisconsórcio passivo necessário entre o titular e o respectivo vice da chapa majoritária.

1º, I, *j*), contados da eleição em que o ilícito se verificou e a anulação dos votos dados. Se o réu da ação é cidadão eleito para cargo majoritário, haverá, com o trânsito em julgado da decisão, a anulação da eleição, independentemente do número de votos dados, nos termos do art. 224, § 3º, do Código Eleitoral. Nas eleições proporcionais, aplica-se o art. 175, § 4º, do CE, mantendo-se os votos para a legenda. Nesse caso, não se aplica o art. 16-A da LE, pois não se trata de indeferimento de registro, mas perda ou negação de diploma.

É importante observar que com a introdução, pela Lei 13.165/2015, do parágrafo terceiro do art. 257 do Código Eleitoral, a decisão prolatada por juiz eleitoral ou por Tribunal Regional Eleitoral que implique cassação de registro, perda de mandato ou afastamento de titular será recebida pelo tribunal competente com efeito suspensivo.

ATENÇÃO: O prazo decadencial para o ajuizamento da representação é até 15 dias contados da diplomação. O termo inicial, por sua vez, é a partir do deferimento do registro de candidatura do cidadão, embora a ação possa ter por objeto situações ocorridas antes do pedido de registro de candidatura frente à Justiça Eleitoral.

Da decisão na representação citada cabe recurso no prazo de 3 dias, nos termos previstos no § 3º do artigo 30-A da LE, contados da publicação no *Diário Oficial*.

10.6. DAS REPRESENTAÇÕES CONTRA OS DOADORES

Conforme já visto, o conjunto de regras para arrecadação e gasto em campanhas traz consigo não apenas normas para o candidato, como também normas que devem ser respeitadas pelos doadores, formando, assim, um sistema que visa ao abuso do poder econômico em prejuízo da moralidade e do equilíbrio na eleição.

Os doadores podem ser pessoas físicas ou partidos políticos. A doação acima dos limites por pessoa física acarreta a aplicação de multa no valor de 100% a quantia em excesso. Além disso, ainda há a inelegibilidade prevista no art. 1º, I, *p*, da LC 64, pelo prazo de 8 anos, para os doadores condenados por doações ilegais, conforme ali previsto.

Ocorre, no entanto, que para aplicar as penalidades citadas, é necessário que exista uma representação perante a Justiça Eleitoral. A representação terá a competência por eleição, conforme já visto, embora possa ser julgada por juízes auxiliares. Assim, se a doação ocorreu em eleições presidenciais, a competência será do TSE; nas eleições federais e estaduais, do TRE; e nas eleições municipais, do Juiz Eleitoral.

É fundamental observar que essa representação nada tem a ver com aquela do artigo 30-A, pois esta é dirigida apenas para os candidatos. O rito a ser aplicado nas representações citadas será o do artigo 22 da LC nº 64/90.

Essa representação poderá ser apresentada pelo Ministério Público Eleitoral até o dia 31 de dezembro do ano seguinte ao da eleição, aproveitando informações enviadas pela Receita Federal até 30 de julho do ano seguinte ao da eleição, conforme previsão do art. 24-C, § 3º, da Lei 9.504/97.[17-18]

Nesse sentido, a Súmula 21 do TSE, que estabelecia prazo diverso, acabou sendo cancelada. Por outro lado, a quebra do sigilo fiscal dos doares só poderá ser feita por decisão judicial fundamentada, como entende o TSE na Súmula 46.[19]

→ 10.7. Resumo didático

1.	Os limites para gastos em campanha devem ser definidos pelo TSE, com base nos parâmetros indicados em lei.
2.	A Lei 13.1065/2015 acabou com a figura do comitê financeiro.
3.	A abertura de conta bancária não será exigida na campanha para cargos eletivos municipais de cidades que não possuam agência bancária ou posto de atendimento bancário em seu território.

17. Art. 24-C, §3º, da Lei 9.504/97: A Secretaria da Receita Federal do Brasil fará o cruzamento dos valores doados com os rendimentos da pessoa física e, apurando indício de excesso, comunicará o fato, até 30 de julho do ano seguinte ao da apuração, ao Ministério Público Eleitoral, que poderá, até o final do exercício financeiro, apresentar representação com vistas à aplicação da penalidade prevista no art. 23 e de outras sanções que julgar cabíveis.
18. Art. 29, § 4˚, III, da Resolução 23,553 do TSE.
19. É ilícita a prova colhida por meio da quebra do sigilo fiscal sem prévia e fundamentada autorização judicial, podendo o Ministério Público Eleitoral acessar diretamente apenas a relação dos doadores que excederam os limites legais, para os fins da representação cabível, em que poderá requerer, judicialmente e de forma individualizada, o acesso aos dados relativos aos rendimentos do doador.

4. A arrecadação para campanha eleitoral pode ocorrer até o dia da eleição. Excepcionalmente é permitida a arrecadação de recursos, após a data fixada, exclusivamente para quitação de despesas já contraídas e não pagas até aquela data, as quais deverão estar integralmente quitadas até a data da entrega da prestação de contas à Justiça Eleitoral, sob pena de desaprovação das contas.

5. O STF passou a entender ser inconstitucional as doações feitas por pessoas jurídicas. Atualmente, a única pessoa jurídica que pode fazer tais doações é o partido político, que pode se utilizar tanto do Fundo Partidário, quanto do Fundo Especial de Financiamento de Campanhas Eleitorais (FEFC).

6. São vedadas quaisquer doações em dinheiro, bem como de troféus, prêmios, ajudas de qualquer espécie feita por candidato, entre o registro e a eleição, a pessoas físicas ou jurídicas.

7. A prestação de contas sempre deve ser realizada pelo candidato e pelo administrador da campanha, se houver, tanto nas eleições majoritárias como nas eleições proporcionais.

8. Se o parecer técnico apresentado pelos técnicos dos Tribunais de Contas for pela desaprovação das contas apresentadas, antes da decisão, deverá a Justiça Eleitoral abrir vista ao candidato, para que possa se manifestar no prazo de 3 dias.

9. Erros formais ou materiais irrelevantes no conjunto da prestação de contas, que não comprometam o seu resultado, não acarretarão a rejeição de contas.

10. Como a finalidade da representação do artigo 30-A da Lei nº 9.504/97 é a proteção da moralidade, não há necessidade de se comprovar indícios de potencialidade do ato ilícito em interferir na legitimidade do pleito eleitoral.

11. Caso a representação com base no artigo 30-A da LE seja procedente, além da negativa ou cassação do diploma, o infrator ainda permanecerá inelegível pelo prazo de 8 anos, contados da eleição em que os ilícitos ocorreram.

12. O candidato não é parte legítima para o ajuizamento da representação fundada no artigo 30-A da Lei nº 9.504/97.

13. O prazo decadencial para o ajuizamento da representação é até 15 dias contados da diplomação. O termo inicial, por sua vez, é a partir do deferimento do registro de candidatura do cidadão, embora a ação possa ter por objeto situações ocorridas antes do pedido de registro de candidatura frente à Justiça Eleitoral.

→ 10.8. Questões

1) **(FCC – 2011) Os partidos políticos poderão receber doações em dinheiro ou estimáveis em dinheiro, até dez por cento dos rendimentos brutos auferidos no ano anterior à eleição, de:**

a) pessoas físicas.
b) entidades esportivas.
c) entidades beneficentes.
d) entidades religiosas.
e) entidades de classe ou sindical.

2) **(FCC – 2011 – Adaptada) A respeito da arrecadação e aplicação de recursos nas campanhas eleitorais, é correto afirmar:**

a) As pessoas físicas poderão fazer, livremente e sem qualquer limitação, doações em dinheiro ou estimáveis em dinheiro para as campanhas eleitorais.
b) Se o candidato a cargo eletivo designar pessoa para a administração financeira de sua campanha, somente esta será responsável pela veracidade das informações financeiras e contábeis de sua campanha.
c) As doações em dinheiro ou estimáveis em dinheiro recebidas de entidade de classe ou sindical estão sujeitas ao limite de R$ 50.000,00.
d) A abertura de conta bancária específica para registrar todo o movimento financeiro da campanha não é obrigatória para os candidatos, mas apenas para os comitês financeiros.
e) Os candidatos estão obrigados à inscrição no Cadastro Nacional de Pessoa Jurídica – CNPJ.

3) **(CONSULPLAN – 2017) As despesas da campanha eleitoral serão realizadas sob a responsabilidade dos partidos, ou de seus candidatos, e financiadas na forma da Lei nº 9.504, de 30 de setembro de 1997. Sobre o tema, analise as afirmativas a seguir.**

I. Os limites de gastos de campanha serão definidos em lei e divulgados pelo Tribunal Superior Eleitoral.

II. É facultativo para o partido e para os candidatos abrir conta bancária específica para registrar todo o movimento financeiro da campanha.

III. Aos candidatos é facultada a inscrição no Cadastro Nacional da Pessoa Jurídica – CNPJ.

IV. A realização de pesquisas ou testes pré-eleitorais são considerados gastos eleitorais, sujeitos a registro e aos limites fixados na lei.

Estão corretas apenas as afirmativas

a) I e II.

b) I e IV.

c) II e III.

d) III e IV.

4) **(VUNESP – 2011) Sobre a movimentação de recursos financeiros durante a campanha eleitoral, assinale a alternativa correta.**

a) O Ministério Público não possui legitimidade para o ingresso da ação por captação ou gasto ilícito de recurso para fins eleitorais, em vista da ausência de previsão no art. 30-A da Lei Federal n.º 9.504, de 1997.

b) Diversamente do que ocorre com a captação ilícita de sufrágio, a procedência da ação por captação ou gasto ilícito de recurso para fins eleitorais implica apenas na cassação do registro do candidato.

c) A falta de abertura de conta bancária específica não é fundamento para a rejeição de contas de campanha eleitoral desde que, por outros meios, se possa demonstrar sua regularidade.

d) Para acolhimento da ação por captação ou gasto ilícito de recurso para fins eleitorais, estribada no art. 30-A da Lei Federal n.º 9.504, de 1997, é preciso avaliar a proporcionalidade da sanção em relação à gravidade da conduta.

5) **(FCC – 2011) Os candidatos e partidos políticos, preenchidos os demais requisitos legais, poderão receber doação em dinheiro ou estimável em dinheiro, inclusive por meio de publicidade de qualquer espécie, de**

a) entidade de utilidade pública.

b) permissionária de serviço público.

c) entidade ou governo estrangeiro.

d) pessoas físicas, até dez por cento dos rendimentos brutos auferidos no ano anterior à eleição.

e) entidade de classe ou sindical.

GABARITO

1 – A	2 – E	3 – B	4 – D	5 – D

CAPÍTULO 11

DAS PESQUISAS ELEITORAIS

11.1. CONCEITO

O Brasil, infelizmente, é composto em grande parte por analfabetos políticos, situação essa que só pode ser combatida a médio e longo prazo mediante acesso da população à educação de qualidade. Somente assim será possível integrar de vez a maior parte do povo, que apesar de possuir o direito básico à democracia, ainda não tem consciência da importância do direito de votar.

Isso é verificado através de vários fatores. Um deles é a necessidade de o Ordenamento Jurídico determinar que o voto seja obrigatório para os maiores de 18 e menores de 70 anos, que sejam alfabetizados. Outros concorrem também para a conclusão a que se chegou à verdadeira ojeriza que se tem pelo horário eleitoral gratuito, peça fundamental para se discutir propostas e se escolher a melhor possível. Costuma-se escutar de pessoas de praticamente todas as classes sociais o horror que há em se assistir a propaganda eleitoral no rádio e na televisão, alguns cidadãos até mesmo contam os dias para que termine logo o período eleitoral para que possam retornar logo à sua rotina.

Apesar do entendimento dessas pessoas, deve-se ter em mente que a sociedade politizada é aquela que discute seus próprios rumos e, sobretudo, que faz o balanço entre as propostas apresentadas pelos candidatos para que se possa escolher o mais capacitado. Não se vive sem política.

Muito não sabem, mas uma decisão política equivocada atrapalha o desenvolvimento do país ou de uma região pelos próximos 4 anos. Neste período, a educação pode piorar, os serviços de saúde podem não atender como deveriam e a economia pode ruir, causando efeitos para muito além do término do mandato eletivo daqueles que não são capacitados. No Brasil se vota baseando-se em vários fatores, como amizade, beleza, nome, gosto, mas quase nunca se vota por convicção política. O que mais intriga, no entanto, são aqueles eleitores que costumam votar nos candidatos que lideram as pesquisas. Não se sabe se sociologicamente porque querem fazer parte do grupo considerado vencedor, ou por outro motivo. Já ouvimos também eleitores afirmando que não votarão em determinado candidato uma vez que, por não estar bem nas pesquisas, não terá condições de ser eleito.

Por tudo isso, ganha em importância as chamadas pesquisas eleitorais. Uma pesquisa realizada de forma inadequada, ou então divulgada de maneira incorreta, poderá, inclusive, desequilibrar o pleito eleitoral em razão daqueles que estão no topo da pesquisa. De outro lado, para equilibrar tal situação, tem-se o direito de informar, previsto constitucionalmente. Assim, é imprescindível criar regras para garantir a informação e de logo verificar a correção da pesquisa eleitoral.

Advirta-se, de imediato, que a pesquisa eleitoral é realizada através de parâmetros técnicos, que devem informar a área abrangida, os dados colhidos, o método utilizado, a margem de erro. Além disso, a pesquisa deve ser assinada por profissional com registro do Conselho Regional de Estatística. Por isso, a pesquisa eleitoral não é realizada de qualquer maneira, por qualquer pessoa, mas deve refletir do ponto de vista técnico, com a margem de erro apontada, qual a opinião de parcela da população sobre determinada eleição ou ainda sobre certos candidatos.

Por isso, pelo exposto até aqui, pode-se conceituar a pesquisa eleitoral como sendo o método científico utilizado para colher informações de pessoas em determinada região, sobre as eleições ou seus candidatos, que pode ser contratada por partido, candidato ou meio de comunicação, e divulgada nos termos previstos pela Legislação.

11.2. DA DIVULGAÇÃO DAS PESQUISAS ELEITORAIS

Em verdade, qualquer pessoa pode contratar uma empresa que fornecerá a pesquisa para conhecimento próprio. Assim, se determinado partido busca encontrar no povo a maior aceitação entre dois filiados que buscam ser escolhidos como candidatos por determinado partido para divulgação interna, não haverá necessidade de qualquer procedimento específico perante a Justiça Eleitoral. O mesmo acontece se o candidato contrata a pesquisa para verificar como está o andamento de sua campanha eleitoral, sem, no entanto, divulgar tais resultados.

Em suma, o procedimento previsto no artigo 33 da Lei nº 9.504/97 só será indispensável se houver divulgação externa da pesquisa. Sem essa divulgação não há necessidade de seu registro perante a Justiça Eleitoral.

ATENÇÃO: Nem toda pesquisa eleitoral precisa ser registrada perante a Justiça Eleitoral, mas apenas aquela que será publicada.

Assim, a pesquisa eleitoral só é registrada quando realizada a partir de 1º de janeiro do ano das eleições. Antes disso, não há obrigação de registro perante a Justiça Eleitoral para que a pesquisa seja divulgada.[1]

Para que seja publicada, é fundamental o registro da pesquisa perante a Justiça Eleitoral 5 dias antes de sua divulgação, nos termos do artigo 33 da Lei nº 9.504/97. Esse registro deverá ser realizado perante: a) o TSE, em se tratando de eleições presidenciais; b) o TRE, se for o caso de eleições federais ou estaduais; e c) o Juiz Eleitoral nas eleições municipais.

No registro da pesquisa devem constar as informações previstas no artigo 33 da Lei nº 9.504/97:

> I – quem contratou a pesquisa;
>
> II – valor e origem dos recursos despendidos no trabalho;
>
> III – metodologia e período de realização da pesquisa; IV – plano amostral e ponderação quanto a sexo, idade, grau de instrução, nível econômico e área física de realização do trabalho, intervalo de confiança e margem de erro;
>
> V – sistema interno de controle e verificação, conferência e fiscalização da coleta de dados e do trabalho de campo;
>
> VI – questionário completo aplicado ou a ser aplicado; VII – o nome de quem pagou pela realização do trabalho.

A Resolução nº 23.549/2017 do TSE ainda estabelece (art. 5º) que o registro da pesquisa será efetivado através de meios eletrônicos disponíveis

1. Os preclaros professores Thales Tácito Cerqueira e Camila Albuquerque Cerqueira (p. 383) admitem a pesquisa anterior para as prévias partidárias, desde que sejam divulgadas apenas pelos instrumentos intrapartidários, sem conhecimento do público. Entendemos, no entanto, que é possível a divulgação em ano anterior a eleição, uma vez que só se determina a necessidade de registro de pesquisas perante a Justiça Eleitoral no ano da eleição.

no sítio eletrônico do TSE. Para que seja permitido o acesso a esse sistema, torna-se obrigatória a informação: I – nome de pelo menos 1 (um) e no máximo 3 (três) dos responsáveis legais; II – razão social ou denominação; III – número de inscrição no Cadastro Nacional de Pessoas Jurídicas (CNPJ); IV – número do registro da empresa responsável pela pesquisa no Conselho Regional de Estatística, caso o tenha; V – telefone móvel que disponha de aplicativo de mensagens instantâneas para comunicação com a Justiça Eleitoral; VI – endereço eletrônico; VII – endereço completo para recebimento de comunicações; VIII – telefone fixo; IX – arquivo, no formato PDF, com a íntegra do contrato social, estatuto social ou inscrição como empresário, que comprove o regular registro. Essas informações podem ser registradas previamente, dispensando-se a sua apresentação a cada pesquisa registrada.

Vale ressaltar que o registro deve ser feito ainda para aquelas pesquisas que são divulgadas no horário eleitoral gratuito e que apontam apenas a colocação de um candidato sem citar os outros, desde que o modo de apresentação dos resultados não induza o eleitor a erro quanto ao desempenho do candidato em relação aos demais. A pesquisa, quando realizada a partir de 15 de agosto do ano das eleições (último dia para requerer o registro de candidatura), deverá trazer todos os cidadãos que tiverem suas candidaturas requeridas perante a Justiça Eleitoral. Mas pode-se divulgar apenas a colocação de um ou de outro, não sendo necessário, principalmente naquelas pesquisas divulgadas em horário eleitoral gratuito, apontar qual a colocação de cada candidato.

ATENÇÃO: A identidade do entrevistado deve sempre ser preservada.

Uma vez feito o requerimento, caberá à Justiça Eleitoral afixar no local de costume, bem como na internet, no prazo de 24 horas, aviso informando o registro das informações que ficarão à disposição dos partidos e coligações, que terão o prazo de até 30 dias para analisar a documentação e as informações contidas.

Aliás, o controle realizado sobre as informações registradas perante a Justiça Eleitoral pelos partidos ou pelas coligações serve para verificar se a publicação do resultado divulgado realmente está correta. Para isso, determina o § 1º do artigo 34 da Lei nº 9.504/97 que:

> Art. 34. (...)

> § 1º Mediante requerimento à Justiça Eleitoral, os partidos poderão ter acesso ao sistema interno de controle, verificação e fiscalização da coleta de dados das entidades que divulgaram pesquisas de opinião relativas às eleições, incluídos os referentes à identificação dos entrevistadores e, por meio de escolha livre e aleatória de planilhas individuais, mapas ou equivalentes, confrontar e conferir os dados publicados, preservada a identidade dos respondentes.

Constitui-se crime, punível com pena de detenção de 6 meses a 1 ano, com a alternativa de prestação de serviços à comunidade pelo mesmo prazo, e multa no valor de dez mil a vinte mil UFIR, impedir, retardar ou dificultar o acesso a dados inerentes à pesquisa pelos partidos e coligações, bem como a irregularidade na divulgação dos dados.

ATENÇÃO: As informações constantes do pedido de registro de pesquisa eleitoral, efetuado perante a Justiça Eleitoral, podem ser acessadas por partidos ou coligações que possuam candidatos registrados para o pleito. Isso significa que se um partido político não registrou qualquer candidato em determinado pleito eleitoral, não poderá ter acesso ou impugnar os dados e documentos da pesquisa registrada.

Evidentemente, a pesquisa divulgada, sem que se registrem as informações citadas no artigo 33 da Lei nº 9.504/97, acarretará a multa de 50.000 a 100.000 UFIR. Essa multa deve ser aplicada não apenas para quem a contratou, mas também para quem a divulgou.[2] O entendimento majoritário do TSE é no sentido da aplicação da multa citada tanto no caso da ausência de registro como no do registro incompleto das informações.[3] Esse posicionamento, no entanto, está muito longe de ser unânime.

Com relação à multa citada, tem a mesma natureza administrativo-eleitoral, pelo que deve seguir o rito do artigo 96 da Lei nº 9.504/97. Neste

2. Nestes termos encontra-se a jurisprudência do TSE, no seguinte sentido: "Representação. Reprodução de pesquisa irregular. Legitimidade passiva do periódico que a divulgou. 1. A divulgação de pesquisas eleitorais deve ser feita de forma responsável devido à repercussão que causa no pleito, a fim de que sejam resguardados a legitimidade e o equilíbrio da disputa eleitoral. 2. A veiculação de pesquisa irregular sujeita o responsável pela divulgação das sanções do § 3º do art. 33 da Lei 9.504/97, não importando quem a realizou. 3. O veículo de comunicação social deve arcar com as consequências pelo que publica, mesmo que esteja reproduzindo matéria de outro órgão de imprensa" (Ac. nº 19.872, de 29.8.2002, do TSE, *DJ* de 20.9.2002).
3. Agravo Regimental do REspe nº 21.576/SC, citados por Thales Tácito e Camila Cerqueira (p. 387).

ponto, se diferencia da multa do § 4º do artigo 33[4] e dos §§ 2º[5] e 3º[6] do artigo 34 da Lei nº 9.504/97, pois sua natureza é penal e só pode ser aplicada por denúncia do Ministério Público Eleitoral, uma vez que todos os crimes eleitorais são de ação penal pública incondicionada.

Havendo a impugnação, que pode ser realizada por partido e coligações com candidatos registrados para o pleito e ainda pelo Ministério Público ou qualquer candidato, por divulgação de pesquisa que não foi registrada corretamente perante a Justiça Eleitoral, o impugnado poderá apresentar defesa no prazo de 48 horas. Considerando a relevância do direito invocado e a possibilidade de prejuízo de difícil reparação, o magistrado responsável pelo processo poderá determinar a suspensão dos resultados da pesquisa ou a inclusão de esclarecimento na divulgação de seus resultados.[7]

Por fim, não se pode confundir a pesquisa eleitoral com a simples enquete ou sondagem. A primeira é realizada através de métodos científicos, nos termos definidos pelas normas aplicadas. As pesquisas ou sondagens refletem apenas opiniões colhidas espontaneamente sem qualquer rigor científico.[8]

ATENÇÃO: As enquetes ou sondagens, apesar de não possuírem caráter científico, não podem mais ser divulgadas. Nesses termos, art. 23 da Resolução 23.549/2017.[8]

As enquetes podem ser utilizadas internamente a definição ou mudança de estratégias de campanha. A sua publicação é proibida e gera a imposição de penalidade pecuniária entre 50.000 (cinquenta mil) a 100.000 (cem mil) UFIR[9].

As redes sociais e aplicativos de mensagens ganharam muita importância principalmente nas eleições de 2018. Por isso, muitas pesquisas e enquetes acabaram divulgadas por esses meios, por diversos cidadãos comuns, muitas vezes através de perfis falsos. Tal situação acabou atraindo a atenção da Justiça Eleitoral. O TSE já decidiu que:

---

4. "A divulgação de pesquisa fraudulenta constitui crime, punível com detenção de seis meses a um ano e multa no valor de cinquenta mil a cem mil UFIR."
5. "O não cumprimento do disposto neste artigo ou qualquer ato que vise a retardar, impedir ou dificultar a ação fiscalizadora dos partidos constitui crime, punível com detenção, de seis meses a um ano, com a alternativa de prestação de serviços à comunidade pelo mesmo prazo, e multa no valor de dez mil a vinte mil UFIR."
6. "A comprovação de irregularidade nos dados publicados sujeita os responsáveis às penas mencionadas no parágrafo anterior, sem prejuízo da obrigatoriedade da veiculação dos dados corretos no mesmo espaço, local, horário, página, caracteres e outros elementos de destaque, de acordo com o veículo usado."
7. Artigo 16, § 2º, da Resolução nº 23.549/2017 do TSE.
8. "É vedada, no período de campanha eleitoral, a realização de enquetes relacionadas ao processo eleitoral."
9. Art. 23, § 2°, Resolução 23.549 do TSE.

> Ac.-TSE, de 6.3.2018, no REspe nº 41492: nas pesquisas de opinião, em ferramentas como o WhatsApp e assemelhadas (Telegram, Viber, Hangouts, Skype, Chaton, Line, Wechat, Groupme), o julgador deve aferir se houve legítimo direito de expressão e comunicação ou se houve aptidão para levar ao "conhecimento público" o resultado da pesquisa eleitoral que interfira ou desvirtue a legitimidade e o equilíbrio do pleito.

Por outro lado, alguns usuários passaram a fazer enquetes através das redes sociais para saber de seus seguidores acerca de seus votos. Isso tudo em um ambiente político extremamente polarizado e conturbado. Tal situação, no entanto, deve ser evitada, pois em tese configura divulgação de enquete, o que pode acabar atraindo a reprimenda da Justiça Eleitoral, através da imposição de multa.

As pesquisas eleitorais podem ser divulgadas até mesmo no dia da eleição, desde que respeitem as regras sobre registro e prazos. Isso porque o STF, por meio das ADIs nºs 3741-2, 3742-1 e 3743-9, declarou inconstitucional o artigo 35-A da Lei nº 9.504/97, que proibia a divulgação de pesquisas por qualquer meio a partir de 15 dias antes da eleição.

→ 11.3. Resumo didático

1.	Pesquisa eleitoral é o método científico utilizado para colher informações de pessoas em determinada região, sobre as eleições ou seus candidatos, que pode ser contratada por partido, candidato ou meio de comunicação, e divulgada nos termos previstos pela Legislação.
2.	Nem toda pesquisa eleitoral precisa ser registrada perante a Justiça Eleitoral, mas apenas aquela que será publicada.
3.	As pesquisas eleitorais só devem ser divulgadas a partir de 1º de janeiro do ano das eleições e necessitam de registro perante a Justiça Eleitoral no prazo de 5 dias antes de sua divulgação.
4.	A identidade do entrevistado deve sempre ser preservada.
5.	As informações constantes no pedido de registro de pesquisa eleitoral, efetuado perante a Justiça Eleitoral, podem ser acessadas por partidos ou coligações que possuam candidatos registrados para o pleito. Isso significa que se um partido político não registrou qualquer candidato em determinado pleito eleitoral, não poderá ter acesso ou impugnar os dados e documentos da pesquisa registrada.

6. Além dos partidos e das coligações citados, a impugnação pode ser feita por qualquer candidato e ainda pelo Ministério Público ou por qualquer candidato, a teor do artigo 96 da Lei nº 9.504/97.

7. As simples enquetes ou sondagens, apesar de não possuírem caráter científico, não podem mais ser divulgadas no período eleitoral.

→ 11.4. Questões

1) **(FCC) No que concerne às pesquisas eleitorais, é correto afirmar que:**
   a) quando a pesquisa, para conhecimento público, for realizada por partido político, é dispensado o prévio registro desta na Justiça Eleitoral.
   b) a divulgação de pesquisa sem o prévio registro das informações necessárias na Justiça Eleitoral constitui crime eleitoral punido com reclusão e multa.
   c) a divulgação de pesquisa fraudulenta sujeita aos responsáveis somente a multa de R$ 5.000,00 a R$ 10.000,00.
   d) é permitida, no período de campanha eleitoral, a realização de enquetes relacionadas ao processo eleitoral.
   e) o valor e a origem dos recursos dispendidos no trabalho de pesquisa deverão constar das informações prévias registradas na Justiça Eleitoral.

2) **(CESPE) A respeito dos crimes previstos na Lei n.º 9.504/1997, que dispõe sobre as eleições, assinale a opção correta.**
   a) Inexiste, na norma geral das eleições, previsão de responsabilização penal de representantes legais de empresas ou entidades de pesquisa e de órgão veiculador de pesquisa fraudulenta.
   b) O uso, na propaganda eleitoral, de símbolos, frases ou imagens associadas ou semelhantes às empregadas por órgão de governo, empresa pública ou sociedade de economia mista constitui crime apenado com detenção e multa, vedada a alternativa de prestação de serviços à comunidade.
   c) Qualquer ato que vise retardar, impedir ou dificultar a ação fiscalizadora dos partidos no tocante às pesquisas eleitorais constitui crime punível com detenção, com a alternativa de prestação de serviços à comunidade.
   d) Respondem por crime eleitoral os integrantes de mesa receptora que deixarem de entregar, por omissão, cópia de boletim aos partidos e coligações concorrentes ao pleito caso seus representantes a requeiram até uma hora após a expedição.
   e) A divulgação de pesquisa fraudulenta constitui crime punível com reclusão e multa.

GABARITO

1 – E	2 – C

CAPÍTULO 12

PROPAGANDA POLÍTICO-PARTIDÁRIA

12.1. CONCEITO

A propaganda político-partidária é instituto essencial do Direito Eleitoral, através do qual partidos políticos e candidatos informam ao público seus ideais políticos e propostas de governo, de forma lícita, buscando dentre os cidadãos encontrar apoio para seus ideais.

Por conta disso, a propaganda deve ocorrer nos termos previstos no Ordenamento Jurídico para que não se permita o desequilíbrio do pleito eleitoral.

Sobre o assunto, leciona o professor Joel Cândido, no seguinte sentido:

> Propaganda Política é gênero; propaganda eleitoral, propaganda intrapartidária e propaganda partidária são espécies desse gênero. Propaganda Eleitoral ou Propaganda Político Eleitoral é uma forma de capacitação de votos usada pelos partidos políticos, coligações ou candidatos, em época determinada por lei, através da divulgação de suas propostas, visando à eleição a cargos eletivos (p. 149).

A propaganda político-partidária é regida pelo princípio da legalidade. Segundo esse princípio, a propaganda realizada por candidatos e partidos deve seguir o previsto no Ordenamento Jurídico, até mesmo porque, tem-se afirmado que a propaganda sem limites é utopia,[1] pois os bens mais importantes para a sociedade devem ser preservados, dentre eles a democracia e a soberania nacional.

1. É o que ensina Joel Cândido (p. 150).

Mas, além do princípio da legalidade, pode ser apontado também o princípio da liberdade. Apesar da aparência, esses dois princípios não são contraditórios. Como se sabe, no Estado Democrático de Direito, nenhum direito é absoluto. O que significa que qualquer dos direitos previstos possui limitações. Como já visto, é fundamental que a propaganda partidária esteja prevista em lei. Ou seja, a lei vai criar os limites necessários à realização da dita propaganda.

Ocorre, no entanto, que atendendo à legalidade, a propaganda, dentro dos limites consignados na legislação, é livre e não pode ser impedida. Por conta disso, o princípio da liberdade só pode ser exercido dentro dos limites traçados em lei. E precisamente dentro desses princípios, a propaganda eleitoral é livre, desde que exercida nos limites da lei. Por isso, é necessário, para a licitude dos comportamentos referentes à propaganda política, que ambos os princípios citados possam ser aplicados em conjunto.

O artigo 248 do Código Eleitoral deixa claro que ninguém poderá impedir a propaganda eleitoral, nem inutilizar, alterar ou perturbar os meios lícitos nela empregados. Ainda dentro do quanto afirmado, caso uma espécie de propaganda não seja proibida por lei, ela será permitida.[2]

A propaganda política, como visto, é gênero, do qual são espécies a propaganda partidária, a propaganda intrapartidária e a propaganda eleitoral.

12.2. PROPAGANDA PARTIDÁRIA

A propaganda partidária visa à divulgação dos ideais partidários, bem como a posição dos partidos políticos frente a temas importantes para a sociedade. A presente espécie de propaganda tem como fundamento o chamado direito de antena, previsto no artigo 17, § 3º, da CF. Ocorre, no entanto, que a regulamentação do dispositivo constitucional constava dos arts. 45 a 48 da Lei 9.096/95. Esses dispositivos foram revogados pela Lei 13.487/2017.

A revogação se deu para que auxiliasse no financiamento públicos das campanhas eleitorais. O Fundo Especial de Financiamento de Campanhas Eleitorais (FEFC) é composto também pelos valores que deixavam de ser arrecadados em virtude da compensação tributária às emissoras de rádio e televisão pela cessão do horário para a propaganda partidária.

2. Olivar Coneglian (p. 77).

Assim, apesar do art. 17 da CF continuar afirmando que há acesso ao rádio e a televisão por parte das agremiações políticas, trata-se norma de eficácia limitada, dependendo que regulamentação legal que, no momento, não mais existe. De qualquer maneira, não se pode confundir a propaganda partidária com a eleitoral. Essa última continua existindo, inclusive no rádio e na televisão. A propaganda partidária serve para que a agremiação mostre ao público os seus ideais políticos, representados em seu programa, além de discutir temas político comunitários. Tem assim a finalidade de buscar novos simpatizantes aos partidos. Como visto, não mais subsiste essa espécie de propaganda política no direito brasileiro.

12.3. PROPAGANDA INTRAPARTIDÁRIA

Uma das condições de elegibilidade previstas na Lei das Eleições (Lei nº 9.504/97) é a aprovação em convenção partidária. Segundo tal condição, é necessário que o cidadão seja confirmado como candidato na convenção partidária, que deve ser realizada entre os dias 20 de julho e 5 de agosto do ano das eleições, para que possa ser inscrito como candidato.

Antes da convenção, não se pode falar em candidato, mas apenas de candidato a candidato. Por conta disso, permite-se que o cidadão, que queira se candidatar a cargo eletivo, realize propaganda prévia à convenção partidária. Essa propaganda, no entanto, não pode ser ostensiva, pois só poderá atingir os filiados ao partido político pelo qual se pretende candidatar. Essa propaganda é chamada de propaganda intrapartidária.

Assim, a propaganda intrapartidária é a realizada pelos candidatos a candidatos, no período anterior à convenção, que visa a convencer os convencionais (filiados a partidos políticos que compõem a convenção partidária) de que são pessoas capacitadas a concorrer a cargo eletivo através daquele partido político.

ATENÇÃO: Por ser dirigida a filiados de partidos políticos veda-se a propaganda intrapartidária através de rádio, televisão e *outdoors*. Essa propaganda só pode ser realizada nos 15 dias que antecedem a convenção partidária ou ainda durante as prévias partidárias.

A utilização de propaganda intrapartidária para veicular a terceiros, que não são filiados daquele partido político, enseja a aplicação de penalidade pecuniária de R$ 5.000 (cinco mil reais) a 25.000,00 (vinte e cinco mil reais), ou no valor da propaganda, se esse for maior, por se tratar de propaganda eleitoral extemporânea, nos termos previstos no § 3º do artigo 36 da Lei das Eleições.

Assim, estabelece o § 1º do artigo 36 da Lei das Eleições que:

> Art. 36. (...).
>
> §1º Ao postulante a candidatura a cargo eletivo é permitida a realização, na quinzena anterior à escolha pelo partido, de propaganda intrapartidária com vista à indicação de seu nome, vedado o uso de rádio, televisão e *outdoor.*

Geralmente, a propaganda intrapartidária é feita enviando-se as conhecidas malas diretas aos filiados a partidos políticos, ou ainda nos locais em que são realizadas as convenções partidárias, através de afixação de faixas e cartazes, sendo necessária a sua retirada assim que a convenção chegar ao seu final[3]. O que não se admite é que a propaganda intrapartidária seja geral, pois, neste caso, ela estará substituindo, em período vedado, a propaganda eleitoral.[4]

12.4. PROPAGANDA ELEITORAL

12.4.1. Conceito, objetivos e termo inicial

A propaganda eleitoral visa a divulgar as propostas dos candidatos a cargos eletivos. A finalidade da propaganda eleitoral é, indisfarçavelmente, arregimentar eleitores, para que possam votar em determinado candidato, através de suas promessas e características. Por isso, é necessário que todas as regras e princípios (dentre eles o da legalidade e o da liberdade) sejam respeitados. A propaganda pode ser direta ou subliminar.

---

3. art. 2°, § 2°, Resolução 23.551/2017 do TSE.
4. Neste mesmo sentido: "Agravo regimental. Recurso especial. Propaganda eleitoral antecipada. Art. 36 da Lei 9.504/97. Caracterização. Entrevista. Jornal. Posterioridade. Convenção partidária. Escolha. Candidato. 1. Consignou-se no acórdão regional que a entrevista veiculada nos periódicos extrapolou os limites da propaganda intrapartidária, caracterizando-se a publicidade eleitoral favorável ao agravante e negativa em relação ao seu adversário. 2. O entendimento do tribunal *a quo* está em sintonia com a jurisprudência do TSE, pois constitui ato de propaganda eleitoral aquele que levar ao conhecimento geral, ainda que de forma dissimulada, a candidatura, a ação política ou as razoes que levem a inferir que o beneficiário seja o mais apto para a função pública. 3. Agravo regimental desprovido" (Ac. nº 26.721, de 24.9.99).

De qualquer maneira, é vedada a propaganda eleitoral extemporânea, assim reconhecida como aquela que ocorre até o dia 15 de agosto do ano das eleições. A propaganda eleitoral só pode ocorrer após o dia 15 de agosto, por ser este o último dia para registro de candidatos.

ATENÇÃO: A propaganda eleitoral só pode começar a ser veiculada a partir do dia 16 de agosto do ano das eleições.

Alguns atos, no entanto, são admitidos pelo artigo 36-A da Lei 9.504/97, que ocorram antes de 16 de agosto do ano da eleição. Vale ressaltar que a Lei 13.165/2015 permite a citação, antes de 16 de agosto do ano das eleições, do nome de futuro candidato, informando, inclusive, a sua pretensa candidatura. O que não se admite, no entanto, é o pedido explícito de votos antes daquele período. Entende o TSE que o pedido explícito de voto não precisa ser verbalizado, basta que seja contextualizado, o que deve ser observado no caso concreto.[5] O Tribunal Superior, então, entende que para a irregularidade, o pedido explícito não significa pedido expresso. Assim, ainda que não exista pedido expresso de voto, o caso prático poderá apontar alguma situação em que o pedido é contextualizado. Esse entendimento, por certo, não favorece a segurança jurídica.

Assim, não são considerados propaganda eleitoral extemporânea: a) a participação de filiados a partidos políticos ou de pré-candidatos em entrevistas, programas, encontros ou debates no rádio, na televisão e na internet, inclusive com a exposição de plataformas e projetos políticos, observado pelas emissoras de rádio e de televisão o dever de conferir tratamento isonômico; b) a realização de encontros, seminários ou congressos, em ambiente fechado e às expensas dos partidos políticos, para tratar da organização dos processos eleitorais, discussão de políticas públicas, planos de governo ou alianças partidárias visando às eleições, podendo tais atividades ser divulgadas pelos instrumentos de comunicação intrapartidária; c) a realização de prévias partidárias e a respectiva distribuição de material informativo, a divulgação dos nomes dos filiados que participarão da disputa e a realização de debates entre os pré-candidatos; d) a divulgação de atos

5. Na espécie, determinado pré-candidato ao cargo de prefeito, anteriormente ao início do período de propaganda eleitoral, concedeu entrevista a um veículo de comunicação, oportunidade em que proferiu o seguinte discurso: "Eu vou ter muita honra de ser prefeito da cidade, se Deus permitir e o povo; a única coisa que eu peço ao povo é o seguinte: ter esta oportunidade de gerir". (*Agravo Regimental no Recurso Especial Eleitoral no 10-87, Aracati/CE, rel. Min. Jorge Mussi, julgado em 1º.3.2018).*

de parlamentares e debates legislativos, desde que não se faça pedido de votos; e) a divulgação de posicionamento pessoal sobre questões políticas, inclusive nas redes sociais; f) a realização, a expensas de partido político, de reuniões de iniciativa da sociedade civil, de veículo ou meio de comunicação ou do próprio partido, em qualquer localidade, para divulgar ideias, objetivos e propostas partidárias; g) campanha de arrecadação prévia de recursos através de financiamento coletivo, o que se admite a partir de 15 de maio do ano das eleições.

> POSICIONAMENTO DO TSE: O parlamentar que, em desacordo com o quanto previsto no artigo 36-A, IV, da Lei nº 9.504/97, faça pedido de votos, na divulgação de seus atos ou nos debates legislativos, não poderá ser punido, uma vez que ele é submetido à imunidade parlamentar. A penalidade, no entanto, poderá ser aplicada àquele que, não sendo parlamentar, foi responsável por sua divulgação (Representação nº 1494-42/DF).

ATENÇÃO: É vedada a transmissão ao vivo por emissoras de rádio e de televisão das prévias partidárias.

A propaganda eleitoral é essencial à democracia por permitir ao eleitorado o conhecimento das propostas dos candidatos a cargos eletivos. Mas, como já afirmado em relação às outras formas de propaganda política, a propaganda eleitoral segue os ditames previstos pelo Ordenamento Jurídico.

Assim, a propaganda deve cingir-se ao quanto previsto na Lei. Com isso, o Código Eleitoral, em seu artigo 242, preceitua que:

> Art. 242. A propaganda, qualquer que seja a sua forma ou modalidade, mencionará sempre a legenda partidária e só poderá ser feita em língua nacional, não devendo empregar meios publicitários destinados a criar, artificialmente, na opinião pública, estados mentais, emocionais ou passionais.

Por outro lado, como já afirmado por diversas vezes na presente obra, nas eleições pelo sistema majoritário aplica-se o princípio da unicidade das chapas, segundo o qual, a chapa formada nas eleições majoritárias é una e indivisível. Assim, ao se votar em um dos integrantes da chapa, o voto é considerado estendido a todos os seus integrantes. Pena que na realidade da política brasileira, a maioria dos eleitores sequer conhece quem são os demais integrantes das chapas para tais eleições. Isso ocorre muito do costume de se fazer a propaganda eleitoral, baseando-se apenas no candidato ao cargo principal que integra a chapa, e deixando para os demais um papel inequivocamente secundário, chamando atenção apenas para um dos integrantes e não para a chapa integralmente considerada, como deveria ser feito.

Por conta disso, a Lei das Eleições (Lei nº 9.504/97) determina no artigo 36, § 4º, que, na propaganda de candidatos a cargo majoritário, deverão constar, também, o nome dos candidatos a vice ou a suplentes de Senador de modo claro e legível, em tamanho não inferior a 30% do nome do titular. Dessa maneira é dado conhecer aos eleitores todos os integrantes das chapas para as eleições majoritárias.

Como a propaganda eleitoral está submetida à Lei, é imprescindível que sobre ela exista controle de legalidade, realizada, no presente caso, pela Justiça Eleitoral. O Código Eleitoral, no parágrafo único do artigo 242, estabelece o controle, ao afirmar que:

> Art. 242. (...)
>
> Parágrafo único. Sem prejuízo do processo e das penas cominadas, a Justiça Eleitoral adotará medidas para fazer impedir ou cessar imediatamente a propaganda realizada com infração do disposto neste artigo.

Se a propaganda não seguir o previsto nas Normas Jurídicas, será considerada ilícita. Existem, basicamente, dois tipos de propagandas ilícitas: a propaganda eleitoral extemporânea e a propaganda eleitoral proibida. A primeira acontece quando é feita até 15 de agosto do ano das eleições, com as ressalvas contidas no art. 36-A da LE, como já afirmado. A segunda, no entanto, ocorre nos termos enunciados nas Leis pertinentes.

12.4.2. Da propaganda proibida

A propaganda eleitoral deve seguir o quanto afirmado no Ordenamento Jurídico. Assim, o desatendimento torna-a proibida. Essas proibições estão previstas tanto no Código Eleitoral quanto na Lei das Eleições (Lei nº 9.504/97).

Enquanto a propaganda proibida deve ser rechaçada pela Justiça Eleitoral, a propaganda eleitoral lícita não pode ser impedida. Sobre o assunto, orienta o professor José Jairo Gomes (p. 289), no seguinte sentido:

> Desde que exercida em harmonia com a legislação eleitoral não pode a propagada ser coibida por autoridade pública, tampouco por particular. Tanto é assim que o Código Eleitoral prevê como crime a conduta de

"inutilizar, alterar ou perturbar meio de propaganda devidamente empregado" (art. 331). Também tipificou o "impedir o exercício da propaganda".

Sobre a propaganda eleitoral proibida, o Código Eleitoral cita uma série de restrições visando à preservação da ordem pública. Tais restrições encontram-se no artigo 243 do Código Eleitoral, no seguinte sentido:

> Art. 243. Não será tolerada propaganda:
>
> I – de guerra, de processos violentos para subverter o regime, a ordem política e social ou de preconceitos de raça ou de classes;
>
> II – que provoque animosidade entre as forças armadas ou contra elas, ou delas contra as classes e instituições civis;
>
> III – de incitamento de atentado contra pessoa ou bens;
>
> IV – de instigação à desobediência coletiva ao cumprimento da lei de ordem pública;
>
> V – que implique em oferecimento, promessa ou solicitação de dinheiro, dádiva, rifa, sorteio ou vantagem de qualquer natureza;
>
> VI – que perturbe o sossego público, com algazarra ou abusos de instrumentos sonoros ou sinais acústicos;
>
> VII – por meio de impressos ou de objeto que pessoa inexperiente ou rústica possa confundir com moeda;
>
> VIII – que prejudique a higiene e a estética urbana ou contravenha a posturas municiais ou a outra qualquer restrição de direito;
>
> IX – que caluniar, difamar ou injuriar quaisquer pessoas, bem como órgãos ou entidades que exerçam autoridade pública.

O telemarketing ativo, em que há a ligação para o telefone do eleitor, é proibido, sob o argumento que se trata de propaganda que perturbar o sossego público (STF – ADI 5122). O telemarketing passivo, em que o eleitor se conecta com pessoas da campanha eleitoral do candidato escolhido é admitido.

Vale ressaltar que as posturas municipais não podem mais ser utilizadas como fator proibitivo da propaganda eleitoral, a teor do artigo 41 da Lei nº 9.504/97.

É lógico que qualquer tipo de propaganda, eleitoral ou não, que contiver ofensa a terceiros terá seus responsáveis punidos na forma da lei, como bem enuncia o Código Eleitoral no § 1º do artigo 243:

> Art. 243. (...)

> § 1º O ofendido por calúnia, difamação ou injúria, sem prejuízo e independentemente da ação penal competente, poderá demandar, no Juízo Civil a reparação do dano moral respondendo por este o ofensor e, solidariamente, o partido político deste, quando responsável por ação ou omissão a quem que favorecido pelo crime, haja de qualquer modo contribuído para ele.

12.4.3. Da proibição da propaganda eleitoral nos bens públicos e nos bens de uso comum

A Lei das Eleições (Lei nº 9.504/97) veda, ainda, a propaganda realizada em bens públicos e nos que dependam de autorização ou concessão do Poder Público. Estipula o artigo 37 da Lei nº 9.504/97, com redação alterada pela Lei nº 13.165, de 2015 que:

> Art. 37. Nos bens cujo uso dependa de cessão ou permissão do poder público, ou que a ele pertençam, e nos bens de uso comum, inclusive postes de iluminação pública, sinalização de tráfego, viadutos, passarelas, pontes, paradas de ônibus e outros equipamentos urbanos, é vedada a veiculação de propaganda de qualquer natureza, inclusive pichação, inscrição a tinta e exposição de placas, estandartes, faixas, cavaletes, bonecos e assemelhados.

Bem público é definido pelo professor Diógenes Gasparini (p. 806) como:

> Todas as coisas materiais ou imateriais pertencentes às pessoas jurídicas de direito público e as pertencentes a terceiros quando vinculadas à prestação de serviço público.

Na teoria geral do Direito, bens de uso comum, no entanto, são espécies de bens públicos, que significam aqueles que são de utilização geral, por todos, como ocorre com as praias, ou ainda as estradas, os parques, dentre outros.[6] Ocorre, no entanto, que para fins eleitorais, os bens de uso comum possuem um conceito mais extenso, querendo significar todos os bens que tenham acesso público. Assim, são considerados como públicos não apenas os bens pertencentes à Administração Pública, como os de uso comum, como as praias; mas também bens particulares, que tenham acesso

---

6. Dentre outros, consulte-se Maria Sylvia Zanella Di Pietro, p. 617.

do público (como *shopping centers*, bares, estádios particulares de clubes de futebol, cinemas, teatros etc.).

É, portanto, proibida a propaganda eleitoral em parques, praças, árvores e jardins localizados em áreas públicas, postes de iluminação, postes com transformador de energia e postes de sinalização de trânsito, muro e fachada de bem público. Tem-se impedida, ainda, a distribuição de folhetos em escola pública, bem como é vedada a propaganda em tapume de obra pública. Segundo enuncia o artigo 37 da Lei nº 9.504/97, com a alteração trazida pela Lei nº 13.165/2015, nos bens públicos é vedada a veiculação de propaganda de qualquer natureza, inclusive pichação, inscrição a tinta e exposição de placas, estandartes, faixas, cavaletes, bonecos e assemelhados.

Apesar de a propaganda eleitoral ser proibida nos bens públicos, algumas exceções são trazidas pela própria Lei das Eleições. A alteração pela Lei nº 12.034/2009, que acrescentou os §§ 6º e 7º ao artigo 37 da Lei nº 9.504/97, traz a possibilidade de realização da propaganda eleitoral ao longo das vias públicas, desde que não dificultem o bom andamento do trânsito. O meio utilizado para a propaganda nesse sentido dá-se através de mesas para distribuição de material de campanha e bandeiras, desde que sejam móveis. Com base no § 7º do artigo 37 da aludida norma, a propaganda móvel será aquela que permanecer na via pública entre as 06:00 e as 22:00. Fora desses horários, deve ela ser retirada, sob pena de se considerar propaganda ilícita.

Outra exceção à proibição de propaganda nos bens públicos surge da possibilidade, consagrada pelo artigo 37, § 3º, da Lei nº 9.504/97, de existir propaganda eleitoral nas casas legislativas, a critério de sua Mesa Diretora.

ATENÇÃO: A propaganda eleitoral, nas dependências do Poder Legislativo, fica a critério da Mesa Diretora da casa Legislativa respectiva. Assim, em regra, a Lei das Eleições não proíbe a propaganda em recinto do Poder Legislativo, deixando a decisão para o órgão diretor do legislativo.

Também, como visto, proíbe-se a propaganda em bem que dependa de autorização, cessão ou permissão do Poder Público. São exemplos de tais bens: as bancas de revistas e jornais, veículos de transporte coletivo e veículos prestadores de serviços públicos. Por outro lado, pelo mesmo motivo, também se proíbe a propaganda em táxis e aviões.

Não se faz possível propaganda eleitoral através do uso de símbolos, frases ou imagens associados ou assemelhados às empregadas por órgão de governo ou quaisquer das entidades da administração pública indireta. Tal conduta, por sua gravidade, é tipificada como crime pelo artigo 40 da Lei nº 9.504/97, infringindo também o próprio princípio da impessoalidade, previsto no artigo 37 da Constituição Federal.

ATENÇÃO: Vale ressaltar que não existe proibição para propaganda eleitoral em veículos particulares, desde que este não seja utilizado pela Administração Pública (através de aluguel) ou sirva para transporte coletivo ou serviço. A propaganda eleitoral em veículo pertencente a particular que não ostente as características citadas faz parte da liberdade de expressão consagrada constitucionalmente. O que se passou a proibir, no entanto, foi a plotagem de veículos, como será visto mais adiante.

12.4.4. Da propaganda em bens particulares

A legislação eleitoral tem sido objeto de inúmeras mudanças. Praticamente a cada 2 (dois) anos são publicadas novas leis que alteram a sistemática legislativa anterior. Isso sempre traz uma dificuldade mais elevada para o intérprete de tais normas. Essas mudanças constantes ocorrem principalmente sobre a temática da propaganda eleitoral.

A redação atual do art. 37, § 2°, da Lei das Eleições mostra que a propaganda eleitoral é proibida nos bens públicos e particulares. Interpretar esse dispositivo isoladamente levaria ao erro de pensar que tal proibição é absoluta. Em verdade, a nova redação do dispositivo apenas faz embaralhar a correta hermenêutica do instituto. Como se observa das determinações legais, a propaganda em bens particulares continua permitida com restrições.

A propaganda ainda pode ser colocada em muros pertencentes a particulares, desde que autorizado pelo proprietário. Uma vez existindo a autorização do particular proprietário do bem, não se exige qualquer outro ato da Administração Pública.

A propaganda em *outdoors* é proibida. Essa proibição se estende, inclusive, a *outdoors* eletrônicos. A proibição de *outdoor*, portanto, é atualmente bastante ampla.

Sobre a proibição precitada, estabelece o § 8º do artigo 39 da Lei das Eleições que:

Art. 39. (...)

> § 8º É vedada a propaganda eleitoral mediante outdoors, inclusive eletrônicos, sujeitando-se a empresa responsável, os partidos, as coligações e os candidatos à imediata retirada da propaganda irregular e ao pagamento de multa no valor de R$ 5.000,00 (cinco mil reais) a R$ 15.000,00 (quinze mil reais). (Redação dada pela Lei nº 12.891, de 2013).

É importante salientar que antes da Lei 13.165/2015, considerava-se outdoor toda inscrição cujo tamanho fosse superior a 4 m^2. Com as alterações propostas, essa limitação foi retirada da norma, o que significa que é possível se considerar *outdoor*, no caso concreto, inscrições ainda que inferiores a $4m^2$, desde que tenha um visual assemelhado ao de um *outdoor*.

O TSE, regulamentando as normas sobre propaganda para as eleições de 2018, trouxe na Resolução 23.551/2017, o § 1º de seu art. 21, assim redigido:

> § 1º A utilização de engenhos ou de equipamentos publicitários ou ainda de conjunto de peças de propaganda que justapostas se assemelhem ou causem efeito visual de outdoor sujeita o infrator à multa prevista neste artigo.

Houve uma mudança de entendimento por parte do TSE. Antes, permitia-se a utilização de outdoors, em período anterior à campanha eleitoral, caracterizava mera promoção pessoal, desde que não houvesse pedido de votos. Agora, o Tribunal se posiciona no sentido em que a instalação de outdoors em apoio a pré-candidato configura propaganda eleitoral antecipada, ainda que não traga pedido expresso de votos (Respe 060022731, rel. Min. Edson Fachin). É necessário que os cidadãos tenham extremo cuidado na colocação de outdoors em promoção pessoal, pois a Justiça Eleitoral tem trazido entendimentos cada mais restritivos sobre tal situação.

Atualmente, em bens particulares, a propaganda não poderá ser superior a $0,5m^2$, através de cartazes ou adesivos, sendo que o bem deve ser cedido de forma espontânea e gratuita. Essa limitação é aplicada não apenas a partes de bens imóveis, mas também em bens móveis como automóveis, bicicletas e caminhões. Ocorre que com a nova redação do art. 37 da Lei 9.504/97, há dúvida fundamentada acerca da possibilidade de aplicação de sanção por propaganda ilícita em bens particulares. Isso porque tal multa era prevista pelo § 2° do dispositivo citado, que já não traz mais qualquer sanção a ser aplicada.[7]

---

7. Esse também é o entendimento de Luiz Carlos Gonçalves (p. 225), para quem a conduta aparentemente ficou sem sanção, embora seja possível a determinação da retirada da propaganda irregular e, em

O TSE editou em 2016 a súmula 48, que versa sobre aplicação de multa por irregularidades na propaganda em bens particulares. Acredito que essa súmula deve ser revogada em breve, por se basear em legislação anterior à mudança trazida pela Lei 13.488/2017, que trouxe a nova redação do art. 37, § 2°, da Lei 9.504/97.

Enquanto não revogada ou modificada, a Súmula 48 do TSE tem a seguinte redação:

> "A retirada da propaganda irregular, quando realizada em bem particular, não é capaz de elidir a multa prevista no art. 37, § 1º, da Lei nº 9.504/97."

12.4.5. Da realização da propaganda eleitoral

Para evitar interferências indevidas na propaganda eleitoral, o artigo 39 da Lei das Eleições determina que a realização de qualquer ato de propaganda eleitoral (o dispositivo também fala de propaganda partidária) não depende de licença de polícia, seja a propaganda realizada em recinto aberto ou fechado.

Apenas para critério de organização dos serviços públicos pertinentes (como os de organização de trânsito ou os de segurança), bem como para garantir a utilização do local contra quem tencione utilizá-lo na mesma data, caso se pretenda fazer um ato público, como um comício, por exemplo, faz-se necessário que o candidato, partido ou coligação promotora do ato façam a devida comunicação à autoridade policial, em no mínimo 24 horas antes da realização do evento.

Outra forma de realização de propaganda eleitoral ocorre através da utilização de sonorização. Essa sonorização poderá ser móvel ou fixa.

A sonorização móvel é aquela utilizada pelos candidatos, através de carros de som, que circulam pela cidade tocando jingles, ou mensagens gravadas pelos candidatos. Logicamente, em relação a tal tipo de propaganda, não pode ocorrer abusos de qualquer natureza. Por conta disso, a Lei das Eleições limitou a referida forma de propaganda de duas maneiras. A primeira diz respeito ao horário. Não poderá a propaganda através de sonorização móvel ocorrer fora do horário compreendido entre as 08:00 e as 22:00.

---

determinados casos, a responsabilização por abuso de poder econômico ou pelo crime de propaganda no dia da eleição.

Por outro lado, dispõe, ainda, o § 4º do artigo 37 da Lei das Eleições que a sonorização móvel não poderá ser utilizada para propaganda eleitoral, a menos de 200 metros: a) das sedes dos Poderes Executivo e Legislativo da União, dos Estados, do Distrito Federal e dos Municípios, das sedes dos Tribunais Judiciais, e dos quartéis e outros estabelecimentos militares; b) dos hospitais e casas de saúde; e c) das escolas, bibliotecas públicas, igrejas e teatros, quando em funcionamento. Atualmente, a utilização de sonorização móvel só é possível durante caminhadas, carreatas, passeatas ou durante reuniões e comícios. Não é mais possível a livre circulação de carros de som e minitrios fora dessas situações.

Outra situação ocorre em relação à sonorização fixa. Esse tipo de propaganda pode ser realizado através de jingles ou mensagens dos candidatos que ficam sendo tocadas nas sedes dos comitês de campanha eleitoral, bem como nos comícios. Essa propaganda só pode ser realizada entre as 8h e as 24h. Vale ressaltar que no comício de encerramento da campanha é possível estender-se o horário por mais 2 horas.

Não é possível a realização de comício nas 48 horas anteriores à data da eleição, com base no parágrafo único do art. 240 do Código Eleitoral.

ATENÇÃO: Não se admite a participação de trios elétricos na campanha eleitoral, salvo se for este utilizado, unicamente, para sonorização de comícios eleitorais.

É permitida a circulação de carros de som e minitrios como meio de propaganda eleitoral, desde que observado o limite de 80 (oitenta) decibéis de nível de pressão sonora, medido a 7 (sete) metros de distância do veículo.

A diferença entre carro de som, minitrio e trio elétrico não está nas dimensões do veículo, mas sim na potência do som. Desta forma, considera-se: a) carro de som: veículo automotor que usa equipamento de som com potência nominal de amplificação de, no máximo, 10.000 (dez mil) watts; b) minitrio: veículo automotor que usa equipamento de som com potência nominal de amplificação maior que 10.000 (dez mil) watts e até 20.000 (vinte mil) watts; e c) trio elétrico: veículo automotor que usa equipamento de som com potência nominal de amplificação maior que 20.000 (vinte mil) watts.

Outro assunto relevante, diz respeito aos chamados *showmícios*, que são comícios precedidos pelos shows de artistas. O showmício está proibido,[8]

8. Segundo Olivar Coneglian (p. 384) é proibido, ainda que no comício discursem pessoas cujos direitos políticos estão suspensos, bem como os estrangeiros.

não importando se a apresentação do artista ocorreu de forma gratuita ou remunerada. Nos tempos atuais da política brasileira, quando vários artistas têm concorrido a mandatos eletivos, fica a dúvida, um artista conhecido, que seja candidato a mandato eletivo poderá fazer comício? A resposta que surge através da interpretação sistemática do Ordenamento Jurídico aponta que sim. No entanto, esse candidato ficaria proibido de, durante o ato eleitoral, fazer shows artísticos, e, durante os shows de sua carreira artística, de citar a sua candidatura e de pedir votos. O TSE entende (art. 12, parágrafo único da Resolução 23.551) que os candidatos que sejam profissionais da classe artística cantores, atores e apresentadores poderão exercer as suas atividades normais durante o período eleitoral, sendo proibidas a sua participação em programas de rádio e televisão, na animação de comício ou para divulgação, ainda que de forma dissimulada, de sua candidatura ou de sua campanha eleitoral.

O termo final para realização da propaganda eleitoral é até as 22:00 da véspera do pleito, salvo para rádio, televisão, imprensa escrita e reuniões públicas, como comícios, período em que poderão ser realizadas caminhada, carreata, passeata, distribuição de material gráfico, ou carro de som que circule pela cidade divulgando jingles e mensagens dos candidatos. A propaganda no rádio, na televisão, na e através de comícios não poderá ser realizada nas 48 horas que antecedem as eleições, sendo possível até a quinta-feira da semana do pleito eleitoral. Já a propaganda na imprensa escrita só poderá ser realizada até a antevéspera das eleições.

Vale, ainda, ressaltar que o material gráfico utilizado na propaganda eleitoral deverá conter o CNPJ ou CPF do responsável pela produção da propaganda, bem como de quem o contratou. É necessário que conste, ainda, do material, a tiragem que foi feita. Não há necessidade de licença do poder público para a produção dos materiais de campanha, nem é possível a censura prévia. Caso ocorra a propaganda conjunta de candidatos, o que é bem comum, esta deverá fazer parte da prestação de contas de quem efetivamente fez o pagamento pela prestação de serviço. Caso tenha o valor sido dividido, deverá fazer parte das prestações de contas dos candidatos que a pagaram, na proporção do desembolso de cada um.

Outra situação muito comum, apesar de lamentável, é o derrame de "santinhos", que acontece principalmente nos dias que antecedem as eleições. O candidato ou seus cabos eleitorais jogam nas ruas milhares de materiais gráficos para tentar ter uma maior visibilidade para o eleitor, uma vez que é proibida a propaganda no dia da eleição. Essa atitude é ilícita e deve ser coibida pela Justiça Eleitoral e pelo Ministério Público, pois além de sujar a cidade, ainda traz perigo ao eleitor, tornando as ruas mais escorregadias. Aliás, o TSE já decidiu que configura propaganda eleitoral irregular o "derramamento de santinhos" nas vias públicas próximas aos locais de votação na madrugada no dia da eleição (RESPE 379823, julgado em 15.10.2015).

Em relação aos adesivos, eles devem ter no máximo a dimensão de 50x40 cm, salvo nos veículos, que podem ter adesivos de dimensão maior. É proibido colar propaganda eleitoral em veículos, exceto adesivos microperfurados até a extensão total do para-brisa traseiro e, em outras posições, adesivos até a dimensão máxima de 0,5 m2[9]. Não se admite a plotagem integral do veículo. É possível a colocação de adesivos de até 0,5 m2 em caminhões, janelas residenciais, bicicletas e motocicletas.

12.4.6. Da propaganda eleitoral no dia da eleição

A propaganda eleitoral no dia da eleição está proibida. Não mais se faz possível qualquer ato de propaganda eleitoral no dia do pleito. A Lei das Eleições pune de forma grave a propaganda realizada no dia das eleições, tipificando tal conduta como crime. A pena prevista para o delito é de detenção, de seis meses a um ano, com alternativa de prestação de serviços à comunidade pelo mesmo período e multa no valor de cinco mil a quinze mil UFIRs.

Assim, no dia da eleição, são tipificados como crime: a) o uso de alto-falantes e amplificadores de som ou a promoção de comício ou carreata; b) a arregimentação de eleitor ou a propaganda de boca de urna; e c) a divulgação de qualquer espécie de propaganda de partidos políticos ou de seus candidatos.

Quanto ao eleitor, a Lei nº 9.504/97 estabelece a possibilidade de ele realizar no dia da eleição uma manifestação individual e silenciosa em homenagem ao candidato ou ao partido de sua preferência, revelada, exclusivamente através de bandeiras, broches, dísticos e adesivos. Apesar da norma não citar expressamente a possibilidade de camisas por parte dos eleitores, deve-se permitir ao cidadão tal utilização, já que faz parte de uma legítima manifestação política, desde que, com visto, individual e silenciosa.

A manifestação, como já afirmado deve ser individual, por isso, não se admite a aglomeração de pessoas, até o término da votação, portando

9. Art. 15, § 3°, da Resolução 23.551 do TSE.

vestuário padronizado, ou bandeiras, broches, dísticos e adesivos, de modo a caracterizar manifestação coletiva, com ou sem utilização de veículos. Por outro lado, a manifestação também deve ser silenciosa, não se permitindo algazarra, pois além de atrapalhar o normal andamento das seções eleitorais, ainda seria considerada como propaganda de boca de urna, tipificada, consoante visto, crime.

A Lei nº 12.034/2009 acrescentou todo o artigo 39-A à Lei 9.504/97. Além das regras já vistas, proíbe-se nos recintos das juntas apuradoras e nas seções eleitorais aos servidores da Justiça Eleitoral, aos mesários e aos escrutinadores o uso de vestuário ou objeto que contenha qualquer propaganda de partido, de coligação ou de candidato (§ 2º). Por outro lado, agora, mesmo os fiscais de partidos políticos não podem mais utilizar vestuário padronizado. Devem estes serem identificados através dos crachás que portam, que devem constar o nome e a sigla do partido político ou a coligação (§ 3º).

12.4.7. Da propaganda mediante distribuição de bens ou vantagens

Antigamente, era comum a distribuição de brindes por parte dos candidatos como camisas, porta títulos, bonés, dentre muitos outros, que iam se diversificando à medida que as eleições iam se sucedendo.

Obviamente, tais bens distribuídos encareciam sobremaneira a propaganda realizada pelos candidatos, o que acabava por criar um abismo de elevadas proporções entre as candidaturas com maiores investimentos e aquelas realizadas de modo mais humilde.

Assim, a Lei das Eleições acabou por estabelecer em seu artigo 39, § 6º, que:

> Art. 39. (...)
>
> § 6º É vedada na campanha eleitoral a confecção, utilização, distribuição por comitê, candidato, ou com a sua autorização, de camisetas, chaveiros, bonés, canetas, brindes, cestas básicas ou quaisquer outros bens ou materiais que possam proporcionar vantagem ao eleitor.

Deve-se atentar que o objetivo da Lei é que o eleitor não seja atraído ao candidato pelas vantagens que possa dele receber, mas sim pelos ideais políticos expostos por ele. Assim, se o candidato distribui certos materiais que não importem em vantagem, como, por exemplo, a distribuição de "santinhos", não há qualquer ilicitude a ser declarada.

ATENÇÃO: Pelo princípio da liberdade de expressão, assegurado constitucionalmente, é possível que o eleitor faça, por conta própria, para seu uso pessoal, bens com propaganda eleitoral, como, por exemplo, camisas e bonés. A Lei das Eleições permite que o gasto com esse tipo de propaganda realizada por simpatizante vá até um mil UFIR, desde que não sejam reembolsados, nos exatos termos do artigo 27 da aludida norma jurídica.

É permitida, ainda, a venda de material institucional, durante a campanha, desde que não haja divulgação de nome e número de candidato. Assim, não é possível a propaganda eleitoral através da venda desses materiais, mas apenas a propaganda político-partidária.[10]

12.4.8. Da divulgação de atuação parlamentar e mensagens de felicitação

O parlamentar é agente político e, como tal, tem o dever de prestar contas à sociedade, principalmente a seus eleitores. Não se impede que o parlamentar, através de informativos, traga a público a sua atuação no exercício do mandato. Esse tipo de prestação de contas não é proibido, mas não pode, por óbvio, ser utilizado para servir de plataforma eleitoral, pois equivaleria a verdadeira propaganda eleitoral, principalmente se ocorre em período vedado pela lei.

Por outro lado, é comum, principalmente em eventos comemorativos como aniversários de cidades, serem fixadas diversas mídias, principalmente *outdoors* e faixas desejando felicitações pela passagem de datas a serem comemoradas. O TSE não tem visto com bons olhos esse tipo de truque, por entender que se trata de propaganda subliminar eleitoral, determinando a aplicação da multa prevista no § 3º do artigo 39 da Lei das Eleições.

Tem decidido o TSE[11] que:

> Art. 39. (...)
>
> § 3º 1. O uso de outdoor, por si só, já caracteriza propaganda ostensiva, pois exposta em local público de intenso fluxo e com forte e imediato apelo visual. Constitui mecanismo de propaganda de importante aproximação do pré-candidato ao eleitor. 2. MP período pré-eleitoral,

10. Esse é o posicionamento de José Jairo Gomes (p. 297).
11. Jurisprudência extraída da obra de José Jairo Gomes (p. 298).

a veiculação de propaganda guarda, no mínimo, forte propósito de o parlamentar ter seu nome lembrado. Afasta-se, assim, a tese de mera promoção pessoal. Evidencia, portanto, propaganda extemporânea, a incidir a sanção do § 3º do art. 36 da Lei 9.504/97. 3. Agravo regimental desprovido. (TSE – AREspe nº 26.235/MG – *DJ* 3.6.2008).

O que se proíbe, na realidade, é a intenção eleitoral, de sair na frente da disputa. Como já afirmado, houve uma mudança de entendimento do TSE, segundo o qual a instalação de outdoors em apoio a pré-candidato configura propaganda antecipada, ainda que não haja pedido expresso de votos. De qualquer maneira, o caso concreto e suas circunstâncias devem ser analisados para que se possa verificar se a mensagem divulgada não tem intenção eleitoral.

12.4.9. Da propaganda na imprensa escrita

É permitida a propaganda eleitoral em periódicos, sejam jornais ou revistas, desde 16 de agosto, até a antevéspera das eleições. O tamanho da propaganda eleitoral deve ser limitado em razão do tipo de período em que ela é publicada. Em se tratando de jornal, a propaganda eleitoral não poderá ser superior a 1/8 de sua página. Diferente ocorre com a revista, pois, neste caso, a propaganda não poderá ser superior a 1/4 de sua página.

Como se sabe, atualmente alguns periódicos têm sido publicados com uma editoração diferente, alguns jornais têm reduzido o tamanho de suas páginas, parecendo atualmente com o tamanho da página de revista. Por outro lado, algumas revistas têm aumentado o tamanho da página, o que a deixa mais parecida com um jornal. Nesse caso, a limitação da propaganda eleitoral deve respeitar a forma que o periódico mais se assemelha. Assim, se a revista, pela sua forma, mais se assemelha a um jornal, a limitação será de 1/8 da página. Se o jornal mais se assemelha a uma revista, a limitação será de 1/4 o tamanho da página.

A referida propaganda sofre outra limitação. A Lei nº 12.034/2009 terminou por limitar ao número máximo de 10 vezes em que poderá ocorrer a propaganda por periódico. Não pode ocorrer a propaganda do mesmo candidato em mais de um periódico da região no mesmo dia. Por outro lado, é imprescindível que se publique, com a propaganda, de forma legível, o valor gasto com a mesma. Tal ato visa a dar conhecimento dos valores gastos, para que se possa, inclusive, fazer as comparações devidas entre os valores cobrados de candidatos. Não se pode admitir que haja valores diferentes cobrados de candidatos, em anúncio de mesmo valor e destaque.

Pensar ao contrário seria admitir que o periódico apoiasse uns candidatos em vez de outros, cobrando valores diferentes pela mesma divulgação, o que não se admite.

ATENÇÃO: A propaganda através da imprensa escrita só pode ser paga. Não se admite esse tipo de propaganda de forma gratuita, pois poderia desequilibrar o pleito, caso um periódico decidisse doar seus espaços para determinados candidatos e cobrar dos demais.

O professor Olivar Coneglian (p. 262) explica que a propaganda na imprensa escrita difere daquela no rádio e na televisão. Isso porque, tanto o rádio quanto a televisão são concessões do poder público nos termos previstos pelo Ordenamento Jurídico. Por isso, é possível que o Estado determine a cessão gratuita do horário, com a consequente compensação tributária. No entanto, a imprensa escrita é mídia privada, não podendo sobre esta haver ingerência estatal.

É possível que o meio de comunicação impresso, através de seus colunistas e do próprio editorial manifestem opiniões acerca de candidatos, desde que não seja feita como forma de denegrir a imagem e nem de alavancar a candidatura de nenhum concorrente ao pleito eleitoral, desde que tal matéria não tenha sido paga.

Sobre o assunto, decidiu o TSE que:

> Eleições 2006. Recurso ordinário. Candidatura. Jornal. Opinião. Divulgação. Possibilidade. Excesso. Apuração. Necessidade. A jurisprudência desta Corte admite que os jornais e demais meios impressos de comunicação possam assumir posição em relação à determinada candidatura, devendo ser apurados e punidos os excessos praticados. Nesse entendimento, o Tribunal negou provimento ao recurso. Unânime. (Recurso Ordinário nº 2.356/SP, rel. Min. Marcelo Ribeiro, em 20.8.2009).

12.4.10. Da propaganda no rádio e na televisão

A propaganda no rádio e na televisão é a que mais inspira cuidados pelo alcance da mídia. Inicialmente, cabe ressaltar, não é permitida a propaganda eleitoral paga pelo rádio e pela televisão. Por outro lado, a Constituição Federal determina o respeito à livre manifestação de pensamento. Por isso, se de um lado é necessário estabelecer limites à propaganda eleitoral, de outro lado, esses limites não podem ser tão grandes a ponto de inviabilizar completamente a manifestação de pensamento.

Como já visto, a lógica é que a propaganda no rádio e na televisão só podem ser realizadas durante o horário gratuito definido em lei. Mas isso não significa que, na programação normal, as emissoras estejam proibidas de manifestar-se acerca das eleições, pois os eleitores têm o direito à informação do andamento das eleições, bem como da agenda dos candidatos. Quanto maior o esclarecimento ao eleitorado dos atos dos candidatos, maior será a probabilidade da escolha consciente.[12]

Sobre o assunto, dispõe o artigo 44 da Lei das Eleições que:

> Art. 44. A propaganda eleitoral no rádio e na televisão restringe-se ao horário gratuito definido nesta Lei, vedada a veiculação de propaganda paga.

Dessa maneira, a Lei nº 9.504/97, em seu artigo 45, estabelece alguns atos que são proibidos às emissoras de rádio e televisão já desde o dia 06 de agosto do ano das eleições, ou seja, posterior ao período das convenções partidárias. Vale, no entanto, advertir que tal dispositivo sofreu alteração em virtude da decisão do STF na ADI nº 4451.

A aludida decisão do Supremo Tribunal Federal possui eficácia vinculante e *erga omnes*. Segundo a decisão, ainda em caráter liminar, do STF, estão suspensas a eficácia do inciso II do artigo 45 da Lei das Eleições (que proibia a utilização de trucagem, montagem ou outro recurso de áudio ou vídeo que, de qualquer forma, degradassem ou ridicularizassem candidato, partido ou coligação, ou produzissem ou veiculassem programa com esse efeito), bem como a eficácia da parte final do inciso III (que determinava a proibição de difundir opinião favorável ou contrária a candidato, partido, coligação, a seus órgãos ou representantes). Com esses dois dispositivos, por arrastamento, foram suspensas as eficácias dos §§ 4º e 5º, que conceituavam trucagem e montagem, respectivamente.

Pedimos licença ao leitor para reproduzir a decisão do STF, na ADI nº 4451, que suspendeu a eficácia dos dispositivos citados, em virtude de sua importância e, sobretudo, por sua clareza:

> ADI nº 4451. 2. Não cabe ao Estado, por qualquer dos seus órgãos, definir previamente o que pode ou o que não pode ser dito por indivíduos e

---

12. Nos mesmos termos lançados no presente texto, encontra-se a lição de Olivar Conglian, para quem: "Tudo se resume neste ponto: não pode haver propaganda eleitoral no rádio e na televisão além do horário de propaganda eleitoral gratuita."

jornalistas. Dever de omissão que inclui a própria atividade legislativa, pois é vedado à lei dispor sobre o núcleo duro das atividades jornalísticas, assim entendidas as coordenadas de tempo e de conteúdo da manifestação do pensamento, da informação e da criação lato sensu. Vale dizer: não há liberdade de imprensa pela metade ou sob as tenazes da censura prévia, pouco importando o Poder estatal de que ela provenha. Isso porque a liberdade de imprensa não é uma bolha normativa ou uma fórmula prescritiva oca. Tem conteúdo, e esse conteúdo é formado pelo rol de liberdades que se lê a partir da cabeça do art. 220 da Constituição Federal: liberdade de "manifestação do pensamento", liberdade de "criação", liberdade de "expressão", liberdade de "informação". Liberdades constitutivas de verdadeiros bens de personalidade, porquanto correspondentes aos seguintes direitos que o art. 5º da nossa Constituição intitula de "Fundamentais": a) "livre manifestação do pensamento" (inciso IV); b) "livre [...] expressão da atividade intelectual, artística, científica e de comunicação" (inciso IX); c) "acesso a informação" (inciso XIV). 3. Pelo seu reconhecido condão de vitalizar por muitos modos a Constituição, tirando-a mais vezes do papel, a imprensa mantém com a democracia a mais entranhada relação de interdependência ou retroalimentação. A presente ordem constitucional brasileira autoriza a formulação do juízo de que o caminho mais curto entre a verdade sobre a conduta dos detentores do Poder e o conhecimento do público em geral é a liberdade de imprensa. A traduzir, então, a ideia-força de que abrir mão da liberdade de imprensa é renunciar ao conhecimento geral das coisas do Poder, seja ele político, econômico, militar ou religioso. 4. A Magna Carta Republicana destinou à imprensa o direito de controlar e revelar as coisas respeitantes à vida do Estado e da própria sociedade. A imprensa como a mais avançada sentinela das liberdades públicas, como alternativa à explicação ou versão estatal de tudo que possa repercutir no seio da sociedade e como garantido espaço de irrupção do pensamento crítico em qualquer situação ou contingência. Os jornalistas, a seu turno, como o mais desanuviado olhar sobre o nosso cotidiano existencial e os recônditos do Poder, enquanto profissionais do comentário crítico. Pensamento crítico que é parte integrante da informação plena e fidedigna. Como é parte do estilo de fazer imprensa que se convencionou chamar de humorismo (tema central destes autos). A previsível utilidade social do labor jornalístico a compensar, de muito, eventuais excessos desse ou daquele escrito, dessa ou daquela charge ou caricatura, desse ou daquele programa. 5. Programas humorísticos, charges e modo caricatural de pôr em circulação ideias, opiniões, frases e quadros espirituosos compõem as atividades de "imprensa", sinônimo perfeito de "informação jornalística" (§ 1º do art. 220). Nessa medida, gozam da plenitude de liberdade que é assegurada pela Constituição à imprensa. Dando-se que o exercício concreto dessa liberdade em plenitude assegura ao jornalista o direito de expender críticas a qualquer pessoa, ainda que em tom áspero, contundente, sarcástico, irônico ou irreverente, especialmente contra as autoridades e aparelhos de Estado. Respondendo, penal e civilmente, pelos abusos que cometer, e sujeitando-se ao direito de resposta a que se refere a Constituição em seu art. 5º, inciso V. A crítica jornalística em geral, pela sua relação de inerência com o interesse público, não é aprioristicamente suscetível de censura. Isso porque é da essência das atividades de imprensa operar como formadora de opinião pública, lócus do pensamento crítico e necessário contraponto à versão oficial das coisas, conforme decisão majoritária do Supremo Tribunal Federal na ADPF 130. Decisão a que se pode agregar a ideia de que a locução "humor jornalístico" enlaça pensamento crítico, informação e criação artística. 6. A liberdade de imprensa assim abrangentemente livre não é de sofrer constrições em período eleitoral. Ela é plena em todo o tempo, lugar e circunstâncias. Tanto em período não-eleitoral, portanto, quanto em período de eleições gerais. Se podem as emissoras de rádio e televisão, fora do período eleitoral, produzir e veicular charges, sátiras e programas humorísticos que envolvam partidos políticos, pré-candidatos e autoridades em geral, também podem fazê-lo no período eleitoral. Processo eleitoral não é estado de sítio (art. 139 da CF), única fase ou momento de vida coletiva que, pela sua excepcional gravidade, a Constituição toma como fato gerador de "restrições à inviolabilidade da correspondência, ao sigilo das comunicações, à prestação de informações e à liberdade de imprensa, radiodifusão e televisão, na forma da lei" (inciso III do art. 139). 7. O próprio texto constitucional trata de modo diferenciado a mídia escrita e a mídia sonora ou de sons e imagens. O rádio e a televisão, por constituírem serviços públicos, dependentes de "outorga" do Estado e prestados mediante a utilização de um bem público (espectro de radiofrequências), têm um dever que não se estende à mídia escrita: o dever da imparcialidade ou da equidistância perante os candidatos. Imparcialidade, porém, que não significa ausência de opinião ou de crítica jornalística. Equidistância que apenas veda às emissoras de rádio e televisão encamparem, ou então repudiarem, essa ou aquela candidatura a cargo político-eletivo. 8. Suspensão de eficácia do inciso II do art. 45 da Lei 9.504/1997 e, por arrastamento, dos §§ 4º e 5º do mesmo artigo, incluídos pela Lei 12.034/2009. Os dispositivos legais não se voltam, propriamente, para aquilo que o TSE vê como imperativo de imparcialidade das emissoras de rádio e televisão. Visa a coibir um estilo peculiar de fazer imprensa: aquele que se utiliza da trucagem, da montagem ou de outros recursos de áudio e vídeo como técnicas de

> expressão da crítica jornalística, em especial os programas humorísticos. 9. Suspensão de eficácia da expressão "ou difundir opinião favorável ou contrária a candidato, partido, coligação, a seus órgãos ou representantes", contida no inciso III do art. 45 da Lei 9.504/1997. Apenas se estará diante de uma conduta vedada quando a crítica ou matéria jornalísticas venham a descambar para a propaganda política, passando nitidamente a favorecer uma das partes na disputa eleitoral. Hipótese a ser avaliada em cada caso concreto. 10. Medida cautelar concedida para suspender a eficácia do inciso II e da parte final do inciso III, ambos do art. 45 da Lei 9.504/1997, bem como, por arrastamento, dos §§ 4º e 5º do mesmo artigo. (ADI nº 4451 MC-REF/DF – Distrito Federal; referendo na medida cautelar na ação direta de inconstitucionalidade; rel. Min. Ayres Britto; julgamento em 2.9.2010; Tribunal Pleno).

Assim, considerando a decisão precitada, pode-se afirmar que a partir de 06 de agosto do ano das eleições, estão as emissoras de rádio e televisão proibidas de realizar as seguintes ações:

a) transmitir, ainda que sob a forma de entrevista jornalística, imagens de realização de pesquisa ou qualquer outro tipo de consulta popular de natureza eleitoral em que seja possível identificar o entrevistado ou em que haja manipulação de dados;

b) veicular propaganda política, vale ressaltar que o termo aqui empregado quer significar propaganda partidária, que deverá dar lugar à veiculação da propaganda eleitoral. Com a Lei 13.487/2017, esse dispositivo perdeu importância, em virtude da extinção da propaganda partidária para auxiliar no financiamento público da campanha.

c) dar tratamento privilegiado a candidato, partido ou coligação;

d) veicular ou divulgar filmes, novelas, minisséries ou qualquer outro programa com alusão ou crítica a candidato ou partido político, mesmo que dissimuladamente, exceto programas jornalísticos ou debates políticos;

e) divulgar nome de programa que se refira a candidato escolhido em convenção, ainda quando preexistente, inclusive se coincidente com o nome do candidato ou com a variação nominal por ele adotada. Sendo o nome do programa o mesmo que o do candidato, fica proibida a sua divulgação, sob pena de cancelamento do respectivo registro.

ATENÇÃO: Os futuros candidatos que são apresentadores de programas de televisão ou de rádio, a partir de 30 de junho do ano da eleição, deverão afastar-se de seus programas. Assim, caso os apresentadores e comentaristas de programas no rádio e na TV queiram concorrer a mandato eletivo, deverão deixar de apresentá-los antes mesmo do período da convenção partidária, que, atualmente, inicia-se apenas em 20 de julho do ano das eleições.

12.4.10.1. Dos debates

Como se sabe, as emissoras de rádio e televisão costumam realizar debates entre os candidatos ao pleito eleitoral. Esses debates são importantíssimos para as eleições, uma vez que trazem uma oportunidade maior de se conhecer os candidatos e suas propostas. Por outro lado, é através dos debates que se faz possível conhecer realmente as divergências entre os cidadãos que disputam o mandato eletivo. Vale, no entanto, ressaltar que os debates não podem ser considerados como propaganda eleitoral, apesar da sua importância.

A Lei estabelece que o convite para os debates será obrigatório para partidos que possuam pelo menos 5 parlamentares em seus quadros. Por óbvio, podem ser deputados federais ou senadores. Esses partidos, junto com seus candidatos, possuem participação garantia no debate. Não concordamos com tal dispositivo, por entender que ele nega a base mínima necessária para que o partido possa atuar. De qualquer maneira, para o STF, como pode ser observado na ADI 5.487, o aludido dispositivo é, ainda em sua redação originária, que era mais restritiva, constitucional.

Nessa ADI, o STF acabou por dar interpretação conforme a CF, para entender que as emissoras de rádio e TV podem convidar candidatos pertencentes a partidos menores, não podendo os partidos e candidato com a participação obrigatória vetarem esse convite.

Apesar de ser mais comum o debate para as eleições majoritárias, a Lei das Eleições permite que ocorram debates entre candidatos para eleições majoritárias e entre candidatos às eleições proporcionais. Tudo com vista a informar o público acerca dos ideais e propostas dos candidatos.

De qualquer maneira, a Lei das Eleições traz algumas distinções entre o debate de candidatos ao pleito proporcional e candidatos ao pleito majoritário. Em relação aos debates para eleições proporcionais, é assegurada a participação igualitária de todos os partidos que possuam pelo menos 5 parlamentares em seus quadros. Assim, caberá ao partido a escolha dos candidatos às eleições proporcionais que serão levados para o debate. Deve-se observar que a participação de candidatos deve obedecer a um critério de igualdade, permitindo-se a todos os partidos que participem do debate a apresentação do mesmo número de candidatos.

Isso ocorre nos debates para as eleições proporcionais, em virtude do elevado número de candidatos, como já foi visto, na parte referente a registro de candidatura.

> **ATENÇÃO:** Nos debates para as eleições proporcionais não é possível a participação de um mesmo candidato em mais de um debate da mesma emissora.

Em relação aos debates para as eleições majoritárias, é obrigatório o convite realizado para candidatos filiados a partidos que possuam representação no Congresso Nacional de pelo menos 5 membros. Isso significa, o que pode ser estendido também para o debate nas eleições proporcionais, que caso o candidato pertença a partido político que não possua tal representação no Congresso Nacional, não é obrigatório o convite. Se o candidato pertencer a uma coligação, o número mínimo pode ser atingido através da soma de parlamentares dos partidos coligados.

Nas eleições majoritárias é possível que um mesmo candidato compareça a mais de um debate; mas de qualquer maneira, se houver um excessivo número de candidatos, poderá a emissora que realizará o debate dividi-lo em mais de um dia, com a participação, ou convite, a pelo menos 3 candidatos por dia. A divisão dos candidatos por cada dia deverá ser efetuada através de sorteio.

Aliás, as regras dos debates deverão ser estabelecidas através de acordos entre os candidatos (nas eleições majoritárias) ou entre os partidos (nas eleições proporcionais) e as emissoras responsáveis pelos debates. A Lei das Eleições no artigo 46, III, estabelece que a data de realização do debate e a ordem de apresentação dos candidatos devem ser definidas através de sorteio, ou de outra forma, desde que tenha o acordo de candidatos e partidos políticos. Os debates devem ser realizados durante a programação normal da emissora.

O acordo é considerado válido no primeiro turno, desde que tenha a concordância de pelo menos 2/3 de candidatos, nas eleições majoritárias e de partidos e coligações nas eleições proporcionais. Obviamente, em havendo segundo turno, será necessária a anuência de todos os candidatos envolvidos na eleição. As regras estabelecidas devem ser comunicadas à Justiça Eleitoral.

ATENÇÃO: É permitida a realização de debates sem a participação de algum dos candidatos de convite obrigatório, desde que a emissora promotora do evento comprove ter feito o convite com pelo menos 72 horas de antecedência.

Os debates poderão ser realizados antes mesmo do dia 16 de agosto do ano das eleições, com base no art. 36-A da Lei das Eleições.

Os debates poderão ser realizados no rádio, TV ou internet. Nada impede, por outro lado, que se tenha o debate em outros locais, como em federações sindicais ou em indústrias, desde que sejam respeitadas as regras já observadas de isonomia entre os candidatos. Vale ressaltar que não é possível a realização de debates pagos pelos candidatos.

A emissora que desatender às normas acerca dos debates, poderá ser aplicada a pena de suspensão de sua programação, pelo prazo de 24 horas, sendo dobrado a cada reincidência. Neste caso, a cada 15 minutos a emissora deverá informar que a suspensão ocorreu por desatendimento às normas estabelecidas pela Lei nº 9.504/97.

12.4.10.2. Do horário eleitoral gratuito

A propaganda eleitoral no rádio e na televisão é importantíssima, pelo próprio alcance da mídia. Assim, é tradição no Direito Brasileiro que seja estabelecido o horário eleitoral gratuito. Vale ressaltar que as emissoras não têm prejuízo algum, em virtude da compensação tributária a que possuem direito pela cessão do horário, nos termos do artigo 99 da Lei nº 9.504/97.

Inicialmente, cabe asseverar que a transmissão da propaganda eleitoral no rádio e na televisão deve ser realizada por emissoras que são autorizadas pelo Poder Público a funcionar. Dessa maneira, qualquer emissora de rádio e televisão que não estão autorizadas a funcionar, nos termos do § 3º do artigo 44 da Lei das Eleições, se veicularem propaganda eleitoral, estarão sujeitas à multa de R$ 2.000,00 a R$ 8.000,00, fora as penalidades administrativas e civis que podem ser tomadas pelo Poder Público, nos termos das normas pertinentes.

Em relação às emissoras de rádio, desde que autorizadas a funcionar, devem transmitir a propaganda eleitoral gratuita, sem qualquer restrição.[13] Por outro lado, as emissoras de televisão que operam pelo sistema de VHF e

13. O Tribunal Superior Eleitoral determina que a propaganda eleitoral deve ser veiculada também pelas rádios comunitárias, nos termos do artigo 42, § 1º, da Resolução nº 23.551/2017.

UHF são obrigadas a transmitir a propaganda eleitoral gratuita, bem como os canais de televisão por assinatura do Senado Federal, da Câmara dos Deputados, das Assembleias Legislativas, da Câmara Legislativa do Distrito Federal ou das Câmaras Municipais, nos termos do artigo 57 da Lei nº 9.504/97. Evidentemente, os canais por assinatura comerciais não estão obrigados a transmitir a propaganda eleitoral, mas podem retransmitir integralmente o horário eleitoral gratuito, sendo vedado qualquer outro tipo de veiculação de propaganda eleitoral.[14]

A propaganda eleitoral na televisão deverá utilizar a Linguagem Brasileira de Sinais – LIBRAS – ou o recurso de legenda. Evidentemente, não haverá qualquer ilícito caso a propaganda seja realizada com os dois sistemas, o que, em verdade, é até recomendável, para que se possa atingir o maior número de eleitores possível. Aliás, a Lei 13.146/2015 determina na propaganda eleitoral na televisão a atualização tanto da legenda como da linguagem de sinais (art. 76, § 1°, III). O que não se admite é a utilização de língua estrangeira em propaganda eleitoral, a teor do artigo 242 do Código Eleitoral. A utilização de língua estrangeira em qualquer forma de propaganda eleitoral atrai o crime tipificado no artigo 335 do Código Eleitoral.

ATENÇÃO: Como a propaganda no rádio e na televisão é gratuita, não se admite utilização comercial ou propaganda realizada com a intenção, ainda que disfarçada ou subliminar, de promover marca ou produto.

Nos tempos atuais, alguns políticos, com a ajuda da mídia, transformaram-se em verdadeiras estrelas. Por isso, os partidos aliados adquiriram o hábito de fazer com que tais políticos apareçam na propaganda eleitoral no rádio e na televisão, bem como colacionam a foto de tais cidadãos no material gráfico apresentado pelo candidato. Tal situação não passou despercebida pelo legislador, que, com a Lei nº 12.034/2009, passou a permitir ao partido político utilizar na propaganda eleitoral de seus candidatos em âmbito regional, inclusive no horário eleitoral gratuito, a imagem e a voz de candidato ou militante de partido político que integre a sua coligação em âmbito nacional, nos termos do § 6º do artigo 45 da Lei das Eleições.

ATENÇÃO: A propaganda eleitoral gratuita no rádio e na televisão deverá ser realizada nos 35 dias que antecedem a antevéspera do pleito eleitoral.

---

14. Olivar Coneglian (p. 290).

A ordem de apresentação dos partidos políticos é definida mediante sorteio. No dia seguinte, o último da ordem de apresentação será o primeiro no dia posterior, seguindo os demais a ordem do sorteio.

Por outro lado, para evitar o desequilíbrio no pleito, é proibido que se utilize o tempo de propaganda de candidatos às eleições majoritárias para fazer propaganda para candidatos às eleições proporcionais e vice-versa. Por outro lado, é possível que na propaganda de candidato participe cidadão não filiado a outra agremiação partidária ou a partido integrante de outra coligação para manifestar apoio a candidatos. A infração ao dispositivo trará a perda do tempo equivalente à infração da propaganda eleitoral do beneficiado pela irregularidade.

De qualquer maneira, esse cidadão, se também for candidato, não poderá se manifestar sobre sua própria candidatura, mas apenas apoiar o candidato a que pertence a propaganda de qual participa. Está proibida a participação remunerada.

Caso a emissora de rádio ou de televisão descumpra as normas previstas sobre propaganda eleitoral, por requerimento de partido, coligação ou candidato, a Justiça Eleitoral poderá determinar a suspensão da programação normal da emissora pelo prazo de 24 horas, duplicado a cada reiteração de conduta. Evidentemente, a decisão que culminará com a suspensão deve ser precedida de ampla defesa e contraditório. Apesar da omissão da Lei, entendemos que o Ministério Público, por sua função institucional, também tem legitimidade para representar contra a emissora e requerer a suspensão da programação na forma já informada. De qualquer maneira, durante o período da suspensão, a emissora deve informar a cada 15 minutos o motivo da suspensão de sua programação normal.

Não se admite na propaganda eleitoral no rádio e na televisão o corte instantâneo ou qualquer tipo de censura prévia, em virtude do princípio da liberdade.

O tempo da propaganda eleitoral gratuita deverá ser definida da seguinte forma:

a) Em se tratando de propaganda para as eleições gerais:

- no rádio: das 07:00 às 07:25 e das 12:00 às 12:25;
- na televisão: das 13:00 às 13:25 e das 20:30 às 20:55.

O referido horário será assim dividido:

Os candidatos a Presidente e a Vice-Presidente da República e a Deputado Federal realizarão a sua propaganda às terças, às quintas e aos sábados. O tempo será dividido, sendo 12 minutos e trinta segundos para os candidatos a Presidente e Vice-Presidente, e os outros 12 minutos e 30 segundos para os candidatos a Deputado Federal.

Em assim sendo, o horário ficará assim determinado:

Para Presidente e Vice-Presidente:

No rádio: das 07:00 às 07:12:30 e das 12:00 às 12:12:30;

Na televisão: das 13:00 às 13:12:30 e das 20:30 às 20:42:30.

Para Deputado Federal:

No rádio: das 07:12:30 às 07:25 e das 12:12:30 às 12:25;

Na televisão: das 13:12:30 às 13:25 e das 20:42:30 às 20:55.

Por outro lado, os candidatos aos mandatos eletivos de Governador e Vice-Governador, Deputado Estadual e Senador terão suas propagandas eleitorais veiculadas nas segundas, quartas e sextas-feiras. O tempo de propaganda variará de acordo com a quantidade de cargos de Senador em disputa. Assim, atualmente, haverá diferença entre as hipóteses em que se substitui 1/3 do senado, para aquelas outras hipóteses em que se substitui 2/3 do senado.

Dessa maneira, nas hipóteses em que se substitui 1/3 do senado, a propaganda para Governador e Vice-Governador deverá durar 10 minutos; a de Deputado Estadual, também 10 minutos; a de Senador, 5 minutos. Por outro lado, caso ocorra a substituição de 2/3 do senado, a propaganda para Governador e Vice-Governador deverá durar 9 minutos, enquanto a de Deputado Estadual deverá durar 9 minutos e a de senador 7 minutos.

O horário ficará assim determinado:

Nas hipóteses em que há renovação de 1/3 do senado:

Para Senador:

No rádio: das 07:00 às 07:05 e das 12:00 às 12:05;

Na televisão: das 13:00 às 13:05 e das 20:30 às 20:35.

Para Deputado Estadual:

No rádio: das 07:05 às 07:15 e das 12:05 às 12:15;

Na televisão: das 13:05 às 13:15 e das 20:35 às 20:45.

Para Governador e Vice-Governador:

No rádio: das 07:15 às 07:25 e das 12:15 às 12:25;

Na televisão: das 13:15 às 13:25 e das 20:45 às 20:55.

Nas hipóteses em que há renovação de 2/3 do senado:

Para Senador:

No rádio: das 07:00 às 07:07 e das 12:00 às 12:07;

Na televisão: das 13:00 às 13:07 e das 20:30 às 20:37.

Para Deputado Estadual:

No rádio: das 07:07 às 07:16 e das 12:07 às 12:16;

Na televisão: das 13:07 às 13:16 e das 20:37 às 20:46.

Para Governador e Vice-Governador:

No rádio: das 07:16 às 07:25 e das 12:16 às 12:25;

Na televisão: das 13:16 às 13:25 e das 20:46 às 20:55.

b) nas eleições municipais

Por outro lado, nas eleições municipais, o período de propaganda é menor, durando apenas 10 minutos em cada um dos períodos de propaganda. Vale ressaltar que a Lei 13.165/2015 acabou com a propaganda por cadeia ou bloco para vereadores. Assim, os candidatos a vereador terão apenas propaganda através de inserções para manifestar-se no rádio e na TV. Dessa forma, o período de propaganda será assim apresentado:

No rádio: das 07:00 às 07:10 e das 12:00 às 12:10;

Na televisão: das 13:00 às 13:10 e das 20:30 às 20:40.

A propaganda por cadeia ou bloco ocorrerá para os candidatos a prefeito e a vice de segunda-feira a sábado.

Como se sabe, o Brasil é um país de dimensões continentais, o que faz com que tenha uma quantidade enorme de municípios espalhados por seus 26 estados. Ocorre, no entanto, que a maioria desses municípios não possui em seus territórios emissoras de televisão, e muitas vezes nem mesmo emissoras de rádio.

Exatamente para esses casos, o artigo 48 da Lei das Eleições determina que:

> Art. 48. Nas eleições para Prefeitos e Vereadores, nos Municípios em que não haja emissora de rádio e televisão, a Justiça Eleitoral garantirá aos Partidos Políticos participantes do pleito a veiculação de propaganda eleitoral gratuita nas localidades aptas à realização de segundo turno de eleições e nas quais seja operacionalmente viável realizar a retransmissão.

Tal dispositivo foi trazido pela Lei nº 12.034/2009. Mas, com a atual redação da Lei 9.504/97, o aludido art. 48 precisa ser bem interpretado. Inicialmente, como comentado, não há mais propaganda no rádio e na televisão através de cadeia ou bloco para candidatos a vereador. Esses possuem apenas a propaganda através de inserções.

Exatamente por isso, dispõe o art. 47, § 1º-A que:

> Somente serão exibidas as inserções de televisão a que se refere o inciso VII do § 1º nos Municípios em que houver estação geradora de serviços de radiodifusão de sons e imagens.

Por isso, o art. 48 da Lei das Eleições, já citado, deve ser aplicado apenas para a propaganda para eleições municipais por cadeia ou bloco. Na propaganda por inserção, não é possível a sua veiculação em municípios que não possuam geradora de serviços de radiofusão de sons e imagens. É o que claramente se observa na interpretação literal e sistemática da norma jurídica.

c) divisão do tempo

O tempo da propaganda eleitoral deve ser dividido entre todos os partidos que participam do pleito eleitoral. Essa divisão é realizada observando-se os seguintes critérios: a) 10% do tempo de propaganda será dividido de forma igual, entre todos os partidos que participarão do pleito eleitoral; b) 90% será dividido de acordo com a quantidade de deputados federais obtido nas últimas eleições.

Vale ressaltar que a Lei 13.107/2015 modificou o § 7º, do art. 46 da Lei das Eleições, determinando que:

> Para efeito do disposto no § 2º, serão desconsideradas as mudanças de filiação partidária em quaisquer hipóteses.

Esse dispositivo, no entanto, é contrário ao quanto entendido pelo STF, que tem jurisprudência consolidada no sentido do fortalecimento do sistema representativo o que traria, por óbvio, o direito de novos partidos terem considerados os deputados federais que para lá migraram. É o que se verifica na ADI 5.105.

Caso ocorra a coligação, o tempo de todos os partidos que a compõem deve ser somado, a fim de se estabelecer o tempo de cada coligação. Se a coligação, no entanto, for para as eleições majoritárias, é possível que a soma do tempo leve em consideração apenas a quantidade de deputados federais dos seis maiores partidos da coligação. Vale ressaltar que a partir das eleições de 2020 não mais haverá coligações para eleições proporcionais. Vale ressaltar que o número de representantes na Câmara dos Deputados é aquele decorrente das últimas eleições, ou da migração para o novo partido, segundo entende o STF.

Segundo dispõe a Resolução 23.551/2017 do TSE:

> Art. 70. Competirá aos partidos políticos e às coligações distribuir entre os candidatos registrados os horários que lhes forem destinados pela Justiça Eleitoral.

d) Segundo turno

A propaganda eleitoral no segundo turno deve ser iniciada a partir da sexta feira posterior ao primeiro turno e vai até a antevéspera do pleito. No segundo turno, o tempo total de propaganda é de 10 minutos por período, iniciando-se nos mesmos horários já indicados para as demais propagandas no horário eleitoral gratuito. Ao contrário do primeiro turno, no segundo turno, os candidatos terão exatamente o mesmo tempo, 5 minutos para cada um, independentemente dos partidos aos quais estão os candidatos filiados.

Em se tratando de segundo turno nas eleições gerais, caso haja necessidade de sua realização tanto em relação às eleições presidenciais, quanto a de Governador e Vice-Governador, haverá propaganda eleitoral de 10 minutos para os candidatos a Presidente e Vice-Presidente, seguida de mais 10 minutos de propaganda para Governador e Vice-Governador, sempre com o tempo dividido igualmente entre os candidatos (art. 53 da Resolução 23.551 do TSE).

ATENÇÃO: No segundo turno não se admite a participação na propaganda de candidato filiado a partido político que formalizou apoio a outro candidato.

e) Propaganda por inserção

Há também um horário gratuito separado para propaganda por inserção. Nesse tipo de propaganda, as emissoras de rádio e televisão deverão separar 70 minutos diários, para que os partidos e candidatos possam manifestar as suas opiniões em inserções de 30 segundos ou 1 minuto.

Os 70 minutos diários serão divididos entre os partidos da mesma forma que foi vista em relação à propaganda em bloco. Essa espécie de propaganda é veiculada todos os dias, inclusive aos domingos, das 5h às 24h. A divisão do tempo das inserções segue a mesma regra da divisão de tempo na propaganda por cadeia ou bloco. Dessa maneira, 10% deste tempo será dividido de forma igual, enquanto 90% será dividido de acordo com a representação do partido na Câmara dos Deputados. Essa propaganda por inserção não interrompe a programação normal do rádio e da televisão.

A Lei das Eleições define três blocos de horários em que serão veiculadas tais propagandas por inserção. Esses blocos foram definidos para se alcançar o maior número possível de pessoas, nas diferentes audiências. Assim, são os citados blocos: das 5h às 11h; das 11h às 18h e das 18h às 24h. A transmissão das inserções deve ser realizada de forma que os partidos possam fazer as propagandas de seus candidatos em todos os blocos, evitando, assim, que um só partido fique com o horário de maior audiência e o outro com o de menor audiência. Nestes termos, dispõe o artigo 52 da Lei nº 9.504/97 que:

> Art. 52. A partir do dia 15 de agosto do ano da eleição, a Justiça Eleitoral convocará os partidos e a representação das emissoras de televisão para elaborarem plano de mídia, nos termos do artigo anterior, para o uso de parcela do horário eleitoral gratuito a que tenham direito, garantida a todos participação nos horários de maior e menor audiência.

Dispõe o art. 54 da Lei das Eleições:

> Nos programas e inserções de rádio e televisão destinados à propaganda eleitoral gratuita de cada partido ou coligação só poderão aparecer, em gravações internas e externas, observado o disposto no § 2º, candidatos, caracteres com propostas, fotos, jingles, clipes com música ou vinhetas, inclusive de passagem, com indicação do número do candidato ou do partido, bem como seus apoiadores, inclusive os candidatos de que trata o § 1º do art. 53-A, que poderão dispor de até 25% (vinte e cinco por cento) do tempo de cada programa ou

inserção, sendo vedadas montagens, trucagens, computação gráfica, desenhos animados e efeitos especiais.

Vale, ainda, ressaltar que será permitida a veiculação de entrevistas com o candidato e de cenas externas nas quais ele, pessoalmente, exponha: a) realizações de governo ou da administração pública; b) falhas administrativas e deficiências em obras e serviços públicos em geral; c) atos parlamentares e debates legislativos.

ATENÇÃO: Na propaganda por inserção, nas eleições municipais, a transmissão será para os candidatos para prefeito e vice, além dos candidatos a vereador. As inserções nas eleições municipais serão de 30 segundos e 60% do tempo será utilizado na propaganda de candidatos a prefeito e a vice-prefeito, enquanto que 40% do tempo será utilizado para inserções dos candidatos a vereador.

As mídias com as gravações da propaganda eleitoral no rádio e na televisão serão entregues às emissoras, inclusive nos sábados, domingos e feriados, com a antecedência mínima: a) de 6 horas do horário previsto para o início da transmissão, no caso dos programas em rede; b) de 12 horas do horário previsto para o início da transmissão, no caso das inserções.

12.4.11. Propaganda eleitoral através da internet

A internet talvez seja o meio mais eficaz de se transmitir mensagens nos dias atuais. Evidentemente, não demorou nada para que os candidatos e partidos políticos se apercebessem deste fato e começassem a realizar a propaganda eleitoral através da rede mundial de computadores. O que demorou, em verdade, foi a regulamentação deste tipo de propaganda eleitoral, o que só ocorreu em 2009, com a publicação da Lei nº 12.034/2009.

O regramento atual da propaganda na internet é bem simples, mas nem por isso deixa de ser importantíssima. A propaganda na internet só poderá ser realizada a partir do dia 16 de agosto do ano das eleições, como aliás acontece com a propaganda eleitoral em geral. É a única forma de propaganda eleitoral que pode continuar a ser veiculada no dia das eleições.

ATENÇÃO: Não é possível a propaganda eleitoral através da internet de forma remunerada, salvo para impulsionamento de conteúdos.

A propaganda eleitoral na internet pode ser realizada através das seguintes formas, nos termos do artigo 57-B da Lei nº 9.504/97:

> Art. 57-B. A propaganda eleitoral na internet poderá ser realizada nas seguintes formas:
>
> I - em sítio do candidato, com endereço eletrônico comunicado à Justiça Eleitoral e hospedado, direta ou indiretamente, em provedor de serviço de internet estabelecido no País;
>
> II - em sítio do partido ou da coligação, com endereço eletrônico comunicado à Justiça Eleitoral e hospedado, direta ou indiretamente, em provedor de serviço de internet estabelecido no País;
>
> III - por meio de mensagem eletrônica para endereços cadastrados gratuitamente pelo candidato, partido ou coligação;
>
> IV – por meio de blogs, redes sociais, sítios de mensagens instantâneas e aplicações de internet assemelhadas, cujo conteúdo seja gerado ou editado por: a) candidatos, partidos ou coligações; b) qualquer pessoa natural, desde que não contrate impulsionamento de conteúdos.

Em relação à propaganda através de mensagens eletrônicas, a Lei nº 9.504/97 traz importante regulamentação do tema determinando, inicialmente, que é proibida a venda de cadastros de endereços eletrônicos para partidos e candidatos. Da mesma forma, não se admite a doação de tal cadastro por pessoas que não possam realizar doações para campanhas eleitorais ou para partidos políticos, como ocorre, atualmente, com as pessoas jurídicas.

Na mensagem eletrônica deve haver um dispositivo que permita o descadastramento do endereço eletrônico, ficando obrigado o remetente a excluir do cadastro o endereço eletrônico, nos termos pleiteados pelo eleitor, no prazo de 48 horas. Caso o descadastramento não seja realizado, ou não haja na mensagem dispositivo que permita tal ato, a penalidade aplicada será de R$ 100,00 por mensagem indevida.

Por outro lado, o artigo 57-C traz proibições em relação à propaganda eleitoral através da internet. Nestes termos, é proibida a propaganda eleitoral através da internet, mesmo que gratuita, em sítios eletrônicos:

> Art. 57-C. É vedada a veiculação de qualquer tipo de propaganda eleitoral paga na internet, excetuado o impulsionamento de conteúdos, desde que identificado de forma inequívoca como tal e contratado exclusivamente por partidos, coligações e candidatos e seus representantes.

> § 1º. É vedada, ainda que gratuitamente, a veiculação de propaganda eleitoral na internet, em sítios:
>
> I – de pessoas jurídicas, com ou sem fins lucrativos;
>
> II – oficiais ou hospedados por órgãos ou entidades da administração pública direta ou indireta da União, dos Estados, do Distrito Federal e dos Municípios.
>
> § 2º A violação do disposto neste artigo sujeita o responsável pela divulgação da propaganda ou pelo impulsionamento de conteúdos e, quando comprovado seu prévio conhecimento, o beneficiário, à multa no valor de R$5.000,00 (cinco mil reais) a R$30.000,00 (trinta mil reais) ou em valor equivalente ao dobro da quantia despendida, se esse cálculo superar o limite máximo da multa.
>
> § 3º O impulsionamento de que trata o caput deste artigo deverá ser contratado diretamente com provedor da aplicação de Internet com sede e foro no país, ou de sua filial, sucursal, escritório, estabelecimento ou representante legalmente estabelecido no país e apenas com o fim de promover ou beneficiar candidatos ou suas agremiações.

Vale ressaltar que a manifestação através da rede mundial de computadores é livre e não pode sofrer censura prévia. Mas, durante o período eleitoral, é vedado o anonimato. Durante o período eleitoral, a ofensa cometida por meio da internet consiste em multa entre R$ 5.000,00 e R$ 30.000,00 e ainda poderá haver o deferimento do pedido de resposta através do mesmo meio em que ocorreu a ofensa, como será visto mais adiante.

Alguns eventos têm preocupado a Justiça Eleitoral no período da eleição. É o que ocorre com a criação de perfis falsos na internet com o objetivo único de denegrir determinado candidato ou partido. É importante que o Ordenamento Jurídico evolua com os costumes da sociedade. A Lei 13.488/2017 trouxe importantes inovações à propaganda na internet. Com efeito, é proibida a veiculação de conteúdos de cunho eleitoral mediante cadastro de usuário de aplicação de internet com a intenção de falsear a identidade (art. 57-B, § 2°, LE).

A divulgação de mensagens falsas (as chamadas *fake news*) tem tomado os debates entre os especialistas do Direito Eleitoral. É evidente que a divulgação de mensagens sabidamente inverídicas com a finalidade de exaltar candidatos e prejudicar cidadãos já é bem antiga. A diferença é a velocidade da informação. Com as redes e sociais e aplicativos de mensagens, as *fake news* acabam chegando a um número muito grande de pessoas em pouquíssimo tempo. A Resolução 23.551 do TSE determina que é livre a manifestação de pensamento através da internet, só podendo ser limitada quando ocorrer ofensa a honra de terceiros ou fatos sabidamente inverídicos.

Apesar de toda a discussão, entendo que deixar a solução do problema das *fake news* apenas com a Justiça Eleitoral é criar um trabalho hercúleo e praticamente impossível. O caminho sempre está na atuação dos eleitores e na qualidade da educação política que deve ser base para qualquer aprendizado. Observar as notícias antes de repassa-las é essencial para diminuir a problemática. O Poder Judiciário poderá, quando muito, tentar identificar a origem das notícias falsas e publicar esclarecimentos, mas, mesmo assim, controlar a velocidade e o direcionamento de sua divulgação é muito difícil.

De outro lado, é admitido o impulsionamento pago de veiculação de propaganda eleitoral nas redes sociais. Tal impulsionamento deve ser feito através do próprio provedor responsável pela rede. Tal conteúdo só pode ser gerado pelos candidatos e seus representantes, partidos e coligações. O simples cidadão pode produzir conteúdo nas redes sociais de cunho eleitoral, mas não pode impulsioná-los de forma onerosa.

O impulsionamento deverá ser contratado diretamente com o provedor de aplicação de internet com sede e foro no País, ou de sua filial, sucursal, escritório, estabelecimento ou representante legalmente estabelecido no país e apenas com o fim de promover ou beneficiar candidatos ou suas agremiações. O conteúdo impulsionado deve vir identificado como tal. Considera-se também como impulsionamento a priorização paga de conteúdos em sítios eletrônicos de busca.

É vedado ainda a utilização de impulsionamento de conteúdos e ferramentas digitais não disponibilizadas pelo provedor de aplicação de internet, ainda que gratuitas, para alterar teor ou a repercussão de propaganda eleitoral, tanto próprios quanto de terceiros (art. 57-B, § 3°, LE).

É possível que o provedor de conteúdo e de serviços multimídia sofra também as penalidades previstas na lei. Para isso, é necessário que se comprove o prévio conhecimento do provedor da irregularidade da propaganda eleitoral. Se, no prazo determinado pela Justiça Eleitoral, nos termos do artigo 57-F da Lei das Eleições, contado a partir da notificação da decisão, sobre a existência de propaganda irregular, o provedor não tomar as medidas necessárias para a retirá-la do ar, acabará se sujeitando, de igual forma, às penalidades acima afirmadas. O provedor de internet que possibilite o impulsionamento pago de conteúdos deverá contar com canal de comunicação com seus usuários e somente poderá ser responsabilizado por danos decorrentes do conteúdo impulsionado se, após ordem judicial específica, não tomar providências para, no âmbito e nos limites técnicos do seu serviço e dentro do prazo assinalado, tomar indisponível o conteúdo apontado como infringente pela Justiça Eleitoral.

Além das penalidades previstas, o sítio eletrônico ainda pode ter suspenso o acesso a todo o seu conteúdo, pelo prazo de 24 horas, podendo ser a penalidade duplicada a cada reiteração de conduta. O requerimento para que seja aplicada tal penalidade, nos termos da Lei das Eleições, em seu artigo 57-I, deve ser realizado pelo candidato, partido político e coligação. Mais uma vez, apesar da omissão legislativa, entendemos que o Ministério Público eleitoral possui legitimidade para a representação que visa à aplicação da penalidade de suspensão de acesso ao conteúdo do sítio eletrônico, em virtude de seu papel institucional de defesa do interesse público.

No período de suspensão, no sítio eletrônico deverá constar o motivo de sua ocorrência. Ou seja, deverá informar aos que tentarem acessar o seu conteúdo que a suspensão ocorreu por ofensa às normas que regem a propaganda eleitoral, nos termos da Lei nº 9.504/97.

12.5. DO PODER DE POLÍCIA NA PROPAGANDA ELEITORAL

Poder de Polícia significa controle de atividades que tenham uma consequência importante ao interesse público. No presente caso, a atividade de propaganda eleitoral feita de forma equivocada acaba por atingir a própria democracia.

Cabe à Justiça Eleitoral o poder de polícia sobre a propaganda eleitoral. Vale ressaltar que para suspender o ato ilegal de propaganda o juiz pode atuar de ofício. Ou seja, sem provocação.

Por outro lado, para que seja aplicada penalidade por conta da propaganda irregular, é necessário que seja feito pedido à Justiça Eleitoral que, portanto, não poderá atuar de ofício.

Essa teoria se encontra na Súmula 18 do TSE que dispõe:

> Súmula 18. Conquanto investido de poder de polícia, não tem legitimidade o juiz eleitoral para, de ofício, instaurar procedimento com a finalidade de impor multa pela veiculação de propaganda eleitoral em desacordo com a Lei nº 9.504/97.

Evidentemente, aqui não há que se falar em responsabilidade objetiva. Por isso, para que o candidato venha a ser punido, na forma da lei, pela propaganda irregular, é necessário comprovar o seu anterior conhecimento do ilícito, a teor do artigo 40-B da Lei das Eleições. Por isso, segundo o precitado dispositivo, é fundamental que a representação por propaganda irregular seja instruída com a prova da autoria e do prévio conhecimento do beneficiário. Por outro lado, o parágrafo único do citado dispositivo declara que:

> Art. 40-B. (...)
>
> Parágrafo único. A responsabilidade do candidato estará demonstrada se este, intimado da existência de propaganda irregular, não providenciar, no prazo de quarenta e oito horas, sua retirada ou regularização e, ainda, se as circunstâncias e as peculiaridades do caso específico revelarem a impossibilidade de o beneficiário não ter tido conhecimento da propaganda.

O poder de polícia, na verificação da regularidade da propaganda, é realizado pelo juiz eleitoral, não importando de que eleição se trate. O juiz eleitoral tem competência para determinar a paralisação da propaganda e, se for o caso, a recomposição do bem. Mas, para aplicação de penalidade, por propaganda eleitoral, a competência é a definida na Lei. Nas eleições presidenciais, o TSE, nas federais e estaduais, o TRE, nas municipais, o juiz eleitoral.

É importante atentar para o fato de que, quando se tratar de competência do TSE ou do TRE, a representação por propaganda irregular será julgada por juízes auxiliares nomeados por esses tribunais, com recurso para seu pleno, conforme determina o art. 96 da Lei 9.504/97, como será visto no próximo tópico.

Com a edição da Lei nº 12.891/2013, a penalidade por propaganda irregular afeta o candidato e o partido, não alcançado outros partidos, ainda que façam parte da mesma coligação.

12.6. REPRESENTAÇÃO POR PROPAGANDA IRREGULAR

A representação por propaganda eleitoral irregular tem natureza jurídica de ação. Está prevista no art. 96 da Lei 9.504/97. Aliás, esse procedimento é utilizado não apenas nas hipóteses de propaganda irregular, mas nas representações por quaisquer das irregularidades previstas na Lei das Eleições, salvo quando o dispositivo expressamente apontar outro procedimento (como acontece com os arts. 30-A, 41-A e 73, §§ 12 e 13 que determinam a aplicação do art. 22 da LC 64).

A competência dependerá da eleição em que a irregularidade se verificou. Se a eleição é presidencial, a competência será do TSE, se é federal ou estadual, a competência será do TRE e se for municipal, a competência será do juiz eleitoral. No caso de competência do TSE e do TRE, o julgamento será realizado por juízes auxiliares, nomeados em número de 3, normalmente entre os substitutos do respectivo tribunal. Essa nomeação é realizada geralmente no final do ano anterior às eleições e se encerra quando da diplomação dos eleitos (art. 2°, Resolução 23.547/2017 do TSE).

Por outro lado, nas eleições municipais, quando houver mais de uma zona, o TRE designará um juiz para apreciar as representações e reclamações com base na Lei das Eleições.

A legitimidade para a representação pertence aos candidatos, partidos, coligações e ao Ministério Público Eleitoral. Aliás, o MPE tem legitimidade para a ação, ainda que o art. 96 da LE não o tenha citado expressamente. Como a natureza da representação é de ação judicial, não é possível a sua instauração de ofício. A petição inicial, que deve ter os requisitos do art. 319 do CPC, salvo o valor da causa, deverá relatar fatos, indicando provas da autoria ou do prévio conhecimento do beneficiário, caso esse não seja o responsável pela propaganda irregular, além de indícios e circunstâncias. É possível a concessão de tutela provisória para a suspensão do ato tido como ilícito.

Uma vez ajuizada a representação, ocorrerá a citação imediata do representado, preferencialmente por meio eletrônico[15], para que ofereça a sua defesa no prazo de 48 horas[16]. Se o Ministério estiver atuando como *custos legis*, não sendo, portanto, o autor da representação, deverá ser intimado pessoalmente, ou através de endereço eletrônico previamente cadastrado no Tribunal, para emissão de parecer no prazo de 1 dia. Após tal prazo, com ou sem o parecer, os autos serão conclusos ao relator. Caberá ao relator a decisão do feito no prazo de 1 dia.[17]

Da decisão, caberá recurso ao pleno do TRE ou do TSE se a decisão foi prolatada por juiz auxiliar ou ao TRE se prolatada por juiz eleitoral. Em qualquer dessas hipóteses, o prazo para recurso será de 24 horas[18]. Tal recurso, seguindo a regra do art. 257 do CE, não possui efeito suspensivo. O prazo

15. Art. 8°, Resolução 23.547 do TSE.
16. O TSE entende que tal prazo é de 2 dias (art. 8°, Resolução 23.547).
17. Art. 12, Resolução 23.547/2017 TSE.
18. É o que determina o art. 96 da LE, mas o TSE alargou esse prazo para 1 dia (art. 20, Resolução 23.547 do TSE).

para contrarrazões será também de 24 horas, devendo o relator levar o feito para julgamento em 48 horas, independentemente de publicação de pauta.

12.7. DO DIREITO DE RESPOSTA

O direito de resposta cabe ao ofendido por propaganda eleitoral que ultrapassa os limites do bom senso, acabando por interferir na esfera jurídica de alguém. A mera crítica não é capaz, por si só, de caracterizar o deferimento do direito de resposta. É necessário que tenha ocorrido imagem ou afirmação caluniosa, difamatória, injuriosa ou sabidamente inverídica, difundidas por qualquer veículo de comunicação social. A mera propaganda negativa, que é aquela que traz críticas a determinado candidato ou partido, não enseja a aplicação do instituto do direito de resposta. Já decidiu o TSE que a charge com conteúdo político configura exercício da liberdade de expressão e não enseja direito de resposta (Recurso da representação 0600946-84, rel. Min. Carlos Horbach).

A legitimidade ativa pertence apenas ao candidato, partido político ou coligação afetados pela ofensa. Acerca de tal afirmativa, surgem dúvidas na doutrina. Parte dos doutrinadores entende que o pedido de resposta pode ser deferido tanto para o candidato, o partido e a coligação como para terceiros afetados pela ofensa.[19]

Por outro lado, o TSE entende que o disposto no artigo 58 da Lei das Eleições, que estabelece o direito de resposta, aplica-se apenas ao candidato, partido político e coligação, e não para terceiros.[20]

Assim, entende o TSE que:

> Embargos de declaração na representação. Pedido de direito de resposta. Alegada ofensa veiculada em programa partidário. Ausência de legitimidade ativa do BNDS. Não incidência do art. 58 da Lei 9.504/97. Embargos não conhecidos. Esta Corte já fixou entendimento no sentido de que o "o direito de resposta prescrito no art. 58, § 1º, da Lei 9.504/97 contempla somente candidatos, partidos e coligações. Outras pessoas são atendidas pela Lei de Imprensa (Ac. nº 700, rel. Min. Humberto Gomes de Barros, de 17.8.2004). [...]" (Ac. nº 686, de 26.3.2009, do TSE).

19. Esse é o posicionamento de Oliver Coneglian (p. 323).
20. Concordamos, no entanto, com o posicionamento de Rodrigo López Zilio, para quem no caso de ofensa cometida a terceiro, durante a propaganda eleitoral gratuita no rádio de na televisão, aplica-se a legislação eleitoral.

O simples eleitor, caso seja alcançado por ofensa veiculada pela imprensa, poderá pedir a resposta, que será sempre gratuita, nos termos da Lei 13.188/2015. Ou seja, hipótese que não se enquadra dentro da competência da Justiça Eleitoral. Essa situação, *data venia*, só é excepcionalizada quando a ofensa é cometida através de propaganda eleitoral no horário eleitoral gratuito. Neste caso, havendo ofensa a terceiro, será aplicada a lei eleitoral.[21]

Não se faz mais cabível qualquer pedido de resposta com base na Lei de Imprensa, pois foi julgada inconstitucional. Neste sentido, decidiu o STF na APF nº 130:

> [...] 11. EFEITOS JURÍDICOS DA DECISÃO. Aplicam-se as normas da legislação comum, notadamente o Código Civil, o Código Penal, o Código de Processo Civil e o Código de Processo Penal às causas decorrentes das relações de imprensa. O direito de resposta, que se manifesta como ação de replicar ou de retificar matéria publicada é exercitável por parte daquele que se vê ofendido em sua honra objetiva, ou então subjetiva, conforme estampado no inciso V do art. 5º da Constituição Federal. Norma, essa, "de eficácia plena e de aplicabilidade imediata", conforme classificação de José Afonso da Silva. "Norma de pronta aplicação", na linguagem de Celso Ribeiro Bastos e Carlos Ayres Britto, em obra doutrinária conjunta. 12. PROCEDÊNCIA DA AÇÃO. Total procedência da ADPF, para o efeito de declarar como não recepcionado pela Constituição de 1988 todo o conjunto de dispositivos da Lei federal nº 5.250, de 9 de fevereiro de 1967. (ADPF nº 130; rel. Min. Carlos Brito; publicado em 6.11.2009).

Assim, resumindo, quando a ofensa é veiculada através da imprensa escrita, internet ou programação normal do rádio ou televisão, caso o ofendido seja terceiro, ou seja, que não seja candidato, partido ou coligação, não se aplica a lei eleitoral, mas sim a Lei 13.188/2015. No entanto, a lei eleitoral será aplicada quando se tratar de ofensa cometida a terceiro durante o horário eleitoral gratuito.

Ultrapassado o problema referente à legitimidade, surge a necessidade de apontar o rito utilizado. A Lei das Eleições estabelece o prazo para ajuizamento do pedido como sendo: a) 24 horas para a ofensa cometida em

---

21. Se o ofendido for candidato, partido ou coligação que tenham usado o tempo concedido sem responder aos fatos veiculados na ofensa, terão subtraídos tempo idêntico do respectivo programa eleitoral; tratando-se de terceiros, ficarão sujeitos à suspensão de igual tempo em eventuais novos pedidos de resposta e à multa no valor de duas mil a cinco mil UFIRs.

horário eleitoral gratuito; b) 48 horas para ofensa cometida na programação normal do rádio e da televisão; c) 72 horas em se tratando de ofensa cometida através da imprensa escrita e d) a qualquer tempo, quando se tratar de conteúdo veiculado pela internet, ou 72 horas contados de sua retirada.

Uma vez protocolado o pedido de resposta, o ofensor será imediatamente notificado para apresentar sua defesa, no prazo de 24 horas, devendo a decisão ser prolatada no prazo máximo de 72 horas, contado do pedido de resposta. Para garantir que os prazos sejam cumpridos, o artigo 58-A da Lei das Eleições estabelece que os pedidos de direito de resposta e as representações por propaganda eleitoral irregular em rádio, televisão e internet tramitarão preferencialmente em relação aos demais processos em curso perante a Justiça Eleitoral.

Vale ressaltar que se a veiculação da ofensa inviabilizar a resposta dentro dos prazos estabelecidos em lei, e citados adiante, a resposta será divulgada nos horários em que a Justiça Eleitoral determinar, ainda que nas 48 horas antes do pleito eleitoral, em termos e formas previamente aprovadas, de modo a não ensejar tréplica. Da decisão acerca do pedido de direito de resposta caberá recurso, no prazo de 24 horas, para as instâncias superiores, sendo assegurado ao recorrido a apresentação de contrarrazões pelo mesmo prazo, contado da notificação de interposição do recurso. A decisão do recurso deve ser prolatada no prazo máximo de 24 horas.

O tempo de processamento do feito é levado tão a sério pela Lei que o § 8º do artigo 58 da Lei nº 9.504/97 determina que a inobservância do prazo previsto acima sujeita a autoridade judiciária às penas previstas para o crime tipificado no artigo 345 do Código Eleitoral (pagamento de 30 a 90 dias-multa).

Por outro lado, o não cumprimento integral ou em parte da decisão que conceder a resposta sujeitará o infrator ao pagamento de multa no valor de 5 mil a 15 mil UFIRs, duplicada em caso de reiteração de conduta, sem prejuízo da pena prevista no artigo 347 do Código Eleitoral (detenção de três meses a um ano e pagamento de 10 a 20 dias-multa).

Consoante será visto abaixo, o Rito de processamento se modifica a depender da forma que foi utilizada para o cometimento da ofensa. Apesar das diferenças no rito, o prazo para defesa e para prolatar a decisão no feito são os mesmos, independentemente do meio utilizado para cometer a ofensa.

a) Pedido de direito de resposta por ofensa cometida na imprensa escrita

O requerimento para que seja deferido o direito de resposta deve vir já acompanhado do texto para resposta. O ofensor será notificado imediatamente para apresentar resposta no prazo de 24 horas. A decisão deverá ser prolatada em até 72 horas contadas do requerimento.

Uma vez deferido o pedido de direito de resposta, a resposta deverá ser publicada no mesmo veículo, espaço, local, página, tamanho, caracteres e outros elementos de realce usados na ofensa, em até 48 horas após a decisão, ou, tratando-se de veículo com periodicidade de circulação maior que 48, na primeira vez em que circular. Em se tratando de periódicos, evidentemente, alguns dias acabam sendo de uma maior circulação e audiência do que outros. Como se sabe, os jornais de domingo têm um alcance muito maior do que aqueles que circulam às segundas-feiras. Por isso, se a ofensa é cometida através do veículo de comunicação escrita que circula no domingo e se a resposta for publicada em outro dia, não terá o alcance pretendido. Por isso, a requerimento do ofendido, é possível que a resposta seja publicada no mesmo dia em que foi veiculada a ofensa.

Se, por acaso, a ofensa for cometida em dia que inviabilize a resposta, a Justiça Eleitoral determinará que seja publicada imediatamente a resposta desejada. De qualquer maneira, deverá o ofensor comprovar nos autos o cumprimento da decisão, mediante dados sobre a regular distribuição dos exemplares, a quantidade impressa e o raio de abrangência na distribuição.

b) Pedido de direito de resposta na programação normal das emissoras de rádio e televisão

No presente caso, com o protocolo do pedido frente à Justiça Eleitoral, haverá a notificação imediata da emissora de rádio ou televisão que transmitiram a ofensa para que entregue no prazo de 24 horas cópia da fita de transmissão. Além de entregar a cópia, a emissora ainda fica responsável por manter a gravação original até o final do procedimento. A cópia, por outro lado, será devolvida ao final do processo.

Uma vez deferido o pedido de resposta, a resposta será dada em até 48 horas após a decisão. A resposta será dada em tempo igual ao que foi utilizado na ofensa. Mas esse tempo nunca poderá ser inferior a 1 minuto, ainda que a ofensa tenha sido veiculada por um tempo inferior a esse.

c) Pedido de direito de resposta no horário eleitoral gratuito

Após a notificação e a defesa, caso a decisão seja no sentido de deferir o direito de resposta, o ofendido usará, no horário eleitoral gratuito do ofensor, tempo igual ao utilizado na ofensa praticada. Vale ressaltar que esse tempo não poderá ser inferior a 1 minuto. Caso o tempo no horário eleitoral gratuito do ofensor seja inferior a 1 minuto, a resposta irá ao ar quantas vezes forem necessárias para completar o tempo mínimo de resposta.

Por outro lado, caso o tempo no horário eleitoral gratuito seja superior a 1 minuto, a resposta será veiculada antes de se pronunciar o ofensor. Vale ressaltar que o tempo de resposta deverá ser utilizado unicamente para comentar a ofensa e dar a esta a resposta devida. Se tal tempo for utilizado para propaganda eleitoral do ofendido, este perderá em seu programa eleitoral o tempo correspondente ao que deveria ter utilizado na resposta, mas preferiu fazer propaganda eleitoral, além de multa entre 2.000 e 5.000 UFIRs.

A mídia física com a resposta deverá ser entregue às emissoras para transmissão no prazo de 36 horas.

d) Pedido de resposta em propaganda eleitoral na internet

No pedido de resposta por ofensa veiculada através de internet, caso seja deferido, a divulgação da resposta dar-se-á no mesmo veículo, espaço, local, horário, página eletrônica, tamanho, caracteres e outros elementos de realce usados na ofensa, em até 48 horas após a entrega da mídia física com a resposta do ofendido.

Vale ressaltar que, no caso da internet, a resposta deverá permanecer publicada pelo menos pelo dobro do tempo em que a ofensa permaneceu no ar. Evidentemente, os custos da resposta correrão por conta do responsável pela propaganda original.

→ 12.8. Resumo didático

1.	A propaganda política é gênero, do qual são espécies a propaganda partidária, a propaganda intrapartidária e a propaganda eleitoral.
2.	A Lei 13.487/2017 extinguiu a propaganda partidária.
3.	Por ser dirigida a filiados de partidos políticos veda-se a propaganda intrapartidária através de rádio, televisão e *outdoors*. Essa propaganda só pode ser realizada nos 15 dias que antecedem a convenção partidária.
4.	A propaganda eleitoral só pode começar a ser veiculada a partir do dia 16 de agosto do ano das eleições.

5. A propaganda eleitoral, nas dependências do Poder Legislativo, fica a critério da Mesa Diretora da casa Legislativa respectiva. Assim, em regra, a Lei das Eleições não proíbe a propaganda em recinto do Poder Legislativo, deixando a decisão para o órgão diretor do legislativo.

6. Vale ressaltar que não existe proibição para propaganda eleitoral em veículos particulares, desde que este não seja utilizado pela Administração Pública (através de aluguel) ou sirva para transporte coletivo ou serviço. A propaganda eleitoral em veículo pertencente a particular, que não ostente as características citadas, faz parte da liberdade de expressão consagrada constitucionalmente.

7. Não se admite a participação de trios elétricos na campanha eleitoral, salvo se estes forem utilizados, unicamente, para sonorização de comícios eleitorais.

8. Pelo princípio da liberdade de expressão, assegurado constitucionalmente, é possível que o eleitor faça, por conta própria, para seu uso pessoal, bens com propaganda eleitoral, como, por exemplo, camisas e bonés. A Lei das Eleições permite que o gasto com esse tipo de propaganda realizada por simpatizante vá até um mil UFIR, desde que não sejam reembolsados, nos exatos termos do artigo 27 da aludida norma jurídica.

9. A propaganda através da imprensa escrita só pode ser paga. Não se admite esse tipo de propaganda de forma gratuita, pois poderia desequilibrar o pleito, caso um periódico decidisse doar seus espaços para determinados candidatos e cobrar dos demais.

10. Os candidatos que são apresentadores de programas de televisão ou de rádio, a partir de 30 de junho do ano das eleições, não poderão ter seus programas divulgados no período da eleição.

11. Nos debates para as eleições proporcionais, não é possível a participação de um mesmo candidato a mais de um debate da mesma emissora.

14. É permitida a realização de debates sem a participação de algum dos candidatos, desde que a emissora promotora do evento comprove ter feito o convite com pelo menos 72 horas de antecedência.

15. Como a propaganda no rádio e na televisão é gratuita, não se admite utilização comercial ou propaganda realizada com a intenção, ainda que disfarçada ou subliminar, de promover marca ou produto.

16. A propaganda eleitoral gratuita no rádio e na televisão deverá ser veiculada nos 35 dias que antecedem a antevéspera das eleições.

17. No segundo turno não se admite a participação na propaganda de candidato de filiado a partido político que formalizou apoio ao outro candidato.

18. Na propaganda por cadeia ou bloco nas eleições municipais, a transmissão será feitas apenas em relação aos candidatos a Prefeito e Vice-Prefeito. Ou seja, não se admite propaganda eleitoral por cadeia ou bloco para candidatos a Vereador.

19. Não é possível a propaganda eleitoral através da internet de forma remunerada, salvo para impulsionamento de conteúdos, cujo patrocínio só poderá ser feito por partidos, coligações e candidatados.

→ 12.9. QUESTÕES

1) (CESPE) Toda propaganda eleitoral será realizada sob a responsabilidade

a) do partido, e os candidatos e a coligação são solidariamente responsáveis por eventuais excessos.

b) do partido, e os seus candidatos são subsidiariamente responsáveis por eventuais excessos.

c) do partido, e os seus candidatos são solidariamente responsáveis por eventuais excessos.

d) dos candidatos, imputando-se solidariedade ao partido e à coligação por eventuais excessos.

e) dos candidatos, imputando-se eventuais excessos, subsidiariamente, ao partido.

2) (FCC) Antenor, candidato a Deputado Estadual, reúne-se com seus assessores para decidir sobre a propaganda eleitoral que será utilizada para a divulgação de sua candidatura. A assessora Laura propõe: a utilização de espaço para veiculação de propaganda em bens particulares, mediante o pagamento de um salário mínimo a cada proprietário desses bens; a assessora Leda propõe a utilização de bandeiras móveis ao longo das vias públicas, sem dificultar o bom andamento do trânsito de pessoas e veículos; a assessora Lídia propõe a utilização da Linguagem Brasileira de Sinais – LIBRAS ou o recurso de legenda, na propaganda eleitoral gratuita na televisão, atingindo, assim, também os eleitores com deficiência auditiva. Nesse quadro, a propaganda sugerida por Laura

a) é proibida, a sugerida por Leda é facultada e a sugerida por Lídia é obrigatória.

b) é facultada, a sugerida por Leda é proibida e a sugerida por Lídia é obrigatória.

c) é obrigatória, a sugerida por Leda é proibida e a sugerida por Lídia é facultada.

d) e por Leda é proibida e a sugerida por Lídia é facultada.

e) e também por Leda e por Lídia é facultada.

3) **(FCC) Frederico, candidato à deputado estadual, sem pedir autorização para a Justiça Eleitoral, realizou, entre os dias 18 e 21 de agosto do ano eleitoral, propaganda eleitoral feita em papel, medindo 0,5 m², em uma propriedade particular, sem efetuar qualquer pagamento em troca do espaço para essa finalidade. No mesmo período, o candidato também fixou adesivos, medindo 0,5 m², em um clube de propriedade privada. Frederico realizou propaganda eleitoral**

a) regular tanto no primeiro caso quanto no segundo, pois é permitida quando realizada em bens particulares e em bens de propriedade privada, como no caso citado, feita em papel ou adesivo, nas dimensões utilizadas, independentemente de autorização da Justiça Eleitoral, desde que não contrarie a legislação eleitoral.

b) regular no primeiro caso, pois é permitida quando realizada em bem particular, feita em papel, nas dimensões utilizadas, independentemente de autorização da Justiça Eleitoral, desde que não contrarie a legislação eleitoral; e irregular no segundo, pois é proibida a propaganda eleitoral em bens de uso comum, ainda que de propriedade privada.

c) irregular no primeiro caso, pois não é permitida a propaganda eleitoral em bens particulares nas dimensões utilizadas sem prévia autorização da Justiça eleitoral; e regular no segundo, pois é permitida quando realizada em bem de propriedade privada, como no caso citado, feita em adesivo, nas dimensões utilizadas, desde que não contrarie a legislação eleitoral.

d) irregular no primeiro caso, pois, embora não necessite de autorização da Justiça Eleitoral, somente poderá ser realizada em bem particular por meio de inscrições à tinta; e regular no segundo, pois é permitida quando realizada em bem de propriedade privada, como no caso citado, feita em adesivo, nas dimensões utilizadas, desde que não contrarie a legislação eleitoral.

e) irregular tanto no primeiro como no segundo caso, pois que realizadas as propagandas fora do período permitido pela legislação eleitoral.

4) **(VUNESP) Assinale a alternativa que corretamente discorre sobre aspectos da propaganda eleitoral.**

a) Entende-se como ato de propaganda eleitoral aquele que leva ao conhecimento geral, ainda que de forma dissimulada, a candidatura, mesmo que apenas postulada, a ação política que se pretende desenvolver ou razões que induzam a concluir que o beneficiário é o mais apto ao exercício de função pública.

b) A exaltação das realizações pessoais de determinada pessoa que já foi candidata a mandato eletivo, que se confunde com a ação política a ser desenvolvida e que traduz a ideia de que seja ela a pessoa mais apta para o exercício da função pública, é circunstância que não configura a prática de propaganda eleitoral, nem desvirtuamento do instituto.

c) A realização de prévias partidárias e sua transmissão ao vivo por emissoras de rádio e de televisão, a divulgação dos nomes dos filiados que participarão da disputa e a realização de debates entre os pré-candidatos, não configuram propaganda eleitoral antecipada.

d) A participação de filiados a partidos políticos ou de pré-candidatos em entrevistas, programas, encontros ou debates no rádio, na televisão e na internet, inclusive com a exposição de plataformas e projetos políticos, ainda que sem pedido explícito de voto, caracteriza propaganda eleitoral antecipada vedada.

e) O candidato que exerce a profissão de cantor não pode permanecer exercendo-a em período eleitoral, mesmo que essa atividade não tenha como finalidade a animação de comício ou reunião eleitoral e que não haja nenhuma alusão à candidatura ou à campanha eleitoral, ainda que em caráter subliminar.

5) (FCC) José contratou com o Jornal, de circulação diária de sua cidade, a publicação paga de anúncio da sua candidatura a Vereador com o tamanho de 1/7 de página de jornal padrão, desde o dia 1º de setembro até o dia da eleição, todos os dias, sem mencionar o valor pago pela inserção. Essa publicação está:

a) irregular, porque excede o número de 10 anúncios e não menciona o valor pago pela inserção.

b) irregular, porque excede o número de 10 anúncios, sendo desnecessária a menção do valor pago pela inserção.

c) irregular, porque não menciona o valor pago pela inserção, sendo irrelevante o número de anúncios a serem publicados.

d) regular, posto que atende todas as exigências legais.

e) irregular, porque é vedada por lei a propaganda paga.

GABARITO

1 – C	2 – A	3 – B	4 – A	5 – A

CAPÍTULO 13

ELEIÇÕES E DIPLOMAÇÃO

13.1. DAS ELEIÇÕES

As eleições se constituem em ato máximo de cidadania, no qual os cidadãos exercem o direito político de sufrágio, escolhendo os membros da sociedade que representarão o povo nos poderes constituídos. Como já foi abordado na presente obra, as eleições deverão ocorrer no primeiro domingo de outubro no ano anterior ao término dos mandatos, e no último domingo de outubro, no mesmo ano, caso ocorra segundo turno.

Tanto as eleições como a apuração, no Direito Eleitoral Brasileiro, são realizadas eletronicamente. Em caso de falha na urna eletrônica, serão utilizadas as cédulas oficiais previstas no art. 83 da LE. Elas serão impressas em papel opaco, com tinta preta e em tipos uniformes de números e letras, nos moldes disciplinados em resolução do TSE.

Assim como as eleições, a apuração também é eletrônica, o que dá às eleições brasileiras uma segurança bastante considerável, o que, com certeza, será ainda mais aumentada com a implantação do sistema de identificação biométrica do eleitor.

No momento da votação, primeiro o eleitor votará nos candidatos para as eleições proporcionais, para só então depois votar nos candidatos para as eleições majoritárias. A Lei 12.976/2014 alterou a Lei 9.504/97 e especificou a ordem de votação nas eleições gerais. Assim, a urna eletrônica exibirá os painéis referentes a votação para Deputado Federal, Deputado Estadual / Distrital, Senador, Governador e Presidente, nessa ordem.

O voto será realizado nos números de candidatos e partidos. No caso das eleições proporcionais, se o número digitado for de candidato inexistente, mas o número do partido tiver sido digitado de forma correta, o voto será considerado de legenda. A mesma coisa acontece quando o eleitor digita, nas eleições proporcionais, apenas o número identificador do partido.

ATENÇÃO: Cabe somente à Justiça Eleitoral definir a chave de segurança e a identificação da urna eletrônica.

O eleitor só poderá votar na seção eleitoral em que esteja escrito, não mais sendo possível eleitores votarem em seções diferentes, como antes se permitia no art. 148 do Código Eleitoral. Ocorre que é possível o voto em trânsito. Para que o voto em trânsito se concretize, o eleitor com antecedência deverá informar à Justiça Eleitoral que estará no dia da eleição em uma capital ou um município com mais de 100.000 (cem mil) eleitores.

Dessa forma, será criada uma seção eleitoral apenas para o voto em trânsito. É importante observar que se o eleitor por qualquer motivo não viajou, não poderá votar em sua seção de origem, uma vez que o registro de sua inscrição eleitoral estará na seção que deveria votar em trânsito. O voto em trânsito é possível apenas para presidente e vice, se o eleitor se deslocou para Estado diverso. Se o descolamento foi para outra cidade (desde que capital ou município com mais de 100.000 eleitores), é possível votar também para governador e vice, senador, deputado federal e deputado estadual.

Proíbe-se ao eleitor adentrar na seção eleitoral portando celulares, câmeras fotográficas ou filmadoras, em respeito à segurança do próprio eleitor e do conteúdo de seu voto que deve ser livre. Por isso, obrigatoriamente, o voto deve ser secreto, qualidade esta garantida constitucionalmente, através de cláusula pétrea.

A Lei nº 12.034/2009 trouxe como novidade a determinação do voto impresso a partir das eleições de 2014. Ocorre, no entanto, que tal dispositivo foi declarado inconstitucional, ainda em caráter liminar, pelo STF na ADI nº 4543, de relatoria da Min.ª Carmem Lúcia, por reputar a citada norma contrária ao sigilo do voto, bem como ao princípio da eficiência (art. 37 da CF) e economicidade (art. 170 da CF). A Lei 13.165/2015, no entanto, introduziu o art. 59-A na Lei das Eleições, dispondo que:

> No processo de votação eletrônica, a urna imprimirá o registro de cada voto, que será depositado, de forma automática e sem contato manual do eleitor, em local previamente lacrado.

Vale ressaltar que a Presidência da República havia vetado o referido dispositivo, tendo o veto sido derrubado pelo Congresso Nacional. De igual sorte, o parágrafo único da aludida regra estabelece que:

> O processo de votação não será concluído até que o eleitor confirme a correspondência entre o teor de seu voto e o registro impresso e exibido pela urna eletrônica.

A Resolução 23.521 do TSE (hoje já revogada), definia o Registro Impresso de Voto (RIV) que é documento impresso pela urna do qual constam a votação do eleitor para os cargos em disputa e a informação acerca da confirmação ou cancelamento de suas escolhas e a Urna Plástica Descartável que é repositório em que serão depositados automaticamente os RIVs, confirmados ou não, bem como relatórios de controle. A lógica é trazer um quadro com o resumo ao final da votação, que corresponderá à impressão do voto, devendo o eleitor confirmar se o quadro realmente apontou suas preferências eleitorais lançadas na urna.

Assim, a urna eletrônica deverá imprimir o voto, e, ao mesmo tempo mostrar na tela a prévia da impressão, para que o eleitor confirme as suas escolhas, bem como a impressão do voto, que será depositado automaticamente em uma urna descartável. O eleitor deverá confirmar as escolhas na tela da urna, não tendo contato manual com o voto impresso. Entendo que se trata de um processo caro, inútil e que não trará mais segurança para a votação. De qualquer maneira, a impressão do voto deverá respeitar o sigilo, sob pena de nulidade. No dia 06/06/2018, no entanto, o STF, por maioria, na ADI 5889, terminou por suspender o art. 59-A da Lei das Eleições, impedindo a utilização do voto impresso nas eleições de 2018, sob o argumento principal de risco ao sigilo e a liberdade do voto.

ATENÇÃO: A votação se inicia às 08h e não pode terminar antes das 17h. No entanto, admite-se o encerramento após as 17h se até lá ainda existirem eleitores que tenham comparecido, mas ainda não tenham votado.

O eleitor portador de alguma deficiência que o impeça de digitar os números na urna poderá se fazer acompanhar de pessoa de sua confiança que, inclusive, digite na urna eletrônica os números dos candidatos e partidos de sua preferência, sem necessidade de autorização do presidente da mesa ou do juiz eleitoral. O terceiro não poderá, no entanto, estar a serviço de candidato ou partido político, ou pertencer à Justiça Eleitoral.

13.2. DAS MESAS RECEPTORAS

Mesas receptoras são órgãos importantíssimos para o Direito Eleitoral, embora não façam parte da Justiça Eleitoral. Esses órgãos são responsáveis pelo recebimento do voto e das justificativas eleitorais no dia da eleição. Os membros das mesas receptoras comumente são chamados de mesários. Ocorre, no entanto, que segundo o Código Eleitoral, artigo 120, as mesas receptoras serão formadas por um presidente, dois mesários, dois secretários e um suplente.

Todos os integrantes das mesas receptoras são agentes honoríficos, que são terceiros em colaboração com o Poder Público, atuando em virtude de um dever cívico. Em verdade, por conta de tal fato, os integrantes das mesas receptoras não são remunerados.

A nomeação dos integrantes dos citados órgãos é de competência do juiz eleitoral, que deve fazê-lo em até 60 dias antes do pleito. Para isso, o juiz deve dar preferência aos eleitores da seção eleitoral e, dentre estes, aos professores, graduados em escola superior e servidores do Poder Judiciário.

Da mesma maneira que a lei traz as preferências, dispõe também acerca das proibições. Assim, não podem ser nomeados como membros das mesas receptoras: a) os candidatos, seus cônjuges, companheiros, ou parentes até o 2º grau; b) os que façam parte de diretório de partido político e que exerçam função executiva; c) os agentes e autoridades policias; d) os que têm cargo de confiança do Poder Executivo; e) os servidores da Justiça Eleitoral; f) os menores de 18 anos; e g) parentes entre si de qualquer grau, ou empregados da mesma empresa, ou ainda servidores da mesma repartição pública, na mesma mesa receptora.

Entendemos, no entanto, que esse rol é exemplificativo, não podendo fazer parte da mesa receptora pessoa que possa comprometer o correto funcionamento do órgão. Em virtude das proibições previstas em lei, é possível que haja impugnação da nomeação realizada pelo juiz eleitoral. A legitimidade para a reclamação é dos partidos políticos e, apesar da omissão da lei, do Ministério Público. A reclamação deverá ser realizada no prazo de 5 dias, contados da audiência pública (realizada 60 dias antes do pleito), sendo que a decisão deve ser prolatada em até 48 horas.

Independentemente da reclamação vista, é possível que a pessoa escolhida para integrar a mesa receptora declare ao juiz, no prazo de 5 dias contados da comunicação de sua nomeação, justa causa para não poder exercer o citado múnus.

De qualquer maneira, no dia da eleição, os membros das mesas devem comparecer ao local da seção às 07:00. Na ausência do presidente da mesa, haverá a sua substituição pelo primeiro mesário ou pelo segundo mesário, ou ainda por qualquer dos secretários e suplente. Não havendo número suficiente de convocados que tenham comparecido no dia da eleição, o presidente da mesa poderá convocar para atuar como membro *ad hoc* qualquer dos eleitores que tenham comparecido para votar.

O poder de polícia nas eleições é realizado pelo juiz eleitoral e pelo presidente da mesa receptora, não sendo possível a nenhuma outra pessoa estranha à mesa eleitoral interferir em seu funcionamento. Por isso, a força pública deve se conservar a pelo menos 100 metros de onde está sendo realizado o pleito eleitoral, só podendo adentrar neste perímetro por determinação do juiz eleitoral ou do presidente da mesa receptora.

Os convocados para o serviço eleitoral têm direito à folga compensatória, sem prejuízo da remuneração, pelo tempo igual ao dobro dos dias da convocação.

ATENÇÃO: Haverá uma mesa receptora por seção eleitoral.

13.3. SEÇÕES ELEITORAIS

Seção eleitoral é o termo que designa a divisão da zona eleitoral, onde será proferido o voto ou apresentada a justificativa no dia das eleições. As seções eleitorais serão localizadas na forma determinada pelo juiz eleitoral. Devem ser utilizados, via de regra, imóveis públicos. Só serão requisitados imóveis particulares na ausência dos públicos. Uma vez requisitado o imóvel particular, este deverá ser cedido gratuitamente. Devem ser escolhidos locais com uma boa quantidade de salas, umas separadas das outras. Por isso, os locais onde funcionam escolas e faculdades são os mais indicados.

A escolha dos locais em que serão localizadas as seções eleitorais deve ser feita até 60 dias antes do pleito e plenamente divulgada para conhecimento de todos os eleitores. O juiz eleitoral deve utilizar-se da razoabilidade, para que possa escolher locais que permitam um amplo acesso, principalmente de pessoas que possuem qualquer grau de deficiência. Desta maneira, rampas e elevadores nestes locais são os mais indicados. As pessoas com deficiência, por sua vez, podem requerer ao juiz eleitoral que a seção em que votam fique localizada em local de mais fácil acesso, em respeito ao Princípio da Igualdade, insculpido no artigo 5º da CF. Não é mais possível a criação de seções eleitorais exclusivas para eleitores com deficiência, por determinação da Lei 13.146/2015.

Sobre o acesso de eleitor com deficiência, a Lei 13.165/2015 introduziu o § 6º-A no art. 135 do Código Eleitoral, com a seguinte redação:

> § 6º-A. Os Tribunais Regionais Eleitorais deverão, a cada eleição, expedir instruções aos Juízes Eleitorais para orientá-los na escolha dos

locais de votação, de maneira a garantir acessibilidade para o eleitor com deficiência ou com mobilidade reduzida, inclusive em seu entorno e nos sistemas de transporte que lhe dão acesso.

Os locais de votação, no entanto, não podem ser designados em imóveis que pertençam a candidato, membro de diretório partidário, delegado de partido político, autoridades ou agentes policiais, ou dos cônjuges, companheiros ou parentes até o 2º grau dessas pessoas. Não se possibilita, ainda, sejam as seções eleitorais localizadas em fazenda, sítio ou propriedade rural privada mesmo que nelas exista prédio público, como acontece até então em muitos municípios brasileiros, onde até mesmo escolas públicas funcionam em propriedade rural privada.

Da determinação da localização das seções cabe reclamação, realizada pelo partido político ou pelo Ministério Público no prazo de 3 dias contados da designação dos locais. Neste caso, aquele que não reclamou da localização da seção eleitoral não tem legitimidade para requerer a sua nulidade com base em norma que proíbe a localização da seção eleitoral em determinado imóvel. A decisão acerca da reclamação deverá ser prolatada no prazo de 48 horas. Da decisão cabe recurso ao TRE, no prazo de 3 dias, devendo o Tribunal decidir dentro de igual prazo.

ATENÇÃO: Deverão ser instaladas seções eleitorais em povoados e estabelecimentos de internação coletiva que tenham pelo menos 50 eleitores.

Se a seção eleitoral for localizada no exterior, ela poderá ser criada tendo no mínimo 30 eleitores. A determinação de instalação de seções eleitorais em estabelecimentos de internação coletiva abarca também os estabelecimentos de correção prisional, pois, como já visto, apenas a sentença condenatória transitada em julgado é capaz de suspender os direitos políticos. Aqueles que se encontram presos cautelarmente não estão com os direitos políticos suspensos e, exatamente por isso, podem votar.

ATENÇÃO: Nas seções eleitorais em que for utilizada a urna eletrônica, só poderão votar os eleitores que nelas estiverem inscritos.

13.4. DA FISCALIZAÇÃO

A fiscalização durante a eleição fica a cargo dos próprios candidatos e dos partidos políticos. Para essa missão, os partidos políticos poderão nomear até dois delegados por zona e até dois fiscais por seção. Ocorre, no entanto, que não se admite a fiscalização simultânea de mais de um fiscal do mesmo partido na seção eleitoral. É possível que os mesmos fiscais sejam nomeados para fiscalizar mais de uma seção eleitoral.

A nomeação dos fiscais é feita exclusivamente pelos partidos políticos, que devem informar à Justiça Eleitoral apenas aqueles que no partido político possuem legitimidade para expedir os crachás que identificam os fiscais. Como já afirmado, não se permite mais que os fiscais utilizem vestimentas uniformizadas, sendo identificados apenas com o crachá que portam (art. 39-A, § 3º, da Lei nº 9.504/97). Para facilitar a fiscalização, os partidos, através de seus fiscais e delegados, poderão requerer uma cópia do boletim de urna (documento que mostra o resultado da votação em determinada urna eletrônica), e que deverá ser fornecido, caso seja requerido até uma hora de sua expedição. Cabe ressaltar que o boletim de urna é documento importantíssimo, uma vez que serve para a impugnação da apuração, que deverá ser efetivada frente às Juntas Eleitorais. Da decisão tomada nessa impugnação, como será visto adiante, cabe a interposição de recursos parciais.

13.5. DO TRANSPORTE E ALIMENTAÇÃO DOS ELEITORES DA ZONA RURAL

Em verdade, há uma preocupação do legislador com o fornecimento de transporte e alimentação de eleitores da zona rural. Apesar de se tratar de uma Lei de 1974 e, portanto, que tem quase 40 anos, a preocupação ainda é atual, tendo em vista o pouco ou quase nenhum desenvolvimento nas zonas rurais brasileiras.

Assim, a Lei nº 6.091/74 estabelece uma série de normas acerca do transporte e da alimentação de eleitores da zona rural. Inicialmente, é necessário que se tenha em mente que a alimentação e o transporte de eleitores, quando forem imprescindíveis, somente poderão ser fornecidos pela Justiça Eleitoral. Veda-se, portanto, que partidos e candidatos ofereçam transporte e alimentação para eleitores visando ao pleito eleitoral.

Só serão fornecidos transporte e alimentação para eleitores da zona rural, jamais da zona urbana. Caberá aos órgãos e entidades da Administração

Pública, direta e indireta, disponibilizar todos os veículos que possuem (exceto os de uso militar e os necessários à prestação de serviço público essencial, como as ambulâncias, por exemplo).

Os responsáveis pelos órgãos e entidades deverão informar à Justiça Eleitoral os veículos que poderão permanecer à sua disposição 50 dias antes do pleito. Cabe à Justiça Eleitoral identificar quais os veículos que deverão ser utilizados e solicitá-los aos dirigentes dos órgãos ou entidades administrativas em até 30 dias antes do pleito eleitoral. Em 15 dias antes da eleição, a Justiça Eleitoral, caso precise de estrutura para transporte e alimentação de eleitores, deverá solicita-la aos proprietários. É o caso de requisitar algum galpão para organizar o transporte, por exemplo. Os veículos devem estar prontos para a utilização 24 horas antes do pleito.

Caso não haja quantidade e espécies de veículos públicos adequados ao fornecimento de transporte aos eleitores da zona rural, a Justiça Eleitoral poderá requisitar a utilização de veículos particulares, de preferência os de aluguel. No entanto, essa cessão não será gratuita. Haverá o pagamento pela utilização de veículos particulares, em até 30 dias após as eleições. Para tal pagamento, será utilizado o fundo partidário.

No dia das eleições, esses transportes deverão circular com a informação de que estão a serviço da Justiça Eleitoral. O itinerário dos transportes no dia da eleição será publicado 15 dias antes do pleito, designando os locais e horários em que o transporte circulará. Esse quadro de itinerários poderá sofrer impugnação, no prazo de 3 dias de sua publicação. Essa reclamação poderá ser feita pelos partidos, candidatos, eleitores (em número mínimo de 20) e, apesar da omissão da lei, pelo Ministério Público.

A decisão sobre a reclamação será prolatada em até três dias, dela cabendo recurso sem efeito suspensivo. Com a decisão, a Justiça Eleitoral publicará o quadro definitivo de rotas e itinerários a serem obedecidos no dia da eleição.

ATENÇÃO: O transporte só será oferecido para os eleitores cuja residência estiver localizada a mais de 2 quilômetros da seção eleitoral em que votarem.

Para evitar ofensas às regras sobre transporte de eleitores no dia das eleições, a própria Lei nº 6.091/74 estabelece que entre o dia anterior até o posterior às eleições nenhum veículo ou embarcação poderá fazer transporte de eleitores, salvo: a) a serviço da Justiça Eleitoral; b) coletivos de linhas regulares; c) de uso individual do proprietário, para o exercício do próprio voto e dos membros de sua família; e d) o serviço normal, sem finalidade eleitoral, de veículos de aluguel não atingidos pela requisição da Justiça Eleitoral.

A Lei deixou de fora questão corriqueira nas eleições, a chamada carona. Ocorre quando a pessoa que possui automóvel próprio recebe pedido para dar uma carona a um vizinho ou amigo. Entendemos que não há qualquer tipo de irregularidade, se não tiver a carona fins eleitorais, ou seja, desde que não haja pedido de votos para algum candidato ou partido.

Por outro lado, caso seja extremamente necessário, é possível o fornecimento, pela Justiça Eleitoral, de alimentação para os eleitores que não tenham condições para tanto, no dia da eleição. Essa alimentação será paga com valores advindos do fundo partidário.

13.6. CAPTAÇÃO ILÍCITA DE SUFRÁGIO

A captação ilícita de sufrágio foi introduzida pela Lei nº 9.840/99, que, por sua vez, foi fruto de iniciativa popular. A referida norma determina que ocorre a captação de sufrágio de forma ilícita quando o candidato, desde o registro de candidatura até o dia das eleições, doa, oferece, promete ou entrega bens que tragam vantagem individual ao eleitor.

Esse dispositivo, no entanto, precisa ser bem analisado. Inicialmente, apesar de o dispositivo afirmar que a captação ilícita de sufrágio se dá quando ocorre os atos de doar, oferecer, prometer e entregar vantagens entre o registro de candidatura e o dia das eleições; deve-se entender que o termo inicial da proibição acontece a partir do pedido de registro de candidatura e não do seu deferimento. Caso contrário, o conteúdo do dispositivo ficaria esvaziado. Isso porque, como já foi visto, a campanha eleitoral inicia-se com o pedido de registro de candidatura e não com o seu deferimento. Ao interpretar literalmente a norma em comento, chegaríamos à solução de que seria possível a prática de tais atos durante a campanha eleitoral, desde que o registro de candidatura ainda não estivesse deferido.

O bem protegido pela norma é a liberdade de consciência do eleitor.[1] Por isso, para a caracterização da conduta não se faz necessária a potencialidade do fato, mas apenas a prática pelo candidato, ou por interposta

1. José Jairo Gomes (p. 420).

pessoa, da doação, oferecimento, promessa ou entrega a eleitor de bens que tragam vantagem pessoal. Neste mesmo sentido, encontra-se ampla jurisprudência do TSE:

> (...) Quanto à captação ilícita de sufrágio, o TSE considera despicienda a potencialidade da conduta para influenciar no resultado do pleito. Precedentes: REspe nº 26.118/MG, Rel. Min. Gerardo Grossi, *DJ* de 28.3.2007; AG nº 3.510/PB, Rel. Min. Luiz Carlos Madeira, *DJ* de 23.5.2003; REspe nº 21.248/SC, Rel. Min. Fernando Neves, *DJ* de 8.8.2003; REspe nº 21.264/AP, Rel. Min. Carlos Velloso, *DJ* de 11.6.2004. 4. Uma vez reconhecida a captação ilícita de sufrágio, a multa e a cassação do registro ou do diploma são penalidades que se impõem *ope legis*. Precedentes: AgRg no RO nº 791/MT, Rel. Min. Marco Aurélio, *DJ* de 26.8.2005; REspe nº 21.022/CE, Rel. Min. Fernando Neves, *DJ* de 7.2.2003; AgRg no REspe nº 25.878/RO, desta relatoria, *DJ* de 14.11.2006 (RESPE – Recurso Especial Eleitoral nº 27737 – Caxingó/PI; rel. Min. José Augusto Delgado; *DJ – Diário de Justiça*, data: 01.02.2008, p. 37).

Em relação à autoria do ilícito, é necessário que se comprove a participação, direta ou indireta, do candidato. Assim, mesmo que o candidato não tenha participado diretamente, mas a prática do ato teve a sua aquiescência ou conhecimento, é possível a sua condenação com base no artigo 41-A da Lei das Eleições.[2]

Neste mesmo sentido, encontra-se a jurisprudência do TSE:

> (...) A jurisprudência do Tribunal Superior Eleitoral exige, para caracterização da captação ilícita de sufrágio e consequente julgamento de procedência da representação do art. 41-A da Lei nº 9.504/97, prova robusta dos atos que a configuram, não sendo bastante, para tanto, meras presunções, especialmente no caso de suposta participação mediata do candidato. Precedentes. (...). (AgR-AI – Agravo Regimental em Agravo de Instrumento nº 123547 – Buriti/MA; rel. Min. Aldir Guimarães Passarinho Junior; *DJe – Diário da Justiça Eletrônico*, data: 16.2.2011, p. 49-50).

O mesmo TSE[3] já decidiu que se a responsável pela conduta era a esposa, muito dificilmente o candidato não teria conhecimento de tal evento, pela

---

2. Contra tal entendimento, encontra-se a lição de Rui Stoco e Leandro de Oliveira Stoco (p. 89).
3. TSE, RESPE 423285, de 8.9.2015.

proximidade com a pessoa responsável pelo ato. Assim, é possível que a condenação se dê por indícios graves de conduta configuradora da infração prevista. Nesse sentido:

> Possibilidade de utilização de indícios para a comprovação da participação, direta ou indireta, do candidato ou do seu consentimento ou, ao menos, conhecimento da infração eleitoral, vedada apenas a condenação baseada em presunções sem nenhum liame com os fatos narrados nos autos (Ac-TSE, de 4.5.2017, no RO 224661).

Por outro lado, as condutas que definem a captação ilícita de sufrágio devem ter por destinatário o eleitor. Não haverá conduta ilícita, caso a doação, oferecimento, promessa ou entrega de vantagens pessoais não tenha sido feita a um eleitor. Mas é preciso cuidado na análise da afirmativa. É que muitas vezes as condutas são dirigidas a uma pessoa que ainda não tenha cidadania, mas que visa a alcançar seus parentes cidadãos, o que caracterizaria a captação ilícita de sufrágio.

Imagine que determinado candidato oferece a um analfabeto, que não é alistado eleitoralmente, material de construção para reforma da casa em que vive com os irmãos em troca do voto de todos. Apesar de o destinatário direto do ato não ser cidadão, o ato visou ao voto daqueles que habitam com analfabeto e que são alistados. Por isso, no caso concreto, o ilícito estaria comprovado.

É necessário que a vantagem seja individual. Assim é considerada a vantagem prometida ou entregue a uma pessoa ou a um grupo determinado de pessoas, tais como cargos na administração, cestas básicas, material de construção, dentre outras hipóteses. A vantagem que não for pessoal não caracterizará o ilícito. A vantagem genérica será mais bem considerada como promessa de campanha, como, por exemplo, a promessa emitida pelo candidato de construção de posto médico em determinada localidade. Isso é promessa de campanha, sendo, portanto, ato lícito.

Vale ressaltar que basta a captação ilícita de sufrágio ter ocorrido em relação a um único eleitor para que a representação seja julgada procedente. Isso ocorre com a aplicação da Teoria da Ponta do Iceberg, que afirma que tendo ocorrido captação ilícita de sufrágio em relação a um eleitor é bem provável que tenha ocorrido em relação a muitos outros.

A captação ilícita de sufrágio pode ser arguida através de representação, com o rito do artigo 22 da LC nº 64, para onde remetemos o eleitor, bem como através da Ação de Impugnação ao Mandato Eletivo (AIME), por se tratar de uma espécie de corrupção.

Em relação à representação com base no artigo 41-A, com o rito do artigo 22 da LC nº 64/90, vale ressaltar que, ao contrário do que ocorre com a Ação de Investigação Judicial Eleitoral (AIJE), a presente representação será julgada por juízes auxiliares, com recurso para o pleno do Tribunal. Em se tratando de eleições municipais, a competência para a representação será do juiz eleitoral.

A ação poderá ser ajuizada até a data da diplomação. Da decisão, caberá recurso no prazo de 3 dias. Vale ressaltar que a Lei 13.165/2015 introduziu o parágrafo segundo ao art. 257 do Código Eleitoral para determinar que:

> O recurso ordinário interposto contra decisão proferida por juiz eleitoral ou por Tribunal Regional Eleitoral que resulte em cassação de registro, afastamento do titular ou perda de mandato eletivo será recebido pelo Tribunal competente com efeito suspensivo.

Com relação ao procedimento e legitimidade ativa e passiva, remetemos, para não sermos repetitivos, o leitor para o capítulo 6 da presente obra, com as alterações vistas em relação ao artigo 41-A da Lei das Eleições. Vale a pena afirmar que apesar de ter o rito do art. 22 da LC 64/90, a ação é julgada por juízes auxiliares, por ser representação prevista na Lei 9.504/97, de acordo com seu art. 96.

As consequências da procedência da presente representação serão: a) a perda do registro ou do diploma; b) a aplicação de multa de mil a cinquenta mil UFIRs; c) a nulidade dos votos dados, nos termos do artigo 222 do Código Eleitoral; d) a inelegibilidade, à luz do artigo 1º, I, *j*, da Lei Complementar nº 64/90.

Se a ação for julgada procedente, em relação a eleito para pleito majoritário, haverá a anulação da eleição, independentemente do número de votos obtido, de acordo com o art. 224, § 3º, do Código Eleitoral.

13.7. DIPLOMAÇÃO

A diplomação é ato formal produzido pela Justiça Eleitoral. A competência para a diplomação é aquela já vista: a diplomação para os eleitos a Presidente e Vice-Presidente é realizada pelo TSE, a Senador, Deputado Federal, Governador, Vice-Governador e Deputado Estadual será realizada pelo

TRE. Por último, a competência para a diplomação dos eleitos a Prefeito, Vice-Prefeito e Vereador será feita pela junta eleitoral.

Ensinam Rui Stoco e Leandro de Oliveira Stoco (p. 161) que a diplomação é:

> Ato formal e solene através do qual a Justiça Eleitoral declara o candidato eleito e apto para o exercício do cargo. É o credenciamento do titular e do suplente, habilitando-os a assumir e exercer os respectivos mandatos. Tem-se, então, que a diplomação é pressuposto para a posse e exercício do cargo.

ATENÇÃO: São diplomados os eleitos e seus suplentes.

A natureza jurídica da diplomação é de ato declaratório. Por isso, caso o eleito não compareça à cerimônia de diplomação, não há qualquer prejuízo, pois o ato que constitui o eleito no direito ao exercício do mandato não é a diplomação, mas sim as eleições, pela manifestação da vontade popular. Mas, de qualquer maneira, serve a diplomação para formalizar o direito do eleito ao cargo.

Não se pode confundir a diplomação, que é ato da Justiça Eleitoral, com a posse, cuja competência pertence ao Poder Legislativo. O diploma, outorgado aos candidatos e suplentes, é assinado pelos Presidentes do TSE, do TRE ou das Juntas Eleitorais, dependendo da competência para a diplomação, como já foi visto.

A Resolução 23.554/2017 determina que só serão expedidos os diplomas de candidato que estejam quites com o serviço militar, como se verifica em seu art. 250. Por outro lado, o artigo 251 da mesma Resolução determina que não serão diplomados os candidatos com o registro indeferido, ainda que estejam *sub judice*.

Os diplomas deverão conter o nome do candidato, a indicação da legenda do partido ou da coligação sob a qual concorreu, o cargo para o qual foi eleito ou a sua classificação como suplente e, facultativamente, outros dados a critério da Justiça Eleitoral.

Caso tenha sido realizada diplomação de militar, será comunicado tal ato imediatamente à autoridade militar competente, pois, como já visto, o militar que tenha mais de 10 anos de serviço passará à inatividade, automaticamente, com a diplomação.

Além da importância para o exercício do próprio mandato eletivo, a diplomação serve como termo inicial para o ajuizamento do RCED, cujo prazo é de 3 dias contados da diplomação. Por outro lado, em 15 dias contados da diplomação pode ser ajuizada a Ação de Impugnação ao Mandato Eletivo (AIME).

Enquanto o TSE não decidir o RCED, nos termos do artigo 216 do Código Eleitoral, o eleito poderá exercer o seu mandato em toda a plenitude. Este dispositivo é exceção, como será visto adiante, à proibição de efeitos suspensivos nos recursos eleitorais.

ATENÇÃO: Nas eleições indiretas, a competência para diplomar será do Poder Legislativo e não da Justiça Eleitoral.

13.8. NULIDADES DA VOTAÇÃO

A votação deve ocorrer na forma prevista em lei. A discordância entre atos de votação e a determinação trazida pelo Ordenamento Jurídico pode levar à nulidade dos atos. A nulidade extingue o ato, além dos efeitos já produzidos ou a produzir. A nulidade, no entanto, só pode ser declarada quando houver prejuízos ao processo eleitoral. Também, a nulidade não pode ser requerida pela parte que lhe deu causa ou a ela aproveitar.

As nulidades processuais devem ser suscitadas na primeira oportunidade que couber ao interessado se manifestar, sob pena de preclusão (AgR-REsp 126692)

O Código Eleitoral divide as nulidades entre atos nulos e atos anuláveis. Os atos nulos trazem a presunção de prejuízo. Por isso podem ser declarados de ofício ou mediante requerimento, não sendo lícito supri-la, ainda que haja consenso entre as partes. Por outro lado, os atos anuláveis não trazem presunção de prejuízo, pelo que deve esse prejuízo ser provado pela parte que os alegar. Os atos anuláveis não podem ser anulados de ofício.

Para o Código Eleitoral, é nula a votação:

a) Quando feita perante mesa não nomeada pelo juiz eleitoral, ou constituída com ofensa à letra da lei;
b) Quando efetuada em folhas de votação falsas;
c) Quando realizada em dia, hora ou local diferentes do designado ou encerrada antes das 17:00;

d) Quando preterida formalidade essencial do sigilo dos sufrágios;

e) Quando a seção eleitoral houver sido localizada em imóvel pertencente a candidato, delegados de partidos, membros de diretórios de partidos, autoridades policiais, além de seus cônjuges ou parentes até o segundo grau, ou ainda em imóveis localizados em fazenda, sítio ou qualquer imóvel rural privado, ainda que exista no local imóvel público.

A votação, por outro lado, será anulável:

a) Quando houver extravio de documento reputado essencial;

b) Quando for negado ou sofrer restrição o direito de fiscalizar, e o fato constar de protesto interposto, por escrito no momento;

c) Quando viciada de fraude, falsidade, coação, quando viciada por abuso do poder econômico ou político, emprego de processo de propaganda ou captação de sufrágios vedada por lei.

A norma ainda cita determinadas situações em que o eleitor poderia votar em separado. Deixo de consigna-la dentre as hipóteses previstas no art. 221 do CE, em virtude de a votação eletrônica não admitir o voto em separado. Atualmente, só é possível a consignação do voto pelo eleitor na urna eletrônica da seção em que é inscrito.

No processo eleitoral, o sistema de preclusão é bastante rígido. Por isso, quando a nulidade não for decretada de ofício pela Justiça Eleitoral (hipóteses em que a votação é nula), deverá ser alegada quando de sua prática ou na primeira oportunidade em que seja possível. Se ocorreu por motivo superveniente, será alegada imediatamente, podendo as razões recursais serem apresentadas no prazo de 2 (dois) dias. Se a nulidade for de ordem constitucional, poderá ser alegada a qualquer tempo, mas o recurso que a discuta não poderá ser interposto fora do prazo. Perdido o prazo em uma fase própria, apenas em que se apresentar viável, poderá ser o recurso apresentado.

Em verdade, o art. 223 do CE, que traz as determinações indicadas logo acima, confunde o sistema de nulidades com as normas recursais. Assim, o que quer significar o dispositivo é que quando há norma constitucional a ser utilizada como argumento, tal ato poderá ser apresentado a qualquer tempo. Como exemplo, uma inelegibilidade de cunho constitucional como o analfabetismo, poderá ser arguida a qualquer tempo, ainda que não apontada no primeiro momento para tanto (ação de impugnação ao registro de candidatura). Mas isso não significa que ela pode ser arguida de qualquer maneira. No caso em análise, poderá ser a inelegibilidade trazida à tona na fase do recurso contra expedição de diploma, que será visto mais adiante. Ou seja, perdido o prazo em uma fase, somente em outra a nulidade constitucional poderá ser arguida. Fica aqui registrada a crítica da confusão conceitual que o Código Eleitoral acaba trazendo em diversas situações. Afinal de contas, para uma argumentação eficaz, é necessário que institutos de mesma natureza tenham nomes iguais e institutos de natureza diferente denominações diversas.

Por fim, muito tem-se dito acerca do art. 224 do CE, principalmente através de boatos lançados às vésperas das eleições. Explica-se: o dispositivo determina que quando mais da metade dos votos forem nulos, o restante da eleição estará prejudicado. Mas essa nulidade é aquela prevista em lei, tanto para a votação quanto para o voto. Não pode ser confundida com a manifestação apolítica do eleitor.

O eleitor muitas vezes, por diversos descontentamentos com a política ou com os postulantes decide simplesmente não conceder seu voto para ninguém. Isso pode ser feito de duas maneiras, ou votando em branco, ou simplesmente teclando 00 na urna eletrônica. Esse segundo voto acaba sendo chamado de voto nulo. É uma expressão inadequada pois utiliza a mesma denominação dada para situação completamente diversa. Pois nesse caso a manifestação do eleitor é válida.

Tenho advogado que esse voto deveria ser chamado de voto apolítico para diferenciar do voto nulo. Pois esse causa a nulidade da votação, aquele não. Mesmo assim, é costume chamar o voto apolítico de voto nulo, mas acontece que ele não anula a eleição. Costuma-se, inclusive, falar da teoria dos votos engavetados, para identificar que os votos apolíticos não são somados com os votos nulos para verificação do art. 224 do CE. Eles são contados juntamente com os votos em branco e separados dos demais. Nesse sentido, há ampla jurisprudência do TSE:

> Para fins de aplicação do art. 224 do Código Eleitoral, não se somam aos votos anulados em decorrência da prática de captação ilícita de sufrágio os votos nulos por manifestação apolítica de eleitores. (Respe 25585).

Havendo nulidade da votação, é necessário que uma nova eleição seja designada. Dessa nova eleição não poderá participar o candidato que deu causa à nulidade. Algumas vezes essa eleição é designada pelo próprio TSE como eleição suplementar. Discordo desse posicionamento. O intérprete, embora não esteja limitado a isso, deve respeitar os termos utilizados pela lei. O CE quando se manifesta sobre eleição suplementar, o faz em seu art. 187.

A eleição suplementar, de acordo com a legislação, ocorrerá quando houver nulidade em algumas seções e a diferença de votos entre os candidatos leve à conclusão que se tais seções tivessem tido os votos apurados, o resultado do pleito poderia ser outro. Nessa situação, a eleição ocorrerá apenas nas seções que foram anuladas, permanecendo o resultado nas demais.

Após a anulação da eleição, o que ocorre é uma nova eleição. Essa confusão é que deve ser evitada, apesar do TSE chama-la também de eleições suplementares, como se percebe do seguinte aresto:

> se inexiste disposição específica na lei orgânica municipal sobre a modalidade da eleição suplementar; eleições diretas devem ser realizadas, ainda que a dupla vacância dos cargos de prefeito e vice-prefeito se dê no segundo biênio da legislatura. (MS 162058).

Para a participar na nova eleição, é necessária a apresentação de todas as condições de elegibilidade, embora possa haver flexibilização dos prazos mínimos de filiação partidária e domicílio eleitoral e a redução de prazos de desincompatibilização. Nesse sentido:

> Deve ser flexibilizado, nas eleições suplementares, o prazo de desincompatibilização previsto no § 6º do art. 14 da Constituição Federal, bem como os prazos mínimos de filiação partidária e de domicílio eleitoral. (RO 0600086-3)

É importante salientar que quando ocorre decisão da justiça eleitoral que leve à perda de mandato, indeferimento de registro e cassação de diploma de eleito para o pleito majoritário, a eleição será anulada, independentemente da diferença de votos para o segundo colocado. Será necessária a realização de nova eleição e não será possível a diplomação automática do segundo colocado. Segundo o STF (ADI 5525), não há necessidade de se aguardar o trânsito em julgado da decisão para realização da nova eleição. Tal posicionamento da Suprema Corte impede que haja uma indefinição política duradoura, o que, por certo ocorreria se houvesse necessidade de aguardar o trânsito em julgado para a realização da eleição.

A última questão sobre o tema diz respeito acerca da eleição, se será direta ou indireta. Isso porque o art. 224, § 4°, do CE dispõe que a eleição só será indireta se houver dupla vacância na chefia do Poder Executivo nos 6 (seis) últimos meses de mandato. Esse dispositivo precisa ser analisado com extremo cuidado.

Inicialmente, se a dupla vacância for de presidente e vice-presidente a República nos dois últimos anos de mandato, aplica-se o art. 81, § 1°, da CF, pelo que se determina que a eleição seja realizada pelo Congresso Nacional. Esse dispositivo, no entanto, não é de repetição obrigatória nas constituições estaduais e leis orgânicas, cabendo a cada uma dessas norma o estabelecimento das regras acerca da dupla vacância do chefe do Executivo e de seu respectivo vice.

O entendimento corrente é que o § 4° do art. 224 do CE só será aplicado se o motivo da dupla vacância for eleitoral. Assim, por exemplo se há o julgamento procedente de ação eleitoral que leve a perda do mandato ou a cassação do diploma, a eleição será direta, salvo se isso só ocorrer nos 6 (seis) meses anteriores ao término dos respectivos mandatos. Se for outro o motivo da vacância, como falecimento do chefe do Executivo e seu vice, aplicar-se-á o quanto determinado na constituição estadual ou na lei orgânica. Vale repetir, que isso ocorre apenas em relação aos governadores e prefeitos. Para o presidente e seu vice, sempre será aplicado o citado art. 81 da CF, havendo eleição indireta se as vacâncias ocorrerem nos dois últimos anos de mandato, ainda que o motivo seja eleitoral. Esse também foi o entendimento do STF na ADI 5525.

13.9. GARANTIAS ELEITORAIS

Em respeito e proteção à liberdade do eleitor, o CE traz garantias que impedem sua prisão nos 5 (cinco) dias antes e nas 48 horas após a realização do pleito eleitoral. Evidentemente, a restrição de prisão possui algumas exceções. Assim, a prisão poderá ocorrer, ainda que dentro daquele período, quando se tratar de desrespeito a salvo conduto, prisão em flagrante e prisão por condenação por crime inafiançável.

As exceções são trazidas em rol exaustivo, o que significa que não se admite qualquer prisão de eleitor fora das hipóteses traçadas pelo CE no período indicado (entre 5 dias antes e 48 horas após as eleições). Por isso, mesmo que o eleitor tenha contra si mandado de prisão em flagrante a ser cumprido, não poderá ser preso naqueles naquele período.

Ainda o CE permite a concessão de salvo conduto em favor de eleitor que esteja ameaçado de em sua liberdade de locomoção. Esse salvo conduto produz efeitos entre as 72 (setenta e duas) horas antes até as 48 (quarenta e oito) horas após as eleições e pode ser expedido pelo presidente da mesa receptora ou pelo juiz eleitoral. Com a atual Ordem Constitucional não é mais possível que tal ordem seja expedida por presidente de mesa. De qualquer modo, a autoridade que não respeitar a ordem poderá sofrer uma prisão por 5 (cinco) dias, o que também não foi recepcionado pelo Texto Constitucional.

Para os fiscais de partido e membros das mesas receptoras, quando estiverem no exercício de suas funções, a garantia é maior, pois só podem ser presos em caso de flagrante delito. Já os candidatos também só podem ser presos em caso de flagrante delito desde os 15 dias que antecedem as eleições.

→ 13.10. Resumo didático

1.	Cabe somente à Justiça Eleitoral definir a chave de segurança e a identificação da urna eletrônica.
2.	A votação se inicia às 08h e não pode terminar antes das 17h. No entanto, admite-se o encerramento após as 17h se até lá ainda existirem eleitores que tenham comparecido, mas ainda não tenham votado.
3.	Haverá uma mesa receptora por seção eleitoral.
4.	Deverão ser instaladas seções eleitorais em povoados e estabelecimentos de internação coletiva que tenham pelo menos 50 eleitores.
5.	Nas seções eleitorais em que for utilizada a urna eletrônica, só poderão votar os eleitores que nela estiverem inscritos.
6.	O transporte só será oferecido para os eleitores cuja residência estiver localizada a mais de 2 quilômetros da seção eleitoral em que votarem.
7.	São diplomados os eleitos e seus suplentes.
8.	Nas eleições indiretas, a competência para diplomar será do Poder Legislativo e não da Justiça Eleitoral.

→ 13.11. Questões

1) **(CESPE) Atualmente, a votação e a totalização dos votos são feitas por sistema eletrônico, sendo possível a utilização do sistema convencional de votação por cédulas quando,**

a) mesmo sem haver falhas nas urnas eletrônicas, o TRE assim determinar, com fundamento no princípio da celeridade do processo eleitoral.

b) havendo falha nas urnas eletrônicas, o STF assim determinar, por meio de decisão proferida pelo seu plenário.

c) havendo falha nas urnas eletrônicas, o TRE do estado ou do Distrito Federal assim determinar, com fundamento no princípio da segurança do processo eleitoral.

d) mesmo sem haver falha nas urnas eletrônicas, o TSE assim determinar, no exercício de seu poder discricionário.

e) havendo falha nas urnas eletrônicas, o TSE assim determinar, após verificar a impossibilidade de utilização das urnas de contingência.

2) (CESPE) No que diz respeito ao processo eleitoral, assinale a opção correta.

a) Aos eleitores em trânsito que se encontrarem fora de seu domicílio eleitoral, mas na mesma unidade da Federação, será assegurado o direito de votar para presidente da República, governador, senador, deputado federal, deputado estadual e deputado distrital.

b) O princípio da anualidade eleitoral ou da anterioridade tem sido interpretado de maneira estrita e foi sistematicamente observado nas alterações da legislação havidas desde 1993 e na sua interpretação.

c) Em caso de não comparecimento de um dos membros da mesa, o presidente deverá convocar, em tempo hábil, o suplente designado.

d) O eleitor que se encontrar no exterior durante o processo eleitoral de seu país poderá votar para presidente e vice-presidente, senador e deputado federal.

3) (AOCP) A expedição de diploma aos eleitos para cargos municipais compete

a) ao Tribunal Superior Eleitoral (TSE).

b) ao Tribunal Regional Eleitoral (TRE).

c) ao Prefeito.

d) à Câmara de Vereadores.

e) às Juntas Eleitorais.

4) (FCC) O candidato a prefeito eleito, assim como o seu vice, receberá diploma assinado pela autoridade judiciária competente. Sobre a expedição do diploma é correto afirmar:

a) Para os prefeitos das capitais será expedido pelo Presidente do Tribunal Superior Eleitoral.

b) Enquanto o Tribunal Superior não decidir o recurso interposto contra a expedição do diploma, poderá o diplomado exercer o mandato em toda a sua plenitude.

c) Para os prefeitos das capitais será expedido pelo Presidente do Tribunal Regional Eleitoral, não havendo previsão de recurso contra sua expedição.

d) Admite recurso com efeito suspensivo se demonstrado abuso de poder econômico no curso da campanha ou em prestação de contas.

e) Pode ter sua expedição suspensa pela propositura de ação penal por crime doloso cometido anteriormente ao registro da candidatura.

5) (FCC) A representação por captação de sufrágio

a) só poderá ser feita pelo Ministério Público Eleitoral.

b) poderá ser ajuizada até a data da diplomação.

c) exige que tenha havido pedido explícito de votos.

d) poderá fundar-se em fato ocorrido antes do registro da candidatura.

e) não poderá ter por objeto vantagem pessoal destinada à obtenção de voto consistente em promessa de emprego público.

GABARITO

1 – E	2 – A	3 – E	4 – B	5- B

CAPÍTULO 14

AÇÃO DE IMPUGNAÇÃO AO MANDATO ELETIVO

14.1. VISÃO GERAL

A Ação de Impugnação ao Mandato Eletivo - AIME - tem sede constitucional, conforme se verifica no artigo 14, § 10, da CF, segundo o qual:

> Art. 14. (...)
>
> § 10. O mandato eletivo poderá ser impugnado ante a Justiça Eleitoral no prazo de quinze dias contados da diplomação, instruída a ação com provas de abuso do poder econômico, corrupção ou fraude.

A Ação de Impugnação ao Mandato Eletivo, assim, tem por finalidade a proteção da normalidade da eleição contra a fraude, o abuso do poder econômico e a corrupção. Evidentemente, o que se busca através da AIME é a lisura do pleito, afastando-se dele aqueles candidatos que praticaram ou foram beneficiados pelas figuras apontadas no citado dispositivo constitucional: a fraude, o abuso do poder econômico e a corrupção. Busca-se, assim, desconstituir o mandato eletivo obtido com algum dos vícios citados.

A ação deve ser ajuizada no prazo de 15 dias contados da diplomação. A natureza jurídica do referido prazo é de decadência. No entanto, apesar de se tratar de prazo decadencial, tem entendido o TSE que, caso recaia o último dia de prazo em dia não útil ou no qual não houve expediente na Justiça Eleitoral, o *dies ad quem* será prorrogado para o primeiro dia útil seguinte.

ATENÇÃO: O prazo para ajuizamento da AIME é de 15 dias contados da diplomação.

Nestes termos:

> Agravo regimental. Recurso especial. Ação de Impugnação de mandato eletivo (AIME). Prazo. Decadencial. Termo inicial. Termo final. Art. 184 do Código de Processo Civil. Aplicação. Recesso forense. Plantão. 1. O termo inicial do prazo para a propositura da ação de impugnação de mandato eletivo dever ser o dia seguinte à diplomação, ainda que esse dia seja recesso forense ou feriado, uma vez que se trata de prazo decadencial. 2. Contudo, esta c. Corte já assentou que esse prazo, apesar de decadencial, prorroga-se para o primeiro dia útil seguinte se o termo final cair em feriado ou dia em que não haja expediente normal do Tribunal. Aplica-se essa regra ainda que o tribunal tenha disponibilizado plantão para casos urgentes, uma vez que plantão não pode ser considerado expediente normal. Precedentes: STJ: EREsp nº 667.672/SP, rel. Min. José Delgado, CORTE ESPECIAL, julgado em 21.5.2008; AgRg no RO nº 1.438/MT, rel. Min. Joaquim Barbosa, *DJ* de 31.8.2009 [...]. (Ac. nº 36.006, de 11.2.2010, do TSE).

14.2. DO SEGREDO DE JUSTIÇA

Sabidamente, as ações judiciais, em regra, devem ser públicas, conforme postulado determinado pela CF em seu artigo 93, IX. No entanto, a AIME deve correr em segredo de justiça, sendo, pois, exceção ao Princípio da Publicidade das Ações Judiciais.

Apesar da necessidade de sigilo, tem entendimento o TSE que a quebra do sigilo determinado pelo artigo 14, § 11, da CF não implica nulidade da ação, desde que não tenha ocorrido prejuízo para a defesa. Nestes termos:

> [...] 1. A mera divulgação da propositura de ação de impugnação de mandato eletivo (AIME) e da sua peça inicial em *sites* de notícias na internet, por si só, não acarreta nulidade processual se não houver demonstração de prejuízo. Ofensa inexistente ao art. 14, § 11, da Constituição Federal. Precedente: RO nº 32/RJ, Rel. Min. Nilson Naves, *DJ* de 22.5.1998. (Agravo Regimental no Recurso Especial Eleitoral nº 8723849-29/RO; publicado em 26.4.2011).

ATENÇÃO: A AIME corre em segredo de justiça, sendo exceção à Regra Constitucional de publicidade nos processos judiciais.

14.3. DOS ATOS ILÍCITOS QUE FUNDAMENTAM A AÇÃO

Segundo o citado § 10 do artigo 14 da CF, a AIME deve ser ajuizada por conta do cometimento de fraude, abuso do poder econômico e corrupção.

A fraude, para fins de ajuizamento da ação citada, é o artifício ardil utilizado para burlar a legislação eleitoral, contra a própria votação ou a liberdade do voto, o que termina por viciar os atos referentes ao pleito eleitoral.

É necessário que a fraude seja em relação à votação e a apuração, não se admite, pois, AIME fundada em fraude de alguns votos isolados.[1] Adriano Soares da Costa (p. 415) afirma que o conceito de fraude não pode ser aquele tomado em sentido estritamente técnico, conforme apontado pela dogmática, mas deve-se subsumir ao conceito de fraude à lei e à simulação de atos jurídicos.

Em verdade, na fraude há uma aparência de cumprimento do quanto previsto em lei, quando, na realidade, os atos praticados acabam por desvirtuar a finalidade legal. Como exemplo aponta a doutrina uma fraude muito comum na época em que a eleição ocorria através dos votos por cédulas.

Segundo o Código Eleitoral, artigo 175, II, as cédulas que não se encontravam rubricadas pelo presidente da mesa receptora eram nulas. Por isso, costumava-se utilizar de uma frente que garantia, em verdade, a certeza de que o eleitor de alguma forma ameaçado ou cooptado votasse no candidato infrator. Um eleitor próprio do esquema comparecia à votação logo após a abertura das seções eleitorais. Recebia a cédula oficial perante a mesa receptora, devidamente rubricada pelo presidente da mesa receptora.

No entanto, em vez de introduzir a cédula oficial na urna, era introduzida uma cédula falsa, que fatalmente seria anulada quando da apuração da urna. Mas, em verdade, o truque era guardar a cédula oficial. Esta cédula, por sua vez, seria preenchida e entregue ao eleitor que deveria votar no candidato indicado. Este eleitor, ao chegar à seção, receberia uma cédula oficial, mas introduziria a outra cédula oficial devidamente marcada, entregando ao coordenador do esquema a cédula em branco recém-recebida da mesa receptora, que continuaria a fazer o mesmo procedimento até se esgotarem os eleitores que devessem votar em certo candidato.

O esquema garantia o conhecimento dos votos daqueles que deveriam votar em certo candidato por ameaça ou por beneficiamento, uma vez que

1. Este é o entendimento de Rodrigo López Zilio (p. 463).

deveria o eleitor devolver a cédula em branco, que comprovava que a anteriormente preenchida havia sido depositada na urna; enquanto a branca significava a cédula nova recebida pelo eleitor da seção eleitoral.

Outro exemplo de fraude como causa para ajuizamento AIME é o "mapismo", definido pelo artigo 315 do Código Eleitoral, no seguinte sentido:

> Art. 315. Alterar nos mapas ou nos boletins de apuração a votação obtida por candidato ou lançar nesses documentos votação que não corresponda às cédulas apuradas.

Segundo lição de Rodrigo López Zilio (p. 463):

> No entanto, o exemplo mais clássico de fraude, para fins de ação de impugnação de mandato eletivo, é o denominado "mapismo", que consiste na alteração no boletim de urna preenchido no sistema manual de apuração. Considerando o implemento do sistema eletrônico de votação, pode-se exemplificar, atualmente, a fraude na urna eletrônica como hipótese corrente de cabimento de impugnação a mandato eletivo.

De qualquer maneira, o conceito de fraude como pressuposto lógico da AIME deve ser ampliado. Como afirma Adriano Soares da Costa (p. 417):

> Logo se vê, portanto, que o conceito de fraude, para efeito do art. 14, § 10, da CF/88, deve ser adotado em sua acepção ampla, no sentido de ato que descumpre, simula ou frauda o cumprimento da lei. Mas sempre com a finalidade de burlar o resultado eleitoral ou livre manifestação do eleitor no período de votação: "(...) Não é possível examinar a fraude em transferência de domicílio eleitoral em sede de ação de impugnação de mandato eletivo, porque o conceito de fraude, para fins desse remédio processual, é aquele relativo à votação, tendente a comprometer a legitimidade do pleito, operando-se, pois, a preclusão" (ARO nº 888/SP, rel. Min. Caputo Bastos, *DJ – Diário de Justiça*, v. 1, data: 25.11.2005, p. 90).

Por outro lado, a corrupção está prevista e delineada no artigo 299 do Código Eleitoral, nos seguintes termos:

> Art. 299. Dar, oferecer, prometer, solicitar ou receber, para si ou para outrem, dinheiro, dádiva ou qualquer outra vantagem, para obter ou dar voto e para conseguir ou prometer abstenção, ainda que a oferta não seja aceita.

A corrupção, assim, pode ser utilizada para prometer ao eleitor alguma vantagem ou dádiva em troca do voto. Por se parecer em demasia com a figura indicada no artigo 41-A da Lei nº 9.504/97 (Captação Ilícita de Sufrágio) tem entendido a Corte Superior que:

> [...] 2. A captação ilícita de sufrágio, espécie do gênero corrupção eleitoral, enquadra-se nas hipóteses de cabimento da AIME, previstas no art. 14, § 10, da CF. Precedentes. 3. Para a caracterização da captação ilícita de sufrágio, é necessário que o oferecimento de bens ou vantagens seja condicionado à obtenção do voto, o que não ficou comprovado nos autos" (RO – Recurso Ordinário nº 1522; rel. Min. Marcelo Henriques Ribeiro de Oliveira; publicado em: 10.5.2010).

Se a captação ilícita de sufrágio for discutida em AIME, não será possível a aplicação da multa prevista no art. 41-A da LE. Para aplicação dessa pena pecuniária, há necessidade de ajuizamento da Representação com base naquele dispositivo, como visto no capítulo anterior. De qualquer maneira, vale ressaltar que, apesar de se trazer a corrupção eleitoral, nos moldes do artigo 299 do Código Eleitoral, tem-se entendido que o conceito dela deve ser o coloquial e não necessariamente aquele previsto no tipo penal precitado. Isto para que se possa dar uma maior proteção ao bem jurídico tutelado – a normalidade das eleições. Neste sentido, encontra-se preciosa lição de Pedro Roberto Decomain:

> A palavra corrupção é utilizada no texto constitucional para representar conceito mais amplo, na realidade idêntico ao de abuso do poder político, expressão a seu turno empregada pelo art. 22 da LC 64/90, muito embora não fique excluída a possibilidade do manejo da ação de impugnação de mandato eletivo, quando se verificar que o eleito praticou condutas de corrupção eleitoral, previstas como crime pelo art. 299 do Código Eleitoral (oferecer ou prometer vantagem ao eleitor, com o objetivo de induzi-lo ao voto naquele que faz tal oferta ou promessa, ou na pessoa por ele indicada). Mas a corrupção, aqui, na sua acepção de abuso do poder político, compreende também o emprego de serviços ou bens da administração pública direta ou indireta, ou a realização de qualquer atividade administrativa, com o objetivo de propiciar a eleição de determinado candidato (p. 372-373).

Por outro lado, é possível também o ajuizamento da AIME com base no abuso do poder econômico. Como se sabe, deve-se buscar garantir a lisura do pleito eleitoral. Esta lisura passa inevitavelmente pela igualdade dos competidores do pleito. Sem essa igualdade, a legitimidade das eleições estará em perigo.

Como já foi afirmado quando do estudo da Ação de Investigação Judicial Eleitoral (AIJE), o abuso do poder econômico está vinculado à utilização indevida de meios financeiros com a finalidade de criar desequilíbrio no pleito eleitoral, em benefício de algum de seus competidores. Como bem afirma Adriano Soares da Costa,[2] em um país como o Brasil, de sede capitalista, é muito difícil se impedir a utilização de um poderio financeiro nas eleições. Em razão disso, a legislação se preocupou em criar limites para a utilização de valores e demais bens, em benefício da campanha de algum cidadão.

Por isso, as Leis n°s 9.504/97 e 9.096/95, dentre outras, determinam diversas limitações para doações e utilização de valores em campanha. Não é proibido se doar ou ainda utilizar valores privados em campanha (ou, pelo menos até o Congresso decidir sobre a reforma política, na qual em um de seus pontos está a discussão acerca do financiamento público de campanha). A proibição existe, em verdade, na doação ou utilização de bens e valores em campanha que excedam ou contrariem as normas legais. É isso que vai acabar por constituir o abuso do poder econômico, a fundamentar o ajuizamento da AIME.

Como afirma Pedro Paulo Decomain:

> O abuso do poder econômico é o emprego de recursos produtivos (bens e serviços de empresas particulares, ou recursos próprios do candidato que seja mais abastado), fora da moldura para tanto traçada pelas regras de financiamento de campanha constantes da Lei nº 9.504/97, com o objetivo de propiciar a eleição de determinado candidato. A casuística pode ser ampla. Mas figure-se, apenas para exemplificar, a situação de um candidato que, titular de empresa de porte, pagasse com recursos dela a publicação em jornal de suas peças de publicidade e os impressos que distribuísse, e ainda cedesse veículos dessa empresa para o transporte das pessoas encarregadas de sua campanha, sem que previamente a sua empresa houvesse feito doação de campanha, nos termos desta lei, sendo nessa campanha utilizados, além disso,

2. Não há como negar que o poder econômico e o poder político influenciam as eleições, eis que são fatos inelimináveis da vida em sociedade, como o carisma, a influência cultural sobre os outros, a dependência econômica etc. O Ordenamento Jurídico não pode amolgá-los, eis que são fatos sociologicamente apreendidos, frutos do convívio social e do regime econômico capitalista por nós adotado. Nada obstante, embora não os possa proscrever da vida, pode o direito positivo impor contornos ao seu exercício legítimo, tornando ilícito, e por isso mesmo abusivo, todo uso nocivo do poder econômico ou do poder político, que contamina a liberdade do voto e o resultado legítimo das eleições (p. 357).

> recursos muito superiores ao limite máximo de doação que a empresa poderia realizar (p. 373).

Um dos exemplos de abuso do poder econômico apto a autorizar o ajuizamento da AIME é a prática denominada de caixa 2. Com efeito, já decidiu o TSE que:

> A utilização de "caixa dois" configura abuso do poder econômico, com a força de influenciar ilicitamente o resultado do pleito. 2. O abuso de poder econômico implica desequilíbrio nos meios conducentes à obtenção de preferência do eleitorado, bem como conspurca a legitimidade e normalidade do pleito. 3. A aprovação das contas de campanha não obsta o ajuizamento da ação que visa apurar eventual abuso de poder econômico. Precedentes (Ac. nº 28.387, publicado em: 4.2.2008).

Há certa dúvida acerca de se admitir ou não o ajuizamento de AIME em virtude de abuso do poder político. Neste sentido, dando uma interpretação extensiva – sistemática ao Texto Constitucional, encontramos parte considerável da Doutrina.

Apesar das judiciosas lições encetadas por juristas de escol, a exemplo de Rodrigo López Zilio (p. 466) e José Jairo Gomes (p. 471), entendemos que a interpretação sobre o § 10 do artigo 37 da Carta Magna deve ser restritivo, até mesmo por determinar a restrição a um direito político que é o exercício do mandato eletivo. De todo modo, toda decisão da Justiça Eleitoral que determina a cassação de mandato, ou ainda o cancelamento do registro, ou a perda do diploma para o candidato eleito, deve ser sopesada com muito cuidado, pois a escolha popular traz consigo uma presunção relativa de legitimidade.

É necessário, então, ater-se ao quanto determinado na Legislação, verificando-se quais são os limites de utilização dos instrumentos previstos pelo Ordenamento Jurídico para se atacar o mandato, ou o registro, ou ainda o diploma. Como as ações eleitorais trazem uma limitação aos direitos políticos, ainda que seja para o respeito à lisura das eleições, devem ser interpretadas de forma restritiva quando de seu cabimento.

Assim, se a Constituição Federal determinou que a AIME fosse ajuizada quando se tratasse de corrupção, fraude ou abuso de poder econômico, não pode ocorrer interpretação que vise, *data venia*, à ampliação das hipóteses de cabimento da referida ação. Não se está aqui, diga-se de passagem, defendo a impunidade ou ainda a utilização do povo como massa de manobra nas eleições. Pelo contrário. A legitimidade do pleito surge também com a utilização adequada dos meios postos à disposição dos legitimados pelo Direito para arguirem ilícitos que possam contaminar as eleições.

Neste caso, a LC nº 64/90 determinou o ajuizamento da AIJE quando houvesse o abuso do poder político ou econômico, ou ainda o abuso dos meios de comunicação social, a ensejar a cassação do registro ou do diploma e ainda a inelegibilidade pelo prazo de 8 anos contados da eleição em que o abuso se verificou. Assim, a lisura das eleições, no que tange à sua proteção do abuso do poder político, econômico ou dos meios de comunicação social, está protegida através de um instrumento legal determinado pelo Ordenamento Jurídico, que vem a ser a AIJE, como já visto na presente obra.

Assim, como a corrupção e a fraude podem ser qualificadas como abuso do poder político, pode-se afirmar que a AIME só poderia ser ajuizada por conta de abuso do poder político quando este se constituísse em fraude ou corrupção que podem ser consideradas como espécies daquele tipo de abuso. Fora essas duas hipóteses, não entendemos como o abuso do poder político possa ser arguido através da AIME.

Este também é o posicionamento do TSE, que tem admitido, ainda, o abuso do poder político quando possuir uma dimensão econômica, pois, neste caso, tratar-se-ia também de abuso do poder econômico, incidindo em uma das hipóteses previstas para o ajuizamento da AIME.

Neste sentido:

> [...] 4. O c. Tribunal Superior Eleitoral, na sessão de 22.4.2008, passou a entender pela possibilidade de abuso de poder econômico entrelaçado ao abuso de poder político: "Se o abuso de poder político consistir em conduta configuradora de abuso de poder econômico ou corrupção (entendida essa no sentido coloquial e não tecnicamente penal), é possível o manejo da ação de impugnação de mandato eletivo" (REspe nº 28.040-BA, Rel. Min. Carlos Britto, *DJ* de 1º.7.2008). No ponto, o voto de desempate do e. Min. Marco Aurélio também é elucidativo: "(...) Então, assento premissa necessária a passar ao exame da controvérsia sob o ângulo da impugnação ao mandato: a circunstância de se tratar de conduta vedada pela Lei nº 9.504/97 não implica restrição, não afasta a formalização da ação de impugnação ao mandato e possibilidade de vir a ser acolhido o pedido. (...) Está-se diante de quadro a revelar, além de conduta vedada, o acionamento do poder econômico da Prefeitura em prol, justamente, daqueles que se mostraram candidatos à reeleição". 5. Na espécie, abusa do poder

econômico o candidato que despende recursos patrimoniais, públicos ou privados, dos quais detém o controle ou a gestão em contexto revelador de desbordamento ou excesso no emprego desses recursos em seu favorecimento eleitoral. Nesse contexto, o subsídio de contas de água pelo prefeito-candidato, consignado no v. acórdão regional, o qual se consumou com o favorecimento de 472 famílias do município nos 2 (dois) meses anteriores às eleições, e a suspensão do benefício logo após o pleito configura-se abuso de poder econômico com recursos públicos. 6. Uma vez constatado o abuso do poder econômico mediante o entrelaçamento com o abuso de poder político (v.g., conduta vedada), descabe alegar preclusão das alegações aduzidas na AIME. Decorrência da tese inaugurada no REspe nº 28.040-BA, Rel. Min. Carlos Britto, *DJ* de 1º.7.2008. 7. A potencialidade da conduta, pelo consignado no v. acórdão recorrido, é evidente, considerando a quantidade de pessoas beneficiadas (472 famílias) e a diferença de apenas 31 (trinta e um) votos entre o primeiro e o segundo colocado (REspe – Recurso Especial Eleitoral nº 28581; rel. Min. Felix Fischer; publicado em: 23.9.2008).

Não nos impressiona o argumento que pode ser lançado sobre a dificuldade de se conseguir separar com exatidão o abuso do poder político do abuso do poder econômico, pois, em se tratando de Direito e, portanto, de Ciência Social, certeza é algo que quase nunca se tem. Daí a necessidade, para aplicação da norma jurídica, da interpretação realizada por seu aplicador. Como se sabe, a interpretação realizada pelo aplicador da norma perante o caso concreto é procedimento essencial para que norma jurídica seja de fato conhecida, pois caso contrário, o *iter* utilizado para a subsunção ao caso concreto não estará completo.[3]

Desta forma, é necessário investigar se a conduta farpeada na AIME está incursa no abuso do poder econômico, na corrupção ou na fraude, utilizando-se os recursos hermenêuticos previstos na Legislação e ainda aqueles assim entendidos pela doutrina, como a interpretação literal, a sistemática, a teleológica, o recurso aos princípios gerais do direito, as decisões jurisprudenciais, dentre outras.

ATENÇÃO: Não é cabível AIME nos casos de abuso de poder político.

3. Ensina André Parmo Folloni (p. 44): "Enquanto construção do intérprete, a norma jurídica precisa resultar sempre adequada ao sistema do qual faz parte. Ao contrário dos textos de direito positivo, ambíguos, vagos, contraditórios e lacunosos, o sistema do direito positivo enquanto conjunto de construções hermenêuticas sistemáticas e fático-valorativas não pode admitir lacunas ou contradições. Ambas devem ser solucionadas no momento da construção hermenêutica da norma jurídica."

Vale ressaltar, no entanto, que nem toda corrupção, fraude ou abuso do poder econômico serão capazes de permitir o ajuizamento da AIME. É necessário que seja de certa importância para que se possa determinar a perda do mandato eletivo. Não se exige o nexo causal entre a conduta e o resultado das eleições, até mesmo porque seria praticamente inviabilizar a utilização da ação, até porque por ser o voto secreto fica impossível saber se os eleitores que foram influenciados pela conduta realmente votaram naquela pessoa.

Por isso, o TSE tem entendido que é necessário que a gravidade da conduta traga uma potencialidade para alterar o resultado das eleições, o que resultaria na escolha ilegítima do representante popular, daí a necessidade do afastamento definitivo do eleito de seu mandato eletivo. Neste sentido:

> AGRAVO REGIMENTAL. RECURSO ESPECIAL. AÇÃO DE IMPUGNAÇÃO DE MANDATO ELETIVO. CAPTAÇÃO ILÍCITA DE SUFRÁGIO. PREFEITO. VICE-PREFEITO. CASSAÇÃO. IMPOSSIBILIDADE. AUSÊNCIA DE AFERIÇÃO QUANTO À EXISTÊNCIA DE POTENCIALIDADE LESIVA. 1. *In casu*, o acórdão regional julgou procedente a AIME com fundamento na prática de captação ilícita de sufrágio sem examinar se houve ou não potencialidade das condutas para afetar o equilíbrio da disputa. 2. Tais circunstâncias se mostram suficientes à constatação de ofensa ao art. 14, § 10, da Constituição Federal, pois, na linha da remansosa jurisprudência desta Corte, o bem jurídico tutelado pela via da AIME é a legitimidade das eleições, e não a vontade do eleitor. (...) (AgR-REspe – Agravo Regimental em Recurso Especial Eleitoral nº 39974; rel. Min. Marcelo Henriques Ribeiro de Oliveira; publicado em: 17.11.2010).

Sem comprovação da potencialidade lesiva da conduta, não haverá como ocorrer o deferimento da AIME. Atualmente, com as diversas alterações na legislação, é mais fácil se apontar que houve um ato grave. Então a análise atual passa pela razoabilidade do ato praticado e somente a gravidade deste ato poderá trazer a procedência da ação.

14.4. DA PRECLUSÃO

A Ação de Impugnação ao Mandato Eletivo tem base constitucional, conforme estabelecido no artigo 14, § 10, da CF.

Como se sabe, o Direito Eleitoral possui um interessante sistema de preclusão, que serve para trazer a garantia jurídica no processo eleitoral, uma vez que está intimamente relacionado com a legitimidade da representação popular. Por isso, seria desastroso qualquer insegurança no que tange à escolha de representantes populares no poder.

No entanto, até mesmo no sistema preclusivo das normas jurídicas eleitorais encontram-se exceções. Desta forma, é preciso verificar se o fato é superveniente ao momento em que a nulidade deveria ter sido arguida, ou se esta nulidade tem base constitucional, nos termos do artigo 223 do Código Eleitoral.

Apesar de pouco discutido na doutrina, a preclusão, ou não, dos fatos apontados na AIME é de vital importância para o assunto, até mesmo para que se possa compreender quais são os fatos que podem ser discutidos na AIME e que representam fraude, corrupção ou abuso do poder econômico.

Ora, os fatos que fundamentam o ajuizamento da AIME estão previstos na CF. Com isso, estão livres, *data venia*, da preclusão, o que leva a considerar que os fatos que se constituem em corrupção, fraude ou abuso do poder econômico que viciam as eleições, mesmo que não tenham sido arguidos em AIJE ou Ação de Impugnação ao Registro de Candidatura (AIRC) (embora nesta última, como já visto, não caiba constituição em inelegibilidade, mas apenas a declaração de sua ocorrência), poderão ser arguidos através da AIME, constituindo-se esta, pois, como instrumento hábil para informar os atos contrários à eleição.

Assim, não há preclusão sobre os fatos a serem arguidos através da AIME. O que se deve apenas afirmar é que a AIME visa desconstituir o mandato obtido por fraude, corrupção ou abuso do poder econômico, por isso, algum ato isolado que tenha sido praticado, ainda que ilegal, por si só, não é capaz de autorizar o ajuizamento dessa ação.

Assim, por exemplo, o vício ocorrido na transferência eleitoral de algum cidadão não autoriza o ajuizamento da referida ação. No entanto, se são inúmeras as transferências ilegais e tal fato pode influenciar no resultado do pleito, não vemos motivo para não se possibilitar o ajuizamento da AIME, até mesmo porque haveria, sem sombra de dúvidas, potencial lesivo às eleições, podendo ser incluído, tal fato, no conceito de fraude, como já visto neste capítulo.[4]

---

4. Esta também é a opinião de Rodrigo López Zilio (p. 463-464).

Apesar da jurisprudência tratar o instituto como preclusão, em virtude da interpretação do citado art. 223 do CE, mais técnico é tratá-lo como decadência.

De qualquer maneira, os limites do pedido são demarcados pelos fatos imputados na inicial, dos quais a parte se defende e não pela capitulação legal atribuída pelo autor, conforme entende o TSE na Súmula 62.

14.5. COMPETÊNCIA

A competência para processamento e julgamento da AIME segue a regra já vista na presente obra. Cabe ao juiz eleitoral julgar AIME contra os mandatos de Prefeito, Vice-Prefeito e Vereador; ao TRE, de Senador, Deputado Federal, Governador, Vice-Governador e Deputado Estadual; e ao TRE, de Presidente e Vice-Presidente da República.

14.6. DO RITO DA AIME

Infelizmente, há uma grave lacuna na legislação eleitoral brasileira, uma vez que não houve, ainda, regulamentação do artigo 14, § 10, da CF. Isto fez com que, por algum tempo, reinasse a confusão entre os doutrinadores e as decisões dos Tribunais Eleitorais.

Inicialmente, acreditou-se que o rito a ser aplicado seria o ordinário, conforme previsto no CPC, até a sentença. Após o ato decisório final, o rito recursal era o do Código Eleitoral, estabelecido nos artigos 258 e seguintes do referido instrumento legal. Atualmente, como uma forma de se adaptar aos conceitos trazidos pelo CPC de 2015, melhor será referir-se a tal rito como *comum eleitoral*.

Ocorre, no entanto, que as ações eleitorais, até mesmo por terem ligação direta com a democracia e os direitos políticos, não podem ter um rito demorado, para não gerar insegurança jurídica, ainda mais quando esta insegurança está relacionada a mandatos eletivos. Pior ainda ocorre quando se trata de mandato de chefia do executivo, por exercer tais agentes políticos a função de governo, essencial para o Estado.

Por conta disso, o entendimento atual do TSE é no sentido de adotar o rito previsto nos artigos 3º e seguintes da LC nº 64/90, da AIRC, por ser este o rito ordinário eleitoral, muito mais célere do que o rito ordinário previsto no CPC.

ATENÇÃO: O rito da AIME é o rito da AIRC, por ser este o rito ordinário cível eleitoral.

Desta forma, tudo o quanto visto em relação à AIRC em seu rito é aplicável à AIME. Vale ressaltar que a produção de provas na AIME é bastante ampla. Deve-se observar, para que não ocorra nenhum equívoco de interpretação, que o § 10 do artigo 14 da CF determina: "O mandato eletivo poderá ser impugnado ante a Justiça Eleitoral no prazo de quinze dias contados da diplomação, instruída a ação com provas de abuso do poder econômico, corrupção ou fraude", não exigiu fosse a AIME ajuizada com prova pré-constituída.

Instruída a ação vem a significar que deve o ajuizamento ocorrer com provas ou indicação de provas indiciárias que deem pelo menos uma noção da possibilidade de ocorrência da fraude, corrupção ou abuso do poder econômico suficientes para autorizarem o início do processo. Segundo determina o § 11 do artigo 14 da CF, responderá o autor da ação, na forma da lei, se temerária ou se manifestar má-fé.

A ação será ajuizada, sendo o(s) réu(s) citado(s) para apresentar(em) defesa no prazo de 7 dias. Tanto autor como o réu podem requerer a oitiva de testemunhas (no máximo 6). Caso seja necessária a produção de prova oral, esta produção ocorrerá no prazo de 4 dias. Se a Autoridade Judiciária entender relevante, poderá, nos 5 dias seguintes, determinar de ofício, ou a requerimento das partes, as diligências necessárias para a verificação da real ocorrência dos fatos. Se for o caso, será aberto o prazo de 5 dias para apresentação de alegações finais. Após esse procedimento, será prolatada a decisão no prazo de 3 dias. Esse é o procedimento que ocorre quando a AIME é julgada perante o juiz eleitoral. Desta forma, devem ser feitas as modificações previstas na LC nº 64/90, como exposto no capítulo 8, quando a AIME é processada e julgada originariamente pelo TRE ou pelo TSE.

O recurso a ser interposto será o Recurso Inominado, caso a AIME tenha sido julgada pelo juiz eleitoral; ou ainda será o Recurso Ordinário, com base no artigo 121, § 4º, IV, da CF, nas hipóteses em que a AIME for julgada procedente; ou ainda, o Recurso Especial, com base no artigo 121, § 4º, I e II, da CF, nas hipóteses em que a AIME for julgada improcedente, quando se tratar de Ação de Impugnação a Mandato Eletivo processada e julgada originariamente pelo TRE; ou ainda Recurso Extraordinário, com base no artigo 121, § 3º, da CF, caso seja processada e julgada originariamente pelo TSE.

O prazo em qualquer hipótese é de 3 dias, com base no artigo 258 do Código Eleitoral. O recurso interposto, caso seja ordinário, terá efeito suspensivo, no que tange à perda do mandato eletivo, com base no art. 257, § 2º, do Código Eleitoral.

Como já afirmado anteriormente, não se aplica o art. 219 do CPC aos processos judiciais eleitorais, em virtude da celeridade que deve sempre estar presente. Por isso, os prazos serão em dias corridos, como entende o TSE na Resolução 23.478/2016.

14.7. LEGITIMIDADE

A legitimidade ativa da AIME é do Ministério Público, dos partidos, coligações e candidatos da última eleição, mesmo que não tenham sido eleitos. O Tribunal Superior Eleitoral tem entendido que apesar das coligações serem tidas como partidos políticos temporários, uma vez que se extinguem com a diplomação dos candidatos eleitos, para ajuizamento da AIME, acaba se considerando uma prorrogação da existência da coligação, pois, apesar de se tratar de uma ação ajuizada após a diplomação, a sua discussão ocorre em relação a fatos ocorridos na época da eleição.

Por outro lado, não vemos problema do partido que concorreu coligado ajuizar em nome próprio a AIME, até mesmo porque a ação poderá ser ajuizar após a diplomação.

Dessa forma, apesar do prazo para ajuizamento da AIME ser de 15 dias após a diplomação, a coligação continua a sua existência para o fim exclusivo do ajuizamento da presente ação. No entanto, apesar deste entendimento, o TSE também decidiu que é possível que o partido político ajuíze tal demanda eleitoral, mesmo se nas eleições estiver coligado com outros partidos, por ser a ação ajuizada após a diplomação. Assim, admite-se o ajuizamento da AIME tanto a coligação quanto o partido político que estiver coligado, o que é impensável em relação a outras ações eleitorais, conforme dispositivo legal previsto no § 4º do artigo 6º da Lei nº 9.504/97.

Em relação ao polo passivo, por outro lado, o entendimento do TSE é que, sendo a ação ajuizada em face de eleitos para as eleições majoritárias, faz-se necessária a citação do candidato ao cargo principal e de seu respectivo vice, ou se tratando de Senador, é necessária a citação dos candidatos a suplente.

Neste sentido:

Agravo Regimental no Recurso Especial Eleitoral nº 4626733-64/MA; Relatora: Ministra Carmen Lúcia; Ementa: Eleições 2008. Cassação dos mandatos de prefeito e vice-prefeito por abuso de poder político. Corrupção. Ação de impugnação de mandato eletivo proposta tempestivamente apenas contra o prefeito. Litisconsórcio necessário unitário entre prefeito e vice-prefeito. Mudança jurisprudencial do Tribunal Superior Eleitoral a ser observada para novos processos a partir de 3.6.2008. Ação proposta em 22.12.2008. Impossibilidade de citação *ex officio* do vice-prefeito após o prazo decadencial da ação. Constituição da República, art. 14, § 10. Precedentes do Tribunal Superior Eleitoral. Inaplicabilidade do art. 16 da Constituição da República. Razoabilidade. Agravo regimental ao qual se nega provimento. *DJe* de 28.3.2011.

Vale relembrar que, em se tratando de eleições majoritárias, há a aplicação do princípio da unicidade de chapas, nos termos previstos no artigo 91 do Código Eleitoral. Desta forma, sendo caso de procedência, a conduta investigada será a que ocorreu até a data das eleições, e acaba por comprometer a lisura do pleito eleitoral. Com isso, a decisão da AIME acarreta a perda dos mandatos de todos os integrantes da chapa majoritária.

A Constituição Federal, seguindo a tradição republicana, termina por exigir o respeito à ampla defesa e ao contraditório, o que significa que não pode ser privado de bens e direitos sem que se tenha tido oportunidade de defesa através do devido processo legal, como aliás enuncia o inciso LIV do artigo 5º da CF.

É necessário, portanto, que ocorra o litisconsórcio passivo unitário, em se tratando de AIME ajuizada em relação a eleições majoritárias. O mesmo, no entanto, não se pode dizer em relação às eleições proporcionais.

Não se tem admitido o litisconsórcio passivo entre o eleito e o partido, apesar de o TSE e o STF entenderem que o mandato eletivo pertence ao partido e não ao candidato, conforme se verifica na Resolução nº 22.610 do TSE, que regulamenta a perda do mandato eletivo por infidelidade partidária. Aliás, o entendimento corrente do TSE[5] é no sentido do cabimento do litisconsórcio passivo entre o eleito e o partido apenas quando se trata da perda do mandato por infidelidade, como aliás se encontra regulamentado pela referida resolução.

No entanto, por ter interesse no resultado da demanda, é possível que o partido ingresse na lide como assistente simples. Essa é a lição de Rodrigo

5. Recurso Ordinário nº 1589; rel. Min. Ricardo Lewandoski, j. 12.11.2009.

López Zilio (p. 475) no seguinte sentido: "Ao partido político, portanto, resta a possibilidade de intervenção na forma de assistente simples."

Não há, pois, na AIME, ajuizada em face de eleito pelo sistema proporcional, litisconsórcio passivo com o partido político.

ATENÇÃO: O Ministério Público Eleitoral, os candidatos, a coligação e os partidos políticos podem ajuizar AIME.

14.8. CONSEQUÊNCIAS DA AIME

A Ação de Impugnação ao Mandato Eletivo tem duas consequências diretas, caso seja procedente. A perda do mandato eletivo, bem como a inelegibilidade do autor do ato de fraude, abuso do poder econômico e corrupção, embora esta última consequência não encontre unanimidade na jurisprudência ou na doutrina. Como consequência reflexa da ação, em virtude da declaração do abuso do poder econômico, corrupção ou fraude, declaram-se os votos nulos, no caso de eleição majoritária; ou serão os votos concedidos ao candidato como votos de legenda.

Iniciando pelos efeitos diretos da procedência da ação, a AIME tem diretamente dois efeitos em sua procedência. A desconstituição do mandato eletivo, ou, como prefere Adriano Soares da Costa, da relação jurídica básica de que faz parte o candidato eleito e a inelegibilidade.

Concordamos com Soares da Costa[6] quando afirma que a invalidação do mandato eletivo tem a sua base na própria nulidade da votação, que foi atingida com o abuso do poder econômico, corrupção ou fraude, que acabou tendo reflexos diretos na relação jurídica entre o eleito e o estado, a que Hely Lopes Meirelles (p. 82) denomina de investidura política.

Com isso, tem se entendido, no estágio atual de desenvolvimento do Estado Democrático de Direito, que não basta a legalidade na ação, mas a legitimidade da representação nas ações do Estado. Evidentemente, não há que se falar em representação legítima caso a eleição não tenha

6. Segundo o referido professor: "Se houve declaração da vitória eleitoral de determinado candidato, e tal vitória se deu com fraude, não é o exercício do mandato que se ataca, mas a votação obtida fraudulentamente, que fez nascer o mandato que se quer retirar. De conseguinte, não é o mandato que se vergasta veementemente, mas a ilicitude dos métodos para sua obtenção. A diferença ressalta e é de todo pertinente não embaralhá-la" (p. 404).

ocorrido na forma indicada pelo próprio Ordenamento Jurídico. Daí a importância fundamental da lisura do pleito eleitoral para a própria atuação do Estado.

Por isso, quando ajuizada a AIME o que se protege é a investidura política que como respeito à democracia reinante no Estado Brasileiro deve ser legítima. Mas esta legitimidade só irá realmente ocorrer se o pleito eleitoral tiver correspondido às expectativas do povo como detentor do poder, ou seja, se tiver ocorrido nos termos estabelecidos pelo Ordenamento Jurídico e, portanto, sem que tenha ocorrido fraude, corrupção ou abuso do poder econômico.

Por isso, tendo sido julgada procedente a AIME, pode-se afirmar que vai haver a desconstituição da investidura política e a consequente perda do mandato eletivo. Assim, a perda do mandato eletivo, em verdade, ocorre apenas como consequência dos equívocos cometidos nas eleições. Por isso, entendemos que o posicionamento atual da jurisprudência tem sido tecnicamente equivocado. Não se busca a perda ou impugnação do mandato eletivo, pois não há nada de errado juridicamente com ele, mas sim com a investidura política que acabou sendo assentada em base ilegal, uma vez que a eleição acabou por ter sido acometida de vícios graves, como a corrupção, a fraude ou o abuso do poder econômico.

Tanto é assim que a própria Corte Superior Eleitoral tem entendido que o bem jurídico tutelado pela AIME, nos termos do artigo 14, § 10, da CF é a legitimidade das eleições e não a liberdade de voto. Desta maneira, tem decidido o TSE que:

> [...] 2. Tais circunstâncias se mostram suficientes à constatação de ofensa ao art. 14, § 10, da Constituição Federal, pois, na linha da remansosa jurisprudência desta Corte, o bem jurídico tutelado pela via da AIME é a legitimidade das eleições, e não a vontade do eleitor (AgR-REspe – Agravo Regimental em Recurso Especial Eleitoral nº 39974; rel. Min. Marcelo Henriques Ribeiro de Oliveira; publicado em: 17.11.2010).

Apesar do quanto afirmado até aqui, o posicionamento do TSE ainda é no sentido de que na AIME há a desconstituição do mandato eletivo.[7]

7. É o que também informa Adriano Soares da Costa quando afirma: "A AIME, segundo essa corrente jurisprudencial, não desconstituiria nem o registro de candidatura nem o diploma, mas o mandato eletivo."

ATENÇÃO: O posicionamento atual da jurisprudência do TSE é no sentido de serem consequências da AIME: a perda do mandato eletivo e a nulidade dos votos atribuídos ao cassado. A inelegibilidade não é, segundo o TSE, consequência da AIME.

De qualquer forma, como o bem jurídico é tutelado, para que ocorra a desconstituição da investidura política e consequentemente do mandato eletivo, prescinde-se da responsabilidade subjetiva do eleito. Isso tudo por decorrência do bem jurídico tutelado pela AIME como sendo a legitimidade das eleições.[8]

Assim, não há necessidade da participação direta dos impugnados para que ocorra a desconstituição da investidura. Neste sentido, encontra-se remansosa jurisprudência do TSE, como se verifica no seguinte julgado:

> [...] 3. A jurisprudência desta c. Corte Superior não exige a participação direta do candidato, bastando o consentimento, a anuência em relação aos fatos que resultaram na prática do ilícito eleitoral (REspe – Recurso Especial Eleitoral nº 30274; rel. Min. Marcelo Henriques Ribeiro de Oliveira; publicado em: 5.8.2010).

Ora, por outro lado, o mesmo não pode se dizer com relação à imposição da inelegibilidade pelos abusos cometidos. Quanto a essa inelegibilidade, no entanto, algumas considerações precisam ser realizadas. Como já visto, pela teoria tradicionalista, aplicada pelo TSE, a inelegibilidade é composta por um conjunto de causas que impedem o exercício da capacidade eleitoral passiva, impossibilitando, portanto, a candidatura para qualquer mandato eletivo.

A inelegibilidade advinda do abuso do poder econômico ou político se encontra determinada pelo artigo 1º, I, *d*, da LC nº 64/90, com alteração da LC nº 135/2010, que acabou por ampliar o prazo de inelegibilidade cominada, como já visto na presente obra, para 8 anos contados da eleição na qual o abuso ocorreu. Trata-se, pois, de inelegibilidade por sanção.

A primeira questão a respeito do tema é se é possível a aplicação da inelegibilidade cominada pelo rito da AIME ou se é necessário, obrigatoriamente, o ajuizamento da AIJE para tanto. Inicialmente, há de ser visto o entendimento daqueles que consideram que a AIME não traz consigo a declaração de inelegibilidade.

8. Este é também o posicionamento de Rodrigo López Zilio (p. 401).

Com efeito, leciona Pedro Roberto Decomain (p. 372) que:

> Como se disse anteriormente, na ação de impugnação de mandato eletivo somente se pode cassar o mandato obtido com o abuso do poder econômico, a corrupção ou fraude. Mas não se pode obter a declaração de inelegibilidade para as eleições a ocorrerem nos três anos seguintes ao da eleição maculada por tais ilícitos.

Assim, para esta parte da doutrina, não se pode ter a inelegibilidade como consequência da AIME. Seguindo esta corrente, encontra-se a jurisprudência atual do TSE, no seguinte sentido:

> [...] 3. Conforme assentado por esta Corte nos autos do RO nº 3128-94/MA, para que haja a incidência da causa de inelegibilidade prevista no art. 1º, I, *d*, da LC nº 64/90, a condenação por abuso deve ser reconhecida pela Justiça Eleitoral por meio da representação de que trata o art. 22 da LC nº 64/90, não incidindo quando proferida em sede de recurso contra expedição de diploma ou ação de impugnação a mandato eletivo, hipótese dos autos.[9]

Portanto, o posicionamento atual do TSE sobre o tema remete a um posicionamento, *data venia*, retrógrado, ao estabelecer a perda do mandato eletivo como principal finalidade da AIME, quando, em verdade, ela está relacionada à extinção da investidura política, em razão da nulidade de sua causa, que é a eleição contaminada com fraude, corrupção ou abuso de poder econômico.

Mas vale ressaltar que outra parte da doutrina, tendo como exemplos Adriano Soares da Costa e Roberto López Zilio, entende que a inelegibilidade é também consequência da procedência da AIME. Este é o posicionamento que nos afigura mais correto.

Como se sabe, as causas de inelegibilidade devem estar previstas na Constituição Federal ou em Lei Complementar. Com efeito, a LC nº 64/90, alterada pela LC nº 135/2010, estabelece, entre outras situações, a inelegibilidade em virtude de abuso do poder político e do poder econômico.

Considerando-se, como visto, que a AIME deve ser ajuizada nas hipóteses de abuso do poder econômico, corrupção (que é espécie de abuso do poder político) e fraude, é fácil concluir que as situações que ensejam a perda do

9. AgR-RO – Agravo Regimental em Recurso Ordinário nº 371450; rel. Min. Marcelo Henriques Ribeiro de Oliveira; publicado em: 15.4.2011.

mandato eletivo, por conta dos apontados vícios, encaixam-se perfeitamente nas figuras apresentadas pelo artigo 1º, I, *d*, da Lei das Inelegibilidades.

Com efeito, no sentido aqui esposado, vaticina Adriano Soares da Costa (p. 413):

> De todo exposto, podemos concluir nossas observações, afirmando que a AIME pode ser manejada diretamente nas hipóteses do art. 1º da LC 64/90, contra os fatos previstos no art. 14, § 10, da CF/88, sem necessidade de prévia interposição de AIJE, tendo a sentença de procedência o efeito de decretar a inelegibilidade para essa eleição e para a eleição futura, nos casos previstos em lei. E, adotando esse mesmo pensamento, o Tribunal Superior Eleitoral assim se pronunciou: "Ação de impugnação de mandato eletivo. Perda de mandato e inelegibilidade. Da procedência da ação de impugnação ao mandato eletivo poderá resultar, além da perda do mandato, a inelegibilidade, por três anos. O prazo desta se contará da data das eleições em que se deram os fatos que serviram de fundamento à ação. Com esse entendimento, o Tribunal deu provimento ao recurso para extingui-lo, por reconhecer que, quando do julgamento perante o órgão regional, já desaparecera o objeto do processo. Unânime" (Recurso Ordinário nº 379/MT, rel. Min. Eduardo Ribeiro, em 5.6.2000, *Informativo* TSE, ano II, nº 19, 5-11 de junho de 2000, p. 4).

Como se pode perceber, o entendimento anterior da Corte Superior era o mesmo do aqui ora esposado. É incompreensível não se aplicar a inelegibilidade através da AIME. Não nos convence o argumento de ausência de dispositivo legal que permite aplicar a pena de inelegibilidade através da AIME. Isso porque a inelegibilidade é aplicada por conta da ocorrência do fato gerador previsto na LC nº 64/90, Lei das Inelegibilidades, em seu artigo 1º, I, *d*, que trata do abuso do poder político e do abuso do poder econômico.

Vale ressaltar que aqui não se está a fazer uma interpretação ampliativa do instituto jurídico, mas apenas uma interpretação sistemática baseando-se no fato de que: o abuso do poder econômico e o abuso do poder político, do qual são espécies a corrupção e a fraude eleitoral, estão apontados na doutrina como hipótese de aplicação da inelegibilidade cominada, prevista, como visto no artigo 1º, I, *d*, da LC nº 64/90. Por outro lado, a Constituição Federal em momento algum proíbe a imposição de inelegibilidade através da AIME. Logo, se através dela discute-se comportamentos que se constituem em causas de inelegibilidade, não há porque não se permitir a imposição da inelegibilidade citada, pelo prazo de 8 anos, conforme determinado na Lei das Inelegibilidades.

Com isso, ocorrido o fato gerador previsto na forma indicada pelo próprio Ordenamento Jurídico, não importa o rito observado, desde que este respeite ao devido processo legal, à ampla defesa e ao contraditório, estar-se-á diante de instrumento legal que permita a imposição da penalidade de inelegibilidade cominada.

Outro ponto chama a atenção. É o fato de que a AIME, por seguir o rito ordinário eleitoral, nos termos dos artigos 3º e seguintes da LC nº 64/90, acaba apresentando um aspecto ainda maior, com prazos mais dilatados, inclusive, para o exercício da ampla defesa e do contraditório do que o rito sumaríssimo da AIJE, com base no artigo 22 da Lei das Inelegibilidades.

Por isso, concordamos com a observação de Adriano Soares da Costa (p. 413):

> Lamentavelmente, a atual jurisprudência do TSE vem se firmando no sentido de que a AIME não buscaria decretar a sanção de inelegibilidade em nenhuma hipótese, para proporcionar a execução imediata da sentença, que não ficaria aguardando o trânsito em julgado, na forma do art. 15 da LC 64/90.

Assim, pode a procedência da AIME estabelecer a inelegibilidade, com base no artigo 1º, I, *d*, da LC nº 64/90. Seguindo-se esta doutrina, seria necessário, no entanto, a participação direta do eleito no abuso cometido, pois, caso contrário, não seria possível a imposição da sanção de inelegibilidade.[10]

Mas apesar dos argumentos aqui esposados, repise-se, o entendimento atual da Corte Superior Eleitoral é no sentido da impossibilidade de cominação de inelegibilidade através de AIME, como visto anteriormente.

Com a procedência da ação, os votos concedidos são anulados, pelo que se deve aplicar o art. 224 do CE. Esse é o entendimento atual do TSE, conforme indicado por Rodrigo López Zilio (p. 478):

> Embora certa resistência inicial, atualmente o TSE tem entendido que o art. 224 do Código Eleitoral é aplicável em caso de procedência de ação de impugnação de mandato eletivo, assentando que "devido ao liame indissolúvel entre o mandato eletivo e o voto, constitui efeito

10. Este é também o entendimento de Rodrigo López Zilio (p. 481).

da decisão de procedência da AIME a anulação dos votos dados ao candidato cassado. Se a nulidade atingir mais da metade dos votos, aplica-se o art. 224 do Código Eleitoral" (Mandado de Segurança nº 3.649 – rel. Cezar Peluso – j. em 18.12.2007).

Assim, a nulidade dos votos concedidos ao candidato ou a chapa vencedora acaba sendo uma das consequências da procedência da AIME. Por isso, uma vez julgada procedente, se for o caso de eleições majoritárias, e o candidato cujo mandato foi impugnado através da AIME tiver obtido mais da metade dos votos, excluindo-se, por óbvio, aqueles que foram anulados por manifestação apolítica dos eleitores, é o caso de se aplicar o artigo 224 do Código Eleitoral. É caso, portanto, de considerar toda a eleição prejudicada.

Tem afirmado a Corte Superior que:

> RECURSO ESPECIAL ELEITORAL. AIME. ABUSO DE PODER ECONÔMICO. REEXAME DO CONJUNTO FÁTICO-PROBATÓRIO. DESCABIMENTO. SÚMULAS N°s 7/STJ E 279/STF. ART. 22, XV, DA LC Nº 64/90. AUSÊNCIA DE PREQUESTIONAMENTO. JULGAMENTO *EXTRA PETITA* E AFRONTA AOS PRINCÍPIOS DO CONTRADITÓRIO E DA AMPLA DEFESA. NÃO OCORRÊNCIA. ARTS. 216 DO CÓDIGO ELEITORAL E 15 DA LC Nº 64/90. INAPLICABILIDADE. ART. 224 DO CÓDIGO ELEITORAL. APLICABILIDADE. AUSÊNCIA DE INTERESSE RECURSAL. PARCIAL CONHECIMENTO E, NESSA PARTE, NÃO PROVIMENTO.[11]

Por outro lado, segundo entendem Thales Tácito Cerqueira e Camila A. Cerqueira (p. 221), em se tratando de AIME julgada procedente em relação a sistema proporcional de votos, os votos dados ao candidato que sofreu a impugnação através da AIME serão considerados como voto de legenda, não sendo, pois, anulados. Aplica-se, neste caso, o disposto no § 4º do artigo 175 do Código Eleitoral.

A mudança de entendimento sobre a questão da anulação dos votos, ou a sua transformação em votos de legenda (no caso de eleições proporcionais) decorre de uma interpretação sistemática do Ordenamento Jurídico no que tange à lisura das eleições. A AIME tem por finalidade a proteção da lisura das eleições contra fraude, corrupção ou abuso do poder econômico. Diversos dispositivos, como é obvio, da Legislação Eleitoral também possuem tal desiderato, como acontece, por exemplo, com o artigo 222 do Código Eleitoral que determina:

---

11. Recurso Especial Eleitoral nº 28391; rel. Min. José Augusto Delgado; *DJ – Diário da Justiça*, data: 14.4.2008.

> Art. 222. É também anulável a votação, quando viciada de falsidade, fraude, coação, uso de meios de que trata o art. 237, ou emprego de processo de propaganda ou captação de sufrágios vedado por lei.

Por outro lado, o artigo 237 do CE, a que remete o artigo 222 do mesmo diploma legal, estabelece que:

> Art. 237. A interferência do poder econômico e o desvio ou abuso do poder de autoridade, em desfavor da liberdade do voto, serão coibidos e punidos.

Desta forma, é a própria legislação eleitoral que declara a nulidade dos votos em relação à eleição viciada por fraude, corrupção ou abuso do poder econômico.

Essa nulidade só não vai ocorrer quando a procedência da AIME se dá em relação a eleição pelo sistema proporcional, como já afirmado, em que os votos permanecem com a legenda. Em relação às eleições pelo sistema majoritário, a aplicação ou não do artigo 224 do Código Eleitoral acaba por trazer aplicação prática relevantíssima. Caso o candidato eleito tenha obtido a maioria absoluta dos votos, aplica-se a regra estabelecida no citado dispositivo legal, considerando-se, pois, prejudicada toda a eleição. Com isso, seria necessária uma nova eleição, da qual não poderia fazer parte o candidato que deu causa à nulidade, para se definir os legitimamente eleitos.

Por outro lado, com a atual redação do art. 224, § 3º, do Código Eleitoral, em se tratando de AIME ajuizada em eleição para cargo majoritário, a sua procedência trará por consequência a anulação da eleição, independentemente do número de votos anulados. Nas eleições proporcionais, a nulidade só ocorrerá caso mais de 50% dos votos tenham sido anulados.

→ 14.9. Resumo didático

1.	O prazo para ajuizamento da AIME é de 15 dias contados da diplomação.
2.	A Ação de Impugnação ao Mandato Eletivo corre em segredo de justiça, sendo exceção à Regra Constitucional de publicidade nos processos judiciais.
3.	Não é cabível AIME nos casos de abuso de poder político.

4. O rito da AIME é o rito da AIRC, por ser este o rito ordinário cível eleitoral.

5. Podem ajuizar AIME o Ministério Público Eleitoral, os candidatos, a coligação e os partidos políticos.

6. O posicionamento atual da jurisprudência do TSE é no sentido de serem consequências da AIME: a perda do mandato eletivo e a nulidade dos votos atribuídos ao cassado. A inelegibilidade não é, segundo o TSE, consequência da AIME.

→ 14.10. Questões

1) **(FGV) Deputado estadual disputando reeleição descobre que um candidato de outro partido vem realizando em sua campanha atos que configuram, em tese, abuso de poder econômico. Desejando cassar seu registro ou eventual diploma por esse motivo, o deputado em questão poderá ajuizar:**
   a) Ação de Investigação Judicial Eleitoral, desde que o faça até a data da diplomação;
   b) Ação de Impugnação de Mandato Eletivo, desde que o faça até 15 dias após a eleição;
   c) Recurso contra Expedição de Diploma, desde que o faça até 3 dias depois da diplomação;
   d) Ação de Impugnação de Registro de Candidatura, desde que o faça até a data da eleição;
   e) Representação por conduta vedada, desde que o faça até 15 dias após a eleição.

2) **(CESPE) Acerca da ação de impugnação de mandato eletivo, assinale a opção correta conforme entendimento pacificado do TSE.**
   a) A reprovação das contas de campanha de um candidato a cargo majoritário implica a sua cassação, cabendo ao MPE propor, dentro do prazo legal, a ação de impugnação de mandato eleitoral.
   b) É incabível agravo contra decisões interlocutórias em uma ação de impugnação de mandato eletivo, pois não há previsão desse recurso no Código Eleitoral. Contudo, será cabível a impetração de mandado de segurança caso a parte prejudicada queira revisão da decisão judicial pelo TRE.
   c) Julgado procedente o pedido na ação de impugnação de mandato eletivo em uma eleição majoritária cuja nulidade atinja mais da metade dos votos, deve o magistrado, observando o mesmo regime procedimental estabelecido para

a ação de investigação judicial eleitoral, convocar os demais candidatos, de acordo com a votação.

d) O provimento judicial na ação de impugnação de mandato eletivo lastreia-se em fatos e provas robustas, fato que impossibilita a aplicação, pelo juízo eleitoral, do instituto do julgamento antecipado da lide.

e) Haverá litisconsórcio passivo necessário entre o prefeito e seu vice na ação de impugnação de mandato eletivo, cabendo ao juiz eleitoral extinguir o processo sem resolução do mérito na hipótese de o vice-prefeito, transcorrido o prazo para a sua propositura, não estar incluso no polo passivo.

3) (CIEE) Quanto ao mandato eletivo, este poderá ser impugnado ante a Justiça Eleitoral no prazo legal, contados da diplomação, instruída a ação com provas de abuso do poder econômico, corrupção ou fraude. Assinale a alternativa que apresenta este prazo.

a) 15 (quinze) dias.

b) 30 (trinta) dias.

c) 45 (quarenta e cinco) dias.

d) 5 (cinco) dias.

4) (VUNESP) A ação de impugnação de mandato eletivo, prevista na Constituição Federal, pode ser proposta

a) pelo Ministério Público, por partido político, coligação ou candidato nas hipóteses de abuso do poder econômico, corrupção e fraude eleitoral

b) pelo Ministério Público, por partido político, coligação, candidato ou pré--candidato nas hipóteses de abuso do poder, captação ilícita de sufrágio ou ocorrência de alguma das condutas vedadas aos agentes públicos e uso da máquina administrativa

c) exclusivamente pelo cidadão no gozo dos direitos políticos, nas hipóteses de falta de condição de elegibilidade, incidência de inelegibilidades ou descumprimento de formalidade legal no registro de candidatura.

d) exclusivamente pelo candidato eleito e diplomado nas hipóteses de inelegibilidade ou incompatibilidade de candidato

e) exclusivamente pelo candidato eleito na hipótese de erro de direito ou de fato na determinação do quociente eleitoral e classificação de candidato.

5) (VUNESP) Assinale a alternativa correta.

a) A ação de impugnação de mandato tramitará em segredo de justiça, respondendo o autor, na forma da lei, se temerária ou de manifesta má-fé.

b) O eleitor inscrito em Zona Eleitoral do Brasil, maior de 18 anos e até 70 anos, que se encontrar em trânsito no exterior na data do pleito, terá o prazo de 90 dias para justificar sua ausência em cada turno das eleições em que deixou de exercer o sufrágio, ou até 60 dias contados da data do retorno ao Brasil.

c) São privativos de brasileiro nato os cargos de Presidente e Vice-Presidente da República; de Presidente da Câmara dos Deputados; de Presidente do Senado Federal; de Ministro do Supremo Tribunal Federal; da carreira diplomática; de oficial das Forças Armadas; de Ministro de Estado da Defesa e de Governadores de Estado.

d) Compete aos Tribunais Regionais Eleitorais decidirem e conhecerem as arguições de inelegibilidade, quando se tratar de candidato a Governador e Vice-Governador de Estado e do Distrito Federal, Deputado Estadual e Deputado Distrital e Prefeito e Vice-Prefeito.

e) São casos de perda dos direitos políticos: o cancelamento da naturalização por sentença transitada em julgado, a recusa em cumprir prestação alternativa estipulada na escusa de consciência e a condenação criminal proferida por órgão colegiado.

GABARITO

1 – A	2 – E	3 – A	4 – A	5 – A

CAPÍTULO 15

CONDUTAS VEDADAS AOS AGENTES PÚBLICOS EM CAMPANHA

15.1. INTRODUÇÃO

Conforme já afirmado, o Direito Eleitoral tem por escopo a garantia da lisura das eleições. Somente assim é que se terá condições de assegurar a legitimidade da escolha popular, bem como a própria concretização da democracia.

Ocorre que a lisura das eleições e, por consequência, a legitimidade da escolha popular passam pela igualdade de condições da disputa eleitoral. O pleito disputado sem se tomar por base a igualdade não será legítimo. E a igualdade deve ser considerada objetivamente, nos termos da Lei.

Por outro lado, sabe-se que todo agente público possui uma série de prerrogativas para atuar. Essas prerrogativas existem como uma forma de instrumentalizar essa atuação, permitindo, assim, alcançar a finalidade da atuação. Ou seja, todo poder está intimamente ligado ao dever. As prerrogativas servem apenas de meio para o agente público atuar. Exatamente por isso, essas prerrogativas são irrenunciáveis, como bem enuncia a Lei nº 9.784/99.

Neste sentido, ensina Celso Antônio Bandeira de Mello:

> Existe função quando alguém está investido no dever de satisfazer dadas finalidades em prol do interesse de outrem, necessitando, para tanto, manejar os poderes requeridos para supri-las. Logo, tais poderes são instrumentais ao alcance das sobreditas finalidades. Sem eles, o sujeito investido na função na teria como desincumbir-se do dever

posto ao seu cargo. Donde, quando os titulariza maneja, na verdade, "deveres-poderes", no interesse alheio. (2012, p. 72).

A lógica apresentada no artigo 73 da Lei nº 9.504/97 é exatamente impedir que as prerrogativas, que deveriam ser manejadas pelos agentes públicos para alcançar o interesse coletivo, acabem servindo ao auxílio de partido ou candidato, desequilibrando, desta maneira, o pleito eleitoral. Assim, é evidente que a vedação das condutas pela norma citada, tem por escopo garantir o equilíbrio das oportunidades nas eleições.

Neste sentido, dispõe o artigo 73 da Lei nº 9.504/97:

> Art. 73. São proibidas aos agentes públicos, servidores ou não, as seguintes condutas tendentes a afetar a igualdade de oportunidades entre candidatos nos pleitos eleitorais.

Estando expressa a Lei das Eleições, fica evidente a proteção à igualdade de oportunidades no pleito eleitoral. Vale ressaltar que essa igualdade de oportunidades respeita dois princípios muito caros à Administração Pública: o Princípio da Impessoalidade e o Princípio da Moralidade. Neste sentido, há preciosa lição de Rui Stoco e Leandro Stoco:

> Os arts. 73 e ss. da Lei 9.504/97 têm como objetivo, apoiados nos princípios da moralidade e probidade administrativa e da isonomia, resguardar o equilíbrio na disputa eleitoral. Assim, as condutas nele descritas trazem a presunção de ofensa à igualdade de oportunidades entre os candidatos que disputam o pleito (2010, p. 109).

Colocada a questão sobre a finalidade da vedação às condutas previstas na lei, outras duas questões se fazem necessárias. A primeira diz respeito ao conceito de agentes públicos.

Como se sabe, o conceito de agente público é bastante amplo. Considera-se agente público toda pessoa física que exerce, remuneradamente ou não, atividade própria de Estado, independentemente da espécie de vínculo que mantém com a Administração Pública. O saudoso Hely Lopes Meirelles lecionava, sobre o assunto, que: "São todas as pessoas físicas incumbidas, definitiva ou transitoriamente, do exercício de alguma função estatal" (2012, p. 76).

A própria Lei das Eleições, no § 1º do artigo 73, terminou por conceituar agente público, sem fugir do conceito tradicional empregado na doutrina. Dispõe o aludido dispositivo que:

> Art. 73. (...)
>
> § 1º Reputa-se agente público, para os efeitos deste artigo, quem exerce, ainda que transitoriamente ou sem remuneração, por eleição, nomeação, designação, contratação ou qualquer outra forma de investidura ou vínculo, mandato, cargo, emprego ou função nos órgãos ou entidades da administração pública direta, indireta, ou fundacional.[1]

ATENÇÃO: Agente público é toda pessoa física que presta atividade própria de Estado.

Assim, pode-se perceber que o conceito de agente público é bastante extenso, indo além do próprio conceito de servidor. Por outro lado, a segunda questão diz respeito à necessidade, ou não, da conduta praticada ter, efetivamente, favorecido a determinada campanha eleitoral ou partido político, para que ocorra a punição.

Filiamo-nos à corrente doutrinaria majoritária,[2] sobre o assunto, que entende não haver necessidade de se provar ter ocorrido, efetivamente, o benefício a campanha ou partido para que as penalidades previstas em lei sejam aplicadas. A realidade é que a Lei nº 9.504/97 tipifica algumas condutas que, praticadas por agentes públicos, serão consideradas como ilícitas, pois são vedadas. Neste caso, a quebra da igualdade de oportunidades é presumida pela norma.

Também neste sentido, há a jurisprudência do TSE:

> Eleição 2004. Recurso Especial. Representação. Conduta vedada (art. 73, IV e VI, b, da Lei nº 9.504/97). Não configurada. Cassação do registro. Impossibilidade. (...) As condutas vedadas julgam-se objetivamente. Vale dizer, comprovada a prática do ato, incide a penalidade. As normas são rígidas. Pouco importa se o ato tem potencialidade para afetar o resultado do pleito. Em outras palavras, as chamadas condutas vedadas presumem comprometida a igualdade na competição, pela só comprovação

1. Cabe destacar que a jurisprudência aponta a não aplicação do disposto no artigo 73 a empregados de serviços sociais autônomos, por se tratarem de entidades paraestatais e que, portanto, não fazem parte da Administração Pública. Há um interessante julgado sobre o assunto, do TRE/CE (Repres. nº 11.296 – rel. Des. Francisco Roberto Machado – j. em 24.11.2003), citado por Rui Stoco e Leandro Stoco (2010, p. 111).
2. No mesmo sentido da tese empregada nesta obra estão os posicionamentos de Rui Stoco e Leandro Stoco (2010, p. 110) e Adriano Soares da Costa (2009, p. 580).

da prática do ato. Exige-se, em consequência, a prévia descrição do tipo. A conduta deve corresponder ao tipo definido previamente. A falta de correspondência entre o ato e a hipótese descrita em lei poderá configurar uso indevido do abuso de autoridade, que é vedado; não "conduta vedada", nos termos da Lei das Eleições. Recursos Especiais conhecidos, mas desprovidos" (Ac. nº 24.795, de 26.10.2004, do TSE).

Por isso, realizada a conduta, ainda que não se prove ter ocorrido benefício a campanha ou partido, a ilegalidade do ato se impõe. Basta que o ato produzido tenha correspondência direta ao quanto previsto na lei. É evidente, no entanto, que quanto mais se prove a incidência da conduta, no auxílio a campanha ou partido, mais grave será a pena a ser aplicada, como será observado posteriormente.

Já esclarecidas as bases do assunto, cumpre-nos observar as condutas que são vedadas aos agentes públicos.

15.2. CONDUTAS VEDADAS

As condutas vedadas aos agentes públicos, para manutenção do equilíbrio do pleito, estão previstas nos artigos 73 e seguintes da Lei nº 9.504/97. Pelo menos, essas são as condutas vedadas consideradas genéricas[3]. Há, ainda, condutas específicas nos termos previstos nos art. 75 e 77 da mesma Lei, como será visto adiante.

15.2.1. Cessão e uso de bens móveis ou imóveis pertencentes à Administração Pública

A utilização dos bens da Administração Pública deve servir de instrumento para suprir as necessidades sociais. O interesse público é indisponível, e a estrutura do Estado não pode servir para outra coisa que não suprir esse interesse. É evidente, pois, que se os bens são utilizados para finalidade diversa do interesse público, a atuação do agente passa a ser ilegal. Ocorre o que se convencionou a chamar de desvio de finalidade.

Para o Direito Eleitoral, o desvio de finalidade é importante quando se utiliza de um bem, em benefício de campanha ou de partido político,

3. Esse é o entendimento dos professores Thales Tácito e Camila Cerqueira (p. 602), a que nos filiamos regiamente.

criando um desequilíbrio no pleito eleitoral. Neste sentido, dispõe o artigo 73, I, que é proibido:

> Art. 73. (...)
>
> I – ceder ou usar, em benefício de candidato, partido político ou coligação, bens móveis ou imóveis pertencentes à administração direta ou indireta da União, dos Estados, do Distrito Federal, dos Territórios e dos Municípios, ressalvada a realização de convenção partidária;

O dispositivo é bem claro quando traça a proibição. Haveria, inclusive, nesta atuação, um financiamento ilegal da campanha eleitoral, além de abuso de poder político. É evidente, no entanto, que a cessão, para ser proibida deve ter uma finalidade eleitoral, pois, neste caso, a norma determina que exista benefício para partido, candidato ou coligação. Caso haja cessão ou uso de bem, que não tenha relação com às eleições, o tipo objetivamente não se realiza e, portanto, não há proibição.

Neste sentido:

> Recurso cível. Representação por infração ao art. 73, I, e art. 41-A da Lei 9.504/97. Cessão de ônibus pertencente à Prefeitura local, para transporte de membros de comunidades religiosas para festividades em outras regiões. Ausência de comprovação do caráter eleitoral. Não configuração. Desprovimento do recurso (TRE/SP – Rec. Cível nº 22.834 – Ac. nº 151649 – rel. Juiz Paulo Sunao Shintate – j. em 26.10.2004).[4]

Por outro lado, Rui Stoco e Leandro Stoco (2010, p. 116) interpretam o dispositivo para incluir bens, que apesar de não pertencerem a entidades da Administração Pública, estão sob a sua posse. Assim:

> Embora o dispositivo fale em bens que pertençam ao erário público, o certo é que não se exige a propriedade sobre a coisa, bastando que ela esteja sob a posse da administração. Assim, ainda que o bem não pertença à Administração Pública direta ou indireta, mas encontrando-se aquele sob a sua responsabilidade, persiste a vedação.

A proibição não ocorrerá, no entanto, por motivos óbvios, aos bens de uso comum, considerado aqui o conceito traçado no artigo 37, § 4º, da Lei das Eleições, como já visto no capítulo desta obra sobre propaganda

4. Jurisprudência citada por Rui Stoco e Leandro Stoco (2010, p. 117).

eleitoral. Neste sentido, encontra-se jurisprudência no TSE, como se verifica no seguinte aresto:

> Conduta vedada. Não caracterização. Uso de estádio de futebol. Bem público de uso comum. Recurso especial não admitido. Improvimento ao agravo regimental. Precedentes. Inteligência do art. 73, I, da Lei 9.504/97. A vedação de uso de bem público, em benefício de candidato, não abrange bem público de uso comum (Ac. nº 25.377, de 1º.8.2006, do TSE).

Por outro lado, Adriano Soares da Costa (2009, p. 582), no que tange ao conceito de cessão ou uso, interpreta o dispositivo restritivamente, para o aludido mestre:

> É toda e qualquer utilização dos bens públicos que é reputada ilegal? Não nos parece seja assim. Não há proibição de filmagens dos prédios e monumentos públicos, nem de obras públicas, para serem as imagens utilizadas em campanha eleitoral, porque aí não haverá utilização ou cessão do bem em sentido próprio, que tenha qualquer teor de ilicitude. Se um prédio público era abandonado e esquecido, tendo sido posteriormente reformado pela Administração, poderá ser mostrado para o eleitorado, como prestação de contas da atividade administrativa. Nada obstante, sendo de ruína as imagens, também elas poderão ser exploradas pelos adversários, para que a população tome o exato conhecimento das omissões havidas, e então decida pela manutenção ou não daquele Administrador. Aliás, as propagandas eleitorais cansam de mostrar corredores de hospitais, salas de aula em funcionamento, programas sociais sendo realizados, etc.

A Lei das Eleições, em relação à proibição sobre os bens, estabelece, por igual, algumas exceções. A primeira está no próprio artigo 73, I, no qual admite-se a cessão de bem imóvel, gratuitamente, para a realização de convenção partidária. Mais que uma permissão, trata-se de uma obrigação do administrador do bem ceder o imóvel. Deverá o partido para o qual se cedeu o bem ser responsabilizado por qualquer dano cometido a ele, no período de sua utilização.

ATENÇÃO. Bens imóveis públicos devem ser cedidos para realização de convenção partidária.

A segunda exceção está prevista no artigo 37, § 2º, da LE. Segundo tal dispositivo:

> A vedação do inciso I do *caput* não se aplica ao uso, em campanha, de transporte oficial pelo Presidente da República, obedecido o disposto no art. 76, nem ao uso, em campanha, pelos candidatos a reeleição de Presidente e Vice-Presidente da República, Governador e Vice-Governador de Estado e do Distrito Federal, Prefeito e Vice-Prefeito, de suas residências oficiais para realização de contatos, encontros e reuniões pertinentes à própria campanha, desde que não tenham caráter de ato público.

É necessário que o dispositivo seja destrinchado. Inicialmente, o Presidente da República, que esteja em campanha eleitoral para sua reeleição, poderá utilizar-se de veículos oficiais, desde que haja o correto ressarcimento. Esse ressarcimento, de acordo com o artigo 76 da LE, deverá ser realizado pelo partido ou coligação a que o candidato à reeleição esteja vinculado.

O aludido ressarcimento deverá tomar por base o tipo de transporte utilizado e a respectiva tarifa de mercado cobrada no trecho correspondente, ressalvado o uso de avião presidencial. Neste último caso, deve-se tomar por base o valor referente ao aluguel de uma aeronave de propulsão a jato do tipo táxi aéreo. Esses valores serão cobrados no prazo de 10 dias úteis da realização da eleição, ou de seu segundo turno. Não havendo ressarcimento, no prazo estipulado pelo órgão de controle interno, o fato deverá ser comunicado ao Ministério Público Eleitoral. A pena pela ausência do ressarcimento é de multa, no valor correspondente ao dobro das despesas, duplicada a cada reiteração.

Segundo enuncia a norma, a utilização de veículos oficiais em campanha é admitida apenas para o Presidente da República. Sobre essa exceção, não há extensão para os demais chefes dos Executivos (estaduais, distrital e municipais).

De outro lado, admite-se a utilização das residências oficiais do Presidente da República, dos Governadores dos Estados e do Distrito Federal, bem como dos Municípios. Este mesmo direito é estendido ao Vice-Presidente, ao Vice-Governador e ao Vice-Prefeito. Essa utilização é realizada para contatos, encontros e reuniões pertinentes à campanha eleitoral, desde que não tenham caráter de ato público.

15.2.2. Usar materiais ou serviços custeados pelo Poder Público

Dispõe o artigo 73, II, da Lei nº 9.504/97 que:

> Art. 73. (...)
>
> II - usar materiais ou serviços, custeados pelos Governos ou Casas Legislativas, que excedam as prerrogativas consignadas nos regimentos e normas dos órgãos que integram;

Cabe, inicialmente, uma crítica ao dispositivo. Melhor seria se o dispositivo apenas deixasse claro que não se admite a utilização de materiais e serviços dos governos ou casas legislativas com fins eleitorais. A redação das normas jurídicas deve ser a mais clara possível, em auxílio ao esforço hermenêutico em sua integração.

Como já afirmado, dentre os Princípios aplicados à Administração Pública está o Princípio da Impessoalidade. Este princípio faz com as prerrogativas sejam utilizadas em prol do interesse comum. Neste sentido, leciona Adriano Soares da Costa (2009, p. 582):

> As prerrogativas para o exercício do mandato político são concedidas para facilitar o seu melhor desempenho, de acordo com a importância e dignidade do cargo.

Por isso, como se sabe as cotas de xerox, utilização de serviços dos CORREIOS, dentre outros, não podem ser utilizados com a finalidade eleitoral. Caso contrário, haveria nítido desequilíbrio no pleito, em discordância com o previsto no Ordenamento Jurídico.

Segundo entende o TSE:

> Deputados. Trabalhos gráficos. Possibilidade de que sejam fornecidos pela câmara, no ano eleitoral, desde que relativos à atividade parlamentar e com obediência às normas estabelecidas em ato da mesa, vedada sempre qualquer mensagem que tenha conotação de propaganda eleitoral (Resolução nº 20.217, de 2.6.98, do TSE).

Desta forma, é vedado utilizar-se desses serviços e materiais custeados pela Administração para fins eleitorais. Vale ressaltar, no entanto, que a Lei das Eleições (art. 36-A, IV), atualmente, admite que, mesmo antes do dia 16 de agosto do ano das eleições, haja a divulgação de atos parlamentares. Esses atos podem ser divulgados através de material e serviços custeados pela Administração. É uma espécie de prestação de contas da atividade do parlamentar.

Mas essa divulgação não pode descambar para a propaganda eleitoral. Se um parlamentar, além de divulgar suas atividades, pede expressamente votos, incorrerá, não apenas na infração de propaganda antecipada, caso realizada antes de 16 de agosto, como também na proibição constante do artigo 73, II, ora analisado.

Vale ressaltar preciosa lição do professor Edson de Resende Castro (2012, p. 381), para quem:

> Vereadores, Deputados e Senadores normalmente têm uma cota de utilização do Correio, das máquinas reprográficas (xerox), do telefone, etc., e não poderão excedê-la. Se a excedem sem finalidades eleitorais, a questão se resolve administrativamente. Entretanto, se o abuso da prerrogativa prevista no regimento voltar-se para a candidatura própria ou de terceiro, o agente público incorre na vedação deste inciso e está sujeito às sanções de multa e cassação.

15.2.3. Cessão ou utilização de servidor para fins eleitorais

À semelhança do que foi observado no tópico anterior, há expressa proibição de cessão ou utilização de servidores para trabalhar em comitês eleitorais, durante o horário de expediente. Assim, determina o artigo 73, III, que é vedado:

> Art. 73. (...)
>
> III – ceder servidor público ou empregado da administração direta ou indireta federal, estadual ou municipal do Poder Executivo, ou usar de seus serviços, para comitês de campanha eleitoral de candidato, partido político ou coligação, durante o horário de expediente normal, salvo se o servidor ou empregado estiver licenciado;

O dispositivo citado traz duas exceções bem evidentes. A primeira diz respeito à atuação do servidor público fora do horário de expediente. Como se sabe, ao servidor é possível a atuação político-partidária, a não ser nas hipóteses expressamente vedadas. É o que acontece, apenas para exemplificar, com os servidores da Justiça Eleitoral, para os quais a atividade político-partidária é expressamente vedada, nos termos do artigo 366 do Código Eleitoral.

Mas é evidente que essa atuação político-partidária, ainda quando permitida ao servidor, não poderá ser realizada durante o horário de expediente. A justificativa é óbvia. Os vencimentos dos servidores são pagos pelos cofres públicos. Por isso, a sua utilização deve estar relacionada com a prestação do serviço. Desviar servidor de suas normais atividades para atuação em serviço particular pode se constituir, inclusive, em ato de improbidade administrativa.

A segunda exceção possui a mesma justificativa da primeira. É possível que o servidor atue em comitê eleitoral, desde que esteja licenciado. Nesta hipótese, como ele não está prestando seus serviços para a repartição, não há porque ocorrer qualquer impedimento para seu engajamento político-partidário neste período.

Vale, ainda, destacar que o TSE tem entendimento segundo o qual, a cessão de servidores para comitês eleitorais, durante o horário de expediente e quando ele não se encontre em licença, pode ocorrer a qualquer momento e não necessariamente no período eleitoral. Neste sentido:

> Conduta vedada. Tipicidade. Período de configuração. Para a incidência dos incisos II e III do art. 73 da Lei nº 9.504/97, não se faz necessário que as condutas tenham ocorrido durante o período de três meses antecedentes ao pleito, uma vez que tal restrição temporal sé está expressamente prevista nos ilícitos a que se referem os incisos V e VI da citada disposição legal. Agravo regimental não provido (Ac. nº 35546, de 6.9.2011, do TSE).

15.2.4. Fazer ou permitir uso promocional em favor de bens e serviços de caráter social

O dispositivo sob comento (art. 73, IV, da LE) não proíbe a distribuição de bens e serviços de caráter social, até mesmo porque essas atividades têm por característica a continuidade. O que se veda, apenas, é o seu uso eleitoreiro. Esta é a interpretação mais lógica da vedação contida naquele dispositivo que enuncia:

> Art. 73. (...)
>
> IV – fazer ou permitir uso promocional em favor de candidato, partido político ou coligação, de distribuição gratuita de bens e serviços de caráter social custeados ou subvencionados pelo Poder Público;

Assim, não se poderia exigir a suspensão da distribuição gratuita de bens ou a prestação de serviços de caráter social. A Administração não pode paralisar a sua busca pela satisfação das necessidades coletivas em virtude da realização do pleito eleitoral. O serviço é contínuo. No mesmo sentido do quanto aqui disposto, encontra-se remansosa jurisprudência do TSE:

> Agravo regimental. Agravo de instrumento. Eleições 2004. Casamento comunitário. Conduta vedada a agente público (art. 73, IV, da Lei nº 9.504/97). Descaracterização. Impossibilidade de reexame de provas. Dissídio jurisprudencial não configurado. A lei eleitoral não proíbe a prestação de serviço social custeado ou subvencionado pelo poder público nos três meses que antecedem a eleição, mas sim o seu uso para fins promocionais de candidato, partido ou coligação (Ac. nº 5.283, de 9.11.2004, do TSE).

Evidentemente, é necessário observar-se o caso concreto para nele perceber se houve a violação do dispositivo ou não. Isso porque o termo "caráter social" não é de tão fácil conceituação. Neste sentido, lecionam Rui Stoco e Leandro Stoco (2010, p. 124-125) que:

> Ocorre, entretanto, que não é tarefa fácil identificar qual ação estatal carrega o objetivo mediato ou imediato de erradicar a pobreza e a marginalização e reduzir as desigualdades sociais e regionais, tendo em vista que a Constituição Federal, no seu art. 3º, diz que aquelas intenções são os objetivos fundamentais da República Federativa do Brasil. Nesse diapasão, todo e qualquer ato administrativo levaria consigo a finalidade de erradicar a pobreza e reduzir as desigualdades, ou mesmo fomentar o bem-estar social. Portanto, para a aplicação do dispositivo sob análise, outra solução não resta senão analisar cada caso concreto.

É necessário, para que ocorra o ilícito citado, que tenha havido efetiva distribuição de bens ou prestação de serviço e que se comprove o uso eleitoreiro, que pode ocorrer por ação ou por omissão. Adriano Soares da Costa (2009, p. 283) leciona que:

> A norma jurídica veda que se faça (ato) ou se permita (omissão) o uso promocional em favor de algum candidato de distribuição gratuita de bens e serviços de caráter social custeados ou subvencionados pelo Poder Público. Para que a norma incida é necessário que: (a) haja distribuição de bens ou serviços custeados pelos cofres públicos; e (b)

que se faça ou permita uso promocional de candidato. Para a aplicação da norma em um caso concreto é necessária a prova da distribuição efetiva do bem e do proveito promocional para alguma candidatura.

Ainda seguindo a mesma linha e tendo o mesmo fundamento, há outra proibição para os agentes públicos estabelecida no § 10 do artigo 73 da Lei das Eleições:

> Art. 73. (...)
>
> § 10. No ano em que se realizar eleição, fica proibida a distribuição gratuita de bens, valores ou benefícios por parte da Administração Pública, exceto nos casos de calamidade pública, de estado de emergência ou de programas sociais autorizados em lei e já em execução orçamentária no exercício anterior, casos em que o Ministério Público poderá promover o acompanhamento de sua execução financeira e administrativa.

Desta maneira, a distribuição de bens ou serviços gratuitos possíveis em ano de eleição é apenas de caráter social. Exige-se, ainda, que essa distribuição de caráter social esteja autorizada em lei e já em execução orçamentária no exercício anterior, podendo, inclusive, o Ministério Público acompanhar a sua execução financeira e administrativa. Essa distribuição de bens e serviços de caráter social não pode ser utilizada para fins eleitoreiros, como já visto antes.

ATENÇÃO: Só se admite distribuição de bens e serviços gratuitamente no ano das eleições, se esta for de caráter social, através de programa já autorizado em lei e em execução no exercício anterior, sendo proibida a sua utilização eleitoreira.

15.2.5. Admissão e dispensa de pessoal nos três meses que antecedem o pleito

A proibição do artigo 73, V, abrange dos três meses que antecedem às eleições e até a posse dos eleitos. Segundo este dispositivo, é vedado ao agente público:

> Art. 73. (...)
>
> V – nomear, contratar ou de qualquer forma admitir, demitir sem justa causa, suprimir ou readaptar vantagens ou por outros meios dificultar

> ou impedir o exercício funcional e, ainda, *ex officio*, remover, transferir ou exonerar servidor público, na circunscrição do pleito, nos três meses que o antecedem e até a posse dos eleitos, sob pena de nulidade de pleno direito, (...).

Por isso, pode-se dividir esse dispositivo em três partes. A primeira diz respeito à admissão de pessoal. Como já visto, a proibição abarca dos três meses que antecedem ao pleito até a posse dos eleitos. A proibição tem dupla finalidade: a) evitar que sejam admitidos no serviço público inúmeras pessoas que, por sinal de gratidão, acabem concedendo seus votos ao agente público que os admitiu ou a pessoa por ele apoiada, o que, por certo desequilibraria o pleito; b) a segunda finalidade é impedir o comprometimento do orçamento do futuro mandatário, através da admissão de novos agentes públicos. Exatamente por isso é que a proibição permanece até a posse dos eleitos e não mais apenas até a data da eleição.

Essa proibição é bastante ampla, pois veda todas as formas de admissão, aí incluindo a nomeação e a contratação de pessoal. Evidentemente, encontram-se algumas exceções. A primeira diz respeito à nomeação de cargos em comissão e a designação para função de confiança. Isso porque, como se sabe, tratam-se de cargos e funções vinculadas à confiança da autoridade competente e, por isso, são de sua livre nomeação e designação.

A segunda exceção é sobre a nomeação de alguns servidores, mesmo no período que abrange os três meses que antecedem o pleito e até a posse dos eleitos. Esta exceção abrange cargos vinculados à Presidência da República, bem como cargos do Poder Judiciário, do Ministério Público e dos Tribunais de Conselhos de Contas. Pelas atividades de tais órgãos, não se admite a espera do período previsto em lei.

> **ATENÇÃO:** Não importa quando foi realizado o concurso público para admissão de pessoal, a nomeação será possível quando se tratar de servidores vinculados à Presidência da República, ao Ministério Público, ao Poder Judiciário e aos Tribunais e Conselhos de Contas.

A terceira está relacionada à nomeação de servidores aprovados em concurso público, desde que seja o concurso homologado até os três meses que antecedem o pleito. Neste caso, a nomeação seria possível ainda que dentro do período vedado. Como já visto, essa restrição temporal para a homologação do concurso não existirá para os servidores vinculados à

Presidência da República, Ministério Público, Poder Judiciário e Tribunais ou Conselhos de Contas.

A quarta exceção possui uma justificativa óbvia. Trata-se de nomeação ou contratação necessária à instalação ou ao funcionamento inadiável de serviços públicos essenciais, com prévia e expressa autorização do Chefe do Poder Executivo. A única nota aqui a se ter um pouco mais de cuidado é o fato de que mesmo na contratação e nomeação para funcionamento de tais serviços, é obrigatória a autorização prévia do Chefe do Poder Executivo. Sem essa autorização, ainda que se trate de situação emergencial, a proibição se aplica.

A segunda parte da proibição desse inciso está a relacionada à demissão sem justa causa, bem como supressão ou readaptação de vantagens e, ainda, o impedimento ao exercício funcional. Deve-se, inicialmente, observar, que a demissão proibida é a demissão sem justa causa. Isso significa que, se houver justa causa para essa demissão, ela deverá ocorrer. A Administração Pública não é obrigada a manter em seus quadros pessoa que praticou falta grave, apenas por se tratar de período eleitoral. O que se veda é a demissão por perseguição política, e não aquela que ocorre nos termos da Lei.

De resto, a proibição da supressão ou readaptação de vantagens deve ocorrer para que não haja perseguição política a servidores ou o favorecimento de tantos outros para fins eleitorais. Isso também ocorre em relação ao impedimento ao exercício funcional. Nestes casos, a Lei presume que há uma finalidade eleitoreira nos atos vedados pelo artigo 73, V.

ATENÇÃO: Mesmo no período que vai dos três meses que antecedem o pleito até a posse dos eleitos, admite-se a demissão de servidor, desde que seja por justa causa. Aliás, em se tratando de servidor estatutário, a demissão é imposição de penalidade. Assim, tecnicamente, bastaria afirmar que o servidor foi demitido. De qualquer maneira, em havendo justa causa, a quebra do vínculo do servidor com a Administração é possível ainda que dentro dos três meses que antecedem a eleição.

Por fim, é proibido, no período já indicado, remover, transferir ou exonerar, de ofício, o servidor. De logo, observa-se que a remoção, transferência ou exoneração são possíveis, dentro dos três meses que antecedem o pleito e até a posse dos eleitos, desde que sejam tais atos requeridos pelo servidor. O que se impede é que tais atos ocorram de ofício.

ATENÇÃO: É possível a remoção, transferência e exoneração de servidor nos três meses que antecedem o pleito até a posse dos eleitos, caso sejam requeridas.

Em relação à proibição já vista, há duas exceções. A primeira, inclusive, já foi comentada. É possível a exoneração de servidor de cargo de provimento em comissão e também a dispensa de função de confiança. Por outro lado, é também possível a transferência ou remoção *ex officio* de militares, policiais civis e de agentes penitenciários.

15.2.6. Vedação de transferências voluntárias entre as entidades federativas

Um dos maiores entraves nas discussões acerca da reeleição sempre foi a possibilidade da utilização da máquina administrativa em prol daquele que está no exercício do poder e concorre à reeleição. O dispositivo sobre comento traz uma situação que pode se configurar em abuso. Está-se falando de transferências voluntárias realizadas pela União para os Estados e Município e dos Estados para seus Municípios. Tudo depende das alianças entre governantes para que esses repasses sejam realizados.

Como se sabe, os chefes do Executivo que estão concorrendo à reeleição, não raro, realizam uma série de obras já próximo ao pleito para que os eleitores observem seu trabalho. Isso pode trazer desequilíbrio ao pleito, principalmente quando, para realização dessas obras, ocorreu uma transferência voluntária.

Assim, determina o artigo 73, VI, *a*, da LE que é vedado nos três meses que antecedem o pleito:

> Art. 73, VI (...)
>
> *a)* realizar transferência voluntária de recursos da União aos Estados e Municípios, e dos Estados aos Municípios, sob pena de nulidade de pleno direito, ressalvados os recursos destinados a cumprir obrigação formal preexistente para execução de obra ou serviço em andamento e com cronograma prefixado, e os destinados a atender situações de emergência e de calamidade pública;

Ora, deve-se ter em mente que o que se proíbe é a transferência voluntária e não a compulsória. Neste sentido, lecionam Rui Stoco e Leandro Stoco que (2010, p. 134):

Por recursos voluntários devemos entender aqueles que não decorrem da repartição da receita tributária, obrigatória por força constitucional, de outras leis ou decorrente de ordem judicial, mas sim os recursos que são frutos da discrição e opção da autoridade governante. Com essa necessária especificidade, restam preservados os princípios da eficiência e continuidade da atividade administrativa, que norteiam, inclusive, as ressalvas constantes do mesmo dispositivo.

Esses recursos voluntários não podem ser repassados nos três meses que antecedem o pleito eleitoral. Em período anterior a este, a Lei Eleitoral não traz essa vedação.

Há, no entanto, duas exceções à proibição. A primeira diz respeito à obrigação formal preexistente para execução de obra ou serviço em andamentos e com cronogramas prefixados. Isso porque se a obrigação já existia anteriormente e se a obra ou serviço estão em execução, não haveria lógica em interrompê-los. O que se pretende é evitar o uso da máquina administrativa em favor de candidato ou partido, mas não se visa a paralisar a Administração, pois seus serviços são contínuos.

Na hipótese em comento, exige-se que o serviço ou a obra já tenham se iniciado antes do período vedado. A proibição ocorrerá, ainda que haja obrigação formal preexistente, mas a obra ou serviço não tenha se iniciado até três meses antes das eleições. Neste sentido, entende o TSE que:

> Art. 73, VI, a, da Lei nº 9.504/97. Convênio celebrado com o Governo do Estado para a pavimentação de ruas e construção de casas populares. Transferência voluntária de recursos no período vedado, destinados à execução de obra fisicamente iniciada nos três meses que antecedem o pleito. Resolução TSE nº 21.878, de 2004. À União e aos Estados é vedada a transferência voluntária de recursos até que ocorram as eleições municipais, ainda que resultantes de convênio ou outra obrigação preexistente, quando não se destinem à execução de obras ou serviços já iniciados fisicamente. Recursos especiais desprovidos (Ac. nº 25.324, de 7.2.2006, do TSE).

A segunda exceção é óbvia e diz respeito à utilização de recursos de transferências voluntárias para atender a situações de emergência ou de calamidade pública. Evidentemente, a decretação de emergência ou de calamidade pública devem seguir os parâmetros previstos nas normas que regulam o assunto, evitando assim a fraude em detrimento da proibição estabelecida.

15.2.7. Propaganda institucional

A proibição da propaganda institucional ocorre nos três meses que antecedem o pleito. O cuidado que se deve ter, e é esse o porquê da proibição, é impedir que se faça propaganda eleitoral, disfarçada de propaganda institucional, mostrando, nos três meses que antecedem o pleito, as realizações do agente público. O cuidado deve ainda ser redobrado quando se tratar de campanha para reeleição.

Por isso, dispõe o artigo 73, VI, *b*, que é vedado, nos três meses que antecedem a eleição:

> Art. 73, VI (...)
>
> *b)* com exceção da propaganda de produtos e serviços que tenham concorrência no mercado, autorizar publicidade institucional dos atos, programas, obras, serviços e campanhas dos órgãos públicos federais, estaduais ou municipais, ou das respectivas entidades da administração indireta, salvo em caso de grave e urgente necessidade pública, assim reconhecida pela Justiça Eleitoral.

Vale ressaltar, no entanto, que essa proibição só é aplicada na esfera administrativa, cujos cargos estão em disputa. Desta forma, se a eleição é municipal, por exemplo, a proibição não irá se aplicar ao âmbito estadual ou federal, nos termos determinados no § 3º do artigo 73:

> Art. 73. (...)
>
> § 3º As vedações do inciso VI do *caput*, alíneas b e c, aplicam-se apenas aos agentes públicos das esferas administrativas cujos cargos estejam em disputa na eleição.

Para que ocorra a proibição, é necessário que a propaganda seja custeada com valores públicos. Se o candidato à reeleição, com valores de campanha, trouxer em panfletos as suas realizações, não há qualquer tipo de irregularidade, pois se trata de propaganda eleitoral realizada na forma prevista em Lei. O que se impede é que a propaganda eleitoral seja realizada diretamente com valores dos cofres públicos, que deveriam ser utilizados para outros fins. Neste sentido:

> Representação. Candidatos. Prefeito e vice-prefeito. Panfletos. Distribuição. Menção. Realizações. Governo. Conduta vedada. Art. 73, VI, *b*, da Lei nº 9.504/97. Publicidade institucional. Não-configuração.

> Ausência. Pagamento. Recursos públicos. Decisão agravada. Execução imediata. Possibilidade.
>
> 1. A jurisprudência desta Corte Superior está consolidada no sentido de que é exigido, para a caracterização da publicidade institucional, que seja ela paga com recursos públicos. Nesse sentido: Acórdão nº 24.795, rel. Min. Luiz Carlos Madeira e Acórdãos nos 20.972 e 19.665, rel. Min. Fernando Neves.
>
> 2. A distribuição de panfletos em que são destacadas obras, serviços e bens públicos, associados a vários candidatos, em especial ao prefeito municipal, e que não foram custeados pelo erário, constitui propaganda de natureza eleitoral, não havendo que se falar na publicidade institucional a que se refere o art. 73, VI, *b*, da Lei 9.504/97. (...) (Ac. nº 25.049, de 12.5.2005, do TSE).

ATENÇÃO: A publicidade proibida nos três meses antes do pleito é aquela paga com valores dos cofres públicos.

O Tribunal Superior Eleitoral tem entendido também que é proibida a manutenção de cartazes e placas nas obras públicas que façam menção que tornem possível a identificação de autoridades, agentes ou administrações. Neste sentido:

> Embargos de declaração. Agravo regimental. Agravo de instrumento. Art. 73, VI, *b*, da Lei 9.504/97. Publicidade institucional. Manutenção. Período vedado. Reconhecimento. Tempestividade. Configura propaganda institucional vedada a manutenção de placas de obras públicas colocadas anteriormente ao período previsto no art. 73, VI, *b*, da Lei das Eleições, quando delas constar expressões que possam identificar autoridades, servidores ou administrações cujos cargos estejam em disputa na campanha eleitoral. Precedentes. (...) (Ac.nº 10.783, de 15.4.2010, do TSE).

Ainda nesse sentido:

> ELEIÇÕES 2016. AGRAVO REGIMENTAL. RECURSO ESPECIAL. REPRESENTAÇÃO. CONDUTA VEDADA AOS AGENTES PÚBLICOS EM CAMPANHA. ART. 73, VI, B, DA LEI 9.504/97. PUBLICIDADE INSTITUCIONAL. AFIXAÇÃO DE PLACA DE OBRA PÚBLICA NO PERÍODO VEDADO. OBRA REALIZADA EM PARCERIA ENTRE O GOVERNO DO ESTADO E A

> PREFEITURA MUNICIPAL. PRÉVIO CONHECIMENTO. DESPROVIMENTO.
> 1. A jurisprudência deste Tribunal é uníssona no sentido de que é permitida a manutenção das placas de obras públicas, desde que não seja possível identificar a administração do concorrente ao cargo eletivo.
> 2. O Tribunal de origem reconheceu a prática de publicidade institucional em período vedado, nos termos do art. 73, VI, b, da Lei 9.504/97, em razão da veiculação de placas que, além do brasão da prefeitura, constava a informação de que as obras eram realizadas em associação do Município com o Estado.
> 3. Ainda que a publicidade institucional tenha sido objeto de uma parceria entre dois entes da Federação e mesmo que fosse ela responsabilidade do Governo do Estado, cabe à municipalidade diligenciar para que as placas não fossem mantidas, segundo as características apuradas, a fim de se obedecer o comando proibitivo do art. 73, VI, b, da Lei 9.504/97, em virtude do período eleitoral alusivo ao pleito municipal.
> 4. As condutas vedadas do art. 73, VI, b, da Lei das Eleições possuem caráter objetivo, configurando-se com a simples veiculação da publicidade institucional dentro do período vedado, independente do intuito eleitoral.
> 5. A tese relativa à aplicação dos princípios da proporcionalidade e razoabilidade não foi suscitada nas razões do recurso especial, o que configura indevida inovação recursal em sede de agravo regimental.
> Agravo regimental a que se nega provimento. (Agravo Regimental no Agravo de Instrumento no 85-42/PR; Relator: Ministro Admar Gonzaga; DJE de 22.2.2018).

De outro lado, há duas exceções ao dispositivo. A primeira está relacionada a empresas estatais que atuam no mercado. Para estas, a propaganda é essencial ao desenvolvimento de suas atividades. A Administração Pública Indireta, como se sabe, é composta também por empresas. São empresas públicas e sociedades de economia mista. Há também outras empresas, denominadas de estatais, mas que não fazem parte da Administração Indireta, apesar de estarem sob o controle do Estado. O que importa, nesta situação, é que essas empresas prestem atividade econômica, nos termos do artigo 173 da CF. Nestes casos, a empresa atua em mercado, e, se não for possível a propaganda institucional, suas atividades ficam comprometidas, pois concorrem com empresas particulares, que, por sua vez, não estariam vinculadas à proibição da propaganda institucional. Eis o porquê da exceção.

A outra exceção é em relação de grave e urgente necessidade pública, assim reconhecida pela Justiça Eleitoral. Sobre esta grave e urgente necessidade, tem entendido o TSE que:

> Petição. Ministro da saúde. Campanha nacional de vacinação contra a poliomielite e rubéola. Autorização. 1. A vedação da divulgação de publicidade institucional, nos três meses que antecedem o pleito, aplica-se apenas aos agentes públicos das esferas administrativas cujos cargos estejam em disputa na eleição (art. 73, VI, *b*, § 3º, da Lei nº 9.504/97). 2. Divulgação autorizada, com a ressalva de que não deve constar referência aos entes municipais e de que deve ser observado o disposto no § 1º do art. 37 da Constituição (Resolução nº 22.891, de 7.8.2008, do TSE).

E ainda:

> Petição. Divulgação de publicidade institucional. Ministério da Defesa. Recrutamento de profissionais para as Forças Armadas. Campanha de divulgação de concursos públicos. Cartazes e filmetes de 30 segundos. Excepcionalidade. Autorização. 1. A divulgação de concursos públicos com a finalidade de selecionar profissionais para as Forças Armadas por meio da veiculação de cartazes e filmetes de 30 segundos, sem qualquer referência ao Governo Federal, enquadra-se na ressalva contida na parte final do art. 73, VI, b, da Lei nº 9.504/97. 2. Pedido de autorização deferido com a ressalva de ser observado o disposto no art. 37, § 1º, da Constituição Federal (Ac. nº 225743, de 25.8.2010, do TSE).

As proibições, no que tange à propaganda institucional, seriam, no entanto, inócuas, se fosse permitido aumentar em demasia o gasto com propaganda no período anterior aos três meses que antecedem o pleito eleitoral. A lógica é simples: sabendo da proibição da propaganda nos três meses antes das eleições, o agente público aumenta em demasia os gastos com a propaganda, no período anterior à proibição, para tentar antecipar o benefício que a propaganda institucional lhe traria no período eleitoral. Ocorre, no entanto, que a Lei das Eleições veda expressamente o aumento dos gastos com divulgação institucional, antes do período da vedação.

Assim, dispõe o artigo 73, VII, ser vedado:

> Art. 73. (...)
>
> VII – realizar, no primeiro semestre do ano de eleição, despesas com publicidade dos órgãos públicos federais, estaduais ou municipais, ou das respectivas entidades da administração indireta, que excedam

> a média dos gastos no primeiro semestre dos três últimos anos que antecedem o pleito;

Assim, não se faz possível gastar no primeiro semestre do ano das eleições valor superior a médias do primeiro semestre dos últimos 3 anos, medida que, por certo, vai dificultar a utilização indevida de publicidade institucional para fins eleitorais.

15.2.8. Pronunciamento em cadeia de rádio e televisão fora do horário eleitoral

Como já visto no capítulo referente à propaganda eleitoral, o candidato só pode se pronunciar, salvo as exceções legais, como debates e entrevistas, no horário eleitoral. É a forma encontrada pelo Ordenamento de garantir o equilíbrio no pleito. Evidentemente, o agente público tem um acesso aos meios de comunicação bem superior àquele relacionado a outras pessoas. Por isso, a Lei proíbe o pronunciamento em cadeia de rádio e televisão, fora do horário eleitoral gratuito.

Assim, dispõe o artigo 73, VI, *c*, que é vedado:

> Art. 73, VI. (...)
>
> *c)* fazer pronunciamento em cadeia de rádio e televisão, fora do horário eleitoral gratuito, salvo quando, a critério da Justiça Eleitoral, tratar-se de matéria urgente, relevante e característica das funções de governo;

Vale ressaltar que esta proibição ocorre nos três meses que antecedem ao pleito eleitoral e que só se aplica ao âmbito administrativo em que os cargos estão em disputa. Se a eleição é municipal, a proibição do pronunciamento em cadeia de rádio e televisão não se aplicará às autoridades federais e estaduais.

A exceção fica por conta de matéria urgente, relevante e característica das funções de governo, o que deve ocorrer a critério da Justiça Eleitoral.

15.2.9. Revisão da remuneração dos servidores públicos

O artigo 73, VIII, estabelece que é vedado:

> Art. 73. (...)
>
> VIII – fazer, na circunscrição do pleito, revisão geral da remuneração dos servidores públicos que exceda a recomposição da perda de seu

> poder aquisitivo ao longo do ano da eleição, a partir do início do prazo estabelecido no art. 7º desta Lei e até a posse dos eleitos.

Ora, a interpretação do dispositivo leva a algumas conclusões. A primeira é em relação ao período em que essa vedação ocorre. Infelizmente, a redação da norma em comento termina por dificultar o trabalho do exegeta, na medida em que remete a outro dispositivo a fixação do período em que a proibição ocorre. Como se percebe, o VIII do artigo 73 remete ao artigo 7º da Lei das Eleições, no que tange ao prazo da proibição. Ocorre, no entanto, que o *caput* do artigo 7º não traz prazo algum. O prazo trazido está no § 1º do art. 7º, designando-se como de 180 dias antes das eleições.

Isso criou algumas divergências doutrinárias.[5] Mas há uma definição jurisprudencial, que entendemos a mais correta, de que o período em que se faz proibida a revisão é aquele que vai de 180 dias antes das eleições até a posse dos eleitos. Neste sentido:

> Remuneração. Servidor público. Revisão. Período crítico. Vedação. Art. 73, inciso VIII, da Constituição Federal – A interpretação – literal, sistemática e teleológica – das normas de regência conduz à conclusão de que a vedação legal apanha o período de cento e oitenta dias que antecede às eleições até a posse dos eleitos (TSE – Resolução nº 22.252/2006 – Consulta nº 1.229/DF – rel. Min. Gerardo Grossi – redator para a Res. Min. Marco Aurélio – *DJ* 01.09.2006).[6]

ATENÇÃO: A proibição de revisão geral de remuneração de servidores na circunscrição eleitoral, que ultrapasse a recomposição da perda do poder aquisitivo, vai desde 180 dias antes das eleições até a posse dos eleitos.

De outro lado, nem toda revisão de remuneração é proibida. Em verdade, a vedação do artigo 73, VIII, diz respeito apenas às revisões que ultrapassem a recomposição da perda do poder aquisitivo ao longo do ano das eleições. Isto é, admite o aludido dispositivo que ocorra revisão remuneratória para manutenção do valor real dos vencimentos. Veda-se o aumento real, que é aquele que supera a mera recomposição das perdas com a inflação. Deste modo, lecionam Rui Stoco e Leandro Stoco (2010, p. 132) que:

---

5. Adriano Soares da Costa (2009, p. 590) entende que o prazo da vedação da revisão da remuneração começa no período destinado a convenções partidárias.
6. Decisão extraída do livro dos professores Rui Stoco e Leandro Stoco (2010, p. 134).

Por aumento real, ou recomposição da perda do poder aquisitivo ao longo da eleição, deve-se entender a revisão cujo índice ultrapassa a perda decorrente da inflação, verificada, no entendimento de grande parte da doutrina, desde 1º de janeiro do ano eleitoral.

Neste sentido:

> Subsídio. Revisão – Consoante dispõe o art. 73, VIII, da Lei 9.504/97, é lícita a revisão da remuneração considerada a perda do poder aquisitivo da moeda no ano das eleições (TSE – Resolução nº 22.317/2006 – Proc. Adm. nº 19.590/DF – rel. Min. Marco Aurélio – *DJ* de 28.08.2006).[7]

Então, caso se trate de mera recomposição do poder aquisitivo, ainda que realizada nos 180 dias que antecedem às eleições e até a posse dos eleitos, não haverá qualquer tipo de proibição. Por outro lado, para que a proibição ocorra, é necessário que se trate de revisão geral e na circunscrição do pleito. Assim, por exemplo, se a eleição é geral, a proibição não será aplicada aos servidores municipais.

Vale ressaltar que a remuneração de servidores públicos é feita por lei. Neste caso, a infração ao dispositivo ocorrerá com o mero envio do projeto de lei para o Poder Legislativo competente. Neste sentido:

> (...) 2. O encaminhamento de projeto de lei de revisão geral de remuneração de servidores públicos que exceda à mera recomposição da perda do poder aquisitivo sofre expressa limitação do art. 73, VIII, da Lei nº 9.504/97, na circunscrição do pleito, não podendo ocorrer a partir do dia 9 de abril de 2002 até a posse dos eleitos, conforme dispõe a Resolução/TSE nº 20.890, de 9.10.2001. 3. A aprovação do projeto de lei que tiver encaminhado antes do período vedado pela lei eleitoral não se encontra obstada, desde que se restrinja à mera recomposição do poder aquisitivo no ano eleitoral. (...) (Resolução nº 21.296, de 12.11.2002, do TSE).

15.2.10. Realização de inaugurações com shows artísticos

Segundo dispõe o artigo 75 da Lei nº 9.504/97:

> Art. 75. Nos três meses que antecederem as eleições, na realização de inaugurações é vedada a contratação de shows artísticos pagos com recursos públicos.

---

7. Decisão extraída do livro dos professores Rui Stoco e Leandro Stoco (2010, p. 134).

Observar-se que a proibição diz respeito à contratação de shows artísticos com dinheiro público. Em regra, a contratação de shows com dinheiro da iniciativa privada não é proibida. Mas não pode se revestir de caráter eleitoral, pois, como já visto, a propaganda através de shows é vedada, por se constituir em showmício, nos termos da lei. Essa é uma conduta vedada específica. Por isso, as regras aplicadas são diferentes das vistas nas hipóteses do art. 73 da LE, seja no rito apropriado da representação (que nesse caso segue o art. 96 da LE), seja na impossibilidade de aplicar a multa prevista no art. 73, § 4°, da Lei 9.504/97.

Sobre o assunto, o mestre Adriano Soares da Costa (2009, p. 600) leciona que:

> Na prática, entrementes, as implicações são tão problemáticas que terminam por inviabilizar a realização de inaugurações. O impedimento do uso de recursos públicos em tais atos de inauguração traz alguns problemas para as autoridades públicas. Como financiar a execução do evento? Os partidos políticos não poderiam bancar a festança, sob pena de serem responsabilizados por uso indevido de bens públicos para atos de campanha (art. 73, *caput,* desta lei eleitoral). Assim, apenas seria possível a inauguração festiva se alguma empresa bancasse o evento, ficando na possibilidade de ser acusada de prática ilícita de gastos eleitorais em favor de determinado candidato. Qual a empresa gostaria de ficar numa tal situação comprometedora, principalmente com a possibilidade de ser posteriormente perseguida pelos adversários?

15.2.11. Comparecimento a inaugurações de obras públicas

O artigo 77 da Lei das Eleições vai ainda mais longe. Proíbe o comparecimento de candidato a inaugurações de obras públicas. Dispõe o aludido dispositivo que:

> Art. 77. É proibido a qualquer candidato comparecer, nos 3 (três) meses que precedem o pleito, a inaugurações de obras públicas.

Vale ressaltar que, com a redação que foi dada ao dispositivo pela Lei nº 12.034/2009, a infração se concretiza com o simples comparecimento do candidato. Não há necessidade de uma atuação do candidato, como um discurso, por exemplo, para a verificação do ilícito. Neste mesmo sentido, encontramos lição de Edson Resende de Castro (2012, p. 405):

Substituiu-se a expressão "participação" pelo mero comparecimento, daí que a infração estará caracterizada pela só presença do candidato, sem necessidade de sua efetiva participação no evento.

Por outro lado, não há qualquer impedimento de comparecimento a inaugurações de obras particulares. É preciso ter em mente que a interpretação de dispositivos que limitam a aplicação de direitos políticos deverá ser restritiva.

Aquela proibição, no entanto, é aplicada apenas na circunscrição do pleito eleitoral. Nada impede que um candidato a cargo eletivo em um município participe de inauguração de obra em outro município nas eleições locais.

O Tribunal Superior Eleitoral, no entanto, entende que o descerramento de placa com novo nome de praça não se constitui em ilícito. Neste sentido:

> Recurso especial eleitoral. Recebimento. Recurso ordinário. Eleições 2010. Inauguração de obra pública. Art. 77 da Lei 9.504/97. Violação. Inexistência. Dissídio jurisprudencial. Similitude fática. Demonstração. Inexistência. Não provimento. (...) 2. A disciplina das condutas vedadas aos agentes públicos em campanha eleitoral visa coibir a utilização da máquina administrativa em benefício de determinada candidatura, o que não se verifica na espécie. Na espécie, o candidato compareceu à inauguração de obra promovida pelo seu adversário político, mas não auferiu vantagem político-eleitoral com o evento. Não incide, por isso, a sanção prevista no art. 77, parágrafo único, da Lei 9.504/97. 3. Recurso ordinário não provido (Ac. nº 646974, de 7.6.2011, do TSE).

ATENÇÃO: A proibição de comparecimento em inauguração de obra pública atinge todos os candidatos, na circunscrição do pleito, nos três meses que antecedem a eleição.

Atualmente, o período da campanha eleitoral é menor. Os pedidos de registro de candidatura podem ocorrer até o dia 15/08 do ano das eleições. Ou seja, a atual proibição do art. 75 da LE começa em período em que se sequer existe candidatura, mas apenas a intenção de certos cidadãos de se candidatar. Mesmo assim, o prazo indicado de 3 (três) meses antes das eleições deve ser respeitado.

O TSE trouxe uma noção de condição material de candidato. Essa condição é verificada quando antes do registro de candidatura, há a intenção de concorrer a mandato eletivo. A condição material de candidato é o suficiente para a incidência do presente dispositivo que determina uma proibição desde 3 meses antes das eleições, quando ainda não há formalização de qualquer candidatura (TSE, Respe 294-09).

Esse é o problema, já citado por várias vezes nessa obra, de se modificar constantemente a legislação. As incongruências normativas não param de surgir, aumentando demasiadamente o trabalho do intérprete.

O art. 77 também traz conduta vedada específica, pelo que, juntamente com o art. 75 da LE, não se encontra submetido às sanções previstas no art. 73, como será visto adiante.

15.3. PENALIDADES

As infrações citadas trazem por consequência a aplicação das penalidades prevista em Lei. Vale ressaltar que as infrações previstas no artigo 73 da Lei das Eleições se constituem também em atos de improbidade administrativa, nos termos do artigo 11 da Lei nº 8.429/92, conforme anota o artigo 73, § 7º, da Lei nº 9.504/97. Desta forma, além de se sujeitar às sanções da Lei das Eleições, o infrator ainda estará sujeito às penas previstas na Lei de Improbidade Administrativa, que devem ser aplicadas pelo órgão judiciário competente.

As penas previstas pelo cometimento das infrações do artigo 73 são: a) multa; e b) cassação do registro ou do diploma. Em relação à sanção pecuniária, ela pode ser aplicada no valor entre cinco e cem mil UFIRs. Evidentemente, a fixação do montante deve levar em conta a infração em si e suas consequências para o pleito eleitoral e respeitar o princípio da razoabilidade. Vale ressaltar que essa sanção pecuniária é aplicada aos agentes públicos responsáveis pela conduta e, ainda, aos partidos, coligações e candidatos que dela se beneficiarem.

ATENÇÃO: Os partidos beneficiados pelos atos que originaram a multa serão excluídos da distribuição do fundo partidário. Essa situação atingirá apenas o órgão partidário envolvido no ilícito.

De acordo com o § 6º do artigo 73 da Lei nº 9.504/97, as multas serão duplicadas a cada reincidência.

Por outro lado, é possível a cassação do registro ou diploma. Vale, no entanto, ressaltar que essa pena não é obrigatória e que vai ser aplicada apenas em situações graves. Assim, nem sempre se aplica a cassação, nas hipóteses de violação do artigo 73 da LE. Neste sentido:

> (...) 1. A prática de conduta vedada do art. 73 da Lei das Eleições não conduz necessariamente, à cassação do registro ou do diploma. Precedentes. 2. "O dispositivo do art. 73, § 5º, da Lei nº 9.504/97, não determina que o infrator perca, automaticamente, o registro ou o diploma. Na aplicação deste dispositivo reserva-se ao magistrado o juízo de proporcionalidade. Vale dizer: se a multa cominada no § 4º é proporcional à gravidade do ilícito eleitoral, não se aplica a pena de cassação" (Ac nº 5.343/RJ, rel. Min. Gomes de Barros). (...) (Ac. nº 25.994, de 14.8.2007, do TSE).

Com a LC nº 135, houve a introdução, como já visto, da alínea *j* ao inciso I do artigo 1º da LC nº 64/90. Segundo dispõe esse dispositivo, são inelegíveis:

> Art. 1º, I. (...)
> *j)* os que forem condenados, em decisão transitada em julgado ou proferida por órgão colegiado da Justiça Eleitoral, por corrupção eleitoral, por captação ilícita de sufrágio, por doação, captação ou gastos ilícitos de recursos de campanha ou por conduta vedada aos agentes públicos em campanhas eleitorais que impliquem cassação do registro ou do diploma, pelo prazo de 8 (oito) anos a contar da eleição;

Desta forma, caso se aplique a cassação do registro ou diploma por infração à vedação a agente público em campanha, a inelegibilidade será uma consequência da sanção. Esta inelegibilidade ocorrerá pelo prazo de 8 anos, a contar da eleição em que a infração se verificou.

ATENÇÃO: Não ocorre inelegibilidade caso se aplique apenas a pena de multa para o agente público que desrespeitou as proibições. A inelegibilidade surge, neste caso, apenas como consequência da cassação do registro ou do diploma.

O processo para verificação da ocorrência da sanção segue o rito do artigo 22 da LC nº 64/90, sendo o prazo para recurso da decisão de 3 dias. O TSE passou a entender que caso o beneficiado não seja o próprio agente público, é necessária a sua citação como litisconsorte passivo necessário. Essa foi uma mudança importante de jurisprudência, até mesmo porque os atos vedados a agentes públicos em campanha são considerados como atos de improbidade administrativa e, por isso, há necessidade de o agente exercer ampla defesa e contraditório, mesmo não sendo o beneficiário direto do ato[8].

Em relação à proibição dos artigos 75 (shows artísticos pagos pelos cofres públicos em inaugurações de obras públicas) e 77 (comparecimento de candidato a inaugurações de obras públicas), aplica-se a cassação do registro ou do diploma como penalidade, sendo que a representação nessas hipóteses possui o rito do art. 96 da Lei 9.504/97 e não o rito do art. 22 da LC 64, diferente do que ocorre com as situações do art. 73 da LE. Pelas condutas previstas nos arts. 75 e 77, não há aplicação de multa, mas apenas a cassação do registro e do diploma. Por outro lado, a aplicação da cassação do registro ou do diploma só ocorre quando a conduta é extremamente grave, devendo levar-se em consideração o princípio da razoabilidade.[9]

Mesmo tendo o rito da representação o do art. 96 da LE, ou seja, o mesmo rito para julgar a propaganda eleitoral ilícita, é possível a aplicação de inelegibilidade, caso ocorra cassação de registro ou diploma, nas hipóteses dos arts. 75 e 77 da Lei 9.504/97.[10]

→ 15.4. Resumo didático

1.	Agente público é toda pessoa física que presta atividade própria de Estado.
2.	Bens imóveis públicos devem ser cedidos para realização de convenção partidária.
3.	Só se admite distribuição de bens e serviços gratuitamente no ano das eleições, se estes forem de caráter social, autorizados por lei e em execução desde o exercício anterior, sendo proibida a sua utilização eleitoreira.
4.	Não importa quando foi realizado o concurso público para admissão de pessoal, a nomeação será possível quando se tratar de servidores vinculados à Presidência da República, ao Ministério Público, ao Poder Judiciário e aos Tribunais e Conselhos de Contas.

8. REsp 84356/2012.
9. Ac.-TSE, de 31.8.2017, no AgR-AI nº 49645 e, de 14.6.2012, no AgR-RO nº 890235: aplica-se o princípio da proporcionalidade para afastar a cassação do diploma, quando a presença do candidato em inauguração de obra pública ocorre de forma discreta, sem participação ativa na solenidade.
10. Ac.-TSE, de 21.11.2012, no REspe nº 11661: o comparecimento de candidato a inauguração de obra pública constitui conduta vedada aos agentes públicos apta a atrair a inelegibilidade prevista no art. 1º, I, j, da LC 64/90.

5.	Mesmo no período que vai dos três meses que antecedem o pleito até a posse dos eleitos, admite-se a demissão de servidor, desde que seja por justa causa.
6.	É possível a remoção, transferência e exoneração de servidor dos três meses que antecedem o pleito até a posse dos eleitos, caso sejam requeridas.
7.	A publicidade proibida nos três meses antes do pleito é aquela paga com valores dos cofres públicos.
8.	É proibido gastar valores com publicidade institucional, ainda que antes dos três meses que antecedem o pleito, que sejam superiores à média dos últimos três anos ou que sejam superiores aos gastos do ano anterior ao das eleições.
9.	A proibição de revisão geral de remuneração de servidores na circunscrição eleitoral, que ultrapasse a recomposição da perda do poder aquisitivo, vai desde 180 dias antes das eleições até a posse dos eleitos.
10.	A proibição de comparecimento em inauguração de obra pública atinge todos os candidatos, na circunscrição do pleito, nos três meses que antecedem a eleição.
11.	Os partidos beneficiados pelos atos que originaram a multa serão excluídos da distribuição do fundo partidário. Esta situação atingirá apenas o órgão partidário envolvido no ilícito.
12.	Não ocorre inelegibilidade caso se aplique apenas a pena de multa para o agente público que desrespeitou as proibições. A inelegibilidade surge, neste caso, apenas como consequência da cassação do registro ou do diploma.

→ 15.5. Questões

1) **(MPE/PR) No que se refere às condutas vedadas aos agentes públicos em campanhas eleitorais, assinale a alternativa incorreta:**

a) No decorrer da campanha eleitoral, é possível o uso de transporte oficial pelo presidente da República que disputa a reeleição, sendo de responsabilidade do partido ou coligação a que esteja vinculado o ressarcimento das despesas com o uso desse transporte;

b) Nos três meses que antecedem o pleito, é proibida toda e qualquer forma de publicidade institucional de atos, programas, obras, serviços e campanhas dos órgãos públicos federais estaduais ou municipais, ou das respectivas entidades da administração indireta;

c) Nos três meses que antecedem as eleições, até a posse dos eleitos, é proibido nomear, contratar ou de qualquer forma admitir, demitir sem justa causa, suprimir ou readaptar vantagens ou por outro meio dificultar ou impedir o exercício funcional, e, ainda, *ex officio*, remover, transferir ou exonerar servidor público na circunscrição do pleito, sob pena de nulidade de pleno direito;

d) Nos três meses que antecedem o pleito, até a posse dos eleitos, é possível a nomeação ou exoneração de cargos em comissão e designação ou dispensa de funções de confiança;

e) Nos três meses que antecedem o pleito é proibido realizar transferência voluntária de recursos da União aos Estados e Municípios, e dos Estados aos Municípios, sob pena de nulidade de pleno direito, ressalvados os recursos destinados a cumprir obrigação formal preexistente para execução de obra ou serviço em andamento e com cronograma prefixado, e os destinados a atender situações de emergência e de calamidade pública.

2) (VUNESP) Assinale a alternativa correta quanto às condutas vedadas aos agentes públicos em campanhas eleitorais.

a) É proibida ao agente público a cessão de servidor público ou empregado da Administração direta ou indireta federal, estadual ou municipal do Poder Executivo para comitês de campanha eleitoral de candidato, partido político ou coligação, durante o horário de expediente normal, salvo se o servidor ou empregado estiver licenciado.

b) É proibido a qualquer candidato comparecer, nos 6 (seis) meses que precedem o pleito, a inaugurações de obras públicas.

c) O ressarcimento das despesas com o uso de transporte oficial pelo Prefeito e Presidente da Câmara Municipal em campanha eleitoral será de responsabilidade do partido político ou coligação a que estejam vinculados.

d) Os agentes públicos que sofrerem sanções decorrentes de condutas vedadas em campanhas eleitorais, nos termos do art. 73 e seguintes da Lei no 9.504/97, não poderão ser responsabilizados, também, por improbidade administrativa, uma vez que estaria ocorrendo a punição *bis in idem*.

e) A contratação de shows artísticos durante o processo eleitoral é permitida apenas na hipótese de realização de inauguração a ser paga com recurso público e em até dois meses antes do pleito eleitoral.

3) (INSTITUTO CIDADES) Nos termos do art. 73, da Lei nº 9.504/97, acerca das condutas vedadas, analise as proposições abaixo:

I. É conduta vedada fazer ou permitir uso promocional em favor de candidato, partido político ou coligação, de distribuição gratuita de bens e serviços de caráter social custeados ou subvencionados pelo Poder Público.

II. É conduta vedada apenas no último mês que antecede o pleito realizar transferência voluntária de recursos da União aos Estados e Municípios, e dos Estados aos Municípios, sob pena de nulidade de pleno direito, ressalvados os recursos destinados a cumprir obrigação formal preexistente para execução de obra ou serviço em andamento e com cronograma prefixado, e os destinados a atender situações de emergência e de calamidade pública.

III. Reputa-se agente público, para os efeitos deste artigo, quem exerce, ainda que transitoriamente ou sem remuneração, por eleição, nomeação, designação, contratação ou qualquer outra forma de investidura ou vínculo, mandato, cargo, emprego ou função nos órgãos ou entidades da administração pública direta, indireta, ou fundacional.

IV. É proibido ao agente público realizar, nos três meses que antecedem às eleições, despesas com publicidade dos órgãos públicos federais, estaduais ou municipais, ou das respectivas entidades da administração indireta, que excedam a média dos gastos no primeiro semestre dos três últimos anos que antecedem o pleito.

Agora assinale a opção que contém o número proposições FALSAS:

a) 1

b) 2

c) 3

d) 4

4) **(FCC) Considere a ocorrência da seguinte situação hipotética: Saulo sempre sonhou em seguir carreira pública. No início do ano eleitoral para escolha de Presidente e Vice-Presidente da República, Governador e Vice-Governador, Senador e Deputado, abriu o concurso público na esfera federal que ele sempre sonhou e, então, Saulo passou a dedicar-se integralmente aos estudos, o que resultou em sua aprovação. Referido concurso foi homologado antes dos três meses que antecedem o pleito eleitoral. Ansioso, e na dúvida se poderia assumir seu novo cargo, Saulo consultou a Lei nº 9.504/1997 e constatou que sua nomeação**

a) é possível, pois o concurso público foi homologado até o início dos três meses que antecedem o pleito.

b) não é possível, pois constitui conduta vedada ao agente público nomear, contratar ou admitir servidor público nos seis meses que antecedem o pleito até a posse dos eleitos, sob pena de nulidade de pleno direito.

c) é possível, independentemente da data da homologação do concurso público.

d)não é possível, pois constitui conduta vedada ao agente público nomear, contratar ou admitir servidor público nos três meses que antecedem o pleito até a posse dos eleitos, sob pena de anulação de pleno direito.

e)não é possível, pois constitui conduta vedada ao agente público nomear, contratar ou admitir servidor público nos três meses que antecedem o pleito até a posse dos eleitos, sob pena de nulidade de pleno direito.

5) **(FGV) Sabe-se que a publicidade institucional sofre restrições legais no ano em que se realizam eleições. Sobre o tema, é correto afirmar que:**

a) na circunscrição do pleito, a publicidade institucional estará proibida a partir de janeiro do ano eleitoral, a fim de se preservar a isonomia entre os candidatos;
b) o gasto com publicidade institucional no ano eleitoral não poderá exceder a média gasta nos últimos três anos pelo ente federativo envolvido no pleito;
c) quando se tratar de produtos e serviços que tenham concorrência no mercado, a publicidade institucional estará liberada até três meses antes da eleição;
d) durante o período eleitoral, a publicidade institucional estará liberada para divulgar campanhas em casos de urgência e calamidade pública, independentemente de autorização da justiça eleitoral;
e) as restrições à realização de publicidade institucional em ano eleitoral vinculam apenas os agentes públicos das esferas administrativas cujos cargos estão em disputa.

GABARITO

1 – A	2 – A	3 – B	4 – A	5 – E

CAPÍTULO 16

RECURSOS ELEITORAIS

16.1. CONCEITO

Recurso é o nome que se dá ao ato voluntário que pretende submeter uma decisão judicial ao mesmo órgão ou ao órgão jurisdicional superior, dentro do mesmo processo, com a finalidade de vê-la complementada, esclarecida, anulada ou reformada.

Por esse conceito inicial, de logo, já se pode notar que não se faz possível um recurso que não seja objeto de uma manifestação volitiva expressada pela parte que acabou sendo prejudicada pela decisão judicial. Deste modo, não se admite recurso de ofício, ainda que alguns órgãos jurisdicionais assim denominem, de forma incorreta, a remessa necessária apontada no artigo 496 do CPC.[1] De qualquer maneira, não há hipótese de remessa necessária no Direito Eleitoral.

O conceito aqui encetado não difere daquele apresentado na conclusão 124 aprovada pela Faculdade de Direito da Universidade de São Paulo, segundo a qual:

> Conceitua-se o recurso como meio voluntário de impugnação de decisões, utilizado antes da preclusão e na mesma relação jurídica processual, apto a propiciar ao recorrente resultado mais vantajoso, decorrente da reforma, da invalidação, do esclarecimento ou da integração da decisão.

---

1. Art. 496. Está sujeita ao duplo grau de jurisdição, não produzindo efeito senão depois de confirmada pelo tribunal, a sentença: I – proferida contra a União, os Estados, o Distrito Federal, os Municípios e suas respectivas autarquias e fundações de direito público; II – que julgar procedentes, no todo ou em parte, os embargos à execução fiscal.

Por isso, fica evidente que o recurso é ao mesmo tempo uma continuação do direito de ação, exercido no processo no qual foi proferida a decisão recorrida, e um verdadeiro ônus processual.[2]

Ele é exercido dentro de um mesmo processo, pois se utiliza da mesma relação processual. Isso faz com que não se confunda o recurso, considerado em seu sentido estrito, com as ações autônomas de impugnação, como acontece com a ação rescisória, por exemplo. O recurso se utiliza da mesma relação processual, por isso, nada mais é do que a continuação do direito de ação, sendo, pois, aplicação dos princípios da ampla defesa e do contraditório.

Mas o recurso também é ônus processual do legitimado. Isso porque, caso não ocorra a sua interposição no prazo previsto em lei, haverá a preclusão ou a coisa julgada. O que vai evitar que a decisão torne-se imodificável é a interposição tempestiva do recurso cabível.

16.1.1. Da aplicação subsidiária do Código de Processo Civil

Em verdade, o Direito Brasileiro estabelece vários sistemas recursais, dos quais podem ser apontados: o sistema cível, o penal, o falimentar, o trabalhista e o eleitoral. Cada um deles com suas próprias normas e peculiaridades. Ocorre, no entanto, que havendo omissão em qualquer das normas desses sistemas, as normas a serem aplicadas serão do sistema recursal cível. Dessa forma, afirma Bernardo Pimentel Souza (p. 12) que: "Na verdade, ainda que de forma reflexa, todos os sistemas eleitorais são influenciados pelo sistema cível, o qual é verdadeiro sistema recursal comum, geral."

Vale ressaltar que essa aplicação subsidiária se encontra expressa no art. 15 do CPC. Em assim sendo, na omissão das normas do Código Eleitoral, acerca dos recursos, deverão ser aplicadas as normas previstas no CPC, por ser essa a legislação básica sobre recursos no Direito Brasileiro.

16.2. ATOS SUJEITOS A RECURSOS

Segundo a lição de Bernardo Pimentel Souza (p. 17), somente os atos jurisdicionais são impugnáveis através de recurso judicial. Desta maneira, os atos administrativos praticados pelos Órgãos do Judiciário não sofrem a incidência de recursos judiciais.

---

2. Essa é também a conclusão do excelente Bernardo Pimentel Souza (p. 11).

Esta afirmativa do citado doutrinador, *data venia*, não tem total aplicação nos Recursos Eleitorais. Isto porque o artigo 29, II, *a*, do CE determina que compete ao TRE julgar os recursos interpostos dos atos e decisões produzidos pelos Juízes e pelas Juntas Eleitorais. Ora, como já foi afirmado em capítulos anteriores, alguns processos e procedimentos adotados pela Justiça Eleitoral são administrativos, como ocorre, pois, no alistamento e no cancelamento de inscrição eleitoral.

Trata-se de atos administrativos, cujo recurso inominado é interposto para o TRE. Na primeira hipótese, o prazo para o recurso será de 5 dias, caso haja indeferimento do pedido de alistamento, e de 10 dias, se houver deferimento do pedido. Já na segunda hipótese, caberá recurso ao TRE da decisão no processo de cancelamento de inscrição eleitoral, no prazo de 3 dias, a teor do artigo 80 do CE.

No entanto, tal exceção só será válida para os recursos interpostos das decisões dos Juízes e Juntas Eleitorais para o TRE. Isto porque, não se admite recurso especial ao TSE em matéria administrativa, mas apenas jurisdicional eleitoral. Neste sentido:

> (...) O recurso especial previsto no Código Eleitoral (art. 276, I, *a* e *b*) e na Constituição Federal (art. 121, § 4º, I e II) somente é cabível contra decisão do tribunal regional eleitoral que tenha natureza jurisdicional (Ac. nº 9.328, de 23.4.2009, do TSE).

As decisões ainda são divididas em finais e interlocutórias. Segundo o Código de Processo Civil, as sentenças, que são decisões finais, são aquelas prolatadas dentro de uma das situações proferidas nos artigos 485,[3] ou 487,[4] ambos do CPC. Por outro lado, denomina-se decisão interlocutória aquela na qual o juiz decide uma questão incidental. Com a nova sistemática trazida

3. Art. 485. O juiz não resolverá o mérito quando: I – indeferir a petição inicial; II – o processo ficar parado durante mais de 1 (um) ano por negligência das partes; III – por não promover os atos e as diligências que lhe incumbir, o autor abandonar a causa por mais de 30 (trinta) dias; IV – verificar a ausência de pressupostos de constituição e de desenvolvimento válido e regular do processo; V – reconhecer a existência de perempção, de litispendência ou de coisa julgada; VI – verificar ausência de legitimidade ou de interesse processual; VII – acolher a alegação de existência de convenção de arbitragem ou quando o juízo arbitral reconhecer sua competência; VIII – homologar a desistência da ação; IX – em caso de morte da parte, a ação for considerada intransmissível por disposição legal; e X – nos demais casos prescritos neste Código.

4. Art. 487. Haverá resolução de mérito quando o juiz: I – acolher ou rejeitar o pedido formulado na ação ou na reconvenção; II – decidir, de ofício ou a requerimento, sobre a ocorrência de decadência ou prescrição; III – homologar: a) o reconhecimento da procedência do pedido formulado na ação ou na reconvenção; b) a transação; c) a renúncia à pretensão formulada na ação ou na reconvenção.

pelo CPC, a interposição de recurso contra decisões interlocutórias passou a ser excepcional. O art. 1.015[5] do CPC enumera as decisões interlocutórias em relação às quais cabe a interposição de Agravo de Instrumento. Vale citar que, se a decisão interlocutória não estiver dentre as atacáveis pelo recurso citado, não haverá sobre a mesma preclusão. Aliás, só se pode falar de preclusão quando houver um meio específico de impugnação.

ATENÇÃO: Em regra, no Direito Eleitoral, as decisões interlocutórias são irrecorríveis, embora já haja um posicionamento em se aplicar as hipóteses do art. 1.015 do CPC.

No Direito Eleitoral, sendo as decisões interlocutórias irrecorríveis, isso vai significar que a matéria que seria impugnada através do recurso de agravo tratado no sistema cível não precluirá. Isto porque, no sistema recursal eleitoral, todos os atos são de ordem pública. Por isso, como não há recurso cabível, este poderá ser impugnado no momento da sentença ou do acórdão no caso de decisão originária do Tribunal.[6] Por outro lado, na ausência de recurso específico, é possível a impetração de mandado de segurança contra decisão que haja ofendido direito líquido e certo do legitimado.

É evidente, no entanto, que tal assertiva encontra exceções na própria legislação eleitoral. Como ocorre no artigo 270, § 2º, do CE, segundo o qual, tendo o relator indeferido a produção de provas perante o Tribunal, a

5. Art. 1.015. Cabe agravo de instrumento contra as decisões interlocutórias que versarem sobre: I – tutelas provisórias; II – mérito do processo; III – rejeição da alegação de convenção de arbitragem; IV – incidente de desconsideração da personalidade jurídica; V – rejeição do pedido de gratuidade da justiça ou acolhimento do pedido de sua revogação; VI – exibição ou posse de documento ou coisa; VII – exclusão de litisconsorte; VIII – rejeição do pedido de limitação do litisconsórcio; IX – admissão ou inadmissão de intervenção de terceiros; X – concessão, modificação ou revogação do efeito suspensivo aos embargos à execução; XI – redistribuição do ônus da prova nos termos do art. 373, § 1º; XII – (VETADO); XIII – outros casos expressamente referidos em lei. Parágrafo único. Também caberá agravo de instrumento contra decisões interlocutórias proferidas na fase de liquidação de sentença ou de cumprimento de sentença, no processo de execução e no processo de inventário.

6. Neste sentido: "AGRAVO REGIMENTAL. AGRAVO DE INSTRUMENTO. ELEIÇÕES 2008. PREFEITO. RECURSO ELEITORAL. DECISÃO INTERLOCUTÓRIA. AIJE. NÃO CABIMENTO. 1. Nos termos da jurisprudência consolidada desta c. Corte, nas ações regidas pela Lei Complementar nº 64/90, entre elas a Ação de Investigação Judicial Eleitoral (AIJE), é irrecorrível decisão interlocutória, podendo ser impugnado o seu conteúdo no recurso a ser interposto para o Tribunal ad quem da sentença que julgar a causa. 2. Sendo manifestamente incabível o recurso interposto perante o e. TRE/MG, o recurso especial dele proveniente também não pode ser admitido, razão pela qual deve ser negado provimento ao agravo de instrumento. 3. Agravo regimental não provido" (AgR-AI – Agravo Regimental em Agravo de Instrumento nº 11384 – Boa Esperança/MG; Acórdão de 27.04.2010; rel. Min. Aldir Guimarães Passarinho Junior; publicação: *DJe – Diário da Justiça Eletrônico*, data: 19.05.2010, p. 26-27).

requerimento do interessado, tal decisão poderá ser revista pelo pleno do Tribunal, a quem caberá decidir a respeito.

Por outro lado, possibilita-se, ainda, a interposição de agravo contra decisão que nega seguimento a recurso especial (art. 279 do CE) e, ainda, contra decisão do Presidente do TSE que nega seguimento a recurso extraordinário (art. 282 do CE).

Assim, por faltar espécie recursal para combater as decisões interlocutórias, estas são irrecorríveis. O TSE vinha entendendo ser possível a interposição de agravo retido, mas essa espécie recursal não mais está prevista pelo CPC, sendo, pois, inviável essa interposição.

Por outro lado, também são irrecorríveis os chamados despachos de mero expediente, por não possuírem carga decisória. Mesmo assim, deve-se ter cuidado com a análise do artigo 265 do CE que afirma:

> Art. 265. Dos atos, resoluções ou despachos dos juízes ou juntas eleitorais caberá recurso para o Tribunal Regional.

Ocorre, no entanto, que é o próprio TSE que entende:

> Recurso especial. Ato de juiz eleitoral. Comunicação de suspensão de direitos políticos à Câmara Municipal. Recurso. Art. 265 do Código Eleitoral. Não cabimento. Mero despacho. Conteúdo decisório. Ausência. Prejuízo. Inexistência. 1. Os despachos a que se refere o art. 265 do Código Eleitoral são aqueles que têm algum conteúdo decisório e que podem ensejar eventual prejuízo à parte e possibilitar a interposição de recurso. 2. O ato de juiz eleitoral que determina a comunicação da suspensão de direitos políticos de vereador ao Poder Legislativo Municipal constitui mero despacho, sem reflexos diretos sobre o mandato desse parlamentar. Recurso conhecido, mas improvido (Ac. nº 21.328, de 4.11.2003, do TSE, *DJ* de 21.11.2003).[7]

ATENÇÃO: O mandado de segurança só poderá ser impetrado para atacar determinada decisão judicial na ausência de recurso cabível, conforme entendimento esposado na Súmula 22 do TSE[7].

7. Não cabe mandado de segurança contra decisão judicial recorrível, salvo situações de teratologia ou manifestamente ilegais.

Via de regra, o prazo para interposição de recurso eleitoral é de 3 dias. Não se aplica o art. 219 do CPC, assim os prazos serão contados em dias corridos. Por outro lado, considera-se tempestivo o recurso interposto antes da publicação da decisão recorrida, conforme entende o TSE na Súmula 65. O prazo para apresentação de contrarrazões será igual ao prazo para interposição de recurso, sendo em regra de 3 dias.

É necessário, ainda, que a petição do recurso faça a impugnação de todos os fundamentos da decisão recorrida[8], sendo, por óbvio, inadmissível recurso cuja deficiência de fundamentação impossibilite a compreensão da controvérsia[9].

16.3. DO EFEITO SUSPENSIVO

Em regra, os recursos eleitorais não possuem efeito suspensivo, por determinação do artigo 257 do CE, que afirma:

> Art. 257. Os recursos eleitorais não terão efeito suspensivo.

Em assim sendo, a regra é que mesmo com a interposição de recurso, a decisão produza efeitos imediatamente.

É evidente, no entanto, que o Ordenamento Jurídico Pátrio traz algumas exceções à regra citada, como se observa abaixo:

a) art. 257, § 2º, do CE

Enuncia o aludido dispositivo que os recursos ordinários contra decisões que resultem em cassação de registro, afastamento do titular ou perda de mandato eletivo serão recebidos pelo Tribunal competente com efeito suspensivo.

Trata-se de alteração trazida pela Lei 13.165/2015 e que visa diminuir a instabilidade política. Em verdade, era muito comum ter uma decisão proferida, que cassava o registro ou o diploma do chefe do executivo, e que produzia efeitos imediatamente. Isso fazia com que a entidade federativa (geralmente municípios) ficasse em incerteza política até que houvesse o trânsito em julgado da decisão.

---

8. Súmula 26 do TSE: É inadmissível o recurso que deixa de impugnar especificamente fundamento da decisão recorrida que é, por si só, suficiente para a manutenção desta.
9. Súmula 27 do TSE: É inadmissível recurso cuja deficiência de fundamentação impossibilite a compreensão da controvérsia.

Isso porque enquanto a decisão não transitasse em julgado, haveria a possibilidade de retorno do chefe do Poder Executivo, fora as diversas liminares que eram concedidas e que agravam a situação. Agora, pelo menos nas instâncias ordinárias, a decisão que resultar no afastamento do cargo eletivo não produzirá efeitos enquanto não for interposto o recurso cabível. É evidente, pela própria redação do dispositivo, que esse efeito suspensivo não será aplicado quando se tratar de recurso especial ou extraordinário.

b) Artigo 216 do CE

Segundo tal dispositivo, enquanto o TSE não decidir o Recurso contra Expedição de Diploma (RCED), o diplomado poderá exercer o mandato eletivo para o qual foi eleito. Como será visto ainda neste capítulo, o RCED, apesar do termo que o designa, em verdade, tem a natureza jurídica de ação.

Desta maneira, o que o artigo 216 do CE quer mostrar é que o recurso ordinário interposto da decisão em um RCED tem efeito suspensivo, até que o TSE decida sobre ele. Por exemplo, um cidadão eleito para o mandato de Prefeito, que tenha o RCED julgado procedente, caso recorra para o TSE, poderá, apenas da cassação de seu diploma pelo TRE, no exercício do mandato, até que o TSE confirme a decisão do TRE prolator da decisão.

c) Artigo 26-C da LC nº 64/90

A LC nº 135/2010, denominada de Lei da Ficha Limpa, acabou por modificar o artigo 15 da LC nº 64/90 e lhe acrescentou o artigo 26-C. Na realidade, antes da publicação desta norma jurídica, entendia-se que as decisões acerca da inelegibilidade só produziam efeitos após o seu trânsito em julgado.

Como já foi visto anteriormente, hoje admite-se a inelegibilidade antes do trânsito em julgado, desde que ela tenha sido proferida por órgão colegiado do Poder Judiciário. Assim, por exemplo, o artigo 1º, *d*, da LC nº 64/90 determina que são inelegíveis aqueles que forem condenados por abuso do poder político, ou ainda por abuso do poder econômico ou dos meios de comunicação, por decisão transitada em julgado, ou por decisão proferida por órgão colegiado da Justiça Eleitoral.

Desta forma, o artigo 15 da LC nº 64/90 deixou de ser exceção à inexistência de efeito suspensivo nos recursos eleitorais. A redação atual do citado artigo 15 da LC nº 64/90 dispõe que:

> Art. 15. Transitada em julgado ou publicada a decisão proferida por órgão colegiado que declarar a inelegibilidade do candidato, ser-lhe-á negado registro, ou cancelado, se já tiver sido feito, ou declarado nulo o diploma, se já expedido.

Assim, o artigo 15 da Lei das Inelegibilidades não serve mais para fundamentar a exceção à ausência de efeito suspensivo nos recursos eleitorais. No entanto, a LC nº 135 terminou por introduzir o artigo 26-C à LC nº 64/90. Segundo tal dispositivo:

> Art. 26-C. O órgão colegiado do tribunal ao qual couber a apreciação do recurso contra as decisões colegiadas a que se referem as alíneas *d, e, h, j, l* e *n* do inciso I do art. 1º poderá, em caráter cautelar, suspender a inelegibilidade sempre que existir plausibilidade da pretensão recursal e desde que a providência tenha sido expressamente requerida, sob pena de preclusão, por ocasião da interposição do recurso.

Assim, é possível que o órgão colegiado a quem caiba conhecer do recurso possa conceder a este efeito suspensivo, nas causas que versem sobre inelegibilidade, desde que existam os seguintes requisitos: a) seja a suspensão dos efeitos requerida expressamente pelo recorrente; b) que entenda o órgão a quem compete julgar o recurso que há plausibilidade da pretensão recursal. Com isso, tem-se mais uma exceção à inexistência dos efeitos suspensivos nos recursos eleitorais, regra baseada no artigo 257 do CE.

Vale dizer que o art. 26-C da Lei Complementar 64/90 não afasta o poder geral de cautela conferido ao magistrado pelo Código de Processo Civil[10]. Por outro lado, entende o TSE, na Súmula 66 que:

> "A incidência do § 2º do art. 26-C da LC nº 64/90[11] não acarreta o imediato indeferimento do registro ou o cancelamento do diploma, sendo necessário o exame da presença de todos os requisitos essenciais à configuração da inelegibilidade, observados os princípios do contraditório e da ampla defesa."

10. Súmula 44 do TSE.
11. Art. 26-C da LC 64/90: § 2º Mantida a condenação de que derivou a inelegibilidade ou revogada a suspensão liminar mencionada no *caput*, serão desconstituídos o registro ou o diploma eventualmente concedidos ao recorrente.

d) Artigo 16-A da Lei nº 9.504/97

O precitado dispositivo legal permite que aquele que esteja com a candidatura *sub judice* possa realizar todos os atos de campanha, inclusive ter o nome nas urnas eletrônicas, embora os votos concedidos a tal cidadão só sejam considerados válidos se houver o deferimento do registro de sua candidatura.

Pense no seguinte exemplo: determinado pré-candidato tem o registro de candidatura indeferido pela Justiça Eleitoral. Ainda assim, caso recorra da decisão, poderá praticar todos os atos de campanha, como se fosse realmente candidato com o registro deferido. Caso este recurso não tivesse efeito suspensivo (que impede de logo a produção de efeitos da decisão recorrida), assim que a Justiça Eleitoral indeferisse o pedido de registro, o cidadão estaria completamente alijado da disputa eleitoral, ao contrário do que efetivamente ocorre. Por isso, nas hipóteses traçadas pelo artigo 16-A da LE, o recurso interposto contra a decisão que indefere o pedido de registro de candidatura possui efeito suspensivo.

e) Artigo 37, § 4º, da Lei nº 9.096/95

O dispositivo retrocitado dispensa maiores explicações. Segundo ele:

> Art. 37. (...)
>
> § 4º Da decisão que desaprovar total ou parcialmente a prestação de contas dos órgãos partidário caberá recurso para os Tribunais Regionais Eleitorais ou para o Tribunal Superior Eleitoral, conforme o caso, o qual deverá ser recebido com efeito suspensivo.

Vale ressaltar que a partir da Lei nº 12.034/2009, o processo de prestação de contas dos órgãos partidários passou a ter natureza jurisdicional, nos exatos termos do § 6º do artigo 37 da Lei nº 9.096/95.[12]

16.4. DOS RECURSOS EM ESPÉCIE

Aplica-se ao Direito Eleitoral o Princípio da Taxatividade Recursal, que significa que os recursos cabíveis devem estar expressos em Lei. Não existe recurso judicial que não esteja previsto em norma jurídica. Não se pode interpor recurso equivocado para a decisão que se quer combater, apesar

12. "O exame da prestação de contas dos órgãos partidários tem natureza jurisdicional."

de se entender ser possível a fungibilidade recursal, desde que não haja erro grave.[13]

16.4.1. Recurso contra Expedição de Diploma

O Recurso contra Expedição de Diploma é exemplo notório da falta de técnica jurídica pelo CE. Isso porque, na realidade, apesar do termo utilizado para identificar o instituto, em verdade, o RCED tem a natureza jurídica de ação. Sobre o assunto, leciona Adriano Soares da Costa (p. 317) que:

> Quem recorre contra a diplomação não recorre contra o ato de expedição do diploma em si, mas contra situações anteriores que viciaram o resultado da eleição, vale dizer, o ato certificado pelo diploma. De modo que não é contra o diploma que se maneja o remédio do art. 262 do CE, mas contra os fatos por ele previstos, que afrontam a legitimidade do resultado eleitoral.

É bem verdade que nem sempre o termo utilizado para identificar um instituto está relacionado com a sua natureza jurídica, embora deva o legislador, sempre que possível, conciliar o termo designativo do instituto com a sua natureza jurídica, evitando assim erros de interpretação. No presente caso, o artigo 262 do CE apontou a existência de um Recurso que na verdade é ação. Tal fato está assimilado pela doutrina eleitorista.[14]

Até mesmo o rito previsto para as hipóteses do artigo 262 do CE é de recurso, com apenas algumas modificações em relação ao recurso inominado, como será visto adiante. De qualquer maneira, a ação denominada de RCED tem por objeto as hipóteses trazidas pelo aludido dispositivo do Código Eleitoral.

16.4.1.1. Hipóteses de cabimento

Segundo o artigo 262 do CE, o RCED deve ser ajuizado nos casos de inelegibilidade superveniente ou de natureza constitucional e de falta de condição de elegibilidade.

---

13. Neste mesmo sentido, verifica-se a lição de Marcus Vinícius Rios Gonçalves (p. 276).
14. A doutrina de Direito Eleitoral defende a posição aqui exposta sobre a natureza jurídica do RCED. Neste sentido, encontram-se as judiciosas lições de Paulo Henrique dos Santos Lucon e José Marcelo Menezes Vigliar (p. 331); Rui Stoco e Leandro de Oliveira Stoco (p. 345); Roberto Moreira de Almeida (p. 400), dentre outros.

As ações eleitorais, principalmente durante o processo eleitoral, devem ser bastante ágeis. A agilidade exigida do Judiciário Eleitoral tem a sua razão de ser. É que são considerados nulos os votos consignados para os candidatos inelegíveis e os que não tiveram seus registros deferidos pela Justiça Eleitoral, nos termos do artigo 175, § 3º, do CE.

Por isso, é necessário que se aplique principalmente durante o processo eleitoral o Princípio da Segurança Jurídica, para que os eleitores tenham certeza, sempre que possível, de que aquele candidato em que pretendem votar pode concorrer ao mandato eletivo, sem riscos de que, votando nele, não tenham seus votos nulos. E o pior, que não se anule toda uma eleição em virtude da demora da Justiça Eleitoral, ou das possibilidades trazidas pela Legislação de se decretar a inelegibilidade após as eleições.

Lógico que quando tal fato é irresistível, a inelegibilidade, apesar de não ser recomendada, pode ser aplicada, e os votos conferidos ao inelegível serem anulados, podendo gerar o efeito previsto no artigo 224 do CE, segundo o qual, quando mais da metade dos votos forem nulos, o restante da votação estará prejudicada, ou, em se tratando de RCED contra eleito para cargo majoritário, a anulação da eleição, independentemente do número de votos recebidos, conforme aponta a atual redação do art. 224, § 3º, do Código Eleitoral. Quando se tem essa nulidade, em virtude, pois, de inelegibilidade declarada posteriormente à eleição, aplica-se o art. 175, § 4°, do CE[15]. Ou seja, apesar da nulidade, nas eleições proporcionais, o voto será computado para a legenda.

Por isso, é imprescindível garantir-se a segurança jurídica da própria eleição, não se permitindo dúvidas a respeito de sua validade. Exatamente por isso, o Direito Eleitoral acabou adotando uma teoria da preclusão ainda mais rígida. Isso porque, como já foi visto na presente obra, a Ação de Impugnação ao Registro de Candidatura deve ser ajuizada no prazo de 5 dias contados da publicação da lista, contendo os pedidos de registro de candidatura feitos perante a Justiça Eleitoral.

Ocorre, no entanto, que se tal ação não for ajuizada no momento oportuno da existência de alguma das causas de inelegibilidade infraconstitucionais e o registro acabar sendo deferido pelo Judiciário Eleitoral, não há como

15. "O disposto no parágrafo anterior não se aplica quando a decisão de inelegibilidade ou de cancelamento de registro for proferida após a realização da eleição a que concorreu o candidato alcançado pela sentença, caso em que os votos serão contados para o partido pelo qual tiver sido feito o seu registro".

serem arguidas tais situações posteriormente, como bem afirma o enunciado Sumular nº 11 do TSE.[16]

Com isso, caso determinado cidadão possua causa de inelegibilidade prevista em legislação infraconstitucional, se não houver o ajuizamento tempestivo da AIRC e se o registro acabou deferido pela Justiça Eleitoral, a aludida inelegibilidade não mais poderá ser arguida. Este é o preço que se paga pela segurança jurídica, apesar dos malefícios que tal fato trará, principalmente na imagem dos órgãos constituídos, como o Judiciário Eleitoral, por exemplo. Nesses casos, é possível que o cidadão concorra e seja eleito para mandato eletivo, mesmo estando inelegível.

Assim, a inelegibilidade não arguida quando do Registro de Candidatura preclui, inviabilizando-se, pois, qualquer alegação posterior acerca de sua existência. Por isso, quando o artigo 262 do CE determina o cabimento do RCED nos casos de inelegibilidade, deve-se entender como sendo inelegibilidade de sede constitucional. Ou, ainda, que é possível o manejo do RCED nos casos de inelegibilidade superveniente, ou seja, aquela ocorrida após o pedido de registro de candidatura e até a data da eleição.

Esse é o entendimento do TSE, concretizado em sua Súmula 47:

> "A inelegibilidade superveniente que autoriza a interposição de recurso contra expedição de diploma, fundado no art. 262 do Código Eleitoral, é aquela de índole constitucional ou, se infraconstitucional, superveniente ao registro de candidatura, e que surge até a data do pleito."

ATENÇÃO: Com a edição da Lei nº 12.891/2013, a lei passou a prever a possibilidade de ajuizamento de RCED nos casos de ausência de condição de elegibilidade, contrariando a então jurisprudência dominante do TSE.

Ocorre, no entanto, que não é o RCED que constitui o cidadão em inelegibilidade, mas apenas a declara. Por isso, é necessário que o RCED seja ajuizado com prova pré-constituída, como será visto mais adiante.

16. "No processo de registro de candidatos, o partido que não o impugnou não tem legitimidade para recorrer da sentença que o deferiu, salvo se se cuidar de matéria constitucional."

16.4.1.2. *Da competência*

Como será analisado, o rito do RCED é muito parecido com o do recurso inominado. Isso porque, conforme já dito, o Código Eleitoral acabou sendo deveras infeliz ao tratar como recurso um instituto que, em verdade, tem natureza jurídica de ação. Assim, a competência estabelecida para o RCED segue o padrão trazido pelo Código Eleitoral para os recursos em geral.

Assim, em relação às eleições municipais, o RCED é ajuizado (ou interposto como se afirma na lei) perante o primeiro grau da Justiça Eleitoral, mas é julgado pelo TRE. Por outro lado, o RCED, tendo por base as eleições federais e estaduais, deve ser ajuizado perante o TRE e julgado perante o TSE. Aliás, esse é o conteúdo da Súmula 37 do TSE:

> "Compete originariamente ao Tribunal Superior Eleitoral processar e julgar recurso contra expedição de diploma envolvendo eleições federais ou estaduais."

Há dúvidas na doutrina acerca do cabimento ou não do RCED nas eleições presidenciais. Filiamo-nos à corrente que entende não ser possível RCED nas eleições presidenciais, pois, seguindo a lógica apresentada nos demais recursos, a competência para julgar Recurso contra Expedição de Diploma contra eleição presidencial seria do STF, uma vez que a diplomação na citada eleição seria de competência do TSE. No entanto, a competência do STF está delineada na CF e não traz dentre as suas hipóteses o julgamento de RCED.

Por isso, não cabe Recurso contra Expedição de Diploma nas eleições presidenciais, embora, em tese, seja possível a impetração de mandado de segurança para o próprio TSE contra o ato de diplomação, caso ele seja ilegal.[17] No entanto, o STF passou a entender que é possível o RCED em eleições presidenciais, sendo competente o TSE para o seu julgamento. É o que se verificou no julgamento da ADPF 167/DF cuja decisão possui eficácia *Erga Omnes*. Nesses termos, asseverou a Corte Suprema que:

O sistema estabelecido pelo Código Eleitoral consagra a apreciação do RCED, como ação autônoma, pelo órgão jurisdicional hierarquicamente superior àquele que concedeu a diplomação. A exceção refere-se à competência, atribuída originariamente ao TSE, para julgar as impugnações à diplomação do presidente e do vice-presidente da República.

---

17. Esse também é o posicionamento de boa parte da doutrina. Por todos, consulte-se José Jairo Gomes (p. 361).

ATENÇÃO: Segundo o STF na ADPF 167/DF o RCED em eleições presidenciais deve ser julgado pelo TSE.

16.4.1.3. Do ajuizamento

O Recurso contra Expedição de Diploma deve ser ajuizado no prazo de 3 dias, contados da diplomação. Esse prazo é decadencial. O polo ativo do RCED pode ser composto pelo Ministério Público Eleitoral, pelo partido, pela coligação ou ainda por candidato na eleição. O simples eleitor não é parte legítima para ajuizamento da citada ação.[18]

O réu será o diplomado. Como a diplomação ocorre tanto para os candidatos eleitos como para seus suplentes, qualquer um desses estará sujeito a responder um RCED. Caso se trate de eleições majoritárias, haverá um litisconsórcio necessário em relação aos integrantes da chapa, como já foi visto nesta obra. O prazo para defesa (denominada de contrarrazões pelo Código Eleitoral) também será de 3 dias.

O Recurso contra a Expedição de Diploma terá o rito previsto para o recurso eleitoral.

ATENÇÃO: Apesar de ter o rito do recurso eleitoral, o RCED possui duas peculiaridades: a presença de um revisor (o que é exceção no sistema recursal cível eleitoral) e o prazo de 20 minutos para manifestação oral das partes do processo (quando o normal é que a sustentação oral seja de 10 minutos).

16.4.1.4. Da prova pré-constituída

O Recurso contra a Expedição de Diploma, no entanto, necessita de prova pré-constituída. Tal prova deve ter passado em outro processo pelo crivo do contraditório.[19]

---

18. "Recurso contra expedição de diploma. Preliminares afastadas. Mérito. Totalização dos votos. Indeferimento de registro antes das eleições. Votos nulos. Não provimento. 1. São legitimados para interpor recurso contra expedição de diploma partidos políticos, coligações, candidatos registrados especificamente para a eleição e o Ministério Público Eleitoral. Precedentes: RCEd 643, Rel. Min. Fernando Neves, *DJ* de 6.8.2004, AgRg no REsp 25.269, Rel. Min. Caputo Bastos, *DJ* de 20.11.2006 (...)" (Ac. nº 674, de 10.4.07, do TSE, *DJ* de 24.4.2007).
19. Esta é a lição de Rui Stoco e Leandro Stoco (p. 350), trazida nos seguintes termos: "A prova pré-constituída que aqui nos referimos é aquela já produzida em procedimento judicial, como no caso da investigação judicial eleitoral (...)."

Inexistindo prova pré-constituída, não será possível o ajuizamento da ação, fundada no artigo 262 do CE. Ocorre, no entanto, que o TSE tem mitigado a rigidez da exigência da prova pré-constituída. Neste caso, é essencial citar-se a Questão de Ordem decidida pelo TSE no RCED 671, no seguinte sentido:

> RECURSO CONTRA EXPEDIÇÃO DE DIPLOMA. ELEIÇÕES 2006. GOVERNADOR DE ESTADO. AMPLA DILAÇÃO PROBATÓRIA. PROVA TESTEMUNHAL. POSSIBILIDADE. 1. A produção de todos os meios lícitos de provas traduz verdadeira homenagem à autenticidade do regime representativo, traduzido na ideia de: a) prevalência da autonomia de vontade do eleitor soberano; b) normalidade e legitimidade do pleito eleitoral contra qualquer forma de abuso de poder, seja ele econômico, político ou de autoridade; c) observância do princípio isonômico ou de paridade de armas na disputa eleitoral. 2. A Legislação infraconstitucional-eleitoral dispõe que na apuração de suposto "uso indevido, desvio ou abuso de poder econômico ou poder de autoridade, ou utilização indevida de veículos ou meios de comunicação social, em benefício de candidato ou partido" (art. 22 da LC 64/90), o julgador poderá determinar todas as diligências que julgar necessárias para o seu livre convencimento (incisos VI, VII e VIII do art. 22 da LC nº 64/90). E o "Tribunal formará sua convicção pela livre apreciação dos fatos públicos e notórios, dos indícios e presunções e prova produzida, atentando para circunstâncias ou fatos, ainda que não indicados ou alegados pelas partes, mas que preservem o interesse público de lisura eleitoral" (art. 23 da Lei Complementar nº 64/90). Sem falar que o Tribunal Superior Eleitoral detém competência para "tomar quaisquer providências que julgar convenientes à execução da legislação eleitoral" (inciso XVIII do art. 23 do Código Eleitoral), sobretudo quando formalmente provocado a se pronunciar. A salvaguardar a vontade do eleitor soberano, que exerce tal soberania pelo voto direto e secreto (*caput* do art. 14 da Constituição Federal). 3. O recurso contra expedição de diploma deve admitir todos os meios de prova, desde que particularizadamente indicados na petição inicial. 4. A amplitude probatória não retira as competências legais e regimentais dos relatores em rechaçar, motivadamente, todos os requerimentos que se mostrem desnecessários ou protelatórios (art. 130 do Código de Processo Civil). 5. A prova testemunhal fica limitada ao número máximo de 6 para cada parte, independentemente da quantidade de fatos e do número de recorrentes ou de recorridos (inciso V do art. 22 da Lei Complementar nº 64/90). 6. Questão de ordem resolvida (QORCED – Questão de Ordem no Recurso contra Expedição de Diploma nº

671 - São Luís/MA; rel. Min. Carlos Augusto Ayres de Freitas Britto; *DJ - Diário de Justiça*, v. 1, data: 05.11.2007, p. 134-135).

No entanto, concordamos com as lições de Rodrigo López Zilio (p. 453), quando afirma:

> Por fim, o fato de haver a permissão de produção probatória no recurso contra diplomação não significa seja desnecessária instruir a ação autônoma com a prova pré-constituída. Neste toar, calha mencionar que a prova pré-constituída é a característica embrionária e imutável do recurso contra diplomação, cuja exigibilidade não restou afastada ou temperada pela possibilidade de produção probatória.

Desta forma, não se deve interpretar as decisões do TSE no sentido do total desprezo à exigência da prova pré-constituída, mas sim que hoje há uma maior possibilidade de os tribunais eleitorais analisarem as provas apresentadas e coletarem mais provas, desde que estas sejam apontadas pelas partes no processo do RCED. Nestes termos, está expresso no parágrafo único do artigo 266 do CE. No entanto, não é possível que se aponte de forma genérica as provas a serem produzidas. É necessário especificá-las.[20]

16.4.1.5. Da decisão

O pedido realizado pelo autor no RCED é para a cassação do diploma, o que levará, inexoravelmente, à proibição de exercer o mandato eletivo, caso o diplomado tenha sido eleito. Por outro lado, ocorrerá a nulidade dos votos concedidos ao diplomado condenado. Se o diplomado tiver obtido mais de 50% dos votos, será caso de nulidade de toda a eleição, conforme descrito no artigo 224 do CE.[21], ou ainda, com já visto, no caso de ter

---

20. Neste sentido, lição de Adriano Soares da Costa (p. 341): "É certo, porém, que não é suficiente o pedido genérico de produção de prova. Haverá a parte de demonstrar a sua necessidade, especificando claramente aquelas que pretende produzir."

21. Neste sentido: "EMBARGOS DE DECLARAÇÃO. RECURSO CONTRA EXPEDIÇÃO DE DIPLOMA. ELEIÇÕES 2006. CAPTAÇÃO ILÍCITA DE SUFRÁGIO. ABUSO DE PODER POLÍTICO E ECONÔMICO. USO INDEVIDO DOS MEIOS DE COMUNICAÇÃO. AUSÊNCIA DE OMISSÃO. EMBARGOS REJEITADOS. 1. O recurso contra expedição de diploma (RCED) é instrumento processual adequado à proteção do interesse público na lisura do pleito, assim como o são a ação de investigação judicial eleitoral (AIJE) e a ação de impugnação de mandato eletivo (AIME). Todavia, cada uma dessas ações constitui processo autônomo, dado possuírem causas de pedir próprias e consequências distintas, o que impede que o julgamento favorável ou desfavorável de alguma delas tenha influência no trâmite das outras. A esse respeito, os seguintes julgados desta e. Corte: (AREspe 26.276/CE, Rel. Min. Marcelo Ribeiro, *DJ* de 7.8.2008; REspe 28.015/RJ, Rel. Min. José Delgado, *DJ* de 30.4.2008). 2. Verificada a nulidade de mais de 50% dos votos, realizam-se novas

sido o RCED proposto contra diplomação de eleitos para cargos majoritários, independentemente do número de votos atribuídos.

De qualquer maneira, como já visto, não serve o RCED para a constituição de inelegibilidade, em virtude dele apenas a declarar. Da decisão caberá recurso. Se a decisão for do TRE, caberá recurso ordinário ao TSE. Caso a decisão seja do TSE, só caberá recurso extraordinário se houver ofensa a texto expresso da CF.

Como já foi visto, o recurso interposto da ação denominada de RCED tem efeito suspensivo, por conta do artigo 216 do CE, que determina que, até a decisão do TSE acerca do RCED, o eleito poderá exercer em sua plenitude o mandato para o qual foi eleito.

16.4.2. Recursos contra as decisões dos Juízes Eleitorais

Contra as decisões dos Juízes Eleitorais cabe recurso eleitoral, também chamado de inominado. Em verdade, o recurso inominado é a espécie básica de recursos eleitorais. É uma espécie de apelação, aplicada ao Direito Eleitoral. Apelação é o nome que se dá, nos termos do sistema recursal cível, ao recurso contra decisões finais prolatadas pelos juízes de primeiro grau. Vale ressaltar que só há recurso inominado no Direito Eleitoral em se tratando de processo de natureza cível-eleitoral. Isto porque, todos os recursos da esfera penal-eleitoral são nominados.[22]

É comum o cabimento de recurso eleitoral contra os atos e as decisões dos Juízes Eleitorais, conforme permissivo do artigo 265 do CE, já comentado antes. Desta forma, cabe recurso inominado da decisão dos Juiz Eleitoral: a) que deferir ou indeferir o alistamento e a transferência eleitoral; b) acerca do processo de cancelamento de inscrição eleitoral (art. 80 do CE); c) que nomeiam os membros das mesas receptoras (art. 121, § 1º, do CE); d) que fixam os lugares em que funcionarão as sessões eleitorais (art. 136, § 8º, do CE); e) em mandato de segurança; f) em Ação de Impugnação ao Registro de Candidatura nas Eleições municipais (art. 8º da LC nº 64/90); g) em Ação de Investigação Judicial Eleitoral nas eleições municipais (arts.

---

eleições indiretas, nos termos do art. 224 do Código Eleitoral interpretado à luz do art. 81, § 1º, da Constituição da República" (ERCED – Embargos de Declaração em Recurso contra Expedição de Diploma nº 698 – Palmas/TO; rel. Min. Felix Fischer; *DJe – Diário da Justiça Eletrônico*, data: 5.10.2009, p. 48).

22. Essa é a lição da doutrina. Por todos, consulte-se Paulo Henrique dos Santos Lucon e José Marcelo Menezes Vigliar (p. 338).

22 e 24 da LC nº 64/90); e h) em Ação de Impugnação a Mandato Eletivo, dentre outras hipóteses.

O procedimento para o recurso inominado está previsto nos artigos 265 e 267 do CE. Segundo tais dispositivos, o recurso eleitoral deverá ser interposto perante o juiz eleitoral. Ao receber o recurso inominado, deverá o juiz intimar o recorrido para que apresente as contrarrazões no mesmo prazo de interposição do recurso. Como normalmente o prazo do recurso é de 3 dias (art. 258 do CE), o prazo para as contrarrazões segue a mesma regra.

Nos casos de recursos previstos na regra geral da Lei nº 9.504/97[23], o prazo de interposição é de 24 horas, sendo, portanto, também, esse o prazo para as contrarrazões.

A intimação do recorrido vai ser realizada, em regra, através da imprensa oficial. Se não houver na localidade em que está instalada a sede da zona eleitoral, a intimação será pessoal. Caso não se localize o recorrido no prazo de 48 horas, a intimação será realizada através de edital, fixado no cartório da zona eleitoral.

A Lei possibilita que o recorrente junte documentos ao recurso. Mas, para manter o mínimo de coerência e em respeito à segurança jurídica, pensamos que essa juntada só deve ocorrer em se tratando de documentos novos.[24] De igual forma, é possível que o recorrido apresente documentos novos em suas contrarrazões. Caso isso ocorra, será aberto novo prazo para o recorrente se manifeste sobre tais documentos em 48 horas (art. 267, § 5°, CE). Entende a doutrina[25] que apesar da omissão legislativa, deve o juiz eleitoral intimar o Membro do Ministério Público Eleitoral para manifestar-se no prazo de 48 horas, na qualidade de *custos legis*.

Ao final das intimações e manifestações necessárias, deverá o juiz eleitoral reconsiderar a sua decisão, ou remeter o processo para julgamento do recurso no TRE.

23. Art. 96.

24. Leciona José Jairo Gomes (p. 87) que: "Por 'novos documentos' devem-se compreender aqueles que: (i) indisponíveis ou inexistentes na ocasião da demanda ou da apresentação da defesa, e, portanto, não poderiam ter sido apresentados naqueles momentos processuais; (ii) os que se tornaram conhecidos posteriormente à prática daqueles atos processuais (CPC/2015, art. 435, parágrafo único); (iii) os pertinentes a fato novo, ou seja, fato ocorrido depois daqueles atos processuais; (iv) os usados para contrapor documentos cuja juntada aos autos foi deferida."

25. Dentre todos, consulte-se Adriano Soares da Costa (p. 451).

ATENÇÃO: O juiz eleitoral não exerce juízo de admissibilidade do recurso inominado. Ou reconsidera a decisão ou ainda remete os autos ao TRE, mas não poderá deixar de dar seguimento ao recurso.

No sentido, ora esposado, encontra-se jurisprudência do TSE:

> Recurso em mandado de segurança. Decisão denegatória de recurso interposto contra sentença. Supressão de segundo grau de jurisdição. Art. 267 do CE. Não cumprimento. Recurso ordinário parcialmente provido. A teor do art. 267 do Código Eleitoral, recebida a petição, após a intimação do recorrido, para oferecer contrarrazões, é de ser enviado o recurso ao Tribunal Regional Eleitoral dentre de 48 horas, sob pena de supressão de instância. Recurso ordinário parcialmente provido para conceder a segurança e, conseqüentemente, determinar que o recurso interposto pelo impetrante em primeira instância seja processado em seus ulteriores termos de direito (Ac. nº 208, de 27.3.2003, do TSE, *DJ* de 11.4.2003).

Ao ser enviado ao TRE, será o recurso distribuído a um relator e intimado será o Procurador Regional Eleitoral, para que se manifeste, no prazo de 5 dias.

ATENÇÃO: Ressalvado o caso de Recurso contra Expedição de Diploma, não há juiz revisor nos recursos interpostos. Vale, no entanto, ressaltar que a existência do revisor é possível em outros recursos, quando o Regimento interno do Tribunal assim o dispuser.

Retornando os autos ao relator, deverá o mesmo devolvê-los no prazo de 8 dias, colocando o feito em sessão para julgamento em 24 horas.[26] Durante o julgamento é facultado às partes a realização de sustentação oral pelo prazo de 10 minutos.

Também caberá contra as decisões dos juízes eleitorais a interposição de embargos de declaração quando a decisão contiver obscuridade, contradição,

26. Segundo entende o TSE: "Julgamento. Pauta. Falta de publicação. Nulidade. É nulo o julgamento que não houve publicação de pauta com antecedência mínima de 24 horas prevista no art. 271 do CE. Agravo de instrumento provido e conhecido e provido desde logo o recurso especial, determina-se a nulidade do julgamento anterior para que outro seja realizado, com observância das formalidades legais, incluída a publicação de pauta com antecedência mínima" (Ac. nº 11.051, de 20.2.90, do TSE, RJTSE, v. 1, t. 1).

contiver erro material ou for omissa. Os embargos de declaração interrompem o prazo para interposição de outros recursos.

16.4.3. Recursos contra as decisões das Juntas Eleitorais

Os recursos interpostos contra as decisões das Juntas Eleitorais são decididos pelo Tribunal Regional Eleitoral respectivo. Basicamente, são dois os recursos cabíveis contra as decisões e atos das Juntas Eleitorais, além dos embargos de declaração nas hipóteses traçadas pelo art. 1.022 do CPC.

16.4.3.1. Dos recursos parciais

Os recursos parciais estão previstos no artigo 169, § 2º, do CE. Segundo tal dispositivo, no momento da apuração dos votos, é possível que haja imediata impugnação quanto a determinado voto. Esta apuração deve ser imediata, realizada pelos fiscais e delegados de partido político. A decisão deve ocorrer de plano pela Junta Eleitoral, que deve decidi-la por maioria de seus integrantes.

Da decisão da Junta Eleitoral cabe recurso imediato ao TRE, que pode ser interposto oralmente, reduzindo-se, posteriormente, a termo, sendo as suas razões apresentadas em até 2 dias de sua interpretação. A esse recurso se dá a denominação de recurso parcial, uma vez que para cada voto impugnado caberá um recurso.

É o recurso parcial que atrairá a incidência do artigo 260 do CE, segundo o qual a distribuição do primeiro recurso que chegar ao TRE ou TSE prevenirá a competência do relator para todos os demais casos do mesmo município ou estado. Essa prevenção formada, consoante o TSE, abarca apenas os recursos parciais. Neste sentido:

> (...) I – Nos termos do art. 260 do Código Eleitoral e do entendimento da Corte sobre a matéria, a prevenção diz respeito, exclusivamente, aos recursos parciais interpostos contra a votação e apuração. (...) (Ac. nº 19.559, de 4.4.2002, do TSE, *DJ* de 24.5.2002).

Caso haja mais de um recurso parcial de um mesmo município, ou nas eleições federais e estaduais de um mesmo estado, serão eles julgados seguidamente pelo TRE ou TSE em uma ou mais sessões, segundo determina o artigo 261 do CE.

Vale afirmar que a existência dos recursos parciais como espécie recursal eleitoral está muito longe de ser unânime na doutrina. Apesar de discordarmos de tal posicionamento, uma vez que tal espécie é claramente citada no Código Eleitoral, vale trazer o posicionamento de José Jairo Gomes (p. 54), para quem:

> Ao contrário do que essa expressão sugere, inexiste no Eleitoral um recurso especificamente denominado "recurso parcial". Na verdade, trata-se de denominação genérica, referindo-se a recursos interpostos contra decisões de junta eleitoral em impugnações (ou refutações) formuladas por candidato, fiscal, delegado de partido ou órgão do Ministério Público, impugnações essas que têm por objeto situações verificadas nas fases de votação, apuração e totalização de votos.

16.4.3.2. Recurso inominado

Das decisões das Juntas Eleitorais que não digam respeito aos votos apurados caberá recurso eleitoral ou inominado. Assim, para as Juntas Eleitorais, a aplicação do recurso inominado é subsidiária, uma vez que ocorrerá quando não couber o recurso parcial. É o que ocorre, por exemplo, quando a junta eleitoral denega pedido para recontagem de votos. Não sendo caso de recurso parcial, será situação de recurso inominado contra a decisão da junta eleitoral.

Como afirma Adriano Soares da Costa (p. 454):

> As matérias são fixadas residualmente: exceto sobre as decisões que se refiram às urnas, cédulas ou seus conteúdos, as demais são fustigadas por recurso inominado.

16.4.4. Recurso contra as decisões do TRE

16.4.4.1. Recurso parcial

O cabimento do recurso parcial de decisões do TRE, acerca de apuração das eleições federais e estaduais, está previsto no artigo 261 do CE, que estabelece:

> Art. 261. Os recursos parciais, entre os quais não se incluem os que versarem matéria referente ao registro de candidatos, interpostos para

os Tribunais Regionais no caso de eleições municipais, e para o Tribunal Superior no caso de eleições estaduais ou federais, serão julgados à medida que derem entrada nas respectivas secretarias.

Desta maneira, tudo o quanto foi afirmado em relação aos recursos parciais frente às Juntas Eleitorais deve ser repetido quanto ao cabimento do mesmo recurso interposto contra as decisões do TRE, que, evidentemente, será julgado pelo TSE.

16.4.4.2. Embargos de declaração

Pensamos que a discussão acerca da natureza jurídica dos embargos de declaração não tem mais razão de ser. Sustenta a teoria vencedora de que eles se constituem em recursos interpostos perante o próprio Tribunal prolator da decisão. Competem aos embargos declaratórios acabar com a omissão, a obscuridade, erros materiais ou a contradição em julgado.

Pelo sistema recursal eleitoral, o cabimento do presente recurso se dá nas mesmas hipóteses estabelecidas no art. 1.022 do CPC, o que deve acontecer quando a decisão for omissa, contraditória, contiver erro material ou for obscura e necessite de aclaramento. Os embargos de declaração, portanto, servem para pôr fim a alguns vícios que podem permear o julgado do Tribunal, como a obscuridade, a omissão e a contradição. De acordo com a atual redação do art. 275 do CE, cabem embargos de declaração para as decisões dos órgãos judiciais, sejam colegiadas ou monocráticas, de todas as instâncias da Justiça Eleitoral. Os embargos só serão conhecidos se houver alegação de algum dos citados vícios.

Em regra, os embargos de declaração não possuem efeito infringente,[27] o que significa que não modificam o sentido do julgado, pelo menos em regra. Isso porque, é possível, segundo o caso concreto, que ao prover os

---

27. "EMBARGOS DE DECLARAÇÃO. RECURSO ESPECIAL. REPRESENTAÇÃO POR DOAÇÃO ACIMA DO LIMITE LEGAL. RECONHECIMENTO DE OMISSÃO DO ACÓRDÃO EMBARGADO. ACOLHIMENTO PARCIAL. 1. Omitido ponto sobre o qual deveria pronunciar-se o Tribunal Superior Eleitoral, devem ser acolhidos os embargos declaratórios apenas para complementar o acórdão embargado, porquanto o exame da questão omitida não enseja modificação do julgado. 2. Para admitir-se o recurso especial com esteio no artigo 275, II, do Código Eleitoral, é necessário que suas razões demonstrem, de forma clara e objetiva, em que consiste a afronta ao mencionado dispositivo, sob pena de incidir a Súmula 284 do Supremo Tribunal Federal. 3. O parecer trazido pelo Parquet, na condição de custos legis, é meramente opinativo, não importando em omissão eventual não enfrentamento de algum ponto que, porventura, ali tenha sido suscitado. 4. Embargos de declaração parcialmente acolhidos, sem atribuição de efeitos infringentes" (TSE; ED-REspe – Embargos de Declaração em Recurso Especial Eleitoral nº 342334512 – Manaus/AM; Acórdão de 26.5.2011; rel. Min. Gilson Lagaro Dipp; publicação: *DJe – Diário da Justiça Eletrônico*, data: 8.8.2011, p. 78-79).

embargos de declaração, visando romper com a omissão, com a obscuridade ou com a contradição, acabe a decisão sendo modificada em seu sentido.[28]

Segundo o Código Eleitoral, em seu artigo 275, § 4º, a interposição de embargos de declaração interrompe o prazo para interposição de outros recursos. Essa foi modificação trazida pelo CPC. Antes da publicação do novo Código de Ritos Cíveis, o CE estabelecia que o efeito era de suspensão, algo que já se encontra superado.

Apesar disso, o entendimento do TSE, ainda na redação anterior do CE, era que efeito dos embargos era interruptivo do prazo dos demais recursos. Nestes termos:

> AGRAVO REGIMENTAL. RECURSO ESPECIAL. ELEIÇÕES 2010. EMBARGOS DE DECLARAÇÃO. PRAZO. INTERRUPÇÃO. PROVIMENTO. 1. Os embargos de declaração interrompem o prazo para a interposição de outros recursos. Precedentes. 2. Agravo regimental provido (Agravo Regimental no Recurso Especial Eleitoral nº 27320-23/SP; relator originário: Min. Marco Aurélio; redator para o acórdão: Min. Hamilton Carvalhido; *DJe* de 17.5.2011).

ATENÇÃO: Caso os embargos sejam protelatórios, será aplicada multa, dirigida ao embargado. Nesse caso, a multa não irá para o fundo partidário.

---

28. "EMBARGOS DE DECLARAÇÃO. RECURSO ESPECIAL ELEITORAL. RECEBIMENTO COMO RECURSO ORDINÁRIO. REGISTRO DE CANDIDATURA. ELEIÇÕES 2010. DEPUTADO ESTADUAL. INELEGIBILIDADE. STF. RECURSO EXTRAORDINÁRIO PROVIDO. REPERCUSSÃO GERAL. LC 135/2010. INAPLICABILIDADE ÀS ELEIÇÕES 2010. ART. 543-B, § 3º, DO CPC. JUÍZO DE RETRATAÇÃO. INEXISTÊNCIA DE CONDENAÇÃO CRIMINAL OU APLICAÇÃO DE SANÇÃO DE SUSPENSÃO DOS DIREITOS POLÍTICOS COM TRÂNSITO EM JULGADO. REDAÇÃO PRETÉRITA DA LEI DE INELEGIBILIDADES. ACOLHIMENTO DOS EMBARGOS COM EFEITOS INFRINGENTES. PROVIMENTO DO RECURSO. DEFERIMENTO DO PEDIDO DE REGISTRO DE CANDIDATURA. 1. O STF, no julgamento do RE 633.703/MG, reconheceu a repercussão geral e afirmou que a LC 135/2010 configura alteração no processo eleitoral, razão pela qual não poderia ser aplicada às Eleições 2010 sob pena de vulnerar a regra do art. 16 da CF/88. 2. O reconhecimento da repercussão geral e o posterior provimento do referido recurso extraordinário autorizam o exercício do juízo de retratação, nos termos do art. 543-B, § 3º, do CPC. 3. A redação original da LC 64/90 não contemplava a condenação criminal por órgão colegiado, tampouco a condenação em ação de improbidade administrativa, como causas de inelegibilidade. 4. As condições de elegibilidade e as causas de inelegibilidade são aferidas no momento do pedido de registro de candidatura. Precedentes. 5. Na hipótese, o embargante não possuía, ao tempo do pedido de registro de candidatura, condenação transitada em julgado pela prática de crime contra a administração pública; bem como a sanção de suspensão dos direitos políticos decorrente da condenação por improbidade administrativa também não havia transitado em julgado. 6. Embargos de declaração acolhidos, com efeitos infringentes, para dar provimento ao recurso ordinário e deferir o pedido de registro de candidatura do embargante." (ED-RO – Embargos de Declaração em Recurso Ordinário nº 97810 – Porto Velho/RO; Acórdão de 17.5.2011; rel.ª Min.ª Fátima Nancy Andrighi; publicação: *DJe – Diário da Justiça Eletrônico*, t. 124, data: 1.7.2011, p. 90-91).

Sendo protelatórios os embargos de declaração, caberá a aplicação de multa. Tal multa está prevista no art. 275, § 6°, do CE. Assim, para os primeiros embargos declaratórios aplica-se multa de 2 salários mínimos. No caso de reiteração dos embargos protelatórios, a nova multa será de 10 salários mínimos.

Se os dois embargos anteriores foram julgados protelatórios, não haverá possibilidade de interposição de novos embargos, nos termos do art. 1.026, § 4°, do CPC. Vale ressaltar que na lição de José Jairo Gomes (Recursos – p. 114):

> Qualifica-se como protelatório ou procrastinatório o recurso inadmissível ou improcedente quanto a seus fundamentos, cuja finalidade não é outra senão prolongar indevidamente a relação processual ou protrair indefinidamente a eficácia do provimento judicial. E tal será o manifesto quando for evidente, notório, desde o princípio. Infringe-se, portanto, o direito fundamental à prestação jurisdicional célere (CF, art. 5°, LXXVIII).

Não serão considerados protelatórios os embargos interpostos como o fim de prequestionamento, conforme redação da Súmula 72 do TSE.[29]

Em relação ao prazo, os embargos seguem a regra geral. Assim, salvo dispositivo em lei específica, o prazo para a interposição do referido recurso será de 3 dias. Exemplo de exceção, nos procedimentos previstos na Lei nº 9.504/97 (com exceção dos arts. 30-A, 41-A e 73, § 13, da Lei das Eleições), o prazo para os recursos será de 24 horas.

16.4.4.3. Recurso especial

Em regra, as decisões dos Tribunais Regionais Eleitorais são irrecorríveis. Ocorre, no entanto, que o § 4º do artigo 121 da CF traz algumas hipóteses em que se faz possível recorrer das decisões do TRE para o TSE.

ATENÇÃO: Mesmo quando contrária à CF, a impugnação da decisão deve ser feita perante o TSE. Não se admite recurso das decisões do TRE diretamente para o STF, para que não ocorra supressão de instância.

---

29. É inadmissível o recurso especial eleitoral quando a questão suscitada não foi debatida na decisão recorrida e não foi objeto de embargos de declaração.

É importante observar que é indispensável o esgotamento das vias ordinárias para a interposição do recurso especial eleitoral[30]. Dessa forma, se a decisão for monocrática do relator do feito, o recurso cabível será o agravo interno, pois é necessário que ocorra o esgotamento da instância.

O cabimento do recurso especial tem lugar nas hipóteses previstas no artigo 121, § 4º, I e II, da CF, também previstas no artigo 276, I, *a* e *b*, do CE. Vale, de logo, salientar, que não serve o recurso especial para discutir situações de fato, mas apenas de direito.

O recurso especial é cabível nas seguintes hipóteses: a) ocorrer violação a expressa determinação da Constituição Federal ou de Lei Federal; ou ainda b) quando há divergência em jurisprudência no que tange a interpretação da lei entre Tribunais Eleitorais. Como a competência para legislar sobre Direito Eleitoral pertence privativamente à União, não cabe recurso especial por violação a lei municipal ou estadual. De igual forma, também não cabe essa espécie recursal por violação a regimento interno de tribunal ou a normas partidárias[31].

Inicialmente, é evidente que, não sendo nenhuma das duas situações apontadas, não há que se falar em interposição de recurso especial. O recurso especial necessita de prequestionamento. Assim, as matérias que são objeto de controvérsia devem ter sido discutidas pelo Tribunal, para que o recurso especial possa ser interposto. Por isso, algumas súmulas do STJ têm total aplicação no Recurso Especial Eleitoral. Em assim sendo, dispõe a Súmula nº 211 do STJ que:

> Súmula nº 211. Inadmissível recurso especial quanto à questão que, a despeito da oposição de embargos declaratórios, não foi apreciada pelo tribunal *a quo*.

Em 2017, o TSE criou nova verbete, concretizado na Súmula 72:

> É inadmissível recurso especial eleitoral quando a questão suscitada não for debatida na decisão recorrida e não foi objeto de embargos de declaração.

Assim, segundo ensinamento de Bernardo Pimentel Souza (p. 816):

---

30. Súmula 25 do TSE.
31. Súmula 32 do TSE.

> O prequestionamento consiste na exigência de que a questão de direito veiculada no recurso interposto para tribunal superior tenha sido previamente decidida no julgado recorrido. Com efeito, não basta a parte ter suscitado o tema, ainda que à exaustão. Se a matéria jurídica suscitada não foi decidida no julgamento recorrido, não está satisfeita a exigência do prequestionamento. O cumprimento do prequestionamento. O cumprimento do prequestionamento, entretanto, não está condicionado à menção expressa, no acórdão recorrido, do preceito tido por violado pelo recorrente. O que importa para a satisfação do prequestionamento é ter sido a matéria jurídica alvo de discussão no recurso dirigido ao tribunal superior previamente solucionada no julgado recorrido.

Isso ocorre porque o recurso especial eleitoral faz parte dos chamados recursos excepcionais. Tais recursos visam a proteção da integridade e lógica do Ordenamento Jurídico e não para discutir fatos. Por isso, é necessário que ocorra o prequestionamento da matéria jurídica discutida. Para o prequestionamento não é necessário apenas se indicar o dispositivo legal ou constitucional teoricamente violado, mas sim do TRE debater e discutir a questão a ser ventilada no Recurso Especial.

José Jairo Gomes (Recursos - p. 162), interpretando a Súmula 282 do STF[32] entende que é possível que haja um prequestionamento implícito quando a questão tiver sido ventilada no acórdão recorrido, desde que seja de forma induvidosa. Assim, se questão não é discutida, mas apenas citada na discussão, já seria o suficiente para se considerar a questão prequestionada, o que possibilitaria a interposição do recurso especial. Mas o mesmo mestre citado deixa claro que para a segurança do interessado, caso haja dúvida se houve prequestionamento explícito ou implícito, melhor será interpor embargos de declaração.

Consoante já afirmado no capítulo 2, as Instruções emanadas do TSE têm força de Lei Federal. Por isso, tem-se entendido que se a decisão do TRE contraria Resolução do TSE, caberá contra tal decisão a interposição de recurso especial.[33] De qualquer maneira, não se admite recurso especial quando se tratar de matéria administrativa.[34]

---

32. É inadmissível o recurso extraordinário, quando não ventilada, na decisão recorrida, a questão federal suscitada.
33. É o posicionamento de Adriano Soares da Costa (p. 457).
34. Neste sentido, entende o TSE: "Recurso especial. Requisição de servidor. Matéria administrativa. Incompetência do TSE. Não se conhece de recurso especial que tenha como pressuposto o exame de questão de natureza administrativa do Tribunal Regional. Precedentes. Recurso especial não conhecido (Ac. nº 16.270, de 1.6.2000, do TSE, *DJ* de 30.6.2000).

Em sendo o caso de divergência jurisprudencial a ensejar o recurso especial, já necessidade que se demonstre, mediante a realização do cotejo analítico e a existência de similitude fática entre os acórdãos paradigma e o aresto recorrido.[35] Por outro lado, a divergência entre julgados do mesmo tribunal não se presta a configurar dissídio jurisprudencial apto a fundamentar recurso especial[36]. Ainda entende o TSE, em sua Súmula 30 que:

> "Não se conhece de recurso especial eleitoral por dissídio jurisprudencial, quando a decisão recorrida estiver em conformidade com a jurisprudência do Tribunal Superior Eleitoral."

É importante salientar que não cabe Recurso Especial para simples exame do conjunto fático-probatório, como enuncia o TSE em sua Súmula 24, assim como, no termos da Súmula 31 do TSE: "Não cabe recurso especial eleitoral contra acórdão que decide sobre pedido de medida liminar."

Apesar dos recursos eleitorais, em regra, não passarem por exame de admissibilidade do órgão *a quo*, o recurso especial passa por análise de admissibilidade, que deve ser realizada pelo Presidente do TRE, que pode admiti-lo, caso tenha todos os requisitos, ou lhe negar seguimento, caso os pressupostos recursais não tenham sido cumpridos.

No prazo de 48 horas, os autos devem estar conclusos para julgamento do Presidente do TRE, que, caso o admita, deverá determinar a intimação do recorrido para que apresente as contrarrazões recursais, no mesmo prazo para interposição do recurso. Em se tratando de recurso especial em processo em que se discute registro de candidatura, não haverá juízo de admissibilidade pelo presidente do TRE, devendo, após a apresentação das contrarrazões, o recurso ser imediatamente remetido ao TSE (art. 12, parágrafo único, da LC 64).

Em regra, o recurso especial deve ser interposto em 3 dias, mesmo nas hipóteses previstas no art. 96 da Lei das Eleições. O único prazo diferenciado é relacionado ao direito de resposta, hipótese em que o recurso especial deve ser interposto no prazo de 24 horas.

16.4.4.4. Agravo

Da interposição do recurso especial, no prazo de 48 horas, a petição do recurso deverá ser juntada aos autos, sendo os autos conclusos ao

35. Súmula 28 do TSE.
36. Súmula 29 do TSE.

Presidente do TRE, nas 24 horas seguintes, para que possa exercer o juízo de admissibilidade, no prazo de 48 horas. Caso a decisão do Presidente seja denegatória de seguimento do especial, contra tal decisão caberá Agravo de Instrumento.

O Agravo Eleitoral é aplicado quando há decisão que denega a subida de recurso especial eleitoral ou de recurso extraordinário eleitoral. Ao contrário do que ocorre com o recurso especial, não há análise dos pressupostos recursais do agravo, a ser realizada pelo Presidente do TRE. Cabe à citada autoridade, remeter o agravo ao TSE para que lá seja decidido. A decisão do Presidente do TRE que admite o recurso especial é irrecorrível.

O Código Eleitoral ainda determina a formação do instrumento que deve ser diligenciada pelo recorrente.[37] Vale citar que o CPC, ao tratar do agravo, no caso de negativa de seguimento dos recursos especiais e extraordinários, diz que este deverá ser interposto nos próprios autos do recurso, o que torna desnecessária a formação de instrumento. Entendemos que tal medida merece aplausos, uma vez que traz uma aplicação mais eficaz do princípio da economia processual, o que já vinha sendo adotado pelo antigo CPC.

As contrarrazões recursais devem ser apresentadas tanto em relação ao agravo, quanto em relação ao recurso especial. Nesses termos, há a Súmula 71 do TSE:

> "Na hipótese de negativa de seguimento ao recurso especial e da consequente interposição de agravo, a parte deverá apresentar contrarrazões tanto ao agravo quanto ao recurso especial, dentro do mesmo tríduo legal."

16.4.4.5. Recurso ordinário

O recurso ordinário é cabível contra as decisões do TRE, nos termos do artigo 121, § 4º, III, IV e V, da CF, que decidam: a) acerca de inelegibilidade ou expedição de diplomas nas eleições federais e estaduais; b) sobre a perda de mandato eletivo ou anulação de diplomas nas eleições federais

37. Leciona Joel Cândido (p. 243): "Não é demais ressaltar que cabe à parte agravante, para evitar surpresas no TSE, o dever de vigilância na completa formação do instrumento."

e estaduais; ou ainda c) denegatórias de *habeas corpus*, mandado de segurança, *habeas data* ou mandado de injunção.

ATENÇÃO: Em virtude da teoria tradicionalista aplicada pelo TSE, não cabe recurso ordinário contra as decisões que decidam acerca de condições de elegibilidade. Neste caso, caberia apenas recurso especial, caso fosse contrário à Constituição ou à Lei Federal, ou ainda, no caso de divergência de interpretação acerca da lei eleitoral por Tribunais Eleitorais.[38]

Entende o TSE, na Súmula 36 que:

> "Cabe recurso ordinário de acórdão de Tribunal Regional Eleitoral que decida sobre inelegibilidade, expedição ou anulação de diploma ou perda de mandato eletivo nas eleições federais ou estaduais (art. 121, § 4º, incisos III e IV, da Constituição Federal)."

Por outro lado, contra Acórdão em que se discute simultaneamente condições de elegibilidade e causas de inelegibilidade caberá recurso ordinário, como defende o TSE na Súmula 64.

A admissibilidade do recurso ordinário não será analisada pelo Presidente do TRE, o que significa que ao ser interposto, ele deve ser remetido ao TSE, mesmo que não possua as condições para o seu recebimento. De igual maneira, o recurso ordinário não necessita de prequestionamento, ao contrário do que ocorre com o recurso especial, como já afirmado. Esse posicionamento que já era adotado pelo CE, passou a ser adotado para os recursos ordinários em geral por determinação do CPC.

16.4.4.6. Agravo interno / regimental

O agravo regimental é o recurso cabível contra as decisões monocráticas dos membros do TRE, sendo julgado pelo próprio TRE. Assim, o dispositivo do artigo 264 do TSE determina que caberá recurso ao próprio Tribunal das

38. Esse posicionamento do TSE está ratificado nos termos do artigo 49, II, da Resolução nº 23.221, no qual se assevera que caberá recurso especial quando se tratar de condições de elegibilidade, e ordinário, quando se tratar de inelegibilidade.

decisões de seu Presidente.[39] Mas esse recurso não é circunscrito apenas às decisões dos Presidentes dos tribunais, mas sim a qualquer decisão monocrática tomada pelos membros dos tribunais. Com ao advento do CPC, esse recurso passou a chamar-se de agravo interno (art. 994, III).

16.4.5. Recursos contra decisões do TSE

Contra as decisões do TSE cabem embargos de declaração, nos mesmos moldes já comentados quando dos embargos contra decisão do juiz eleitoral, da junta eleitoral e do TRE.

16.4.5.1. Recurso extraordinário

O recurso extraordinário deve ser interposto perante o TSE para ser julgado perante o STF. Nesse recurso, há necessidade de ter ocorrido ofensa a texto expresso da Constituição Federal. Por isso, há necessidade de prequestionamento da questão constitucional ventilada. Ocorre, no entanto, que além do prequestionamento, exige-se, ainda, que a questão constitucional guarde repercussão geral, conforme determinado no artigo 102, § 3º, da CF.[40]

Segundo Bernardo Souza Pimentel (p. 882):

> Repercussão geral é o requisito de admissibilidade consubstanciado na exigência de que o recorrente demonstre a relevância da questão constitucional veiculada no recurso extraordinário, sob o prisma econômico, político, social ou jurídico, a fim de ensejar o conhecimento do recurso pelo Supremo Tribunal Federal, em virtude do superior interesse da preservação do direito objetivo. Com efeito, não há razão para a Corte Suprema tomar conhecimento de recurso extraordinário fundado apenas em interesse pessoal do recorrente, sem relevância para a Federação ou para os respectivos jurisdicionados em geral.

Não havendo prequestionamento ou ainda indicação da repercussão geral, o recurso não haverá de ter seguimento. Caberá ao Presidente do TSE realizar o juízo de admissibilidade. Caso admita o recurso extraordinário,

---

39. Alguns doutrinadores, a exemplo de Joel Cândido (p. 243) e José da Cunha Nogueira (p. 22), entendem que o artigo 264 do Código Eleitoral traz hipótese de recurso inominado e não de agravo regimental, lição essa da qual discordamos, por entender que não há diferença entre o recurso previsto no artigo 264 e aquele outro estabelecido geralmente nos regimentos dos tribunais.

40. No recurso extraordinário, o recorrente deverá demonstrar a repercussão geral das questões constitucionais discutidas no caso, nos termos da lei, a fim de que o Tribunal examine a admissão do recurso, somente podendo recusá-lo pela manifestação de 2/3 de seus membros.

deverá intimar a parte contrária para manifestar as contrarrazões recursais. O prazo de interposição do extraordinário é, em regra, de 3 dias, salvo disposição contrária em lei específica.

Cabe ressaltar que, conforme Súmula nº 72 do STF, não estará impedido de atuar no julgamento do recurso extraordinário o Ministro do STF que haja participado do julgamento no TSE da decisão da qual se interpôs o recurso.

16.4.5.2. Agravo

Se a decisão do Presidente do TSE for pelo não seguimento do recurso extraordinário, contra tal decisão caberá agravo, nos mesmos moldes já analisados perante o TRE.

16.4.5.3. Recurso ordinário

Caberá recurso ordinário das decisões do TSE que sejam denegatórias de mandado de segurança, ou ainda de *habeas corpus*. Aqui, como no recurso ordinário interposto contra decisões do TRE, não há juízo de admissibilidade realizado pelo TSE, nem necessidade de prequestionamento, ou ainda de afirmação de repercussão geral. Basta a interposição para que o TSE, após a intimação do recorrido para as contrarrazões, envie os autos para o STF para ser analisado.

16.4.5.4. Agravo regimental

Das decisões monocráticas dos membros do TSE caberá recurso para o próprio TSE, conforme já afirmado. Esse recurso é chamado de agravo interno pelo CPC.

→ 16.5. Resumo didático

1.	Em regra, no Direito Eleitoral, as decisões interlocutórias são irrecorríveis. Há, no entanto, posicionamento doutrinário entendendo aplicar-se agravo de instrumento nas mesmas situações previstas no art. 1.015 do CPC.
2.	O mandado de segurança só poderá ser impetrado na ausência de recurso cabível para atacar determinada decisão judicial.

3. Só há recurso inominado para processos cíveis eleitorais. No processo penal-eleitoral todos os recursos são nominados.

4. A regra no sistema recursal cível eleitoral é da inexistência do efeito suspensivo na interposição dos recursos, com exceção das situações previstas nos artigos 216 do CE; 26-C da LC nº 64/90; 16-A da Lei nº 9.504/97 e 37, § 4º, da Lei nº 9.096/95.

5. Com a edição da Lei nº 12.891/2013, a lei passou a prever a possibilidade de ajuizamento de RCED nos casos de ausência de condição de elegibilidade, contrariando a então jurisprudência dominante do TSE.

6. Segundo o STF, na ADPF 167/DF, o RCED em eleições presidenciais deve ser julgado pelo TSE.

7. Apesar de ter o rito do recurso inominado, o RCED possui duas peculiaridades: a presença de um revisor (o que é exceção no sistema recursal cível eleitoral) e o prazo de 20 minutos para manifestação oral das partes do processo (quando o normal é que a sustentação oral seja de 10 minutos).

8. O juiz eleitoral não exerce juízo de admissibilidade do recurso inominado. Reconsidera a decisão ou ainda remete os autos ao TRE, mas não poderá deixar de dar seguimento ao recurso.

9. Ressalvado o caso de Recurso contra Expedição de Diploma, que tem natureza de ação judicial, não há juiz revisor nos recursos interpostos.

10. A interposição de embargos de declaração protelatórios traz como consequência a imposição de multa a ser paga ao embargado. Nesse caso, a multa não vai para o fundo partidário.

11. Mesmo quando contrária à CF, a impugnação da decisão do TRE deve ser feita perante o TSE. Não se admite recurso das decisões do TRE diretamente para o STF, para que não ocorra supressão de instância.

12. Em virtude da teoria tradicionalista aplicada pelo TSE, não cabe recurso ordinário contra as decisões que decidam acerca de condições de elegibilidade. Neste caso, caberia apenas recurso especial, caso fosse contrário à Constituição ou à Lei Federal, ou ainda no caso de divergência de interpretação acerca da lei eleitoral por Tribunais Eleitorais.

→ 16.6. Questões

1) **(CESPE) Caberá recurso das decisões dos tribunais regionais eleitorais somente quando estas**

a) divergirem da interpretação de lei de um tribunal eleitoral e de um tribunal regional federal.

b) versarem sobre inelegibilidade ou expedição de diplomas nas eleições federais, estaduais ou municipais.

c) versarem sobre inelegibilidade nas eleições federais ou estaduais.

d) determinarem a concessão de *habeas corpus*, mandado de segurança, *habeas data* ou mandado de injunção.

e) determinarem a anulação de diplomas ou decretarem a perda de mandatos eletivos federais, estaduais ou municipais.

2) **(FCC) Ajuizado pedido de direito de resposta pelo candidato X contra o candidato Y, ambos disputando o cargo de Prefeito, em razão de ofensa veiculada em propaganda eleitoral, foi concedida liminar para a publicação imediata de resposta. Apresentada defesa, foi proferida sentença de procedência do pedido. Considerando a jurisprudência do TSE, nesse caso,**

a) contra a decisão que concedeu a medida liminar caberá agravo, que deverá ser reiterado quando da interposição do recurso contra a sentença.

b) contra a sentença de procedência caberá recurso eleitoral, interposto no prazo de 24 horas, a ser julgado pelo Tribunal Regional Eleitoral.

c) a decisão interlocutória concessiva da liminar poderá, via de regra, ser impugnada a partir da impetração de mandado de segurança.

d) interposto o recurso pelo candidato Y, será exercido o juízo de admissibilidade e, se houver o recebimento pelo juiz eleitoral, será aberto prazo para a oferta de contrarrazões pelo candidato X.

e) o recurso eleitoral será recebido sempre no efeito suspensivo.

3) **(FCC) Proposta a Ação de Investigação Judicial contra candidato a Deputado Federal, que se sagrou vencedor nas urnas, para apurar a prática de abuso de poder econômico, foi proferido acórdão em 22/11, publicado em 24/11, reconhecendo a procedência do pedido, com declaração de inelegibilidade do candidato e a cassação do respectivo registro. Considerando a jurisprudência do TSE, nesse caso,**

a) decorrido o prazo recursal sem impugnação, será possível o ajuizamento de ação rescisória perante o Tribunal Superior Eleitoral, no prazo de dois anos do trânsito em julgado.

b) contra o acórdão do TRE poderá ser interposto recurso ordinário, ao TSE, para impugnar a violação à legislação eleitoral e recurso extraordinário, ao STF, para impugnar a violação à Constituição Federal.

c) interposto o recurso ordinário, este será recebido apenas no efeito devolutivo.

d) contra o acórdão do TRE o candidato poderá interpor recurso no dia 23/11.

e) o recurso cabível para impugnar o acórdão será o Recurso Especial Eleitoral, que poderá veicular matéria legal e constitucional, não se admitindo a oposição de embargos de declaração.

4) (Instituto Legatus) Da decisão que julga o pedido de registro de candidatura cabe recurso no prazo de:

a) 10 (dez) dias.

b) 24 (vinte e quatro) horas.

c) 48 (quarenta e outo) horas.

d) 3 (três) dias.

e) 5 (cinco) dias.

5) (FCC) Acerca dos recursos eleitorais, é correto afirmar:

a) Caberá recurso imediato das decisões das Juntas para o Tribunal Regional, os quais poderão ser interpostos verbalmente ou por escrito, fundamentadamente, no prazo máximo de vinte e quatro horas.

b) Em todos os casos, poderá ser interposto recurso em cinco dias, contados da data da publicação do ato, resolução ou despacho, suspendendo-se os efeitos da decisão impugnada.

c) Se reformada decisão interposta de junta ou juízo eleitoral, poderá o recorrido requerer suba o recurso como se por ele interposto, por simples pedido, no prazo de cinco dias.

d) Realizada a diplomação, caberá recurso contra a expedição de diploma somente nos casos de inelegibilidade, superveniente ou de natureza constitucional, e de falha de condição de elegibilidade.

e) Sendo recurso que discute matéria constitucional, caberá ao recorrente apresentar impugnação em prazo de quinze dias, diretamente perante o STF.

GABARITO

1 – C	2 – B	3 – D	4 – D	5 – D

REFERÊNCIAS BIBLIOGRÁFICAS

ALEXY, Robert. Teoria da argumentação jurídica: a teoria do discurso racional como teoria da fundamentação jurídica. 4 ed. Rio de Janeiro: Forense, 2017.

ALEXY, Robert. *Teoria dos direitos fundamentais*. São Paulo: Malheiros Editores, 2008.

ALMEIDA, Roberto Moreira de. Direito eleitoral. 2. ed. Salvador: Juspodivm, 2009.

AMARAL, Francisco. Direito civil: introdução. 6. ed. Rio de Janeiro: Renovar, 2006.

ARAÚJO, Luiz Alberto David; NUNES JÚNIOR, Vidal Serrano. Curso de direito constitucional. 10. ed. São Paulo: Saraiva, 2006.

ÁVILA, Humberto. Teoria dos princípios: da definição à aplicação dos princípios jurídicos. 11 ed. São Paulo: Malheiros, 2010.

BARREIROS NETO, Jaime. *Direito eleitoral. 8 ed.* Salvador, Juspodivm, 2017.

BARROS, Francisco Dirceu. Direito eleitoral. 5. ed. Rio de Janeiro: Elsevier, 2007.

BOBBIO, Norberto. Teoria da norma jurídica. 6 ed. São Paulo: Edipro, 2016.

CÂMARA, Alexandre Freitas. Lições de direito processual civil. v. 1., 19. ed. Rio de Janeiro: Lumen Juris, 2009.

CÂNDIDO, Joel José. Direito eleitoral brasileiro. 11. ed. Bauru: Edipro, 2005.

CASTRO, Edson de Resende. Curso de direito eleitoral. 6. ed. Belo Horizonte: Del Rey Editora, 2012.

CERQUEIRA, Thales Tácito; CERQUEIRA, Camila Albuquerque. Direito eleitoral esquematizado. São Paulo: Saraiva, 2011.

CHIMENTI, Ricardo Cunha. Direito eleitoral. Rio de Janeiro: Elsevier, 2007.

CONEGLIAN, Olivar. Propaganda eleitoral. 10. ed. Curitiba: Juruá Editora, 2010.

COSTA, Adriano Soares da. Direito eleitoral. 8. ed. Rio de Janeiro: Lumen Juris Editora, 2009.

DECOMAIN, Pedro Roberto. Elegibilidade e inelegibilidades. 2. ed. São Paulo: Dialética, 2004.

DI PIETRO, Maria Sylvia Zanella. Direito administrativo. 29. ed. Rio de Janeiro: Forense, 2016.

DWORKIN, Ronald. *Levando dos direito a sério*. São Paulo: WMF Martins Fontes, 2017.

FERREIRA FILHO, Manoel Gonçalves. Curso de direito constitucional. 32. ed. São Paulo: Saraiva, 2006.

FIGUEIREDO, Marcelo. Probidade administrativa: comentários à Lei nº 8.429/92 e legislação complementar. São Paulo: Malheiros Editores, 2004.

FOLLONI, André Parmo. Teoria do ato administrativo. Curitiba: Juruá, 2006.

FUX, Luiz, PEREIRA, Luiz Fernando Casagrande e AGRA, Walber de Moura (coord), PECCININ, Luiz Eduardo (org). *Abuso de poder e perda de mandato*. Belo Horizonte: Editora Fórum, 2018.

FUX, Luiz, PEREIRA, Luiz Fernando Casagrande e AGRA, Walber de Moura (coord), PECCININ, Luiz Eduardo (org). *Direito constitucional eleitoral*. Belo Horizonte: Editora Fórum, 2018.

FUX, Luiz, PEREIRA, Luiz Fernando Casagrande e AGRA, Walber de Moura (coord), PECCININ, Luiz Eduardo (org). *Direito partidário*. Belo Horizonte: Editora Fórum, 2018.

FUX, Luiz, PEREIRA, Luiz Fernando Casagrande e AGRA, Walber de Moura (coord), PECCININ, Luiz Eduardo (org). *Direito processual eleitoral*. Belo Horizonte: Editora Fórum, 2018.

FUX, Luiz, PEREIRA, Luiz Fernando Casagrande e AGRA, Walber de Moura (coord), PECCININ, Luiz Eduardo (org). *Elegibilidade e inelegibilidade*. Belo Horizonte: Editora Fórum, 2018.

FUX, Luiz, PEREIRA, Luiz Fernando Casagrande e AGRA, Walber de Moura (coord), PECCININ, Luiz Eduardo (org). *Financiamento e prestação de contas*. Belo Horizonte: Editora Fórum, 2018.

FUX, Luiz, PEREIRA, Luiz Fernando Casagrande e AGRA, Walber de Moura (coord), PECCININ, Luiz Eduardo (org). *Propaganda eleitoral*. Belo Horizonte: Editora Fórum, 2018.

GASPARINI, Diógenes. Direito administrativo. 11. ed. São Paulo: Saraiva, 2006.

GONÇALVES, Luiz Carlos dos Santos. *Direito eleitoral*. 3 ed. São Paulo: Editora Atlas, 2018.

GONÇALVES, Marcus Vinicius Rios. Novo curso de direito processual civil. 9 ed. São Paulo: Saraiva, 2016.

GOMES, José Jairo. Direito eleitoral. 13. ed. São Paulo: Atlas, 2017.

GOMES, José Jairo. *Recursos eleitorais*. 3 ed. São Paulo: Atlas, 2016.

GUERRA FILHO, Willis Santiago e CARNIO Henrique Garbellini. *Teoria política do direito*: a expansão política do direito. 2 ed. São Paulo: Revista dos Tribunais, 2013.

HART, H. L. A. *O conceito de direito*. São Paulo: WMF Martins Fontes, 2018.

KELSEN, Hans. *Teoria pura do direito*; tradução João Baptista Machado. 8 ed. São Paulo: Editora WMF Martins Fontes, 2015.

LUCON, Paulo Henrique dos Santos; VIGLIAR, José Marcelo Menezes. Código eleitoral interpretado. 2. ed. São Paulo: Atlas, 2011.

MELO, Celso Antonio Bandeira de. Curso de direito administrativo. 14. ed. São Paulo: Malheiros, 2002.

MENDES, Gilmar; BRANCO, Paulo. Curso de direito constitucional. 10 ed. São Paulo: Saraiva, 2015.

MENDES, Gilmar; STOCO, Rui(Coord). *Doutrinas essenciais direito civil parte geral*. V 3, São Paulo: Revista dos Tribunais, 2015 (2a Tiragem).

LUHMANN, Niklas. *O direito da sociedade*. São Paulo: Martins Fontes, 2016.

NOGUEIRA, José da Cunha. Direito eleitoral. Rio de Janeiro: Forense, 2002.

PINTO, Djalma. Direito eleitoral. 2. ed. São Paulo: Atlas, 2005.

RAMAYANA, Marcos. Direito eleitoral. 4. ed. Niterói: Impetus, 2005.

RIBEIRO, Fávila. *Pressupostos constitucionais do direito eleitoral*. Porto Alegre: Sergio Antonio Fabris Editor, 1990.

SILVA, Virgílio Afonso da. *Direitos fundamentais*. 2 ed. São Paulo: Malheiros Editores, 2017.

STOCO, Rui; STOCO, Leandro de Oliveira. Legislação eleitoral interpretada. 3. ed. São Paulo: Editora Revista dos Tribunais, 2010.

THEODORO JÚNIOR, Humberto. Curso de direito processual civil, volume 1. 57 ed. Rio de Janeiro: Forense, 2016.

ANOTAÇÕES

ANOTAÇÕES

ANOTAÇÕES

ANOTAÇÕES

ANOTAÇÕES

ANOTAÇÕES

ANOTAÇÕES

EDITORA
*Jus*PODIVM
www.editorajuspodivm.com.br

Pré-impressão, impressão e acabamento

GRÁFICA
SANTUÁRIO

grafica@editorasantuario.com.br
www.graficasantuario.com.br
Aparecida-SP